编委会

王重鸣 浙江大学管理学院
廖泉文 厦门大学管理学院
李燕萍 武汉大学经济与管理学院
张一弛 北京大学光华管理学院
张志学 北京大学光华管理学院
谢晋宇 复旦大学管理学院

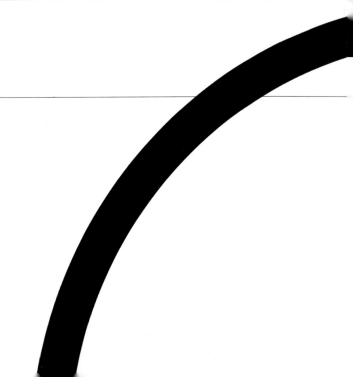

人力资源管理精选教材译丛

HUMAN RELATIONS IN ORGANIZATIONS
APPLICATIONS AND SKILL BUILDING

组织中的人际关系
技能与应用

[第6版]

〔美〕罗伯特·N. 卢西尔（Robert N. Lussier） 著
贾佳 刘宝巍 译

北京市版权局著作权合同登记　图字:01-2005-1903

图书在版编目(CIP)数据

组织中的人际关系:技能与应用:第6版/(美)卢西尔(Lussier,R. N.)著;贾佳,刘宝巍译.—北京:北京大学出版社,2010.7

(人力资源管理精选教材译丛)

ISBN 978-7-301-16619-2

Ⅰ.①组… Ⅱ.①卢… ②贾… ③刘… Ⅲ.①企业管理-人际关系学-教材 Ⅳ.①F272.9

中国版本图书馆 CIP 数据核字(2010)第 119041 号

Robert N. Lussier

Human Relations in Organizations: Applications and Skill Building, sixth edition

ISBN: 0-07-255983-7

Copyright © 2005 by The McGraw-Hill Companies, Inc.

Original language published by The McGraw-Hill Companies, Inc. All rights reserved. No part of this publication may be reproduced or distributed by any means, or stored in a database or retrieval system, without the prior written permission of the publisher.

Simplified Chinese translation edition jointly published by McGraw-Hill Education (Asia) Co. and Peking University Press.

本书中文简体字翻译版由北京大学出版社和美国麦格劳-希尔教育(亚洲)出版公司合作出版。未经出版者预先书面许可,不得以任何方式复制或抄袭本书的任何部分。

本书封面贴有 McGraw-Hill 公司防伪标签,无标签者不得销售。

书　　　名:	组织中的人际关系:技能与应用(第6版)
著作责任者:	〔美〕罗伯特·N.卢西尔　著　贾　佳　刘宝巍　译
责 任 编 辑:	张迎新　邸晓燕
标 准 书 号:	ISBN 978-7-301-16619-2/F·2545
出 版 发 行:	北京大学出版社
地　　　址:	北京市海淀区成府路 205 号　100871
网　　　址:	http://www.pup.cn
电　　　话:	邮购部 62752015　发行部 62750672　编辑部 62752926　出版部 62754962
电 子 邮 箱:	em@pup.pku.edu.cn
印 　刷　 者:	三河市欣欣印刷有限公司
经 　销　 者:	新华书店
	787 毫米×1092 毫米　16 开本　37 印张　944 千字
	2010 年 7 月第 1 版　2010 年 7 月第 1 次印刷
印　　　数:	0001—4000 册
定　　　价:	75.00 元

未经许可,不得以任何方式复制或抄袭本书之部分或全部内容。

版权所有,侵权必究

举报电话:010-62752024　电子邮箱:fd@pup.pku.edu.cn

丛书序

20世纪90年代以来,顺应我国经济体制改革与组织发展的迫切需要,我国各类院校的管理学院或商学院纷纷试点开展MBA教育和相关的管理培训活动,并且十多年来取得了令人注目的进展。与此同时,与我国数百万家企业组织对于造就优秀管理者的需求相比,MBA教育的规模与质量都还远远不够。从工商管理教育的质量提升而言,我们在课程设计、师资队伍、教学模式和教材与案例建设等方面打下了坚实的基础。我们看到,在师资队伍方面,各校的师资力量在聘请和引进海外著名大学教师与毕业博士生回国从事MBA教学工作的基础上得到显著加强。在MBA的教材开发方面,近年来在国内多家出版社的努力下,已经翻译或者直接引进了一大批国外经典的工商管理教科书,这对我国工商管理教育水平的提高起到了很大的促进作用。但是,需要指出的是,迄今为止,我国各类出版社引进的教科书大多属于基础性或常规教材,例如,已有多种版本的《组织行为学》和《人力资源管理》等。在若干重要领域,还急需相对聚焦和整合性的教材系列。为了进一步提高我国工商管理专业教科书的水平,我们需要更加关注组织行为和人力资源管理的关键领域,例如,经理人员如何提高综合管理技能、如何与下属进行有效沟通、如何在组织中协调好团队关系,以及如何应对全球化与信息化的挑战等。这些问题无疑都是组织管理和领导力培养中的重要课题,同时也是导论性的组织行为学和人力资源管理教材无法系统介绍和深入讨论的。为此,北京大学出版社组织出版了这套《人力资源管理精选教材》,在专题系列教材和创新教材方面迈出了重要的一步,可谓高瞻远瞩。

自从霍桑实验发现企业组织不仅是一个技术经济系统,同时也是一个社会经济系统以来,组织中的人际与群体关系对工作绩效和员工工作生活质量的重要影响受到了广泛的重视,一系列新的概念不断产生,成为工商管理教育中的重要内容。因此,在学习中除了掌握和理解员工一般工作态度、价值观、个性特征、人际关系和工作行为以外,心理契约、组织公民行为、公司社会责任、决策技能、创业特质、团队引领能力、职业生涯管理能力、组织的变革能力和自我创新能力等新的要素,成为组织行为学和人力资源管理中的关键概念。同时,需要掌握和理解团队建设与管理的技能,需要具有制订团队决策的能力和激励团队成员的能力,需要具有有效的管理沟通能力,需要具有进行组织设计与组织变革实施的人力资源管理政策等。更重要的是,MBA课程日益强调学习技能、整合框架和应用策略。这也要求在MBA教学活动中将学生对概念和技术的掌握、对这些基础知识的应用和技能的提高等内化到校园内外的教学活动和工作活动中去。《人力资源管理精选教材》正是这样的教科书。该系列教材的特色主要包括以下几个方面:

■■■■■ **组织中的人际关系**

　　第一,这些教材都是在国外 MBA 教学中应用多年,不断修订和不断改进的高阶版本,其价值和有效性已经在多年教学实践中得到了验证,因此对我国工商管理教育具有重要的参考价值。

　　第二,与很多其他教科书相比,这些教材的最突出特点在于其内容的选取以具有大量而丰富的最新管理研究成果作为基础,而不是以一般观点为基础的普通教材。

　　第三,这些教材通过提供和编排大量高质量的练习、案例、自我评估工具,以及视频教学辅助材料的使用,使前后各个章节内容相互联系,将概念、方法的应用和实际技能的切实提高紧密地结合在一起。这样,在学完这些课程的内容之后,学生对管理能力的掌握将不仅局限在概念和框架层次上,而是可以深入到能够直接应用的水平。

　　近年来的管理教育讨论,日益提倡管理教育要接近实际、服务实际和能够学以致用。除了对教学案例的重视外,体验式的课堂练习与应用也取得了改进管理教育质量的实质性效果。这套系列教材通过加强学生在教学过程中的练习与应用来提高学生将课堂经历直接应用于实践的能力,为我们开拓了一种更符合我国现阶段工商管理教学为实践服务要求的新视角。我们期待着这套新专题教材在各类高校的工商管理课程教学中成为教师和学生喜爱的精品教材。

浙江大学管理学院　王重鸣
2006 年 1 月

前　言

John Nirenberg 在《力量的工具》一书中问道:"为什么许多学生学了很多知识,却很少能将其应用到个人生活和职业中?"这一点不足为奇,因为大部分教科书仅仅关注概念及例子,没有进一步发展学生应用知识的能力以及使用概念的技能。管理教育与学习协会的 Russ Ackoff 认为,我们应该教学生学会如何学习。《知与行的差距》一书的作者 Pfeffer 和 Sutton 提出,从他们的研究中得到的最重要的结论是,真正得以应用的知识往往是通过"干中学"获得的,而不是从"读"、"听"和"想"中得到的。本书的目的是帮助学生应用概念,培养个人生活及职业所需的技能,真正学会"干中学"。

我在 1988 年写了本书的第 1 版。之后 AACSB[①] 和 SCANS[②] 提出了技能发展及成果评估的理念,帮助教师提高学生应用概念的能力及发展组织行为和人际关系技能。和同类书不同,本书不仅仅告诉你概念。以关于如何找工作及获得晋升的"构建人际关系网"这一节为例,我会告诉你如何一步一步地构建人际关系网,此外还提供自测练习、应用练习、技能强化练习等。因此,你将不仅了解概念,还能切实发展技能。

或许有人会问:"这种重技能培养的方法有用吗?"事实是,本书已经出了 6 版,每个版本的销量都在增加。John Bigelow 在《管理教育杂志》上发表的论文"管理技能类课本:排行榜"中将本书排为组织行为学通用课程教材第一名。**评论家们认为这是一本讲述"如何与他人一起工作"的最佳教材**。虽然现在同类教材也增加了练习,但评论家还是认为其他教材在应用及能力强化练习的质量和数量上都不及本书。

兼顾整体性与灵活性

本书继续采用平衡三叉法。

[①] 美国国际商学院联合会。——译者注
[②] SCANS 指美国获得必备技能委员会,该委员会提出要培养学生创造思考、独立自主、人际关系、团队合作、结合信息化作业且能提高学习动机及培养应用专业的能力。——译者注

组织中的人际关系

- 清晰简明地理解人际关系及组织行为（HR/OB）概念（独一无二）；
- 批判性地思考如何在商务世界中应用 HR/OB 概念（共七种类型的应用练习）；
- 发展学生的 HR/OB 技能（共六种类型的技能强化练习）。

本书各章独立却又浑然一体。除了教材及相关配套资料，新版还包括了用来评估学生在概念、应用及技能三方面学习情况的测试题。为了保证全书的整体性及课程体验的严密性，我亲自编写了教材及教师手册中几乎所有应用练习及技能强化练习。

概念、应用和技能强化练习在前言、正文和教师手册/测试题库中均被清晰地标注，易于查找。本书一整套的资料提供了更高质量和更多数量的应用和技能强化材料，教师可以根据目标自由选择使用相关特色设计，从而创造出独特的课程风格。正是由于这一点，本书是市场上最具灵活性的教材。下面我将解释关于概念、应用和技能强化练习的特色设计。

概念

- 以研究为基础，更新了内容。本书以研究而非观点为基础。第 6 版得到彻底的更新。全书有超过 1 350 篇参考文献，平均每章 90 篇，比第 5 版增加了 22%。参考文献中，76% 是新引用的，约 90% 的参考文献是 2000 年及以后出版的，2000 年以前的文献主要是经典著作，如 Maslow 的激励理论和 Fiedler 的领导理论。
- 涵盖范围广。本教材比大部分同类教材包含了更多的主题。
- 系统性强。本教材有两种组织方式：首先，本书各部分以管理教育的能力模型为基础，依次讲述个人技能、人际技能和领导技能的培养。其次，本书还遵照组织行为学的方法，讨论从个人到小组再到组织层次的行为。系统效应在全书中得到讨论。第 2 章到第 15 章的案例中，都有涉及前面章节内容的问题，从而将各个章节的概念整合起来。
- 主题重现。第 2 章到第 15 章每章的第 1 节都讨论该章相关概念如何影响行为、人际关系及绩效。另外，大部分章节都讨论了相关概念在全球化环境中及电子化组织中的差异。
- 概念测试题库。测试题库包括了关于概念及每一章出现的关键术语的判断题和选择题。测试题库也包括了每一章的学习目标，可作为简答题来测验对概念的理解。在教师手册和测试题库中可以找到关于学习目标的答案。

应用练习

1. 开篇案例。每一章都用一个案例开头。开篇案例会贯穿全章，从而使学生更好地理解如何将概念应用于实际组织中。
2. 工作应用。贯穿每一章大概会有 11 个工作应用问题（全书共有 172 个），要求学生结合自己的工作经验来应用概念。工作经验可以是以前的工作或当前的工作、兼职工作、暑期工作或全职工作。工作应用要求学生进行批判性的思考，将概念与真实世界联系起来。

3. 情境应用。每一章都包含了 2—5 个情境应用方格,每个方格有 5—10 个问题(全书共 325 个问题),要求学生将概念应用于简短、具体的例子中。情境应用有助于培养学生的批判性思考能力。

4. 案例分析——互联网的使用和回顾性问题。每一章都有一个来自于现实组织的案例。在案例的结尾提供了该组织的网站,学生可以浏览该网站以获取关于案例的最新信息。教师手册中有"如何利用网络搜索案例相关资料"的内容。第 2 章—15 章包括了回顾性问题,问题包含了前面章节中出现过的概念。例如,第 11 章案例问题中有 5 个问题和第 11 章有关,最后 4 个问题和第 4 章、第 5 章、第 6 章、第 8 章和第 10 章的概念有关。这样,学生可以不断回顾和整合各章节的概念。

5. 客观题案例。在每一章的结尾都有一个短小的客观题案例。其独特之处在于案例问题的"客观性",一般有 10 个选择题和一个或几个开放性问题。这些案例要求学生将概念应用于分析人和组织。

6. 互联网练习。登录 mhhe.com/lussier6e,网站中包括自我测试和其他练习。

7. 应用测评题库和教师手册。测评题库包括了教材中的工作应用题、情境应用题及案例选择题,可用来评价学生的批判性思考技能。除了开篇案例已经在各章中贯穿分析外,上述所有应用性问题均可在教师手册中找到参考答案。

技能强化

1. 自我测试练习。每一章都有 2—5 道(总共 45 道,平均每章 3 道)自我测试练习,帮助学生了解自己。部分自我测试练习和技能强化练习紧密相联,可一起使用。每项练习中都包括了完成练习、分数统计及自我测试三部分。本书的另外一个新特点是增加了人格类型测试(见第 3 章),并且在其他所有章节中学生都可以了解到其人格特点与其对概念的使用有何联系。

2. 小组技能强化练习。大概 30% 的技能强化练习以小组(2—6 个成员)活动为主。因此,学生需要分成小组。

3. 角色扮演技能强化练习。约 10% 的技能强化练习主要通过行为模型来发展技能,具体介绍如下。因此,学生需要 3 人一组进行角色扮演。

4. 技能强化评估测试题库和教师手册。测试题库包括了评估技能强化效果的问题。教师手册给出了技能强化练习的详细指导和答案,阐述了怎样对学生进行测试,并提供了指导说明。

5. 技能强化目标和 SCANS 能力要求。每个技能强化练习的第一部分都列出了"目标","目标"之后是该练习可以锻炼的 SCANS 能力。

6. 个人和小组技能强化练习。约 60% 的技能强化练习主要集中在个人能力的培养上,且大部分是在课外准备练习的过程中获得的。然而,课堂小组练习由于有概念使用和答案分享,因此可以加强技能强化的效果。教师可以灵活选择:(1) 让学生在课外和课堂上完成准备练习,检查答案,总结评价并引导课堂讨论,而不进行小组练习;或者 (2) 根据练习指示,课堂上进行小组练习。

创新总结

- 教材编写采用平衡三叉法:概念、应用、技能。
- 测试题库编写采用平衡三叉法:概念、应用、技能。
- 七种应用练习,包括在线的网络测试,帮助学生发展批判性思考的技能。
- 六种技能强化练习,切实提高学生个人和职业生活所需的技能。
- 高度的灵活性——教师可根据需要,使用教材中全部或部分特色设计。

第6版更新

我对于第6版的改进感到非常振奋。它不仅仅是更新了,比起前5版也更加完美。我先介绍总体变化,然后再具体说明每章有哪些改进。

- 重新组织章节。虽然仍然按照组织行为的层次安排内容,但第6版还兼顾以教育管理能力模型为基础,从第1篇个人技能,到第2篇人际技能,再到第3、4篇领导技能。关于沟通的第4、5两章被重新组织,冲突管理从第8章转到第6章,与第4、5两章一起组成第2篇人际技能。第13章组织变革和文化置于第12章和第14章之间,以更好地组织和更新内容,并为新章节留出空间。
- 新增章节。增加了第10章人际关系网和谈判。
- 更多的全球比较及电子组织比较。共有13章讨论了相关概念在全球范围内的适用性以及在电子组织中应用的差异。此外,第6版比以前增加了关于性别的比较。
- 更新了参考文献。有超过1 350篇参考文献,平均每章90篇,比第5版多了22%。在参考文献中,76%是新的,大概90%是2000年及以后的文献,2000年之前的参考文献主要是经典文献,如激励理论(Maslow)和领导理论(Fiedler)。
- 更多自我测试练习,增加了一种新题型。自我测试练习的总数几乎翻倍,达到45道题,平均每章3道题,包括11个新的传统题型。第2章开始有新题型,要求学生确定自己的人格特征。第3章到第15章,学生可以评估自己的人格特征对相关章节的概念将产生何种影响。
- 更新了技能强化练习。共增加了11个技能强化练习题,比第5版多了22%,总共49道题,平均每章3道题。
- 更新了每章第一节的内容。从第2章到第15章,每章第一节都讨论相关概念如何影响行为、人际关系和绩效,展示概念的重要性及每章内概念之间的相互关系。而在第5版中,类似的讨论仅贯穿于部分章节。
- 章节内容变化。教师手册中有关于这些变化的详细介绍。

第1章。这一章得到重新组织。有一小节专门介绍全书的内容构成。此外,"当代的研究和21世纪面临的问题"这部分内容被重新组织并更新。

第 2 章。增加了关于控制点及情绪智能的讨论。关于着装和打扮的讨论被移到第 15 章职业生涯管理部分。

第 3 章。增加了对归因理论、自我认知、工作满意度的全球差异等内容的讨论。新增了一节讨论道德伦理问题。为了更好地讲述第 1 篇的个人技能主题，部分道德问题从第 5 版的第 9 章移到第 6 版的第 3 章。道德伦理的范围也被改变和扩大了。增加了关于道德行为的自我测试练习，问题的质量和数量也得到了提高。

第 4 章。增加了对沟通过程的讨论，包括了沟通障碍（来自第 5 版第 5 章）。增加了性别差异和高（低）语境文化的讨论。在"克服全球障碍"部分，更新了克服障碍的五种指导建议。此外，六种反应类型被减为五种。

第 5 章。关于当代组织的次小节被完全改写和更新，包括了学习、团队、虚拟组织、无边界组织及电子组织，并讨论了当代组织是如何影响人际关系的。写作技能部分增加了情境应用。第 5 版中的第 4 章"处理情绪化的员工"被扩展为包括情感劳动、性别差异及全球差异。

第 6 章。扩大了工作环境暴力的概念范围，包括了愤怒和暴力的诱因、应对自己及他人的愤怒、潜在暴力的信号、组织和个人对暴力的阻止，还增加了两个工作应用题。对几种冲突管理类型的差异有了更新的解释。

第 7 章。全球领导能力多样化部分被重新组织和更新，包括了特定国家在领导能力、电子组织和网络领导能力方面的差异。增加了信任的内容，讨论了关于信任和乔哈瑞窗口的三个层次和五个维度。

第 8 章。"激励理论是否全球适用"被重新改写，增加了新的参考文献。有更多具体国家关于激励和跨文化的例子。每个激励理论都进行跨文化应用的讨论。此外，还专门解释了在电子组织和传统组织中的激励的区别。

第 9 章。"权力"部分新增了关于影响策略的讨论，说明如何说服不属于你职位权力范围内的人。此外，还增加了权力距离与电子组织的区别。

第 10 章。第 10 章是全新的章节。包括如何构建人际关系网以及谈判和影响过程。

第 11 章。增加了对全球虚拟团队的讨论。

第 12 章。头脑风暴的讨论被扩大，列出并解释了四种头脑风暴的规则。还增加了对大脑写作及电子头脑风暴的讨论。增加了一节关于 Victor Vroom 的规范领导决策模型的内容。此外，还讨论了决策的全球差异。

第 13 章。整合了第 5 版的第 12 章和第 14 章，在"组织发展"中涉及更广的人力资源管理的内容。对文化的讨论也增多了。

第 14 章。更新了关于职业女性的相关数据，提出通过构建人际关系网格打破玻璃天花板的重要性。增加了关于家庭性别角色的论述。

第 15 章。增加了如何撰写简历、如何撰写并发送电子简历的内容。原来在第 5 版第 2 章的"衣着和礼仪"部分被放在了该章。

致谢

我要感谢我的导师及多部著作的合作者 Joel Corman 对我在 Suffolk 大学研究生学习期间及之后的建议及鼓励。

特别要感谢对第 6 版提出独到建议的各位评阅人：

Boyd Dallos, Lake Superior College
Sally Martin Egge, Cardinal Stritch University
Brian E. Perryman, University of Phoenix
Glenna Vanderhoof, Southwest Missouri State University
Marion Weldon, Edmonds Community College
Lee Higgins, Southeast Community College—Beatrice Campus
Janet Weber, McCook Community College

此外,还要感谢过去 5 版的各位评阅人：

William Weisgerber, Saddleback College
Andy C. Saucedo, Dona Ana Community College
Charleen Jaeb, Cuyahoga Community College
John J. Heinsius, Modesto Junior College
Roger E. Besst, Muskingum Area Technical College
Rebecca S. Ross, Shenango Valley School of Business
Thomas E. Schillar, University of Puget Sound
Rosemary Birkel Wilson, Washtenaw Community College
Thomas J. Shaughnessy, Illinois Central College
Edward J. LeMay, Massasoit Community College
Julie Campbell, Adams State College
John Gubbay, Moraine Valley Community College
Ruth Dixon, Diablo Valley College
John J. Harrington, New Hampshire College
Robert Wall Edge, Commonwealth College
Abbas Nadim, University of New Haven
Steve Kober, Pierce College
Dee Dunn, Commonwealth College
Marlene Frederick, New Mexico State University at Carlsbad
Linda Saarela, Pierce College
David Backstrom, Allan Hancock College
Rob Taylor, Indiana Vocational Technical College
Warren Sargent, College of the Sequoias

Jane Binns, Washtenaw Community College

Charles W. Beem, Bucks County Community College

Robert Nixon, Prairie State College

Leo Kiesewetter, Illinois Central College

Stephen C. Branz, Triton College

William T. Price, Jr., Virginia Polytechnic Institute and State University

Jerry F. Gooddard, Aims Community College

Rex L. Bishop, Charles Community College

Bill Anton, DeVard Community College

Stew Rosencrans, University of Central Florida

John Magnuson, Spokane Community College

Doug Richardson, Eastfield College

还要感谢提出修改建议的学生们：

Doug Nguyen, Truckee Meadows Community College of Nevada

Richard Gardner, New Hampshire College

Peter Blunt, New Hampshire College

Christianne Erwin, Truckee Meadows Community College

Robert Neal Chase, New Hampshire College

联系方法

这本书为你们而写，所以请告诉我你对此书的看法。写信给我并告诉我你喜欢和/或不喜欢的地方，尤其是你认为可以改进的地方，我将会对你的反馈作出回应。如果我采纳了你的建议，你的名字和所在的学校将会出现在下一个版本的致谢部分。我真诚地希望你可以通过此书提高人际关系技能。

春田大学管理系管理学教授罗伯特·N.卢西尔

春田，MA 01109

413-748-3202

rlussier@spfldcol.edu

Contents

目 录

第1篇 个人技能：行为、人际关系和绩效从自我开始

第1章 行为、人际关系和绩效 ……… 3
- 1.1 为什么人际关系技能如此重要 …… 4
  - 1.1.1 我能从本书中学到什么 … 4
  - 1.1.2 对人际关系的几种错误理解和相应的解释 ……… 4
  - 1.1.3 人际关系的目标 ……… 6
  - 1.1.4 全人管理法 ……… 7
- 1.2 行为、人际关系和组织绩效 ……… 8
  - 1.2.1 行为层次 ……… 8
  - 1.2.2 个人行为、团队行为与组织绩效之间的关系 ……… 10
  - 1.2.3 行为、人际关系和组织绩效之间的关系 ……… 11
- 1.3 人际关系研究：过去、现在和未来 ……… 13
  - 1.3.1 人际关系学是一门交叉性学科 ……… 13
  - 1.3.2 早年的研究：Frederick Taylor 和 Robert Owen ……… 13
  - 1.3.3 Elton Mayo 和霍桑试验 ……… 14
  - 1.3.4 20世纪30年代到70年代的研究 ……… 15
  - 1.3.5 20世纪80年代的研究 ……… 15
  - 1.3.6 20世纪90年代的研究 ……… 16
  - 1.3.7 当代的研究和21世纪面临的问题 ……… 16
- 1.4 培养人际关系技能 ……… 18
  - 1.4.1 人际关系准则 ……… 18
  - 1.4.2 如何处理人际关系中遇到的问题 ……… 22
- 1.5 本书的写作目的和结构安排 ……… 23
  - 1.5.1 写作目的 ……… 23
  - 1.5.2 结构安排 ……… 24
- 1.6 人际关系技能评估 ……… 25

第2章 人格、学习和感知 ……… 36
- 2.1 人格、压力、智力以及学习、感知和第一印象对行为、人际关系和绩效的影响 ……… 37
- 2.2 人格 ……… 38
  - 2.2.1 人格的形成 ……… 40
  - 2.2.2 大五人格模型 ……… 40
- 2.3 压力 ……… 43
  - 2.3.1 什么是压力 ……… 43
  - 2.3.2 压力的积极作用 ……… 43
  - 2.3.3 压力过大产生的问题 ……… 44
  - 2.3.4 压力产生的原因 ……… 44
  - 2.3.5 压力症状 ……… 46
  - 2.3.6 压力控制 ……… 46
- 2.4 智力和学习 ……… 49
  - 2.4.1 智力 ……… 49

2.4.2 学习类型 …………… 50
　　2.4.3 学习型组织 …………… 54
2.5 感知 …………………………… 55
　　2.5.1 感知的特性 …………… 55
　　2.5.2 影响感知的偏见 ……… 55
2.6 形成良好的第一印象 ………… 58
　　2.6.1 首因效应及4分钟障碍 … 58
　　2.6.2 形象树立 ……………… 58

第3章 态度、自我认知、价值观和道德
………………………………………… 67
3.1 态度、工作满意度、自我认知、价值观与道德如何影响行为、人际关系与绩效 …………… 68
3.2 态度 …………………………… 69
　　3.2.1 态度是什么，态度重要吗 … 69
　　3.2.2 态度是如何形成的 …… 69
　　3.2.3 管理者的态度及其对绩效的影响 ………………… 70
　　3.2.4 改变态度 ……………… 72
3.3 工作满意度 …………………… 75
　　3.3.1 工作满意度的本质及重要性 ………………………… 75
　　3.3.2 工作满意度的决定因素 … 75
　　3.3.3 美国人的工作满意度 … 77
3.4 自我认知 ……………………… 77
　　3.4.1 自我认知及其形成 …… 78
　　3.4.2 自我效能感 …………… 78
　　3.4.3 归因理论与自我认知 … 79
　　3.4.4 构建积极的自我认知 … 80
3.5 价值观 ………………………… 82
　　职场信仰 …………………… 84
3.6 道德 …………………………… 86
　　3.6.1 道德行为会有回报吗 … 88
　　3.6.2 个性品质与态度、道德发展以及环境如何影响道德行为 …………………… 88
　　3.6.3 人们如何为不道德行为辩解 …………………………… 90

　　3.6.4 道德决策的人际关系原则 …………………………… 90

第2篇 人际技能：人际关系的基础

第4章 人际沟通 ………………… 103
4.1 人际沟通怎样影响行为、人际关系以及绩效 ……………… 105
4.2 沟通过程及沟通障碍 ………… 105
　　4.2.1 信息发出者将信息编码并选择传递渠道 ………… 107
　　4.2.2 信息发出者传递信息 … 107
　　4.2.3 信息解码并决定是否需要反馈 ………………………… 108
　　4.2.4 反馈：做出反应或者传递新信息 …………………… 108
4.3 传递信息 ……………………… 112
　　4.3.1 信息计划 ……………… 112
　　4.3.2 面对面传递信息 ……… 112
4.4 接收信息 ……………………… 113
　　4.4.1 倾听的层次 …………… 115
　　4.4.2 积极投射型倾听的技巧 … 116
4.5 对信息做出回应 ……………… 118
　　4.5.1 反馈 …………………… 118
　　4.5.2 征求反馈 ……………… 118
　　4.5.3 回应方式 ……………… 120

第5章 组织结构和沟通 ………… 131
5.1 组织结构和沟通如何影响行为、人际关系和绩效 …………… 132
5.2 组织结构 ……………………… 133
　　5.2.1 组织的原则 …………… 133
　　5.2.2 分部门经营 …………… 135
　　5.2.3 当代组织 ……………… 137
5.3 组织沟通 ……………………… 139
　　5.3.1 纵向沟通 ……………… 140
　　5.3.2 横向沟通 ……………… 140
　　5.3.3 小道消息 ……………… 141

5.3.4　沟通网络 …………… 142
5.4　信息传输渠道 ……………… 143
　　5.4.1　口头沟通 …………… 144
　　5.4.2　书面沟通 …………… 144
　　5.4.3　写作技巧 …………… 145
　　5.4.4　非语言沟通 ………… 149
　　5.4.5　渠道的综合使用 …… 150
5.5　情绪 ………………………… 151
　　5.5.1　情绪劳动 …………… 151
　　5.5.2　管理情绪化的员工 … 152
5.6　批评 ………………………… 153
　　5.6.1　接受批评 …………… 153
　　5.6.2　给予批评 …………… 153

第6章　冲突管理 ………………… 173
6.1　人际动力学如何影响行为、
　　　人际关系和绩效 …………… 174
6.2　交流分析 …………………… 175
　　6.2.1　自我状态 …………… 176
　　6.2.2　交流的类型 ………… 177
　　6.2.3　生活定位及肯定 …… 179
6.3　自信行为 …………………… 180
　　6.3.1　被动型行为 ………… 181
　　6.3.2　攻击型行为 ………… 182
　　6.3.3　被动—攻击型行为 … 182
　　6.3.4　自信行为 …………… 183
　　6.3.5　应对愤怒和防止工作场合
　　　　　暴力 ………………… 185
6.4　冲突管理类型 ……………… 188
　　6.4.1　冲突产生的原因和避免冲突
　　　　　……………………… 188
　　6.4.2　强迫型冲突风格 …… 192
　　6.4.3　逃避型冲突风格 …… 192
　　6.4.4　迁就型冲突风格 …… 192
　　6.4.5　妥协型冲突风格 …… 193
　　6.4.6　协作型冲突风格 …… 193
6.5　用协作型冲突风格方式解决
　　　冲突 ………………………… 195
　　6.5.1　提出冲突解决方案 … 195

　　6.5.2　回应冲突解决方案 … 197
　　6.5.3　调解冲突解决方案 … 197
6.6　总结 ………………………… 198

第3篇　领导技能：影响他人

第7章　领导与信任 ……………… 215
7.1　领导怎样影响组织行为、人际
　　　关系和绩效 ………………… 216
7.2　领导特质理论 ……………… 217
　　7.2.1　Ghiselli 的研究 …… 218
　　7.2.2　当代的研究 ………… 218
7.3　领导行为理论 ……………… 220
　　7.3.1　基本的领导类型 …… 220
　　7.3.2　二维领导模式 ……… 220
　　7.3.3　领导方格论 ………… 222
　　7.3.4　变革型领导 ………… 224
7.4　领导的权变理论 …………… 225
　　7.4.1　权变领导理论 ……… 225
　　7.4.2　领导行为连续体 …… 227
　　7.4.3　规范性领导理论 …… 229
　　7.4.4　情境领导理论 ……… 230
7.5　情境管理 …………………… 231
　　7.5.1　情境的定义 ………… 235
　　7.5.2　选用适当的情境管理类型
　　　　　……………………… 236
　　7.5.3　情境管理模型应用 … 238
7.6　比较各种领导理论 ………… 239
7.7　领导替代 …………………… 240
7.8　领导的多样性和全球化 …… 240
7.9　信任 ………………………… 242
　　7.9.1　信任的类型 ………… 243
　　7.9.2　建立信任 …………… 244

第8章　激励绩效 ………………… 256
8.1　激励的重要性 ……………… 257
　　8.1.1　什么是激励以及它为什么
　　　　　重要 ………………… 257
　　8.1.2　激励是如何影响行为和人际

关系的 ………………………… 258
8.2 内涵激励理论 ……………………… 259
　8.2.1 需求层次 …………………… 259
　8.2.2 ERG 理论 …………………… 261
　8.2.3 双因素理论 ………………… 261
　8.2.4 明确需求理论 ……………… 264
　8.2.5 组织如何满足员工的需求
　　　 ……………………………… 266
8.3 过程激励理论 ……………………… 267
　8.3.1 期望理论 …………………… 267
　8.3.2 公平理论 …………………… 269
8.4 强化理论 …………………………… 270
　促使雇员工作和按时工作的
　组织强化方法 ……………………… 272
8.5 激励技巧 …………………………… 273
　8.5.1 给予赞扬 …………………… 273
　8.5.2 目标及目标管理 …………… 275
　8.5.3 工作丰富化 ………………… 277
　8.5.4 工作设计 …………………… 278
8.6 激励理论全球通用吗 ……………… 280
　激励的文化差异 …………………… 280

第 9 章 道德权力与政治 ……………… 290
9.1 权力、政治和道德如何影响行为、
　　人际关系和绩效 ………………… 291
9.2 权力 ………………………………… 292
　9.2.1 组织权力 …………………… 293
　9.2.2 权力基础及如何扩大权力
　　　 ……………………………… 293
　9.2.3 影响策略 …………………… 296
9.3 组织中的政治 ……………………… 300
　9.3.1 组织政治的本质 …………… 300
　9.3.2 培养政治技能 ……………… 301
9.4 商业道德和礼节 …………………… 302
　9.4.1 Ⅰ型道德和Ⅱ型道德 ……… 302
　9.4.2 道德的政治和非道德的政治
　　　 ……………………………… 303
　9.4.3 道德规范 …………………… 304
　9.4.4 礼节 ………………………… 305

9.5 垂直政治 …………………………… 309
　9.5.1 与老板的关系 ……………… 309
　9.5.2 与下级的关系 ……………… 310
9.6 水平政治 …………………………… 311
　9.6.1 与同事的关系 ……………… 312
　9.6.2 与其他部门人员之间的关系
　　　 ……………………………… 312
9.7 权力、政治和礼节全球通用吗
　　 …………………………………… 314

第 10 章 人际关系网与谈判 …………… 324
10.1 人际关系网和谈判如何影响
　　 行为、人际关系和绩效 ………… 325
10.2 构建人际关系网 ………………… 326
　10.2.1 构建人际关系网的原因和
　　　　 现实性 ……………………… 328
　10.2.2 自我评价和设定目标 ……… 329
　10.2.3 准备一分钟自荐 …………… 330
　10.2.4 发展人际关系网 …………… 331
　10.2.5 安排会谈 …………………… 332
　10.2.6 维持人际关系网 …………… 334
　10.2.7 同盟 ………………………… 334
10.3 谈判 ……………………………… 335
　10.3.1 谈判 ………………………… 336
　10.3.2 谈判过程 …………………… 337
10.4 人际关系网和谈判在全球
　　 适用吗 …………………………… 344
10.5 施加影响的过程 ………………… 346

第 4 篇　领导技能：团队和组织行为、人际关系和绩效

第 11 章 团队动力和领导 ……………… 357
11.1 团队如何影响行为、人际关系
　　 以及绩效 ………………………… 358
　11.1.1 团队绩效模型 ……………… 358
　11.1.2 团队类型 …………………… 359
11.2 团队结构 ………………………… 361
　11.2.1 领导 ………………………… 361

11.2.2 组成 ……………………… 361
　　11.2.3 问题的解决和决策的制订
　　　　　…………………………… 361
　　11.2.4 冲突 ……………………… 362
11.3 团队动力 …………………… 362
　　11.3.1 目标 ……………………… 362
　　11.3.2 团队规模 ………………… 363
　　11.3.3 团队规范 ………………… 363
　　11.3.4 团队凝聚力 ……………… 364
　　11.3.5 团队中的地位 …………… 365
　　11.3.6 团队角色 ………………… 366
11.4 团队发展阶段 ……………… 369
　　11.4.1 第1阶段:定位 …………… 369
　　11.4.2 第2阶段:不满 …………… 369
　　11.4.3 第3阶段:问题解决 ……… 370
　　11.4.4 第4阶段:生产 …………… 370
　　11.4.5 第5阶段:终止 …………… 370
11.5 作为情境管理者来领导团队
　　　………………………………… 372
　　情境管理和团队发展阶段 ……… 375
11.6 会议领导技巧 ……………… 377
　　11.6.1 会议的计划 ……………… 377
　　11.6.2 会议的组织 ……………… 379
　　11.6.3 问题成员的管理 ………… 380
11.7 总结 ………………………… 382

第12章 团队、创造性的问题解决和决策制订 ………………………… 391
12.1 决策如何影响行为、人际关系和绩效 ……………………………… 392
　　解决问题和决策之间的关系 …… 393
12.2 决策风格 …………………… 394
　　12.2.1 反射型风格 ……………… 395
　　12.2.2 省思型风格 ……………… 395
　　12.2.3 一致型风格 ……………… 395
12.3 决策模型 …………………… 395
　　12.3.1 第一步:明确问题 ………… 396
　　12.3.2 第二步:设定目标和标准
　　　　　…………………………… 396

　　12.3.3 第三步:产生若干选择方案
　　　　　…………………………… 396
　　12.3.4 第四步:分析所有选择方案
　　　　　并挑选一个 ……… 397
　　12.3.5 第五步:计划、决策实施和
　　　　　控制 ……………… 397
12.4 团队创造性的问题解决和决策
　　　制订 ……………………… 399
　　12.4.1 创造过程 ………………… 399
　　12.4.2 运用团队智慧去产生创造性
　　　　　选择方案 ………… 400
12.5 团队决策的优势和劣势 …… 403
　　12.5.1 团队决策的优势 ………… 403
　　12.5.2 团队决策的劣势 ………… 404
12.6 规范领导决策模型 ………… 405
　　12.6.1 领导参与风格 …………… 405
　　12.6.2 确定合适的领导风格的模型
　　　　　问题 ……………… 406
　　12.6.3 根据情形选择时间驱动或
　　　　　发展驱动模型 …… 406
　　12.6.4 确定合适的领导风格 …… 408
12.7 决策方式普遍适用于全球吗
　　　…………………………… 410

第13章 组织变革和文化 ………… 424
13.1 变革如何影响行为、人际关系
　　　和绩效 …………………… 425
13.2 管理变革 …………………… 425
　　13.2.1 变革的类型 ……………… 426
　　13.2.2 变革过程的阶段 ………… 429
13.3 变革的阻力以及如何消除变革
　　　阻力 ……………………… 429
　　13.3.1 变革阻力 ………………… 430
　　13.3.2 消除变革阻力 …………… 432
　　13.3.3 对抵触的回应 …………… 433
　　13.3.4 变革模型 ………………… 434
13.4 组织文化 …………………… 435
　　13.4.1 认识组织的文化 ………… 435

13.4.2 强文化与弱文化、积极文化
　　　　　与消极文化 …………… 436
13.5 组织气候 ……………………… 437
　　气候的维度 ………………… 438
13.6 组织发展 ……………………… 439
　　13.6.1 通过组织发展改变、管理
　　　　　组织文化和气候 ……… 439
　　13.6.2 培训与发展 …………… 440
　　13.6.3 绩效评估 ……………… 442
　　13.6.4 网格式组织发展 ……… 446
　　13.6.5 调查表反馈 …………… 447
　　13.6.6 力场分析法 …………… 447
　　13.6.7 团队构建 ……………… 448
13.7 组织文化、组织气候和组织
　　 发展间的关系 ………………… 450

第14章 重视全球多元化 ……… 466
14.1 多元化如何影响行为、人际
　　 关系和绩效 …………………… 467
14.2 偏见和歧视 …………………… 468
　　14.2.1 就业歧视普遍存在的领域
　　　　　 ………………………… 469
　　14.2.2 多元化评价培训 ……… 469
14.3 全体均等就业机会 …………… 470
　　14.3.1 影响就业机会的法律 … 470
　　14.3.2 自由就业调查 ………… 471
　　14.3.3 从积极行为到重视多元化
　　　　　 ………………………… 473
14.4 受到法律保护的人士及性
　　 骚扰 …………………………… 474
　　14.4.1 少数群体 ……………… 474
　　14.4.2 艾滋病和艾滋病检验 … 477
　　14.4.3 女性和性骚扰 ………… 478

14.5 男性至上主义和工作与家庭
　　 之间的平衡 …………………… 480
　　14.5.1 劳动妇女 ……………… 481
　　14.5.2 女性管理者 …………… 483
　　14.5.3 克服性别歧视 ………… 484
　　14.5.4 家庭中性别角色的转化 … 485
　　14.5.5 工作和家庭的平衡 …… 489
14.6 管理多元化 …………………… 489
14.7 全球多元化 …………………… 491
　　14.7.1 跨国企业 ……………… 491
　　14.7.2 跨文化关系 …………… 492
14.8 处理雇员的投诉 ……………… 494

第5篇　个人技能：个人发展

第15章 时间管理和职业生涯管理 …… 507
15.1 时间管理和职业生涯管理
　　 如何影响行为、人际关系
　　 和绩效 ………………………… 508
15.2 时间管理 ……………………… 508
　　15.2.1 分析时间的利用 ……… 509
　　15.2.2 优先性判别 …………… 512
　　15.2.3 时间管理系统 ………… 515
　　15.2.4 时间管理技巧 ………… 520
15.3 职业生涯管理 ………………… 523
　　15.3.1 职业阶段 ……………… 523
　　15.3.2 职业规划和职业发展 … 524
　　15.3.3 获得一份工作 ………… 526
　　15.3.4 获得加薪和晋升 ……… 529
　　15.3.5 衣着打扮 ……………… 532

注释 …………………………………… 542

第1篇
个人技能:行为、人际关系和绩效从自我开始

- 第1章　行为、人际关系和绩效
- 第2章　人格、学习和感知
- 第3章　态度、自我认知、价值观和道德

Chapter 1

第 1 章
行为、人际关系和绩效

学习目标

通过本章的学习,你应该能够:
1. 阐释人际关系技能的重要性。
2. 讨论人际关系的目的。
3. 描述个人和团队绩效与组织绩效之间的关系。
4. 描述行为、人际关系和组织绩效的相互关系。
5. 简要描述人际关系理论的发展历程。
6. 阐述人际关系研究的趋势及其面临的挑战。
7. 解释有效人际关系的 9 项原则。
8. 评估个人的人际关系能力。
9. 按照课程要求,制订提高个人人际关系的 5 个学习目标。
10. 掌握以下 17 个关键术语(以在本章中出现的先后为序):

人际关系 human relations
人际关系目标 goal of human relations
双赢的人际关系 win-win situation
全人管理法 total person approach
行为 behavior
行为层次 levels of behavior
团队行为 group behavior
组织 organization
组织行为 organizational behavior

绩效 performance
系统效应 systems effect
Elton Mayo
霍桑效应 Hawthorne effect
Z 理论 Theory Z
个人技能 intrapersonal skill
人际技能 interpersonal skill
领导技能 leadership skill

■■■ 组织中的人际关系

引例

IBM 公司是全球最著名的信息技术公司,总部设在纽约州的阿蒙克市。截至 2002 年年底,IBM 公司的总资产高达 965 亿美元,收入超过 81 亿美元,股东接近 67.5 万人。在全世界拥有雇员近 31.6 万人的 IBM 公司需要大量有效的人际关系。公司的使命是:"我们努力创造、开发和生产本行业最先进的信息技术,包括计算机系统、软件、存储系统和微电子技术。通过我们专业的解决方案、服务以及全球咨询业务,将这些先进的技术转化为顾客的价值"。[1] 想了解更多 IBM 的信息,请登录 www.ibm.com。

Olin Ready 大学毕业后的第一份全职工作就是在 IBM 公司上班。第一天开车去上班的路上,他一直在想:怎样做才能适应新的环境呢?我的同事和新老板 Nancy Westwood 会喜欢我吗?工作中会不会遇到困难?我能得到加薪或升职吗?与此同时,Nancy 在开车去公司的路上也正在考虑他的新下属 Olin:他能与同事和谐相处吗?他乐于接受我的建议和领导吗?他会努力工作成为一名高绩效的员工吗?

如果你是 Olin,你要怎样做才能实现自己的目标呢?如果你是 Nancy,你要怎样做来帮助 Olin 实现他的目标呢?对任何组织来说,积极的人际关系追求的都是:实现组织目标的同时满足员工需求。

1.1 为什么人际关系技能如此重要

让我们首先来讨论一下你能从本书中学到些什么,接着看看人们对人际关系的几种错误理解以及在现实生活中人际关系技能为什么如此重要,最后讨论一下人际关系的目标和全人管理法。

1.1.1 我能从本书中学到什么

看到本书,人们很自然地就会想到,我能从这本书中学到些什么,或这本书为我提供了些什么?虽然人们很少直接这么问或回答,但这的确是所有人际关系中普遍存在的问题。简明扼要地回答:怎样使你能与人更好地相处——这就是本书讲述的全部内容——能使你在个人生活和职业生涯中更为成功。[2] 这是一门能将课堂上学习的内容运用到个人生活中的课程之一,这样的课程可能为数不多。无须等到毕业之后才去应用这些知识,你马上就能运用它们来构建你的人际关系。现在,让我们通过探讨几种对人际关系的错误理解来详细解释本书的内容。

1.1.2 对人际关系的几种错误理解和相应的解释

对人际关系的四种错误理解:专业技能更为重要;人际关系讲的不过是些常识而已;过分

第1章　行为、人际关系和绩效

强调人际关系的多样性;领导者是天生的,不是后天培养出来的。

误解1:专业技能比人际关系更重要　有些学生认为,人际关系或组织行为学(OB)这样的课,没有计算机科学和会计学等技术性课程重要。[3]可实际情况是:在一次对大学毕业生的调查中,人际关系课被列为最有价值的课程之一。[4]很多学生说,人际关系课是他们最感兴趣的课程,因为这是一门与他们切身相关的课程。其实,人际关系是一门针对我们个人,教我们如何与家人、朋友、同事和周围每个人相处的课程。被调查的学生还说,他们喜欢这门课是因为,他们能把所学内容马上应用到日常的个人生活和职业生活中。你想生活得随心所欲、游刃有余吗?人际关系技能能帮助你实现你的个人目标、职业目标和组织目标。通过学习人际关系,你将学到一些技能,帮助你解决类似本章引例中Nancy和Olin所面临的问题。

管理学家Russell Ackoff说:"技术并不像人们想象得那么重要。"[5]和谐的团队工作才是技术创新的源泉。[6]优秀的管理者要花费95%的时间处理人的问题,处理技术问题的时间仅占他们工作时间的5%。[7]一些大公司的招聘人员说,专业技能并不是他们关注的重点,他们寻求的是具有很强人际关系技能的应聘者。[8]专业的技术能力更新得很快,相对来说容易学习,重要的是要具有很强的人际关系技能。世界首富、微软公司(Microsoft Corporation)的CEO和创始人之一——Bill Gates建议:在学校里就要学会如何与人一起工作。[9]以技术为主导的IBM公司,每年平均为每个员工提供40个小时的培训,这其中有32个小时是关于人际关系的内容。

误解2:人际关系仅仅是些常识性内容　一些学生认为,人际关系的学习内容很简单,不过是些常识而已。可是,组织中的所有成员都能够在一起愉快相处、协同工作吗?如果说人际关系讲的真的只是些常识,为什么绝大多数有经验的管理者都认为人的问题是最困扰人、最难解决的问题?[10]处理人际关系的能力是决定一个人职业成败唯一的也是最主要的要素。据卡内基基金会(Carnegie Foundation)的调查,职业成功的因素中85%取决于个人素质。哈佛职业指导所(Harvard Bureau of Vocational Guidance)的调查表明,在所有解雇员工的原因中,不能很好地与同事相处占到66%。随着雇员规模的减小,工作的要求越来越高,人的工作压力相应增大,工作场所的暴力事件也因此增加。[11]在工作过程中,管理者们力图构建组织与员工之间的和谐[12];换言之,你能与雇员和顾客愉快相处吗?

误解3:世界的多元性被过分强调了　一些学生认为,世界的多元性确实存在,但并不严重。随着经济全球化的加剧、供应商与消费者国际化程度的提高和通信技术的日新月异,许多人每天都会与来自不同文化背景的人打交道。这种多元文化的接触对员工的人际关系能力提出了更高要求,它要求员工能与来自不同文化背景的人一起工作。几年以前,一些企业在管理中就开始引入团队管理法,在全球化的基础上,这种趋势仍在继续。在美国,随着大量移民的涌入,即使是只经营国内业务的公司,其员工队伍也正在变得越来越多元化。[13]估计到2030年,美国总人口中,白人的比例将不超过50%。可见,怎么强调人际关系的多样性问题都不过分。

IBM公司顺应了这种多样化的趋势,其业务拓展到世界各地。在最近的一份广告中,IBM公司声称,世界经济已经发生了根本性的变化,消费者正在被赋予了更多的权利,他们的要求越来越多,忍耐力却越来越弱。全世界的公司都更加注重与供应商和消费者的关系。[14]29名世界一流公司的CEO们一致认为,企业与消费者和供应商之间的关系正在变得如同产品本身一样重要。[15]很显然,要想在多样化的世界经济中取得胜利,就需要具备良好的人际关系技能。

误解4:领导者是天生的,不是培养出来的　有些学生认为,除非自己处于领导位置,否则是不可能通过培养来提高领导技能的。有效的领导者具有较强的人际关系能力,人际关系技能是领导能力培训的内容之一。"领导者是天生的还是后天造就的?"经过多年的研究,人们得出了普遍认可的结论:领导力既是一门艺术(没有固定的模式可以效仿),又是一门科学(确有规律可循)[16],不过有些人确实具有与人打交道的天分。然而,在最近的一次关于领导技能的讨论会上,专家们一致认为:领导技能可以通过培养来获得[17],近来的一份研究结果也证实了这个结论。[18] 其实,所有的大公司每年都花费大量费用进行领导技能的培训。如果领导技能不能通过培训提高,那这些企业为什么要如此投入?无论你是否天生具有人际交往的能力,通过本书的学习,你的人际关系技能都将会得到培养、提高。

工作应用

1. 用自己的话解释为什么人际关系技能对你很重要,它对你未来的职业生涯将起到怎样的作用?

1.1.3 人际关系的目标

人际关系(human relations)是人与人之间的相互关系。当 Olin 在 IBM 公司开始他第一天的工作时,他要与新老板 Nancy 打交道。其后,会有不同的人向 Olin 介绍公司的情况,进行入职培训。接下来的日子里,Olin 在日常工作中将同 Nancy、办公室里的同事、其他部门的同事以及客户们发生各种各样的联系。良好的人际关系是 Olin 在 IBM 公司成功的基础。

人际关系目标(goal of human relations)即在满足员工需求的同时实现组织的目标进而构建双赢局面。**双赢**(win-win situation)即组织和组织成员各自获得所需。当员工问"这样做之后我能得到什么"时,他就是在表达自己的愿望和需求;当管理者希望员工们能够有高绩效时,他就正在表明组织目标。很多员工或工会代表认为,企业并不与员工分享利润,其管理的目的就是想通过剥削员工来创造一种组织赢—员工输的关系。当员工意识到他们只不过是被企业利用的获利工具时,他们就会通过消极怠工、降低工作效率的方式来形成一种员工赢—组织输的局面。实际上,如果员工的要求得不到满足,就会出现一种双输的结局。例如,Carla 虽然握有大学学历,可毕业之后却一直找不到理想中的教师工作,无奈之下,她只好接受了一份自己并不喜欢的打字员的工作。工作中她经常出错,工作效率自然很低。她还在上班时间用公司的电话联系找工作,结果被上司发现了。由于 Carla 的工作满意需求没有得到满足,因此她是不可能帮助公司实现组织目标的,在现有的工作中也不能充分发挥自己的作用。可是如果 Carla 能成为一名教师,她的工作效率可能就会比较高,也就有可能帮助学校去实现学校的目标。你是否也从事过你并不喜欢的工作?在那种情况下你的工作效率是低还是高呢?

构建一种双赢的局面,不仅仅指管理者与员工之间的关系,也适用于人际关系的所有层面。例如,同一个部门的员工经常会在一起工作,如果 Olin 做不好自己在 IBM 的本职工作,他就会给他所在的部门带来麻烦(这种情况下可能会产生一种我赢—同事输的情况)。比如,Olin 的同事 Mary 可能会认为不公平,因为自己比 Olin 做的工作多,于是跟 Olin 争吵,或是降低自己的工作效率,或者向上司 Nancy 抱怨。再比如,如果 Olin 和他的同事 Ray 不合,相互间的不喜欢会通过行为表现出来，影响到部门的人际关系，进而影响部门和整个公司的工作绩效。Nancy 的工作就是要确保部门内部有一种良好的人际关系氛围，并使这种氛围对部门的工作绩效产生积极的影响。缺乏双赢的工作局面往往容易引起冲突。本书第 6 章将会告诉你在面临冲突时如何构建双赢局面。

工作应用

2. 举一个人际关系目标得以实现的例子，最好是你本人的亲身经历。解释说明例子中的个人需求是怎样得到满足的，以及组织目标又是怎样同时实现的。

本书所讨论的人际关系目标适用于各种情境。本书的写作目的之一就是培养人际关系技能，使你在任何情境下都能够构建出双赢的人际关系，这其中包括职业生活和个人生活。

1.1.4 全人管理法

全人管理法（total person approach）认为组织雇用员工时，雇用的不仅仅是他的工作技能，而是他个人的全部情况。实际上，在日常生活中，每个人都在扮演多种不同的角色。因此，Olin 不仅是一名公司雇员，他还是一位父亲、家长和教师联合会的成员、童子军团长、长跑爱好者、学生和一位钓鱼爱好者。上班的时候，Olin 不可能把其他的身份全都彻底抛弃，而仅仅以一名雇员的身份投入工作。他工作之余的生活必然会影响到他在 IBM 的工作。因此，假如 Olin 某天的工作表现不好，可能并不是工作上的原因，而是他生活中的其他角色影响了他的情绪。

美国的 3M、模拟服务（Analog Services）、万豪国际酒店（Marriott）、惠普（Hewlett-Packard）、IBM 等公司，都是应用这种全人管理法的理念对待员工的。它们会尽力为员工提供一种高质量的工作生活。以美国联邦快递公司（Federal Express Corporation，FedEx）为例，公司给员工提供的工资比较高，并实施了利润分享计划，同时努力维持畅通的内部沟通渠道。公司创始人及董事长 Fred Smith 说，公司管理的目标是把联邦快递建成一个最适宜工作的企业，在这里每个人得到的都是以人为本的人性化的管理。

许多公司都能凭借良好的人际关系来解决管理中的各种问题，把棘手的问题转化成为一种双赢的局面。[19]豪夫迈·罗氏制药公司（Hoffman-La Roche）就是一个很好的例子。在罗氏公司，一些有小孩的员工，经常会因为给孩子找一个可靠的日托这样的事情而迟到或缺勤。罗氏公司并没有因此就对这些员工采取强硬的惩罚措施，而是制订详细的孩子看护计划，取得了公司和员工都很满意的双赢局面。

还有许多公司认识到，员工的身体健康和营养状况会影响到他们的工作绩效。Shawmut-Merchants 银行在员工食堂的桌子上摆放维生素供员工服用，Friendly 冰激凌公司和金佰利公司（Kimberly-Clark Corporation）为员工提供免费的有氧健身课。康胜啤酒酿造公司（Adolph Coors Company）花费了 60 万美元建了一个健身中心，为员工提供集体锻炼的场所和医疗咨询的机会，员工可以在这里得到有关食品营养、压力调节、饮酒、吸烟和体重控制等保健问题的咨询。全世界通过成功改善人际关系取得双赢局面的公司数以千计,这里所列的只不过是其中的几个而已,其他案例将会贯穿本书陆续呈现给大家。

> **工作应用**
>
> 3. 以本人的亲身经历为例,详细解释全人管理法,并借此说明人在工作以外遇到的问题是怎样影响人的工作效率的。

1.2 行为、人际关系和组织绩效

1.2.1 行为层次

以往所有人际关系的研究都非常注重研究人的行为方式。**行为(behavior)** 就是人做事和说话的方式。人际关系可以说是人的行为的动力。三个**行为层次(levels of behavior)** 分别是个人行为、团队行为和组织行为。人际关系发生在团队行为和组织行为中。

个人行为和团队行为 如果 Olin 用电脑打印了一封信或用笔填写了一份申请表,那么他进行的就是个人行为。**团队行为(group behavior)** 是两个或两个以上的人在互动过程中的所言和所做。个人行为影响团队行为。[20]例如,当 Olin 和 Mary 共同完成同一个项目或一起出席部门会议的时候,他们的行为就被认为是团队行为。仔细阅读本书的各章,特别是第 1 章到第 3 章的内容,将会帮助你理解和判断自己的行为和组织中其他人的行为。此外,第 11 章和第 12 章的内容会帮助你更好地理解你的个人行为是如何影响团队中的其他人的,而团队中其他人的行为又是怎样影响你的行为的。

组织行为 **组织(organization)** 就是一群为了实现一个或多个共同目标而在一起工作的人。本书专注于讨论组织成员为谋生而共事的所有营利性和非营利性的组织中的人际关系。组织创建的目的是向更大的社群提供产品和服务。如果你曾经在这样的组织中工作过,那么你就曾经是组织的一员。你同时也会定期地与一些组织交往,比如当你进入商店、学校、教堂、邮局或健身俱乐部时,这种交往就会发生。

当个人和团队发生互动时,两者的集体行为就构成了组织的行为。[21]**组织行为(organizational behavior)** 是指组织中的个体或团队的集体性行为。IBM 是一个组织,它的集体行为是由 Olin 的个人行为、Nancy 所领导的部门的团队行为和其他所有部门的行为共同组成的。

本书将对行为的三个层次进行逐一探讨。第 2 章和第 3 章主要讲的是个体行为,第 4 章到第 10 章论述的是影响三种层次行为的技能,第 11 章和第 12 章是有关团队行为的内容,第 13 章和第 14 章主要讲述的是组织行为。

图 1-1 阐明了行为的三个层次。其中的第 3 层次指的是组织中的全体。在这一层中,董事会和总经理的职责是监管整个组织的运营。第 2 层主要是指团队内部和团队间的行为及人际关系。这一层次是由组织中的不同的团队所构成的,包括总经理和副总经理、部门经理和其下属的主管以及主管和他们手下的员工。这一层次同样也要包括如市场部、生产部、财务部等

这类不同团队间的行为和人际关系。[22]第1层指的是组织中任何一个员工的个体行为。

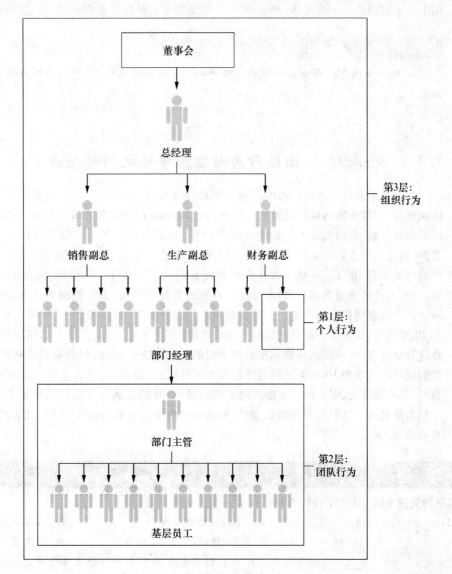

图1-1 行为层次

每个部门经理下面都会有一个或几个主管向他汇报工作,每个主管下面都会有几个员工向他汇报工作。

总经理、副总经理、部门经理和主管们要对各自所分管的下属的个人和团队行为负责。作为经理,无论在哪个层次上,都要对员工们的行为和人际关系技能负责。经理的成功取决于其下属员工的行为和人际关系。[23]

图1-1描述的是一种正式的组织结构,从中可以看出权力与报告的关系。但该图并不能

组织中的人际关系

反映存在于非正式组织的各种复杂的关系。例如,总经理可能会直接与任何一位员工打交道,员工可能会与部门经理直接有联系,而主管可能会与副总经理的秘书有接触,但该职位在组织图中并未被提及……葡萄藤(grapevine)是用来描述这种非正式沟通的一个通用的术语。

工作应用

4. 从正反两个方面分别描述你所经历的人际关系的例子,同时分别指出每个例子中的行为层次。

1.2.2 个人行为、团队行为与组织绩效之间的关系

人际关系会对绩效产生影响。[24]通过本课程的学习,你会了解人际关系是如何影响个人和团队行为,并继而影响组织绩效的。**绩效(performance)** 即期望或目标的实现程度。当目标得以实现的时候,我们就说绩效是绝对的。[25]例如,如果一名生产工人的目标是一天生产100件零件,实际上他也真的生产了100件,那么他的绩效就达到了预期的水平。然而,有些工人生产的可能不到100件,有些工人生产的可能又超过了100件。一般地,绩效的衡量标准有两种:一是生产效率的高低,这种衡量结果具有相对的连续性;二是把绩效水平分为1—10个等级。这个概念同样适用于组织。假设组织在一段时间内(如一季度、半年或一年)的利润目标是10万美元,如果组织在规定时间内完成了10万美元的目标,那么该如何评价绩效水平呢?在这种情况下,对绩效的评价标准取决于它的前期情况。例如,如果前期的利润是9万美元,我们就可以说本期10万美元的利润是高水平绩效;然而,如果过去连续一段时间内的利润一直是12.5万美元,那么即使本期实现了利润目标,我们也认为本期的绩效水平低。绩效是一个相对的名词。只有与前期绩效、组织中其他部门或其他组织的绩效进行比较时,绩效水平才更有意义。

情 境 应 用

理解下列关键术语　请把下面的关键术语填入相应的句子前:
AS 1-1

A. 行为　　　　　　B. 人际关系目标　　　　C. 人际关系
D. 组织　　　　　　E. 绩效　　　　　　　　F. 全人管理法

_____ 1. Bill 和 Sara 正在讨论怎么把手头合作的项目做好。
_____ 2. Julio 刚刚把报告用电子邮件发送走。
_____ 3. 现在是 4:50,Cindy 打好了最后一份账单,准备用今天下午 5:00 的邮车送走。
_____ 4. 上面所列的所有人都是_____的成员。
_____ 5. 因为工作表现好,我得到加薪,现在终于能买那辆我梦寐以求的新车了。

系统效应　系统是两个或两个以上相互作用的元素的集合。系统法由 Russell Ackoff 提出,通过强调系统内各组成部分之间的相互关系,突出了系统的整体性。整体不可能被分解成若干个相互独立的个体。[27] 我们强调,在**系统效应(systems effect)** 的作用下,组织中的每个人都会受到其他人的影响,而每个人也都会影响到其所在的团队或组织整体。组织绩效是由其内部的每个个体或团队的绩效所组成的。所以要想取得更高的绩效,组织必须具有高绩效水平的个体或团队。[28] 组织是由各种团队组成的。根据系统效应理论,不良的个体行为对本部门和其他部门都会产生消极影响。同理,一个部门的消极行为也会影响到其他部门和整个组织的绩效。因此,要用系统的思维方式来理解组织绩效。[29]

管理的任务就是要培养高效率的组织成员和团队。Ackoff 曾说,管理的责任就是要不断提高员工的能力,增强他们满足自己需求和合理欲望的能力和愿望[30],而这一目标要通过组织中各种关系的交换来实现。

从某种意义上来说,个人和团队是构成组织的基础。如果两者的效率都很低,那么组织的效率一定也会随之下降。图 1-2 解释了个人和团队行为与组织绩效之间的关系。

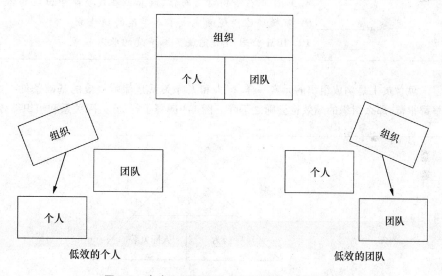

图 1-2　个人和团队行为与组织绩效之间的关系

1.2.3　行为、人际关系和组织绩效之间的关系

本书从系统效应的角度来解释行为、人际关系和绩效之间的关系。美国在绩效改进方面落在了其他国家的后面。如果美国想要重新获得世界领先地位,则必须要不断提高国民的个人绩效水平,否则会影响到全民的生活水平。[31] 已故质量管理大师 Edwards Deming 的理论在日本成为世界经济强国的进程中起到过很大作用。他曾多次指出,不只是技术,人也是提高绩效水平的关键性因素。

组织中的人际关系

工作应用

5. 请结合自己的实际,举出两个人际关系影响工作效率的例子——一个是正面的,另一个是负面的。详细地解释人际关系在其中的影响作用。

情境应用

研究重点
AS 1-2

请为下面的每句话选择两个答案,确定它们所要研究的重点内容。
首先请确定行为层次:
A. 个体　　　　　　B. 团队　　　　　　C. 组织
接着请选择研究范围:
A. 行为　　　　　　B. 人际关系　　　　C. 绩效

_____ 6. Bill 和 Sara 正在讨论怎么把手头合作的项目做好。
_____ 7. 管理层级是指从总经理向下一直到员工层。
_____ 8. Carl 正在给供货商写信,改正他在发货单中出现的错误。
_____ 9. 市场部已经超额完成了本季度的销售额。
_____ 10. IBM 公司刚刚完成了本季度的收入报表。

就像员工是构成组织的元素一样,行为和人际关系是保障绩效的基础条件。如果两者的效率都很低,那么组织的绩效也会随之下降。图 1-3 解释了行为、人际关系和组织绩效之间的关系。

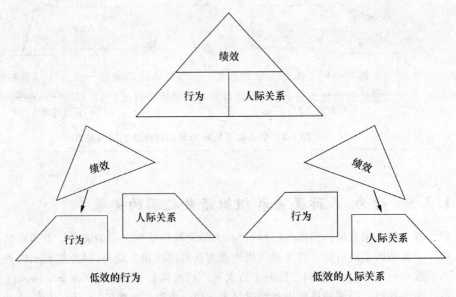

图 1-3　行为、人际关系和组织绩效之间的关系

1.3 人际关系研究:过去、现在和未来

1.3.1 人际关系学是一门交叉性学科

很多人愿意把人际关系学称为组织行为学,它起源于行为科学,20世纪40年代末逐渐发展起来。它的研究基础主要是心理学(这是探寻个体行为方式差异原因的一门科学)和社会学(该学科的研究目的是确定团队的变化如何影响组织绩效),社会心理学、经济学和政治学对组织行为学的研究也有一定的影响。

20世纪50年代,有关人的行为的研究都是在一些大企业中进行的。到了20世纪70年代的晚期,组织行为学被当做一门独立的学科,从事这方面研究的人主要是教师、科研院所的研究员和在组织行为方面接受过专门训练的实践工作者。组织行为学是一门社会科学,在坚实的科学理论和研究基础上,它已经构建起了自己的知识体系。人际关系学采用的是实践的研究方法。它试图在问题出现之前预测并预防它,为组织内部已经出现的人际关系问题提供解决方法。

1.3.2 早年的研究:Frederick Taylor 和 Robert Owen

早些年,大部分的美国人都在农场工作或做裁缝、木匠、鞋匠和铁匠。在随后的工业革命过程中,人们离开了农场,到私营的工厂中去工作。那时,公司还不是企业经营的主要形式,很长时间以后,它才占据主导地位。这些早期的家族企业关心的只是企业的经济利润,员工被管理者视为仅仅是产品的来源,得不到重视。因为劳动力的供给很充足,成本也很低,所以如果员工有抱怨,马上就会被辞退。在这种情况下,企业的业主们并不关心员工的工作条件、健康或安全状况。员工们的工作环境非常恶劣——每天从日出破晓一直工作到日落黄昏,时刻都面临着难以忍受的疾病痛苦、垃圾污垢和原料短缺等种种威胁,没有任何的福利待遇——不工作就要挨饿。

Frederick Taylor Frederick Taylor是一名工程师,被人们尊称为"科学管理之父"。19世纪末和20世纪初,他致力于提高工作效率的研究,正是他的这种研究,导致了批量生产思想的产生。科学管理的思想只关心生产,不关心员工。其前提假设是,工人的行为总是理智的,金钱是最主要的激励手段。这种"经济人"假设后来被证实是错误的。同时,Taylor没有认识到员工的社会需求,把员工放在一个独立的工作环境中来看待。

Robert Owen Robert Owen是19世纪威尔士年轻的企业家和社会理论家。他被认为是第一位认为有必要改善工作环境和了解员工整体状况的企业管理者。1920年,Owen被称为"真正的人事管理之父"。[34]他认为,如果缩短员工的工作时间、支付足够的工资并提供充足的食物和住房,那么企业的利润就一定会增加。他拒绝雇用11岁以下的童工(19世纪早期,9岁的孩子就可以从事全职的工作了)。Owen教育他的员工要干净整洁、性情温和,他还改善了员

工的工作条件。与 Owen 同时期的企业家中没有人仿效他的这一做法。与今天的管理思想相比，Owen 的做法虽然比较简单，但却是一个里程碑似的开始。

1.3.3 Elton Mayo 和霍桑试验

从 19 世纪 20 年代中期到 19 世纪 30 年代早期，哈佛大学的 Elton Mayo 和他的同事们在芝加哥附近的西部电气公司的霍桑厂进行了一项研究。他们的霍桑实验在人际关系的研究领域里具有划时代的意义。实际上，**Elton Mayo** 被称为"人际关系学之父"。在其一系列研究成果中，有几个涉及组织中的人际关系的内容：[35]

1. **霍桑效应（Hawthorne effect）**指出影响生产效率的最重要的因素不是待遇和工作条件，而是工作中的人际关系。在研究过程中，Mayo 改善了车间里的照明和通风设施。意想不到的是，工作条件的改变并没有降低生产效率，反而提高了绩效水平。在后来的面谈过程中，Mayo 得知，参与试验的小组因为得到了特殊的关注，感觉到了自己的重要性，所以生产效率得以提高。霍桑效应的发现拓展了 Mayo 的研究。原来只需要几个月的研究最终持续了六年。随着霍桑研究结果逐渐被认可，一些管理者在管理过程中开始引入人际关系管理，而另一些管理者则认为，一个心情愉快的员工也一定是位高效率的员工。研究结果表明，心情愉快的员工往往（但并不总是）比心情不好的员工工作效率高。[36]就此而言，这两种方法在提高绩效方面都是有效的。

> **工作应用**
>
> 6. 以本人的亲身经历为例，详细解释霍桑效应。比如你的老师、教练或老板的特殊关注使你的绩效水平得到了提高。

2. 金钱并不能满足员工的所有愿望。

3. 非正式班组在集体中有很大的影响力。例如，班组成员可以不顾管理层的要求，自己联合起来决定生产水平，并影响整个班组，使之按照这一水平进行生产。非正式班组会对那些生产效率高于或低于班组既定标准的成员施加压力。

4. 主管和员工之间的关系影响到员工产出的数量和质量。与老板关系融洽的员工比那些关系不融洽的员工生产效率要高。拥有良好的人际关系并不意味着管理者必须要很受欢迎。受欢迎程度与被提升到高层管理梯队的速度之间没有关系。

5. 许多员工的需要是在工作以外的环境中得到满足的。管理者们并不总能控制员工的激励因素。

6. 员工之间的关系影响员工的绩效。员工是通过同事之间的交往来满足自己的社会需求的。近期更多的研究结果表明，破坏组织成员之间相互依存的工作关系，彼此独立地工作，将会导致产量的降低。[37]

1.3.4 20世纪30年代到70年代的研究

20世纪30年代的美国经济大萧条时期,工会组织得到了发展,出现了许多工会向组织施加压力,使其对员工的管理更人性化的成功案例。在这些案例中,通过改善工作条件、提高工资和缩短工作时间等做法,员工的需求得到满足。

20世纪40年代到50年代期间,一些研究机构在人际关系领域进行了几项重要的研究,其中包括密歇根大学的团队动力研究中心(Center for Group Dynamics)进行的领导力和激励的研究、俄亥俄州立大学人事研究委员会(Personal Research Board)进行的关于领导力和激励的研究、伦敦塔维斯托克人际关系研究所(Tavistock Institute of Human Relations)对该领域的多个专题进行的研究、缅因州的贝瑟尔国家训练实验室(National Training Laboratories in Bethel)对团队动力(group dynamics)问题进行的研究。目标管理在20世纪50年代很盛行。

20世纪60年代,Douglas McGregor发表了X理论(Theory X)和Y理论(Theory Y)。该理论对比了管理者看待员工人性问题的两种截然不同的观点。我们将在本书的第3章中讨论这一理论。与此同时,Eric Berne提出了交流分析理论(transactional analysis,TA)(第6章对TA理论做了详细讨论)。敏感度研究在20世纪60年代很流行。

20世纪70年代,对人际关系的研究几乎达到了鼎盛时期。自我提升类书籍的销售量持续创高。大量的研究为改进组织和管理提供了更好的参照。20世纪70年代末,人际关系一词主要被组织行为一词替代。由于国际竞争的加剧,整个20世纪70年代,美国都在研究提高绩效水平的竞争方式。质量圈研究在20世纪70年代很盛行。

1.3.5 20世纪80年代的研究

20世纪80年代,日本经济的增长速度开始超过美国。William Ouchi针对日本企业生产效率高的问题进行了研究,结果发现日本企业在管理方式上与美国企业存在很大差异。两个国家的文化、经济和技术背景不同,完全照搬日本的做法对美国企业来说并不可取。经过对美国几家企业的研究,Ouchi发现,一些非常成功的企业(包括IBM、惠普、柯达、宝洁)并没有遵循典型的美国管理模式。经过几年的研究和调查,Ouchi提出了Z理论。[38] Z理论(Theory Z)结合了美国和日本普遍的经营实践,形成了一种适用于美国的折中的管理方式。虽然有人批评Z理论缺少科学的研究,但很多公司都采纳了Ouchi的建议,尤其是采用集体决策的方式提高员工参与度这一建议。[39]

在《追求卓越》(*In Search of Excellence*)一书中,Peters和Waterman对成功企业的特征进行了研究,得到如下的结论:[40](1)注重行动;(2)亲近顾客;(3)具有自主性和企业家精神;(4)以人促产;(5)价值驱动;(6)不离本行;(7)精兵简政;(8)宽严并济。20世纪80年代,随着一些被认为卓越的公司相继出现问题,Peters和Waterman的观点遭到了某些人的批评,但还是有很多公司采纳了他们的建议,尤其是通过员工实现企业绩效的提升这一点。全面质量管理在20世纪80年代很盛行。

1.3.6　20世纪90年代的研究

20世纪90年代,通过增加员工参与管理机会以改善组织人际关系和绩效的管理方法仍然很流行,但Edward Lawler建议,美国企业应该提高员工的参与度,将员工参与式管理(participative management)提升为员工高度参与式管理(high-involvement management),使企业最底层的员工拥有更多的参与机会,而且在制订管理决策和确定工作方法时,员工有更多的发言权。20世纪90年代,团队研究成为热点。

情　境　应　用

人际关系史　　把下列人名填入相应的人际关系研究成果内:
AS 1-3　　　A. Eric Berne　　　　B. Elton Mayo　　　　C. William Ouchi
　　　　　　　D. Robert Owen　　　E. Peters　　　　　　F. Frederick Taylor
　　　　　　　_____ 11. 美国公司的卓越特征。
　　　　　　　_____ 12. Z理论。
　　　　　　　_____ 13. 交互作用分析理论。
　　　　　　　_____ 14. 人事管理之父。
　　　　　　　_____ 15. 霍桑实验。

1.3.7　当代的研究和21世纪面临的问题

前文回顾了人际关系研究的历史,现在让我们简要论述它的研究现状,并分析它未来的发展趋势和将会面临的挑战。在第2章到第15章的内容中,我们会详细地讨论这些内容。

变革、创新及速度　变革和创新是企业成功的关键性因素[41],随着变革速度的加快,其重要性将会日益加强。[42]每个企业都在对员工进行创造性和创新能力的培训。[43]随着员工完成工作时限的缩短[44],企业也被引入了追求速度的陷阱。[45]企业正在用一种新的方法来制订时间表。[46]既然大家团结一致、相互协作的工作方式有利于创新和加快速度,那么,行为和人际关系必将会对组织创新和速度产生直接影响。

知识是关键性资源　与变革、创新及速度相关,知识和知识管理已经成为影响组织成功的关键因素。[47]管理学大师Peter Drucker说,我们已经从信息时代进入了知识时代。知识虽然还不能成为世界经济的唯一竞争要素,但它很可能成为决定性因素。[48]要想成功,首先要想办法获取信息,然后把它转化为可以应用的知识,并应用到持续的创新实践中去。

危机　从2001年9月11日恐怖袭击的噩梦中清醒过来的人们,正在寻找一位能够带给他们稳定、安心和自信的领导者,他们希望这位领导者在危机发生和事后处理的过程中都能够控制住局面。企业要认识到危机的必然性:危机可能并将会随时出现。Webster对危机的定义

第1章 行为、人际关系和绩效

是"事件中动荡的或紧要的时间或状态,而这一事件即将带来一个重大的变化",并且"这一事件非常有可能带来一种不好的后果"。很多企业正在制订合理的步骤,设计有效的危机防范系统和工具。[49]安全和保障问题已经为人际关系学带来了一系列新的研究内容。

道德 媒体对安然公司(Enron)和世界通信公司(WorldCom)等商业丑闻的大量报道,加强了人们的商业伦理意识。个人要主动汇报自己违反道德标准的行为,很多组织也已经制订了遵守商业道德的具体规则。[50]符合道德的行为对人际关系和组织绩效都会产生积极的影响。

全球化、生产力、质量和团队 29个企业的CEO一致认为,全球化是21世纪的企业领导者面临的最主要的问题。[51]日趋激烈的国际竞争,正在改变企业的经营方式和产业间的合作方式。[52]全球化加剧了企业的竞争,也给生产率的提高带来了更大压力。随着产品质量的提高[53],美国的生产能力已经提高了。[54]为了保持产量和质量的提高,团队将继续成为组织内的主要运作形式,同时,虚拟团队的数量也日趋增加。[56]

多样化:老龄化、性别、工作和家庭关系问题 我们已经讨论了多样化的重要性。美国人口的平均年龄一直在提高。增长最快的年龄群是50岁以上的——在婴儿潮时期出生的人群。随着人均寿命的增加,很多人的工作年限也在延长。[57]年龄歧视的索赔也在增加。[58]夫妻双方都有收入已经成为一种典型的婚姻模式。两个人都在考虑如何平衡工作和家庭之间的关系。[59]在今天的重构、重组和扁平化企业规模的形势下,在岗的员工要延长每天的工作时间、每周的工作天数,而且这种紧张工作状态的持续周期会越来越长。[60]这势必会给工作和家庭生活带来矛盾,工作和家庭的冲突开始成为人们关注的问题。[61]管理大师Russell Ackoff说,企业不应只关心产量的增长。通过提高员工的生活质量来关心员工的发展,是提高企业生产能力的根本出路。[62]

技术:互联网、电子商务和虚拟办公室 每一次的技术进步都在加快创新速度和促进全球经济转型的过程中扮演着重要的角色。[63]技术也促进了产品数量和质量的提高。[64]我们已经从计算机时代步入了互联网革命的时代。企业之间通过网络进行企业对企业(business-to-business,B2B)的电子商务模式的商业活动。个人和企业可以通过网络进行电子订购和付款。互联网正在改变着我们的交往方式,影响到我们的人际关系。处理好技术和人际关系之间的关系,是使组织绩效最大化的必然要求,也是向企业提出的最主要的挑战。正如前文所说,我们会在后续的章节中,详细论述这些挑战。

工作应用

7. 选取前文所列的其中一个趋势或挑战,解释其正在或将要如何影响你的人际关系。

组织中的人际关系

情境应用

人际关系的趋势和挑战
AS 1-4

判断下列每句话描述的内容分别属于哪类因素：

A. 外力作用　　　　　　B. 劳动力变化　　　　　　C. 技术

_____ 16. 首先，美国必须要同日本竞争，并且韩国和中国现在也是美国的两个重要的竞争对手。

_____ 17. 移民雇员的数量正在增加，因为他们是唯一适合这份工作的人选。

_____ 18. 每次当我看到报纸的商业版时，都好像能看到有人在用新型的或改良型的电脑。消费者该如何去选择？

_____ 19. 我们最好做一些培训，以防止因性骚扰而被起诉。

_____ 20. 现在的孩子不像我们年轻时那样愿意按时上班。

1.4 培养人际关系技能

只有更好地理解自己以及组织中其他成员的行为，才能更好地与人交往，并预防和化解人际关系中出现的问题。随着人际关系处理技能的提升，你会更为有效地解决人际关系中的棘手问题。这些技能不是教你用权力操纵别人的花招，也不是处理某一具体问题的简单方法，因为人的性格错综复杂、各不相同，用来处理与某一个人的关系的方法，用在另一个人身上不一定有效。[65]

本书向你提供的建议、原则和模式，能帮助你增加成功处理组织中的人际关系的可能性。组织关系学是一门实践应用性很强的课程，这样的课程为数不多。本书中你所学到的大部分内容都能够也应该能够应用于你与家人、朋友和其他人的日常交往过程中。当然，如果你正在工作，你也可以把本书所学的内容应用于你目前的工作当中，以提升你的人际关系能力。

工作应用

8. 你相信本书能够帮助你培养你的人际关系能力和技巧吗？为什么？

1.4.1 人际关系准则

你是一个受到周围人喜欢的人吗？通过完成自我测试练习1-1，你会找到答案。

第1章 行为、人际关系和绩效

自我测试练习1-1

受欢迎程度

请仔细阅读下面的10句话,选择最能代表你实际行为的程度副词,把相应的数字填入每道题前的空格里。

（1）经常　　　　（2）常常　　　　（3）偶尔　　　　（4）很少　　　　（5）极少

_____ 1. 我是一个乐观的人,我为人处事时总是看其积极的一面,而不是消极的一面。

_____ 2. 我不抱怨生活,不怨天尤人。

_____ 3. 我真诚地关心他人,并对他们的成功表示由衷的祝贺。

_____ 4. 我常面带微笑。

_____ 5. 我有幽默感,能自我解嘲。

_____ 6. 我会尽量记住对方的名字,并在交谈过程中称呼对方的名字。

_____ 7. 我认真地倾听他人。

_____ 8. 我乐于为他人提供帮助。

_____ 9. 做事之前我会认真考虑,避免伤害到别人。

_____ 10. 如果请我现在或过去的同事替我回答以上9个问题,他们选的答案与我的相同。

判断你受欢迎的程度,把你每道题的得分加总,最后的总分会在10分到50分之间。把得分写在这里_____,并在下面的分值连续线上标出你的得分所处的位置。

不受欢迎　　10----------20----------30----------40----------50　　受欢迎

如果你想在工作中获得成功,首先要做好本职工作;但同时,受喜欢程度也很重要。如果人们喜欢你,他们就会对你所犯的错误给予谅解。如果他们不喜欢你,即使所有的事情你都做对了,他们也无动于衷。有些工作努力、很有能力的人,却得不到提升或是被解雇,原因就是他们的老板或公司的某些高层管理者不喜欢他们。实际上,当时Henry Ford解释他辞退Lee Iacocca的原因时只说了五个字:"我不喜欢你。"

没有人能够确切地说出怎样才能成为一个受欢迎的人。那些工作很努力的人往往并不受人喜欢。本节内容中,你将学会如何通过成功的人际关系掌握受欢迎程度的几项原则。这些原则都是从那些有良好人际关系技能而且深受周围人欢迎的人身上总结出来的。这些原则实际上是具有普遍意义的,适用于绝大多数的场合。

人际关系的九项原则是:（1）乐观;（2）积极;（3）真诚地关心别人;（4）微笑和幽默感;（5）称呼姓名;（6）学会倾听;（7）帮助他人;（8）三思而后行;（9）构建双赢的关系。

乐观　足球教练Lou Holtz说,你可以选择乐观（快乐）地生活,或是悲观（痛苦）地生活。快乐其实就是,忘记发生在你身上的不愉快的事情。一般情况下,我们能够找到我们苦苦追寻的东西。如果你正在努力地想实现某件事情,一定要保持乐观,乐观就会获得成功。乐观的人能够在困境中发现机会。[66]大部分成功的人都很乐观。Winston Churchill说,成功就是从一次次的失败中站起来,不失去热情的能力。也就是说,忘记失败,这样会带来快乐。如果你的思维和行为都很悲观,赶紧打住,调整心态,乐观地去思考和做事。随着时间的推移,这种调整的次数会越来越少,你会逐渐使自己变成一个乐观的人。

积极 学会赞扬和鼓励别人。人们都不喜欢听到别人的抱怨。仔细回忆一下,当人们互相问候"最近怎么样"时,如果一方开始喋喋不休地抱怨某事,另一方就会找借口离开。人们往往都会躲避爱抱怨的人,你也如此。与爱抱怨的人打交道,你的心情也会很沮丧。

不要批评(贬低)别人、责备别人和散布谣言。你会喜欢一个批评(哪怕是所谓的建设性批评)你的人吗?你会喜欢一个总是向你抱怨、批评你的人吗?作为一名负责人的管理者,要及时指出员工行为上的不当,但一定要用积极的方法,切忌采取消极的方式去批评人。[67]本书将会教你在这方面如何做得更好。

真诚地关注别人 回忆几位你从前的老板,你最喜欢哪一个?为什么?很可能是因为,这位老板能够把你当做人给予真诚的关注,而不是仅仅把你当做一个完成工作的工具。仔细想一想你周围的朋友,为什么你喜欢他们?他们对你的关注是很重要的原因。管理者失败的五个主要原因之一就是:唯我独尊。那些只关注自己、过分关心所得荣誉的管理者,对别人的需求都不太在意。如果人们感觉到你不关心他,他们也就不会帮助你。[68]你喜欢以自我为中心的人吗?因此,要努力与支持你的人构建和谐的关系网络。

微笑和幽默感 微笑表达的是一种关心和关爱。微笑牵动的肌肉比皱眉牵动的肌肉要少。"你微笑,世界和你一起微笑;你哭泣,只有你自己独自流泪"这句格言中蕴涵着很多真理。你可能已经注意到,爱皱眉的人往往不快乐或比较悲观。

培养幽默感。[69]学会放松、大笑和自我欣赏。[70]乐于自我解嘲。受人喜欢的人不会把工作或自己看得太过严肃。你恐怕不会喜欢一个总是皱眉从不微笑的人吧?

称呼姓名 一个人的姓名在任何语言中都是最重要的。称呼别人的姓名会使对方很高兴,有种受重视的感觉。Bob 是一名新毕业的大学生,一天他在路上遇到了公司的一位经理,一个月前他们曾有过一面之交。这位经理问候他说:"你好,Bob。"Bob 回答:"你好,Jim。"Bob 继续往前走,可他的心里确实有一种被尊重的感觉,他以后可能会愿意为 Jim 做事。如果你不善于记住别人的名字,从现在开始培养。像其他任何一项技能一样,这项技能需要你有意识地培养和实践练习。帮助你记住别人姓名的一个很简单的技巧是,当别人把他们介绍给你的时候,你可以在其后的谈话过程中,马上就叫他们的名字两次或三次,然后在下一次见面打招呼时,称呼他的名字。如果你忘了对方的名字,尽量在打招呼之前问问其他人。你喜欢被别人称呼"嗨,你好"吗?但是在有些国家,直接称呼别人的名字是不礼貌的。在这种文化背景下,可以根据对方的习惯称呼姓、头衔或职位。

学会倾听 我们学习的过程大部分是在听,而不是在说。要想真正学会倾听,我们必须尽量真诚地站在对方的角度考虑问题。对其他人的观点表示尊重。不要说"你错了"。即使别人真的错了也别这么说。这种说法只能激起别人的辩护并引发争论。这一点要尽量避免。[72]表达自己的不同观点时,尽量不用带有感情色彩的暗示。当自己做错事情的时候,要迅速、明确地予以承认。承认错误并不是缺点,反而常常会被认为是优点。经常不承认错误则被视为是一种缺点。

鼓励对方去讲述自己。多听对方讲他感兴趣的事,而不要滔滔不绝地向别人讲述你自己的事情。这样既能使你有机会倾听别人并向他们学习,同时也使他们感到很受重视。倾听说明你对谈话对象很关注。[73]你会喜欢一个不愿意听你说话的人吗?

帮助他人 只有通过帮助别人,你才能够最终实现帮助自己的目标。这是成功的基本法则。[74]那些利用别人(而不是去帮助别人)的人短期内可能会成功,但往往最终会被人识破。利用别人的人是不会取得长期成功的。人与人之间要坦率、诚实,通过帮助来满足双方各自的需求,这是一种最好的人际关系。[75]帮助别人,但如果别人不愿意接受帮助,就不要再死缠烂打。你会喜欢一个在你需要帮助的时候不去帮助你的人吗?

三思而后行 举止要得体。文明的举止是一种良好的个人素质,它能为你的工作带来一种愉悦的氛围。礼貌待人,要养成说"请"和"谢谢"的习惯。[76]

表达感情,但要控制行为。不要做让自己后悔的事,也不要说令自己后悔的话。[77]仔细斟酌你的语言,不要冒犯别人。大多数情况下,并不是你说话的内容,而是你说话的方式影响了你的人际关系。在说话或做事之前,考虑可能出现的后果。即使你说的话是正确的,但如果伤害了彼此之间的关系,也是不行的。要以一种积极的方法来经营你的人际关系。

构建双赢的人际关系 人际关系的目标就是要构建双赢。实现你个人目标的最好办法就是,帮助对方实现他的目标,反之亦然。本书将会就如何创造双赢关系举例详细解释。

如果 Olin 在 IBM 公司处理人际关系的时候,能按照这九项原则去做,他成功的可能性就会增加。如果你能按照这些原则去做,你生活的各个方面取得成功的机会就会增加。这九项原则只是本课程学习的一个起点。图 1-4 是培养有效人际关系九项原则的图释。

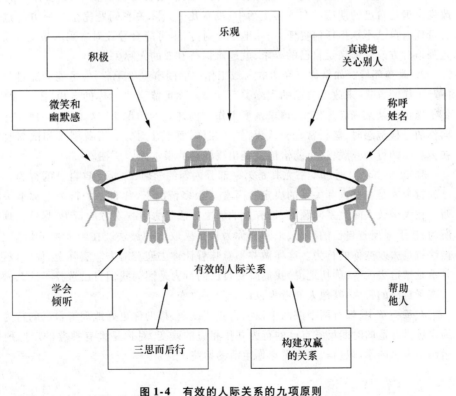

图 1-4 有效的人际关系的九项原则

工作应用

9. 在九项人际关系原则中,对你来说哪两项最需要改进,哪两项最不需要?解释原因。

1.4.2 如何处理人际关系中遇到的问题

即使你完全按照这些人际关系原则去做,在工作中也还会出现你与其他员工产生意见分歧的情况。

人际关系矛盾常常发生在心理契约没有得到满足的时候。**心理契约(psychological contract)** 是人们之间共同的期望。在工作中,你对你的老板和同事们应该做和不应该做的事情都有期待,他们同样也会对你有所期待。如果期待得到满足,皆大欢喜。可如果期待得不到满足,双方的关系就会出现问题。[78]因此人们之间要互相沟通,共同讨论彼此的心理期望值,当各自的角色和责任明确时,事情就可以得到圆满的解决。

当遇到任何人际关系问题时,你必须要决定是避开它还是解决它。大多数情况下,解决问题比回避问题更可取。问题得不到解决就会变得越来越糟。当决定去解决一个人际关系问题时,你至少有如下三种选择:

1. 改变他人。人际关系出现问题的时候,人们很容易去责备他人,要求对方做出必要的改变来满足自己的期望。在现实生活中,没有几个人际关系问题完全是一方的过错。双方都有责任。自己不承担任何责任,一味地批评对方,很可能会导致对方采取报复和反击行为。越是强迫对方改变来满足自己的要求,就越难保持有效的人际关系。

2. 改变环境。如果你与身边的人或工作中的同事发生矛盾,你可能会通过与另外一些人一起工作的方式,来改变自己的人际关系环境。你可能会告诉你的老板,因为性格上的冲突,你不能再同某某一起工作了,请求调换工作。也许有的情况下,这是唯一的解决办法;但当你向你的老板抱怨时,老板常常会认为,责任在你,而不在对方。责备别人和试图改变环境都是在为自己的行为开脱,这可能恰恰就是出现问题的根本原因所在。

3. 改变自己。通过本书尤其是第一部分内容的学习,你要反省自己的行为。认识到你自己的行为才是良好人际关系的决定性因素。[79]很多情况下,你自己的行为是你唯一能控制的东西。在大多数人际关系问题中,最有效的解决方法是去审视对方的行为,尽量去理解他的所作所为;接下来反省自己的行为,来判断你为什么采取这种做法。在绝大部分情况下,最合理的做法就是去改变你的行为。这样做并不意味着让你去迎合对方。实际上,你应该很自信,我们并不是被迫去改变;确切地说,我们改变自己的行为是因为我们自己选择了这么做。一旦我们改变了自己的行为,其他人的行为也许会随之改变。

在每一章中,都有两个或两个以上自我测试题,帮助你更好地理解自己的行为和别人的行为。选择合适的时间反省自己的行为并作相应的改变,对你是大有裨益的。这种做法不仅应运用于本书的学习过程,更要贯穿你生活的始终。

工作应用

10. 列出一个你本人的人际关系出现问题的例子,在问题解决的方法上,你选择的是改变自己而不是改变他人或环境。一定要明确地阐述你行为的调整过程。

1.5 本书的写作目的和结构安排

现在介绍一下本书的写作目的和结构安排。

1.5.1 写作目的

Edwin Locke 说,大学老师应该教会学生怎样把所学的理论原理应用到实践中去。[80] 管理学家 Russell Ackoff 也曾说,老师应该教会学生怎样学习。[81] 这也是本书最主要的写作目的。与其他的理论性课程不同,这门课将带你进入学习的下一个层次,即理论概念在人际关系实践中的应用。

从书名中可以看出,本书用三叉法,从三个方面来实现写作目的:
- 讲授人际关系的相关概念和理论体系。
- 培养读者通过思辨性思维应用这些人际关系概念的能力。
- 培养读者工作和生活中的人际关系技能。

表 1-1 中分别列出了三个方面的独特要素。每个方面所涉及的内容,在后续的学习过程中都会得到检验。想要更多地了解本书,请翻回前言部分,阅读对这些要素的相关描述。

表 1-1 三叉法:本书的写作特征

概念	应用	技能强化
研究基础和现状	引例	自我测试练习
综合覆盖	工作应用	技能强化目标和 SCANS 技能要求
系统导向	情境应用	技能强化练习(三种类型)
学习目标	案例分析	行为模型
关键术语	客观题案例	
图示	网络练习	
本章复习和词汇表		

灵活性 老师在讲课的过程中,不可能在每一章中都全部用上这些要素。每个学生都有各自的学习习惯。大部分学生在使用这本书时,愿意先了解概念,然后马上应用。很多老师愿意在讲课结束的时候,使用该章的案例材料。所以他们就要按照自己的思路重新设计学习目标、工作应用、情境应用、自我测试材料的顺序。可能有些学生认为,阅读过程中每章的应用性

练习会影响阅读的连贯性,因此他们愿意先完成自我测试练习,然后再通读全文,跳过应用部分的内容。读完全章后,他们再回来做工作应用。很难说哪种方法是最好的;你可以选取其中任何一种方法,或者两种结合着用,或者设计一种完全适用于自己的新方法。

1.5.2 结构安排

本书的组织结构是按照两种路径安排的。第一种路径为行为层次(levels of behavior)。每个部分和每部分中的各个章节,都是按照从个人行为,到团队行为,再到组织行为的层次展开的。

第二种路径,本书的部分内容是按照**管理教育范畴模型**(domain model of managerial education)来组织的。在这个模型中,技能(skill)的概念已经演化为能力。**能力**(competencies)是区别行为、人际关系和绩效是否有效的各种才能的表现[82];是取得有效或突出的绩效的个人潜在特征。[83]现代的每种能力模型都是按照下面四种能力范畴组织起来的:个人内在技能、人际交往技能、领导技能和商务技能。[84]

后文要讨论的四个范畴和行为层次在技能强化 1-1 的内容简表中都有体现。该表列出了本书的每个部分和每部分中的各章内容。

第 I 部分——个人内在技能:行为、人际关系和绩效从自我开始,以及第 V 部分——个人内在技能:个人发展　内在(intra)的意思是"内心的",因此,个人内在技能(intrapersonal skills)是一个人内心的包括个性、态度、自我认知和言行一致等的各种特征。个人内在技能又被称为自我管理能力。[85]你需要在别人的严格监督下才能完成工作吗?你能管理好自己吗?自我管理是职业管理的基础。成功的管理者在个人内在技能方面的得分比那些高效的销售人员还要高。[86]第 2 章和第 3 章的内容是:如何进行自我管理技能的应用和培养。本书的结尾部分我们又回到了自我管理方面的内容,第 15 章主要讲述的是时间管理和职业生涯管理以及人际关系技能的应用。

第 II 部分——人际交往技能:人际关系的基础　互相(inter)的意思是"在……之间",所以说,人际交往技能是指人与人之间的交往的能力。**人际交往技能**(interpersonal skill)是与各种类型的人都能和谐共事的能力。人际交往能力又被称为关系管理。[87]你与同事的关系如何?拥有人际交往或人际关系能力的人,能够主动与他人培养和保持各种良好的关系,站在对方的角度考虑问题,理解和满足他人的期望。[88]他们也具备良好的沟通能力和解决冲突的能力。人际交往是一个热门的研究课题[89],对团队的成功起着至关重要的作用。[90]成功的管理者的人际交往能力普遍很高。结合前文我们说,人际交往能力是在自我管理能力的基础上发展起来的,从某种程度上来说,两者也有交叉。[91]本书第 4 章到第 6 章的内容将会讲解如何应用和培养人际关系能力。

第 III 部分——领导技能:影响他人,以及第 IV 部分——领导技能:团队、组织行为、人际关系和绩效　**领导技能**(leadership skill)是影响他人并带领团队有效工作的能力。你可能没有做过管理者,直接就做了领导者。领导技能在管理学的研究领域中是最大的专题。培训未来领导者和提升领导力的课程和项目越来越多。[92]领导技能包括坚持不懈的意志和激励他人的能力。成功的领导者都很乐观,他们能从失败中一次次地站起来,热情不减。因为他们总是看到事物积极的一面,很容易忘记一些悲伤的事情。本书第7章到第14章将会讲解如何应用和培养领导技能。领导技能是建立在个人内在技能和人际交往技能的基础之上的。[93]可见,本书的各个部分和每个部分中的各个章节都是按照一定的逻辑顺序安排的,它们是个人能力构成和技巧培养链条上的必要环节。

管理教育的最后一个范畴是商务技能,如撰写报告、发展战略和编制财务预算表等。这些技能与其他三项技能不同,它们实际上是一些技术性的能力,而不是以人际关系为基础的能力。商务技能是可以放在最后来培养的、最容易讲授和掌握的技能。[94]所以本书当中没有提及商务技能的内容。

现在,我们来评估一下你的个人内在技能、人际交往能力和领导能力。这三者合起来统称为人际关系技能。下节内容主要讲的是自我测试,这是一种重要的自我管理能力。自我管理能力强的人,可以把测试的内容当做改进人际关系技能的起点,这种方法从头至尾贯穿于全书。

1.6 人际关系技能评估

把最能代表你能力水平的数字,分别填入下面43道题前面的横线上。不一定每道题的最高分数都是最佳选项。通过这个测试练习你能够了解到这门课的主要内容。

低能力/技巧						高能力/技巧
1	2	3	4	5	6	7

_____ 1. 我了解个性和知觉是怎样影响行为、人际关系和绩效的。

_____ 2. 我能描述出几种有效排解压力的方法。

_____ 3. 我知道自己喜欢的学习方法(顺应型、发散型、复合型、收敛型、同化型),以及这种学习方法是如何影响我的行为、人际关系和绩效的。

_____ 4. 我了解人们是怎样形成态度,以及态度是怎样影响行为、人际关系和绩效的。

_____ 5. 我能描述自我认知和自我效能,以及它们是怎样影响行为、人际关系和绩效的。

_____ 6. 我能列出个人价值观的几个方面,并能说出价值观是如何影响行为、人际关系和绩效的。

_____ 7. 我能描述出沟通的过程。

_____ 8. 我能列出几种信息的传递媒介,以及它们各自的应用场合。

_____ 9. 我能区分和使用几种不同的信息反馈方式。

_____ 10. 我了解什么是组织沟通和组织网络。

_____ 11. 我能列出影响沟通的几个障碍,知道如何克服它们。

_____ 12. 我知道哪种是自己喜欢的沟通方式,知道如何使用不同的沟通方式来满足不同环境的需要。

_____ 13. 我能描述交互作用分析理论。

_____ 14. 我能区分开什么是积极的、消极的和自信的行为。我很自信。

组织中的人际关系

_____ 15. 我了解冲突解决的不同方式,知道怎样解决冲突才能不影响彼此之间的关系。
_____ 16. 我能区分几种不同的行为领导理论。
_____ 17. 我能说出几种不同的领导权变理论。
_____ 18. 我了解自己偏爱的领导类型,以及如何根据情境的变化调整领导方式。
_____ 19. 我了解人们满足自己需求的过程。
_____ 20. 我知道几种激励理论的内容和过程,并会应用这些理论去激励他人。
_____ 21. 我能够列出和使用不同的激励手段。
_____ 22. 我了解权力的基础和来源。
_____ 23. 我知道怎样在组织中获得权力。
_____ 24. 我能列出增加成功概率的政治技巧。
_____ 25. 如果我身边有 100 个人,我能号召他们对我的事业进行帮助。
_____ 26. 我知道怎样开始一场谈话,才能获得别人对我的事业的帮助。
_____ 27. 我知道想在谈判过程中获胜,必须要做的两件关键性的事情。
_____ 28. 我知道怎样有效地计划和召开会议。
_____ 29. 我能阐明团队动力的几个组成要素,以及这些要素是如何影响行为、人际关系和绩效的。
_____ 30. 我了解团队在发展过程中要经历的几个不同阶段。
_____ 31. 我了解团队在组织中的作用,以及不同的团队类型。
_____ 32. 我能通过民意调查帮助团队更好地制订决策。
_____ 33. 我知道什么时候应该让员工参与决策,什么时候不应该让他们参与。
_____ 34. 我了解为什么人们会抵制变革,知道如何克服这些消极情绪。
_____ 35. 我能区别几种组织发展技巧并能在实践中应用这些技巧。
_____ 36. 我知道如何培养积极的组织文化和组织氛围。
_____ 37. 我知道如何平衡工作机会平等和维护团队成员合法权利两者之间的关系,尤其是当组织中出现诸如少数民族、伤残员工、酗酒者、吸毒者和艾滋病毒携带者等群体时。
_____ 38. 我能定义组织中的性别歧视和性骚扰。
_____ 39. 我能应用投诉模型处理投诉事件。
_____ 40. 我知道如何使用时间管理系统。
_____ 41. 我了解如何使用时间管理技巧在更短的时间内完成更多的工作并能取得更好的效果。
_____ 42. 我知道怎样为自己制订职业计划,成功地管理自己的职业生涯。
_____ 43. 我知道怎样制订一个提高人际关系技能的计划。

请把上述每道题所得的分数,填入技能强化 1-1 中的内容简表里。

仔细浏览内容简表,分值比较低的几方面的行为是最容易改善的。挑选出通过这门课的学习,你最想提高的五个方面的能力/技巧。把它们写在下面。在第 8 章中,我们会学习如何树立目标。当学到那章的时候,可能要回过头来重新修改现在制订的学习目标。

第1章 行为、人际关系和绩效

1.

2.

3

4.

5.

技能强化 1-1

在课程学习的过程中,一定要经常回顾你设定的这些目标,并要努力实现这些目标。

内容简表

	你的得分							本书的哪一部分和哪一章涵盖了这些内容
	1	2	3	4	5	6	7	
								第I部分　个人内在技能:行为、人际关系和绩效,从自我开始
1.								2. 人格、学习和感知
2.								
3.								
4.								3. 态度、自我认知、价值观和伦理
5.								
6.								
								第II部分　人际交往技能:人际关系的基础
7.								4. 人际沟通
8.								
9.								
10.								5. 组织结构和沟通
11.								
12.								
13.								6. 解决冲突
14.								
15.								
								第III部分　领导技能:影响他人
16.								7. 领导和信任
17.								
18.								

（续表）

	你的得分							本书的哪一部分和哪一章涵盖了这些内容
	1	2	3	4	5	6	7	
19.								8. 激励绩效
20.								
21.								
22.								9. 道德权力和政治
23.								
24.								
25.								10. 人际关系网与谈判
26.								
27.								
								第Ⅳ部分　领导技能：团队、组织行为、人际关系和绩效
28.								11. 团队动力和领导力
29.								
30.								
31.								12. 团队、创造性问题解决和决策
32.								
33.								
34.								13. 组织变革和文化
35.								
36.								
37.								14. 重视全球多元化
38.								
39.								
								第Ⅴ部分　个人内在技能：个人发展
40.								15. 时间和职业管理
41.								
42.								

如果你的得分没有预想中的高，不要太着急。通过本书的训练，你的人际交往能力一定会有所提高。

以上我们结合了很多工作应用的例子，第1章的概念就到此为止了。下面进入本章复习部分，这一部分以第1章所提到的概念为基础，增加了关键术语词汇表，补充了一些应用性资料和技能强化训练。

第1章 行为、人际关系和绩效

复习题

诚如前文所述,人际关系技能对于组织中个人、团队和组织的成功,都起着非常重要的作用。_____是人与人之间的相互关系,而_____是在满足员工需求的同时实现组织的目标进而构建双赢。

一种_____出现在当组织和组织中的员工都能够获其所求的时候。_____认为组织雇用员工时,雇用的不仅仅是他的工作技能,而是他个人全部情况的整体。

_____是人的做事和说话的方式。三种_____分别是指个人、团队和组织。_____是由两个或两个以上的人在相互交往过程中所表现出的做法和说法所组成的。一个_____就是一群为了实现一个或多个共同目标而工作在一起的人。_____是指组织中的个体间或团队间的集体性行为。_____即期望或目标的实现程度。在_____下,组织中的每个人都会受到其他人的影响,而每个人也都会影响到其所在团队或组织的整体效果。它可以帮助我们理解个人、团队和组织绩效三者之间的关系。

人际关系学是一门交叉性学科,它的研究基础主要是心理学和社会学;社会心理学、经济学和政治学对人际关系学的研究也有一定的影响。Robert Owen被认为是了解改善员工工作环境和整体状况需求的第一个管理企业家。_____被称为"人际关系学之父",他19世纪20年代中期到19世纪30年代早期进行的霍桑实验被认为是第一个真正的人际关系研究。其中的一项研究成果就是解释了_____。该理论指出,引起组织绩效提高的主要原因是给予员工以特别的关注,而不是工作环境或条件的具体改变。从20世纪30年代到20世纪80年代,相继有学者实施了不同的研究并得出一系列理论,其中包括McGregor的X理论、Y理论,Berne的交互作用分析理论,Ouchi的_____结合了美国和日本普遍的经营实践,形成了一种适用于美国的折中的管理方式,以及Peters和Waterman的卓越理论。20世纪90年代,随着参与管理理论的升温,员工参与成为人力资源问题的主要研究内容。

人际关系面临的发展趋势和新的挑战有很多,其中主要有经济全球化问题、劳动力的多元化问题和技术问题。

人际关系的九项准则是:(1) 乐观;(2) 积极;(3) 真诚地关注别人;(4) 微笑和幽默感;(5) 称呼他人姓名;(6) 学会倾听;(7) 帮助他人;(8) 三思而后行;(9) 构建双赢的关系。当遇到人际关系问题的时候,你可能要去改变他人,改变环境,或者更好的是,改变你自己。

本书的写作目的是教你一些人际关系的基本概念,应用这些概念培养你的能力,同时培养你的个人生活和工作生活中的人际关系技能。本书的结构安排是按照从个人行为到团队行为再到组织行为逐渐展开的。同时,本书还按照人际关系技能的培养顺序来安排内容。_____是一个人内心的包括个性、态度、自我认知和言行一致等的各种特征。_____即与各种各样的人都能和谐共事的能力。_____是影响他人并带领团队有效工作的能力。

你已经对你的人际关系技能水平进行了评价,并为这门课制订了一系列学习目标。这本书将会为你提供一些培养人际关系能力的建议、准则和模型。本书通过帮助你更好地理解你的各种行为和组织中其他成员的行为,来最终实现人际关系技能提高的目的。掌握这些技能,会对预防和排除可能发生的人际关系问题做好更充分的准备,将会为有效地解决一些特殊的人际关系问题提供切实的帮助,使你在与人交往的过程中显得更游刃有余、得心应手。

组织中的人际关系

案例分析

Al Scott：威尔逊体育用品公司

威尔逊体育用品公司位于田纳西州的洪堡工厂是整个公司中效率最低的企业。这个工厂的高尔夫球业务不断亏损。亏损的原因主要有以下几个方面：产量、质量、成本、安全生产、员工士气和内勤管理。员工和经理之间怀有对立和抵触情绪。

Al Scott 是工厂的厂长，他试图通过解决以上这些问题来改变工厂现状。他希望洪堡工厂能用最好的生产设备，生产出世界上最好的高尔夫球来。为了实现这个目标，Al Scott 制订了以下 5 个指导理念，并想把它发展成公司价值观：(1) 员工参与；(2) 全面质量管理；(3) 持续改进；(4) 最低总成本生产；(5) 准时生产。

Al Scott 召开了员工大会，宣布公司愿景、目标和价值观。他要求每个人都要彻底改变思维方式。强调要从旧的命令型的管理方式转变为新的员工参与型的管理方式。员工被称为同事（associates），有权对老问题提出新的解决方法。管理者要接受参与型管理方式的培训，通过培训来全面提高个人能力，如归纳员工参与决策意见的能力，带领团队的能力，改善人际关系的能力，指导员工的能力，有效管理时间的能力和实施全面质量管理的能力。要从"我们不能做或我们承担不起"的老观念转变为"我们能做或我们不能说不做"。

为了解决洪堡工厂的问题，Al Scott 设立了一个员工自愿者项目，取名威尔逊团队。团队的每一个成员都要培养参与解决问题的能力。团队的目标是减少运营开支，增加现金流量，减少存货，加强安全生产和内务管理。为了确保团队的成功，团队的每一个成员接受的训练内容，与在变革初期经理们接受的几乎一样。

经过几年的时间，66%的员工都加入了自愿团队。每个团队代表工厂的一个专门领域。团队分别有自己的标语、队服和海报，并公开张贴在厂里。为了感谢这些团队所做的工作，威尔逊公司每年都举办几次郊游、野餐和晚会活动。为了肯定这些团队所取的成绩，每季度都选出三个优秀团队在全体员工面前由 Al Scott 亲自颁奖。洪堡工厂所有五个领域产品的生产效率都得到了极大的提高，产量增加了一倍。因此被《工业周刊》杂志评为"美国最好的工厂"。

网上查询：想了解更多的关于 Al Scott 和威尔逊体育用品公司的信息，或更新本案例中提供的信息，请直接在网上进行域名查询，或登录威尔逊公司的网址 www.wilsonsports.com。

请用案例和课本中或网上及其他渠道获得的相关信息，回答下列问题：

1. Al Scott 个人的人际关系技能在提高洪堡工厂绩效的过程中，是如何发挥重要作用的？

2. 解释说明有效的人际关系在威尔逊公司扮演了什么样的角色。

3. 在威尔逊公司，哪个层次的行为对绩效产生的影响最大？

4. 为了改变行为和人际关系，Al Scott 主要使用了哪两个人际关系原则？

5. 哪种趋势和问题是威尔逊公司最担心的？

第1章 行为、人际关系和绩效

6. 你在网上找到了哪些关于威尔逊体育用品公司的最新信息？

客观题案例

主管 Susan 的人际关系

Peter 已经在 York Bakery 面包店工作了近三个月。在本周以前，他一直工作得很好。Peter 的主管 Susan 把他叫来，讨论他绩效下降的问题。(注释：可以在班级中分角色扮演 Susan 与 Peter 的会谈或 Susan、Peter 及 Tim 的会谈。)

Susan："Peter，我找你来是想谈一下你本周工作量减少的问题。对此你有什么要解释的吗？"

Peter："是的，我家里出了一些问题。"

Susan："那不是理由，你必须把你的个人生活同工作分开。马上回去工作，如果不好好干就请你走人。"

Peter 什么也没说，静静地离开了。

Susan 去会见他的上司 Tim。

Susan："Tim，我来是想向您报告，我已经警告了 Peter，他如果不好好工作就会被解雇。"

Tim："你试过不用解雇的方法来解决这个问题吗？"

Susan："我当然试了。"

Tim："这已经不是你第一次同员工发生类似的问题了。在 York Bakery 面包店的所有主管中，你解雇的员工最多。"

Susan："这不是我的过错，是 Peter 和那些员工不好好工作，我才解雇他们的。我是主管，不是保姆。"

Tim："出现这种情况我很遗憾，今天下午你再来见我吧。"

Susan："一会儿见，我去吃午饭了。"

回答下列问题，并在每题之间的空白处写出你的理由。

_____ 1. 在 Susan 和 Peter 之间 _____ 人际关系问题。

    a. 存在   b. 不存在

_____ 2. Susan 想创造一种 _____ 的局面。

    a. 输—输   b. 赢—输   c. 双赢

_____ 3. Susan _____ 提倡全人管理法。

    a. 是   b. 不是

_____ 4. 通过系统效应，Peter 的生产效率下降影响了哪一层次的行为？

    a. 个人   b. 团队   c. 组织   d. 所有三个层次

_____ 5. 这个案例内容阐述的研究范围是

    a. 行为   b. 人际关系   c. 绩效   d. 三个都有

_____ 6. 通过 Susan 所反映的研究的重点是

    a. 个人/行为   b. 个人/绩效   c. 团队/人际关系   d. 组织/绩效

_____ 7. 通过 Tim 所反映的研究重点应该是

    a. 个人/行为   b. 团队/行为   c. 团体/人际关系   d. 组织/绩效

_____ 8. 下午 Tim 应

    a. 惩罚 Peter

b. 找 Peter 谈一谈,告诉他不用担心
c. 把 Susan 和 Peter 叫到一起解决问题
d. 什么都不做,让 Susan 自己处理这个问题
e. 解雇 Susan

_____ 9. Susan 主要缺少的人际关系技能是

  a. 乐观　　　　　b. 微笑和幽默感　　c. 三思而行　　　　d. 真诚地对待他人

_____ 10. Tim _____ 帮助 Susan 培养她的人际关系技能。

  a. 应该　　　　　　　　　　　　　　b. 不应该

11. Peter 的绩效会提高吗?如果你是 Peter,在这种情况下你的绩效会提高吗?

12. 你经历过像 Susan 一样的主管吗?假设你处在 Susan 的位置上,你会怎样处理 Peter 绩效下降的问题?

13. 假设你处在 Tim 的位置,你会怎样处理这种情况?

技能强化练习1-1

学习目的
课堂练习

  目的:小组成员共同分享各自的学习效果。

  SCANS 要求:通过这个练习培养学生的人际交往能力、咨询能力、听说读写算等基本能力、思维能力和其他综合个人素质。

  体会:小组成员或全班同学共同分享各自的学习效果。

  准备:在此之前要完成本章的自我测试练习,包括列出五个学习目标。

  步骤(5—30 分钟)

  选择 A:邀请几名同学在全班同学面前阐述他们制订的课程学习目标。指导老师可以做点评。

  选择 B:分成三组,每组六个人,彼此介绍各自的学习目标。

  选择 C1:按照 B 的程序,每个组选出一名组员,向大家介绍本组其余五名成员的学习目标。

  选择 C2:每组选一名代表发言,向全班同学介绍小组制订的五个学习目标。

  结论:指导老师带领全班同学一起讨论练习结果并且做总结性点评。

  应用(2—4 分钟):我应该调整我的目标吗?如果是,把它/它们重新写在下面。

  分享:请同学举手,宣读自己在上面应用部分的答案,与全班同学分享。

技能强化练习 1-2

人际关系
课堂练习

目的:
1. A. 熟悉你的小组成员并记下他们的名字。
B. 加强对班级同学的了解。
SCANS 要求:通过这个练习培养学生的人际交往能力、咨询能力、听说读写算等基本能力、思维能力和其他综合个人素质。
2. 了解更多关于老师的信息。

体会:你要参与到一个小组讨论中,每个小组选一个人问老师问题。

步骤 1(2—5 分钟)
A. 老师将同学分到固定的小组里。
B. 每组 3—6 个人,最好与你不认识或不熟悉的人一组。

步骤 2(8—12 分钟)
每个小组成员告诉其他人自己的名字,两三件对自己来说有意义的事。
当所有成员都说完后,相互问问题以便更好地了解彼此。

步骤 3(2—4 分钟)
每个人写下所有小组成员的名字、电话号码和地址。

步骤 4(2—3 分钟)
每个人不看记录叫出其他成员的名字,直到所有的人都能叫出其他人的名字为止。

步骤 5(5—10 分钟)
小组成员一起给小组起一个名字,也可以写一句标语或口号。

步骤 6(5—12 分钟)
选一名发言人问小组其他成员问题并做记录。小组成员可以在以下三类问题中,选出一个具体问题问老师。发言人不用指定谁来提问,问哪一个问题。

1. 对课程的期望。(你希望通过这门课学到或获得什么知识?)
2. 对课程的疑问或担心。(对于这门课你有什么不理解的地方吗?)
3. 对老师个人的问题。(为了更好地了解你的老师,你想知道哪些有关他的信息?)

步骤 7(10—12 分钟)
每个发言人代表他的组每次只问一类问题。当第一类中的所有问题都被提问完并回答完以后,开始第二类,然后是第三类。发言人不能重复其他组问过的问题。

问题(2—10 分钟):用于小组或班级。
1. 知道别人的名字并这样称呼他很重要吗?为什么?
2. 你有什么第一次见面就能记住别人名字的技巧吗?你是怎样提高记住别人的名字的能力的?
结论:指导老师作点评。

应用(2—4 分钟):通过这个练习我学到了什么?怎样把所学的这些知识应用到未来的工作和生活中?

分享:请同学举手,宣读自己在上面应用部分的答案,与全班同学分享。

组织中的人际关系

技能强化练习1-3

人际关系回顾:宾果破冰游戏
课堂练习

目的:通过宾果(Bingo)破冰游戏,复习一些人际关系的主要内容。
体会:你要参与一个和人际关系有关的宾果互动游戏。
步骤(5—10分钟)
在教室里寻找和宾果卡片描述内容相符的人,并请他在你卡片的相应方格内签名。
告诉这个人你的名字,如果他手中的卡片上描述的内容与你的相符,请签上你的名字。
每一个人只能在你的卡片里签一次。
当你的卡片上的签名能连成一条完整的线时,喊"宾果"。
如果你在规定时间前做完,请继续寻找签名,在游戏结束前找到尽可能多的签名者。
方块里的数字代表这个内容所处的章节。
结论:指导老师作点评。

资料来源:本练习改编自宾夕法尼亚州Bloomsberg大学教师Joan Benek-Rivera编写的练习。Rivera博士曾经在2002年的组织行为教学会议上介绍过此练习。

人际关系

OB	I	N	G	O
2. 性格内向	6. 以自我为中心	8. 是一位成就高的人	10. 是一位难对付的谈判高手	13. 做事讲求质量
2. 压力很小或没有压力	6. 避免冲突	9. 会按老板的要求去做事	11. 喜欢能显示身份的标志(比如名牌东西、奖杯)	13. 不喜欢改变
3. 有一份满意的工作	7. 喜欢领导别人	你的名字	11. 追求第一	14. 是少数民族
4. 交流时,不时用自己的话解释对方的话。	7. 喜欢独裁型的领导方式	9. 乐于参与组织政治	12. 喜欢解决问题	14. 在国外生活过
5. 不喜欢结构	8. 善于激励他人	10. 为了发展自己事业,构建了至少50人的人际网	12. 喜欢用新思路、新方法去做事	15. 不善于管理时间

技能强化练习1-4

体验练习:宾果破冰游戏
课堂练习

目的:体验参与感。

体会:在抓物的游戏中,体会有同伴参与和没有同伴参与的不同感受。

步骤1(1分钟)

学生两人一组,如果有需要的话,有一个组可以有三个人。老师分给每组一个要抓住的目标物体。

步骤2(1分钟)

拿着目标物的同学把它扔向同伴,但同伴不去抓它。该同学捡起目标物再一次扔出去,同伴去抓,但一定不要让他抓住。

步骤3(1分钟)

其他人重复这两个同学的游戏过程。

步骤4(5—10分钟)

问题:

1. 当玩抓物游戏时,没有人参与是什么感觉?

2. 有人参与是什么感觉?

3. 解释参与和本课程内容的关系。

总结:指导老师作点评。

资料来源:加拿大安大略省多伦多市JMC营销传播公司Q Group总裁Jane-Michele Cark在2003年的组织行为教学会议上介绍过此练习。

Chapter 2

第2章
人格、学习和感知

学习目标

通过本章的学习,你应该能够:
1. 描述大五人格模型。
2. 阐明理解和辨明人格特征的好处。
3. 描述你的人格压力类型。
4. 列举压力产生的原因,描述如何更有效地控制压力。
5. 描述4种学习类型,并了解适用于自己的学习类型。
6. 说出影响感知的6种偏见。
7. 解释第一印象的重要性,并指出如何突出表现一个人的正面形象。
8. 掌握以下19个关键术语(以在本章中出现的先后为序):

人格 personality	发散型思考 divergers
A型人格 type A personality	聚合型思考 convergers
大五人格模型 Big Five Model of Personality	同化型思考 assimilators
控制点 locus of control	感知 perception
压力 stress	刻板印象 stereotyping
压力源 stressors	感知一致性 perceptual congruence
倦怠 burnout	首因效应 primacy effect
控制压力计划 controlling stress plan	4分钟障碍 four-minute barrier
智力 intelligence	形象 image
顺应型思考 accommodators	

第 2 章 人格、学习和感知

引例

年收入高达 250 亿美元、拥有 13.5 万名员工的菲多利公司（Frito-Lay），无可置疑地已经成为全球小食品行业的领头羊。菲多利公司同纯品康纳公司（Tropicana）和生产佳得乐饮料的桂格公司（Quaker Oats）一样都归属于百事公司（Pepsi）旗下。百事公司的品牌已经遍布全世界近 200 个国家和地区。而菲多利公司的发展目标是成为全球最受欢迎的休闲食品公司。在公司已经推出的食品中有 100 多个品牌，这些品牌分别是：Cheetos、Cracker Jack、Doritos、Fritos、Funyuns、Lay's、Rold Gold、Ruffles、Smartfood、Sun Chips、Tostitos 和 Wavy Lays。这其中有你吃过的吗？想了解更多菲多利公司的信息，请登录 www.fritolay.com。[1]

June Peterson 独自在餐厅里踱步。她边走边想她和同事 Rod Wills 之间的事。他们之间的关系出现了问题，两个人处理事情的方式完全不同。June 边走边思索两方面问题：Rod 处理问题的方式为什么是这样的呢？我们俩人处理问题的方式为什么会有如此大的差异呢？接着，她又考虑这两方面问题之下的更具体的问题：(1) 我们的工作相同，为什么 Rod 的压力非常大而我却没有？(2) 为什么我对人很易动感情，总是替别人着想，而 Rod 却不是？(3) 为什么我很愿意帮助同事，而 Rod 则爱袖手旁观？(4) 为什么 Rod 喜欢独处，而我却乐于与他人交往？(5) 为什么我非常讨厌循规蹈矩和事无巨细，而 Rod 对这类事情却乐此不疲？(6) 为什么 Rod 喜欢听天由命，而我却不是？(7) 当我们在一起讨论事情时，为什么 Rod 喜欢慢条斯理地分析，而我却不是？(8) 为什么对于同一项工作我们却有不同的看法？(9) 为什么与 Rod 初次相见时，我对我们的交往充满信心，可事实却证明我错了？

虽然 June 的问题并没有固定答案，但通过本章的学习，你将会对行为的差异性有更好的理解。

2.1 人格、压力、智力以及学习、感知和第一印象对行为、人际关系和绩效的影响

正如上一章所介绍的，本书第 1 篇的第 2 章和第 3 章讲述了个人内在技能对行为、人际关系和绩效的影响。[2] 因为员工的结构越来越多样化，所以了解造成性格差异的原因就变得更加重要了。只有更好地了解团队成员的性格特征，才能更加有效地组织大家在一起团结协作，干好工作。人与人之间性格上的差异性即称为人格或个性，但同时，不同个性之间也存在共性的特征。一个人对压力的承受能力，部分取决于他的个性。智力影响人格，而人格又决定了学习方式。人格和智力影响感知，而感知又依次影响着你对别人的第一印象。对人与人之间的个性差异理解得越好，人际关系就会越融洽。

了解一个人的人格很重要。[3] 很显然，人格不但影响个人的行为，还会影响到你与他人之间的关系。积极、乐观、心情愉快的员工比那些消极、悲观的员工的绩效水平要高。[4] 一般情况下，人格类型相似的人往往在工作中也能相处得很好，而那些人格差异大的人则很难在一起相处。了解人格也能帮助你解释和预测别人的绩效。人格冲突能对行为、人际关系和绩效产生消极

影响。[5]

适度的压力对绩效会产生积极影响,但是压力过大就会有消极作用。[6]压力过大会造成情绪化,这种情况下,人容易做出非常态的行为。他们会变得易怒、急躁、好斗甚至充满敌意。当一个平常比较平静的人开始对别人大声喊叫的时候,就会伤害到双方之间的关系。压力常常会影响人的思维方式,降低其工作能力。

一个人的智力会影响到其绩效[7],运用知识的能力也会影响其绩效,两者同等重要。[8]微软公司招聘的都是高智商的员工。然而,智商高并不意味着成功。在有些情况下,学习动机更能影响一个人的成功。所以,不要认为智商不高就不能取得成功。很多成绩突出的人并不是因为智商高,而是因为勤奋努力,其实我就是这样的人。知识已经成为提高生产率的新的关键性要素。[9]如何运用知识将会影响你的行为以及与团队成员之间的关系,继而影响事业的发展。[10]人们往往很容易同那些和自己学习类型相同的人建立良好的关系。

需求和感知是行为的出发点。对别人的感知会影响与其交往的态度。如果我们以消极的方式,用一种固有的模式去看人,就很难与人融洽相处。如果只从我们自己的角度看待事情,我们就可能不断与别人发生冲突。一个人的感知如果经常与身边的人存在很大差异,他就很难与人相处,很可能被孤立。每个人对于完成一项工作所具备的能力的感知,可能会各不相同,这种差异将会影响各自的绩效水平。[11]第一印象就是感知,因此,感知也会影响行为、人际关系和绩效。

2.2 人格

正如引例中描述的 June Peterson 所面临的困境,每个人在日常生活中的行为表现是有差异的。其实人格是一个非常复杂的问题。然而,在现实生活中我们往往使用固定的形容词如热情、有野心、随和等,来描述不同的人,这是不准确的。"人格"是用以描述一个人所具备的独特性格特征的综合。个人风格或**人格**(personality)是有助于了解和预测个人行为的一套比较稳定的特质。正如前文所说,人与人的个性各不相同,但这其中存在共性的特征。

对人格理论和特质的研究已经取得了实质性进展。[12]这一部分介绍的是特质和人格以及大五人格模型。学习这些内容之前,请先完成自我测试练习 2-1,了解你的人格特征。通过本章及本书的学习,你会更好地了解自己的人格特征,这将有助于你去理解你及你周围人的做事方式。

自我测试练习 2-1

人格特征描述

答案没有正误,只有诚实回答,才会真正增强你的自我意识。建议你先用铅笔或是在另一张纸上写下答案,稍后告诉你原因。

请仔细阅读下面的 25 句话,在 1—7 的数字中,选择最符合你实际行为的程度的数字,将其填写在每道题前的横线上。

像我			有些像我			不像我
7	6	5	4	3	2	1

1. 在没有领导的情况下，我能站出来负责。
2. 我在意与人融洽相处。
3. 我有很好的自我控制力，不情绪化，不发脾气，也不大喊大叫。
4. 我值得信赖，说过的事一定会按时做到。
5. 我会尝试用不同的方法来提升绩效。
6. 我喜欢竞争和取胜，失败会影响我的情绪。
7. 我喜欢交朋友，愿意参加聚会。
8. 我在压力下依然能保持良好的状态。
9. 我会为了成功而去努力工作。
10. 我喜欢到新的地方去旅行。
11. 我性格外向，发生冲突时敢于直面对方。
12. 遇事我能做到换位思考。
13. 我是一个乐观的人，总是看到事物积极的一面（杯子有一半是满的）。
14. 我做事有条有理。
15. 当到一个从没去过的饭馆吃饭时，我会点一些没吃过的菜。
16. 我渴望一步一步地进入我能力所及的公司管理高层。
17. 我希望别人能够喜欢我，并且友好地对待我。
18. 我经常表扬和鼓励他人，从不贬低和批评别人。
19. 我遵守组织纪律。
20. 工作中，我愿意主动学习新东西、承担新任务。
21. 我会劝说别人来接受我的想法。
22. 与独自工作相比，我更喜欢与别人共事。
23. 我能做到心态放松，有安全感，不会有紧张和不安的情绪。
24. 我因为工作出色并且尽职尽责而得到别人的信任。
25. 当有人提出不同的方法时，我会给予支持并且尽力帮助。我不会说："这办法不行"，"我们从没这么做过"，"有人这样做过吗"，或者"不能这么做"。

下表中各柱栏代表具体的人格维度。请确认你的人格特点：(1) 用数字(1—7)给出你每题的得分；(2) 合计每一个纵栏的总分(5—35 分)；(3) 在垂直条上标出每个维度的得分，根据总分值制作一个条形图。

外倾性	随和性	适应性	责任感	开放性
1. 35 25	2. 35 25	3. 35 25	4. 35 25	5. 35 25
6. 20	7. 20	8. 20	9. 20	10. 20
11. 15	12. 15	13. 15	14. 15	15. 15
16. 10	17. 10	18. 10	19. 10	20. 10
21. 5	22. 5	23. 5	24. 5	25. 5
总分	总分	总分	总分	总分

总数越高的维度,就是你人格特征最强的维度。你最强和最弱的维度分别是哪一项?继续阅读本章,在每一个维度中找出对你人格的具体描述。

2.2.1 人格的形成

为什么有些人性格外向而有些人却比较害羞,有些人声音很大而有些人比较安静,有些人很热情而有些人却很冷漠,有些人积极进取而有些人却被动消极?这些举止行为都是由个体特质构成的,特质是不同的个人性征。[13]人格的发展基于遗传因素和环境因素。一方面,人出生前获得的基因影响着人格,另一方面,家庭、朋友、学校和工作对人的人格也会产生影响。简言之,人格是遗传和终身学习双重作用的结果。然而,人格也可以通过工作发生改变。[14]例如,一个比较害羞的人能够变得更为外向一些。

人格分类的方法有很多。有种专为领导者开发出来的方法,把领导者的人格划分出16种类型。[15]但因为大五人格模型有着强大的研究基础,因此成为最被广泛接受的人格分类方法。[16]

A型人格、B型人格 讨论大五人格模型之前,我们先来介绍另一种比较流行的分类方法——A型和B型人格模型。**A型人格(Type A personality)** 的性格特征是动作速度快、勤奋努力、时间观念强、爱竞争、急躁、全身心投入工作。B型人格的特征恰恰与A型人格相反。A型人格的形成通常跟较大的压力有关。关于压力产生的原因,我们会在后面的章节中进一步讨论。

2.2.2 大五人格模型

开发大五人格模型的目的,是更准确地对各种人格特质加以分类,模型中的每一个维度里都包括多重特质,你可以用任一个维度中的这些特质对某人的人格进行描述。**大五人格模型(Big Five Model of Personality)** 把人格特质分成外倾性、随和性、适应性、责任感和开放性五个维度。图2-1中列出了这些维度并在下文中对每个维度进行了描述。但需要注意的是,五个维度的名称在不同的书里可能会存在差异。

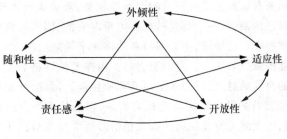

图 2-1　大五特质维度

外倾性　外倾性的人格维度（surgency personality dimension）包括领导能力和外向型特质。（1）外倾性特征强的人常常是统治者,这类人的人格特征是具有控制欲,喜欢通过竞争和影响力使自己处于领导地位。[17]而外倾性特征弱的人则愿意做追随者,不喜欢竞争和领导他人。（2）外向型是外向性格和内向性格之间的连续集合体。性格外向的人喜欢交往,乐于结交新朋友,而性格内向的人则比较害羞。回顾一下自我测试练习中的第1、6、11、16 和 21 题,其描述的就是外倾性特质的例子。测测你想成为领导者的愿望有多强。

随和性　随和性人格维度（agreeableness personality dimension）包括的是一些能与人和睦相处的行为特征。[18]与外倾性行为特征不同的是,具有随和性特征的人愿意与人平等相处,而不是超越和领导他人。当一个人的行为被形容为热情、平和、有同情心、友善和愿意与人交往时,我们就说他的随和性特质强;而当他被形容为冷漠、难相处、没有同情心、不友善和不愿意与人交往时,其随和性特质就比较弱。随和性人格特质的人好交际,愿意与他人相处,有很多朋友。回顾一下自我测试练习中的第 2、7、12、17 和 22 题,其描述的就是随和性特质的例子。测测你对良好人际关系的重视程度。

适应性　适应性人格维度（adjustment personality dimension）包括与情绪稳定性有关的特质。适应性是情绪处于稳定与不稳定之间的连续集合体。稳定性指的是自我控制、平静——压力下能保持良好状态、放松、有把握、态度积极——愿意称赞他人的特征;而不稳定性则意味着失控——抗压性弱、紧张、没有把握、消极——急于批评人。[19]有关适应性特质的例子,回顾一下自我测试练习中的第3、8、13、18 和 23 题,其描述的就是适应性特质的例子。测测你的情绪有多稳定。

责任感　责任感人格维度（conscientiousness personality dimension）包括与成就有关的特质。责任感是负责与不负责和可靠与不可靠之间的连续集合体。高度责任感的特质还包括诚信、言行一致和具有组织纪律性。这一特质的人努力工作,不惜花费比别人多的时间和精力去实现目标以获得最后的成功。[20]对于责任感的例子,回顾一下自我测试练习中的第4、9、14、19 和 24 题。测测你获得成功的愿望有多强烈。

开放性　开放性人格维度（openness to experience personality）指的是愿意改变和尝试新事物等类似的特质。开放性很强的人具有有创造性[21]、寻求变革和尝试新事物的特点,而开放性较弱的人则逃避变革和新事物。有关开放性的例子,回顾一下自我测试练习中的第5、10、15、20 和 25 题。测测你寻求改变和尝试新鲜事物的意愿有多强烈。

组织中的人际关系

控制点法对开放性的人格特征进行了进一步的分类。**控制点(Locus of control)** 是由个体对命运根源的两种认知态度——内控型和外控型,所构成的连续集合体。外控型的人认为个人无法控制自己的命运,一切都是被外界力量左右的,因此通常排斥新的经历;而内控型的人则相信命运掌控在自己手里,主动迎接新的事物来提高工作成绩。[22]

你相信事业的成败取决于自身的努力吗?内控型的性格态度对一个人的影响举足轻重。它决定着个体的自我满意度、压力水平以及职业生涯。因此,一定要相信,命运掌握在自己手中。[23]如果你认为自身的努力与成功没有关系,一切都是由外力所决定的,你就会生活得不开心,做事不执著,事业终无所成。成功的人相信命运掌控在自己手中,在不断的努力过程中享受快乐和成功的感受。尽管在追逐成功的过程中也会遇到各种挫折,但是他们从不气馁,而是不断尝试。内控型的性格也可以改变。

人格特征描述 人格特征(personality profiles)能够确定个人特质的强弱。完成自我测试练习2-1之后,在五个维度会分别得到一个分值。回忆一下你的哪些维度得分高,哪些维度得分低,即哪些人格特质强,哪些人格特质弱。

工作应用

1. 描述一下你的大五人格特征。

情境应用

人格维度
AS2-1

判断下列每句话描述的内容分别属于大五人格维度中的哪一项:

A. 外倾性　　B. 随和性　　C. 适应性　　D. 责任感　　E. 开放性

_____ 1. 经理对下属施加影响,以使其按照领导要求的方式完成工作。
_____ 2. 销售代表照常按时上交月度开支报告。
_____ 3. 早晨,领导热情地向上班的员工问好。
_____ 4. 领导就如何加快工作流程向员工征询意见。
_____ 5. 当员工大喊大叫地抱怨时,领导平静地向他解释他存在的问题。

回想一下在学校和工作中,你最喜欢与之相处的人,他们的人格与你的相同还是不同?了解对方的人格能帮助你解释和预测他的工作表现。与老板的关系会影响你的事业发展[24],所以有必要研究一下你老板的人格特征。[25]

前面提到的June与Rod的行为方式为什么会有如此大的差异,一个主要原因就是他们的人格特质不同,这些不同的人格特质影响着他们的行为、人际关系和绩效。June是B型人格,而Rod却是A型人格。June的性格比较外向,而Rod却很内向。很显然,June的随和性人格维度的得分一定比Rod的要高,而他们在适应性和责任感的人格维度上的得分可能相差不大。June是一个内控型的人,对新事物具有较强的开放性,而Rod则是外控型的人。

人的性格很复杂,认清一个人的人格类型是很困难的事。大部分人的性格都处于人格特征连续集合体的中间位置,很少有人的性格是极端的两端特征。在一个特定的环境里,了解对方的人格特征会帮助你理解和预测他的行为、人际关系和绩效。

提升行为、人际关系和绩效 与人相处之前,先问问自己下列一些问题:
- 那个人的人格类型是什么样的?
- 在我们共事过程中,他的行为举止将会怎样?
- 我如何才能构建双赢的人际关系?
- 要想与人和谐相处,我应该做什么或不该做什么?(这需要因交往对象的不同而调节自身的行为。比如,如果你的交往对象很讲究礼节,那你的言行也要很注重礼节,尤其当对方是你的老板时,这一点就更要注意。如果你平时做事不拘小节,那此时就更应该注意做好自我约束。)

如果你的社交活动遭遇挫折,问问自己如下一些问题:
- 我对别人的人格认知正确吗?
- 对方的行为举止跟我预想的一致吗?如果不一致,我的评价错在哪里?
- 我构建出一种双赢的人际关系了吗?
- 我的行为是否有助于促进彼此的关系,我还要坚持自己的做法吗?
- 我的行为是否损害了彼此的关系,我需要改变自己的做法吗?

工作应用

2. 选择一位你的现任或前任老板,描述他的人格特征是如何影响你们部门的行为、人际关系和绩效的。

大五人格理论的普遍适用性 研究表明,大五人格维度在亚洲、西欧、中东、东欧以及南、北美洲等不同国家和地区普遍适用。只是不同文化背景在人格维度上的表现强度存在差异。但总体来说,责任感维度与成功之间的关系最为显著,这个结论适用于所有国家。[26]

2.3 压力

与压力相关的索赔条款是劳工赔偿制度体系中增长最快的一部分。[27]因工作压力原因躲避工作的比例和因身体疾病原因躲避工作的比例几乎是相等的。[28]技术变革会带来压力,这种压力称为技术型压力。本部分内容将探讨什么是压力、由压力引发的问题、压力产生的原因、A 型人格压力和 B 型人格压力、压力的症状以及如何控制压力。

2.3.1 什么是压力

压力(Stress) 是人们对外界刺激的一种心理和生理上的内在反应。

2.3.2 压力的积极作用

有的压力可以带来挑战和激励,从而帮助我们提高工作绩效。很多人在压力下会呈现最佳状态。随着任务期限的临近,人的肾上腺素分泌加速,会表现出最高效的工作状态。为了在规定期限内完成工作,管理者不得不给自己和员工施加压力。[29] 然而,压力过大经常会给组织和个人造成损害。[30]

有过多压力存在的情境被称为压力源,**压力源(Stressor)**是一种令人们感到焦虑、紧张和有压力的环境状态。压力源是人们必须适应的一些事件和环境,压力源对个体的影响程度取决于其生理和心理特征。压力的表现存在个体差异,因人而异。在既定的环境里,有的人可能感觉非常舒适,而有的人却觉得有压力感。例如,June 和 Rod 的工作环境相同,但是 Rod 有压力而 June 却没有。当压力过大且持续时间过长时,就会产生负面后果,下面我们就来详述这个问题。

2.3.3 压力过大产生的问题

公司精简要求员工承担更多责任,从而给员工带来了压力。压力过大会影响个人的身体健康、精神状态、生产力、组织效率、出勤率、医疗费用以及效益。[31]

压力还会引发生理上的疾病。压力是造成心脏病、溃疡、哮喘、糖尿病、多发性硬化症、癌症和其他疾病的重要原因。压力可能导致酗酒、吸毒[32]甚至自杀。压力还会引起头痛,神经性压力是造成病假率提高的主要原因。[33]

2.3.4 压力产生的原因

工作方面的压力源通常有4种:人格类型、组织氛围、管理行为和工作满意度。完成自我测试练习2-2中的问卷,确定你的压力人格类型。

自我测试练习2-2

压力人格类型

在下面20条陈述内容中,请分别标明每一条在你身上发生的频率。

(5)通常　　　(4)常常　　　(3)有时候　　　(2)很少　　　(1)极少

请将数字1、2、3、4 或 5 填入每题前的横线上。

1. 我的工作节奏很快。
2. 我休息日加班。
3. 为自己设定很短的任务期限。
4. 同其他活动相比我更喜欢工作和学习。
5. 我的语速和步调都很快。
6. 我为自己设定较高标准并努力达到。
7. 我喜欢竞争,努力获胜,不喜欢失败。
8. 工作忙时我经常不吃午饭或是快速吃完。
9. 我总是很匆忙。

_____ 10. 我会在同一时间做几件事情。
_____ 11. 我常生气和烦躁。
_____ 12. 等待时我会紧张和烦躁。
_____ 13. 我根据时间和绩效来衡量进步。
_____ 14. 我令自己筋疲力尽。
_____ 15. 当我已经有很多工作时,还会接手新的工作。
_____ 16. 我把批评视为对我个人能力的贬低。
_____ 17. 我努力超越同事或同学。
_____ 18. 当既定日程被改变时,我感到烦躁。
_____ 19. 我尽力在更短的时间里做更多的事。
_____ 20. 我把自己的成绩同那些成效高的人做比较。

合计。把每道题的得分相加。总分会在 20 分到 100 分之间,在下面的区间内用 X 标出你的分值所处的位置。

A 型   100 -------- 80 -------- 60 -------- 40 -------- 20   B 型
            A   A -   B +   B

分值越高,你就越具有 A 型压力人格特征;分值越低,你就越具有 B 型压力人格特征。下面将解释这两种压力人格类型。

人格类型　压力源的影响程度部分取决于个体的人格类型。既然压力产生于内部,我们的所作所为就能使我们有压力感。正如前文提到的,A 型人格的特征是行动迅速、勤奋努力、时间观念强、喜欢竞争、急躁、工作投入。B 型人格的特征与 A 型的恰恰相反。自我测试练习 2-2 中的 20 道题描述的就是这些人格特征,A 型人格的人比 B 型人格的人的压力感更强。如果你的总分不小于 60 分,你就是 A 型人格,可能会遇到一些与压力有关的问题。同时,外向型的人很可能比内向型的人压力感更强。

> 工作应用

3. 你的压力人格类型得分是多少?属于哪一个类型?你觉得应该改变自己的人格类型吗?解释一下你的理由。你将如何改变?

组织氛围　合作机会、激励水平和团队士气都会影响成员的压力水平,组织氛围越和谐、企业文化越积极向上,个体压力就越小。[34]

管理行为　平和的、参与性的管理方式产生的压力较小。独裁、严厉的管理方式往往会带来较多的压力。[35]大约 70% 的工人声称,老板是其压力产生的原因。[36]一些老板用严酷的行为[37],甚至污秽的语言[38],迫使员工的压力达到其承受极限,最终辞职离开。[39]

工作满意度　那些喜爱自己工作并能从中得到满足感的员工能更好地排解压力。在有些情况下,换工作是降低或摆脱压力源的明智之举。[40]

2.3.5 压力症状

压力的轻微症状表现为呼吸加速和排汗量增加。

当你不断地看表或日历,有紧迫感,担心自己无法按期完成工作的时候,那你就处于压力状态了。

如果压力延续了一段时间,则容易导致错觉、急躁、头痛、身体不适、疲惫感以及肠胃疾病。饮酒、吸毒、贪吃和嗜睡通常是逃避压力的手段。

因为压力,人们会对所从事的工作失去兴趣和动力。长期严重的压力持续一段时间后就会导致倦怠。[41] **倦怠(Burnout)**是一种由于压力而产生的缺乏工作兴趣和动力的状态。在工作繁忙期,人们有时就会出现短暂的倦怠,就好比学生的备考阶段和零售商应对假期购物旺季的时期。然而,随着工作节奏的减缓,这些兴趣和动力还会重现。当兴趣和动力不再出现时,永久性倦怠就发生了。

利用压力控制技巧常常能够防止压力和倦怠的产生。

2.3.6 压力控制

压力控制就是不断调整自我,以适应环境变化而使个体达到均衡状态的过程。首先要能够识别压力产生的原因,这样才能更好地消除或减少压力。下面介绍的三步骤计划能够帮助我们更好地控制压力。**控制压力计划(controlling stress plan)** 包括:第1步,识别压力源;第2步,明确压力的起因与后果;第3步,有计划地消除或减少压力。在观测员工的压力和健康状况时,不要太直接,常常需要使用一些间接的手段。下面介绍5种减少或消除压力的方法。

锻炼 体育锻炼是缓解压力的最佳途径。很多人的经验表明,体育锻炼能够增强人的工作能力。遗憾的是,身体的锻炼普及程度在20世纪90年代有所下降。今天,70%的美国人不能进行定期的身体锻炼,还有近40%的人从不参加体育运动。[42]

最佳的锻炼方式是,进行以提高和保持一定心率的有氧运动,每周进行3天以上,每次持续20—30分钟。快走、慢跑、骑车、游泳以及有氧健美操都属于这类方式。还有些锻炼活动可能无须坚持20多分钟,但对增强心率功能也是很有益的。

在开始一项锻炼活动之前,一定要做身体检查,征得医生的同意。循序渐进,慢慢地增加到20—30分钟。

营养 健康是每个人都不可或缺的,而营养是影响健康的主要因素。当前,60%的美国人体重超重,30%的人属于肥胖。[43] 因肥胖以及由肥胖引起的相关疾病每年支付的医疗费用超过780亿美元。[44] 既然超重容易产生压力,那么就应该重视个人饮食健康。

早餐被认为是一天当中最重要的一顿饭,良好的早餐为你开启美好的一天。要控制进食速度,匆忙进餐会产生压力并会引起肠胃不适。

尽量不吃盐、糖和淀粉含量高的垃圾食品,减少脂肪、盐、咖啡因(咖啡、茶、可乐)、酒精和毒品的摄入量,多吃水果和蔬菜等天然的食品,多喝水。

放松 保证足够的休息和睡眠,放慢生活节奏,保持愉快的心情。培养能使自己得到放松的业余爱好,要玩得舒心、笑得开心。推荐一些好的放松方式,如祈祷、沉思、听音乐、读书、看电视或电影以及一些健康的业余爱好。

当感觉有压力的时候,你可以做一些简单的放松练习[45],最简单易行的方法就是深呼吸。先深吸气,屏住呼吸5秒钟,然后慢慢地呼气。如果感觉某块肌肉处于紧张状态,针对此部位做特定的放松锻炼;或者也可以放松全身,从头到脚或反过来从脚到头地进行。表2-1列出了一些简单易行的放松锻炼方法。

表 2-1 放松锻炼

部 位	放松方式
前额	皱额,尽量提升眉毛接触发际线,5 秒钟后放松。
眼睛和鼻子	紧闭双眼,5 秒钟后放松。
嘴唇、脸颊、颚	拉动嘴角,扮鬼脸,5 秒钟后放松。
颈部	低头,下巴向下接触胸部,沿着一个方向转头一周,接着再沿着另一个方向转头一周,然后放松。
手	向前伸展双臂,紧握双拳,5 秒钟后放松。
前臂	假设前面有一堵墙,伸直双臂,用力延伸,5 秒钟后放松。
上臂	屈肘,拉紧肱二头肌,5 秒钟后放松。
肩关节	向上耸肩至耳部,5 秒钟后放松。
背部	向后弯腰手撑到地板或床,5 秒钟后放松。
腹部	绷紧腹部肌肉,5 秒钟后放松。
臀部	绷紧臀部,5 秒钟后放松。
大腿	双腿大腿尽量并拢靠紧,5 秒钟后放松。
脚	尽力向上伸直双脚,5 秒钟后放松。
脚趾	尽力向下弯曲脚趾,5 秒钟后放松。

积极思考 保持乐观,积极思考。[46]用肯定的话语鼓励自己[47],如:"我能做到。"要有耐心,为人正直,想法现实。要知道人无完人,承认自己的错误并能从中吸取教训,别让错误把你击倒。要充满自信,培养你的时间管理技能(见第 15 章的内容),做事不要拖延,也不能凡事都力求完美。

支持系统 每个人都需要可以信任的人,遇到困难时可以从家人和朋友那里得到帮助。[48]遇到压力时,找一个人交流是非常有帮助的,但不要利用别人,更不能利用压力来吸引他人的关注。

图 2-2 列出了压力产生的原因和压力控制的方法。如果你尝试了所有的压力控制方法,但没有一个起作用,你就应该认真考虑改变环境。如果你正处于永久性倦怠状态,那就问自己两个问题:我有压力正常吗?这压力值得我为之搏命吗?如果你对这两个问题的回答分别为"是"和"不是",那么明智的做法是马上调换工作。

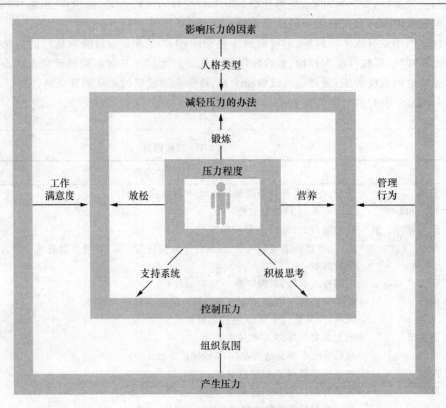

图 2-2 压力产生的原因和控制方法

工作应用

4. 遵循控制压力计划：(1) 识别你的主要压力源；(2) 明确压力产生的原因和后果；(3) 设计一个消除或减少压力的计划。按照以上每一个步骤，写出你本人的答案。

5. 消除或减少压力的五种方法中，哪一种你应用得最好？哪一种你最需要改进，为什么？如果想在这方面有所提高，你准备怎么做？

情境应用

压力源 判断下列每句话描述的分别是哪一种压力源：

AS 2-2 A. 人格类型 B. 组织氛围 C. 管理行为 D. 工作满意度

_____ 6. 我们部门的士气很低落。

_____ 7. 我认为这份工作还不错。

_____ 8. 我总是同时间赛跑。

_____ 9. 每周重要的事情都不同，当预期目标不明确时，我会感到很困惑。

_____ 10. 我工作的进度适中。

2.4 智力和学习

很多组织都把知识管理视为成功的关键。[49]本部分将讨论智力的开发、学习类型及学习型组织。

2.4.1 智力

关于智力的解释有很多种，其中有些理论认为智力是学习和认知过程的能力。但本书认为，**智力**（intelligence）是个体获取知识、解决问题和制订决策的能力。当今社会，人们普遍认为，智力是遗传因素和环境影响的共同产物。现在，很多科学家都认为，至少有两种（也可能是七种或更多）智力类型。

对于不同的任务，人们表现出来的执行水平也不相同。正如我们所知道的，有的人擅长做一些事情（如数学、网球等），但却不擅长做另一些事情（如生物、写作等）。例如，一个智商值只有80的人可能会调试发动机，而另一个智商值高达130的人可能就不会。因此，人的智力是多种的，而在工作中涉及的有两种（自我的和人际交往的）。[50]

智力对人生的许多事起着重要的预测作用，如教育水平和职业成就。[51]微软公司在员工任职条件中，对其智力水平的要求胜过其他所有资格条件。[51]公司共同创始人及首席执行官Bill Gates建议大家，大学期间要学会如何学习。独立学习的能力越强，获得成功的机会就越大。当今的管理者工作都很繁忙，往往不会在培训员工方面花费太多的时间。他们都期望员工能够很快领会并自学掌握。虽然学习新知识会使人产生焦虑情绪[54]，但在这个瞬息万变的全球环境下，如果跟不上时代步伐，就要被淘汰。[55]

情商 情商（EQ或EI，即情感商数）是智商（IQ）的一个分支，它与一个人的大五人格维度有着明显的关系。2001年的"9·11"袭击让人们开始关注工作中的情绪问题，工作中的各种情绪以及情商管理已经成为当前管理领域的热门话题。[56]情商具体表现为个体妥善管理自己情绪的能力。[57]情商是人的多元智能的一部分。有这样一句话："智商决定工作，情商决定升迁。"[58]

情商由5部分组成：(1) 自我意识（认知个体的内心情感，这些内心情感能在工作上帮助你）；(2) 驾驭情感（不要让情感妨碍你的工作）；(3) 自我激励（无论遇到障碍、挫折还是失败，都要乐观）；(4) 移情（换位思考，设身处地理解对方）；(5) 社会技能（培养关系，回报感情，领导他人）。[59]如本书第Ⅰ部分和第Ⅱ部分的相关内容，自我技能和人际关系技能涉及的都是EI的内容[60]，通过这些内容的学习能够培养你的情商。要学习更多有关情商方面的知识，可以登录组织情商研究协会（Consortium Research on Emotional Intelligence in Organizations）网站www.eiconsortium.org。

前面提到的June和Rod有不同表现，学了这部分内容你应该更加理解，除了人格还有其他方面的原因。从情商的五个组成部分的内容判断，June具有更高的情商水平。根据本章引例的信息，我们知道June更外向、通情达理、关心他人，并且更愿意与人相处并帮助别人，然而Rod却不是这样。

2.4.2 学习类型

学习新事物的能力是智力水平的一个重要表现方面。[61]然而,每个人的学习方式却各不相同[62],我们把人的学习方式划分为4种类型。[63]下面先完成自我测试练习2-3,确定你的学习类型。然后再分别学习每种类型的特征。

自我测试练习 2-3

学习类型

下面10题中每题都有A和B两个描述,两题得分和为5分。如果A的描述非常符合你的特性,而B的描述却完全不符合,就在陈述A前的横线上填5,在陈述B前的横线上填0。如果A符合你的特性,而B的描述偶尔或有点符合你的特性,那么在陈述A前的横线上填4,在陈述B前的横线上填1。如果两个描述都符合你的特性,那么在更符合你的描述项前填3,在另一项次之的描述前填2。提示:每道题A和B两条描述的总分合计是5分。试着结合自己最近工作或学习的实际状况,选择分值。

1. 学习时:
   _____ A. 我注意观察和倾听。
   _____ B. 我投入和参与其中。

2. 学习时:
   _____ A. 我凭直觉和感觉。
   _____ B. 我依赖逻辑和理性思考。

3. 做决策时:
   _____ A. 我从容不迫。
   _____ B. 我迅速地做出决策。

4. 做决策时:
   _____ A. 我根据内心感觉的最优方案做出决策。
   _____ B. 我根据对实际情况的逻辑分析做出判断。

5. 做事时:
   _____ A. 我小心谨慎。
   _____ B. 我注重实效。

6. 做事时:
   _____ A. 我有强烈的感觉和反应。
   _____ B. 我靠逻辑和推理。

7. 我愿意用下面的方式描述自己:
   _____ A. 我是一个乐于沉思的人。
   _____ B. 我是一个积极活跃的人。

8. 我愿意用下面的方式描述自己：
    _____ A. 我受感情影响很大。
    _____ B. 我受思想影响很大。
9. 在小团队里共事时：
    _____ A. 我倾听、观察然后缓慢融入其中。
    _____ B. 我迅速融入其中。
10. 在小团体里共事时：
    _____ A. 我表达自己的感觉。
    _____ B. 我说出自己的想法。

打分：把你的答案分值（0—5）填在下面的横线上，然后垂直相加每一列数字，4列当中的每一列数字的总分数应在0分和25分之间，A列和B列的总分应分别为25分。

1. _____ A. _____ B.(5)   2. _____ A. _____ B.(5)
3. _____ A. _____ B.(5)   4. _____ A. _____ B.(5)
5. _____ A. _____ B.(5)   6. _____ A. _____ B.(5)
7. _____ A. _____ B.(5)   8. _____ A. _____ B.(5)
9. _____ A. _____ B.(5)   10. _____ A. _____ B.(5)
合计   _____ A. _____ B.(25)   _____ A. _____ B.(25)
类型   观察型   行动型   感觉型   思考型

不能说哪种类型最好或最正确，4种学习类型各有利弊。你的分值在A项和B项之间分布得越均匀，就越容易改变学习类型。了解自己的学习类型能够帮助你从学习过程中收获更多。

明确你更喜欢的学习类型。序号是奇数的5道题中，A项描述的学习类型为"观察型"，而B项描述的学习类型为"行动型"。A、B两项，你的哪一项得分更高，那一项就是你最喜欢的学习类型，写在下面的横线上：

我喜欢的学习类型是 _____

序号是偶数的5道题中，A项描述的学习类型为"感觉型"，而B项描述的学习类型为"思考型"。A、B两项，你的哪一项得分更高，那一项就是你最喜欢的学习类型，写在下面的横线上：

我喜欢的学习类型是 _____

把4种学习类型两两组合在一起，得出描述学习类型的4个维度，看看你属于哪个维度：

_____ 顺应型（行动型＋感觉型）
_____ 发散型（观察型＋感觉型）
_____ 聚合型（行动型＋思考型）
_____ 同化型（观察型＋思考型）

图2-3阐释了4种学习类型。

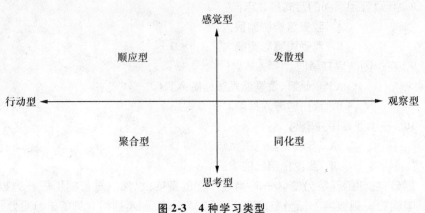

图 2-3　4 种学习类型

如前文所述,人的学习是基于两种人格维度或类型的——感觉及思考、行动及观察。即使每个人都有自己喜欢的学习类型,但学习类型也不是一成不变的。例如,顺应型和聚合型的人,学习过程中更喜欢积极参与而不愿意观察;而发散型和同化型的人,则更喜欢通过观察而不是积极参与的方式学习。在本门课程的学习过程中,我们无法事先预测授课老师的讲课方式。一方面,如果这位老师在课堂讨论和技能培养练习的环节上花费的时间较多,那么这种方式会比较受顺应型和聚合型学习类型的同学欢迎,他们会充分利用自己的感觉和思考积极参与课堂学习;另一方面,如果这位老师比较倾向于采用讲授文字资料和播放电影的教学方法,而不强调感觉和思考,那么这种方式会被发散型和同化型学习类型的同学接受。教师所青睐的学习类型很有可能对他的讲课方式产生影响。例如,本书作者是一个聚合型思考的人,因此采用技能培养的方法撰写此书,这种方法更加强调思考和行动,而对感觉和观察方面的要求较弱。

下面将介绍每种学习类型的基本特征及其利弊。

顺应型　顺应型(accommodator)的人喜欢通过行动和感觉的方法来学习。

特点:顺应型的人倾向于通过间接经验来学习,他们往往更愿意凭着内心的感觉采取行动,而不愿意根据逻辑分析。制订决策时,他们更依赖于别人的信息而不是靠他们自己的技术分析。顺应型的人喜欢执行计划和参与新鲜并具有挑战性的工作。他们往往更适合行为导向型的工作,如市场营销、政治、公共关系、管理等。

有利的方面:顺应型的人通常是一个好的领导者,他们愿意承担必要的风险,能尽力把事情做好。

不利的方面:顺应型的人总是不能设定明确的目标和可操作的计划,经常在一些无关紧要的事情上浪费时间。

发散型　发散型(diverger)的人喜欢通过观察和感觉的方法来学习。

特点:发散型的人具有从多种不同角度观察问题的能力。解决问题时,他们喜欢自由讨论。能从容不迫地分析多个选择方案。他们普遍都拥有广泛的文化兴趣,喜欢收集各种信息。发散型的人富有丰富的想象力,并且对别人的需求也很敏感。他们喜欢从事艺术、娱乐和服务类的职业,设计、社会服务、护理、咨询以及人事管理等工作更适合他们。

有利的方面:发散型的人往往富有想象力,能够识别问题。他们喜欢自由讨论,能够相互理解并能与人和谐共事。

不利的方面:发散型的人过分注重分析问题,行动缓慢,因此常常错过机会。

聚合型　聚合型(converger)的人喜欢通过行动和思考的方法来学习。

特点:聚合型的人善于利用信息。当面临问题和制订决策时,他们能利用信息提供解决方案。聚合型的人往往喜欢处理和解决技术性的任务和问题,而不愿意应付社会关系和人际关系。他们适合在科学和工程领域从事技术性工作,如生产监督、计算机以及管理方面的工作。

有利的方面:聚合型的人通常很擅长演绎推理、解决问题和制订决策。

不利的方面:聚合型的人在解决问题时,往往缺乏对所有解决方案的全面审视和评估,所以往往是用正确的方法解决了错误的问题。在实施想法前缺乏测试和评估。

同化型　同化型(assimilator)的人喜欢通过观察和思考的方法来学习。

特点:同化型的人善于理解各种信息并将它们转化成简明的、逻辑的形式。对他们来说,一种思想或理论的逻辑性要比它的实践性更重要。他们对抽象的想法和概念比对人更感兴趣。同化型的人往往适合从事教育、信息和科学方面的工作,如教师、作家、科研工作者、规划师等职业。

有利的方面:同化型的人擅长于创建模型和理论,制订开发计划。

不利的方面:同化型的有些过于理想主义,不够现实。他们经常重复错误,没能为自己的工作奠定可靠的基础。

了解了4种学习类型之后,你会发现没有最好的学习类型,每一种类型都有其利与弊。你也可能会发现某种学习类型非常适合你,但你同时也具有其他学习类型的某些特征。想要明确你所喜欢的学习类型,可以让很熟悉你的人填写一份针对你的自我测试练习,或者是让他们阅读这4种学习类型,并且挑选出他们认为最符合你的一种。

June和Rod除了在人格和情商之外,还有不同的学习类型。June作为一个顺应性思考的人兼有行动和感觉的学习类型,而Rod作为一个同化型思考的人兼有观察和思考的学习类型,所以他们做决策的方式不同。具有相似的人格和学习类型的人比那些不同的人更好相处。由于June和Rod在人格和学习类型方面有所不同,所以他们合不来也就不足为奇了。跟与你不同的人相处融洽需要有良好的自我技能和人际关系技能。

■ 工作应用

6. 你喜欢的学习类型是什么?这一类型的特征跟你像吗?请解释。你会改变你的学习类型吗?

7. 回想一下你最喜欢的人或者最喜欢与之共事的人,确定那个人的学习类型。他的学习类型与你的一样吗?你喜欢这个人的哪些方面?

8. 再考虑一下你最不喜欢的人或者最不喜欢与之共事的人,确定那个人的学习类型。他的学习类型与你的一样吗?你不喜欢这个人的哪些方面?

情境应用

学习类型
AS 2-3

通过所给出的陈述确定这些人的学习类型。

A. 顺应型思考　　B. 发散型思考　　C. 聚合型思考　　D. 同化型思考

11. 我不喜欢同 Wendy 共事的原因是她做决策太慢,她常常把问题分析得过于透彻。
12. 对于卢安来说,汽车修理是一个不错的工作,因为她喜欢修理东西,解决问题。
13. 我不希望特德成为委员会委员,因为他是一个空想家,我们不能把他的想法应用到工作上。
14. 肯在销售时不像我,他不利用任何标准手段。肯说他能摸清顾客的心理,然后确定他的销售手段。
15. 确定一下什么样学习类型的人会像情况13中那样评价特德。

2.4.3 学习型组织

第1章中讲到,组织需要创新、快速反应,这样才能在全球环境中具有竞争力。学习(或智力)与创新之间存在着一定的关系。[64]雇员们在一起工作时,可使学习和创新实现最优化。[65]雇员们通过一起工作来学习,可以促进一些最重要创新的发展。[66]为了实现创新,组织将招收具有不断学习新事物能力的人,而大学所提供的最重要的技能很可能就是不断学习的能力。在你拿到学位时,你不应该认为你受教育的过程已经结束,相反这只是一个开端,因为大学毕业生在岗位上所做的很多事情都是在工作中学会的,而且很多事情在上学期间都是无法遇到的。既然组织中的个人在学习,那么组织也能够学习。学习型组织(learning organization)培养学习、适应及快速创新以顺应环境变化的能力。

学习型组织致力于改善学习,以及确定如何在整个组织内传播知识。学习型组织对旧的信念和做事方式提出疑问,从而尽量使学习过程轻松容易。[67]许多研究人员都已经证实了知识对于管理的重要性。[68]实际上,在21世纪,知识管理已经成为工商界领导人的十大挑战之一。[69]

学习型组织做什么　学习型组织学会:

- 利用系统效应运作。[70](第1章)
- 避免犯相同的错误。[71]雇员从错误中学习,不在组织内重复这些错误,并且分享经验。[72]
- 不断提高绩效。通过学习,不断取得进步。[73]为了继续取得更多的进步,在组织内员工共同分享如何进步。[74]
- 信息共享。打破储藏知识的习惯,奖赏那些在组织内为帮助别人改进工作而分享最佳实践的雇员。[75]

组织学习并不新鲜,这个话题已经讨论了三十多年。但是今天,学习型组织面临的主要挑战是如何整合个人、团队以及组织层面的行为和人际关系的学习,以实现绩效最优。[76]整合的关键是团队学习,学习上有效率的团队比那些没有效率的团队能获得更好的绩效。[77]我们将在第11章、第12章对团队与学习做更多的探讨。

2.5 感知

在这部分,我们讨论感知的本质和在感知方面存在的一些偏见。

2.5.1 感知的特性

具有不同人格的人对事物的理解也不尽相同,尤其是对控制点领域的问题。[78] **感知(perception)** 一词,是指一个人对现实世界的解释。在感知过程中,你通过感官选择、组织以及解释所有的外界刺激。[79] 通过感知过程,任何两个人所经历的事情都是不一样的。遗传和外界环境影响你的感知,更明确地,还有你的人格、智力、需求、自我观念、态度以及价值观等因素。需要注意,感知的定义是指对现实的解释。在人际关系中,感知与现实同样重要。人们经常遇到同一件事,并且对这件事有不同的理解。例如,June 和 Rod 有相同的工作,可是他们对工作却有不同的看法。在这种情况下,谁是对的呢?

实际情况是什么呢?我们倾向于相信我们的感知是真实的,而别人的感知是不真实的。随着工作环境的全球化、多元化,感知的差别也将继续加大。记住,人们将根据自己的而不是你的感知采取行动。感知还会影响压力。[80]

2.5.2 影响感知的偏见

我们的感知偏见影响着我们的决策。[81] 影响感知的一些偏见分别是刻板印象、参考架构、期望、选择性接触、兴趣和投射。

刻板印象 **刻板印象(stereotype)** 是指将团体内所有成员的行为普遍化的过程。许多问题都有刻板印象,包括种族、宗教、民族和性别。我们大多数人都把对人的刻板印象当做认知某个人行为表现的快捷方式。[82] 组织中的妇女和少数民族经常被人以刻板印象对待,对女性管理者的刻板印象是太感情用事,不能成为有效的领导者。研究表明这种刻板印象是不正确的,对女性管理者的刻板印象正在逐渐消失,并且这一趋势还将继续下去。

很多在工作场所流传的幽默或笑话都是基于刻板印象产生的,并且可能被认为是歧视和骚扰。这些笑话通常会对人际关系产生消极影响。

我们了解别人时应该有意识地将其作为个体来对待,而不是用刻板印象认识别人。

参考架构 这里的**参考架构(frame of reference)** 是指从直接影响我们的某一局限点出发看待事物的倾向。工会和管理层总是以不同的参考架构来看待同一问题。[83] 例如,如果管理层想要变革以提高生产力,他们会很积极地理解这一改变(不顾工会的看法),而雇员可能会消极地理解这一改变(不顾管理层的看法)。雇员可能把这一变革看做是管理层为了花更少的钱让员工干更多的活,虽然从更宽广的角度来看,管理层和员工双方都可能从变革中受益。[84] 父母和孩子经常会因参考架构不同造成感知差别。

组织中的人际关系

要使我们的人际关系有效率,我们应该努力从别人的参考架构来理解事物,并且愿意为了共同利益努力实现双赢的局面。

期望 阅读下面三角形里的习语:

你是否把 the 读了两遍?或者像大多数人一样,你是否按照你所期望的那样只读了一个 the?我们常常按照期望的那样感知、选择、组织及解释信息。[85]

一位作家花了几年时间开发出很多体验式练习,并由不同的秘书为他打字。但是,秘书们总喜欢将"体验"(experiential)错打成"实验"(experimental),因为他们期望打的是"实验"。作家提醒了其中一位秘书两遍之后,收到的依旧是秘书所期望的"实验"二字,而不是原句本来的内容。

人们常常不能真正地互相倾听,特别是彼此之间非常熟悉的人们,他们只不过是听到了他们所期望听到的信息。

为了改善我们的人际关系,我们必须认真倾听现实,而不是只听到我们所期望的现实。

选择性接触 我们倾向于看到或听到我们想要的信息。人们有时有选择地挑选他们想听到的信息,忽视他们不想听到的信息。例如,一位经理采用"三文治法",先告诉一名员工其绩效哪些方面比较好,然后转到哪些方面做得不够好,最后又回到哪些方面做得好,这名员工可能有选择地把这段对话理解为是对他的赞扬而忽视了中间的负面信息;或者有时经理在分派任务时附带了明确的期限,而员工由于选择性地失聪而错过了期限。

要保证有效的人际关系,我们应该倾听全部信息,而不能选择性接触(selective exposure)。

兴趣 能引起你兴趣的事情也会对你理解事物产生影响。你是否曾经选修过这样一门课,你并不喜欢它,而班级的其他人却认为这门课非常不错。这种感知上的差别可能是由于对这门科的兴趣不同。兴趣影响职业选择。[86]

投射 为了避免心理威胁,人们使用一种被称作投射(projection)的防卫机制。投射的意思是把自己的态度或缺点归因到别人身上。偷盗和作弊的人可能会这样说,"大家都从公司偷东西"和"所有的学生都作弊"。投射或许是一种有效的防卫机制,但是它一般无助于人际关系。

工作应用

9. 举例说明你和别人经历同一情况但是对它的理解却有差别。6 种影响感知的偏见当中,哪一种看起来是感知差别的主要因素?解释一下你的答案。

第2章 人格、学习和感知

情境应用

AS 2-4 通过下面的陈述识别感知偏见：
A. 刻板印象　　　　　B. 参考架构　　　　　C. 期望
D. 选择性接触　　　　E. 兴趣　　　　　　　F. 投射

_____ 16. Wayne 激怒了他的员工，因为他不是真正地听取他们的意见。他认为他知道员工要什么，并且他总是不考虑员工的意见而做出决策。

_____ 17. Lily 总是指责别人的休息时间过长，实际上她自己也违反了休息时间的规定。

_____ 18. Ben 总是问我一些有关篮球的事情。我是一个高个子的非洲裔美国人，但这并不意味着我喜欢篮球以及洛杉矶湖人队。

_____ 19. 阿拉伯人与以色列人之间的主要问题是他们的……

_____ 20. Val 在沟通上有问题，因为她只听到她想听到的信息。

感知一致性(perceptual congruence)这一术语是指人们以同一方式理解事物的程度。人们在以同一方式认知事物的时候，组织内一般会产生积极结果。我们认识到感知偏见能够导致较低的绩效[87]，然而，感知一致性与绩效之间的确切关系还并不为人所知。认为管理层有支持作用的雇员一般更喜欢自己的工作[88]，对管理层的绩效评价也更为积极。[89]

回顾一下影响感知的偏见因素，见图 2-4。

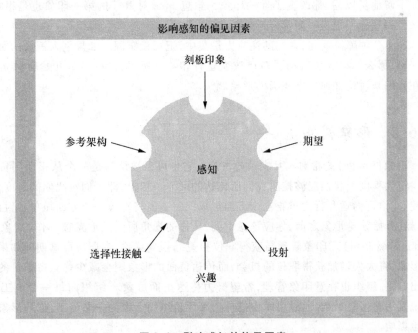

图 2-4　影响感知的偏见因素

2.6 形成良好的第一印象

在这一部分,我们讨论第一印象:首因效应和4分钟障碍。我们还要分析形象投射。

2.6.1 首因效应及4分钟障碍

我们在与别人相遇的时候,会很快产生对他们的印象。社会心理学家把这一过程称作首因效应。**首因效应**(primacy effect)是人们第一印象中互相感知的方式。前面讲过,感知易受6种偏见影响。第一印象建构了人们相互看待的心理框架,并以人格为基础。[90]

4分钟障碍(four-minute barrier)是指我们必须形成良好印象的时间。[91]它是人们在社会环境中决定继续接触或终止联系所需的平均时间,因此它还被称作4分钟推销。[92]当然,在商业和社会情境中,这个时间可能会更短,有些第一印象只需几秒钟即可形成。

在这短暂的时间内,人际关系将被建立、否定或是强化。如果第一印象良好,我们将会表现得友好并且继续保持接触;如果第一印象不好,我们将终止接触。在工作情境中,对同事的第一印象将会为你们的人际关系定下基调。有句格言"第一印象是持久印象",对许多人来说的确如此。

第一印象通常在人的头脑中持续存留,但它是可以改变的。你始终不喜欢某个人是否因为第一印象一直存留到现在?此外,是否能回想一下你起初结识一个人时,你并不喜欢他,但当你了解他以后,你改变了你的印象?想想June对Rod的第一印象也是很积极的,可是她后来意识到他们很长时间都合不来。

在4分钟障碍期间,人们的注意力最集中,记得最牢固。如果别人消极的第一印象令你印象深刻,那么你将必须"说服"自己改变这种印象。所以,最好是一开始就树立一个好印象。[93]现在我们来讨论如何确立积极的形象。

2.6.2 形象树立

形象(image)是指别人对我们的态度。它也可以被认为是一个从正面到负面的统一连续体。很大程度上我们能够控制我们所传达的形象。形象,即人们对我们的态度,是通过我们的外貌、非语言沟通和行为举止三个方面形成的。下面将对每一个方面做单独讨论。

在开始谈论形象之前,你应该意识到,从你的视角所看的形象被称作"印象管理"(impression management)。[94]印象管理与获得职位相关[95],换句话说,在职位面试期间如果你传达了正面的形象,将大大增加获得职位的机会,而传达负面的形象则减少你获得职位的机会。最后要指出的是,组织也在意印象管理,希望努力传达正面形象。[96]组织内每一个员工的形象对顾客来说是一种信息,顾客通过组织中的员工来评价组织。作为一名员工,你的形象会对组织形象产生影响。

外貌 人们在最初看见你的时候,在你能做或说任何事情之前,他们就开始形成对你的第一印象了。如果一个人不喜欢你的外貌、衣着、发型或是打扮,他就不可能给你展现自我的机会。如果你想要获得成功,你应该根据场合穿着适宜的服装。例如,如果你穿着牛仔裤和T恤衫去参加IBM公司销售代表的职位面试,面试官很可能会在向你提问之前就已经决定不聘用你。在IBM公司,员工都穿着深色的套装和白色衬衣,因此如果你像员工这样着装,你的面试就能有个良好的开始。市场上有各种各样关于成功穿着的书籍,包括不少有助于你事业成功的着装建议。一个简单的原则是,遵循组织的衣着和打扮标准,特别是遵循你想要职位的衣着标准。要像组织内的成功人士那样穿着。

在第15章的职业生涯管理部分,你将了解更多的有关衣着打扮的建议。

非语言沟通 像音调和音量一样,我们的面部表情、目光接触和握手也能传达我们的形象。

注意到一个人的整体形象之后,我们往往专注于其面部。面部表情比语言传达的感觉更真实:笑容代表不错,皱眉常常表示有问题。人际关系8大原则中的一条就是微笑,这一点在与别人初次相识的时候尤为重要,因为我们想传达一个积极、令人喜欢的形象。

在你初次与人相识的时候,目光接触非常重要。[97]如果你不直接看这个人的眼睛,那么他可能以为你不喜欢他,或者你没有在听他讲话,或者你是一个不值得信赖的人。保持目光接触很重要,但是盯着别人看会使人感到很不舒服。你可以先看对方的一只眼睛,接着再看另一只,然后将目光短暂移开。注意,在一些文化背景下,目光接触被认为是粗鲁的。

在很多介绍场合中,人们会握手。握手得当可以传达出你的热情和坚定。关于握手有5个判断要素:(1)有力——人们往往认为有力的握手表明了喜爱的态度,而无力地一握则传达出冷淡的态度;(2)干燥——人们不喜欢握着一只湿乎乎的手,湿手传送出紧张不安的信息;(3)持续时间——较长时间的握手能够传达兴趣;(4)手指交错——充分的、深深的握手传达着友谊和力量,浅浅的握手常常被理解为软弱;(5)目光接触——在整个握手过程当中你应该与对方保持目光接触。

行为举止 别人注意到我们的外貌和非语言沟通后,他们会观察我们的行为举止。正如前面提到的有效人际关系原则中所说的,同别人谈话的时候,要乐观高兴,不要抱怨,要表现出真正的兴趣,要微笑,适当时可以大笑,称呼对方的名字,要倾听,要乐于助人,要三思而后行。不要做或者说任何冒犯别人的事。注意自己的行为方式并且要有礼貌。在4分钟障碍期间,要避免讨论有争议的话题及表达有关这些话题的个人观点。

遵循以上有关外貌、非语言沟通和行为举止的原则,将有助于你树立良好的第一印象。本书将告诉你更多关于行为的知识,第9章还会介绍礼节方面的内容。

> **工作应用**
>
> 10. 分别举出别人对你形成良好的第一印象和不好的第一印象的例子,并解释其原因(外貌、非语言沟通、行为举止)。
>
> 11. 树立良好形象的几个途径中(外貌、非语言沟通、行为举止),哪一个是你最强的?哪一个是你最弱的?对你的回答做出解释。将来你要怎么做以树立良好形象?

组织中的人际关系

复习题

人格或个人风格在很多方面既使我们有差别又使我们相似。你的压力大小部分取决于你的人格类型。智力影响人格,并且学习类型是以人格特质为基础的。我们的感知受我们的人格和智力的影响,并且第一印象是以我们的人格为基础的。

_____是一系列有助于解释和预测个人行为的比较稳定的特质。我们的人格是遗传因素和环境因素的共同产物,而我们的人格特质是我们的行为举止和人际关系的基础。_____的人格特点是动作快、勤奋努力、时间观念强、爱竞争、急躁、全身心投入工作。_____把特质分为外倾性、随和性、适应性、责任感和开放性五个维度。_____是在控制人命运的内向和外向信仰之间的统一连续体。

_____是对外界环境和事件的一种心理和生理上的反应。_____是一种环境状态,即在这种状态下人们感到焦虑、紧张,有压力。压力可导致低水平的绩效,而且压力是由A型人格类型、组织氛围、管理行为和工作满意度产生的。通常情况下,压力迹象表现为呼吸加速和排汗量增加以及不断地看时钟和承受压力的感觉。压力过大能导致_____,即由于压力而持续缺乏履行工作的兴趣和动机。_____包括步骤1,识别压力源;步骤2,确定他们的起因与后果;步骤3,计划消除或减少压力源。减少压力的一些方法分别是锻炼身体、营养、休息、积极思考和支持系统。

_____是个人在获取新知识、解决问题和制订政策等方面的能力,我们的智力是遗传学和环境因素的产物。我们的智力是多样化的,这有助于解释为什么一些人擅长这件事而不擅长另一件事。4种学习类型分别是_____,即喜欢通过行动和感觉进行学习;_____,即喜欢通过观察和感觉进行学习;_____,即喜欢通过行动和思考进行学习;以及_____,即喜欢通过观察和思考进行学习。我们的学习类型使我们的行为和同别人的关系有所不同。一般地,你的学习类型越灵活,你就越容易与不同学习类型的人共事。不同的工作需要不同的学习类型,理解你所喜欢的学习类型并且选择合适的职业能够使你的事业获得成功。你必须继续保持学习新事物的兴趣以成为学习型组织中有价值的资源。

_____是人对现实的理解。在感知过程中,我们通过感官选择、组织并且解释所有的外界刺激。我们的感知受遗传和外界环境的影响,具体来说,受我们的人格、智力、需求、自我观念、态度以及价值观等因素的影响。感知中的一些偏见是_____,即将团体内所有成员的行为普遍化的过程、参考架构、期望、选择性接触、兴趣和投射。感知是我们行为的起始点,而且我们的感知还对我们如何与人相处产生影响。_____是指人们以同一方式理解事物的程度。当人们具有感知一致性的时候,他们的绩效一般都比较高。

_____是人们在第一次接触时相互感知的一种方式。_____是指我们必须形成良好印象的时间,第一印象影响行为举止、人际关系和绩效。_____是指别人对于我们的态度。三个主要的形象传达分别是我们的外貌、非语言沟通和行为举止。

案例分析

H. Wayne Huizenga:亿万资产企业家

《商业周刊》和《高尔夫文摘》将H. Wayne Huizenga称为亿万资产企业家,他在佛罗里达州拥有私人的高尔夫俱乐部。《财富》杂志将其称为唯一一位成功创立了三个世界500强公司,同时拥有三支专业运动团队的成功人士。《成功》杂志称其为美国企业家领袖。新东南大学以他的名字命名了位于佛罗里达州劳德代尔堡的商业经营与企业管理学院。作为一名企业家,Wayne以创建公司和善于经营而举世闻名。

第2章 人格、学习和感知

他的第一个公司——Wast Management，在9个月里发展并拥有了100家子公司。离开Wast Management公司以后，他创建了非凡娱乐，这个公司制订了禁止租赁和销售盗版音像制品的政策，为规范美国音像租赁行业作出了巨大贡献，后来该公司以8.4亿美元的价格卖给了维亚康姆公司。像过去一样，Wayne坦率地告诉股东们他将要离开公司，因为他不能忍受为其他人工作，要么他领导公司，要么他离开。今天他成功领导了四大纽约证券交易公司：联合汽车公司（美国汽车零售业的领头羊）、美国地产公司、公共服务公司，以及 Boca Resorts 公司。他拥有迈阿密海豚队、佛罗里达黑豹队以及职业比赛运动场；除此之外，他还拥有许多不动产。

Wayne非常自律，经营努力，工作勤勉；他通常在凌晨四点就开始工作。他善于提出建议并解决问题：他处理问题的基本方法是把公司的重要人物聚在一起，共同讨论公司的发展策略和可行方案。Wayne把自己的想法和这些关键人物进行交流，以便他们能够指出不足并且提出改进意见。在谈判时，他总是以一种轻松、平静和友好的态度与对方交流，尽量使对方清楚地理解自己的想法。

网上查询：想得到更多关于Wayne和他的公司或他的运动团队的信息，你可以在网上点击他的名字或输入他公司的网址进行检索。你可能会发现在本案例撰写完毕后，又有一些公司被他收购或卖出了。

用从本案例中所获得的专业信息或其他你掌握的相关信息回答下列问题：

1. 从大五人格的每个层面分别解释Wayne的人格特征。

2. 你能说Wayne具有A类或B类的人格特征吗？

3. 你认为为Wayne工作会有压力吗？

4. 你认为Wayne更喜欢哪种学习风格？

5. 你认为Wayne在职业生涯早期必须克服哪种感知上的偏见？

6. 评价Wayne的个人内在技巧、人际关系技巧和领导技巧（第1章）。

客观题案例

性格冲突

Carol是一个银行的部门经理。她的两个员工Rich和Wonda来找他，说他们无法在一起工作。Carol问他们为什么，两人都回答说："我们性格不合。"Carol让他们说得更具体一些，下面是两人的回答：

Rich：Wonda太爱管人，她不断地告诉我要做什么，我想让她离我远点，因为我喜欢安静。

Wonda：那是因为我知道Rich很容易受骗，他相信别人说的一切，所以我必须提醒他。

Rich：我们有不同的人生观。Wonda认为只要努力工作就能在银行中出人头地，但我不同意。我认为得会钻营，而我现在不会。

Wonda：那是因为我有动力并且喜欢工作。

Rich：动力——你把它叫动力？Wonda对工作简直是着魔。她总是风风火火、毫无耐心，什么事情都喜欢争。

Wonda：如果你能更合作一些，士气高涨些，我也不会有那么大的压力。

Rich：我们无法共同决策，因为我是非常理性的人，喜欢收集大量信息；而Wonda却总是凭她所谓的

组织中的人际关系

"直觉"来做决定。

Wonda:我原以为在这里工作会有所不同,但我没料到我会和这样没有合作精神的人一起工作。

Rich:我也有同感。

此时 Carol 终止了他们的谈话。

回答下列问题,并在每题序列号之前的空白处写出你的理由。

_____ 1. 从 Rich 的第一个陈述中可以看出 Wonda 具有_____性格特征,同时他具有_____性格特征。
    a. 外向,内敛　　　　　　　　　　b. 进取的,被动的
    c. 尽责的,不计私利的　　　　　　d. 爱幻想的,实际的

_____ 2. 在第二个陈述中,显现出 Wonda 是_____,Rich 是_____。
    a. 精明的,直率的　　　　　　　　b. 高智商的,低智商的
    c. 稳定的,情绪化的　　　　　　　d. 多疑的,信任他人的

_____ 3. 在第三个陈述中,显现出 Rich 侧重于_____控制,Wonda 侧重于_____控制。
    a. 内部,外部　　　　　　　　　　b. 外部,内部

_____ 4. 在第四个陈述中,显现出 Wonda 是一个_____。
    a. 内部论者　　　　　　　　　　　b. 外部论者

_____ 5. 在第五个陈述中,显现出 Wonda 具有_____类型性格。
    a. A　　　　　　　　　　　　　　b. B

_____ 6. 在第六个陈述中,Wonda 说_____是她产生压力的原因。
    a. 性格　　　b. 组织氛围　　　c. 管理有效性　　　d. 工作满意度

_____ 7. 在第七个陈述中,Rich 描述他自己具有_____学习风格。
    a. 顺应型　　　b. 发散型　　　c. 聚合型　　　d. 同化型

_____ 8. 在第七个陈述中,Rich 描述 Wonda 具有_____学习风格。
    a. 顺应型　　　b. 发散型　　　c. 聚合型　　　d. 同化型

_____ 9. 在第八个陈述中,感知上的问题看起来是由于_____导致的。
    a. 刻板印象　　　b. 参考架构　　　c. 期望　　　d. 选择性接触
    e. 投射　　　　　f. 兴趣

_____ 10. 谁需要改变自己的行为?
    a. Rich　　　b. Wonda　　　c. 两人都需要

11. 总的来说,你的性格、控制点、压力类型和学习风格是更像 Rich 还是 Wonda? 如果你是 Rich 或 Wonda,你会怎么做?

12. 如果你是 Carol,你会怎么做?

注:可以在班级中分角色扮演这次的三人会议。

第2章 人格、学习和感知

技能强化练习2-1

学习风格
课堂练习

目标:更好地了解你的学习风格和怎样与不同学习风格的人更有效地工作。

SCANS要求:通过这个练习培养学生的人际交往能力、咨询能力、听说读写算等基本能力、思维能力和其他综合个人素质。

准备:你应该已经读完本章,并在自我测试练习2-3中确定了你的学习风格。

过程:整个班级分成四组(顺应型、发散型、聚合型、同化型),每种类型一组。

步骤1(2—3分钟)

每组选出一个发言人—记录员。假设由于轮船触礁所有同学被困在一个荒岛上,不得不通过劳动分工组成一个经济体系。

步骤2(5—10分钟)

在这个过程中,如果岛上只有你所在的小组和其他三个小组中的任一个小组,你们组会针对不同小组作出哪些重要的贡献?例如,顺应型小组陈述,在岛上只有顺应型和发散型两种风格的人时,他们将会如何帮助发散型小组;在岛上仅有顺应型和聚合型/同化型两种风格的人时,他们将会如何帮助聚合型/同化型小组。每个小组都照此安排练习。可随时参考课本。

步骤3(5—15分钟)

顺应型小组的发言人分别依次告诉其他三个组,如果岛上仅有他们两组时,顺应型小组会给予对方怎样的帮助。接下来是发散型小组、聚合型小组、同化型小组的发言人依次陈述。

步骤4(3—7分钟)

分成尽可能多的包含四种风格的人的讨论小组。每组中每种风格的人至少有一个,也可以是多个。例如,如果人数最少的组是同化型小组,有5个成员,则建立5个讨论组。如果聚合型小组有9个成员,那么其中4个组有2个聚合型的学生,有1个组有1个聚合型的学生。如果发散型小组有6个成员,那么有4个组分到1个成员,有一个组分到2个成员。尽量使每个组的成员数目均等。

步骤5(3—7分钟)

选出一个发言人—记录员。每组决定在建立经济体系时要包括哪(几)种风格。在讨论过程中,老师可在黑板上写下4种风格,为第6阶段的投票做准备。

步骤6(2—3分钟)

老师将每组在建立经济体系时要包括的风格的投票数写在黑板上。

总结:老师引导班级讨论或做评论。

应用(2—4分钟):在这个练习中我学到了什么?我应该怎样做才能和不同学习风格的人更好地共事?

分享:在应用阶段学生可自愿分享他们的答案。

技能强化练习 2-2

人格感知
准备

你应该已经读完了人格特质的内容并完成了自我测试练习 2-1。在本练习中,把你大五人格的每一个方面按从最强(1)到最弱(5)进行排序。在老师允许之前,不要把你的排序告诉任何人。

_____ 外倾性　　　　_____ 随和性　　　　_____ 适应性

_____ 责任感　　　　_____ 开放性

人格感知
课堂练习

目标:培养你在洞察他人性格特点方面的能力。有了这个能力,你可以更好地理解和预测他人的行为,这一能力有助于领导者影响下属。

SCANS 要求:通过这个练习培养学生的人际交往能力、咨询能力、听说读写算等基本能力、思维能力和其他综合个人素质。

步骤 1(2—4 分钟)

熟悉的人分在一组,每组 3 人。如果在班级中没有你熟悉的人,而你又做过自我强化练习 1-2(熟悉你的小组成员并记下他们的名字),那么可以和你知道名字的人一组。

步骤 2(4—6 分钟)

每个组员写下自己对另外两个组员的印象,只需为每个组员的大五人格的 5 个方面简单排序(将大五人格相应的层面名称写在下面的空格处)。简要陈述形成此感知的原因,包括你所观察到的导致你形成此感知的具体行为。

姓名_____ 最高分人格层面_____ 最低分人格层面_____
排序原因_____

姓名_____ 最高分人格层面_____ 最低分人格层面_____
排序原因_____

步骤 3(4—6 分钟)

按自愿原则,本组的一个成员首先倾听其他组员对他的感知。

1. 一个学生告诉这位志愿者,他给志愿者大五人格的哪个层面打最高分,哪个层面打最低分,为什么这样选择。此时不要进行讨论。

2. 另外一个学生也告诉这位志愿者上述信息。

3. 志愿者告诉这两个学生他真实的最高分和最低分。三个人共同讨论感知的准确性。

步骤 4(4—6 分钟)

第二个志愿者了解他人对自己的感知,过程同上。

步骤 5(4—6 分钟)

最后轮到第三个志愿者,过程同上。

总结:老师组织班级讨论或做点评。

应用(2—4 分钟):在这个练习中我学到什么?以后怎样应用这个知识?

分享:在应用阶段学生可自愿分享他们的答案。

第2章 人格、学习和感知

技能强化练习2-3

第一印象
课堂练习

目标:练习如何给他人留下良好的第一印象,了解别人关于自己形象的反馈,培养树立良好第一印象的能力。

SCANS要求:通过这个练习培养学生的人际交往能力、咨询能力、听说读写算等基本能力、思维能力和其他综合个人素质。

准备:你应该已经阅读并且理解了如何打造良好的第一印象。

步骤1(2—4分钟)

和你不认识的人配对。如果你认识每一个人,就选择一个你不太熟悉的人做搭档。如果有必要的话可以三个人一组。在得到允许前,不要开始讨论。

步骤2(4分钟)

假设你们是第一次见面。一个共同的朋友把你们聚在一起,但他先去接电话了,没来得及介绍你们认识。这个共同的朋友让你们在他回来之前先彼此自我介绍和熟悉一下。当老师宣布开始后,你们两人进行自我介绍并尽快熟悉起来。一定要记得握手。

步骤3(7—12分钟)

使用下面的形象反馈表,相互给出有关对方形象的反馈。为了确保有效,这个反馈必须是从你搭档那里得到的关于你的形象的诚实评价。所以,请按你的搭档的回答填写。

形象反馈

人际关系原则

1. 我是乐观的_____中性的_____悲观的_____。
2. 我有_____没有_____抱怨和批评。
3. 我有_____没有_____对对方表现出真诚的兴趣。
4. 我有_____没有_____微笑并在适当的时候大笑。
5. 我有_____没有_____称呼对方的名字两三次。
6. 我是一个好_____一般的_____不好的_____听众。
7. 我有/努力_____没有_____帮助对方。
8. 我有_____没有_____做或说令对方感到不愉快的事。

形象树立

外貌:

9. 我的外貌给对方的印象是积极的_____中性的_____消极的_____。

非语言沟通:

10. 我的面部表情表现出我对对方的态度是关心的_____一般的_____不关心的_____。
11. 我的目光接触太少_____刚好_____太多_____。
12. 我与人握手是有力的_____无力的_____;干的_____湿的_____;时间长

组织中的人际关系

的_____时间短的_____；全握的_____半握的_____；伴随目光接触_____没有目光接触_____。

13. 对方最喜欢我的什么行为？

14. 对方最不喜欢我的什么行为？

总结
通过反馈，我认识到我可以通过以下方法改善我的形象：

感知
了解其他人对我们的第一印象和我们对其他人的第一印象非常重要。讨论完你的形象后，你是否觉得自己存在感知偏见？如果有，是哪些？

结论：老师组织班级讨论或做点评。

应用(2—4分钟)：在这个练习中我学到了什么？以后应当怎样应用这个知识？

分享：在应用阶段学生可自愿分享他们的答案。

Chapter 3

第 3 章
态度、自我认知、价值观和道德

学习目标

通过本章的学习,你应该能够:
1. 定义态度并且解释态度如何影响人的行为、人际关系和绩效。
2. 描述如何改变你的态度。
3. 列出六种影响工作满意度的因素。
4. 了解你是否具有积极的自我认知,以及它如何影响你的行为、人际关系和绩效。
5. 理解你上司的预期和你自己的预期如何影响你的绩效。
6. 阐述如何形成更加积极的自我认知。
7. 界定个人价值观。
8. 比较道德发展的三个层次。
9. 掌握以下 13 个关键术语(以在本章中出现的先后为序):

态度 attitude	自我效能 self-efficacy
X 理论 Theory X	自我实现预言 self-fulfilling prophecy
Y 理论 Theory Y	归因 attribution
皮格马利翁效应 Pygmalion effect	价值 values
工作满意度 job satisfaction	价值体系 value system
工作满意度调查 job satisfaction survey	道德 ethics
自我认知 self-concept	

组织中的人际关系

引例

美国红十字协会是一个非营利性组织,它的使命是:"美国红十字协会是由志愿者领导的人道主义组织,在其大会宪章及国际红十字协会基本原则指导下,为灾难受害者提供救济,并帮助人们预防、应对突发的紧急事件。"美国红十字协会负责提供全国大约一半的输血血液和血液类产品。

美国红十字协会致力于拯救生命及减轻痛苦。这个多元化的组织服务于人类,在本国和全球范围内对灾难受害者提供救济和帮助。该协会组织公众参加健康和安全培训,并且会为美国军人及其家属提供紧急情况下的社会公益服务。一旦发生地震、龙卷风、洪水、火灾、飓风或其他灾难,红十字协会将在全国范围内提供救济服务。红十字协会是美国最受信赖的慈善组织,同时它也需要具有同情心的美国人的支持,才能持续取得成功[1]。

Rayane 刚与上司 Kent 谈完话。Kent 对她说,她的工作态度有些消极并且已经使她的工作绩效低于规定标准了。Kent 问她对工作是否满意。她说:"不满意,我实在不喜欢工作,而且我把很多工作搞得一塌糊涂。我想我是个失败者。"Kent 对她解释说她的态度和消极的自我认知是她工作绩效差的原因。但是 Rayane 根本听不进去,因为工作对她来说是不重要的。Rayane 认为有些事情是由她自己不能控制的因素决定的(心理学中的"外控归因"),因此,她相信工作绩效差不是她的过错。而且,她相信 Kent 根本不知道自己在说什么。她认为 Kent 这样做是不道德的,他只是试图控制她以使她更加卖命地工作。那么,Kent 和 Rayane 的分析有道理吗?Rayane 能够改变她的现状吗?

3.1 态度、工作满意度、自我认知、价值观与道德如何影响行为、人际关系与绩效

一个人的工作满意度是以其态度为基础的,而态度是由价值观和道德观形成的。人的自我认知是指人对自己的态度,自己越了解自己,越了解为什么自己与他人不同以及不同的程度,就越能有效地处理人际关系。

你的态度以及其他人对你的态度会影响到你的行为、人际关系和工作绩效。[2]当你对他人的态度很积极时,就会试图与其发展积极的人际关系;相反,如果你持消极态度对人,那么你会回避或不尽力与之维持友好的人际关系。总之,如果你喜欢一项工作(或一个班级),那么你会尽可能多地参与工作而不是想退出,并且会加倍努力工作,当然也会有例外。[3]

对工作满意度高的人工作表现也往往很出色,有良好的人际关系,而且保持很高的积极性,因此,相比较那些痛恨自己工作的人,他们就会有更高的工作绩效。[4]具有积极的态度和自我控制力的人总会有较高的工作满意度和较好的工作绩效。[5]

一个人的自我认知对其行为有很大的影响。它会影响你的性格、需求、感知、态度及学习。你对自己的态度会直接影响你与他人接触的方式。一般而言,拥有积极自我认知的人会比那些消极自我认知的人拥有更多的朋友。消极自我认知的人在很多方面不如积极自我认知的人表现好。[6]低绩效会导致低自我认知,低自我认知又会降低自尊。

第3章 态度、自我认知、价值观和道德

价值观会影响一个人的行为,这种影响包括积极及消极的影响,行为可能是道德的,也可能是不道德的。价值观对态度绝对会有影响。但是,一些宣称自己具有很高价值观和虔诚信仰的人并不会在工作中实践他们的价值观。[7]重视人际关系和工作绩效的人一般会有很多朋友,并会获得更高的工作成就。[8]

Kent试图让Rayane明白,消极的态度和自我认知是如何影响她的工作绩效的,但是她不重视工作。你认为Kent是正确的吗?你有积极的态度和自我认知吗?你快乐吗?你想改善你的态度和自我认知吗?这一章可以帮助你得到改善。

3.2 态度

在这一部分,我们会讨论态度是什么、态度的重要性、如何获得好的态度、管理者态度的类型及其如何影响绩效,以及如何改变态度。

3.2.1 态度是什么,态度重要吗

态度(attitude)是一种很强的信念或者一种对人、事物及情境的感觉。我们对生活、人际关系、工作、学校及其他一切事物都会有赞同的或积极的态度,以及不赞同的或消极的态度。[9]态度并不是快速的判断,判断较易改变。我们的朋友和熟人通常会知道我们对事物的感受。人们用自己的行为诠释自己的态度。[10]例如,如果你在老板或是老师背后做鬼脸,其他人会觉得你对那个人有消极的态度。Rayane对很多事情都表现出消极的态度。

> **工作应用**
>
> 1. 描述一下你对大学的总体的态度,再描述一下对你正在就读的大学的态度。

态度是非常重要的。[11]雇主们都很强调态度。[12]万豪国际酒店的总经理 J. W. Marriott Jr. 表示:"相比其他因素,我们今天的成功更多的是依靠员工们的态度。"施乐公司(Xerox)的一位高管认为,公司不仅要影响雇员的行为,更要影响他们的态度。研究表明,能使员工接触不同问题的公司多元化培训项目有助于消除消极的刻板印象,影响员工的职场态度。

3.2.2 态度是如何形成的

态度主要通过经历逐渐形成。[13]在从少年到成人的成长过程中,你会受到父母、家庭、老师及朋友等的影响。从这些人身上,你学会判断是非和如何做人。

当遇到新人或新情况时,你可能会很开放或是很敏感,这是因为你还没有充分的时间来形成对他们的态度。在进入新环境之前,人们往往会向有经验的人讨教,所以实际上在遇到新环境之前人们已经开始形成态度了。[14]例如,在你选择本课程之前,你可能会找已经学过本课程

的人问有关课程的一些问题。如果他们对本课程持积极态度,也会感染你对本课程持积极态度;如果他们持消极态度,那么你可能也会抱着消极态度来学习本课程。从他人那里获得信息是一种好的做法,但你应有自己的态度。管理者的态度和团队的态度也会影响雇员的态度。[15]

3.2.3 管理者的态度及其对绩效的影响

在继续阅读下去之前,请回答自我测试练习3-1中的10道题,来判断你持有的是X理论态度还是Y理论态度。

管理者态度 道格拉斯·麦格雷戈把态度称为假设(assumptions),对态度进行了分类,即X理论和Y理论。具有 **X理论(Theory X)** 的管理者认为员工们是不喜欢工作的,所以应该对他们的工作进行严密监督。持 **Y理论(Theory Y)** 的管理者则认为员工本身是喜欢工作的,并不需要对他们进行过分监督。美国的工人都是在严密监督下进行工作的。[16]具有支配欲的管理者常常不信任员工[17],因此,他们具有X理论的态度。员工的态度也会影响管理者的态度。管理者一旦发觉员工有消极的工作态度,不管其对错,总会采用X理论的态度来对待。

多年的调查研究表明,与具有X理论态度的管理者相比,具有Y理论态度的管理者雇用的员工工作满意度高。但是,具有Y理论态度的管理者,其所在部门的生产率并不总比X理论态度的管理者所在部门的生产效率高。

情境应用

X理论,Y理论　区分不同管理者对员工的评价:
AS 3-1　　　A. X理论　　　　　　B. Y理论

_____ 1. "这次要小心,我不希望你像上次那样把事情又搞砸了。"
_____ 2. "谢谢,我相信你一定能把工作做好。"
_____ 3. "选择一种你想用的格式,完成之后交给我。"
_____ 4. "我会抽查你的工作情况,以确保你按时完成工作。"
_____ 5. "我知道你可能觉得这是一项令人讨厌的工作,但总得有人做。"

自我测试练习 3-1

经理者态度

假如你是一位管理者,请将你认为最能够准确描述你的字母圈出来。答案无正误之分。

一直(U)　　　　经常(F)　　　　偶尔(O)　　　　很少(S)

U F O S　1. 我会独自为我的部门设定目标(没有员工的参与)。
U F O S　2. 我会允许员工制订他们自己的计划(而不是为他们制订计划)。

> U F O S 3. 我会把我喜欢做的一些工作分派给下属(而不是自己做)。
> U F O S 4. 我会允许员工自己做决定(而不是替他们做决定)。
> U F O S 5. 我会自己单独招聘新员工(不让公司的员工参与此事)。
> U F O S 6. 我会自己来培训新员工(而不是由其他员工来做)。
> U F O S 7. 我会告诉员工他们必须知道的事情(但并不是我知道的每一件事)。
> U F O S 8. 我会花时间表扬并认可员工为工作所付出的努力(绝不会省却这些事)。
> U F O S 9. 我会设立一些(而不是很少的几项)控制措施来确保完成工作目标。
> U F O S 10. 我会严密监督我的员工(而不是靠其自觉)以确保他们在认真工作。
>
> 为了使你更好地理解自己对人类本质的态度,对自己的答案进行评分。对于第1、5、6、7、9和10题,选项U为1分,选项F为2分,选项O为3分,选项S为4分;对于第2、3、4和8题,选项S为1分,选项O为2分,选项F为3分,选项U为4分。计算一下总分,你的分数应该为10—40分。把你的分数写在这里_____。X理论和Y理论对应的分数则相当于这个分数区域(10—40分)的两端。很多人的态度分数会位于这两个极限值之间。根据你的分数,在下面的分数轴的相应位置画个记号"×"。
>
> X理论   10————————20————————30————————40   Y理论
>
> 你的分数越低,你的X理论态度就越强;你的分数越高,你的Y理论态度就越强。分数为10—19分的可以划定为X理论态度,分数为31—40分的可以划定为Y理论态度。分数为20—30分的可以划定为折中态度。也许这个分数并不能精确地衡量你在实际工作中的表现,但是,这能够帮助你了解自己对他人的态度。

管理者的态度如何影响员工的绩效　管理者的态度和他们对待员工的方式会影响员工的工作行为和绩效。如果管理者持有一种积极的态度并期望员工能有较高的生产效率,那么员工就会高效。[18] J. Sterling Livingston 和其他人的研究结果都支持了这一理论。[19]这种理论被称为"皮格马利翁效应"(Pygmalion effect)。**皮格马利翁效应表明管理者对员工的态度和期望以及管理者如何对待员工在很大程度上决定了员工的工作绩效**。在一个焊接学习班中,老师接到一份学员名单,并被告知名单上的学生都是非常聪明的且都能很好地完成学习任务。而实际上这些人是随机选择的,只是老师对他们的期望与对其他学生有所不同。实际结果是这一组所谓的聪明学生的表现的确比其他学生好得多。为什么会发生皮马格利翁效应这样的事情呢?这是因为老师的期望转变成了其自我实现的预言。故此,管理者的行为和态度会影响员工的工作绩效。

从一定意义上讲,霍桑效应与皮格马利翁效应是相关的,因为两者都对绩效产生影响。霍桑效应研究表明,若管理者给予员工特别的关注和对待会提高员工的工作绩效。[20]

在他人的积极期望下,人的工作绩效水平会得到提高。遗憾的是,很多管理者都带有刻板印象,只看到他们预期会看到的:低的员工绩效。于是,员工便按照管理者预期的那样做事。我们应该把员工当做高绩效者一样期待及看待,以使其发挥最大潜能。Marva Collins 一直以

组织中的人际关系

来被认为是美国最成功的教师之一,她开办了一所贫民学校,学校对学生在各方面都有很高的要求。这所学校的小学生要阅读莎士比亚的作品并且每天晚上要花数小时时间完成家庭作业,而很多公立学校的孩子既不阅读也没有任何作业。因为柯林斯所持态度的皮马格利翁效应,她的很多学生都已取得职业上的成功,而非社会福利接济的对象。

尽管他人的态度可以影响你的行为、人际关系和工作绩效,但最终起决定作用的还是你自己的行动。你可以试着不理睬消极评论,并且与持有消极态度的人保持距离。

对待员工好些,他们就会更加努力工作;对他们不好,他们就会更加消极怠工。[21]作为一个管理者,应当创造一种双赢的情况。期望员工能有高的工作绩效,并把他们当成特别的而且是有能力的人来对待,这样你才能从他们那里获得最佳工作绩效。

工作应用

2. 请举出两个关于你的态度影响到你的工作绩效的例子,一个是关于积极态度的,另一个是关于消极态度的。务必充分说明你的态度是如何影响你的工作绩效的。

3. 请举出一个你达到了或未达到别人对你的期望的例子(皮格马利翁效应),期望可以是来自父母、老师、教练或是老板的。描述要详细。

3.2.4 改变态度

请完成自我测试练习3-2,确定你自己的工作态度。

自我测试练习3-2

工作态度

下面有10个描述你工作行为的句子,判断它们在你工作中出现的频率,出现的频率分为5档,将相应数字填到题前的横线上。

(5)总是　　(4)通常　　(3)时常　　(2)偶然　　(1)很少

_____ 1. 在工作中,微笑、友好和礼貌地对人。
_____ 2. 以积极的而非消极的态度对待工作。
_____ 3. 当老板让我加班时,我会欣然接受。
_____ 4. 当工作出现问题时,避免找借口、推卸责任或责怪他人。
_____ 5. 在完成工作方面,我是一个积极主动的人。
_____ 6. 不在员工中散布谣言或说人闲话。
_____ 7. 我具有团队合作精神,愿意为团队做出一些个人牺牲。
_____ 8. 我愿意接受批评,并做出必要的改进。
_____ 9. 我会鼓舞同事的士气,在情绪上鼓舞他们。

第3章 态度、自我认知、价值观和道德

10. 如果让我的老板和同事用上面9道题对我做评价,他们选择的答案会和我自己选择的一样。

____ 总分:将10道题的得分相加。

解读你的分数。我们可以把工作态度看做一个从消极到积极的区间,请根据你的分数在相应位置处标上"×"。

消极态度　　10─────20─────30─────40─────50　　积极态度

总的来说,你的分数越高,你的工作态度就越积极。你可以按照第10题所建议的,让你的老板或者你信任的同事来做前面的9道题,看一下他们对你工作态度的印象是否和你自己所认为的一样。

工作应用

4. 做完自我测试练习3-2,你将如何改进你的工作态度?请详细描述。

积极的工作态度对职业的成功是至关重要的。[22]你的上司和同事会"品读"你的工作态度,并由此判断你是否可以作为一名踏实苦干、对自己要求严格的和乐观的团队成员。你一定要持有好的工作态度,而且要能用这种态度去感染别人。[23]

你愿意与哪种人共事,持有良好的工作态度的人、持有温和的工作态度的人,还是持有恶劣工作态度的人?也许我们不能够改变同事的工作态度和行为,但是可以改变我们自己的态度和行为。重新审视自我测试练习3-2中你对前9道题的答案,想想应如何改进你的工作态度。

改变你的态度　周围环境会影响我们的态度。我们通常不能控制周围的环境,但我们可以控制和改变我们的态度。[24]你可以选择乐观,也可以选择悲观。你可以寻找积极的因素,也可以更快乐,并从生活中获取更多。下面的建议可以帮助你改进态度:

1. 对自己的态度要有清醒的认识。乐观的人往往对工作有较高的满意度。[25]有意识地保有积极心态。若生活给你逆境,那就乐观处之。如果你发现自己总是抱怨并且开始消极,那么赶快停下来,并朝积极心态转变。随着时间的推移,你会变得更加积极。

2. 要意识到持有消极态度的害处。消极态度(如妒忌)只能破坏你的人际关系,而且最终会伤害到你自己。[26]

3. 保持开放的态度,听取他人意见,以使你的积极态度得以发展。

在19世纪,研究者发现改变一个人的内心态度可以改变其外在生活状态。人能够控制自己的态度并且能够改变生活方向。从今天开始,像一个成功人士一样思考和行动,你就会成为成功人士。本章开篇案例中的Rayane好像无意改变态度。如果她不做改变,那么她将永远都不会成功。

塑造和改变员工的态度　改变自己的态度是不大容易的,改变别人的态度就更难了,但这也许是可以做到的。[27]以下建议可以帮助作为管理者的你去改变员工的态度:

1. 给员工反馈。如果员工有意改变消极态度,他们必须意识到自己的消极态度。管理者

组织中的人际关系

一定要与员工讨论有关消极态度的问题。员工要明白消极态度会影响到自己和整个部门。管理者应该告诉员工可以选择什么态度,在开篇案例中,Kent 就是这样做的。

2．突出积极条件。员工对自己做得好的工作都会持积极态度。尽可能营造令人愉悦的工作条件[28],并确保员工能获得所有必需的资源和业务培训。

3．告诉员工结果。员工倾向于重复做能出现好结果的行动,此外,他们倾向于回避会出现不好结果的事情。鼓励和嘉奖具有积极态度的员工。要尽量控制消极态度的发展和散播。

4．成为积极态度的典范。如果管理者拥有积极的态度,那么他的员工也会如此。[29]

用图 3-1 来回顾一下如何改变态度。

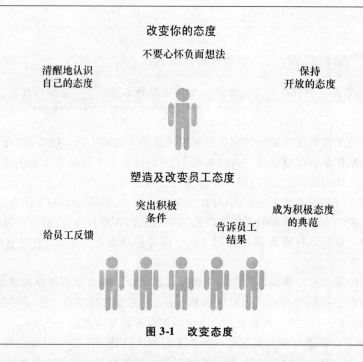

图 3-1　改变态度

情境应用

工作态度　　　判定下列员工话语所表现出的工作态度:
AS 3-2　　　　A. 积极　　　　　　　　B. 消极

　　　　　　　_____ 6. "为什么我一定要做这项工作呢?"
　　　　　　　_____ 7. "我很高兴为你取邮件。"
　　　　　　　_____ 8. "闪开,难道你没看到我正要从这过吗?"
　　　　　　　_____ 9. "这不是我的错,那个人没有给我足够的时间。"
　　　　　　　_____ 10. "我听说你没能完成这个月的销售指标,不要紧,下个月你一定能追上。"

3.3 工作满意度

在这一部分我们讨论工作满意度的本质和重要性、工作满意度的决定因素以及美国国内的工作满意度的实际状况。

3.3.1 工作满意度的本质及重要性

一个人的**工作满意度**(job satisfaction)是指对待工作的一系列态度。对工作满意是大多数员工期望的,而且期望程度有可能甚于对工作安全感和高工资的期望。[30]工作满意度会影响缺勤率和流动率,而这些都会影响到工作绩效。[31]员工对工作越满意,其缺勤的可能性越小[32],并更愿意投入到工作中。[33]当然,也有少数例外情况。[34]工作满意度低经常会导致罢工、工作怠惰、产品质量低下、偷窃或者蓄意破坏等。[35]

工作满意度调查(job satisfaction survey)是测定员工对工作和工作环境所持态度的过程。高工作满意度是经营管理出色的组织的特点。像美国红十字协会那样的组织会测量员工的工作满意度并不断地改进。现今管理者所看到是员工们对加班、奉献、出勤以及守时等的兴趣降低。在双赢前提下,改善对工作的满意度可以改善人际关系和提高组织绩效。

工作应用

5. 对工作或学校的满意度会影响你的出勤情况吗?请对你的答案做适当解释。例如,如果你对一门课或一项工作满意,你愿意付出更多吗?反之如何?

当员工被雇用后,他们的愿望、需求和过去的工作经历会形成一种对新工作的期望,他们是带着这种工作期望来到这个组织的。如果他们的期望得到满足,他们就会对工作产生很高的满意度;如果期望没有达到,他们对工作的满意程度就会降低。[36]工作满意度实际上也是生活满意度的一部分。[37]正如第1章中提到的,员工是个有着完整生活的人,不良的态度会产生压力并降低工作绩效[38],工作之外的生活会影响其对工作的满意度,反过来工作满意度也会影响生活满意度。例如,Rayane带着消极的态度来工作,这会影响她对工作的满意度。

工作满意度可以被描述为位于一个由低到高的区间,可适用于个人、小组、部门或整个组织。值得注意的是,工作满意度的概念指的是员工对工作的整体态度。由于人们经常会对工作中的某些方面(如工作本身)持积极态度,对其他方面(如工资)却持消极态度,所以工作满意度应是对工作的整体态度。

3.3.2 工作满意度的决定因素

决定工作满意度的因素有很多,每一种因素也许对一些人来说很重要,而对其他人来说可能并不很重要。[39]

工作本身 一个人是否喜欢工作本身会对整体工作满意度有影响。[40]那些觉得自己工作无聊、单调或缺乏挑战性的人会有较低的工作满意度。[41]

薪水 一个人对薪水待遇的满意程度会影响其整体的工作满意度。那些对自己的薪水不满意的员工不会发挥他们的全部潜能来履行工作职责,一些对薪水不满意的员工还可能会偷窃组织的资源,他们将这样的偷窃行为看做是自己薪水的正当补偿。实际上,不满意的员工与其他岗位的员工或其他组织中的员工相比,薪水可能更高,但薪水是否公平取决于员工本身的感知。[42]

发展和升迁机会 员工对个人或公司的发展以及升迁的可能性满意与否,都会影响到其工作满意度。许多人愿意接受挑战和学习新知识。员工愿意被提升到更高层次的技术或管理岗位。若员工认为工作升迁受到限制,则会对其工作满意度有影响。[43]

监督 一个人对其受到的监督是否满意也会影响整体的工作满意度。[44]有些员工认为老板没有为他们指引工作方向,会在工作中有挫折感,并且对工作也不满意。那些感到老板施加过多控制的员工也同样会对工作感到不满意。[45]员工和老板的个人关系也会影响工作满意度。[46]

同事 员工对与同事的人际关系是否满意会影响其整体的工作满意度。与对同事冷漠的员工相比,热爱同事的员工的工作满意度往往更高。[47]

工作态度 一些人觉得工作起来很有趣,而其他人却不这么认为。一些人对很多不同的工作都能感到满意,而另一些人则不是。那些对工作持积极态度的人会有更高的工作满意度[48],智商与工作满意度是不相关的。[49]

若对这些工作满意度的决定因素按其重要性进行排序,不同的人会有不同的结果。一个人可能对工作的某些方面非常满意,对其他方面稍不满意,但综合的结果是对工作是满意的。[50]很遗憾,Rayane 对这些因素中的任何一个都不满意。我们利用图 3-2 来回顾一下工作满意度的决定因素。

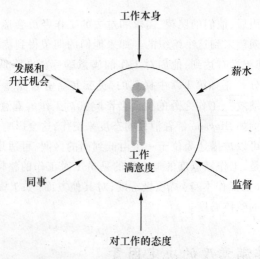

图 3-2 工作满意度的决定因素

3.3.3 美国人的工作满意度

刚毕业的大学生刚开始工作时会有很高的满意度,但是这样的状态不会保持很长时间。实际上,很多人都是带着很高期望开始新工作的。但是,总体来讲,职业生涯的时间长短与工作满意度没有什么关系。[51]

不同文化背景中员工的工作满意度会有差异。但总的来说,美国人对工作基本都持积极的态度,高于日本人的工作满意度。[52]在欧洲和美国,对工作的要求越来越高,这很大程度上是由全球化程度加深以及公司结构的扁平化所致,然而工作要求的提高并不一定会导致对工作的不满意。[53]但是,公司若以解雇和降薪的方式来威胁、压榨员工,员工可能会努力保住工作,然而使用这种粗暴、强迫方式会降低工作满意度,并会产生严重的消极后果。[54]

> **工作应用**
>
> 6. 考虑你曾经做过或正在从事的工作。根据前面讲到的6项工作满意度决定因素,测试一下你的工作满意度,对每一项决定因素进行5分制评价。将6项的得分相加,再除以6,就可以得到你的平均(或整体)工作满意度水平。
>
> 7. 对工作或学校的满意度会影响你的绩效吗?请解释你的答案。例如,对不满意的工作(或课程),你也会像对满意的工作(或课程)那样努力吗?

> **情境应用**
>
> **工作满意度** 判别下列情况属于哪一种决定工作满意度的因素:
> **AS 3-3**
> A. 工作本身　　　B. 发展和升迁机会　　　C. 薪水
> D. 监督　　　　　E. 同事　　　　　　　　F. 总体工作态度
>
> _____ 11. "老板总是找我麻烦。"
> _____ 12. "我很想买个数码摄像机,可是我的账单越来越多。我的薪水应该比现在更高。"
> _____ 13. "我喜欢手工操作的工作,也愿意维修设备。"
> _____ 14. "我提出了升职的请求,并相信我能够得到升迁。"
> _____ 15. "Peter和安真是笨蛋,我跟他们真是合不来,我想他们也知道这一点。"

3.4 自我认知

在这一部分,我们将对以下内容进行阐释:自我认知及其形成、自我效能感、归因理论以及如何构建积极的自我认知。

3.4.1 自我认知及其形成

自我认知(self-concept)是你对自身的总体态度。自我认知也可被称为自尊(self-esteem)和自我形象(self-image)。自我认知的程度可以用一个由积极到消极的区间或一个由高到低的区间来表示。你喜欢自己吗?你是一个有价值的人吗?你对自己的生活方式感到满意吗?面对挑战的时候,你的态度是积极的还是消极的?你是否能很好地处理挑战?如果你感觉并相信自己是积极的,那么你将具有很好的自我认知。[55]你的性格特点部分是以自我认知为基础的。[56]积极的自我认知是情商的一部分。[57]

自我认知是对自己的理解和认识,不是别人对你的看法。与你的行为相比,你对自己的想法和感觉会对自我认知有更大的影响。即使自己不认为自己可爱,其他人可能仍然很喜欢你。

通过多年来从他人那里获得的关于自己的信息,你的自我认知逐渐形成。他人对待你的方式会强烈地影响你当前的自我认知,如对你的态度、期望等(皮格马利翁效应)。父母是最早对你的自我认知产生影响的。你的父母是否会经常对你说"你很聪明,你可以做到的",或者"你真笨,你不会成功的"等诸如此类的话呢?你的兄弟姐妹们是积极的还是消极的?你早期的自我认知会一直对你产生影响。在成长过程中,你的老师和同学也会对你的自我认知产生深远影响。你受欢迎吗?有鼓励你的朋友吗?当你20岁出头的时候,你的自我认知已基本形成了。但是,当你开始承担更多的责任,比如工作、婚姻及抚育孩子等时,你的自我认知会有所改变。[58]例如,你的老板会影响你的成功(皮格马利翁效应)和自我认知。

很明显,Rayane是带着消极的自我认知来工作的。Rayane说她以前的工作一塌糊涂,她认为自己是一个失败者。但是,人的自我认知是可以改变的。Kent试着去营造一种双赢的氛围,使Rayane能建立起积极的态度和自我认知,以使她能开心地工作,并提高她的工作绩效。如果Rayane愿意的话,她的态度和自我认知是可以改变的。你愿意拥有更积极的自我认知以使你更开心且工作更有成效吗?

除了从他人那里获取信息之外,我们也会拿自己去与别人进行比较。实际上,我们一直在与别人进行比较。你或许会想,我跟其他人比较起来更聪明吗?我的外表好看吗?我是更成功的人吗?类似这样的比较会对自我认知产生积极的或是消极的影响。过度关注比别人差的方面,会导致对自己的消极自我认知,也会让自己不开心,所以不要这样做。

> **工作应用**
>
> 8. 描述你的自我认知。

3.4.2 自我效能感

自我认知是对自己的总体态度,包含对自己若干方面的认知。你可能本身已经拥有积极的自我认知,但你还是想有所改变。**自我效能感(self-efficacy)**是指个体对于自己能否胜任工作的信心。[59]自我效能感影响一个人的努力程度[60]、持续性[61]、兴趣的表达[62]以及你选择何种难度的任务。[63] 举个例子,如果你的专业是商科,在管理类课程方面,你的自我效能感可能是高的;但对于必须要学习的语言类或生物类课程,你的自我效能感就可能是低的。

情境应用

自我认知
AS 3-4

判断下列句子是积极的还是消极的:
A. 积极　　　　　　　B. 消极

_____ 16. "真倒霉,这已经是我今天犯的第五个错误了。"
_____ 17. "我肯定可以做好,没问题的。"
_____ 18. "都三个星期了,我还是搞不懂为什么没有升到理想的职位。"
_____ 19. "我觉得做销售很快乐,我喜欢与人打交道。"
_____ 20. "我算术不好。"

期望值会影响你的工作绩效。[64] 如果你相信自己能成功,你就能做到;如果你觉得会失败,结果就会真的如此,因为你会朝着期望的方向发展。这种期望现象经常被称做"**自我实现预言**"(self-fulfilling prophecy),即你的期望影响到你的成功和失败。Rayane 说她以前搞砸了很多工作,认为自己是个失败者,所以 Rayane 在她的新工作中出现问题也是意料之中的。

自我效能感和自我实现预言是相互关联的,且自我效能感可以变成自我实现预言。

工作应用

9. 举出一个关于自己的自我效能感导致自我实现预言的例子。

3.4.3　归因理论与自我认知

接下来,我们讨论归因理论[65]及其与自我认知之间的关系。**归因**(attribution)是指把引起行为的原因划分为内因和外因。内因行为在本人的控制之下,外因行为超出本人的控制。当我们观察其他人的行为时,我们并不知道其原因。所以我们就会对人们的做法进行自己的判断。我们根据独特性、一贯性和一致性来做判断。举例来说,假如你的一位同事 Ed 因为你的一个很小的错误就对你大喊大叫,你就会问你自己,Ed 是否只在你做某项工作时才会对你喊叫(特殊性),他是否总是喊叫(一贯性),对别人是否也喊叫(一致性)。你可能将 Ed 对你喊叫归因为个别情况或者他偶尔情绪不好(外因),也可能归因为这就是他的正常行为(内因)。如果你认为这是由外因引起的,也许就会以积极宽容的态度回应;如果你认为这是由内因引起的,你可能也会以喊叫回应,这样就会产生消极的人际关系。

有人在评价别人的失败时,经常会认为其内因是主要的,而外因是次要的;当评价自身时,则表现相反,会将其成功归为内因,而将其失败归为外因。在那些有外控点的群体中,这种评价尤其常见。[66] 你会这样评价自己和他人吗? 这种形式的自我归因经常是出于对自我认知的保护,某种程度上是有益的。但是,我们必须知道,认为内因为主的人会更快乐,且效率更高。

只有在愿意为自己的行为负责并主观愿意改变的情况下,你才能得到改善。Rayane 不愿为自己的表现负责,认为那不是她的错,也不愿意改善。只有愿意承担自己的责任并愿意改变,她才能得到改善。你愿意做出某些改变以使自己得以改善吗?

3.4.4 构建积极的自我认知

你是自我认知的最终创造者。那些对自己有很高自我认知的人会更开心,更受欢迎,更容易拥有好的人际关系和工作业绩。[67]虽然评价自己不是件容易的事,改变自己更加困难,但你还是可以改善自我认知。当你认识到积极的自我认知的重要性时,就会明白为改善自我认知而付出一些时间和努力是非常值得的。你可以改变,不必停留在过去和现在。[68]为帮助你建立更积极的自我认知,下面给出总体指导原则和一个行动计划。

作为一个管理者(教练、父母、教师或朋友),使用下面这些方法,你可以帮助员工发展更积极的自我认知。必须牢记一点,你自己一定要保持积极的态度,并要经常给予员工表扬和鼓励。然而,真正的自尊是建立在成就基础上的,不要对低效的工作提出表扬。如果对低效的工作给予表扬,那么工作效率不会得到改善,反而会更加糟糕。[69]一个很好的例子就是学校中的孩子,有些孩子的考试成绩实际上是不合格的,但是老师为了他们的自尊心不受到伤害,还是让他们通过了。但这样发展下去的结果就是,这些孩子可能在连基本知识都没有掌握的情况下就毕业了,而他们的自我认知肯定不会得到任何改善。

Kent 可以教会 Rayane 如何改善自我认知。他应该表扬她的进步,但若 Rayane 没有改善,则不应表扬她。如果 Rayane 现在不改变,而且 Kent 也不采取任何行动,那么 Rayane 以后也不会得到改善。

指导原则 将下面的指导原则运用于日常生活当中来改善你的自我认知:

1. 把错误看做是增加经验。要知道我们都会犯错误。与一个具有积极自我认知的成功人士交谈时,他都会承认自己在成功之路上犯过错误。成功的关键是要检视错误,并从中吸取经验教训。[70]试着给自己的未来定位,不要担心曾经发生的错误。如果总是计较曾经的错误,只能对自我认知产生消极的影响。

2. 接受失败,重新再来。通向成功的道路是曲折的,是否能成功很大程度上取决于处理失败的能力。不能从失败中跳出,是管理者失败的最主要的原因之一。沉湎于失败中,只能对你的自我认知产生消极的影响。要知道失败是不可避免的,但要去努力追求更广大或更美好的事情。回忆一下我们对成功的定义(第 1 章)。

3. 控制消极的行为和想法。情绪,比如生气,是生活的一部分。你不能控制其他人的行为,也不能完全控制自己的情绪。如果有人对你说了不好的话,你心里不可能无动于衷,但你可以控制你的行为,不必非要回敬或教训对方。要对你的情绪有清醒的认识(提高情商),并且试着去控制你的行为。[71]

你的想法同样重要。如果你满脑子都想着失败,那么你肯定会失败。如果意识到自己有消极的想法,要提醒自己这是不好的,并用积极的想法取代消极的想法,如提示自己"我可以做到的,这很简单"等。经过一段时间,消极的想法就会越来越少。在受到赞扬后,要说声"谢谢"。不要小看赞美,不要回答"每个人都能做到"或"这没什么大不了的"之类的话。永远不

第3章 态度、自我认知、价值观和道德

要在你的言行举止中出现消极倾向,一旦发现这种迹象,要赶快将其转换成积极的方式。

4. 利用宗教或信仰来帮助你发展积极的自我认知。[72]比如,"我是按照上帝的形象被创造出来的","佛祖不造无用之人"。

构建积极自我认知的行动计划 构建积极自我认知的三个步骤:

步骤1:明确你的优点和你需要改进的地方。你对自己的哪方面满意?你最在行的事情有哪些?你能够为他人或者组织提供什么?

自己的哪些事情或者行为可以改进?要了解自己的不足。没有人对任何事都在行。多注意自己的优点而不是缺点。请别人帮助你改进不足之处,同样,你也要对别人的不足之处提供帮助。

步骤2:制订短期及长期的目标,并想象它们能够实现。必须首先明确去哪里,你才能动身出发;或者,首先要明确从生活中学的是什么,才能在生活中学到它。在步骤1的基础上,设定自己想要改善的一些具体目标。必须写下来,而且要用积极的、肯定的语气来写。例如:

- "与别人谈话时保持镇静。"(而不是"不要对别人喊叫"。)
- "瘦到110磅。"(而不是"我要减肥"。)
- "要外向,愿意与人打交道。"(而不是"我不能总是害羞"。)
- "我很聪明,能拿到高分数。"或者"我很擅长我的工作。"

把你写下的目标放在显眼的地方,每天看几次。多复印几份,把它们贴到镜子、冰箱、汽车遮阳板或桌子上。也可以录到磁带里,每天听几遍。马上付诸行动,并每天坚持在大脑中保持积极的想法。

若计划制订得庞大或目标设定得太高,会导致你无法开始实施它或无从下手。记住,欲速则不达,要一步一个脚印,才能成功。先设定比较容易实现的短期目标。例如,假设你现在体重为150磅,不要设定一下子减到110磅的目标,可以把这个目标分为几个部分来完成,如"我要在×××天内减到145磅",然后是"我要在×××天内减到140磅"。当你达到一个短期目标时,适当地奖励一下自己,这种奖励不一定要很大,比如吃一个冰激凌或者看一场电影。这样的奖励可以鼓励你继续努力直至达成最终减到110磅的目标。若你能持续地设定并很好地完成短期目标,你的自我认知就在不断得到发展。我们在第8章将详细学习有关目标设定和激励的问题。

奥林匹克明星或成功的商人们都会通过想象成功的方式来帮助提升他们的绩效。跳水运动员会想象他们成功跳水的景象,销售人员会在头脑中反复地演练推销对话。你也应效法他们,例如,想象着你平和地与你平时总对其喊叫的人谈话,想象着你只有110磅时的样子,想象着你成功结识新朋友或出色完成工作时的情景,等等。

步骤3:制订计划并付诸实施。通过改变你的想法和行为可以改善你的自我认知,但你准备采取哪些具体行动呢?有些人会投入很大的精力来做计划,有些人则不是。例如,你想将体重减到110磅,但光靠想象是不够的。你必须明确具体的减肥计划,锻炼,节食,或其他方法。正如其他目标(如不对人发火)一样,制订详细的计划也不是容易的事情。但你起码可以确定到底是什么让自己这么生气,并努力消除这些因素,想想将来可以怎么做。

记住,要想成功,必须有积极的自我效能感。不能执行的计划根本不起作用。一定要坚持不懈才能达到目标。[73]

不要与他人相比，也不要自我贬低，否则，对你的自我认知是有害的。即使是最成功的人也会找到比自己强的人。你要做的就是设定目标，制订计划，然后努力去实现它。你只需与自己相比，尽自己最大的努力，持之以恒地用这种方法改善自己，你的自我认知必定会不断地发展、完善。而且如果你不断地去完善自己，那么出现中年危机的可能性就会变小。当你回头审视生活时，也不会有遗憾或觉得自己无所建树，因为你很清楚自己的成就，并为自己感到自豪。用图3-3来回顾一下如何建立积极的自我认知。

步骤1：明确你的优点和你需要改进的地方。
步骤2：制订短期及长期的目标，并想象成功。
步骤3：制订计划并付诸实施。

图3-3　建立积极的自我认知

> **工作应用**
>
> 10. 构建积极自我认知的四个指导原则中，哪一个需要投入的精力最少？哪一个需要的最多？并解释你的答案。

3.5　价值观

在这一部分，我们要讨论价值观，以及价值观与态度之间的关联。个人的**价值观（value）**就是对个人有价值或重要的事物。**价值观体系（value system）**就是一个人在生活中所持的一系列标准。价值观涉及"什么是应该的"这样的问题，它影响着我们做出的行为，或者说我们是在价值观引导下做出相应行为的。例如，假设你有三个工作可以选择，那么你肯定会选择对你来说最有价值的那个工作。

价值观会塑造你的态度。当认为一件事对你有价值时，你就会持积极态度待之；如果你认为事情没有什么价值，你就会以消极态度待之。因为工作对于Rayane来说并不重要，那么她用消极的态度来对待工作就不足为奇了。对你来说，什么事情是有价值的呢？自我测试练习3-3从生活中的8个方面来判定个人价值观，请完成它。

自我测试练习 3-3

个人价值观

以下共有 16 个项目。对每个项目按其对你的重要性进行打分（百分制），将分数填写在项目左边的空格处。

```
   不重要              重要            非常重要
0   10   20   30   40   50   60   70   80   90   100
```

_____ 1. 满意、舒适的工作。
_____ 2. 高薪工作。
_____ 3. 美满的婚姻。
_____ 4. 结识新朋友和社交活动。
_____ 5. 参与社区活动。
_____ 6. 信仰。
_____ 7. 锻炼，体育活动。
_____ 8. 智力开发。
_____ 9. 有挑战的职业。
_____ 10. 名车、名牌服装、豪宅等。
_____ 11. 花时间和家人在一起。
_____ 12. 有几个亲密的朋友。
_____ 13. 为非营利性组织（如抗癌协会）做志愿者。
_____ 14. 冥想、安静思考的时间、祷告等。
_____ 15. 健康均衡的饮食。
_____ 16. 读书、自我提高计划等。

把你的分数填到下面相应的地方，然后汇总。

	职业	财务	家庭	社会
	1. _____	2. _____	3. _____	4. _____
	9. _____	10. _____	11. _____	12. _____
合计				

	社区	精神	身体	智力
	5. _____	6. _____	7. _____	8. _____
	13. _____	14. _____	15. _____	16. _____
合计				

> 对应分数越高的方面,就是你认为越有价值的方面。8个方面的分数越接近,说明你越全面、均衡。
>
> 对得分在前三位的方面,考虑一下你在其中投入的时间和努力,这些投入能否足以使你达到所期望的水平?如果不能,你该如何去改变?是否觉得在有些方面应该得更高的分数?如果是,是哪一方面?你怎样去改变?

工作应用

11. 对自己在自我测试练习3-3中得到的关于生活中8个方面的个人价值观的结果,你持什么态度?你打算改变哪一(几)个价值观吗?为什么?

价值观的形成与态度的形成非常类似。但是,价值观比态度更稳定。态度反映多方面的观点,且是易变的。价值观也会改变,但其改变通常要比态度的改变缓慢。社会能影响我们的价值观体系。有些在过去被认为是无法接受的事情,将来可能会变得很平常,反之亦然。例如,吸烟者的数量和社会对吸烟的接受程度在逐年降低。类似的例子还有,父母可能会说,你的一些行为在他们小时候是不被容许的。随着年龄的增长,价值观也在改变,这往往是形成代沟的主要原因。

商业管理者认为工作道德日渐下降。[74]由于公司里那些不诚实和做事不公平(撒谎、欺骗或偷窃等)的人,导致外界对公司的批评显著增多,人们对公司的评价不仅仅基于公司的产品,还与公司的价值观有关。[75]因此,要使各方利害关系达成一种平衡,或者说要达到一定的人际关系目标,才能获得生意成功。[76]按照这种说法,有的公司会进行价值观评估,以鼓励并加强如诚信等品行。但是,这种评估常常不起作用,那些真正成功的人明白,在所有的事情中,最重要的是"人"。另外,一项研究表明,有很高价值观的企业家们往往会比那些有低价值观的企业家们获得更大的成功。[77]换句话说,诚信和公平竞争会获得应有的回报。在本章的后面,我们将讨论与此密切相关的道德问题。

了解周围的人,了解他们的价值观,可以改善人际关系。例如,如果胡安知道Carla很崇敬董事长,他就会避免在她面前对董事长做负面评论;同样,如果Carla知道胡安是个超级棒球迷,她就可以与他聊一些他喜欢的球队的事情。

与别人讨论价值观的问题(例如堕胎问题)很少能使其价值观发生改变,这样的讨论通常以争论结束。我们对他人的价值观应持开放的态度,避免争论,因为争论只会伤害人际关系。

职场信仰

人们都希望自己快乐,目前美国的人均收入是1964年的两倍多(扣除物价上涨因素),但自从1964年以来,幸福的程度却没有改变。人们一直试图在工作和家庭中得到满足感。[78]也有很多人想从生活中找到精神上的满足感。哈佛大学教授、人性研究专家,同时也是两度普利策奖的获得者Edward Wilson博士说:"我相信精神追求将是21世纪的主旋律。"[79]纽黑文大学的Judith Neal教授对职场信仰进行了定义,并提出了从精神期望的角度对领导行为的指导原则。[80]

定义职场信仰 信仰(spirituality)是很难定义的,很多研究职场信仰的人甚至都不给它下定义。尽管如此,此处我们还是要对其定义进行研究。精神(spirit)一词来自拉丁文中的"spirare",是呼吸的意思。根据这个词的本义,可以有这样的表述:当我们活着和呼吸的时候,精神就存在于我们的身体之中,或者说精神是生命的力量。下面是关于"信仰"的一种较全面的定义:

> 人的信仰涉及人的本质,区别于其肉体,但其是有物质属性的,也是有智性的……信仰是一种高尚品质,是对那不可见的且在你我生命中确实存在的一种力量的认识;是自身对高尚价值观和道德的渴慕;是对关于人的本质的真理的认识……信仰不涉及特定的宗教,尽管一些宗教的价值观可能是信仰的一部分。用个比喻的说法,信仰是一首我们大家都在唱的歌曲。每种宗教都有自己的歌唱者。[81]

职场信仰是指人们将工作看成精神追求的途径、个人成长及以一种有意义的方式为社会作贡献的机会。它包括要学会对别人更加关心或更有同情心,包括对同事、老板、下属或客户;它还包括正直,以诚待人,说实话;职场信仰还可以指个人努力在工作中实践自己的价值观;或者指组织改善其结构以支持员工职场信仰的成长。但不管怎么讲,对精神的理解及对职场信仰的理解是一个非常个性化或因人而异的问题。

对领导行为的指导原则 下面是五个关于信仰或者说精神方面的原则,这些原则对许多领导者的个人发展和职业发展都很有作用。

1. 认识你自己。所有精神方面的进步都与自我认知密不可分。领导行为本身是一个使人变得更具自我认知能力的好机会。仔细想想,为什么你对当前的情况会采取现在的应对方式?每天早上,稍微花点儿时间,想想今天你想做个什么样的领导;一天结束后,评价一下自己做得如何,是否符合你内心最深处的核心价值观。

2. 坦诚相待,言行一致。行胜于言。坦诚意味着要表露完全真实的自我,而不是在"扮演"一个特定的角色。很多管理者其实就是在"扮演"一个"领导"角色,他们把管理看成彰显权力和对事务的控制。他们从来不愿员工看到他们人性化或温柔的一面。然而我们的研究表明,具有坦诚、言行一致品格的管理者会有更高的工作绩效。

在职场中做到坦诚待人和言行一致是很难得的。大部分人认为,如果他们保持真正的自我或说出他们的真实想法,那将是他们职业生涯的末日;但如果不这么做,每次我们不坦诚时,就是在出卖自己的灵魂,我们的创造性及情商都会逐渐销蚀,对工作的责任感在逐渐降低,无法保持最高的水平。实验表明,越坦诚的人,越能表现出人性。如果你能坦诚待人,你会惊喜地发现他人的反应会有多积极。

同样重要的是,要创造一种氛围,这种氛围能鼓励员工坦诚相待和言行一致。也就是说,员工在真实表达他们的感觉、想法和思路时应感到舒服自如。

3. 尊重别人的信仰。有时谈论自己的职场信仰可能要冒一定风险或者是不合适的。但是,如果信仰是引领你生活和领导你行为的力量,或你想坚决实践"坦诚相待,言行一致"的原则,那你就不能隐藏你的信仰。这是一个需要谨慎对待的问题。行之有效的方法是首先营造一种相互信任和开放的氛围,并以身作则,接受不同的观点和看法。接着,当有合适的机会时,你可以谈谈自己的信仰,而且要强调这只是你个人的信仰,并解释每个人的信仰不一定相同,但都应得到尊重。尤其重要的是,不要使员工认为你在将自己的信仰(精神上的、宗教上的等)强加于他们。

4. 做一个值得信任的人。这里的信任包括许多层面。在个人层面,要信任自己、自己内心的呼唤或者说个人的精神指引。这意味着,要相信在你的生命中有种更高层次的力量,只要你要求,你就会在重要问题上得到指引。

5. 坚持信仰操练。在一项针对人们将信仰及工作结合的研究中,最常见的信仰操练是花时间到大自然中去。其他信仰操练的例子有:沉思、祈祷、阅读励志书籍、做瑜伽、信奉萨满教、写日记、走迷宫等。这些人都认为持续的信仰操练是很重要的。有规律的信仰操练是深化信仰的最好方法。若领导者能坚定地致力于其信仰操练,他们就会变得更沉着冷静、更富有创造性,就能更多地为员工和顾客着想,并更具有同情心。

3.6 道德

道德(ethics)与价值观有关,是人内心中的一种判断是非的标准。在这一部分,我们会讨论符合道德的行为是否值得去做,个人的性格和态度如何影响道德行为,人们如何判断不道德行为,以及一些道德原则。在继续学习之前,先完成自我测试练习3-4,看一下你的道德水准如何。

自我测试练习3-4

你的道德水准如何

在这个练习中,你要对下面的问题进行两次作答。第一次是就你自身作答,主要关注你个人的行为和其发生的频率。这些问题所描述的情况可能是已经发生的、正在发生的或将要发生的,根据你自己的考虑将分数填到问题前面的横线上,分数代表出现的频数,最大分值为4分。得分结果可以帮助你判定自己的道德水准。你可以坦诚地将你的得分告诉同学,不必顾虑。当然,你也可以不让别人知道。

常常			从不
1	2	3	4

第二次作答是针对组织中的其他人,他们可以是曾经或正在与你共事的人。如果那个句子所描述的现象是你曾看到过的,在后面的横线上填"O";如果是你曾对内或对外举报或揭发过的,填"R"。

O(Observed)——看到过 R(Reported)——揭发过

1—4   O, R

大学里

___ 1. ___ 抄袭作业

___ 2. ___ 考试作弊

___ 3. ___ 由别人代写论文

工作中

4. _____ 由于想得到什么或者为避免麻烦而说谎。
5. _____ 上班迟到,下班早退,午休时间过长,但照拿薪水。
6. _____ 在工作时间处理私事,工作吊儿郎当,但照拿薪水。
7. _____ 没有生病的时候请病假。
8. _____ 因私事使用公司电话、电脑、网络、复印机、信箱或汽车等。
9. _____ 未经允许私带公司的工具或设备回家,再悄悄返还。
10. _____ 私拿公司的物品回家,不返还。
11. _____ 私自将公司的物品送给朋友或者允许他们私自拿走。
12. _____ 报销虚假餐费、差旅费或其他票据。
13. _____ 用公款请家人或朋友吃喝或旅游。
14. _____ 收受客户或供应商的礼物,以为其提供业务机会作为回报。
15. _____ 逃税。
16. _____ 为了增加销售额而误导顾客,如允诺缩短交货期。
17. _____ 欺骗竞争对手,如假装客户以从对方那里骗取信息。
18. _____ 发布虚假信息,以此来让自己获得当选的机会。
19. _____ 为了获得佣金,向客户出售超出其需要数目的产品。
20. _____ 为了升职或增加销售额,散播关于同事或竞争对手的谣言。
21. _____ 在别人的授意下,帮老板撒谎。
22. _____ 销毁对自己不利的资料,或修改资料使其对自己有利。
23. _____ 被强迫或强迫别人签署有问题的文件。
24. _____ 被强迫或强迫别人签署根本没有认真读过但知道可能有问题的文件。
25. _____ 如果一个与你关系不是很好的同事看到你以上的答案,他会认同你的回答吗?4分代表认同,1分代表不认同。请将合适的分数填在题号25的前面(本题不用第二次作答)。

其他不道德行为 在下面的横线上写下你观察到的其他不道德行为。若你曾举报过这种行为,在其前面的短横线上填"R"。

26. _____
27. _____
28. _____

注意:这个评估不是对你道德行为的准确衡量,只是为了让你注意并开始从道德角度来思考自己或他人的行为。结果无正误之分。但是,在很多企业中这些行为都被认为是不道德的。在这个练习中涉及的另外的一个道德问题是你在作答的过程中的诚实程度,你自认为如何?

分数:将每题的得分相加,总分数应为25—100分。你的得分为_____,将其标在下面的数轴上。分数越高表明你的行为就越道德,分数越低表明越不道德。

不道德　25——30——40——50——60——70——80——90——100　道德

3.6.1 道德行为会有回报吗

道德行为会有回报吗？一般情况下，答案是肯定的。两项研究表明，道德对领导效能起正面的促进作用。[82]从社会角度分析，公众对大公司有负面印象。安然公司和其他公司的不道德行为使很多企业和一些人员遭受巨大的直接经济损失，不仅对股民造成了伤害，也对宏观经济造成了伤害，甚至导致了熊市。从公司的角度来看，安然公司已辉煌不在了，全球最大的会计师事务所安达信（Andersen）公司也失去了很多客户，不得不卖掉部分产业，这都是不道德行为造成的结果。从个体角度来看，你可以说安然前首席执行官 Kenneth Lay 及其他人靠不道德行为赚取了数百万美元。但是，这些人完全可以通过诚实的行为来赚到同样数量的钱，可是现在他们不得不待在监狱中，而且永远不会再回到原来的高层位置了。当然，从各种报道中可以了解到，不道德的领导者被曝光后就再也回不到从前了。遗憾的是，贪婪已经毁掉了很多领导人。[83]Mahatma Gandhi 认为无道德的商业活动是犯罪。

正直是高效领导者的最重要的特质[84]，道德和诚信属于正直的一部分。安然公司和其他公司的不道德行为制造了一种怀疑氛围，员工不知道可以在多大程度上信任老板。一直标榜自己正确的领导者以及说一套做一套的人，都不会促进诚信。[85]动动嘴很容易，但有诚信并且勇于承认错误的领导者才能促进道德行为。高效的管理者应用道德榜样引导他人，并对正直的行为进行嘉奖。[86]很多领导者正在建立一些引导道德行为的策略。[87]

3.6.2 个性品质与态度、道德发展以及环境如何影响道德行为

人格特征与态度 道德行为与我们的个人需求及人格特征相关。[88]具有外倾型人格特征的领导者通常会面临两种选择：利用权力为个人谋利，或利用权力帮助他人。为了获取权力，或为了用出色的成就表明其责任感，有些人会采取不道德行为。同样，无责任感的人做事往往达不到标准，他们爱走捷径，爱做一些可能会被认为不道德的事。具有随和型人格的人，一般都很敏感，会为了从众而做道德或不道德的事。有良好自我认知的人会坚持做自己认为正确的事，而不会跟随大流去做不道德的事。情绪化的人和那些更多注重外因控制的人做出不道德行为的可能性更大。那些具有开放型人格特征的人通常更道德。那些对道德持积极态度的人会比那些对之持消极态度的人行事更为道德。当你完成后面的自我测试练习3-5后，就会更好地理解人格是如何影响道德行为的。

道德发展 影响道德行为的第二个因素是道德发展（moral development），即明白何为对错并选择去做正确的事情。道德层面上的选择能力是与道德发展阶段密切相关的。个人的道德发展可分为三个层次，见表3-1。在第一个层次，即前习俗道德期，是根据个人喜好行事；遵守规则以避免惩罚或获得奖励。第二个层次是习俗道德期，寻求他人的赞扬，调整自己的行为以达到被预期的目标，维持社会秩序。第三个层次是后习俗道德期（也可称为道德自律期），你开始努力确定自己的道德原则，而抛开社会或传统习俗限制。尽管大多数人都具备达到第三个层次的能力，但是实际上只有20%的人能达到这个阶段。大部分人一直处于第二个层次，还有一些人会一直停留在第一个层次。如何处理来自同伴的压力？你的道德发展处于哪一个层次？如何更进一步发展你的道德行为？

第 3 章 态度、自我认知、价值观和道德

表 3-1 道德发展的三个层次

第三层次:后习俗道德期

处于这个层次时,行为以普遍的道德原则和良心为基本准则,不会盲目服从领导者或组织。认为人们必须彼此达成协议,以平衡所有人的权利。为坚守其道德原则,甘冒不被社会接受、经济损失或身体受伤害等危险,即使违反法律也在所不惜(Martin Luther King 就是典型的例子,他要改变他认为不公正的法律,即使在被投入监狱中后,他还在为尊严和正义而奋斗。)

"我不会欺骗顾客,因为那是错误的。"

这种类型的领导者一般都是理想主义者,努力为他人服务,并努力让他人也达到这种道德层次。

第二层次:习俗道德期

处于这个层次时,认为满足大众期望的行为便是好的行为,因此会有较强的从众表现。为了得到别人的认同或为了取得他人的好感而完成任务或职责。个体通常会效仿领导者的行为或组织的行为。如果这个组织(可以是社会、公司或部门)在对待顾客、供应商、政府或者竞争者时容许撒谎、欺诈或偷窃等行为,那么组织中的个体自然也会去做这样的行为;反之,若这些行为不被组织接受,个体也不愿做出这样的行为。组织可以利用同伴压力来贯彻实施团队规范。

"我之所以欺骗顾客,是因为别人也都这么做。"

通常,低层次管理者会效仿高层次管理者的领导方式。

第一层次:前习俗道德期

处于这个层次时,行为只以满足个人利益为原则,或单纯地为了避免受到惩罚而服从、遵守一定的规范,或为了获得奖励而按照一定的规则行事。

"我欺骗客户是为了销售更多的产品,可以获得更多提成。"

这种类型的领导一般都比较独裁,他们会利用权力为自己谋利。

资料来源:Lawrence Kohlberg, "Moral Stages and Moralization: The Cognitive-Development Approach," in *Moral Development and Behavior: Theory, Research, and Social Issues*, ed. Thomas Likona (Austin, TX: Holt, Rinehart and Winston, 1976), pp. 31—53。

工作应用

12. 对道德发展的三个层次各举一个实际例子。

环境 环境是影响道德行为的第三个因素。高度竞争且不受监督约束的环境会使不道德行为发生的可能性增加。在没有正式的道德规范的情况下或不道德行为得不到惩罚时,不道德行为更容易发生。若不道德行为可以获得有利回报,就会更加猖獗。当发现不道德行为时,可以利用归因理论来决定是否应该举报它。[89]当一个人认为不道德行为不是很严重或其与犯错者是朋友关系时,他揭发不道德行为的可能性就相对较小。[90]举报应该在组织内部逐渐向高层进行;如果组织内部对你的举报置之不理,那么最后的办法就是通过组织外部的渠道进行。[91]

我们应明白,一个人会做出道德的还是不道德的行为,是由"人格特征"、"态度"和"道德发展"这三者与"环境"的综合影响决定的。在这一章里,我们进行个体角度分析,比如:我的行为符合道德吗?我如何才能使行为更加道德?从组织角度,很多企业为员工提供培训的机会并且建立道德规范,以使员工保持道德行为。道德与权力和政治之间也有关系,在第 9 章中还会再探讨这个问题。

3.6.3 人们如何为不道德行为辩解

大多数人都知道什么是正确的行为或是错误的行为,并且也都有良知或正义感。但为什么好人也会做坏事呢?当大部分人都做出非道德行为时,并不是因为他们天生就是坏人或者有性格缺陷。很少有人认为自己是不道德的,而且人们都希望自己有好的行为。故而,当做出不道德行为时,我们常常以偏袒自己的心理对自己的行为进行评判,所以我们不会有犯罪感或自责感。下面,我们讨论一下评判不道德行为的几种思维过程。[92]

道德辩解(moral justification)是用一个更高层的目的重新解释不道德行为的过程。恐怖分子在"9·11"事件中,杀害了很多无辜的人,在以色列发生的自杀性炸弹袭击事件也是如此,但这些恐怖分子相信他们是为了正义而杀人,而且还会因这种舍身行为而进入天堂。在组织中也存在同样的情况,人们说他们是为了公司和员工的利益才做出不道德行为(如诋毁竞争对手的声誉、操纵价格、偷盗机密信息等)的。

处于后习俗道德发展期(第三层次)的人,与那些处于较低道德层次的人一样,也会为其行为寻找更高层的目标(回忆 Martin Luther King 的例子)。但是,那些处于道德发展第一和第二层次上的人常常会用以下方式进行辩解:

- **推脱责任** 将不道德行为归咎于他人:"是老板让我虚报、夸大这些数字的,我只是在执行命令。"
- **分散责任** 不道德行为是整个组织的责任,这样组织中的个人就都没有责任了。"我们都收受贿赂或回扣,做生意就得如此","大家都往家里拿公司的东西"。所以处于道德发展第二层次时,同伴压力有很大作用,它可以使人因从众心理做出遵守或不遵守道德规范的行为。
- **优势比较** 与比自己更差的人相比较。"我一年当中只有几次谎称病假,可 Tom 和 Alan 一直都这么干","我们制造的污染比竞争对手少"。
- **轻视或曲解后果** 故意掩饰或看轻不道德行为引起的危害。"即便我伪造数字,也没有人会因此受到伤害,我也不会被逮到;即使被发现了,我也不会受到很严重的惩罚。"安然公司和环球电讯公司(Global Crossing)是不是这样的例子呢?
- **责怪他人** 声称是别人使自己做出不道德行为。"我打了我的同事,他因此进了医院。因为他叫我××,所以我必须打他。"
- **换成婉转字眼** 给不道德行为换个说法,使它听起来容易被接受。比如,"恐怖组织"听起来很不好,说成"自由战士"就有正义感了。再比如,"误导"或者"掩饰"听起来就比"撒谎"要好一些。

> **工作应用**
>
> 13. 举出至少两个关于组织的不道德行为和道德辩解的例子。

3.6.4 道德决策的人际关系原则

当我们要进行道德决策的时候,应努力达成各利益相关方共赢的局面,以达到促进人际关系的目标。各利益相关方包括你的同伴、老板、下属、其他部门成员、组织和相关人员,甚至包括其他组织。各利益相关方不是固定不变的。[93]职位越高,你所涉及的相关利益者就越多。[94]例如,如果你不是一个管理者,你就不需要处理与下属的关系问题。

有一个简单的原则可以指导你的道德决策:在做出决定之后,如果你会很自豪地将你的决策告诉其他各方,这个决策很可能就是道德的;如果把这个决策告诉他人会使你感觉为难,或者你不断地为这个决策找理由,那么这个决策就很可能是不道德的。

第二个简单原则是"黄金法则":"待人如待己"或"己所不欲,勿施于人"。

第三个简单原则是"国际扶轮社"(Rotary International)的四大问题:(1)一切是否属实?(2)对各方是否公平?(3)能否促进亲善友谊?(4)能否兼顾各方利益?

工作应用

14. 举个有关组织中的个人为各方创造共赢结果的例子,要详细说明所涉及的各方及他们是如何做到共赢的,图9-2"道德决策的人际关系原则"可以帮助你回答这个问题。

Rayane 抱怨说 Kent 试图控制她,好为他做更多的工作,她认为 Kent 的行为是不道德的。Kent 的行为真的不道德吗?在结束关于道德的讨论之前,请完成自我测试练习3-5,来更好地理解人格特征和态度是如何影响你的道德行为、道德发展及道德决策的。

自我测试练习 3-5

你的人格特征与道德

回到自我测试练习 2-1 "人格特征描述",将你的个性分数填在下面:

外倾性_____ 随和性_____ 适应性_____ 责任感_____ 开放性_____

回顾上面有关道德的讨论,你的人格特征是如何影响你的道德行为的?你会采用哪个原则进行道德决策?

你处于道德发展的哪个层次?如何改善?

你会采用哪种道德辩解方式?在不进行道德辩解的情况下,如何改善你的道德行为?

组织中的人际关系

复习题

你对自己和别人对你的态度将影响你的行为、人际关系和绩效。你对工作的满意度主要以你对工作的态度为基础。自我认知是自己对自己的态度,自我认知影响主体行为、人际关系和工作绩效。你的态度是由价值观决定的。

_____是对人、事情和状态的一种很强烈的信仰和感觉,倾向于积极或消极两种情形。我们通过在生活中遇到的人或事情来获得我们的态度。态度影响行为,但是态度只是影响我们行为的其中一种因素,并不总能预测行为。上司对员工的态度影响员工的绩效,_____态度认为员工们不喜欢工作,而且必须在严密的监督之下才能开展工作,同时_____态度表明员工们喜欢他们的工作,不需要在监督下工作。_____表明管理者对员工的态度和期望以及他们如何对待员工很大程度上决定了员工的工作绩效。态度可以随着时间和努力而改变。

_____是一系列对待工作的态度。工作满意度对出勤率和员工流失率都有影响。一些有关工作满意度的决定因素是工作本身、报酬、晋升的动力、监督、同事和对待工作的总体态度。总的来说,在美国员工都有较为积极的态度。为了衡量工作的满意度,很多公司进行_____,这是一种了解员工对工作和工作环境态度的过程。

_____是我们对自己的总体态度。它可以用一个区间表示,从消极到积极,从低到高。自我认知是我们对自己的感知,也许和别人对我们的感知不同。经过多年的经历和与别人的比较,我们可以形成自我认知。总的来说,那些有积极自我认知的人要胜过那些拥有较低自我认知的人。_____是相信自己有能力完成某种工作。我们的自我认知影响我们的个性、需要、感知、态度和学习能力。它会促成和规范行为。_____是我们对成功和失败形成原因的感知。我们倾向于将成功归功于自己,而把失败归因于外在因素。那些有积极自我认知的人会比有消极自我认知的人更加外向,并且对人际关系很在行。自我效能感可以很好地预测绩效。如果我们想要成功,我们就能够成功;如果我们不认为自己会成功,那么我们就会失败。我们倾向于按照期望来做事。_____是指感知行为的起因是外在的还是内在的。为了培养一个积极的自我认知,一个人应该把错误看成对经历的一种学习,接受失败,重新振作起来,并且控制消极行为和想法。具体行动为:第一步,了解自己的长处和需要改进的地方;第二步,制订一个短期或是长期的目标,并将其形象化;第三步,制订计划,付诸实践。

_____是对个人有价值或重要的事物,_____是个人生活遵循的一整套标准。价值观会影响我们的选择。价值观可以改变,但是这种改变会需要很长时间。人们在个人生活及职业生涯中会越来越追求信仰。

_____是评判是非的道德标准。道德行为会有所回报。道德发展有三个层次:前习俗道德期(动机基于个人利益)、习俗道德期(动机基于他人期望及接受的行为)、后习俗道德期(动机基于对错的普遍原则)。人们会通过推脱责任、分散责任、优势比较、轻视或曲解后果、责怪他人、换成婉转字眼等方式进行道德辩解。

案例分析

Frederick Smith:联邦快递公司

联邦快递公司是一个拥有 210 亿美元资产的公司,公司在世界各地提供最广泛的交通运输、电子商务以及供应链解决方案。集团公司的产业包括联邦公司、快递部、地运部、空运部、关键客户部、网络贸易部和服务部。联邦快递公司为自己成为一个"人与人之间的桥梁"而颇感骄傲。超过 200 000 员工和承办商为人们提供最优质的快递服务,他们每天为 210 个国家传递 500 万个包裹。

Frederick Smith(联邦快递公司的创立者、现任主席兼 CEO)提出了隔夜货运系统的设想,对一些时

第 3 章 态度、自我认知、价值观和道德

间敏感性较高的货物,如药物、计算机零部件、电子产品等采取空运方式。Smith 把他的想法写入学期论文交给大学教授,结果他的成绩为 C,教授给他的评语是这个想法不可能实现。尽管受到了批评,1973 年 3 月 12 日,Smith 还是通过传递 6 个包裹验证了他的想法。4 月 17 日,186 个包裹的成功运输标志着这个方案的正式启动。在最开始的 27 个月,联邦快递公司每月的损失达 100 万美元。Smith 提出了员工(people)、服务(service)、利润(profit),或者称之为 P-S-P 的理念,即关心员工,这样他们会提供良好的服务,而这又会带来利润。第 28 个月,联邦快递公司开始赢利。

联邦快递公司开发出轮轴系统(hub-and-spoke),现在已被广泛地应用于航空运输工业。采用这个系统时,所有的货物都集中地流入一个中心,分类,装上飞机,最后发送。很多年之后,联邦快递公司已成为这个领域里的领军人物,提供了很多创新方法和服务,包括隔夜货物传递、隔夜信件传递、第二天上午 10:30 传递、包裹快递车、通过电话和网络的包裹实时追踪、定时空运服务、周六快递和查收服务。[95]

网上查询:若想得到更多关于 Frederick Smith 和联邦快递公司的信息来更新本案例中所提供的信息,可直接在网上搜索他的名字,或直接登录联邦快递公司网站 www.fedex.com。

用从本案例中所获得的专业信息或你掌握的其他相关信息回答下列问题:

1. Frederick Smith 对联邦快递公司的态度属于哪种类型?

2. 能否应用皮格马利翁效应和自我实现预言解释这个案例?

3. 联邦快递公司的员工对工作的满意度高吗?

4. 教授给出的评价和成绩,以及超过两年每月 100 万美元的亏损对 Smith 的自我认知产生了影响吗?如果你是他,会受到影响吗?

5. 在这个案例中,自我效能起了什么作用?

6. 这个案例阐述了什么价值观念?

回顾性问题

7. 系统效应(第 1 章)为联邦快递公司带来了什么潜在问题?

8. 为什么智力和学习(第 2 章)对联邦快递公司很重要?

客观题案例

工作满意度

Kathy Barns 是凯利建筑公司雇用的第一位从事所谓"男性工作"的女员工。当 Kathy 接受人事部部长 Jean Rossi 面试的时候,她非常高兴能得到这份工作,因为觉得有机会证明女人同样可以从事男人的工作。在第一个月 Kathy 没有请一天假。但是在第二个月她有四天没来上班,到了月末她告诉 Rossi 她要辞职。Rossi 感到非常吃惊,想知道究竟发生了什么事,因此她问了 Kathy 一些问题。

Rossi:你怎么改变你的工作态度了?

组织中的人际关系

Kathy：噢，我的上司 Jack 告诉我的第一件事是他不同意雇用我。他跟我说女人不能做这个工作，还说我不会坚持很长时间。

Rossi：Jack 教你怎样工作了吗？

Kathy：他一开始就说这个工作是多么难，告诉我这个工作完全不同的一面。他常常这样对我说："我在看着你呢，别搞砸了。"他经常在背后看着我，就等着我犯错，如果我犯错了，他会说："我早就告诉过你会这样"。同事中有两个人帮助过我，但大多数人都把我忽略了。

Rossi：你的工作表现令人满意吗？

Kathy：不是特别好，但 Jack 没有解雇我，所以也不算太坏。当 Jack 不在我旁边时，我很喜欢这份工作，而且也能做得更好，但是他总是在我周围。

Rossi：你真的确定你想辞职吗？

Kathy：给我点时间，让我再想一想。

回答下列问题，并在每题之前的空白处写出你的理由。

_____ 1. Jack 对 Kathy 的态度是_____理论。
   a. X   b. Y

_____ 2. Kathy 以_____工作态度开始在凯利建筑公司工作。
   a. 积极的   b. 消极的

_____ 3. 在工作满意度与 Kathy 的缺勤之间，很可能_____关系。
   a. 有   b. 没有

_____ 4. Kathy 对工作的不满主要是由于：
   a. 工作本身   b. 报酬   c. 成长和机动   d. 监督
   e. 同事   f. 总体的工作态度

_____ 5. 工作满意度_____Kathy 没有发挥出她的潜力的主要原因。
   a. 是   b. 不是

_____ 6. Jack 的行为有助于_____Kathy 的自我效能。
   a. 培养   b. 恶化

_____ 7. Kathy 在凯利公司没有成功的主要原因在于：
   a. 内部   b. 外部

_____ 8. Kathy 的工作满意度和她的辞职之间_____关系。
   a. 有   b. 没有

_____ 9. 在凯利建筑公司工作的两个月，Kathy 的_____改变了。
   a. 态度   b. 工作满意度   c. 价值观

_____ 10. 这个案例最有力地证明了_____
   a. X 理论   b. 价值系统   c. 皮格马利翁效应   d. 自我效能
   e. 自我实现预言

11. Jean Rossi 可以怎样预防这种局面？

12. 如果你处于 Kathy 的位置，你会做什么？

注：Jean Rossi 和 Kathy 的会面可以在班级中分角色扮演。

第3章 态度、自我认知、价值观和道德

技能强化练习 3-1

自我学习
课堂练习

目标：更好地理解人的行为。

准备：你应该已经完成了第3章的自我测试练习3-1、3-2和3-3。

SCANS要求：通过这个练习培养学生的人际交往能力、咨询能力、听说读写算等基本能力、思维能力和其他综合个人素质。

过程：你将在小组内分享自我学习的经验，以此来更好地理解自己和他人的行为。

步骤1(5—15分钟)

按每组2个或3个成员分组，然后分享你们在自我测试练习3-1、3-2和3-3中愿意分享的答案。不要迫使任何人去分享令他感到不舒服的东西。要关注你们的相同点和不同点，以及它们的原因。你的老师将会告诉你在本练习的下一个部分你们是否要做分享练习。

分享：学生自愿陈述他们小组所具有的相同点和不同点。

结论：老师组织班级讨论或作点评。

应用：在这个练习中我学到了什么？以后怎样应用这个知识？

技能强化练习 3-2

建立一种更加积极的自我认知
课前准备

对于你来说，这不是一个很容易的训练，但它会提高你的自我认知，这对于你取得成功至关重要。下面，遵循三步计划来建立一种积极的自我认知。

从班级中选择一个同学，与他一起分享你的计划。老师会告诉你是否可以在课堂上分享计划。如果你可以在课堂上分享，不要分享你不希望分享的内容。在提供的空白处书写，如有需要可以另附纸张。如果你不想分享，可以单独写一个个人计划。

步骤1：了解自己的优点和需要提高的地方。

我喜欢自己的哪些方面？

我擅长做什么？（回想一些你完成过的事情。）

我有什么技术和能力能够为他人和组织提供帮助？

通过提高我的哪些方面或行为可以帮助我建立一种积极的自我认知能力？

步骤2：确定目标并想象目标的实现。

针对你要提高的地方，以一种积极肯定的方式写下一些目标。刚开始时建议定3—5个目标。一旦你完成这些目标，可以继续完成更多的目标。

组织中的人际关系

例如:
1. 我是积极的、成功的。(不要写:我需要停止对失败的思考/担心。)
2. 我喜欢倾听。(不要写:我需要停止对谈话的控制。)

想象你自己已经实现了这些目标。比如,想象你已经不再担心失败,或者想象在和别人的谈话中你没有控制交谈。

选做题: 如果你对自己或其他人抱有一种消极的态度,或者你想改善你对他人(家人、同事)的行为,改善某些事情或问题(如厌学或不喜欢工作),试着做下面的训练,这是国际知名的励志大师 Zig Ziglar 的训练方法。成千上万的人已经成功地使用了这种方法。这种方法也可以用来改变人格特征。

下面将用例子来说明要遵循的步骤。例子中的人有着消极的自我认知,他想要变得对他人更敏感些。以此例作为指导,制订你自己的计划。

1. **自我认知。** 写下所有你喜欢自己的地方。列出你所有的优点,然后再列出你所有的缺点。找一个好朋友来帮助你完成。

2. 重新写一个整齐的清单,用一种积极肯定的方式写出你所有的优点。例如:"我对别人的需求很敏感。"

3. 再拿出一张纸,用一种积极肯定的方式写出自己所有的缺点。例如,不要写"我需要减肥。"要写成"我很苗条"(30天后你的体重能达到的真实水平)。不要写"我需要停止批评自己",要写成"我每天要经常积极地表扬自己。"不要写"我不善于沟通",要写成"我有很好的沟通技巧"。下面的例子是用来改进对他人敏感度的积极肯定的话。注意,句子会有重复的地方,你可以借助同义词词典。

我对他人很敏感。
我对他人的行为举止表达了我的热情。
我表达出了对他人的关心。
我的行为举止表达了我对他人的好意。
我的行为举止有助于他人建立自尊。
大家觉得我是一个随和的人。
我全身心地关注他人。
我耐心地聆听他人的谈话。
我以一种礼貌的方式慢慢回答他人的问话。
我使用有用的信息回答问题和做出评论。
我对他人的评论帮助他们建立起了自信。
我经常称赞他人。

4. **实践。** 在接下来至少30天的时间里,每天早晚,自己照着镜子,然后阅读你列出的积极肯定的话。记住,读完一句话后一定要看着镜子里的自己,或者用录音机把这些话录下来,然后一边听录音一边看着镜子里的自己。如果有兴趣,你可以在一天中的其他任何时间重复这一过程。从你希望提高的地方起步。如果所需的时间超过5分钟,就不要管列表中你的优点。5分钟一到就停下,因为这个练习每次耗时最好较短。尽管奇迹不会一天就发生,但你会发现,在第一周你变得更加注意自己的行为举止,在第二周或第三周,你可能会发现自己正成功地采用着一种新的行为方式。也许你仍能看到一些缺点,但是随着优点的增多,缺点的数目会逐渐减少。

心理学研究表明,如果一个人连续30天重复听一些令人相信的事情,那么他们最终就会相信这些事情。齐格勒说:人的行为不会总是与自我认知的方式相背离。因此,当你听到对自己积极的肯定时,

第3章 态度、自我认知、价值观和道德

你将会相信它们,你会以一种与自己信仰一致的方式做事。简单地说,不需要做很多困难的工作,你的行为就会随着你的思想而改变。例如,如果你得到这样的肯定,"我是一个诚实的人",(而不是"我不会再撒谎了"),不用努力,总有一天,你会说实话。刚开始,你可能对读到或听到某些自己并不真正具有的积极肯定的特点感到不舒服,但是坚持对着镜子看看自己,读或者听这些话,随着时间的推移,你将会感到舒服,并且相信这些话并以这种方式生活。

你是不是在想自己不需要改进?或者觉得这种方法不会起作用?事实上这种方法的确有用。齐格勒已经培训了成千上万的人,他们对培训结果感到满意。我自己也试验了这种方法,在两三周的时间里,我可以看到我行为方面的改进。问题不是"这个方法会对你起作用吗",而是"你会使这个方法发挥改善的作用吗?"

5. 当然我们都会犯错,但当你犯错时,不要看不起自己。以提高对他人的敏感度为例,如果你对某人粗鲁并认识到这一点,那么赶快道歉并换一种积极的语调说话。有能力的领导者总是会在犯错的时候承认错误并且道歉。如果你觉得承认错误说"对不起"很难,至少要明确地表达你的善意,让别人知道你正在以一种间接的方式道歉。然后不用再去想这件事,而是继续尝试。要关注自己的成功,而不是失败。不要让自己一次不小心的出言不逊破坏了你跟别人10次愉快交谈带来的成功感,就好比如果你是一个棒球运动员,10次抛球接到了9次,那么你就是世界上最好的运动员。

6. 设定新目标。30天之后,选择一个新的题目,例如,培养自己对工作或学习的积极态度,或者尝试培养一种新的领导风格。你也在其他方面进行努力。

步骤3:制订实施计划。

对于每一个目标,陈述一下为实现它你要做哪些事情。你将采取什么具体的措施来改变你的想法或者行为,从而提高你的自我认知能力?对应你的目标对计划进行编号。

资料来源:选做题部分来自 R. N. Lussier,《领导》(第 2 版),South-Western 出版社,2004,第 59 页,被允许使用。

建立一种更加积极的自我认知
课堂练习

目标:建立一种更加积极的自我认知

SCANS 要求:通过这个练习培养学生的人际交往能力、咨询能力、听说读写算等基本能力、思维能力和其他综合个人素质。

准备:你应该完成前面关于建立一种积极的自我认知的三步行动计划。

过程:每组两人,分享你们关于建立积极自我认知的计划。

步骤 1(2—4 分钟)

两人一组进行分组,如果你喜欢的话,可以三人一组。尽量和你愿意与之分享计划的人在一起。

步骤 2(10—20 分钟)

拿出之前课前准备部分的计划,轮流分享你们的答案。建议你们两人分享并讨论完每一个问题之后再分享并讨论下一个问题。当然你们也可以自己决定讨论的步骤,但要确保你们两人有相同的时间,比如,一个学生说完"我喜欢自己的哪些方面"后,另一个学生应紧跟着回答同一个问题,两个人讨论完第一个问题后,接着讨论第二个问题"我擅长做什么"。以此类推。在讨论过程中,可以给对方提出有用的建议,但是要以一种积极的方式提出。记住,你们正在互相帮助建立一种积极的自我认知。避免讲一些可能被认为是贬低的话。

结论:老师组织班级讨论或作评论。

组织中的人际关系

应用(2—4分钟)

我会实施我的计划吗?如果会,我能成功建立一种积极的自我认知吗?通过这个练习,我学到了什么?

技能强化练习3-3

表达和接受赞美
课堂练习

目标:通过表达和接受赞美提高自我认知。

SCANS要求:通过这个练习培养学生的人际交往能力、咨询能力、听说读写算等基本能力、思维能力和其他综合个人素质。

准备:回想一下,人际关系的准则之一是帮助他人。

步骤1(2分钟)

帮助他人的一种方法是赞美他们,这样能够帮助他们形成并保持积极的自我认知。就如本章所叙述的那样,面对赞美时永远不要太谦虚,而是要接受赞美并表示感谢。这个练习的设计就是基于这两点。

过程:分组来表达和接受赞美。

步骤2(4—8分钟)

每组4—6个人进行分组,最好和你认识的人一组。

小组中的每个人都考虑怎样给予其他每位成员真诚积极的赞美(例如我为什么喜欢你)。当每个人都准备好之后,一个人自愿作为第一个接受赞美的人,所有其他人都对他进行赞美。然后轮到第二个人接受赞美,直到每个人都从其他人那里得到赞美为止。

步骤3(3—6分钟)

每组讨论下列问题:

1. 接受赞美时,你感觉如何?你有没有(或是想要)过于谦虚?

2. 对于赞美你的人和批评你的人,你有怎样的感觉?你和这两种人的人际关系有什么不同吗?

3. 赞美他人时你感觉如何?

4. 赞美他人有何价值?

5. 你以后会尽力赞美自己和他人吗?

结论:老师组织班级讨论或作评论。在第8章,技能强化练习8-2"表达赞美"中,可以提高你赞美别人的技巧。

应用:第五个问题的答案即是你将如何应用这个练习。

第3章 态度、自我认知、价值观和道德

技能强化练习3-4

道德和揭发
课堂练习

目标：更好地理解道德规范和揭发。

SCANS要求：通过这个练习培养学生的人际交往能力、咨询能力、听说读写算等基本能力、思维能力和其他综合个人素质。

准备：你应该已经完成了自我测试练习3-4"你的道德水平如何？"

过程：你将分享下面问题的答案。

步骤1(5分钟)

简要回答和自我测试练习3-4相关的下面问题。

1. 对于"大学中"的问题1—3，在这些不道德的行为中，谁是受害者？谁是受益者？

2. 对于"工作中"的问题4—24，选择三个（在号码上画圈标记）你认为最不道德的行为。在这些不道德的行为中，谁是受害者？谁是受益者？

3. 如果你看到了不道德的行为，但是没有揭发，是为什么？如果揭发了，又是为什么？结果如何？

4. 作为一名管理者，你应该鼓励道德行为。如果你知道员工存在不道德的行为，你会采取措施强化道德标准的遵守吗？

5. 你可以做些什么来阻止不道德的行为？

6. 作为课堂讨论的一部分，分享你在自我测试练习3-4中"其他不道德行为"部分的答案。如果你当时没有回答这一问题，请现在回答。

步骤2(15—30分钟)

选择A：按每组5—6个人进行分组，然后分享你们的答案。老师会告诉小组是否需要选择一个发言人来向全班报告。

选择B：老师组织讨论，让学生们分享他们的答案。（老师可以先读出关于不道德行为的描述，让看到过这种行为的学生举手，接着让揭发过这些不道德行为的同学举手。）

结论：老师组织班级讨论或作评论。

应用(2—4分钟)：在这个练习中我学到了什么？以后怎样应用这个知识？

分享：在应用阶段学生可自愿分享他们的答案。

第 2 篇
人际技能：人际关系的基础

- 第 4 章　人际沟通
- 第 5 章　组织结构和沟通
- 第 6 章　冲突管理

Chapter 4

第4章
人际沟通

学习目标

通过本章的学习,你应该能够:

1. 解释为什么沟通技巧非常重要。
2. 列出并解释沟通过程中的四个步骤。
3. 列出信息传递过程的步骤。
4. 解释倾听的三个层次。
5. 描述怎样做一个积极的投射型倾听者。
6. 描述怎样传达和接收反馈信息。
7. 解释五种反应方式并了解如何应用。
8. 掌握以下10个关键术语(以在本章中出现的先后为序):

沟通过程 communication process   信息传递过程 message-sending process
信息 message   阐释 paraphrasing
编码 encoding   移情式倾听 empathetic listening
解码 decoding   反馈 feedback
沟通目标 goals of communication   反映型回答 reflecting response

组织中的人际关系

引例

Click Commerce是一家帮助其他公司在网上进行推销、销售及提供服务的电子商务软件公司。Click Commerce的总部设在芝加哥,其销售及服务办事处遍布全美国。它满足全球超过70个国家、涵盖17种语言的250 000个合作伙伴的要求。其中包括Black & Decker、三菱、摩托罗拉和沃尔沃。Click Commerce公司与很多公司结成了联盟,包括著名的微软公司。[1]

Sara是西尔斯公司(Sears)的管理者,她需要打印一份报告。她已经决定把这个任务交给David,并依据以下五个步骤传递信息,你可以从本章中更详细地学习这五个步骤。以下Sara与David进行沟通的每个步骤:

第一步:建立和谐关系

Sara:David,今天过得好吗?

David:还好,你呢?

Sara:很好,谢谢。工作还顺利吗?

David:是的,一切正常。

第二步:陈述沟通目标

Sara:David,我有一个报告想让你帮我打印一下。

David:咱们看看。

第三步:传递信息

Sara:这有五页手稿。第一页用有我信头的信笺纸,其他的用普通纸就可以,图表要独立成一页,可能得放在第三页,剩下的也正常打印就可以了。

David:这似乎挺简单的。

Sara:我下午两点要用这份报告给Paul做个展示,展示之前我还想再看一遍。你什么时候能完成?

David:现在是上午10点,我12点到下午1点要去吃午饭。我要先完成手头的工作,但中午之前应该能交给你。

Sara:很好,这样我就可以在中午好好看一看,如果需要改动的话我会在下午1点告诉你。

第四步:检验理解

Sara:我想确认一下我把要求都说清了,免得返工。能麻烦你说一下你将怎样打印这份报告吗?

David:当然,我用普通纸打印,图表要独立成一页,其余的正常打印。

Sara:我刚才不是提到第一页要用有我信头的信笺纸吗?

David:我不记得了,不过我会照做的。

Sara:很好!

第五步:获得承诺并跟进

Sara:那么你答应按照我说的打报告并在中午前交给我了?

David:是的,我在中午之前交给你。

Sara(在走回自己办公室的路上想):我确信他会做的,但是我还得跟进,如果他到11:55还没有出现的话,我就回来找他,让他在午餐时间做。

第 4 章 人际沟通

你会怎样就这样一件打印的任务与同事进行沟通？以上信息传递过程的五个步骤是你将在本章学到的沟通过程的一部分。要记住，不同的人会使用不同的沟通方式。

4.1 人际沟通怎样影响行为、人际关系以及绩效

在本章，我们将以前三章介绍的个人内在技能为基础，帮助你建立人际沟通技巧。人际沟通技巧是人际关系的基础，因为我们需要通过沟通来发起、建立并维持人际关系。[2]如前所述，行为是我们的言和行，因此，沟通也属于行为。

多数员工用每个工作日中约75%的时间进行沟通。尽管如此，我们所听到的有75%是听得不正确的，而我们听得正确的那部分中有75%在三个星期之内就会被忘掉。各种研究表明，70%的业务沟通不能达到其本身想要达到的目标。很明显，沟通技巧在个人生活中以及对于事业成功来说都是至关重要的。事实上，雇主们最看重毕业生的沟通能力。[3]

我们在沟通过程中的行为同样会影响其他人的行为和我们的人际关系。例如，如果你礼貌而友好，那么其他人也很可能以同样的方式对待你。但是，如果你很粗鲁，别人也会这样对待你。那些遵循人际关系的要领并且用一种友好的方式进行沟通的人一般会有较好的人际关系，相反，不这么做的人就不会有较好的人际关系。无效的沟通经常导致较差的合作和协调、低生产率、潜在压力、流言和谣言、更高员工流动率和旷工。[4]错误的沟通常常是造成所谓人格冲突的真正原因。

大众以及顾客对组织的一般了解经常建立在与组织员工沟通的基础上。[5]没有有效的沟通，组织基本上做不了什么事。有效沟通策略可以提高生产率、提高效率、削减成本、鼓舞士气并减少员工流动。沟通的重要性将继续随着经济全球化、技术及商业的加速发展而不断提高。[6]在本章开始的例子中，如果 Sara 的沟通方法得当，David 就会正确地完成任务；否则，任务就不能正确完成，还得返工。

工作应用

1. 给出沟通技巧对于你的工作重要的原因（不要用文章中已经给出的原因）。
2. 给出一个具体的沟通影响你的行为、人际关系以及绩效的例子。

4.2 沟通过程及沟通障碍

沟通过程（communication process）是由一个信息发出者将信息编码并通过某种方式传递给信息接收者，由信息接收者进行解码并给予反馈。图4-1说明了沟通的过程。同样，沟通的障碍也是存在的。[7]图4-2列出了沟通中的常见障碍。

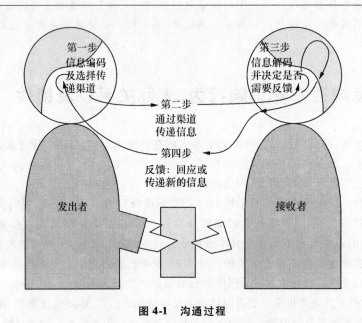

图 4-1 沟通过程

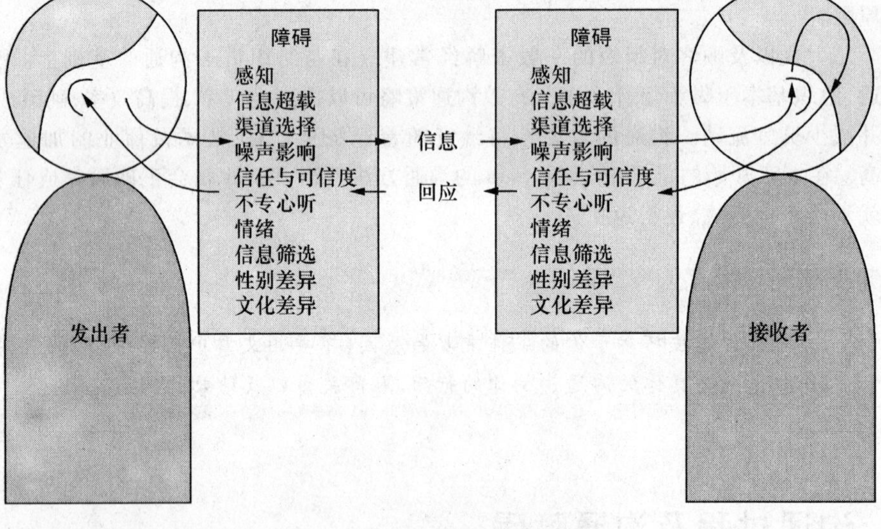

图 4-2 障碍如何影响沟通过程

在本章开始的例子中，Sara 是传递打印报告手稿信息的人，David 是这个信息的接收者，其对于信息的回应是同意在中午完成这份报告。以下是对沟通过程中的每个步骤的简要解释，你将在本章学到每个步骤的详细内容。

4.2.1 信息发出者将信息编码并选择传递渠道

信息编码 信息的传递者是针对所需传达的信息和意义而发起沟通的人。编码(encoding)是信息传递者将信息转换成信息接收者可以理解的形式的过程。你需要根据信息接收者选择编码的最佳方法,从而保证信息以及意思能够被清楚地传递。

感知沟通障碍 信息被传递出去以后,接受者使用他们的感知去翻译信息从而理解其含义。语义问题以及专业术语可能成为沟通的障碍,因为同样的词通常对于不同的人来说有着不同的意思。例如,"wicked good"通常使不了解这个词的人感到困惑,因为他们不知道它的意思就是"good"。

克服感知偏见 为了克服感知偏见,你需要考虑其他人会更倾向于怎样理解该信息并相应地编码、传递。因此,词语的选择是很重要的。注意,不要对非专业的人用术语,尤其是来自不同国家、不同文化的人。

信息超载的沟通障碍 人们在一定时间内能够理解的信息量是有限的。信息超载对于刚入职几天的雇员来说是非常普遍的,因为他们往往需要理解过多的信息。随着计算机的广泛应用,人们可以在互联网上获得大量的信息,但他们常常感到迷惑,不知道该怎样处理这些信息。[8]

克服信息超载 为了使信息超载程度降到最低,只传递接收者能够接受的信息量。在信息被传递的过程中,不要说得过多而忽略了检验接收者是否明白你的初衷。如果你说得过多,接收者会变得厌烦而不知如何处理信息。

选择传递渠道 使用一个不恰当的渠道可能导致错误的沟通。例如,如果管理者发现一名雇员违反规定,那么这个管理者应该使用一对一的面对面沟通,其他方式则不会奏效。

克服渠道选择障碍 在传递信息之前,仔细考虑特定情形下最有效的方式,你将在本章中学到应该怎样做。

4.2.2 信息发出者传递信息

作为信息发出者,在对信息编码并选择沟通渠道之后,你将通过该渠道将信息传递给一个或更多的接收者。

沟通中的噪声障碍 信息传递过程中的噪声因素能够打扰并迷惑接收者。噪声是指干扰信息传递的任何事情。例如,一台机器或一个人可能会制造声响妨碍听力,假如信息发出者声音不够大,接收者就会听不清楚,或者收音机、电视机等也会分散接收者的注意力,导致信息理解错误。

克服噪声障碍 为了克服噪声障碍,你需要在传递信息之前考虑到周围的环境。试着使噪声降低到最小。如果可以的话,停止噪声并撤掉使人分心的事物,或者转移到一个安静的地点。

4.2.3 信息解码并决定是否需要反馈

信息接收者进行解码。**解码(decoding)**是接收者将信息转译成一种有意义形式的过程。信息接收者将信息与其他的想法相结合,并阐释该信息的意义。所有人都会进行解码,但是我们需要注意其他人的经验以真正理解信息的含义。[9]信息接收者决定是否需要反馈、回应或者传递新信息。口头沟通中通常很快就要做出反馈,而书面沟通有时则不需要反馈。

信任与可信度的沟通障碍 在沟通过程中,信息接收者会受自己对信息发送者信任程度的影响,而且很重视信息发送者的可信度。[10]如果一个领导缺乏可信度且没有形成信任和坦率的氛围,无论他多么努力地去沟通,都是不会被信任的。[11]

克服信任与可信度障碍 为了提升你的诚信水平,对人要坦率真诚。只要人们有一次发现你说谎,他们以后都不会再相信你了。为了赢取信任并保持可信度,你需要在沟通之前坦白事实,传递清晰准确的信息,以及在你的领域成为一名专家。你将在第7章学到更多如何建立信任的知识。

沟通中不专心听取信息的障碍 人们常常是听见了信息发出者说的话,但是没有听进去信息或者不明白正在传达什么。不专心听取信息有时是由于心不在焉或者是被噪声干扰。[12]

克服不专心听取信息的沟通障碍 一种确保别人听进去你发出的信息的方法是提问,并让他们把听到的信息阐释给你听[13]。关于如何倾听,你可以遵循将在本章后面列出的几点技巧。

沟通中的情绪障碍 每个人都有情感,例如生气、伤心、恐惧、悲伤以及快乐。[14]当你情绪不稳定的时候,很难客观地听,也很难听得进去。[15]

克服情绪障碍 沟通时,你应该保持冷静并注意不要让你的行为影响到他人的情绪。在下一章,你将学到更多关于情感的知识以及怎样使一个情绪化的员工冷静下来。

4.2.4 反馈:做出反应或者传递新信息

在解码信息之后,信息接收者可能会向信息发出者反馈。你会发现信息发出者以及接收者的角色在沟通交换中改变了;沟通常常是一个给出信息以及反馈的双向过程。[16]给予积极的反馈会提高沟通效果。[17]

信息筛选沟通障碍 **信息筛选(filtering)**是转变或扭曲信息的本意并将其转变成一个自己更愿意接受的意义。例如,当被要求汇报目标实现进展情况时,人们可能会强调积极方面而淡化,甚至干脆省略消极方面,他们甚至可能会撒谎,就像安然公司的某些员工那样。

克服筛选障碍 为了消除筛选,你应该把员工犯错误当做他们的学习机会,而不要责怪或批评员工。你将在第5章学到如何批评。采取一种开放政策(open-door policy)可以创造并保持双向沟通氛围。

这里有一个沟通过程前准备步骤的例子:(1)一个教授(信息发出者)在为一堂课做准备,并且通过备课来对信息进行编码;(2)教授在上课过程中通过授课来口头传达他的信息;(3)学生(信息接收者)通过听课以及/或者有目的地记笔记对授课内容(信息)进行解码;(4)学生通常可以在上课过程中或者课后问问题(反馈)。

第 4 章 人际沟通

工作应用

3. 至少给出两个你在工作中经历过的不同的沟通障碍。说明当时的状况以及障碍是怎样解决的。

情 境 应 用

沟通障碍 辨别下列陈述是以下哪种沟通障碍：

AS 4-1
A. 感知　　　　　B. 噪声　　　　　C. 情绪　　　　　D. 筛选
E. 信任以及可信度　F. 信息超载　　　G. 不专心听　　　H. 渠道选择

_____ 1. 你不应该担心，听我说。

_____ 2. 兄弟，上周你的午休超时了。以后不要再这样了。

_____ 3. 好多需要记的东西呀，我不敢肯定我都记住了。

_____ 4. 你为什么明知道工作进展不顺利却说很顺利？你连这个……和……都没完成。

_____ 5. 我听不见你说的话。把那个东西关掉，你刚才说什么？

_____ 6. 我说我过一会儿就做。这才过了10分钟，你为什么现在就想要？

_____ 7. 我为什么要听你说？你都不知道自己在说什么！

沟通中的性别差异　研究发现，一般来说男人和女人由于不同的原因而交谈。当他们交谈的时候，性别差异成了不同性别之间的沟通障碍。男人倾向于通过谈话强化地位，而女人则是为了建立沟通并增进相互之间的关系。[18]与男人相比，女人花更多的时间谈她们的情感以及个人生活，包括她们的家庭。在一起工作了几周的女人可能相互对个人生活了解很多，然而男人可能共事了几年却对其他人的个人生活知之甚少。

如前所述，男人更愿意谈论地位及独立性，而女人则更愿意谈论联系及相互关系。所以男人在工作中交谈以保持其在组织层级中的独立性及地位；而女人则通过交谈来拉近距离、发展关系从而得到肯定及支持。

交谈中的性别差异使男人总是抱怨女人不停地说她们的问题，而女人则谴责男人不听她们所说的话。当男人听到一个问题时，他们更倾向于通过解决问题来展示他们的独立性与控制能力。然而，当女人谈到自己的问题或情绪时，她们是为了增进彼此的关系，通常很少是在寻求建议。因此，如果男人想要与女人增进关系，他们可以学着去倾听并做出反应型回答。本章后面的内容将对此具体讨论。

沟通中的跨文化差异　在全球经济环境下处理国际业务时，你应该意识到文化差异可以导致沟通障碍。[19]一些可能的障碍包括文化语境，社会习惯，语言，礼节和礼貌以及非语言沟通。

文化语境　编码及解码的过程基于个人文化，因此信息意义对于不同文化背景下的人来说是不同的。信息发出者和接收者之间的文化差异越大，他们遇到沟通障碍的可能性越大。世界各地的人们对行为的看待、理解以及评价都不同，因此他们所表现出的行为也不同。所以，发生观念沟通障碍的机会也就增多了。

组织中的人际关系

理解高低语境文化差异可以帮助人们更好地理解沟通的潜在障碍以及怎样去克服它们。[20]语境对个人理解具体的词语（口头的或书面的）或行为的影响程度因文化而异。高低语境文化如表4-1所示。

表4-1 高语境文化与低语境文化

高语境
- 中国人
- 韩国人
- 越南人
- 阿拉伯人
- 希腊人
- 西班牙人
- 意大利人
- 英国人
- 北美洲人
- 斯堪的纳维亚人
- 瑞士人
- 德国人

低语境

资料来源：Based on the work of E. T. Dulck, J. S. Fielden, and J. S. Hill, "International Communication: An Executive Primer", *Business Horizons*, January-February 1991, p.21.

高语境文化 在沟通过程中，高语境文化在很大程度上依赖于非语言沟通以及细微的情境暗示；没有被说出来的常常要比真正说出来的更重要。人们把职业身份、社会地位以及声誉作为沟通的重要因素加以考虑。

低语境文化 这些文化很大程度上依靠真正使用的词语；非语言沟通以及细微的情境暗示没有真正所说的话那么重要。身份、地位以及声誉的重要性要次于实际语言。

不同水平的语境文化（高或低）所强调的情境重要性的差别如表4-2所示。

表4-2 高语境文化与低语境文化：沟通重要性

语境	高语境	低语境
注重非语言沟通和细微暗示	×	
注重实际语言或文字		×
可信度以及信任的重要性	×	
需要增进相互关系	×	
地位、年龄以及资历的重要性	×	
精准书写法律合同		×
直接的、直入主题的谈话		×
管理者告诉雇员们（给予指令）该做什么		×

社会习惯　社会习惯已经成为来自不同国家的人们之间的沟通障碍。[21]做事的直接程度在不同文化中各不相同。北美洲人更喜欢快速简要地直入主题,但如果对阿拉伯人或日本人使用这种方法,你很可能会失掉一项业务,因为他们喜欢的是以一种更间接的、非正式的谈话来作为业务往来的开始。

中东人谈话声音非常大,但是这并不代表他们爱出风头或者想吓唬你。对准时的要求在世界各国的差异也是非常大的。北美洲人和日本人希望你准时,而对于阿拉伯人以及拉美人来说开会迟到不代表不积极。一个开会迟到的巴西人可能只是想表现得体,而不代表不尊重。

语言、礼节和礼貌　当你对非北美国家的人说英语时,你的话可能在对方听来代表不同的意思。[22]同样的事物可能有不同的叫法(例如电梯是"lift"而不是"elevator",汽油是"petrol"而不是"gasoline")。在一个国家被认为是粗鲁的行为在另一个国家可能并非如此。在一架澳大利亚的飞机上,如果你不在头等舱但想从该舱拿一份杂志,乘务人员将会很直白地告诫你:"这是头等舱,老兄!"如果你觉得受到冒犯,他们会很诧异。而在北美,乘务人员会做出正式的解释:"这些杂志只供给头等舱客人。"日本人希望保持关系和谐,他们有 16 种巧妙的方法说不,而不是直接说"我不想购买你的产品"。一个日本商人会说"很难卖"。并且他会认为美国人很明白他在说不。然而美国人会解释如何克服困难,却意识不到生意已经没有希望,应该放弃,继续努力推销只会引起日本人的反感。在会晤中,法国人喜欢问很多问题,而亚洲人则不会。[23]

非语言沟通　肢体语言在跨文化交流中并不能很好地表达意思,因为它们包含的象征意义并不相同。一个手势在不同的文化中可以代表差别很大的事物。竖起大拇指在美国是一种赞扬而在希腊则是一种侮辱,其意思与在美国竖起中指一样。拉美人和阿拉伯人喜欢大量的眼神接触。欧洲人会因为你盯着他而很不舒服。阿拉伯人、拉美人以及南欧人喜欢身体接触而北欧人和北美人则不喜欢。

克服全球障碍　我们不可能教你克服所有可能的全球沟通障碍,只是想让你认识到,如果打算成功地与其他国家的人做生意的话,学习他们的文化是很重要的。大多数的主要跨国公司会训练它们的员工,要求在与来自其他文化的人处理业务时,要敏感地对待具体的文化差异。

克服全球沟通障碍时,你可以遵循以下建议:[24]

- 在证明相似之前要相信差异的存在。在确定他人和我们一样之前,要避免想当然地认为对方和我们一样。

- 在考虑了文化差异因素之前,不要过早地对一个人的行为作判断。你可能会认为某种话语或行为是不恰当的甚至对你构成了侮辱,但是对方可能并不是有意的,或许这种行为在对方的文化中是得体的。例如,如果日本商人送给你一份礼物,这很可能只是一件礼物,而不是为了获得这项业务贿赂你。

- 把你自己放在一个信息接收者的位置。作为信息发出者,试着在考虑了文化差异的基础上编码信息,以使对方完全理解。例如,如果不赠给日本人一件礼物,你可能会被认为是不礼貌的并且丧失增进相互关系的机会。

- 遇到疑惑时要问。如果你不确定怎样是合适的,可以询问知道的人。这样你就会知道是否需要准备礼物进行交换。

- 学对方的做法,看看对方会怎么表现。例如,一个人鞠躬,你也可以鞠躬作为回礼。如果你做或者不做某事时,对方的非语言沟通显示出不舒服,赶快道歉,或者以后避免这种行为。

> **工作应用**
>
> 4. 举一个你曾经经历过的跨文化沟通障碍的例子。说明当时的情况以及你是怎样克服的。

请记住沟通过程的总体步骤和潜在障碍。现在让我们来讨论如何传递、接收以及对信息做出反应的具体内容。

4.3 传递信息

你曾经听到管理者说"这不是我想要的"吗?当这样的事发生时,常常是管理者的错误。管理者常常做出错误的假设,而且不能百分之百地负起传递信息以保证双方互相正确理解的责任。为了有效地传递信息,管理者们必须准确地陈述他们要什么、他们希望怎样做以及他们什么时候要。[25]

传递信息是沟通过程中的第二步。在发送信息之前,你应该仔细选择传递渠道(我们将在下一章讨论怎样选择),并且计划怎样传递信息。

沟通目标(goals of communication)包括影响他人、告知他人以及表达感情。在传递信息时,一个人可以同时达到这三个目标。

4.3.1 信息计划

在传递信息之前,你需要先计划好:

信息的目标是什么?即你想达到什么样的沟通结果?[26]谁是信息的接收者?考虑信息接收者,然后计划你怎样编码才能使其理解。什么时候传递信息?另外,还要决定在哪里传递信息。

4.3.2 面对面传递信息

面对面沟通对于人际技能非常关键[27],面对面沟通技能会影响你是否成功。[28]遵循以下**信息传递过程**(message-sending process)的步骤是非常有用的:第一步,建立和谐关系;第二步,陈述沟通目标;第三步,传递信息;第四步,检验理解;第五步,获得承诺并跟进。

在本章开始的例子中,Sara 遵循了信息传递过程的五个步骤。以下是关于五个步骤的讨论,阅读之后结合开头的例子回顾这五个步骤。

第一步:建立和谐关系。为了使信息接收者放松,通常可以就与信息相关的话题进行寒暄。这能够帮助雇员接收信息并增进关系。[29]

第二步:陈述沟通目标。在以影响他人为目标而进行的商务沟通中,让信息接收者先知道沟通的最终结果,然后再告诉他细节以及为什么。[30]

第三步:传递信息。如果沟通目标是为了影响他人,则告诉对方你想让他们做什么,给出指示等。要明确任务完成的期限。如果沟通目的是告知,那就告诉对方信息是什么。要避免说得太快,不要交代过多的细节,这两点是阻碍职业提升的主要坏习惯。[31]沟通技能会对职业提升产生不同的影响。[32]

第四步:检验理解。(1)在传递信息之后,信息发出者有两种选择:(a)简单地假设信息接收者明白、理解了信息(单方沟通);(b)查看信息是否有歧义及误解。提问和阐释是两种可以用来确保双方理解的技巧。**阐释(paraphrasing)** 就是让信息接收者用自己的语言来重新叙述信息的过程。第三个技巧就是鼓励员工对沟通做出评价并给出建议(双向沟通)。在本章以后的内容中你将学会怎样使用提问和阐释。(2)只有一种情况下你不想检验对方是否理解,那就是当你的目的是为了表达情感时。当你的目的是影响及告知时,应该直接提问和/或使用阐释。[33]简单地问"你有问题吗"不能够检验对方理解与否。

第五步:获得承诺并跟进。当沟通目标是为了告知或者表达情感时,不需要对方做出承诺。尽管如此,当沟通目标是为了影响他人时,得到对方的承诺是必要的。管理者应该确保雇员能够承担这项工作并且能够在某个时间完成。在雇员不想完成工作的情况下,最好在传递信息时就知道这一点,而不是等到最后才发现。当雇员不愿做出完成工作的承诺时,管理者可以使用其权力赋予的权威说服对方。当以影响为沟通目的时,沟通结束后要跟进,以保证所需的行动已经开始。

表 4-3 列出了传递过程中的五个步骤。

表 4-3　信息传递过程

第一步:建立和谐关系
第二步:陈述沟通目标
第三步:传递信息
第四步:检验理解
第五步:获得承诺并跟进

> **工作应用**
>
> 5. 回忆现在或以前的一个老板。这个老板信息传达得怎样?这个老板在信息传递过程中应用了哪些步骤?哪些步骤没被经常用到?

4.4　接收信息

最重要的口头沟通技巧是理解要求的技巧和倾听技巧。[34]这些技巧在本章开始的例子中已经阐述了。完成自我测试练习 4-1 中的自我评价并确定自己是否是一个好的倾听者。

自我测试练习 4-1

倾听技巧

选择能够最好地描述你的真实行为频率的回答。在 15 个陈述前面的横线上填写字母 A、U、F、O 或 S。

　　一直(A)　　　通常(U)　　　经常(F)　　　偶尔(O)　　　很少(S)

____ 1. 我喜欢听人说话。我通过微笑、点头等表现出感兴趣以鼓励他们说话。

____ 2. 我更关注跟我类似或比我更风趣的人。

____ 3. 当人们谈话时候我会评价他的语言和非语言沟通能力。

____ 4. 我回避分散注意力的事物,如有噪声我会建议转移到一个安静的地点。

____ 5. 当人们打断我的工作与我谈话时,我会放下正在做的事情,把全部注意力放在他们身上。

____ 6. 当人们说话时,我给他们时间让他们说完。我不会打断他们要说的话或插话,或过早下结论。

____ 7. 我听不进观点与我不一致的人的话。

____ 8. 当其他人说话时或者教授正在讲课时,我在想自己的事。

____ 9. 当其他人在谈话时,我非常注意非语言沟通,以帮助我充分理解信息发出者想要表达的意思。

____ 10. 当谈话的主题很难理解时,我会走神并装作明白了。

____ 11. 在其他人说话时,我会考虑我将怎样回答。

____ 12. 当感到有些东西被遗漏或是矛盾的,我会直接提出疑问让对方更好地解释其想法。

____ 13. 当我对某些事情不明白时,我会让信息发出者知道。

____ 14. 当听别人谈话时,我试着把自己放在他们的位置上然后从他们的角度看问题。

____ 15. 在谈话过程中我用自己的语言重复信息发出者他说过的话,以确保我能够正确地理解。

　　如果你让经常与你谈话的人针对你回答这些问题,他们会与你选择的相同吗?让朋友为你回答并比较你们的答案。

　　为了检验你的得分,在第 1、4、5、6、9、12、13、14、15 题中,A 选项每个给 5 分,U 选项每个给 4 分,F 选项每个给 3 分,O 选项每个给 2 分,S 选项每个给 1 分。将得分写在你回答的字母旁边的横线上。对于 2、3、7、8、10 和 11 题,分数颠倒过来,S 给 5 分,O 给 4 分,F 给 3 分,U 给 2 分,A 给 1 分。将这些得分写在回答的字母旁边的横线上。现在把你的总分加起来。你的分数应该在 15—75 分之间。把你的分数写在这 _____,然后用 X 来代替你的分数并填在下面的空中。一般来说,得分越高,你的倾听能力就越强。

差的倾听者　　　15 ---- 25 ---- 35 ---- 45 ---- 55 ---- 65 ---- 75　　　好的倾听者

信息在沟通过程中的第三步被接收。除非信息被对方理解,否则沟通就不成功。如果信息接收者不认真听,信息就没有被接收。当被问到"你是个好的倾听者吗",大多数人说是的。实际上,人们所听到的有75%是听得不准确的,人们听准确的内容有75%在三周内就被忘掉了。也就是说,多数人都是较差的倾听者。倾听水平低部分是由于人们以平均每分钟120个单词的语速说话,而人的听力水平却能达到每分钟500个单词。而且,大部分人没学过倾听是怎么回事。倾听者四倍于说话者语速的理解话语的能力经常导致其走神。[35]

4.4.1 倾听的层次

为了成为一个成功的沟通者,你需要成为一个有效的倾听者。倾听水平的等级至少有三个:有听没有到型(marginal)、评估型(evaluative)、投射型(projective)。[36]请看图4-3。

1. 对于有听没有到型倾听,当信息传递者说话时,信息接收者不注意听。你曾经与人谈话并发现他的思维"相差千里"吗?有听没有到型倾听往往会导致误解以及错误。

2. 评估型倾听要求听者相当注意谈话者所说的话。接收者评估谈话者的话正确与否,然后再决定是否需要继续听下去。一旦信息接收者听到不能接受的东西,倾听就停止了,辩驳就开始了。这时,两种观点形成了,两种观点都没得到沟通,在信息发出者与接收者之间并未形成相互理解。评估型倾听在信息接收者感觉被威胁时是普遍存在的。[37]

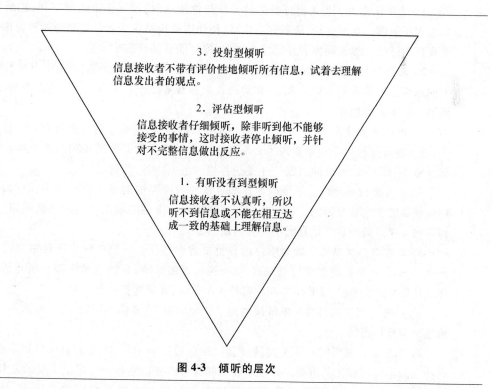

图 4-3　倾听的层次

3. 投射型倾听有使信息被相互理解的最大潜力。停止谈话并开始倾听是很重要的。[38]信息接收者仔细地听，花时间把自己投射到信息发出者的立场，从信息发出者的立场去理解其所说的话。[39]信息接收者努力站在信息发出者的角度被称为移情式倾听。移情式倾听并不意味着你必须同意谈话者的观点。**移情式倾听**(empathic listening)是理解并联系其他人的处境与情感的能力。大多数信息由两个组成部分——感觉与内容。要试着将二者联系起来。下一章将讲到如何通过换位思考面对情绪化的员工。

4.4.2 积极投射型倾听的技巧

有效人际关系的关键是倾听。[40]人们希望别人听他讲话并理解他，如果你不愿意倾听和理解别人的话，他们就会避开你。

为了提高你的倾听技能，用一周的时间通过专注于别人谈话时的语言和非语言沟通来集中自己的注意力。注意他们的语言和非语言沟通是不是一致，他们的非语言沟通是加强还是削弱了他们的语言内容。只在需要的时候才开口说话从而使你能够倾听其他人都在说什么。如果遵循了以下3点，你将会提高你的倾听技能。这些技巧是按照面对面沟通过程的顺序列出的：倾听、分析、说话。

倾听

1. 集中注意力。当人们打断你的工作与你谈话时，停下你手头的工作，把所有的注意力都集中于他们。立刻放松，清理你的思绪，使你能够接纳谈话者。这样做能够使你的倾听有一个良好的开始。如果漏掉了开始的一些词，你可能会漏掉整个信息。[41]

2. 避免打扰。保持你的眼睛一直注视谈话者。不要拨弄钢笔、纸或者其他能够转移注意力的东西。如果有电话打进来，由你的语音应答器来接。如果你在一个嘈杂的地点，建议转移到另一个安静的地点。

3. 注意力保持集中。当其他人说话或教授讲课时，不要让自己想着个人问题。[42]如果走神了，慢慢将思绪拉回来。不要因为你不喜欢谈话者或不赞同他所说的话而不听。如果主题复杂难懂，不要不听，可以问问题。[43]不要想你应该怎么回答，注意听。[44]

4. 不要假设并打断。不要以为你知道谈话者所要说的或者只听开头就得出结论。许多倾听错误的产生就是因为人们听到一句话开头的几个词时就用自己的想法结束了它，从而丢掉了另一半。倾听整个信息而不要打断谈话者。[45]

5. 观察非语言暗示。既要明白内容也要理解感受。人们有时说一件事情而表达另一个意思。所以，倾听的时候要注意观察，确保说话者的眼睛、身体以及面部表情与语言信息一样在表达同样的意思。[46]如果有些事看起来令人费解，可通过提问来明确。

6. 提问。当你觉得有些事情被遗漏了或矛盾时，或者你不明白时，直接提问，让说话者更清楚地解释其想法。[47]

7. 记笔记。倾听时写下重要的信息以便以后能够记住，需要的时候可以拿出来参考，这在接受指示的时候尤其重要。你应该经常随身带一支钢笔和一个笔记本或标记卡以备使用。

8. 表达意见。你想让谈话者知道你在倾听的方法就是使用语言暗示，例如"你觉得……"、"啊"、"我知道了"、"我明白了"。你同样可以用非语言沟通表示你感兴趣或在听，例

第4章 人际沟通

如目光接触、恰当的面部表情、点头、身体前倾等。

分析

9. 思考。为了协调你的听力与谈话者语速的差异，要积极地利用你的思考速度。经常通过组织、总结、回顾、打断以及探讨来积极地倾听。这些做法将帮助你将听力水平保持在投射型层次。

10. 在倾听之后评价。当人们试图在同一时间倾听和分析或者评价别人所说的话时，他们很容易丢掉信息的部分或整体。你应该听取全部信息然后再得出你的结论。[49]

11. 评价事实。当你评价信息时，结论应该基于所呈现的事实而不是刻板的印象或普遍的情况。

说话

12. 首先阐释。谈话开始时把听到的信息阐释给信息发出者。当你能够正确解释时，表明你听到并理解了其他人的谈话。[50]然后再给出你的想法、建议、结论或者决定。

13. 观察非语言暗示。当你说话的时候，注意他人的非语言沟通。如果人们看上去并不理解你所说的，在结束谈话之前解释清楚。

你说的比听的多吗？为了确保你的想法是正确的，问问你的老板、同事和朋友，他们可以给你一个诚实的回答。如果你花更多的时间去说而不是听，你所想达到的沟通目的很可能归于失败。不管你听到多少，如果你遵循这13条建议，你将提高沟通能力并成为一个人们愿意倾听的人，而不是一个让人觉得不得不听的人。为了做一个积极的投射型倾听者，你必须确保谈话双方相互理解。用实际行动来改变你的行为，使自己成为一个更好的积极的投射型倾听者。

工作应用

6. 参考自我测试练习4-1和上述13个技巧来提高你的倾听技能。你的倾听技能的弱点是什么？你将怎样提高你的倾听技能？

情 境 应 用

倾听	用上述13条积极投射型倾听的技巧辨别以下陈述，将数字写在空白处。
AS 4-2	_____ 8. 对不起，我刚才看到一只小鸟飞过。你刚才又说什么了？
	_____ 9. 等一下，让我写下来以免忘了。
	_____ 10. 请原谅，我漏掉了你开头所说的话。请再重复一遍。
	_____ 11. 你看上去有些困惑，我再重复一遍。
	_____ 12. 你是说想让我现在把这封信交给服务部的Peter？
	_____ 13. 你认为我多长时间能够完成这项工作？
	_____ 14. 好的，我明白了。这就是我需要知道的。
	_____ 15. 你说完了吗？我发现在实施这项建议时可能会有些问题。

4.5 对信息做出回应

沟通过程的第四个也是最后一个步骤是对信息做出回应。不是所有的信息都需要回应,例如以通知为目的的信息。但是,当你正在面对面地沟通信息时,保证双方相互理解的最好方法就是从信息接收者那里得到反馈,就像本章开始的例子中 Sara 所做的那样。在这一部分,我们将探讨反馈和回应的方式。

4.5.1 反馈

反馈(feedback) 是检验信息的过程。提问、阐释、接受建议和评价是反馈的形式。在发出或接收信息时进行反馈可以提高工作效果。[51]

360 度反馈(360-degree feedback) 以 360 度反馈为人们所共知的绩效反馈方法得到了广泛的欢迎,大多数世界 500 强企业都在使用。360 度反馈方法在四个方向上提供了绩效反馈:从管理人员向下、横向地从同事到同事、从下属向上以及从得到反馈者自身。[52]恰当的时候,顾客和供应商也会就绩效的不同方面提供反馈。[53]遗憾的是,反馈不总是和设想的一样有效[54],360 度反馈的概念没有问题,但其实施方法遭到了批评。[55]

4.5.2 征求反馈

征求反馈信息的一般方法以及为什么它并不起作用 获得反馈最常用的办法是传递整体信息,然后问:"你有问题吗?"这样经常得不到反馈,因为人们有一种不愿问问题的倾向。对于为什么人们不愿意问问题有三种较好的解释:

1. 他们会被觉得很无知。问问题,尤其是在其他人都不问的情况下问问题,被认为是没有集中注意力或不够聪明所以不明白问题。

2. 他们确实不知道。有时人们对于信息知道得不够多,因此不能确定信息是否完整、是否正确或没有办法阐释。他们问不出问题是因为他们觉得所听到的听着都对。所以,此时信息接收者不懂听到的信息或不知道如何问问题。

3. 信息接收者不愿意指出信息发出者的疏忽。当信息发出者是一个管理者而接收者是雇员的时候这种情况很普遍。雇员害怕提出问题会显得管理者在准备和传递信息上没有做好,或者会显得管理者是错的。无论什么原因,结果是相同的:雇员不问问题,一般来说学生也一样。

在管理者传递了信息以及问是否有问题之后,他们在继续犯另一个错误:他们认为没有问题代表沟通结束了,以及信息被相互理解了。实际上,信息经常被误解。当"这不是我所要求的"成为结果时,任务需要被重新完成。最终结果经常就是浪费时间、材料以及精力。

当一个信息没有被很好地沟通时,最常见的原因就是信息发出者很少征求反馈以确保相

第 4 章 人际沟通

互理解。[56]适当应用提问以及阐释可以帮助你确保信息达到了沟通效果。

怎样征求信息反馈 以下是管理者征求信息反馈时应该使用的四个指导意见,它们同样适用于非管理人员。

对于反馈要开放:首先,管理者必须开放地对待反馈并且要求反馈。[57]敞开政策可以鼓励反馈。[58]当雇员问问题的时候,管理者需要积极响应且耐心地回答问题并做出解释。没有愚蠢的问题,只有愚蠢的答案。管理者应该让雇员们在反馈时感到舒服。

留意非语言沟通:管理者们必须注意他们的非语言沟通以鼓励反馈。例如,如果管理者说他们鼓励提问,但是当员工们提问时他们看员工的眼神好像是认为员工很愚蠢或者表现得很不耐心,则员工将学会不去提问。管理者们也同样必须注意雇员的非语言沟通。例如,如果一个管理者 Moe 正在向其雇员 Larry 解释任务,而 Larry 以一种迷惑的目光注视着他的脸,那么 Larry 可能是很困惑但不一定愿意说出来。在这种情况下,Moe 应该停下来,并在继续下面的内容之前阐明这个问题。

提问:当你传递信息时,最好先确定信息已经被理解,然后再开始下一步行动,这样能保证行动不需要改变或返工。你可以直接问对方与具体信息有关的问题,从对方的答案知道他是否一直在听以及是否已经理解。如果回答是不准确的,则需要对信息进行重复、举例或者详细阐述。[59]信息管理者可以问"你感觉怎样"之类的问题,还可以问"如果你是我……"这类问题,例如,"如果你是我,你怎么解释如何去做"或者管理者可以问涉及第三方的问题,例如,"其他雇员对这个会怎么想",对于非直接问题的回答可以体现雇员的真实态度,你可以从中看出是否有误解。

阐释:能够最准确地体现出理解程度的是阐释——让信息接收者用自己的语言来重述信息。管理者让雇员阐释的方式将影响雇员的态度。例如,如果管理者说:"John,告诉我刚才我说的话,让我看看你是不是像平常一样又犯错误了。"这很可能引起 John 的防御性行为。John 很可能在皮格马利翁效应的作用下真的犯错(正如第 3 章所讨论的那样)。以下是提出阐释要求的正确方法:

- "现在告诉我,为了以确保咱们达成一致,你打算做什么。"
- "你能告诉我你想要做什么吗?我想看看自己是否解释清楚了。"

注意,上述第二个陈述将雇员的压力解除掉了。管理者正在问一个检验他自己能力而不是雇员能力的问题。这些征求反馈的方法可以使对方积极地对待信息和管理者,体现了对雇员的关心以及对有效沟通的重视,因为要求反馈可以树立员工自尊。[60]

工作应用

7. 描述你现在或以前的老板怎样运用反馈。他的反馈技能可以怎样提高?
8. 你运用阐释方法吗?你在以后想更多还是更少或者像现在一样使用阐释?为什么?

4.5.3 回应方式

在学习回应方式之前,完成自我测试练习4-2以确定你喜欢的回应方式。

自我测试练习 4-2

确定你喜欢的回应方式

选择五种情况中你作为管理者在实际中所做的回应:

___ 1. 我不能与 Paul 一起工作。那小子让我发狂。他总是抱怨我和其他人,包括你,老板。为什么他必须做我的搭档?我们不能一起工作。你必须派另一个人做我的搭档。

 A. 我肯定你做了什么事惹恼了 Paul。你必须跟他把事情解决。
 B. 他说我什么了?
 C. 你能给我一些他惹恼你的具体例子吗?
 D. 我要与 Paul 谈话。我保证我们可以改善或转变这种状况。
 E. 你是说 Paul 惹你生气了?

___ 2. 我们不能在没有帮助的情况下在最后期限前完成 Procter 项目。我们一直有一些问题。一个主要的问题是,Betty 和 Phil 是两个刚毕业的大学生,你知道他们什么也不懂。结果他们的工作都得由我来完成。如果不给我们增加一个有经验的人,我的团队没法及时完成这项工作。

 A. 告诉我更多有关你们的问题。
 B. 你昨天看比赛了吗?
 C. 你很担心这个项目,是吗?
 D. 你不能再替他们干活了,你应该训练新人。如果你给他们一个机会的话,他们会成功的。
 E. 别着急。你是一个能力很强的项目领导。我相信你会完成这项工作的。

___ 3. 恭喜你被提升为主管。我正在想以后会怎样,毕竟我们在这个部门做了五年的好朋友。把你当做老板感觉怪怪的。

 A. 会好的,你会看到的。
 B. 我听出来你并不喜欢这种改变。你是这个意思吗?
 C. 你只需要好好工作,我们之间不会有问题的。
 D. Chris 感觉会好一些吗?
 E. 告诉我你认为情况会有哪些改变?

4. 我希望你能为 Gloria 做点什么。她又短又紧的衣服使男人们总是找借口到这里来。她喜欢这样,你可以看得出她一直在向男人们卖弄风情。如果你不做点什么的话,她会把这个地方变成肥皂剧院。

   A. 那么你认为事情有点不像样,对吗?
   B. 我不能告诉 Gloria 该怎么穿衣服,为什么不把你的桌子转过去,这样就看不到了。
   C. 别让这件事困扰你。我保证他们是清白的而且什么事都不会发生。你知道现在这些年轻人都是什么样的。
   D. 你认为我该做些什么?
   E. 你今天感觉好吗?

5. 我不能再这样继续下去了。我一直像一个傻子一样跑来跑去伺候所有的顾客,结果他们却朝我喊叫和抱怨。

   A. 你今晚想去参加聚会吗?
   B. 顾客做的什么事最让人恼火?
   C. Erin 今天不在,所以情况才这么糟。但是明天她就会回来了,情况就会恢复正常了。就这样吧,你会解决好的。
   D. 顾客今天真的让你很烦吗?
   E. 我在你来面试这份工作时就告诉过你这份工作是怎样的。你应该学会不理会顾客的评论。

确定你喜欢的回答方式,在以下表格的五种情形(1—5)中画出你选择的字母,每栏标题表示你选择的方式。

	建议型	转移型	探查型	安抚型	反映型
1.	A	B	C	D	E
2.	D	B	A	E	C
3.	C	D	E	A	B
4.	B	E	D	C	A
5.	E	A	B	C	D
总分					

把每一栏的圈数相加。所有栏的总数应该是 5。回答个数最多的那一栏代表了你的习惯回应方式。各栏之间的圈数分布得越均匀,你的回应方式就越灵活。

当信息发出者传递一条信息时,你作为信息接收者怎样回应将直接影响沟通效果。没有哪一种回应方式是最好的,回应应该符合当时的情形。你将学到五种回应方式。

对于每一种选择,都给出一个例子回应雇员的这句话:"你监督我太密切了,影响了我的工作能力。"

建议型 建议型回应针对信息提出评价、个人观点、指引或指导。雇员常常到管理者那里征求意见,询问怎样做某事或者让管理者作决定。建议型回应很可能使从发出者到接收者的沟通遭到停滞、限制或者转移。

恰当运用建议型回应：当有人直接向你征求建议时，给出建议是恰当的。但是，快速地给出建议会使对方形成依赖，你需要发掘对方的能力，使之想通问题然后自己做出决定。当雇员征求建议而你认为他根本不需要建议时，可以问这样的问题："你认为解决这种状况的最好方法是什么？"

针对上面的例子，管理者可对雇员做出的建议型回应是："你需要我的指点才能做好工作，你缺乏经验。"注意，在这种情况下，雇员并没有征求建议，但是管理者却给出了建议。

转移型　转移型回应将沟通重点转移到信息接收者的新信息。信息接收者成为一个新信息的发出者。这种回答常常被称为转换话题。转移型回应常常转移、关闭或限制沟通。

在接收信息的开始阶段采用转移型回应会使信息发出者感觉他的信息不值得探讨[61]，或者对方的信息更重要。

恰当运用转移型回应：如果你想让工作以你的方式进行，你必须表达这一信息。当你习惯于与信息发出者分享类似的个人情绪经历时，可以采用转移型回应。针对上面提到的例子，管理者可以用转移型回应说："你让我想起了我以前的一个主管……"

探查型　探查型回应是让信息发出者对于信息的某些方面给予更多的解释。这对于更好地理解很有帮助。当你探查时，以"什么"引导的问题要比以"为什么"引导的问题用得更多。

恰当运用探查型回应：在信息沟通的开始阶段运用探查型问题来保证理解。针对上面的例子，管理者运用的探查型回应是"我做了什么使你这么说"，而不是"你为什么这样感觉"。

安抚型　安抚型回应是用来缓解与信息有关的情绪的。你可以说："别担心，事情都会好的。"你安慰了信息发出者，但这并不意味着你是一个好的倾听者。[62]

恰当运用安抚型回应：当其他人缺少信心时，运用安抚型回答是恰当的。鼓励的回答可以帮助雇员发展。

管理者对上述例子中的雇员可以运用安抚型回应："我以后不会这样做了。"

反映型　反映型回应（reflecting response）将信息重新解释给信息发出者以表明理解与接受。反映型回应经常被移情投射型倾听者使用。大多数信息由两个组成部分——情感和内容。反映型回应将信息阐释给发出者，向其表明接收者理解、重视并接受了信息。[63]信息发出者可以更深入地发挥主题。研究发现，移情可以积极地影响雇员的态度和行为。[64]

恰当运用反映型回应：移情回应者可以反映内容、情感以及信息所传递的潜在意义（一般是以这个顺序）。著名的心理专家 Carl Rogers 认为反映型回应可以用在大多数沟通的开始阶段。反映型回应可以促进双向理解，同时也可以增进人际关系。

工作应用

9. 举出五种回应方式中两种的使用情形。说出当时信息发出者的信息以及你的回答。辨别属于哪种方式。

第4章 人际沟通

情境应用

辨别回应方式
AS 4-3

以下是两种情形以及10种回答,辨别其属于下列哪种回应方式:

A. 建议型　　B. 转移性　　C. 探查型　　D. 安抚型　　E. 反映型

Walker女士:Tomson先生,你有时间谈话吗?

Tomson先生:当然,什么事?

Walker女士:你能够对工厂里男人说粗口这件事采取点措施吗?粗口穿过薄薄的墙已经进入到我的工作领域了,非常恶心。我很诧异你居然什么都没做。

Tomson先生:

_____ 16. 我不知道有人在说粗口。我会调查的。

_____ 17. 你不用听,别管它。

_____ 18. 你今天感觉好吗?

_____ 19. 他们都在说什么样的粗口?

_____ 20. 你认为这些粗口侵犯到你了吗?

Jim:Mary,我要投诉。

Mary:坐下来告诉我是怎么回事。

Jim:作为运动教练,你知道我在足球队之后使用重量训练房。我们田径队必须把铁饼放回架上,把哑铃放好等等才能开始训练。我又不是被雇来替足球队收拾器械的。毕竟他们比我们使用训练房的时间要长。我向Ted(足球队教练)抱怨过,可是他说训练器材在他们进来时就是这样放着的,他会让队员做得更好。但是后来一切照旧。

Mary:

_____ 21. 在我忘记之前,我得先祝贺你打赢了哈佛队。

_____ 22. 你觉得在他们之后收拾器械很不公平吗?

_____ 23. 这种情况持续多长时间了?

_____ 24. 你找Ted去解决吧。

_____ 25. 谢谢告诉我这件事,我会与Ted谈谈,看看都发生了什么。

在以上两种情形下,哪种回答是最合适的?

自我测试练习4-3

你的人格特征与沟通

我们将第2章的人格特征与本章所讲的内容联系起来。我们将给出几个关于你的人格怎样影响你的沟通的论述。对于每一种情形,看看信息是怎样与你有关的。这将会帮助你更好地理解你的行为优势和劣势以及你在哪些方面可能想要提高。

组织中的人际关系

发出以及接收信息 如果你的人格外倾型很强,那么你很可能是一个性格外向的人并在发起沟通以及与他人沟通的过程中没有困难。但是,在沟通过程中你可能处于支配地位,而且可能不能很好地倾听或者不能容纳别人的意见。注意不要简单地把沟通当作一种得到你想要的事物的方式。要关心其他人以及他们想要什么。如果你在外倾性方面得分较低,你可能会比较安静并且在沟通中保持缄默。你应该更健谈一些。

如果你有随和性人格,你很可能是一个好的倾听者和沟通者。你的适应水平能够影响你的沟通情绪基调。如果你很有责任感,那么你很可能有可靠的沟通。如果你责任感低,那么你可能想马上回答信息。开放型人格的人常常发起沟通,因为沟通常常是新的经历的一部分。

反馈 如果你是外倾型人格,你需要自我控制。要认识到自己喜欢反馈却不愿倾听的倾向。你可能需要学会不要太挑剔。如果你不是外倾型人格,你可能想给出更多的反馈并作更多的指导。如果你很随和,你是一个受人爱戴的人而且很可能也喜欢别人。尽管如此,作为一个管理者,需要的话你必须给出命令,尽管这对你可能会很难。如果你的调整能力很强,你可能会给出积极的反馈。低适应力的人需要注意不要总是做出消极的批评。如果你很有责任心,对成就有一种很高的需求,你可能会更关心你自己的成功,外倾型的人也是这样。记住,领导的一个重要作用就是指导他人。如果你责任心不强,你可能需要把精力放在给予有效的反馈上。你的开放型个性会对你是否想去听他人的反馈并做出改变产生影响。

在本章中,你看到了帮助你提高沟通能力的方法,从今天开始运用这些技巧来提高你的技能水平吧。

复习题

_____由一个信息发出者和一个信息接收者组成,信息发出者对信息进行编码和并通过一个渠道传递给信息接收者,而信息接收者对信息进行解码和给予反馈。在第一阶段,信息发出者将信息编码然后选择传递方式。_____是信息编码的物质形式。_____是信息发出者将信息转变成一种信息接收者能够理解的形式的过程。在第二阶段,信息发出者传递信息。在第三阶段,信息接收者对信息解码和决定是否需要反馈。_____是信息接收者把信息转译成一种有意义形式的过程。在第四阶段,反馈——一种回答或一个新的信息——可能会被传递。沟通的障碍包括感知、信息超载、渠道选择、噪声、信任和可信度、不认真听、情绪以及筛选。性别差异同样有可能对沟通产生障碍。全球经济沟通的潜在障碍在增多。跨文化领域的差异包括文化语境(高或低);社会习惯;语言、礼节以及礼貌;非语言沟通。

信息发出者应该组织好信息,预先想清楚什么信息要传递、传递给谁、什么时候传递、在哪里传递。

_____包括影响、告知以及/或者表达情感。_____的步骤是：(1) 建立和谐关系；(2) 陈述沟通目标；(3) 传递信息；(4) 检验理解；(5) 获得承诺并跟进。_____是让接收者用自己的语言重新陈述信息。

倾听的三个水平是有听没有到型、评估型以及投射型。_____是理解并考虑其他人的处境和感受的能力。在与情绪化的员工打交道时使用移情法。实施本章的13点建议做一个积极的倾听者。

_____是确认信息的过程。在发出信息之后，通过提问或让对方阐释信息确认相互理解。当对信息做出回答时，接收者有五种方式可以进行选择：建议型、转移型、探查型、安抚型以及反映型。_____是指将信息阐释给信息发出者以表明理解和接受。

案例分析

Peter 和 Korby Clark：农场高尔夫俱乐部

农场高尔夫俱乐部(Ranch Golf Club)位于马萨诸塞州的Southwick,于2001年开始营业,每一个运动者在这里都被视为当天的特殊客人。农场高尔夫俱乐部的竞争优势是适合高消费阶层的公共课程(旺季透明价格在100美元左右),还有他的线路、茂密的树林、各种海拔的高地、无与伦比的服务。农场正不断努力成为新英格兰最好的高尔夫俱乐部。在不到一年的时间里,农场赢得了四星级课程的评级,这在整个新英格兰只有四家。在2003年1月的《高尔夫文摘》里,农场在"新高消费阶层的公共高尔夫培训课程"类别中全国排名第三。

在成为高尔夫俱乐部以前,这里是Hall家族的牧场。Hall家族希望身为高尔夫房地产顾问的Rowland Bates能够成为项目协调人,并在他的帮助下把牧场改建成高尔夫俱乐部。Hall家族提供土地,其他投资人提供资金。

Peter和Korby Clark是大约50家吉飞润滑油公司(Jiffly Lubes)的股东,他们在1991年把自己的股份出售给了宾索石油公司(Pennzoil)。在37岁时,Korby Clark结束了他在吉飞润滑油的全日制工作来帮助他的经营伙伴管理6家吉飞润滑油公司,并在Workcester以及马塞诸塞州新成立了3家公司,现在这3家公司正要被卖给他的经营伙伴。Korby Clark开始将更多的时间用于教练工作、和家人在一起以及为Jimmy基金做社区服务。在整个90年代,Clark有很多在新的生意上的投资机会。在90年代末以前,没有任何生意能使Clark感兴趣。与其他企业只是简单地寻找投资者不同,Bates计划包括让Peter参与创建和管理一个新高尔夫俱乐部。尽管Peter会打高尔夫,但真正吸引他的不是高尔夫本身而是创建一个新项目,以及在管理事业中扮演推动者的角色。但是Clark兄弟没有足够的资金,因此他们向银行申请了部分贷款。然而,银行却告诉他们,如果他们想建立更多的吉飞润滑油公司,会毫不犹豫地贷款给他们,但如果是高尔夫项目的贷款,银行则不会批准,因为银行知道他们在这方面没有经验。因此Bates找到了其他能够提供剩余资金的投资者。最终,Hall家族拥有1/3的股权,Clark兄弟拥有1/3的股权,Bernard Chin和Ronald Izen拥有1/3的股权。

Clark非常高兴能够获得柳树湾俱乐部(willowbend)的专业管理团队的帮助,Rowland Bates在农场高尔夫俱乐部的发展期间加入了这个团队,加入的原因有四个。第一,他们意识到没有专业人员他们不可能创造和经营一个成功的高尔夫俱乐部。他们中没有一个人在高尔夫俱乐部工作过,即使打过高尔夫也仅仅把它当做休闲娱乐。第二,他们没有足够的时间管理农场高尔夫俱乐部。Peter目前是Agawam高中的橄榄球主教练和足球副教练(同时他也是神学院的足球副教练),并且他不想放弃目前的工作。此外,Peter和Korby都想有更多时间陪家人和做社区服务。第三,Peter和Korby参与所有重要的战略性决策和日常工作,但柳树湾俱乐部进行日常决策。第四,雇员们实际是为柳树湾俱乐部工作,福利不错。

农场高尔夫俱乐部成功的秘诀在于Clark兄弟和柳树湾俱乐部的联合管理,他们对每个计划的预期

组织中的人际关系

都有清晰而敞开的沟通。Clark不断地同柳树湾俱乐部——他的伙伴也是管理者——进行沟通,任何事都不能影响他们之间的每周例会和听取彼此的意见从而持续提高公司的运营效率。部门管理者和员工开会集中讨论提供无与伦比的服务理念的重要性。为了传递一种专业化的理念,所有员工都穿统一的农场制服,都要进行如何提供高质量服务的培训。甚至用词也为了体现专业性而要经过严格的选择。例如,农场高尔夫俱乐部有球员助理(player assistant)而不是巡视员(ranger);有高尔夫轿车(golf car)而不高尔夫小车(golf cart);有高尔夫专营店(golf shop)而不是体育用品商店(pro shop)。

反馈对农场高尔夫俱乐部的成功也至关重要。Clark兄弟和柳树湾俱乐部的管理者们通过反馈了解顾客是否获得了高质量的服务,以及如何进一步提高服务质量。Clark、柳树湾的管理者们以及员工都很重视顾客的批评,因为他们意识到改善经营的唯一方式是听取意见并通过改变自己的做法来提高服务质量。事实上,Peter和Korby Clark把他们在农场高尔夫俱乐部的大部分时间都用来和顾客进行沟通,目的在于获得改善农场高尔夫俱乐部经营的方法。Clark和柳树湾俱乐部制订了清晰的目标,他们定期同员工进行沟通,并对农场高尔夫俱乐部朝着预期目标前进的程度进行双向反馈。作为一个小公司,农场高尔夫俱乐部没有标准的360度反馈系统。尽管如此,管理者们通过与其他员工、顾客和其他管理者的定期沟通来评价一个员工的表现,并利用从其他人那里得到的反馈。

Peter认为,经营润滑油公司、管理高尔夫俱乐部和担任教练之间有很多相似处。这三者的重点是一致的,也就是——高质量的服务。你必须正确地对待顾客。Peter一直在同样地教练哲学。你要满怀激情地为做好工作而时刻准备着,即使无人关注也要诚实地做正确的事情,亲切地成为团队中的一员。如果一个人没有做好他的工作,其他人都会受到影响。无论在商业中还是在运动中你都要努力成为最好的。你必须设立并实现有挑战性的目标。Peter坚信要时刻保持激情和发展良好的相互扶持的工作关系,这包括坐下来好好沟通和用心聆听他人的意见。

网上查询:如果想知道关于本案例中农场高尔夫俱乐部的最新信息,你可以直接在网上进行搜索,或直接登录 www.theranchgolfclub.com。你可以参加高尔夫在线课程。

用从本案例中获得的专业信息或其他你掌握的相关信息回答下列问题。

回顾性问题

1. 在农场高尔夫俱乐部中,Peter的人际关系沟通技巧如何影响行为、人际关系和绩效?

2. 你认为Peter花费更多的时间传递信息还是接收信息?或者两者都不是?

3. Clark展示出的倾听技巧处于哪一级的水平?

4. 你认为在13条积极投射型倾听秘诀中哪几项最适合Peter?

5. 评价Peter和Korby Clark对反馈的利用。

6. 你认为Peter使用最多的是哪种回应方式?

7. 你认为Peter是在努力达成人际关系的目标吗(第1章)?

8. 运用大五理论来评价Peter的性格特点(第2章)。

第4章 人际沟通

9. 评价 Peter 的态度、自我认知、价值观和道德水平(第3章)。

客观题案例

沟通

在下面的对话中,Chris 是管理者,Sandy 是员工。

Chris:你去为斯特恩项目准备一个金属盘子。

Sandy:好的。

Chris:我需要 3/4 英寸的盘子,在中心旁边一点有一个 1/2 英寸的洞。不,最好是 5/8 英寸,在左边有一个 1/4 英寸的洞,在右边顶部,大约离左边 7/8 英寸处挖一个 1/4 英寸的洞。明白了?

Sandy:差不多。

过了一会。

Chris:盘子准备好了吗?

Sandy:你看。

Chris:这不是我想要的。我说的是 1/2 英寸的洞在中心旁边一点,你这个离中心太远了。重新做一个和我的要求一致的。

Sandy:你是老板,我这就去重做。

回答下列问题,并在每题之间的空白处写出你的理由。

_____ 1. Chris 和 Sandy 之间有沟通。
  a. 正确   b. 错误

_____ 2. Chris 进行交流的最主要目标是:
  a. 影响   b. 告知   c. 表达感情

_____ 3. Chris 是:
  a. 发送者/解码者 b. 接收者/解码者 c. 发送者/编码者 d. 接收者/编码者

_____ 4. Sandy 是:
  a. 发送者/解码者 b. 接收者/解码者 c. 发送者/编码者 d. 接收者/编码者

_____ 5. 信息的传输媒介是:
  a. 口头的   b. 书面的   c. 非口头的   d. 综合的

_____ 6. Chris 按照_____原则得到信息反馈:
  a. 敞开式反馈   b. 提问
  c. 有意识的非口头交流   d. 阐释
  e. 以上都不是

_____ 7. Chris 在信息传递过程中使用了哪些步骤(可多选)?
  a. 步骤1   b. 步骤2   c. 步骤3   d. 步骤4
  e. 步骤5

_____ 8. Sandy 是积极的倾听者。
  a. 对   b. 错

_____ 9. Sandy 的反应形式主要是:
  a. 建议   b. 转移   c. 探查   d. 保证

组织中的人际关系

　　　　　　e. 反映
　　＿＿＿＿ 10. Chris 使用＿＿＿＿管理风格。
　　　　　　a. 专制式　　　　b. 民主式　　　　c. 参与式　　　　d. 放任式
　11. 如果你是 Chris，你会怎样对 Sandy 传达这个指示？

（注释：学生可以分角色扮演）

技能强化练习 4-1

发送指令
课堂练习

　　目标：提高传递和接收信息的能力（沟通技巧）
　　SCANS 要求：通过这个练习培养学生的人际交往能力、咨询能力、听说读写算等基本能力、思维能力和其他综合个人素质。
　　过程：你需要设计、传递、接受指令来完成对三个物体的绘图。
　　准备：除了阅读本章内容外，不需要做其他准备。老师将提供原始的绘图。
　　步骤 1（3—7 分钟）
　　仔细阅读步骤 1 两遍。任务是给出指令让员工完成对三个物体的绘图。物体必须按照原始尺寸绘制，并且要非常相似。你有 15 分钟的时间完成这项工作。
　　这个练习有 4 个部分：
　　1. 管理者做计划
　　2. 管理者给出指令
　　3. 员工绘图
　　4. 评估结果
　　规则：下面的 4 个规则和上述 4 个部分对应。
　　1. 计划。做计划时管理者可以写出指令，但不能以任何方式画任何图。
　　2. 指令。当给出指令时，管理者不能向员工出示原始的图画。指令可以是口头的或书面的，但不允许有手势。管理者给出指令时，员工可以做笔记但不能画图。管理者在开始绘图前必须给完三个物体的指令。
　　3. 画图。一旦员工开始画图，管理者只能观看，不能再进行任何沟通。
　　4. 评估。当员工画完或时间已到时，管理者给出原始的图画。讨论你完成得怎么样。然后到综合问题部分回答问题。管理者记录答案。
　　步骤 2（2—5 分钟）
　　首先，班级中的一半人扮演管理者并给出指令。管理者并排坐在教室的一面墙边，面对教室的中心，背靠墙壁。
　　在被管理者叫到之前，员工都坐在教室的中心，被叫到时，拿一个椅子坐到管理者面前，并且要保证不能看到任何一位管理者的原始图画。
　　步骤 3（15—20 分钟）
　　老师给每个管理者一幅图画的副本。小心不要被员工看到。管理者设计指令。当管理者准备好之后，他开始叫来一位员工，给出指令。可以运用信息传递过程的步骤，一定要遵守规则。员工在印有"员

第4章 人际沟通

工画图"的那一页画图。如果使用的是书面指令,则需另准备纸张用于书写指令。你们有15分的时间画图,5分的时间综合评估。画完以后在下面的综合问题部分回答问题。

步骤4(15—20分钟)

现在由员工来扮演管理者,面对教室中心坐下。新的员工坐在教室的中心等着被叫到。

接着继续进行步骤3,老师会给出一幅不同的图画,不要和同一个人一组。

综合问题

评估问题:你可以选择不止一个答案。

_____ 1. 沟通的目标是:
  a. 影响   b. 告知   c. 表达感情

_____ 2. 反馈是:
  a. 立刻的   b. 具体而准确的
  c. 以绩效为导向的 d. 积极的

_____ 3. 管理者传递的信息是:
  a. 口头的 b. 书面的 c. 非口头的 d. 综合的

_____ 4. 管理者用于计划的时间:
  a. 太多   b. 太少   c. 正好

以下的5个问题和信息传递过程有关:

_____ 5. 管理者与员工建立了和谐关系(第1步)。
  a. 对   b. 错

_____ 6. 管理者陈述了沟通目标(第2步)。
  a. 对   b. 错

_____ 7. 管理者传递信息(第3步)。
  a. 有效   b. 无效

_____ 8. 管理者使用_____检查理解程度(第4步)。
  a. 直接的问题 b. 阐释 c. 两者都用到 d. 两者都没用到
  检查的频率:
  a. 太多   b. 太少   c. 刚好

_____ 9. 管理者得到了承诺并跟进(第5步)。
  a. 对   b. 错

_____ 10. 管理者和/或员工有点情绪化。
  a. 对   b. 错

_____ 11. 管理者使用的主要反应类型是:
  a. 建议 b. 转移 c. 探查 d. 安抚
  e. 反映

_____ 12. 员工使用的主要反应类型是:
  a. 建议 b. 转移 c. 探查 d. 安抚
  e. 反映

_____ 13. 管理者使用_____管理风格。
  a. 专制 b. 民主 c. 参与 d. 放任

_____ 14. 最合适的风格是:

组织中的人际关系

     a. 专制   b. 民主   c. 参与   d. 放任

15. 员工画的物体成比例吗？如果不成比例，为什么？

16. 你遵守规则了吗？如果没有，为什么？

17. 如果再做一遍这个练习，你会在哪些地方和第一次做的不一样？

结论：老师组织班级讨论或做点评。

应用（2—4分钟）：在这个练习中我学到了什么？以后怎样应用所学到的知识？

分享：学生在应用阶段可自愿分享他们的答案。

员工画图

Chapter 5

第5章
组织结构和沟通

学习目标

通过本章的学习,你应该能够:
1. 解释组织的五项原则。
2. 解释分部门组织经营法的六种类型。
3. 识别当前的组织趋势。
4. 描述组织里的沟通如何进行。
5. 解释全渠道沟通网络与其他沟通网络相比所具有的优势。
6. 列出三个主要的信息传输渠道。
7. 解释如何处理情绪化的职员。
8. 解释如何提供有效的批评。
9. 掌握以下14个关键术语(以在本章中出现的先后为序):

组织结构 organizational structure   纵向沟通 vertical communication
分部门组织经营法 departmentalization   水平沟通 horizontal communication
跨职能团队 cross-functional teams   小道消息 grapevine
流程再造 reengineering   沟通网络 communication networks
虚拟组织 virtual organizations   渠道 channels
无边界组织 boundaryless organization   5-15-1 写作规则 5-15-1 writing rule
组织沟通 organizational communication   非语言沟通 nonverbal communication

组织中的人际关系

引例

曾经有一家公司名为数码设备公司(Digital Equipment Corporation)。一天,公司高层管理者举行了一次关于"公司现状"的会议。高级副总裁 Jack Shields 没有出席会议。Jack Shields 有时被人称为总裁 Kenneth Olsen 的继承者。但是在新的组织结构图中并没有 Jack Shields 先生。举行会议时,一位副总裁问 Olsen 先生 Jack Shields 在哪里,Olsen 只是含糊地回应。在场的管理者们没有人知道 Jack Shields 在哪里以及他为什么没有出席这次会议。

Jack Shields 已经辞职或已被 Olsen 解雇的传言传遍了整个公司,谣言直达华尔街,有关数码设备公司运行的一系列问题被提出,公司股价下跌超过一点。

媒体听说后对此事进行了采访,数码设备公司否认了辞职的谣言。然而,一个电视台的节目误解了对辞职的辟谣,报道说 Jack Shields 已经辞职。然后在数码设备公司内部计算机网络上的电子公告板重复了电视节目的报道。

当 Jack Shields 听到新闻报道后,他邀请一位记者到他在数码设备公司的办公室进行一次采访。Jack Shields 声明,他没有计划辞职,公司也没有表示希望他辞职。由于他正在参加另外一家公司的年会,因此错过了会议。他是那家公司的董事会成员。组织结构图中没有他是因为结构图并没有描述他所在的高层委员会。记者无法联系上 Olsen 先生,因此无从了解他对此事的评价。

5.1 组织结构和沟通如何影响行为、人际关系和绩效

在上一章中,我们讨论了人际沟通的作用,人际沟通也影响着组织结构和沟通,因为组织是由雇员组成的。在本章中,我们将从组织层面研究沟通。

组织结构决定谁和谁一起工作,组织沟通在组织结构中进行,会影响行为、人际关系和绩效。从以物质为基础向以信息为基础的转变对组织结构和沟通都提出了相当多的挑战。[1]今天,企业的战略和生存在很大程度上仰赖公司快速变革的能力、扩大商业影响的能力以及严格的成本控制能力。组织结构非常关键,因为结构不对可能使成本极高。[2]如今许多组织都在试图建立新的组织结构[3],精简结构更多依赖是团队形式[4],而团队需要很好的沟通和人际关系技能。

在传递信息的过程中,渠道的选择会影响行为和人际关系,口头沟通与书面沟通相比更需要有效的人与人之间的沟通技巧。像前一章中讨论过的一样,通过错误的渠道传递信息会造成沟通上的障碍,而这会降低组织的绩效。

组织都在努力提高绩效,很多组织将精简规模看成一种重塑结构的策略。在 2001 年 9 月 11 日至 2002 年 2 月之间,999 000 个工作岗位被裁掉。[5]这给人们带来了更大的压力,并且这种压力会影响人际关系,降低绩效[6],进而导致员工更加情绪化、组织氛围更加不和谐。

本章开始的案例发生在一个真实的公司——数码设备公司。案例中描述的沟通问题确实

发生过而且在主要的报纸上被报道。在快速变化的计算机行业环境中,数码设备公司在战略和组织结构方面的改变却是缓慢的。公司出现了沟通问题,试图通过裁员缩减规模,直到最终破产并被收购。可见,组织结构和沟通确实会影响行为、人际关系和绩效。

5.2 组织结构

组织结构(organizational structure) 是指公司的管理者为达到公司的使命和目标而规划公司的方式。在组织结构的发展过程中,有一些重要问题需要解决[7],解决方法影响着行为、人际关系和绩效。[8]在本节中,我们从组织的原则开始讲起,然后是分部门经营的细节和当代组织的规划。

5.2.1 组织的原则

在规划组织结构的时候,管理者们至少要回答五个问题。这五个问题以及解决问题的原则如表5-1所示。下面将对这五个原则进行讨论。[9]

表 5-1 规划组织结构

问题	解决问题所用的原则
我们应该怎样分派工作?	分工及分部门组织经营
部门和个人应该向谁报告?	命令链
一个管理者下面应该有多少名职员?	管理的幅度
决策由哪一级做出?	集权与分权
我们怎样才能做到团队合作?	协调

分工及分部门组织经营 分工或工作细化是指将一项任务分割成不同工作的程度。尽管细化会增加效率和绩效,但是如果工作太过细化或令人厌烦,那么绩效也会降低。有些人喜欢把工作尽量地细化,有些人则不然。你倾向于哪一种呢?重要的是人岗要匹配。[10]然而,随着知识的日益重要和团队作用的增强,如今的趋势是降低细化程度。[11]

分部门经营(departmentalization) 是指将相关的活动组成单元。我们将在本节的后半部分重点讨论。在图5-1中,劳动力被分入生产部门、财务部门和市场部门,每一个部门都有多种工作。

组织中的人际关系

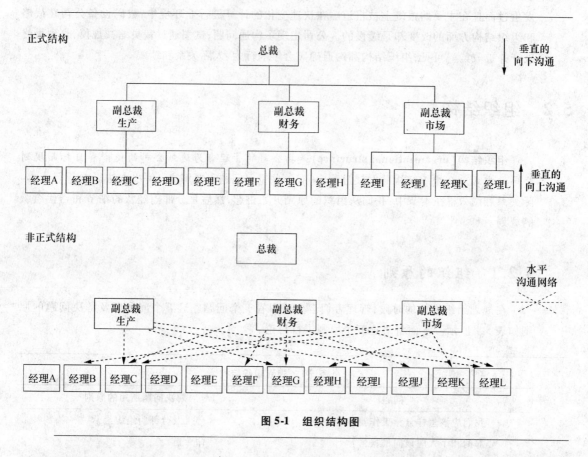

图 5-1 组织结构图

命令链 命令链是组织中从上到下的权威线,通过组织结构图表现。人们会很自然地倾向于通过层级来组织。[12] 命令链会告诉你谁是你的老板以及谁是你的下属。现在,仅仅通过命令链汇报沟通的刻板方式已经不常见了。为了能更快地完成工作,所有员工都需要直接沟通,老板是谁取决于任务是什么。常见的层级式组织的命令链已经在图 1-1 和图 5-1 中被列举出来。组织结构图中包括总裁、副总裁和经理,经理下面的普遍工人在组织结构图中通常是看不到的。

管理的幅度 管理的幅度是指一个管理者下面的员工数量。在图 5-1 中,总裁下面有三个副总裁,副总裁下面有三个到五个经理。在组织结构中,一个经理下面到底应该有多少名职员是一个很重要的问题,因为它影响到要设置多少个经理以及经理管理的层次。图 5-1 中有三个水平线,即总裁、副总裁和部门经理。随着组织不断地缩小规模,管理的幅度不断增加。[13] 管理的层级在一些公司里已经大大地减少了,形成了一种扁平的组织结构。[14]

集权与分权 集权管理时,由高层管理者做出重要决定。分权管理时,中层管理者和一线经理可以做出很重要的决定。现在的趋势是朝分权型管理方向发展,以便做出的决定能很好地利用时机,解决问题。分权管理也允许员工献计献策,因此员工在执行决策时会更加投入。[15] 从组织结构图中我们无法看出是否属于集权管理,然而对于一个有许多管理层次的组织来讲,通常来说都是集权的。减少组织层次的部分原因是为了促进分权管理。

协调　随着工作和部门的划分,产生了各部门协调合作的需要。在一个分权管理组织或管理幅度很宽的组织中,协调更加困难。生产部门的员工制造产品,市场部门的员工负责销售,财务部门的员工的任务是收钱。组织是一个整体,工作是通过全体员工的共同努力来完成的。任何一个部门没有效率,都将影响其他部门和组织整体的绩效。从大多数的组织图中,我们无法直接看到协调。

工作应用

1. 选择一个你工作过的组织。工作被细化了吗?描述一下与你从事的工作有关的从上到下的命令链。在你的老板的管理幅度下有多少员工?是集权管理还是分权管理?工作是怎样被协调的?

5.2.2 分部门经营

以下是六种常见的分部门组织经营的类型。

按职能分部门组织经营　按职能分部门组织经营是指围绕重要的活动组织部门,如生产、运营、财务和会计、市场和销售以及人力资源。图 5-1 是财务组织经营图。大多数小公司是按职能划分部门的。按职能划分部门经营法的一个分支是按流程分部门经营法,这种方法将生产的特定阶段分到不同的部门。

按产品(服务)分部门组织经营　按产品和服务分部门组织经营是指围绕着产品和提供的服务组织各个部门。例如,宝洁公司有许多主要的产品线,包括 Charmin[①]、帮宝适、品客、汰渍。美国的克莱斯勒公司(Chrysler)(不包括戴姆勒—奔驰)可以这样组织:

| 道奇 | 克莱斯勒 | 吉普 |

按客户分部门组织经营　按客户分部门组织经营是指围绕着不同种类的顾客进行组织,这些顾客有独特的需求,需要不同的销售人员及产品,有时甚至只是对产品质量有着不同层次的要求。摩托罗拉公司曾经进行结构重组,把六个业务单元合并成两大块——一块适合普通顾客,另一块适合行业客户。又如,一家办公用品公司可以按这种方式组织:

| 零售 | 企业 | 政府 |

按事业部分部门组织经营(M-型)　如果公司中某些独立的业务分离出来以公司形式运作,并向总公司上缴利润,那么这种结构就被称为"按事业部分部门组织经营"(M 型)。Limit-

---

① 卫生纸品牌。——译者注

组织中的人际关系

ed 公司有下列事业部：Limited、Express、Lerner New York、Lane Bryant、Structure、Limited Too 及 Mast Industries。百事公司(Pepsi)有下列四个主要的事业部：

| 百事 | 果缤纷 | 菲多利 | 桂格燕麦/佳乐得 |

按区域(地理)分部门组织经营 按区域分部门组织经营，亦称按地理分部门组织经营，是指在每个有业务的区域组成一个部门。许多零售连锁企业，如西尔斯百货(Sears)和联邦政府，都是按区域组织经营的。以下是按区域分部门组织经营的一个例子：

| 西部 | 中西部 | 东南部 | 东部 |

矩阵式分部门组织经营 矩阵式分部门组织经营法把职能部门和生产部门联合在一起。一个项目组中，在一个职能部门工作的职员同时也被分派到一个或更多的生产部门去工作。[16] 矩阵式的主要优势是它的可变通性，它允许公司暂时地为一个项目去组织，并且项目可以迅速地改变。它通常被广告公司、建筑公司、研究和发展实验室、医院、政府机构、大学和管理咨询公司采用。兰德公司(Rand)、施乐公司和波音公司(Boeing)就采用正式的矩阵式结构。以下是一个建筑公司的简单例子。如果你是一个木匠，你通常同时为几个房屋的建筑而工作。

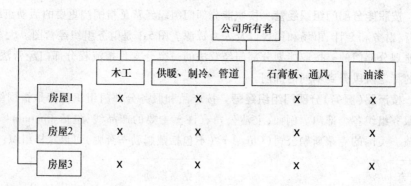

综合使用 许多大公司有不止一种形式的分部门组织经营法。例如，IBM 在全世界同时按顾客、按事业部和按区域分部门组织经营法。

工作应用

2. 画一个组织图，表现出你曾经工作过的组织的分部门组织经营法的类型。

情境应用

分部门组织经营
AS 5-1

识别下列五个组织图中各采用的是哪种分部门组织经营法。
A．职能　　　B．产品（服务）　　　C．客户　　　D．区域
E．矩阵式　　F．事业部

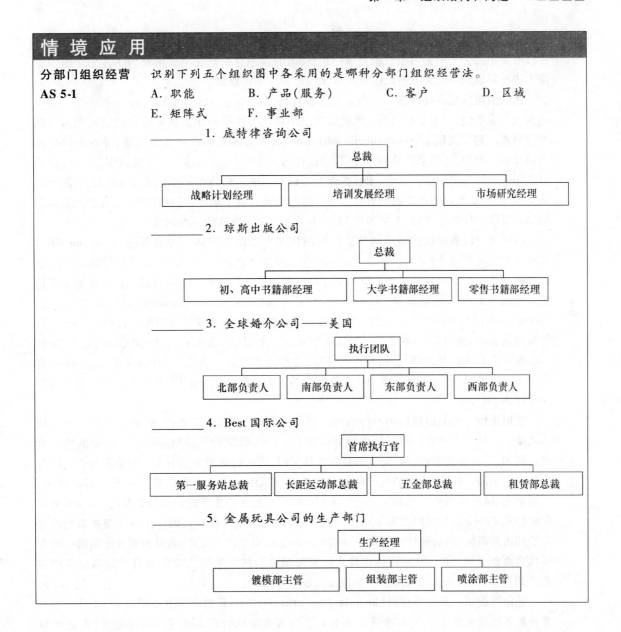

_____ 1．底特律咨询公司（总裁 — 战略计划经理、培训发展经理、市场研究经理）

_____ 2．琼斯出版公司（总裁 — 初、高中书籍部经理、大学书籍部经理、零售书籍部经理）

_____ 3．全球婚介公司——美国（执行团队 — 北部负责人、南部负责人、东部负责人、西部负责人）

_____ 4．Best 国际公司（首席执行官 — 第一服务站总裁、长距运动部总裁、五金部总裁、租赁部总裁）

_____ 5．金属玩具公司的生产部门（生产经理 — 镀模部主管、组装部主管、喷涂部主管）

5.2.3　当代组织

让我们结合前面讨论过的组织原则来讨论一下当代组织设计的一些趋势。我们的重点不是分部门组织经营，而是如何使分部门组织经营更为有效。我们将讨论学习型组织、团队型组织、虚拟组织、无边界组织和电子组织。但是要记得，它们并不是真正的分部门组织经营设计，并且一个公司可以具有一个、一些或所有这些组织特征。我们将结合组织原则来讨论当前流行的组织形式。

学习型组织　像我们在第 2 章中讨论过的一样，知识和不断的进取是很重要的。[17]无论是

在公司与公司之间,还是在公司内部,都在向学习型组织转变[18],因此带来了新的组织结构。[19]并没有真正意义上的学习型组织分部门经营,人们使用这一概念更多的是为了在整个组织范围内进行知识共享。常见的说法有知识型组织和学习型组织。[20]

团队型组织和流程再造 当今的组织都在用团队作为一种集中协调的组织原则。[21]协调的重点是水平的,而不是纵向的。因此这些组织被称为水平组织。通常通过建立跨职能团队进行协调。[22]**跨职能团队(cross-functional teams)**由来自不同部门的成员组成,并在部门之间协调任务。例如,在原来的结构中,工程师设计出一个产品,然后这个产品被送出去生产,最后由市场部出售这个产品。如今,来自各部门的跨职能团队成员作为各自部门的代表,一起为产品工作,从产品概念的产生直到售后服务。这些团队打破了职能部门的障碍,将决策权直接落到团队层次。你将会在第 11 章和第 12 章中了解到关于团队的一些内容。

组织通过流程再造达到结构精简目的的同时也会使用团队。[23]**流程再造(reengineering)**是对工作的重新设计和规划,将零散的工作简化以节省时间和金钱的做法。其目标之一就是通过减少从一个部门到另一个部门的工作时间而加速工作进程。流程再造假设工作总是变化的。流程再造的一种形式是"高参与型组织"(high-involvement organizations),亦称"绿地"(green fields),它利用团队法组建一处新的办公设施,而不是改变原有的传统公司。"绿地"比传统公司要小,由 100—200 名员工组成。康明斯工程公司、通用食品、Mead 公司、宝洁、宣伟(Sherwin-Williams)及 TRW 公司都有这种"高度参与型组织"。戈尔公司(Gore & Associates)有六千多名员工,每名员工都在由 200 人或更少的人组成的环境中工作,并且每名员工至少属于一个团队。

虚拟组织 **虚拟组织(virtual organizations)**将主要的业务职能外包,并且关注于打造核心竞争力。核心竞争力是指组织做得好的职能。许多组织把不是核心竞争力的职能进行外包。例如,你所在大学的核心竞争力是教学和学习,那么就倾向于把书店和食品服务外包给专业的公司来做。技术,特别是电子商务正逐步在虚拟组织中占据着优势。[24]成千上万的公司,包括耐克、锐步及利兹·克莱本公司(Liz Claiborne),把它们生产的产品进行外包。Ben Greenfield 建立了一个虚拟组织去卖土豆片:首先,Ben 说服了康涅狄格州的神秘海洋博物馆允许他有偿使用其商标,然后他让缅因州的一家食品加工公司生产土豆片,最后他请波士顿的一家食品代理商将土豆片在 300 家商店出售。虚拟组织也叫网络组织[25],它需要良好的纵向组织关系。[26]因此,人际关系技巧在虚拟组织中也是很重要的。[27]

无边界组织 **无边界组织(boundaryless organization)**试图消除在公司内部、公司与供应商和顾客之间的水平及纵向障碍。通用电气的前首席执行官 Jack Welch 创造了"无边界组织"一词,用以描述他所期望的通用的愿景。[28]

随着管理层级的日趋扁平,参与式决策在跨层级团队的应用(包括管理的各个层级和员工)及 360 度绩效评估的应用,地位及头衔的概念被最大限度地弱化了,因此纵向边界正在被取代。有职能部门就不可能没有水平边界。为了消除水平边界,组织用跨职能团队取代职能部门,使工作围绕过程进行,雇员可以在不同的职能领域间调动或轮岗。公司与供应商及客户之间的外部边界可以通过互联网和网络计算机消除。[29]

虚拟组织和无边界组织间会有一些共同点,即它们都使用外包网络。[30]区别在于,虚拟组织已经存在,而无边界组织还未出现,如通用、美国电话电报公司、惠普、摩托罗拉和其他一些公司都正在向这方面努力。当然,这些公司未必能够真正建立起无边界组织,因为松散的无边界组织的构成部分将很难协调。[31] 你应该意识到,无边界组织也具有学习型组织、团队型组织和电子组织(我们的下一个主题)的特性。

电子组织　在这个高度信息化的时代,电子技术正在改变着组织的形式。[32] 电子商务(e-commerce)(电子化销售业务的一种)、B2B(供应商之间的业务)、和电子化业务(e-business)(全部使用互联网的活动)等用语是很常见的。电子组织使用的是电子化业务。电子化组织之间通过互联网(internet,世界范围的网络和互相连接的计算机)、企业内部网络(intranet,组织内部的网络)和企业外部网络(extranet,向外部的一些权威部门扩展的局域网)相互沟通。

随着世界范围内电子商务的发展,所有雇员都能又快又方便地得到来自组织内部和外部的各种信息,打破了地域的限制。[33] 例如,团队可以看到来自全球的共享信息,了解并学习知识。团队成员能在一个办公室里工作,也可以在家或外面工作。公司和顾客及供应商之间能及时联络。可以让虚拟组织的外包成员都参加到团队会议中。

当代组织对人际关系的影响　随着团队和虚拟外包供应商的增加,人际关系技巧也显得越来越重要。同时,人际关系也正在改变着当前全球的经济。[34] 在国际商务中,面对面的会议已经不常见,取而代之的是越来越多的通过互联网书面沟通进行的虚拟会议。现在波士顿和巴西的员工谈论公司中的八卦新闻要比在同一个办公室相隔几米远的同事更容易。许多虚拟团队的成员之间从来不见面或很少谈话。虚拟组织、无边界组织和电子组织带来的改变可能与工业革命一样伟大。[35]

时间将会告诉我们这个变化是否正确,但是在2000年,人们的上网时间(每星期8.2小时)几乎是前几年(1997年是每星期4.4小时)的2倍。[36] 人们上网的时间越来越多,而在人际关系上所花费的时间越来越少。[37] 大约1/4的网络用户认为,他们现在在交际和电话沟通上花费很少的时间。13%的人在面对面的沟通和活动上花费很少的时间。[38] 你需要准备好去面对一种新的通过书面沟通来传递温暖、信任和领导力的人际关系。在下一节中,你将学会如何提高写作技能,并且在其他章节中,我们将一起讨论电子化组织会如何影响人的决定、动机、领导力、政策和关系网。

工作应用

3. 说出你所在的组织中存在哪些当代组织的趋势。

5.3　组织沟通

雇员经常抱怨沟通的数量和质量。[39] 管理者们有责任告诉雇员在组织里将要做的事情是什么。一个重要的管理问题是:应该给雇员什么样的信息以及哪些雇员应该了解哪些信息。[40] 随着科技的进步,例如电子邮件和电视监测的发展,更多的信息被传递给所有雇员,并且低层雇员更容易获得信息。现在有关顾客满意度和财务指标的信息也被传递给低层雇员。[41] 有效的组织沟通可以帮助提高人际关系和绩效,对于实现人际关系目标至关重要。

总体来讲,**组织沟通**(organizational communication)是组织范围内各种人际沟通的复合过程。人与人之间的沟通过程会影响组织的绩效。一个组织内的沟通以纵向的、横向的或侧向的方式流动,贯穿整个组织。此外,还有小道消息的沟通,贯穿组织内的各个方向和角落。

5.3.1 纵向沟通

沟通的一种形式是**纵向沟通**(vertical communication):即信息是按照命令链的方式从上至下或从下至上流动。它经常被称为正式沟通,因为它跟随着组织的链条并且被认为是比较官方的。它的方向可以是从上到下,也可以是从下到上。组织间的沟通被称为纵向沟通。[42]

向下沟通 当高层管理人员做出决定时,他们经常以命令链的方式进行沟通。向下沟通是高层管理者告诉下属应该怎么做的过程。[43]组织结构有助于从上至下进行沟通,因此这种类型的沟通通常容易且成功。

当沿着命令链向下沟通时,管理层应该仔细思考下达的信息可能带来的后果,正如本章开始的案例所描述的那样。

向上沟通 当雇员向他们的管理者传递消息时,他们就在向上沟通。层次系统有助于向下沟通,但对向上沟通没有什么帮助,因此常常导致沟通失败。为了帮助促进向上沟通,一些组织,如卡特彼勒公司(Caterpillar),采用了开放式政策(open-door policy)。其他有助于促进向上沟通的做法有(有的已经讨论或将在以后章节讨论)态度调查、建议系统和员工大会。

在数码设备公司的"公司现状"会议上,副总裁问总裁 Jack Shields 先生为什么缺席,这就是一个向上沟通的例子。而 Olsen 先生的回答就是一个向下沟通的例子。二者都是纵向沟通。关于上下纵向沟通的图解如图 5-1 所示。

> **工作应用**
>
> 4. 给出一个你使用纵向沟通的具体例子。说出它是向上沟通还是向下沟通。

在纵向沟通中,参与者的地位和权力是不平等的。高层管理者们有更高的地位和更大的权力,因此当他们说话时,低层雇员倾向于去听并跟随领导者的方向。此外,许多无用的管理者把他们自己看成有权力的,并且认为倾听雇员们的建议等于放弃自己的权力。当高层管理者们愿意去倾听时,雇员会把他们的想法贡献出来,帮助组织持续地改进和发展。[44]

5.3.2 横向沟通

另一种沟通的形式是横向沟通。**横向沟通**(horizontal communication)是信息在同级同事间流动。它经常被称为非正式沟通,因为它并不跟随命令链流动,不被人认为是官方的。所有命令链外部的沟通都是水平型的。它也被称为侧面沟通(lateral communication)。组织存储的大多数消息是通过非正式渠道传播的。[45]部门间和雇员间的协调需要雇员和同级同事的沟通。[46]作为一个雇员,你经常会发现,和其他部门成员及不同部门成员之间的沟通或得到他们的帮助是很必要的,这会帮助你达成工作的目标。

数码公司的高层会议就是一个纵向和横向沟通的案例。Olsen 先生有机会和他的下属沟通,他的下属也有机会和 Olsen 先生沟通,并且副总裁们也能彼此沟通。

> **工作应用**
>
> 5. 举一个你使用横向沟通的具体例子。

5.3.3 小道消息

小道消息(grapevine) 是信息在组织内传播的一种非正式渠道。小道消息是一种已经存在的有用的组织实践。它应该被看做比公司里的信件或职工大会更有效的一种沟通。小道消息使雇员在管理层做出正式决定之前就能了解相关的信息。

关于小道消息准确性的报告各不相同。[47]有些人认为,小道消息经常会流传一些谣言,诸如一些夸大的或错误的消息。然而,其他一些人则认为,与正式沟通相比,小道消息有75%—95%的正确性并且能给管理者和职员提供更准确的信息。谣言会传播一种未知的恐慌,而人们会相信支持其恐慌的信息。谣言经常是从管理层竭尽全力向职工隐瞒一些消息而开始的。[48]在数码公司的会议上,当副总裁问 Olsen 先生 Jack Shields 在哪里时,Olsen 的回答比较含糊。因为 Olsen 并没有对报道做出回应,所以我们不能确信他是否在试图隐瞒 Jack Shields 缺席的原因。这种暧昧可能是由其他一些原因导致的,比如较差的沟通技巧。在任何一种情况下,谣言的主要原因是 Olsen 没有清楚地表明 Jack Shields 没有出席会议的原因,并且人们不知道新的组织结构图是不完整的。如果 Olsen 清楚地说出 Jack Shields 没有出席会议的原因和为什么组织结构图里没有他,那么职员们也不会猜想 Jack Shields 已经辞职或被 Olsen 解雇。

不要忽视或隐瞒小道消息,而要尽力去调节。找出传播小道消息的关键人物并且满足他们的信息需求。为了有效地阻止错误的传言,使正确的信息在组织内有效地流动,要尽可能地消灭传言。[49]要和雇员分享所有的非保密性消息,尽早告诉他们未来将要发生的变化,[50]并鼓励职员就听到的传言向管理层提问。

> **工作应用**
>
> 6. 举一个你听过的小道消息的例子。它是正确的吗?跟管理层发布的信息完全一样吗?

用小道消息散布传言时要小心。[51]当人们发现你在散布他们的传言时,你们之间的人际关系会受到损害。在多元化的组织中,尤其要注意不要谈论与你有差异的人。古语"宁可说人好,不可说人坏"是一个很好的人际关系原则。

情境应用

沟通流 识别下列沟通的类型
AS 5-2
A. 向下纵向型   B. 向上纵向型   C. 横向型   D. 小道消息

_____ 6. 嗨,Jim,你听说 Smith 先生和 Cindy 昨晚一起出去约会了吗?他们去了……

_____ 7. Peter,我想把盘子摆齐,你能帮我拿一下这个吗?就和我以前帮你那样。

_____ 8. Karen,这是你让我打的一封信。请看一下,我会根据需要做出调整。

_____ 9. Ronald,我有一位新客户,他想开一个信用账户。请为他做信用审查并尽快做出决定。我能把我们的很多东西卖给他,你可以向他收钱。

_____ 10. Ed,替我把这个交给 Carl。

5.3.4 沟通网络

在组织中,**沟通网络**(communication networks)是生成及传播信息的有稳定联系的员工的集合。两个主要的沟通网络是组织沟通网络、部门及小团队沟通网络,这两种沟通网络在电子化组织中均可存在。

组织网络 正式的命令链能够说明沟通的纵向流动。在图 5-1 的上部,纵向线代表了正式的报告关系和纵向沟通流,既有向上沟通又有向下沟通。然而,组织结构图并没有展现出组织内部的网络架构。[52]任何一个组织都会为三个主要的职能部门设立副总裁。运营、财务和市场这三个部门的职能必须协调一致。然而,在一个正式的组织结构中,你无法看出谁要求谁去完成工作。主管生产的副总裁可能和经理 C、G、I、L 形成非正式的横向沟通网络(见图 5-1 的非正式结构),主管市场的副总裁可能和经理 B、C、H、K 在一个沟通网络中。另外,主管财务的副总裁可能和经理 C、F、G、J、L 在同一网络中。网络的形式是多种多样的。组织结构图也无法表现出组织中小道消息的传播开始或终止于组织中的任何人。[53]

不管处于沟通枢纽中心的人在组织结构中位于何种正式职位,他们一般比较有权力。在上面网络结构的例子中,经理 C 处于沟通中心,与三个沟通网络都有联系。

部门和小团队网络结构 不仅存在组织沟通网络,部门间也有沟通网络。在图 5-1 中,为了做好市场工作,经理 I、J、K 和 L 可以形成一个网络,在生产领域,各经理由于生产的产品不同,因此可能不需要形成网络,而在财务领域,经理 F、H 可能形成一个网络,经理 G 被排除在外。

在部门内部,小团队也形成网络。[54]在生产领域,所有的经理可以形成一个网络,其中经理 A、C、D 和经理 B、E 可以分别形成小团队沟通网络。

在组织和部门中,小团队沟通网络可以以不同的结构出现。[55]图 5-2 列出了五个常见的网络模式,每一个模式都包括五个成员,成员数目可以增减而结构不变。值得注意的是,车轮型、链条型、Y 型网络中都有一个中心人物 A,沟通都必须经过这一中心人物。全渠道型网络中,所有成员都平等地互换信息。

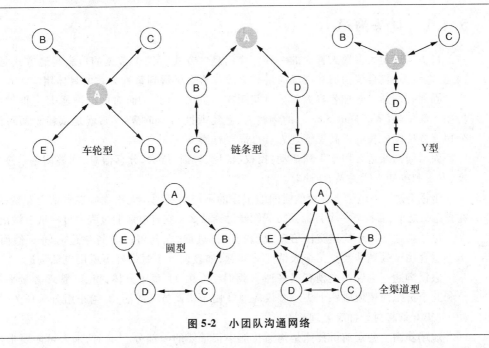

图 5-2　小团队沟通网络

当小组成员一同工作时,他们可能会用到任何一种网络沟通模式。然而,不同的模式是为了更好地完成不同的工作任务。对于一些简单的例行工作,圆型、链条型和 Y 型网络都能又快又好地完成工作;对于一些复杂的非例行工作,圆型和全渠道型网络能使工作完成得更好,即使有些慢,沟通流也是很畅通的。

工作应用

7. 说出你现在身处或曾经身处的一种沟通网络。说出其他成员及其在组织或部门中的位置。

电子组织中的网络　我们前面已经讨论了电子组织。有一件事我们必须认识到,那就是沟通网络可以是脱机状态的。在一个电子组织中,网络中的成员倾向于用互联网、企业内部网和企业外部网络进行沟通。虚拟组织和无边界组织依赖于电子业务。[56]因为组织的趋势是在向电子组织方向发展,因此计算机网络成为了计算机行业中很重要的一部分。

5.4　信息传输渠道

如前所述,对信息进行解码时,需要谨慎选择沟通渠道。**渠道(channel)**是传送消息的一种方式。在本节中,你将会学到传递消息时能用到的三个基本渠道:口头的、书面的和非语言的。

5.4.1 口头沟通

口头沟通是大多数人喜欢的一种传递消息的方式。[57]四个常见的口头沟通方式是:面对面沟通、电话沟通、会议沟通和现场演讲。下面你将会了解到每种方式的具体用法。

面对面沟通 管理者将大部分时间用在与员工一对一、面对面的沟通上。[58]世界上最大的折扣店沃尔玛(Wal-Mart Stores)的创始人、已经逝世的 Sam Walton,就是依赖于面对面沟通使公司保持持续成长的。高层管理人员每周要视察 6—12 个店。[59]

面对面沟通适合用于下列活动:授权、辅导、教训、指示、分享信息、回答问题、检查目标进度、发展和维持人际关系、面谈等。

电话沟通 在电话上花费的时间因工作的不同而不同。无论你要在电话上花费多长时间,在打电话之前,要设立一个目标并写下你要讨论什么。在打电话的过程中可在纸上做记录。

电话沟通适用于快速交换信息或检查工作进展,尤其可以节省旅途时间。[60]然而,这种渠道不适合用于处理涉及员工个人情况的问题,如教训员工时最好不要用电话沟通。

会议沟通 会议的类型有很多种[61],我们将在第 11 章中具体讨论。管理者最平常的会议是和几个员工简短地碰一下头。会议沟通适用于协调员工的活动、给小组分派任务、解决员工冲突(第 6 章将讨论冲突处理)等。

现场演讲 公众演讲技能是沟通技能中很重要的一部分。[62]有时,别人可能要求你做正式的演讲。你必须为演讲做好准备[63],使其包括下列三个部分:开始、中间和结尾。例如,Jamal 正做一个劝说型演讲,请求上级允许他的部门招一名新员工。一开始,Jamal 陈述其所在部门需要一名新员工。然后他解释了部门需要新员工的原因及公司将会如何受益。最后,Jamal 做了简短的总结,再次请求上级允许其招一名新员工。好的演讲技能有助于你达到目标。演讲是说服技能中很重要的一部分,公司招聘时经常比较看重应聘者的演讲能力。[64]

5.4.2 书面沟通

前面讲过,电子组织中越来越广泛地使用电子邮件,因此如今对写作技能的要求也提高了。然而,写作技能近年来已大大退化了,这已经成为一个主要的技能问题。[65]在本节中,我们将重温语法,以帮助你提高写作技能。

你喜欢写、收到或读到书面信息吗?在组织里,你计划要实现的目标越高,写作技能就越是重要。或许没有什么比具有很差的写作技能更能暴露你的弱点。人们根据你是否能通过写作有效地表达想法来判断你的能力。当你把想法写在纸上的时候,解决方法就变得更加显而易见。写作使你的思维更加系统化。

书面沟通适用于传递普遍性信息;不需要马上行动的信息;正式的、官方的或长期的信息。当信息将以相关方式同时影响几个人时,这种沟通方式也是合适的。

关于沟通目标的原则 对于所有的沟通,你都应该有一个清晰的目标。在书面沟通中,第一段应该清楚地表明你写作的目的,告诉读者为什么要读你写的东西。[66]如果你不能回答读者

"这篇文章对我有什么用"这个问题,那么你的信息根本不会被看或者可能被一带而过。

通常的书面沟通渠道包括下列几种:

- 备忘录。常用于组织内部的沟通中,通常在开头列有"日期"、"由"、"致"、"主题"等。
- 信件。常用于跨组织的沟通中,通常比备忘录更为正式,且采用印有公司信头的信纸。
- 报告。报告无须很长,也没有特别的格式要求。报告意味着你正在就某种绩效进行汇报。报告的开头应该是一个简单的陈述,说明这份报告是关于哪方面的,然后是2—3个主要的论点,每个论点都以相关的统计数据、简单的例子或一句话来解释。[67]
- 公告栏通知。通常被用于非正式场合,经常和业务无关。例如,用于号召员工报名参加运动队。
- 口号标语。通知是写着简短信息的标语,如"保持工作区域整洁",或是工作中的标语,如"质量第一"等信息。对于重要的消息,你不能只依靠备忘录、公告栏通知或口号标语,重要的消息需要管理者的跟踪和职员的反馈。[68]
- 电子邮件。备忘录、信件和报告可以通过电子邮件的方式传送。组织应该制订使用电子邮件的指导方针。[69]
- 传真。备忘录、信件和报告可通过传真的方式传送。

情境应用

渠道选择
AS 5-3

选择下列每种情境下最恰当的沟通渠道。

A. 一对一　　　B. 电话　　　C. 会议　　　D. 演讲
E. 备忘录　　　F. 信件　　　G. 报告　　　H. 标语

_____ 11. 主管需要把一个新客户的订单分派给 Karen 和 Ralph。

_____ 12. 主管正在等待今天下午生产需要用到的新材料,她想知道新材料能否准时到达。

_____ 13. 没有人在贮藏室里,但员工依然让灯亮着。经理希望这种现象不要再发生了。

_____ 14. 老板想要本月的生产数据。

_____ 15. 一个职员违反了公司的规定,需要告诉他下不为例。

5.4.3 写作技巧

十多年前,为了提高写作技巧,我用3英寸×5英寸大小的卡片记下了下列写作基本技巧。我写此节的目的是帮助提高和改善你的写作技巧,包括语法、用法、修辞、编辑、标点的使用。当你需要写作的时候,可以像我一样预习一下下列技巧。

语法是指话语中八大部分的使用规则,它被定义为以下内容:

1. 名词是指人们的名字、地点或事情。名词经常回答句子中关于"什么"的问题。
2. 代名词代替名词。在一个句子的开始用名词,而在句子中使用代名词,这样你能避免重复名词并且读者知道代名词指的是什么。

3. 动词是一个句子里代表行动的单词。动词有时态(过去时、现在时、将来时等)并且数(单数或复数)必须和主语、名词、代名词、语态(主动语态或被动语态)一致。此外,还有系动词和助动词(如 be、have、do)。

4. 形容词是对名词的描述。在一个句子中,形容词经常回答"哪一个"、"哪种"或"多少"等问题。

5. 副词告诉我们关于动词、形容词和其他副词的一些事情。在一个句子中,副词经常回答"如何"、"为什么"、"何时"、"哪里"等问题。

6. 介词通常告诉我们一个名词或代名词与句子的另一部分间如何联系。介词在一个句子中的使用量应避免超过三个。大多数超过三行的句子有三个或更多的介词。

7. 连接词是连接一个句子不同部分的词(如和、但是、或者、因此、然而、因为等)。连接词后面通常使用逗号,用来连接两个句子。

8. 感叹词是用于表达感情的词(如哇(惊讶)、噢(悲伤))。在商业或技术性文件中通常用不到。

为了使语法更简捷一些,我们用主语、谓语、修饰语或连接词。

1. 主语是跟所描述事物相关的名词或代名词。
2. 谓语是描述主语的,谓语包括动词。
3. 修饰语包括形容词和副词。
4. 连接词包括介词和连词。

句法是单词、短语或从句形成句子结构的语法功能。

1. 句子需要主语(名词或代名词)和谓语(动词),并且经常有修饰语(形容词和副词),也经常用连接词(介词和连词)去传递信息。
2. 短语是一组没有形成完整句子的单词。
3. 从句是句子的一部分,它有主语和谓语,短语可以通过标点符号与从句相连,从而构成完整的句子。

修辞是指对句子、段落、整篇论文、备忘录、信件和报告等的有效写作。

1. 每个段落只能叙述一个主题,每段应以主题句开头,介绍该段的主要思想,后面的句子应该以主题句为中心,叙述相关细节。通常每个段落包含 3—8 句话,一般为 5 句话。
2. 每个句子应该只包含一个主题,并且应为该段的主旨服务。句子可长可短,但平均为 15 个字左右。

5-15-1 写作原则:一个段落应平均包括 5 句话,每句话平均在 15 个字左右,表达 1 个主题。

对文章进行编辑可以提高写作的质量。

1. 写完以后统一编辑,不要一边写一边进行编辑。要完整地表达自己的想法后再编辑。
2. 使用电脑中的"检查拼写语法"功能,在电脑上对文章进行修改。
3. 再次运用"检查拼写语法"功能对文章进行修改,然后打印。
4. 对打印稿进行修改。确定一下,每个段落是否只有一个主要思想?该段落的句子是否是为主题思想服务的?每个段落是否在 3—8 句之间?用拼写规范(指南)编写句子之间的标点符号。

5. 与同学或同事互相编改对方的文章。

6. 将改变的地方输入电脑,用"检查拼写语法"功能进行校正后打印终稿。

标点符号是用于组成词、词组、句子标记的特殊符号(如逗号、分号、冒号、破折号、圆括号、方括号等)。我们将讨论逗号的用法。逗号是在句内标点符号中最重要、最常用也是最易出错的标点符号。以下是逗号的三个主要作用以及检验逗号使用是否正确的方法。

1. 用于分隔一系列词。当有三个或三个以上连续的词、词组或从句时,应使用逗号隔开;只有连续两个时不要使用逗号。下面将举例说明。

2. 用于连接从句的连词前。连词可以将相关的思想联系得更加紧密,实际上就是将两个句子缩成一句。使用连词可以避免句子短而杂乱。最基本的连词有 and、but、or、nor、for 和 yes,此外,so 也被用于连接段落和句子。

• 要检查逗号与连词连用是否正确,可以将连词换为句号,如果替换后得到了两个完整的句子,则这个逗号应用正确;如果得到的不是两个完整的句子,则要省略逗号,因为这时连词所连接的部分可能是词或词组,而不是从句。连接两个并列词组时常用连词,而不是逗号。如下面的例子:

作为连词的逗号用法的对错比较

错:Smith studied the age of participants, *and* the length of time they were sick. (series of two)

对:Smith studied the age of participants *and* the length of time they were sick.

错:Smith studied age *and* he also studied length of sickness. (two sentences)

对:Smith studied age, *and* he also studied length of sickness.

---

3. 逗号可以在句首、句中、句尾将非限定性的单词或词组与主句分开。也可以认为逗号是将次要部分(非限定性)与主要部分(限定性)分开。逗号是将修饰主句的非限定性的词或词组(可以删除)与限定性的主句分开。当删除非限定性的词或词组后,仍可得到一个完整的句子。

"which"是非限定性词,所以使用时通常在"which"前加一个逗号。

"that"是限定性词,所以使用时在"that"前不加逗号。

• 在句首。当句子以介词开头时(如 to、of、if、for、at、by、as、on、in、before、after、when 等),通常需要用逗号隔开前面的引导性介词短语。检验是否是非限定性引导词或词组的方法如下:

(1) 看句子是否是以介词开头。如果是以介词开头却没有逗号隔开,则要加上逗号。(理论上,当应用的短语少于四个单词且不依赖于从句时,不加逗号也可以。但是加上逗号也没有错误。所以通常就加上逗号以确保标点符号正确。)不以介词作为句首则不必检查逗号的使用。以主语作为句首不但是种有效的表达方式,还可以避免使用非限定性介词短语。

(2) 以句号代替逗号。代替后,如果得到的不是两个完整的句子(如一个是词或词组,另一个是从句),则这个逗号应用正确。如果得到的是两个完整的句子,则应将该逗号改为分号、句号或连词。

• 在句中。为了检验句中所用的是否是非限定性词或词组,可以划掉两个逗号之间的部分。如果剩下的是一个完整的句子,则逗号应用正确。

组织中的人际关系

- 在句尾。"which"常用于句尾引导从句。微软公司的 word 软件可为你检查这种用法的正误。检验是否有结束语从句时,可将结尾从句中删除,所剩余的部分为一个完整句子时,逗号应用正确。

非限定性与限定性逗号用法的对错比较

错:To improve my conflict team skill I will confront others using the conflict model XYZ statement.

对:*To improve my conflict team skill*, I will confront others using the conflict model XYZ statement.

错:To improve my conflict team skill my weakest area I will confront others.

对:To improve my conflict team skill, *my weakest area*, I will confront others.

错:Smith controlled for age which makes the study more robust.

对:Smith controlled for age, *which makes the study more robust*.

情境应用

更正标点符号
AS 5-4

16. If, I stop speaking without thinking I will improve my team skills.

17. My score was a 92 percent which is good.

18. I scored 6 for planning, and 5 for conflict.

19. After reviewing the survey I will improve my team skills.

20. To improve my score I will confront others in conflict.

21. I will improve my conflict team skills and I really want to by letting others participate more.

22. When planning with the group I will give my ideas.

23. I scored 8 on conflict and I scored 7 for listening.

24. William Shakespeare the great English author wrote *Hamlet*.

25. José is a great guy, I like him a lot.

5.4.4　非语言沟通

每当你与人以面对面的形式进行口头沟通时,你也用到了非语言沟通方式。**非语言沟通**(**nonverbal communication**)指在传达信息的过程中,面部表情、声音特点和手势等一切能传递信息的身体动作。古语说"行胜于言",这很有道理。例如,管理者Amy要求员工高质量地完成工作,而她自己却做不好,也没有奖励高质量工作的员工,那么员工们很有可能不理会这一口头要求。因为尽管管理者口头要求了高质量,但她的非语言行为不支持其口头表达,这就是所谓的信息混乱。

> **工作应用**
>
> 8. 举出一个非语言行为与语言信息相悖的具体例子。

非语言沟通对于表达信息和理解别人表达的信息是非常重要的。实际上,人们在沟通过程中主要使用非语言形式的沟通,语言表达则是次要的。研究证明,人们在沟通过程中更注意的是非语言行为。实际上,沉默不语也表达了一种信息。因此,注意人们的非语言沟通十分重要。[70]

下面将阐述一些非语言沟通的普遍含义。尽管这些含义被广泛接受,但还是应该加以注意,因为经常会有一些特例出现。通过观察其他人的非语言沟通,你经常可以体会到其他人对你的看法。如果你感觉到或者别人告诉你他们对你的看法不佳,那么你应该改变你的沟通方式。观察其他人的语言沟通和非语言沟通,掌握他们喜欢的沟通方式,并以这种方式与他们沟通,你就可以增强人际关系。如果努力,你就能提高应用和理解非语言沟通的能力。

面部表情　人们通常认为面带笑容是在表示快乐与友好,紧皱眉头是在表示不高兴。扬眉毛表示不相信或惊奇,撇嘴表示生气。目光接触表示感兴趣,目光不接触表示无兴趣。当人撒谎时,则总想避开目光接触。咬嘴唇表示焦虑。

有时人们只用面部表情来沟通。你有过这样的经历吗?当你做错事时,父母、老师或老板会瞪你一眼或给你一个否定的或失望表情。

声音特点　正确使用声音对有效的沟通是十分重要的。你需要控制自己的声音,避免声音太高或太低、抱怨的口气、过于造作或咕哝不清。你的声音特点使大家能够辨认出你的声音。声音特点包括:

(1) 语气:说话时声音里的态度(柔和、友好、难过等);
(2) 音调:指声音的高低;
(3) 音量:响亮或柔和;
(4) 节奏:快或慢;
(5) 停顿:你怎样处理沉默。[71]

调整上述任何一项都能使声音特点发生改变。说话时,声音如果一成不变,你的话就会单调乏味。说话时应避免重复使用一些废话,如"你知道"、"好"、"啊呀"、"嗯"等。[72]

要想提高声音特色,可以听自己的对话或演讲录音带,最好是录像带。可以同时观察自己的非语言沟通技巧,并向其他人询问对自己声音特点的意见及提高声音特色的方法。

手势 很大程度上,古语"用手来说话"是正确的。以手掩口或坐着时手托下巴通常表示反对或感觉乏味。以手叉腰表示愤怒或反击。双手向外高举表示不相信、怀疑或不确定。胸前交叉双臂表示想要结束谈话、改变话题或准备发言。把双臂置于体侧则表示愿意与人沟通并听取建议,心态比较放松。用手指向其他人表示权威、不高兴或正在演讲。不要过多地使用任何一种手势,这样会让人心烦生厌。许多时候我们没有意识到自己所用的手势和其产生的效果。向你的朋友们询问你是否有些让人厌烦的手势。

姿势 坐在椅子边上、身体微微前倾表示对话题很感兴趣。懒散地坐在椅子上则表示没兴趣或感到乏味,烦躁不安、心不在焉是厌倦的表现。耸肩表示不在乎。把硬币转来转去摆弄着表示紧张焦虑。

一种重要的姿势是与人之间的距离。人们之间距离的远近影响着沟通的效果。与人距离太近,会让人不舒服;反之,相距太远则表示相互不在乎。在美国,亲密好友和恋人们沟通时会挨着对方或距离为 1.5 英尺左右。普通朋友或处理私人事务时距离通常为 1.5—4 英尺。办理公事时,如买衣服或者会见新客户,人们通常保持 4—12 英尺的距离。

要注意人们是否会因你离得太远而走近你或因你靠得太近而后退。如果你总是向对方靠近,最后你们两人可能看起来像在跳舞。在国际环境中工作时,你会遇到一些不同文化背景的人,要记住,东欧人、拉美人、阿拉伯人都喜欢在沟通时保持近距离,所以他们可能会想接近你。关于目光接触和握手的内容请参见第 2 章。

同时使用几种非语言沟通方式时,可能会表达出不同的信息。例如,一个人可能会面带微笑(愿意沟通的意思),但同时又双手抱胸并跷着二郎腿(想结束谈话的意思)。

必须要意识到自己所用的非语言沟通方式并确保这些方式与自己的语言表达或书面表达的意愿相符。可以用非语言沟通如点头来帮助面对面沟通。要了解别人的非语言沟通方式。这些方式会告诉你别人对这次沟通以及对你个人或你作为管理者的感觉和态度。

5.4.5 渠道的综合使用

如前所述,非语言沟通常与面对面沟通同时使用。管理者还可以将口头沟通与书面沟通相结合。沟通时常需要重复表达以确保双方都理解对方所要表达的信息。管理者常会在口头传达信息后又用书面形式进行强调,比如管理者在口头传达一个安全规程后会提供一个书面的操作手册,还可能在工作场所贴上标语以提醒员工按该安全规程操作。

口头传达与书面传达一起适用于制订任务或计划,适用于传达新的或改变后的计划,适用于表扬员工,适用于委派复杂的任务,适用于就安全、质量及卫生问题进行沟通,适用于汇报部门目标的进展。

在传达信息之前,先选择一个最好的沟通方式。表 5-2 列出了可供选择的主要沟通方式。

第 5 章 组织结构和沟通

表 5-2 传达信息途径

口头沟通	书面沟通	非语言沟通
1. 面对面	1. 备忘录	1. 表情
2. 电话	2. 信件	2. 声音特点
3. 会议	3. 报告	3. 手势
4. 演讲	4. 公告栏	4. 身体姿势
	5. 标语	
	6. 电子邮件	
	7. 传真	

工作应用

9. 哪种沟通渠道是你的强项？哪种是弱项？你怎样加强你的弱项沟通能力？

在本章开始的案例中，Olsen 先生与员工的语言和非语言方式的面对面沟通效果很差。员工间以口头及书面的方式传播着谣言，媒体也在语言及书面报道中出错。同时，数码公司的内部局域网上也传播着错误的电视节目。最后，Jack Shields 先生召集媒体到数码公司，进行了一次口头的面对面采访，以更正以前传播的错误。

5.5 情绪

前面讲过，管理中的全人观认识到组织雇用的是完整的人。我们的情绪，也叫做感觉，是我们的重要部分。人脑的右半球通常被认为是掌管着创造性、情绪或整体性。我们的情绪会影响我们在工作中的行为表现、人际关系和工作绩效。如今，工作情绪在管理研究和实践中是一个热门话题，其中包括情绪智能。[75]我们将分两部分讨论情绪问题。首先，什么是工作中的情感或者说工作情绪；其次，怎样与情绪化的员工相处。

5.5.1 情绪劳动

情绪劳动要求在人际关系中表达适当的情绪。[76]例如，员工们被要求热情地待客，与同事和睦相处，且避免工作中的暴力发生。管理者会发表讲话，来鼓励员工提高业绩。我们对情绪劳动的讨论包括：理解情绪并了解不同性别及文化在表达情绪方面的差异。

理解情绪　有 6 种普遍性的感情：加薪时的喜悦、意料之外加薪时的惊奇、对失去工作的担心、对同事们下岗的伤感、自己下岗的愤怒、对领导得到丰厚奖金但同时裁员的厌恶。这些可以让人缺乏工作稳定感的情绪会令人精神紧张。[77]你应该意识到：

1. 情绪是主观的,它能告诉你人们的态度和要求。
2. 情绪往往会被事实性陈述掩饰,比如人们觉得热的时候通常愿意说"这里很热"而不是"我觉得很热"。
3. 最重要的是情绪没有对错,而行为却有对错之分。

我们不能选择自己的感觉,也不能控制它们。然而我们能控制自己表达感情的方式,这也就是管理者所要求的情绪劳动。例如,员工 Vern 对他的主管 Bonnie 大吵并且说了些侮辱人的脏话,Bonnie 会感受到 Vern 对她的冲击,她可以用平和的态度去面对 Vern,也可以对他大吵、动手打,或者给他一个厌恶的表情等。主管们应该鼓励员工们以积极的态度来表达情绪,但不能允许员工大吵、对骂甚至攻击对方。主管们也不能被他人的情绪所左右。因此,我们不必为讨厌同事而感到沮丧,但要用适当的工作情绪对待他们。

性别差异 研究表明,女人比男人更易情绪化:女人表达情绪更强烈,体会情绪变化更敏感,更经常地表达各种积极及消极的情绪(愤怒除外);比男人更能理解非语言沟通信息的含义。这些不同有三个原因。第一,男人被社会教导要坚强、勇敢、掩藏感情,而女人则被教导要善于表达感情;第二,女人的基因决定她们更善于处理感情;第三,女人可能更需要被社会认可,所以她们比男人更希望分享情绪。[78]

文化背景差异 如前所述,在一种文化下可被接受的事未必能被另一种文化接受。有些文化表达焦虑、压抑、难过、内疚的词很少,而且对同一种情绪的理解也不同。工作中所要求的情绪劳动也因文化不同而异。例如,在美国要求员工在与顾客沟通时要友好并面带笑容,而在穆斯林国家或地区,微笑被认为是表示性感以吸引别人,所以禁止女人对男人微笑。在以色列,超市收银员微笑被认为是不成熟,所以不要求他们微笑服务。[79]

5.5.2 管理情绪化的员工

前面提到,情绪可能会成为沟通的障碍。[80]如果能管理好情绪化的员工,你就能得到更好的沟通和更好的人际关系。可以参考下列方法:

稳定情绪化的员工 当情绪有波动的员工来找你时,绝对不要说羞辱性的话,比如"你不应该生气"、"不要沮丧"、"别像个孩子""坐下来安静点"或"我知道你的感受"(没有人会知道其他人的感受,即使不同人同时遇到同样的事也会有不同的感受)。不要说让人感到内疚的话,如"我替你害臊"、"我对你很失望"或者"你真该为自己感到羞耻",这种话只能让员工的情绪更强烈,即使你或许能让员工平静下来,但还是无法真正地沟通,不但问题依然存在,而且你与这个员工以及其他听到或看到这件事的人的关系都会因此而受损。当这个员工向同伴抱怨这件事时,他们会觉得你处理事情太苛刻或太简单,结果谁都不会喜欢你。

利用反映性回应技巧 安抚员工的情绪时,不要争吵,要让他们用直接的方式表达感情。试着设身处地地体会他们的感受。[81]不要肯定或否定他们的情绪,只需口头使用反映性回应技巧,并把自己理解的意思表达给员工,可用这样的话表达:"你是因为没被分派到任务而感到受了伤害吗?""你是说你厌恶 Bill 是因为他不干分内的事吗?""你担心这项工作不能按时完成,是吗?"

在调整好员工的情绪后,你就能开始即解决问题了。等情绪平伏下来再解决问题是很明智的做法。你会发现理解了闹情绪的原因后常常问题就解决了。下一章将会讲述你该如何调整自己和他人的情绪以改善行为、人际关系和业绩。

在数码设备公司,散布 Shields 谣言的员工是很情绪化的,而其他人对这件事的反应则根据个人的感觉而不同。喜欢 Shields 的人希望他留下,不喜欢他的人则庆幸他的离开,两种人的情绪化都不是由于沟通有误产生的。

工作应用

10. 举一个工作中的情绪问题。期望的情绪劳动是什么,而实际行为又是什么?这种情绪怎样影响行为、人际关系和业绩?

5.6 批评

本节将讨论批评。首先,我们将讲述接受批评,这是大多数人都很难接受的事情。然后讲如何批评别人,并给出了一些建议供参考。

5.6.1 接受批评

你应该意识到,要接受你的老师、同伴或员工的批评是很困难的一件事。人们不喜欢听到批评,即使这些批评是有建设性意义的。在受到批评时要记住"没有痛苦就没有收获"。要想提高业绩,增加拥有一份成功事业的机会,就要寻找真实的反馈意见来提高自己的业绩。

你极有可能遇到刻薄而且爱嘲笑别人的人。如果真的遇到了,要关注问题本身并且不要过度反应。[82] 即使批评的人是个笨蛋,你也要进行自我评价,并寻找机会改进自己。[83] 假想这个人是想帮你把工作做得更好。[84]

要记住,如果征求别人的反馈信息,你可能听到的是一些让你吃惊、沮丧、感到侮辱性或受伤害的话。要是你听到后反击别人或急躁起来(很难不这样),那别人就不会再向你反馈了。当你感到自己是受到了攻击时,批评你的人很可能会告诉其他人所发生的事,那么其他人也就不会向你反馈实情了。[85]

5.6.2 给予批评

有些人喜欢用"critiquing"这个词,而不喜欢用"criticizing"这个词[86],但其目的都是一样的。管理者、教师、家长的工作的一部分就是批评员工、学生和子女,以提高他们的表现。怎样给予批评会决定人们对批评的接受程度。批评的目的是提高业绩并维持良好的人际关系,而不是报仇或显示权威。批评别人时,可依照下列原则:

1. 赞扬多于批评。作为管理者,应该用80%的时间表扬,用20%的时间批评。若员工得到的是超过平均数量的负面批评,那将带来负面效果而不是业绩的提高。表扬会有更好的结果。比如管理者表扬员工把展示做得细致、井井有条而不是批评他做得太慢,这样会大大提高员工的表现和绩效。而批评则很可能起不到作用。员工达到期望值则奖励他们,这样会鼓励员工重复这样的表现(这是强化理论,将在第8章中详述)。

2. 即刻批评。应在员工表现不佳时立即给予批评。批评会随时间的延长而失去影响力。除非员工很情绪化,否则应立即给予反馈信息。当员工情绪化时,很难应用其他批评指南。

3. 批评应针对业绩。应就事论事,而不要针对个人,应将员工与员工的工作绩效分开对待。如不要用"你疯了"这样攻击人的话。对员工说"你的工作效率比标准水平低10%"、"你做五件事,别人能做七件"或"你使小组的工作效率变慢了",这样会比个人攻击更有作用。

4. 给予具体、准确的批评。一般性的批评对员工的作用甚微。不要说"总是"、"永不"这样的话。[87]描述性的信息反馈越多就越起作用。[88]比如,与其说"你总是犯错",不如说"你的工作有三个错误,分别是……"。不准确的批评会产生问题及尴尬。

5. 以肯定的方式开头,以重复需要做什么结尾。人们对开头和结尾的话记忆最深刻。开头是为批评做好准备,结尾是为了强调。要让员工感到你是关心他们的,而且肯定他们的价值[89],只是一些方面需要改进而已。

工作应用

11. 举例说明领导何时应该批评员工(不要简单地说在员工表现不佳时领导应该批评)。

员工通常对批评的态度是开放的,在工作完成得不圆满时,员工觉得受批评比不受批评更好。没有必要的批评和赞美,员工的业绩就不会提高。然而员工不喜欢否定方式的批评。给予批评时不要责罚、讽刺、挖苦与嘲笑。这种方式的批评只会使事情更糟。

赞美与批评是得到高业绩的关键。按下列准则给予批评会让你及员工的工作都有更好的表现,产生双赢的效果,如表5-3所示。

表5-3 给予有效批评的准则

- 表扬多于批评
- 批评要即时
- 就事论事地批评
- 给予具体准确的批评
- 以肯定的方式开头,以重复要做到的事结尾

工作应用

12. 举一个你的上司对你的批评的例子,列出本文所阐述的五个批评准则,阐述你受的批评是否符合这些准则。如果你想不出例子,采访别人,汇报别人的例子。

第5章 组织结构和沟通

在本章即将结束时,完成自我测试练习5-1,测定一下你的人格会如何影响你。

自我测试练习5-1

你的个性特点和结构,沟通、情绪、批评

让我们把第2章描述的人格特质与本章的内容结合起来。下面将是一些关于你的个性会怎样影响你的行为、人际关系和业绩的普遍观点。关注每一方面的信息是怎样与你相关的,可以帮助你更了解自己行为表现的强项和弱项,以及你需要改进的地方。

如果你是外倾性人格的人,那么你很可能外向并且能轻易地找到话题与人沟通。然而你可能在语言沟通的过程中喜欢以自己为中心,控制着整个沟通过程。你可能喜欢以圆型、链条型或Y型方式控制你的沟通网络。作为团队领导,如果你是个内向的人,可能更愿意用书面形式的电脑网络进行沟通。外倾性人格的人经常不善于处理情绪问题,可能需要更加注意非语言沟通及情绪。你可能善于给别人反馈而不是接受反馈,所以你需要加强接受反馈的技能。而且你还需要给人更多的表扬、更少的批评。

如果你性格非常随和,则可能是一个很好的听众和传达者。作为团队领导,你可能更愿意用圆型或全渠道网络方式进行口头水平沟通,并且分权。你可能会跟小道消息有联系,因此注意不要散布谣言。你可能比较注意情绪和非语言沟通的信号。你可能不愿意给别人提出批评来让别人进步。

你的适应性人格将影响你与人沟通时的基调。如果你易于情绪化,则将会给沟通带来障碍,你需要尽量控制情绪。要注意你的非语言沟通方式,它会告诉别人你对他们的看法并且会破坏你的人际关系。我们不能控制自己的感觉,但能控制自己的行为。努力做到不要对批评过于敏感,不要反击。

如果你是个非常尽责的人,你一般会有值得信赖的沟通。如果你不是很尽责,你需要尽可能地快速回应信息。你可能会非常关注自己的成功而忽略他人的情绪和非语言沟通。你难以接受批评,因为你认为自己已经努力了。但要记住,接受批评能让你更加尽责且取得更大的成功。

开放性人格的人常会创造沟通的机会与人沟通。因为沟通往往是新经验的一部分。如果你不开明,你会不愿意改变组织结构和沟通方式,并且可能不会喜欢电子组织。

行动计划:在了解自己人格的基础上,你认为自己有哪些具体方面需要提高?

复习题

_____是管理者为了达到公司的使命与目标而设计公司的方式。组织的五种原则是:(1) 分工和分部门经营;(2) 命令链;(3) 管理幅度;(4) 集权与分权;(5) 协调。

_____是将相关活动组织成一个单元。六种类型是:(1) 职能;(2) 产品;(3) 顾客;(4) 事业部;(5) 区域;(6) 矩阵。这几种类型可能结合使用。当代的组织结构包括学习型组织、团队型组织、虚拟化组织、无边界结构和电子组织。_____是指不同部门的成员在各部门协调以共同完成任务。_____是重新计划工作,使零散的工作合并成有效率的流程以节省时间与金钱。_____外包主要的业务职能并且集中在主要的核心竞争力上。_____试图在部门里和公司间、供应商和顾客间打破纵向和水平的障碍。

_____是一种组织内各种人际沟通过程的综合。_____是从上到下的命令链方式的信息流,而_____是同事和同行之间的信息流。_____是一种非正式的渠道,通过它,信息能贯穿整个组织。_____是生成及传播信息的有稳定联系的员工的集合。组织结构图解释了纵向沟通流,但是没有水平和小道消息的沟通流。沟通风格是在组织内部形成的,作为一个整体,也可以在部门和小组间形成。

_____是传递消息的方式。口头沟通渠道包括:(1) 面对面;(2) 电话;(3) 会议;(4) 现场演讲。书面沟通渠道包括:(1) 备忘录;(2) 信件;(3) 报告;(4) 公告板;(5) 标语;(6) 电脑、电子邮件;(7) 传真。我们需要提高写作技巧。_____是指:段落应该平均包含5句话,每句话15个字,表达1个主题思想。_____是在传递消息时要用到的面部表情、声音特点、手势和姿势。

情绪是一个人工作的一部分。我们不能选择或控制我们的感情,但是我们能控制我们如何表达感情。不同的人在表达感情时有很大的不同。为了让一个情绪化的人平静下来,不要用令人难堪的言语或行动,不要让他感到内疚或感到自己不好,要用正面的词使他感觉好一些。

受到批评是很痛苦的,然而,如果想得到提高和进步,我们必须接受批评、接受改变。给出有效批评的原则包括:(1) 表扬多于批评;(2) 即时批评;(3) 就事论事的批评;(4) 给予具体、准确的批评;(5) 以肯定的方式开头,以重复要做的事情结尾。

案例分析

Sam 和 Rob Walton:沃尔玛连锁店

在 20 世纪 50 年代,Sam Walton 为了学习连锁店经营而考察了美国的所有廉价商店。他在参观过程中同员工沟通并作记录。在 1963 年,Walton 开了他的第一家沃尔玛商店。在 Sam 退休以前他已经建立了几百家连锁店,总部设在阿肯色州的贝蒂威尔。Sam 一年中至少参观一次所有的沃尔玛分店。他还访问他的上百家竞争对手。Sam 走进商店同员工和顾客进行沟通并作记录,不断寻找优化经营的方法。Sam 要求他的所有董事会成员去走访商店。每天至少一百家商店被走访。Sam 要求所有员工参与到公司的改进中来,因此经理会不断询问他的员工可以为改善公司经营做些什么。所有员工都能看到公司的财务状况,这样可以保证他们关注于财务目标的实现。

Sam 于 1992 年 4 月逝世。同年沃尔玛成为全球最大的零售商。沃尔玛拥有自己的 Sam 俱乐部、沃尔玛、顶级购物中心和沃尔玛社区市场,每年增长速度达到 30%,二十多年中发展到了 1 900 家连锁店。在 1999 年,沃尔玛超越了美国的玩具反斗城,成为最大的玩具销售商。

沃尔玛现由 Sam 的儿子、董事会主席 Rob 和 CEO H. Lee Scott 经营。尽管如此,Sam 最初设立的沟通体系今天仍然在使用,管理层承诺将沿用这个体系。当 Scott 不能亲自走访商店时,他将通过六通道的卫星保持沟通。他的目标是让视频和音频帮助商店—商店以及商店—家—办公室形式的沟通。卫星系

第5章 组织结构和沟通

统也为中央计算机收集商店的信息,带有极强协调能力的计算机库存管理系统可以帮助沃尔玛保持比其他竞争对手更低的成本。

通过卫星,Walton 和 Scott 以及其他董事能同时通过视频同每一个商店沟通。他们也可以同时和几个商店进行沟通。当员工有改善运营的主意,例如怎样增加销售或降低成本,可以通过卫星系统快速地传递到所有商店。卫星的最大优势体现在销售规划方面,这应了一句话,"一幅画胜过一千个字"。买家可以通过视频宣布"这是第12部门的新货,下面是陈列这些货的方法"。相关人员可以看到货物的陈列方法并仿照这些方法。

网上查询:如果想知道本案例中提供的 Rob Walton 和沃尔玛的最新信息,你可以直接在网上点击名字进行搜索,或直接登录 www.wal-mart.com。

用本案例中或其他你掌握的相关信息回答下列问题。

第4—5章

1. 在沃尔玛的成功中,"沟通"扮演了什么样的角色?

2. 在这个案例中阐明的"沟通"处于哪一级水平?

3. 当沃尔玛的主管人员参观商店时他们向相关人员传递了什么信息?

4. 卫星使用了哪几种传输渠道?

5. 卫星有助于哪种组织原则?当代哪种组织和产品推销联系最紧密?

6. 卫星主要用于哪一种组织沟通流程?

回顾性问题

7. 讨论沃尔玛公司中的学习(第2章)。

8. 主管人员在参观商店时的态度对员工态度、工作满意度、自我认知、组织绩效有何影响(第3章)?

客观题案例

我要投诉

下面的独白发生在 Lowell 怒气冲冲地冲进他的老板 Liza 的办公室的时候。

Lowell:(大声、快速、不间断地说)Liza,你告诉过我从这个月开始你将给我每小时加薪1美元。但是工资部的朋友告诉我,在工资单中,你每小时仅加了 0.5 美元。你怎么能背后伤人呢?我还以为我们是朋友。你告诉过我你要给我加薪,而且我需要那钱。我要靠那钱买一辆新摩托车呢。我的哥哥是律师,他告诉我你这样做是违反合同的。如果你不给我加薪,我会起诉公司。你希望我要用简单的还是复杂的方式取得这1美元加薪?

回答下列问题,并在每题之间的空白处写出你的理由。

组织中的人际关系

_____ 1. 这个独白是一个 _____ 沟通流程。
  a. 垂直向下　　　b. 垂直向上　　　c. 水平　　　d. 小道消息

_____ 2. Lowell 的陈述是基于他通过 _____ 沟通流程得到的信息。
  a. 垂直向上　　　b. 垂直向下　　　c. 水平　　　d. 小道消息

_____ 3. Lowell 和 Liza 是沟通网络的成员。
  a. 对　　　　　　　　　　　　　　b. 错

_____ 4. Lowell 开始他的独白时带有 _____ 沟通障碍。
  a. 感知　　　　　b. 噪音　　　　　c. 情绪　　　d. 过滤

_____ 5. Lowell 的第三句话表明存在 _____ 沟通障碍。
  a. 感知　　　　　b. 情绪　　　　　c. 信任　　　d. 信息超载

_____ 6. Lowell 选择的地点适合传递这一信息。
  a. 对　　　　　　　　　　　　　　b. 错

_____ 7. Lowell 选择的一对一、面对面的方法合适。
  a. 对　　　　　　　　　　　　　　b. 错

_____ 8. Lowell 使用 _____ 沟通风格。
  a. 专制的　　　　b. 放任　　　　　c. 参与

_____ 9. Liza 决定等到 Lowell 说完之后再说,这表明她选择了 _____ 沟通风格。
  a. 专制的　　　　b. 放任　　　　　c. 参与

_____ 10. 到目前为止,Lowell 处理问题的方式是 _____。
  a. 有效的　　　　　　　　　　　　b. 无效的

11. 如果你处在 Lowell 的位置,你将怎样做或怎样说?

12. 假设你处在 Liza 的位置,你认为你已经授权加薪 1 美元了,也许哪里出了差错或有了变化,假设确有改变,但是你不知道是怎样变化的,你只是从 Lowell 那里得知有变。现在 Lowell 正站在你面前,你要对他说或做些什么?

(注:在此情境中,结合 Liza 可能的反映,可在班级中分角色扮演)

技能强化练习 5-1

小道消息
课堂练习

目标:更好地理解组织沟通流程中的谣言。

SCANS 要求:通过这个练习培养学生的人际交往能力、咨询能力、听说读写算等基本能力、思维能力和其他综合个人素质。

准备:不必为这个练习作特别的准备。

过程:你将要观察一个谣言的传播,确定其准确度。

步骤 1(2—3 分钟)

6 个学生通过自愿或被选出传播谣言。把学生按 1—6 编号,当 1 号在教室时 2—6 号都出去,避免他们无意中听到讨论,可以把门关上让他们站在走廊里,所有的学生都应尽可能准确地传播这个谣言。

第5章 组织结构和沟通

1号和全班同学阅读下面的谣言。1号准备好,走到教室的前面。

步骤2(2—5分钟)

谣言是:Chris Wilson——威尔逊公司的总裁,一个55岁、有4个孩子的已结婚男人,与一个16岁的女孩——Betty Harris 传出绯闻。Jean Fleaming 看见 Chris 和 Betty 在酒吧里,并把这告诉了 Rick Jones。Rick 告诉 Jean,他在第五街道的宾馆里看到过他们俩。Carlos Veldas——董事会主席,正在调查这件事,他可能会让 Chris 辞职或解雇他。如果这种情况发生,副总裁 Katty Likert 将被提名为总裁。

步骤3(1—3分钟)

2—6号回到教室。1号大声地告诉2号这个谣言让全班的同学都能听到。其余的同学观察,在谣言观察记录纸上做笔录,教师可以记录谣言的传播过程。

步骤4(5—10分钟)

2号把这个谣言告诉3号,3号告诉4号,4号告诉5号,5号告诉6号。6号在黑板上写下谣言。当谣言传播完了,同学们回到座位阅读这个谣言,成为观察者。

讨论下列问题:

1. 谣言传播的准确度怎么样?谣言被检验了吗?谣言在传播过程中有没有被歪曲?如果有,是如何歪曲的?谣言更长、更复杂了还是变短了?
2. 为了提高谣言的准确度,可以做些什么?
3. 像这样传播谣言对组织有帮助吗?
4. 如果 Chris 听到这个谣言他应该做什么?如果谣言是真的或假的,结果会有什么不同吗?

结论: 教师做评论。

应用(2—4分钟): 在这个练习中我学到了什么?以后怎样应用这个知识?

分享: 学生可以自愿分享他们在应用部分的答案。

谣言观察记录纸

学生	准确度:正确的陈述	错误:扭曲、增加、删减
1—2		
2—3		
3—4		
4—5		
5—6		

技能强化练习 5-2

沟通网络
课堂练习

目标:更好地理解沟通网络如何影响绩效。

SCANS 要求:通过这个练习培养学生的人际交往能力、咨询能力、听说读写算等基本能力、思维能力和其他综合个人素质。

准备:这个练习不需要做任何的准备。

过程:15 个班级成员分成三组,使用不同的沟通网络共同进行拼图。

步骤 1

建立三个小组,每组 5 人。成员按下图所示的沟通位置坐好。其他班级成员以这三组为中心围成一个圈,观察他们如何工作。

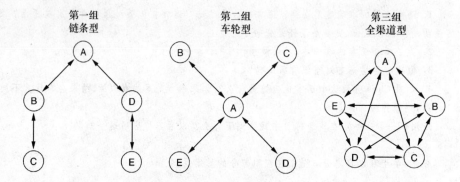

图中的箭头代表沟通流。在第一组中,A 只能和 B 或 D 交谈;B 只能和 A 或 C 交谈;C 只能和 B 交谈;D 只能和 A 或 E 交谈;E 只能和 D 交谈。在第二组中,A 能和 B、C、D 或 E 单独交谈,但不能一起讨论;B、C、D、E 不能彼此交谈,只能和 A 交谈。在第三组中,任何人之间都可以相互交谈。

教师给每组一张 5 英寸×5 英寸的正方形拼图。学生等到老师说开始后才可以开始拼图。

步骤 2(5 分钟)

每一组有 5 分钟的时间通过各自的沟通网络完成拼图。

步骤 3(2—3 分钟)

老师给每组一份拼好的拼图,让同学核对,或由老师为同学演示如何完成。

问题:

1. 每组成员告诉班级同学按照自己的沟通网络进行合作的感受。
2. 所有的组都完成了吗?哪一组最先完成?
3. 沟通网络怎样影响小组的表现?
4. 哪一种结构最适合这项任务?

结论:教师组织班级讨论或做点评。

应用(2—4 分钟):在这个练习中我学到了什么?以后怎样应用这个知识?

分享:在应用阶段学生可以自愿分享他们的答案。

第5章 组织结构和沟通

技能强化练习 5-3

口头沟通和聆听
准备

在本节课上,你将有机会练习使用有效的非语言沟通和倾听技巧。你在同不认识或不十分熟悉的同学交往的过程中可以应用这些技巧。

在做准备时,你必须阅读完第4章和第5章,并做完了自我测试练习4-1。仔细阅读下面的反馈表,你将在这个练习中使用这张表来分析你对教材的掌握情况。

口头沟通和聆听技巧的反馈

你和同伴将讨论下面反馈部分的内容。讨论结束后,根据你同伴的反馈评估自己(在最准确的词语旁划"×")。

非语言沟通
面部表情

1. 我_____微笑_____皱眉。
2. 我_____有_____没有有效地用眼神交流。使用得_____太多_____刚好_____太少。
3. 我的面部表情传递了:

声音质量

4. 我的音调_____高_____刚好_____低。
5. 我的音量_____大_____刚好_____小。
6. 我的节奏_____快_____刚好_____慢。
7. 我的停顿和沉默_____太多_____刚好_____太少。
8. 我_____有_____没有使用重复性词语,如"你知道"。
9. 我的声音所表现的语气和态度是:

10. 我_____有_____没有充分改变我的声音质量。

手势

11. 列出你使用的手势,并指出是否使用得太频繁。

12. 我的手势传递出:

姿势

13. 我_____在我的椅子中稍微倾斜地向前坐_____懒散地低垂着坐。
14. 我们的距离是_____0—1.5英尺_____1.5—4英尺_____4—7英尺。
15. 我_____有_____没有保持合适的距离使同伴感觉舒服。

综合

16. 我的非语言和语言沟通_____一致_____不一致。

自我评价:不借助你同伴的反馈,评估你的聆听能力。当然,如果你愿意的话可以相互提问。

组织中的人际关系

聆听技巧:判断下列陈述的对错,在每个陈述前面的横线上标上 T(对)或 F(错)。

_____ 1. 我喜欢听我的同伴说话。我通过表示感兴趣、微笑和点头等方式来鼓励他继续交谈。

_____ 2. 我非常关注我的同伴。我不会对他有刻板印象。如果我对这个人更感兴趣或我们更相似,我的倾听也不会有何不同。

_____ 3. 当同伴说话时,我不会评论他的语言或非语言沟通能力。

_____ 4. 我会避免在课上分心。

_____ 5. 我会对我的同伴全神贯注。我会对其他一切都毫不在意。

_____ 6. 我会给我的同伴时间让他完成谈话。不会打断他、预测他要说什么或是急着做出结论。

_____ 7. 我没有因为同伴不同意我的观点就和他谈得很不愉快。

_____ 8. 当我的同伴说话时,我的思想不会跑到其他个人问题上。

_____ 9. 当我的同伴说话时,我会充分注意他的肢体语言,以帮助我充分理解他要传达的信息。

_____ 10. 当我对这个话题不感兴趣或觉得这个话题很难时,我不会走神也不会装作已经明白了。

_____ 11. 当我的同伴说话时,我不会想我要说什么来回应他。

_____ 12. 当我觉得有一些问题没听懂或是与他的观点存在矛盾时,我会直接提问好让我的同伴解释得更详细一些。

_____ 13. 当我有些地方不理解时,我会用有效的方式让我的同伴知道。

_____ 14. 当聆听我的同伴说话时,我会试着把自己放在他的位置上并从他的角度来看待问题。

_____ 15. 在谈话期间我会用我自己的语言重复他的谈话以便确认我正确理解了他的谈话。我解释得_____太频繁_____刚好_____太少。

如果 15 个陈述你都回答"T",那么你有效地运用了倾听技巧。对于写了"F"的陈述,你需要在这些方面进行改善。总的来说,应该怎样提高听力技巧?

课堂练习

目标:增强你在谈话中使用非语言沟通的有效性。练习和提高你的倾听技巧。

SCANS 要求:通过这个练习培养学生的人际交往能力、咨询能力、听说读写算等基本能力、思维能力和其他综合个人素质。

准备:在前面几页中你应该已经完成了准备。

过程:当进行非语言沟通和倾听训练时,将会有一次个人讨论。讨论结束以后,你需要分析你和你们小组成员使用的非语言沟通和倾听技巧。

步骤 1(2—4 分钟)

和你不认识或是不了解的人合作,当班级人数是奇数时,可以三个人一组或有一个人观察。

步骤 2(5—10 分钟)

每组成员进行沟通以便更好地了解彼此。谈话的主体可以包括校园活动、目前的工作或暑期工作、职业目标、非学术的个人爱好等。或者交流对彼此的感受。

步骤 3(5—10 分钟)

翻到前面的准备阶段的反馈表,相互给出非语言沟通和倾听的反馈。为了使反馈更有效,反馈必须诚实、具体、准确。

结论:老师组织班级讨论或做评论。

第5章 组织结构和沟通

应用(2—4分钟):在这个练习中我学到了什么?以后怎样应用这个知识?

分享:在应用阶段学生可以自愿分享他们的答案。

技能强化练习5-4

给予批评

准备

在课堂上,你将有机会扮演批评者的角色。设想一个工作场景,你或你的员工为了提高绩效必须接受批评。如果愿意,你也可以设想一个非工作场景。下面要求你对现在的情况进行简短的陈述。你可以先写一下在进行批评时要说些什么。为了给出有效的批评,你需要按照表5-3的原则去做。记住,在批评时要保持好人际关系。

如果以自己的实际情况为例,你将会从这个练习学到更多。但是如果经过努力后仍想不出自己的情景,你可以使用这个情景:员工是一个冷饮店的服务员。他知道应在顾客走后快速擦干净桌子,以便下一个顾客不会用脏桌子。这是一个繁忙的夜晚。你作为经理看见有客人用脏桌子。负责清洁的员工正和一些朋友在另一张桌子上聊天。你要求员工之间要友好。所以,当你批评这名员工时,他可能用这一要求作为没擦桌子的理由。

课堂练习

目标:培养你在保持良好人际关系的情况下,通过给予批评而提高绩效的能力。

SCANS要求:通过这个练习培养学生的人际交往能力、咨询能力、听说读写算等基本能力、思维能力和其他综合个人素质。

准备:你应该已经想好要扮演的批评角色。

过程:你将按照有效批评的原则给予批评、接受批评、观察批评。

步骤1(2—4分钟)

三个人一组进行分组。如果必要的话,可以有一两个组有两个成员。建议每组只有一人使用准备阶段所给的例子。其他两人应用自己的例子。

每个成员从1—3中选择一个编号,确定给予、接受、观察批评的顺序。

步骤2(5—8分钟)

1号对2号进行批评,3号观察。1号向2、3号说明情况。如果被批评者很可能会做出反应,那么1号应该告诉2号反应是什么,以便2号能相应地扮演。当2号和3号明白情况以后,1号开始扮演他的批评者的角色,3号观察并在观察纸上作记录。当完成以后,观察者利用记录组织讨论1号对2号的批评如何。

如果没有要求,不要进行下一轮批评。如果你提前完成了,等待其他人完成。

观察表

对于每一个问题,思考批评者哪些做得好、哪些有待提高。告诉其他人如何改进批评方式。现在由被批评者和观察者开始对批评者进行批评。

1. 批评者立即进行批评了吗(如果适用)?

2. 批评是绩效导向的吗?

3. 批评是具体、准确的吗?

4. 批评者一开始建立积极的基调了吗?

5. 批评者最后重复需要被批评者做什么了吗(如果适用)?

6. 你认为被批评者会改变他的行为吗?为什么?

7. 批评是以一种能够保持良好人际关系的方式给出的吗?解释你的答案。

步骤 3(5—8 分钟)

2 号对 3 号进行批评,1 号观察。2 号向 1、3 号说明情况。如果被批评者很可能会做出反应,那么 2 号应该告诉 3 号反应是什么,以便 3 号能相应地扮演。当 1 号和 3 号明白情况以后,2 号开始扮演他的批评者的角色,1 号观察并在观察纸上作记录。当完成以后,观察者利用记录组织讨论 2 号对 3 号的批评如何。

如果没有要求,不要进行下一轮批评。如果你提前完成了,等待其他人完成。

步骤 4(5—8 分钟)

每一个人按照上面的程序扮演还没有扮演过的角色。

结论:老师组织班级讨论或作评论。

应用(2—4 分钟):通过这个练习我学到了什么?我将如何运用这个知识在维系人际关系的情况下给出有效的批评?

分享:在应用阶段学生可自愿分享他们的答案。

技能强化练习 5-5

情景沟通

准备

首先,依据自我测试练习 5-2 确定你喜欢的沟通风格。

自我测试练习 5-2

BMV-5

确定你喜欢的沟通风格

确定你喜欢的沟通风格,在这 12 种情景中,选出与你的做法最接近的那个选项。不要总想着找出正确的答案,只要选择那个与你真正做法最接近的选项即可。选择 a、b、c 或 d。忽略括号内的内容。后面将对 a、b、c、d 的含义进行解释。

第5章 组织结构和沟通

1. Wendy——另一个部门的一个非常博学的人,来找到担任工程主管的你,要求你根据她的要求去设计一个特殊的产品。(你将：_____时间_____信息_____接受_____能力/_____风格)

   a. 控制这次谈话并且告诉 Wendy 你能为她做什么。(S_____)

   b. 让 Wendy 描述这个产品。一旦你理解了,可以陈述你自己的想法。让她知道你很关心并想通过自己的想法来帮助她。(S_____)

   c. 对 Wendy 表示支持和理解。明确你应该做什么。提供建议,但按她的想法做。(S_____)

   d. 明确你应该知道哪些方面。让 Wendy 知道你将按她的想法做。(S_____)

2. 你们部门设计的产品将要由 Saul 的部门制作。Saul 在这个公司工作的时间比你长。他了解他的部门。现在,他到你这里来改变产品设计。(你将决定：_____时间_____信息_____接受_____能力/_____风格)

   a. 听一听要如何改变以及为什么这样改变是有益的。如果你认为 Saul 的方式更好,那么改变;否则解释为什么初始设计更好。如果必要,坚持用你的方式去做。(S_____)

   b. 告诉 Saul 他想怎么做就怎么做。(S_____)

   c. 你很忙,告诉 Saul 按你的方式做,你没时间听他的意见并跟他争论。(S_____)

   d. 采取支持态度,作为一个团队一起改变设计。(S_____)

3. 上级领导要作一个决定。他们叫你去参加会议,告诉你他们需要一些信息以解决这个问题并向你描述了这个问题。(你将：_____时间_____信息_____接受_____能力/_____风格)

   a. 以一种能够表达你个人支持的方式做出回应,提供解决这个问题的选择性方案。(S_____)

   b. 对他们的问题做出回应。(S_____)

   c. 解释怎样解决这个问题。(S_____)

   d. 通过解释怎样解决这个问题和为什么这个方法有效,表达你的关心。(S_____)

4. 你有一个常规的订单。这个订单需要口头下达并且必须在三天内完成。Sue——订单接受者,非常有经验并且很愿意为你服务。(你将决定：_____时间_____信息_____接受_____能力/_____风格)

   a. 解释你的需要,让 Sue 来决定是否下达订单。(S_____)

   b. 告诉 Sue 你想要什么和你为什么需要。(S_____)

   c. 一起决定订什么货。(S_____)

   d. 直接把订单给 Sue。(S_____)

组织中的人际关系

5. 订单从职员部门那传过来通常需要三天。但是今天你有紧急情况,现在就需要拿到订单。你的同事——部门主管 Jim 非常博学并且比较乐于合作。(你将决定:_____时间_____信息_____接受_____能力/_____风格)

   a. 告诉 Jim 你三点钟需要这个订单,到时你会来取。(S_____)
   b. 解释一下将会获得的利益,并主动提出愿尽你所能帮助他完成。(S_____)
   c. 解释情况,询问 Jim 订单什么时间可以准备好。(S_____)
   d. 解释情况,一起制订解决方案。(S_____)

6. Danielle——你的一位高绩效同事,最近工作业绩大幅下滑。她的问题同样影响到了你的表现。你知道 Danielle 在家庭方面出了一些问题。(你将:_____时间_____信息_____接受_____能力/_____风格)

   a. 讨论这个问题,让 Danielle 认识到她的问题影响到了你们两人的工作。建设性地讨论改善局面的方法。(S_____)
   b. 告诉老板,让他决定怎样做。(S_____)
   c. 告诉 Danielle 回到工作中来。(S_____)
   d. 讨论这个问题,告诉 Danielle 怎样解决工作问题,并提供支持。(S_____)

7. 你是一个博学的管理者。你通常从 Peter 那里进货。他是一个非常优秀的销售人员,并且对你的情况非常了解。你正开始每周订货。(你将决定_____时间_____信息_____接受_____能力/_____风格)

   a. 解释你想要什么和为什么想要。发展支持性关系。(S_____)
   b. 告诉他你想要什么,让他推荐货物。(S_____)
   c. 给 Peter 订单。(S_____)
   d. 解释你的情况并向 Peter 订货。(S_____)

8. Jean——另一个部门的一个博学的人,要求你根据她的特殊要求组织一次日常员工活动。(你将决定:_____时间_____信息_____接受_____能力/_____风格)

   a. 直接按要求完成工作,不向她提问。(S_____)
   b. 告诉她你会像往常那样做。(S_____)
   c. 解释你要做什么和为什么这么做。(S_____)
   d. 表示你愿意帮助她,并提出几种可选方案。(S_____)

9. Tom——一个销售人员,从你们的部门订货,但要求在短期内发货。像往常一样,Tom 问是否可以接受。因为他正在顾客的办公室里,所以他让你立刻作决定。(你的行动是:_____时间_____信息_____接受_____能力/_____风格)

第 5 章 组织结构和沟通

　　a. 劝说 Tom 推迟时间。（S_____）
　　b. 给 Tom 以肯定或否定的回答。（S_____）
　　c. 说明你的情况,然后由他决定你是否应该接下订单。（S_____）
　　d. 提出一个不同的交货日期。利用你的人际关系,表达你的支持。
　　　 （S_____）

10. 作为时间安排方面的专家,你接到了关于完成某项工作所需标准时间的抱怨。当分析整个工作时,你发现一个部分应该需要较长的时间,但其他部分应该需要较短的时间。结果是做这个工作需要的总标准时间会减少。（你将决定:_____时间_____信息_____接受_____能力/_____风格）
　　a. 告诉操作员和领班,总的时间必须减少以及这么做的原因。
　　　 （S_____）
　　b. 同意这个操作员的要求,增加标准时间。（S_____）
　　c. 解释你所发现的情况,消除操作员和领班的忧虑,确保你的新标准能够执行。（S_____）
　　d. 和操作员一起制订标准时间。（S_____）

11. 你负责项目预算的审批。Marie 的预算制订能力很强,她来找你。（你将:_____时间_____信息_____接受_____能力/_____风格）
　　a. 检查预算,做出修正,并以支持的方式解释修正的原因。消除她的顾虑,坚持你所做的修正。（S_____）
　　b. 修正预算并指出哪些方面需要改变。如果必要,可以一起修正。
　　　 （S_____）
　　c. 修正预算,做出修正并解释。（S_____）
　　d. 回答任何 Marie 关心的问题,但仍按原方案批准预算。（S_____）

12. 你是一个销售经理。一个顾客提出愿意从你那里进货,但要求的交货期短。你要在两天内做出决定。这份订单可以使你和你的公司获利。为了按时交货,生产部门的配合十分重要。由于你不断要求快速生产,生产经理 Tim 和你发生了一些矛盾。（你决定:_____时间_____信息_____接受_____能力/_____风格）
　　a. 联系 Tim,努力一起想办法共同完成这份订单。（S_____）
　　b. 接受订单,用支持的方式说服 Tim 接受任务。（S_____）
　　c. 联系 Tim,向他解释目前的情况,让他决定你们是否接受订单。
　　　 （S_____）
　　d. 接受订单,告诉 Tim 他要履行职责,如果他固执己见,告诉他你会去找老板。（S_____）

确定你喜欢的沟通风格,在下面的表格里圈出你在1—12题中选择的答案。

	专制型 (S-A)	咨询型 (S-C)	参与型 (S-P)	放任型 (S-L)
1.	a	b	c	d
2.	c	a	d	b
3.	c	d	a	b
4.	d	b	c	a
5.	a	b	d	c
6.	c	d	a	b
7.	c	a	b	d
8.	b	c	d	a
9.	b	d	a	c
10.	a	c	d	b
11.	c	a	b	d
12.	d	b	a	c
总和				

将每一栏里划圈的个数相加,数最大的一栏代表你最喜欢的沟通风格。在所有的情况中没有一种最好的风格。在四种风格里的数字分布越均衡代表你的沟通风格越有弹性。若某栏的总和是0或1表明你不喜欢使用该风格,在一些需要使用该风格的情况下你可能会有些问题。

情境沟通风格

接下来是使用这四种情境管理风格的过程。注意,行为可具有任务和关系两种特征。在任务型行为中,发出者告诉接收者做什么和怎样做;并且严格监督绩效。在关系型行为中,发出者听取其他人的意见并努力赢得支持、信任和尊敬;不需要严格监督绩效。任务型和关系型可被描述为高或低,这取决于在谈话中对这两方面的强调程度。

专制型沟通风格(S-A),表现为高任务、低关系型行为模式(HT-LR),进行闭合型演讲。对方信息少、能力低。

- 开始/回应。从头到尾都是你控制谈话,少有回应。
- 演讲/探询。你通过演讲使对方知道你希望他们能够听从你的安排。你不会或很少探询对方的反应。
- 闭合/开放。你采用闭合型演讲,不会考虑对方的想法。

咨询型沟通风格(S-C),表现为高任务、高关系型行为模式(HT-HR),对任务进行闭合型演讲,但为了增进关系,一开始便进行探询。对方具有中等信息、中等能力。

- 开始/回应。沟通之初,你就告诉对方,你想让他接受你的观点。你期望有一定的回应。
- 演讲/探询。两者都使用。你应用探询法来确定沟通的目标。例如,你可能通过提问来了解情况,然后开始演讲。当沟通目标明确以后,将不再需要使用探询。使用探询式的关系型沟通是为了判断对方的兴趣水平及其对信息的接受度。开放性的探询应该表现出你很关心对方的观点,并激励对方接

第 5 章 组织结构和沟通

受你的观点。
- 闭合/开放。你在使对方接受你的信息方面是闭合的(任务),但对对方的感觉持开放态度(关系)。运用移情。

参与型沟通风格(S-P),表现为低任务、高关系行为模式(LT-HR),以开放性的探询作为回应,有一些提议,少有讲演。对方具有高信息、高能力。
- 开始/回应。你以一些提议作为回应。你想帮助其他人解决问题,或让其他人帮助你解决问题。你乐于帮助,并表达出个人的支持。
- 讲演/探询。少演讲,多探询。你的任务是在怎样达到目标方面探询对方的想法。
- 闭合/开放。敞开的沟通。如果你参与得足够好,其他人可能会得出一个你能接受的解决方案;否则,你或许必须拒绝对方提供的信息。

放任型沟通风格(S-L),表现为低任务、低关系型行为模式(LT-LR),以必要的开放性讲演回应。对方具有丰富的信息和极高的能力。
- 开始/回应。回应对方时,你从不或很少提议。
- 讲演/探询。你将信息、结构等发送方希望得到的信息告知对方。
- 闭合/开放。应用敞开的沟通方式。你表现出让对方做主的态度并且将会接受建议。

情境变量

在选择适合的沟通风格时,你还要考虑四个变量:时间、信息、接受和能力。回答下列与这些因素相关的问题,能帮助你在特定的情境中选择合适的风格。

时间 我有足够的时间进行双向沟通吗?如果没有,你就不需要考虑其他三个因素了,专制风格是合适的。如果有时间,其他三种风格都可能合适,具体取决于其他变量。时间是个相对概念,在某些情境中,几分钟可能是短的,而在其他情境中,一个月可能是短的。

信息 我有进行交谈、作决定、采取行动的必要信息吗?当你拥有需要的全部信息时,专制风格可能是合适的。当你仅有一些信息时,咨询型可能更合适。当你拥有很少的信息时,参与型或放任型或许合适。

接受 其他人会毫无异议地接受你的信息吗?如果接收者能够接受你的信息,专制型或许合适。如果不能,咨询型或许更合适。如果接收者拒绝接受你的信息,参与型或者放任型或许是获得接受的合适方式。在有些情况下,接受是成功的关键因素,例如在实现变革的领域。

能力 能力包括两部分:
能力:对方具备采用双向沟通的经验或知识吗?接收者把组织的目标放在个人目标之前吗?
动力:对方想参与吗?
当对方的能力较弱时,专制型或许合适;能力中等时,适用咨询型;能力较强时,适用参与型;能力很强时,适用放任型。
能力水平会随工作的改变而发生变化。例如,一名教授的教学能力突出,但给学生提建议的能力却很差。

选择沟通风格

成功的管理者了解不同的沟通风格[44],并且会根据情况选择沟通风格。在既定的情境下,选择合适的沟通风格可分为三步:

第一步:情境分析。回答关于四个情景变量的问题。在自我测试练习5-2中,要求你选择一种情境。

组织中的人际关系

你被要求忽略括号内的内容。下面你将在技能强化练习5-5中完成这部分练习,将风格缩写字母(S-A、S-C、S-P、S-L)写在给出的与12个情境相对应的横线上。

第二步:选择与情境相适应的风格。分析完四个变量后,选择与情境相适应的风格。在某些情境中,如果多个变量所适应的风格相互矛盾,那么选择对于情境最重要的变量所适合的风格。例如,对方能力突出(C-4),但你具有所需的全部信息(S-A)。如果信息更重要,即使对方能力突出,也应使用专制型风格,在做技能强化练习5-5时,将适合的风格的缩写字母(S-A、S-C、S-P、S-L)写在"风格"前的横线上。

第三步:执行合适的沟通风格。在课堂技能强化练习5-5中,你将为每一种可供选择的行为确认一种沟通风格;将适合的风格的缩写字母(S-A、S-C、S-P、S-L)填写在"S"前的横线上。为12种情境选择适合的沟通风格,a、b、c、d代表合适的沟通风格。

下面的表格是对这一部分的总结,可以用它来帮助确定情境1和技能强化练习5-5中合适的沟通风格。

情境沟通模型

第一步:情境分析

资源	资源风格的作用
时间	NO S-A
	YES S-A、S-C、S-P 或 S-L
信息	全部 S-A
	一些 S-C
	很少 S-P 或 S-L
接受	接受 S-A
	勉强 S-C
	反对 S-P 或 S-L
能力	弱 S-A
	适中 S-C
	强 S-P
	突出 S-L

第二步:选择与情境相适应的风格

专制型(S-A)
高任务——低关系
以闭合型演讲开始

咨询型(S-C)
高任务——高关系
为了任务,以闭合型演讲开始;为了关系及情感,使用开放性探询。

参与型(S-P)
低任务——高关系
以开放式探询作为回应,有一些提议,少有演讲。

放任型(S-L)
低任务——低关系
以必要的开放式演讲作为回应。

第三步:执行合适的沟通风格

在技能强化练习5-5中,你将判断每种沟通风格,并且在四个选择(a、b、c、d)中选出代表合适风格的选项。

第 5 章　组织结构和沟通

确定情境 1 中适合的沟通风格　第一步:情景分析。回答模型中四个变量的问题,把字母写在横线上。

_____ 1. Wendy——另一个部门的一个非常博学的人,来找到担任工程主管的你,要求你根据她的要求去设计一个特殊的产品。(你将:_____时间_____信息_____接受_____能力/_____风格)

  a. 控制这次谈话并且告诉 Wendy 你能为她做什么。(S_____)

  b. 让 Wendy 描述这个产品。一旦你理解了,可以陈述你自己的想法。让她知道你很关心并想通过自己的想法来帮助她。(S_____)

  c. 对 Wendy 表示支持和理解。明确你应该做什么。提供建议,但按她的想法做。(S_____)

  d. 明确你应该知道哪些方面。让 Wendy 知道你将按她的想法做。(S_____)

第二步:选择与情境相适应的风格。回顾四个变量。如果它们是一致的,选择一种风格;如果它们是矛盾的,选择最重要的变量应用于风格中,将适合的风格的缩写字母(S-A、S-C、S-P、S-L)填写在横线上。

第三步:选择合适的行为。回顾四种待选行为。判断每一行为的沟通风格,将缩写字母填写在"S"后的横线上并检查合适的搭配选项。

我们一起看看你是如何做的。

1. 有时间:S-C、S-P、S-L 均可。信息:你几乎没有信息,因此你将使用参与型或放任型来了解 Wendy 希望做什么:S-P 或 S-L。接受:如果你按照你的方式而不是 Wendy 的方式,她极有可能拒绝。你需要使用参与型或放任性的风格:S-P 或 S-L。能力:Wendy 博学并具有很高能力,S-P。

2. 回顾这四个变量,你可以看到有 S-P 和 S-L 的混合。你是工程师,与 Wendy 合作并给予她帮助是合适的。因此,应选择 S-P。

3. 选项 a 是 S-A,这是专制型风格,高任务——低关系;选项 b 是 S-C,这是咨询型风格,高任务——低关系;选项 c 是 S-P,这是参与型风格,低任务——高关系;选项 d 是 S-L,这是放任型风格,低任务——低关系。

如果你选择了 c,那么你为这种情况选择了合适的行为,这个答案是 3 分。如果你选择了 d,这也是一个好的选择,这个答案是 2 分。如果你选择了 b,这个答案是 1 分。如果你选择了 a,这个答案是 0 分,这个做法太直接了,极有可能破坏谈话。

你的沟通风格与情境越匹配,沟通就会越有效。

课堂练习

目标:培养你根据特定情况使用合适沟通风格的能力。

SCANS 要求:通过这个练习培养学生的人际交往能力、咨询能力、听说读写算等基本能力、思维能力和其他综合个人素质。

准备:你应该已经完成了自我测试练习 5-2。在自我测试练习 5-2 中,你选出了如果你在这种情境中实际将会做出的选择。在技能强化练习 5-5 中,你要做出最合适的选择,从而使沟通最有效。因此,现在你的选择可能与此前不同。

过程:你将为自我测试练习 5-2 中的 12 种情况选择合适的沟通风格。在"信息、接受和能力"旁边的横线上填上对这种情况合适的 S-A、S-C、S-P 或 S-L。基于你的判断,选择你会使用的风格。在"风格"横线上填写 S-A、S-C、S-P 或 S-L。在这四个"S"横线上填写上 S-A、S-C、S-P 或 S-L,确定使用了哪种风格。

组织中的人际关系

步骤 1(3—8 分钟)
老师回顾情境沟通模型,并解释怎样应用这一模型为情境 1 确定合适的风格。

步骤 2(6—8 分钟)
接着看情境 2。使用模型选择合适的风格。如果你有时间,鉴别每一种选项所代表的风格(3—4 分钟)。老师评价推荐的答案(3—4 分钟)。

步骤 3(20—50 分钟)
A. 2—3 人分成一组。小组应用模型分析情境 3—7(15—20 分钟)。当所有组都完成或时间已到时,老师会给出合适的答案(4—6 分钟)。
B. (选做)每组 2—3 人重新分组,完成情境 8—12(15—20 分钟)。老师会给出合适的答案(4—6 分钟)。
结论:老师组织班级讨论或做点评。
应用(2—4 分钟):在这个练习中我学到了什么?以后怎样应用这个知识?

分享:在应用阶段学生可自愿分享他们的答案。

Chapter 6

第 6 章
冲突管理

学习目标

通过本章的学习,你应该能够:

1. 描述交流分析的三种自我状态模式。
2. 解释三种交流类型。
3. 区分被动行为、攻击行为和自信行为的不同。
4. 列出自信行为的 4 个步骤。
5. 解释何时存在冲突。
6. 陈述如何应用冲突管理的 5 种方法。
7. 列出冲突解决方案的提出、反应和调停等步骤。
8. 掌握以下 14 个关键术语(以在本章中出现的先后为序):

交流分析 transactional analysis
自我状态模式 ego states
交流类型 types of transactions
自信 assertiveness
冲突 conflict
强迫型冲突风格 forcing conflict style
回避型冲突风格 avoiding conflict style
迁就型冲突风格 accommodating conflict style
妥协型冲突风格 compromising conflict style
协作型冲突风格 collaborating conflict style
提出冲突解决方案的步骤 initiating conflict resolution steps
冲突 XYZ 模型 XYZ model
冲突解决方案的反应步骤 responding to conflict resolution steps
冲突解决方案的调停步骤 mediating conflict resolution steps

组织中的人际关系

> **引例**
>
> Larry 和 Helen 在春田市的 Harvery's 百货公司做着相同的一份工作。他们共用一个特殊的计算器,因为这个计算器非常昂贵,而且只用于他们工作的一部分。计算器通常保管在一个人手中,直到另一个人需要使用它。近来他们需要使用这个计算器的时间都在增加。
>
> 当 Larry 需要时,他就会大声说:"我现在需要使用计算器。"然后 Helen 把计算器递给他,即使她还在用着。当 Helen 需要使用时,她会说:"我不想打扰你,但我需要用一下计算器"。如果 Larry 正在用着,他就会告诉 Helen 等他用完了再给她,然后 Helen 说:"好吧!"Helen 认为这是不公平的,她对 Larry 越来越失望。但她并没有对 Larry 说什么。这天,Larry 走到 Helen 桌边,继而发生了下列对话:
>
> Larry:我现在要用一下计算器。
>
> Helen:我受够了你总是让我做这做那。回到你的座位去,等我用完了我会把计算器给你的。
>
> Larry:你怎么了?你以前从不这样。
>
> Helen:把计算器拿走,回到你的座位去,让我一个人呆着。
>
> Larry:(什么也没说,拿着计算器回到了自己的座位。)
>
> Helen:(看着 Larry 拿着计算器回到他自己的座位,有点内疚,自己心里想着)为什么我会让一点小烦恼堆积起来直到我自己在别人面前爆发?我先是顺从,然后转变态度,最后变得强硬无礼,这样太孩子气了。我希望我可以用更积极的方式维护自己的权利,而不伤害我和其他人的人际关系。

6.1 人际动力学如何影响行为、人际关系和绩效

本章是关于人际关系技巧的第三个也是最后一个章节。人际动力学研究的是人们在人际关系中的互相妥协行为,人际动力学在越多人交互作用的环境下会变得越复杂。[1]本章的 3 个主题——交流分析、自信和冲突风格——都是关于人际动力学的。这 3 个主题都关注于如何用有效的方式去处理自己及他人的情绪,以改善行为、人际关系和绩效。处理情绪,无论是自己的还是他人的,都是情商的一部分。[2]

交流分析是一种确定人们如何相互作用的方法。当我们相互交流时,行为可以是被动的、攻击性的或者自信的。人际关系中,交流或许效果很差,人们可能具有攻击性,可能经常有分歧或冲突。情绪受成熟行为控制的人际关系交流明显区别于情绪受幼稚行为控制的人际关系交流。成熟的行为和人际关系的绩效也要更大一些。[3]被动型、攻击型和自信型行为是完全不同的,并且会影响人际关系。自信型行为员工的绩效要好一些。[4]人们在达成一致意见时的行为方式是一种,在有冲突时是另外一种,而这些对于人际关系有不同的影响。[5]当人们使用成熟、自信的行为来解决冲突时,冲突有助于绩效;但如果处理冲突时行为和人际关系都很糟糕的话,就会降低绩效。[6]如何管理团队冲突是团队成功的关键因素。[7]冲突对于生产力、团队、组

织气氛和士气都有非常重要的影响。[8]

当你与别人相互作用时,你会做出反应(交流分析)。你可以指挥别人、被人指挥或者站起来维护自己的权利(自信)。当与别人意见不一致时(冲突),你可以选择忽略或者解决你们的不同。如果你能够处理好情绪,以适当的方式与别人互动,果断地维护自己的权利,在不伤害人际关系的情况下解决冲突,那么你将改善组织绩效和个人生活质量。这就是本章的主要内容。

6.2 交流分析

在我们开始前,完成自我测试练习6-1,判定自己的交流分析(transactional analysis,TA)类型。

自我测试练习 6-1

个人交流分析类型

首先翻到技能强化练习6-1"交流分析"。你可以略过说明和步骤1—4。直接进入10个场景测试。设想你自己就是当事人(1—Sue,2—Saul,……,10—Mike),在所选答案的字母后做标记(不要在线上),所选答案应该是你处于每个场景时的反应。诚实地选择,不要试图选择你认为正确的答案。在选完10个反应后,在下面的表中画出你在每个场景中的反应。

场景	严厉型父母	随和型父母	正常儿童	适应型儿童	成人
1.	a	b	d	c	e
2.	d	c	e	a	b
3.	b	d	a	c	e
4.	c	e	b	d	a
5.	e	b	a	d	c
6.	a	b	e	d	c
7.	e	a	b	c	d
8.	b	c	e	d	a
9.	a	c	d	b	e
10.	a	e	d	c	b
总分					

得分:将每列所选字母的个数相加。每列的数字应为0—10,所有列的总分数之和为10。得分最高的列是你的首选交流分析类型。如果结果不是成熟型(或即使是成熟型)你也许需要提高你的交流分析行为能力。

交流分析是一种用人际动力学研究行为方式的方法。交流分析为领导类型提供了有用的模型。[9] Eric Berne 在 20 世纪 60 年代提出了交流分析的概念[10],并运用了交流分析。[11]交流分析自从面世以来一直被不断运用。[12]《交流分析》期刊是一本关于交流分析的专业杂志。交流分析被用于组织开发(第 13 章)[13],提高工作、生活质量(第 14 章)[14],帮助跨国公司训练可以在不同文化环境中有效工作的管理者。[15]交流分析在市场营销关系管理中,可以被用来与消费者发展良好的关系。[16]公司还可以用交流分析来训练雇员,以提高处理复杂人际关系的能力。这些公司有泛美国际航空公司(Pan American World Airways)、得克萨斯电话公司(United Telephone Company of Taxas)和邮政技术工程公司(Pitney Bowes)等。学习交流分析可以帮助你更好地理解人们的行为方式,更好地用积极的方式应对情感。

在本部分,你将了解你自己的首选交流分析类型(用交流分析术语来说就是自我状态)、你的人际关系交流类型、你对待自己和他人的态度(称为生活定位)。你也将了解在人际关系中如何做出积极和消极的反馈(称为肯定)。

6.2.1 自我状态

根据 Berne 的理论,我们都有 3 种主要的自我状态,这 3 种自我状态在我们交流时影响着我们的行为或者方式。这 3 种**自我状态(ego states)**是父母、儿童和成人。我们一天当中总在变换自我状态,即使在一个讨论中,也可以发生一系列不同自我状态的交互影响。你的父母、儿童和成人状态与其他人的父母、儿童和成人状态相互作用。理解你所交流的人的自我状态能帮助你理解他的行为,以及如何与之有效交流。

父母型自我状态 当处于父母型自我状态下时,人们的行为方式将是下列两种之一:

1. 严厉型父母自我状态。如果你的行为、反应是建议型反应(第 4 章),如严厉的、判断的、武断的、苛求的、非难的、惩罚性的等等,那么你具有严厉型父母自我状态。严厉型父母自我状态的人使用大量的"要"和"不要"来控制交谈。[18]严厉型父母自我状态的管理者倾向于独裁型管理风格,因为这类管理者是高任务型行为者。

2. 随和型父母自我状态。你也可以是另外一种类型的父母自我状态。当你的行为、反应是安抚型反应(第 4 章),如保护的、允许的、安慰的、照顾的等等,你具有随和型父母自我状态。具有随和型父母状态的管理者使用咨询式和参与式管理方式,因为这类管理者是高人际关系行为者。

儿童型自我状态 当处于儿童型自我状态下时,人们的行为方式将是下列两种之一:

1. 正常儿童。如果你的行为、反应是探询型(第 4 章),如表现出好奇心、亲密、爱开玩笑、快乐、冲动等等,你具有正常儿童自我状态。成功的管理者并不经常运用正常儿童型自我状态。

2. 适应型儿童自我状态。如果你的行为、反应是对抗性、建议型的(第 4 章),如表现为反叛、气愤、愤怒、恐惧、焦虑、不适应、拖沓、"推一下动一下"等等,你具有攻击性[19]适应型儿童自我状态。管理者应当避免出现上述攻击性适应型儿童自我状态,因为这类行为会导致雇员情绪化,并出现类似行为。当管理者与具有这类自我状态的雇员交流时,他们不应该以类似行为回应[20],而应当以成人型自我状态加以回应。

第 6 章 冲突管理

成人型自我状态 当处于成人型自我状态下时,人们的行为将表现出思考、理性、精明、实际、非情绪化的举止等。成人收集信息,思考事由,估计可能性,用冷静、理性的行为做出决定。当交流处于成人型状态时,你可以控制自己的反应,避免成为其他人的牺牲品。

一般来讲,人际关系中最有效率和绩效的行为方式来自成人型自我状态。[21]当与其他人交流时,你应当知道他们的自我状态。他们的行为举止属于父母型、儿童型,还是成人型?区分他们的自我状态将有助于你理解他们的行为,帮助你决定在交流中采用哪种自我状态。例如,如果一个人的行为举止像一个成人型状态,你最好也这样做。如果一个人的行为举止是儿童型状态,对你来讲采用父母型状态好过成人型状态。有时适合采用儿童型自我状态,这将有助于保持气氛融洽。

6.2.2 交流的类型

在自我状态中,有3种不同的**交流类型**(types of transactions):互补型、交叉型和隐蔽型。

互补型交互影响 当信息发送者从信息接收者那里得到期望的回答时,这种交互影响就是互补型的。例如,雇员犯了个错误,希望得到一些同情,向老板道歉。雇员:"我要做完的时候,事情出了点岔。现在我再做一遍。"老板:"每个人都会犯错,不要担心。"互补型交互影响如下图所示。

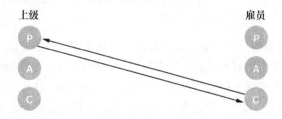

另一个互补型交互影响的案例是一个主管想把一件工作委托给一个雇员完成。主管采取成人对成人的状态行为。主管:"请在2点前做完这个。"雇员:"2点前做完它,没问题。"

一般来说,互补型交互影响会导致更有效率的交流,更少地伤害感情。换言之,这将有助于人际关系和绩效。但也有例外,当雇员用一种适应型儿童自我状态或者严厉型父母自我状态时,如果主管也用相同的自我状态,将不会对人际关系和绩效有好处,这种互补型交互影响将产生问题。

> **工作应用**
>
> 1. 举出一个你所经历过的互补型交互影响案例。一定要准确区分所涉及的自我状态。

交叉型交互影响 当信息发送者没有从信息接收者得到期望的回答时,就发生了交叉型交互影响。让我们回顾一下第一个案例。雇员:"我要做完的时候,事情出了点岔。现在我再做一遍。"老板:"你太笨了。"交叉型交互影响如下图所示。

组织中的人际关系

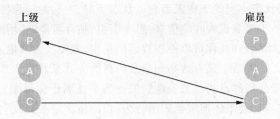

回到我们的第二个案例。主管:"请在2点前做完这个。"雇员:"为什么我必须做它?为什么你不自己做呢?我很忙。"这时就发生了成人型状态—适应型儿童状态的交叉型交互影响。

一般来讲,交叉型交互影响会导致诧异、失望,伤害信息发送者的感情。这种没有预期的回应经常让人情绪化,通常会导致信息发送者转向适应型儿童状态,这将使沟通更趋恶化。交叉型交互影响经常以争吵和伤害人际关系结束。[22]

交叉型交互影响有时也是有帮助的,例如当消极型父母状态或儿童型状态与成人型状态发生交叉时,可能会产生良好的成人—成人交流。

工作应用

2. 举出一个你所经历过的交叉型交互影响案例。一定要准确区分所涉及的自我状态。

隐蔽型交互影响 当言语好像来自某一自我状态,但实际上言语或行为是来自于另一自我状态时,就发生了隐蔽型或隐藏型交互影响。例如,在一个培训结束后,一个参加者来到顾问前,用一种成人型状态向顾问咨询。当顾问给出建议时,这个参与者两次非常快地回答为什么这个建议不管用(采用了儿童型状态而不是成人型状态)。这个顾问意识到这个参与者真正想要的是同情、理解他的处境,而不是建议。这个顾问立即停止了提出建议,积极地倾听,采用一种反映型回应(第4章)。顾问为了得到互补型交互影响,从成人型状态转向随和型父母状态。

人们有时并不明确地知道他们想要什么或者如何去要求,所以他们使用隐蔽型交互影响。如果可能,最好避免隐蔽型交互影响,因为这样会浪费时间。避免让别人寻找你隐藏的含义。在发送信息前,规划好你的信息(第4章)。接到信息时,找一下有无隐蔽型交互影响,把它们转变成互补型交互影响。

工作应用

3. 举出一个你所经历过的隐蔽型交互影响案例。一定要准确区分所涉及的自我状态。

情境应用

交流分析　区分每一种情况下的交互影响类型：
AS 6-1
A. 互补型　　　　　B. 交叉型　　　　　C. 隐蔽型

_____ 1. "你愿意帮我把这个箱子挪到那边去吗？" "当然可以。"

_____ 2. "你愿意成为这个委员会的一员吗？" "好的，我想这种经历将对我有帮助"（思考：我想要了解你，好样的。）

_____ 3. "你愿意帮我写完这份报告吗？" "你自己都做过好几次了，自己做吧，我会检查一下。"

_____ 4. "做这个工作，你愿意付我多少钱？" "10美元。" "什么！你不是在开玩笑就是想利用我。"

_____ 5. "你在撒谎。" "不，我没有！你才在撒谎。"

6.2.3 生活定位及肯定

生活定位　如第3章所述，态度将影响行为和人际关系。在交流分析框架下，你有对自己和别人的态度。积极态度被描述为"好"，消极态度被描述为"不好"。图6-1列出了4种生活定位。

图6-1　生活定位

最令人满意的生活定位位于图中右上角："我好—你好"。在对自己和别人的积极态度下，你有更多的机会进行成人—成人型状态交流。你可以改变你的态度（第3章），如果你不是积极型态度，你应该创造双赢的环境。具有积极型自我认知的人趋向于拥有积极态度。

肯定　肯定（stroking）是任何一种表示你认识到他人存在的行为。肯定可以是积极的，能使他人对自己感觉良好，肯定也可以是消极的，能以某种方式伤害他人。

每个人都想得到赞扬和承认。给出赞扬（积极肯定）是一种有效的激励工具，而且容易使用，不需要花费什么。[24] 我们应当给出积极肯定，避免消极肯定。

通过工作和努力，你可以学会控制情绪化行为，在多数情况下用成人—成人方式沟通。技

组织中的人际关系

能强化练习 6-1 给出了 10 个场景，在每一个场景中，你要找出有助于进行成人—成人式交流的自我状态。

在开篇的案例中，Larry 的行为举止处于严厉型父母自我状态。他通过问"你怎么了？你以前从不这样。"表现出对 Helen 的不满。Helen 对 Larry 要计算器的反应来自适应型儿童自我状态。Helen 是反叛的，通过说"我受够了你总是让我做这做那。回到你的座位去，等我用完了我会把计算器给你的。"表现出她的愤怒。他们进行了一场交叉型交互影响，因为 Larry 的行为和往常一样，但当 Helen 没有表现出她典型的反应时 Larry 十分诧异。Larry 处于"我好—你不好"的生活定位中，而 Helen 处于"我不好—你不好"的生活定位中。两个人都使用了消极肯定。

工作应用

4. 确定目前或者以前老板的生活定位及其运用肯定的情况。

6.3 自信行为

首先完成自我测试练习 6-2，确定自己的自信类型，这一部分内容有些在第 5 章中出现过。[25]

自我测试练习 6-2

你的自信类型

将书翻到技能强化练习 6-2。略过说明部分，直接进行 10 个场景测试。设想自己处于 10 个场景中，选出最符合你在每个场景中想说或想做的选项字母，做一个标记（不要在线上）。要诚实，不要试图选择你认为正确的答案。最后在下表中将所选的字母划出。

场景	被动型	自信型	攻击型
1.	bd	c	ae
2.	de	c	ab
3.	ce	a	bd
4.	bd	c	ae
5.	ae	b	cd
6.	ad	b	ce
7.	bd	a	ce
8.	bc	d	ae
9.	ac	d	be
10.	bc	a	de
合计			

> **得分**:将每列圈出字母的个数相加。每列的数字应在0—10之间,所有列的总分数之和为10。得分最高的列为首选类型。如果不是自信型(或者即使是自信型)你或许需要提高自己的自信行为能力。

Arnold Lazarus 在20世纪70年代作为一个自信者闻名于世[26],他的成果被很多人引用。[27]数以百计的公司训练自己的员工行为要自信[28],包括汇丰银行、马自达、福特汽车公司和美国政府。沃尔特·迪斯尼制片公司训练自己所有的管理者自信。通过自信训练,人们知道如何用有效的方式应对产生焦虑的环境。参与者学会了表达感受、寻求支持、接受赞美、赞美他人、改变提出要求的行为方式、拒绝不合理的要求。[29]受训者学会了用直接、坦率、深思熟虑和诚实的方式争取他们想要的东西,这传递出一种自信,既不令人讨厌,也不盲目滥用。当人们为自己的权利抗争,同时没有侵犯其他人的权利时,就叫自信行为。[30]

自信行为(assertiveness) 是表达想法和感受的同时用适宜的方法去争取自己想要的东西的过程。需要表达的信息不要掉进太具进攻性(攻击性)或者"不够强硬"(不自信—被动)的陷阱。[31]自信日趋全球化。例如,泰国的员工正在变得越来越自信[32],日本雇员也在更多地使用自信行为策略。[33]

自信行为一般来讲是最有效率的行为方式。然而,在某些场景中,被动或攻击性行为会更合适。我们将在"解决冲突"部分讨论这些场景。下面我们将探讨被动型行为、攻击型行为、被动—攻击型行为和自信行为。我们最后将讨论如何处理愤怒和防止工作场所暴力。

6.3.1 被动型行为

被动或不自信行为主要来源于顺从型儿童或随和型父母自我状态。被动型人的生活定位是"我不好"。被动型行为是一种逃避行为或者是在放弃争取自己的权利而满足他人的愿望。它包含了自我否定和牺牲。[34]

被动型人的非言语沟通包括:目光下垂、声音柔弱、手势无效和姿态懒散。被动型人趋向于拒绝重要的事情。他们使事情合理化——"这不关我的事"——采取"这不是我的责任,让其他人做吧"的态度。被动型人经常内心忧伤、痛苦。变得自信可以减少压力。

当人们知道某人是被动型时,他们倾向于利用这个人。他们提出不合理的要求,知道这个人不会说不。他们还拒绝被动型人提出的小要求。[35]当被动型人讲话时,其他人往往不倾听,而且经常插话。事实上,男人经常随意打断女人的讲话,拒绝女人的想法——而许多女人也容忍了这些![36]

被动型人经常有很低的自我认知,感觉不快乐。被动性经常是基于恐惧:恐惧失败、恐惧拒绝、恐惧冒犯他人、恐惧报复、恐惧伤害他人、恐惧被伤害、恐惧遇到麻烦等等。[37]某些女人是被动的,这源于她们持续一生的训练,她们被要求取悦他人,给男人让路。许多男人也是被动的,你可能也认识一些这样的人。

无论是个体还是组织,持续的被动型行为通常是无效率的。[39]如果你一直是被动型人,你要确定什么是真正重要的,要自信地争取自己的权利。

6.3.2 攻击型行为

攻击行为主要来源于适应型儿童和严厉型父母自我状态。攻击型人表现为苛求、强硬和进取心。[40]他们坚持按照自己的方式行事,使用强力得到控制权。他们十分具有竞争力,不愿浪费时间去撒谎,倾向于伤害他人来得到自己想要的东西。[41]

攻击型人在非言语沟通中常用注视及皱眉头传递出冷淡。攻击型人经常讲话大声且快速,使用威胁性的体态和胁迫性的手势。[42]

当面对攻击型行为时,人们通常会用攻击行为报复(反击)或撤退和投降(逃跑)。人们经常避免与攻击型人交流或者在交流时就准备好进行一场战争。[43]

攻击型人好像是高自我认知的,但他们的行为却时常表现为低自我认知。他们处于"我不好"的生活定位中,却始终试图通过攻击和控制他人来证明自己很好。他们必须靠赢得胜利来证明自我价值[44],而且因为冒犯他人的权利,他们经常感到不快乐和愧疚。他们好像在抱怨一切事情。某些女人变得具有攻击性是因为她们感到在这种攻击性行为商业世界对于竞争是很必要的。实际上,人们不应该认为只有具有攻击性才会被别人当回事,自信比攻击更有效。[45]

经常使用攻击行为通常会对个体和组织产生破坏。[46]如果经常表现为攻击性,你需要努力变得对他人的要求更加敏感。试着将攻击性行为转换成自信行为。

暴力通常是攻击性行为最极端的表现。随着工作量的不断增加和工作压力的不断增大,暴力越来越成为工作场所中的一大危险因素。[47]2003年7月23日,在密西西比州的墨瑞迪恩市,洛克西德·马丁工厂的一个种族主义男人用猎枪和步枪随机枪杀了5名同事和射伤了8名员工后自杀。[48]工作场所暴力是当今最受关注的安全问题。[49]愤怒和工作场所暴力如此重要,我们将在后面单独讨论。

6.3.3 被动—攻击型行为

被动—攻击型行为主要有以下3种主要方式:

1. 偶尔同时使用两种行为方式。例如,一名管理者可能对于下属是攻击型,对于上级是被动型。[50]或者某个人在某一刻是被动型,下一刻是攻击型。这种类型的人很难与之共事,因为没有谁能预知他的行为。

2. 在某个场景应用被动型行为,然后立即使用攻击型行为。例如,某个雇员也许同意去做某事,然后"砰"的一声关上门走了,看见别人就开始抱怨,或者消极怠工。[51]

3. 表面表现被动行为,心怀敌意。如果发生足够多的重复行为,被动型人将会变成攻击型人。[52]人们通常在没有真正了解环境的情况下开始攻击和责备一切,而不是先自省并做出改变。变得具有攻击性的人会经常感受到愧疚。事情的结果就是伤害人际关系,无助于境况的改善。例如,会议上,Carl三次打断June的发言。June每次都没说什么,但敌意在不断累积。在Carl第四次打断June的发言时,June反击回去,冲着Carl大喊,说他不顾及她的感受。Carl只说:"你怎么了?"对于June来讲,最好的做法是在Carl第一次打断时自信地告诉他不要这样做。

如果你使用被动—攻击型行为,要在一致的基础上学会自信,你将会更容易与人相处,也会经常得到想要得到的。

工作应用

5. 回忆一个你所经历或观察到的被动—攻击型行为案例。它是如何影响人际关系的?

6.3.4 自信行为

自信行为来源于成人型自我状态,有着"我好—你好"的生活定位。如前所述,自信型的人乐于表达感受和想法,争取事物时不采取攻击型行为。这类人在争取权利时不会侵犯他人的权利。[53]

自信型人进行非言语交流时有积极的面部表情,如微笑、目光接触、令人愉悦的声音、坚定的举止和挺拔的仪态。[54]

具有自信型行为的人通常倾向于拥有积极的自我认知。他们不会受到他人的威胁,他们也不会让他人控制自己的行为。当他人不处于成人型自我状态时,自信型人通常会用成人型心态继续使用自信行为交流。自信型人反映出自信、友好、诚实等积极形象(第3章)。自信型行为会赢得他人的尊敬。要持之以恒地使用自信型行为。

拥有自信 总体来说,自信行为是在不损害他人利益的同时得到自己想要得到的事物的最有效的方法。自信行为会产生双赢。[55]为了更好地理解被动、攻击和自信行为的区别,参见表 6-1。可将表 6-1 中的语句理解为"要"和"不要"。要用自信的短语,不要用被动和攻击性的短语。但是要牢记,某些时刻被动和攻击性行为是适宜的。在本章的后面你将会了解何时应当采取这些行为。

下面的案例涉及几种行为。当某个人的谈话被打断时,他将会表现出下面 3 种行为之一:

1. 被动。这个人将不会说或做任何事情。
2. 攻击。这个人会大声指着打断者说:"我在说话,注意一下你的礼貌,轮到你时再说。"
3. 自信。这个人会微笑着,用友好但坚定的声音说:"对不起,我还没有说完我的观点。"

被动型行为有可能导致发言中断,使听众无法接着倾听。攻击型行为有可能伤害人际关系,导致一场争论。自信型行为有可能在不伤害人际关系的同时,使打断者中断发言。

我们将在下一部分进一步解释如何拥有自信。在技能强化练习 6-2 中,你被要求在 10 个场景中区分被动、攻击和自信行为。随着工作中团队趋势的发展,组织更加关注如何在团队中拥有自信来提高人际关系和绩效。[56]

表 6-1 被动、自信和攻击型语句

被动短语

被动型演讲者使用自我限制性表达方式,不表明自己的想法和需求。
- 我不知道/我不在乎(其实在乎)
- 没关系(其实有关系)
- 这样或那样都可以(其实我有倾向性)
- 对不起(其实我不是真的抱歉)
- 这仅仅是我的意见……
- 我不想麻烦你,但是……
- 这并不真的重要,但……

自信短语

自信型演讲者在表达自己的观点和需要时不会侵犯他人的权利。
- 我不理解……
- 我需要/我想要/我喜欢
- 我想要……
- 不,我不能……
- 我不喜欢你再讲这些笑话了
- 我的意见是……
- 我需要占用你一点时间……
- 我想你应该知道……

攻击短语

攻击型演讲者在表达自己的观点和需要时,通过用"你—信息"方式和绝对用语,这样会侵犯他人的权利。
- 你不需要/你不想要……
- 你的观点是错的
- 你不知道你在说什么
- 你做错了
- 这不行
- 你必须……
- 你需要知道……

在开篇的案例中,在对话发生前,Helen 使用了被动型行为,Larry 采取了攻击型行为。在面对 Helen 使用攻击型行为时,Larry 使用了攻击型行为,Helen 又变回了被动型行为,给了他计算器。换一句话说,Helen 对 Larry 使用了被动—攻击—被动型行为。

> **工作应用**
>
> 6. 回忆一个你经历的真实的冲突案例。区分被动、攻击和自信行为对场景的反应。

自信行为步骤 Helen 在开篇案例中可以应用的 4 个自信行为步骤如表 6-2 所示。

第6章 冲突管理

表 6-2　自信行为步骤

步骤1:树立目标
步骤2:决定如何产生双赢
步骤3:应用自信短语
步骤4:贯彻执行计划

步骤1:树立目标。说明你想要实现什么。Helen 的目标应该是告诉 Larry,她会在用完后把计算器给他。

步骤2:决定如何产生双赢。创造一个既能满足你的要求又能满足他人要求的情境。Helen 在 Larry 想要计算器的任何时候都将计算器给 Larry,Larry 的需要已经满足了。但是,这是一个有得有失的场景。Helen 需要自信地满足自己的需要,做完工作。公平地共享计算器将会产生双赢。Helen 可以做完自己的工作再把计算器给 Larry,这样安排比较合理。

步骤3:应用自信短语。在面对 Larry 前,Helen 应该想好怎样说,例如她可以说:"我现在在用着,我一用完就给你。"

情 境 应 用

自信行为
AS 6-2

下面是主管要求员工在工作时间为他购买私人物品后员工的反应,请识别出下列反应属于哪种行为。

A. 被动　　　　　B. 攻击　　　　　C. 自信

_____ 6. 我不去,如果你再让我做的话,我会向工会报告。
_____ 7. 是我工作职责的一部分吗?
_____ 8. 我一做完这个就去。
_____ 9. 你知道我不会做这种蠢事的。要去自己去。
_____ 10. 你的要求不合理,因为这不是我的工作。我不会去的,因为我不想我们两个都有麻烦。

步骤4:贯彻执行计划。Helen 应该使用上述步骤。如果 Larry 继续使用攻击型行为来要计算器,Helen 要坚持重复说自信短语,直到奏效,Larry 没有要到计算器会走开。虽然并非必须,但 Helen 最好解释她为什么感到不公平,还要说明她用完计算器后就会把它给 Larry。

6.3.5　应对愤怒和防止工作场合暴力

现在我们已经知道了被动、攻击和自信行为的区别,我们接下来探讨能够引起工作场合暴力的攻击型行为以及如何防止这种行为。人力资源管理者不断报告说雇员间的暴力越来越多[57],并且什么地点都可能发生工作场合暴力。[58]接近1/4的威胁或攻击行为由妇女做出。[59] 外部人员和雇员之间的暴力行为也在不断增加[60],如消费者枪杀快餐店员工和其他消费者。

每年有100万工作人员被攻击[61],某些年有超过1000名工作人员被杀害。[62]防止工作场合暴力的关键就是发现并处理可疑行为,以防止其演变成暴力。[63]

引起愤怒和暴力的原因　愤怒可以引发暴力。你也许听说过公路怒火。在工作场合,有办公桌怒火,表现为叫喊、言语辱骂和身体暴力。具有较低适应性人格的人易使用攻击型行为,非常容易产生愤怒和暴力。挫折[64]、压力[65]和恐惧[66]产生愤怒。人与人之间未解决的冲突使人感到愤怒。[67]事实上,暴力通常由未解决的冲突导致[68],是报复其他员工(背后中伤、散布谣言)或组织(损坏公司财产)的一种形式。[69]

物理工作环境,如工作空间、噪音、气味、温度(炎热)、通风和颜色等能够引发人们的愤怒。[70]一个充满敌意的工作环境(称为毒性环境)会引发暴力。[71]人们倾向于复制或模仿其他人的行为。[72]例如,曾经被谩骂的儿童在成为父母后,容易去谩骂他们的子女。如果员工看到他人(特别是管理者)有暴力行为但并没有受到惩罚,他们也将在工作中使用暴力行为。[73]社区中的暴力(包括家庭暴力)可能被带入工作场合。[74]某些专家(并不是全部)研究认为吸食毒品会带来暴力。[75]

处理愤怒　愤怒处理起来有很多困难,特别是在组织环境中。

控制愤怒和情绪:很多情绪都会导致愤怒。老板突然让你做一些额外的工作,这会使你感到生气。失望也经常引起愤怒。你的同事没有做完自己的工作,所以你对他感到生气。佛祖说过:"你不会因为愤怒而被惩罚,你会被自己的愤怒所惩罚。"愤怒带来感知问题、缺乏理智的决定、敌意,这些都会带来压力,损害身体健康。

回顾第5章讨论的情绪问题。在某些时候感到愤怒是很自然的。尽管我们不能控制愤怒的感觉,我们可以控制自己的行为;我们可以学会用更加有效的途径处理、解决愤怒。愤怒的累积会引发被动—攻击型行为。下面是有效解决愤怒的技巧:

● 理性思考。例如,当面对消费者时,要知道消费者可能会生气,你的工作要求你保持冷静。

● 寻找积极方面。在许多糟糕的环境下,也有好的方面。如果生活给了你柠檬,就用它做柠檬水吧。

● 尽力寻找幽默以缓解愤怒。找到适当的幽默可以避免闷闷不乐和愤怒。

● 控制愤怒的一个关键因素就是采取自信行为。如果你习惯采取被动或攻击型行为,试着用自信行为工作。

● 在如何处理愤怒上采取积极的态度。应用第3章改变态度和建立积极自我认知的技巧。复习技能强化练习3-2。使用积极的语言,如"我在遇到交通事故时会保持冷静"(而不是"我不能对交通事故生气");"我和Joe相处得很愉快"(而不是"我必须不让Joe惹我生气")。

● 使用愤怒记账法。理性控制愤怒的第一个步骤是自我认知。回答这些问题:你每天感到急躁或愤怒的频率是多少?什么会使你感到急躁或愤怒?你感到有多心烦?当感到愤怒时,你会有什么感受?当感到愤怒时,你会使用什么样的行为(大喊、说一些特别的话、敲桌子或什么也不做)?你善于处理急躁或愤怒吗?一个提高控制愤怒能力的好方法是在愤怒账簿上记录上述问题的答案。这是发泄愤怒的有效方法。使用愤怒记账法的人不知不觉就会改变了自己的行为方式。[77]

他人的愤怒和情绪控制:以下是摘自危机预防协会[78]、联邦职业安全健康协会[79]的一些提

第6章　冲突管理

示,旨在帮助人们通过自己的情绪控制处理他人的愤怒以及防止暴力。在开始讨论前复习一下前面讲过的内容。

- 第5章处理情绪化员工的技巧同样适用于此。再强调一下,永远不要做出任何贬低性的结论,那会让人更愤怒。如上所述,你可以用适当的幽默来缓解紧张,但要注意这种幽默不能被认为是宗教贬低。宗教贬低行为将导致暴力。
- 不要用愤怒和威胁回击愤怒和威胁。愤怒的人们很少处于成人型自我状态,他们经常采用攻击型行为(也许是被动型)。在控制情绪化行为方面成功的关键是要有成人型自我状态。
- 不要下命令和最后通牒。这种方法会加重愤怒,把人们推向暴力。
- 观察非语言沟通;表现出你的关切,避免显得有攻击性。用目光接触表现专注,但要知道盯着某人会使你表现出攻击型行为。保持冷静、柔的声音以化解愤怒和沮丧。如果说话大声或者语调沮丧、愤怒、生气,则会传递出你的攻击性。不要快速移动、指点某人或者太靠近(保持2—5英尺的距离),也不要接触对方的身体。
- 要认识到愤怒是自然的,鼓励人们用适当的方式发泄出来。面对攻击型人时,问题在于让他的行为举止不过分。面对被动型人时,你需要问些探询型问题,让他发泄出来,如"什么使你生气?""我所做的什么让你感到愤怒?"
- 承认人们的感受。使用反射型反应,阐释对方的感受,以表现出你在关心他,要帮助对方冷静,这样才能让他重新回到成人自我状态。
- 如果必要,远离当事人。如果可能,让第三方来应对当事人,然后自己离开。

潜在暴力的信号　工作场所暴力很少是自发产生的,多数是被动—攻击型行为不断升级,然后引发不可收拾的冲突。[80]员工会给出潜在暴力的预警信号,所以如果你找到了这些信号,在愤怒变成暴力之前采取行动阻止它,就可以防止暴力。[81]

- 认真对待口头威胁。多数暴力的人在采取行动前都会发出某种威胁信号。如果你直接或间接听到威胁,与发出威胁的当事人交谈,尝试解决问题。
- 观察非语言交流。传递愤怒的手势或其他肢体语言和大喊大叫一样预示着暴力活动的威胁。与当事人交谈,看看发生了什么。
- 注意暗流和骚扰。琐碎的小事也可以引发暴力。要阻止小事演变成暴力。
- 注意财产损坏。如果某个员工踢桌子、敲墙等等,要与之交流,找到此种行为产生的原因。破坏财产的人能够对同事施加暴力。
- 注意酒精和毒品的使用。人们可以在这些物质的影响下变得暴力。把它们清出工作场所,如果一再发生问题,向专家寻求帮助。
- 团结孤立的员工。融入不了组织的员工,特别是如果他总是被同事挑剔或骚扰时,很容易变得暴力。[82]接触这类员工,帮助他们融入组织,或帮他们找到适合的位置。
- 寻求武器或可以作为武器的物体。你可以试着与你认为安全的人交流,但要有安全保卫人员参与。

组织预防暴力　最好的预防方法是训练全部员工应对愤怒和避免暴力[83],这就是你现在要学习的。然而,在最初要用书面政策来定义工作场所暴力,坚决不容忍暴力的政策是最好的防止暴力的政策。[84]据管理者观察,对在工作场所使用暴力的员工采取迅速、坚决的行动非常重要。否则,攻击型行为将在组织中蔓延,阻止这些将更加困难。特别是管理者,工作中更要注意避免使用攻击型行为,因为员工更愿意模仿管理者而不是其他员工的行为。组织应该有处理不满的系统,应当有对暴力追根溯源的政策。组织应该调查应聘者过去或潜在的暴力行为,确保不会雇佣这种人。组织也应该营造良好的工作环境,能够使问题在引起暴力前就被解决。降级、解雇和失业应当处理得人性化,遵循处理愤怒的方针。帮助员工找到新工作的新职介绍服务有助于减少暴力。

个人预防暴力 你应当知道警察部门并不会帮助你或者组织预防工作场所暴力。警察只在暴力发生后才会介入。[85]下面有一些预防暴力的技巧。[86]一定要牢记总有可能发生暴力;留意挫折升级和愤怒,这样你就能在变成暴力之前制止它们。不单独与潜在的暴力行为人相处或挡住其出路。要知道什么时候需要远离潜在的暴力行为人。要了解组织关于报警的政策。向安保部门报告任何突发的问题。

工作应用

7. 回顾一个场景。在这个场景中,某人对你生气,他有可能是你的老板。是什么使他生气?这个人是否表现出任何潜在暴力信号?如果是,它们是什么?这个人对自己的愤怒处理得怎么样?举出这个人采取和没采取哪些具体技巧。

8. 回顾一个场景。在这个场景中,你对他人生气。是什么使你生气?你是否表现出任何潜在暴力信号?如果是,它们是什么?你对自己的愤怒处理得怎么样?举出你采取和没采取哪些具体技巧。

6.4 冲突管理类型

一些人认为冲突只存在于充满愤怒的严重问题中。然而,在人际关系中,只要两个或多个群体意见不一致,就存在**冲突**(conflict)。冲突是组织系统与生俱来的[87],随着劳动力越来越多元化,冲突也在增加。[88]在工作中,在你自己的人际关系中,你赞同他人所做的一切和所说的一切吗?如果答案是不,你便会处于冲突中,很可能每天发生冲突。处理冲突的能力是情商的一部分[89],管理冲突的能力是成功的关键。[90]在本部分中,我们将探讨冲突产生的原因、避免冲突和处于冲突中可以采用的5种管理冲突的方法。

6.4.1 冲突产生的原因和避免冲突

所有人际关系都依赖于每个当事人未成文的、含蓄的期待,这叫心理契约。[91]通常情况下,只有当我们的期待没有被满足时,我们才会意识到它们。沟通问题或冲突主要有三个原因:(1)我们未能让他人了解我们的期待;(2)我们未能发现他人的期待;(3)我们假定他人有着和我们一样的期待。

在任一人际关系中,避免冲突的方法是在冲突发生前共享信息,自信地提前讨论期待问题。不幸的是,知易行难。如前所述,只有当我们的期待没有被满足时,我们才会意识到它们的存在,而期待时时在变。[93]从这个意义上讲,我们总是处于冲突中。然而,提前告知期待能够帮助在冲突产生前解决冲突。[94]

在开篇案例中,Larry 希望 Helen 在自己需要计算器时将计算器给他,他直率地向 Helen 表达了这一想法。Larry 未能发现 Helen 的期待(可能是不关心),也许是想当然地认为 Helen 不在意将计算器在他需要时给他。Helen 的期待是 Larry 能够共用计算器,然而她发现 Larry 的期待和她的不一样。而且,她没有自信地提前告诉 Larry。这样他们就产生了冲突。因此,我们需要交流各自的期待。另外,也有某些时候有些人的行为是不公平的,像 Larry 就容易产生冲突而更难解决冲突。Helen 面对 Larry 时需要自信一点。

冲突有益 人们通常认为冲突是一场战争,具有破坏性。但是,冲突也是有益的。现在的问题不是冲突是好还是坏,而是如何管理冲突使之有益于组织。平衡的冲突对于所有组织来说必不可少。[95]太少或太多的冲突通常是管理者不愿意或没有能力适应多样化环境的信号。挑战现有模式和提出创新变革会引起冲突,但能提高绩效。

工作应用

9. 描述你观察到的组织中的冲突(可以是你以前工作过的组织)。分析冲突中的当事人和产生冲突的原因。

在学习冲突管理的 5 种类型前,完成自我测试练习 6-3 以选出自己的类型。

自我测试练习 6-3

确定自己的冲突管理类型

下面是四组场景。将 5 个选项从 1 到 5 进行排序,你首先会使用的方法(最喜欢)为 1,最不想用的方法(最不喜欢)为 5。不要试图选择最好的答案。根据过去的经验选择在某个场景中你最有可能采取的行动。

1. 你是一家制造企业的总经理。采购部门发现了一种原材料,比现在使用的成本低。但是,生产部门经理说现在使用的材料比较好,他不想换。质检部门经理说这两种材料都将以相似的质量通过质检。你将:
  _____ a. 什么也不做,让采购部门经理和生产部门经理自己解决。
  _____ b. 建议采购部门经理再找一种更便宜而且生产部门经理能接受的替代材料。
  _____ c. 让采购部门经理和生产部门经理互相妥协。
  _____ d. 确定谁正确,然后让另外一个人服从。
  _____ e. 将采购部门经理和生产部门经理召集起来,共同研究出一个双方都可接受的方案。

2. 你是一位大学教授。你已经开始建立一个咨询机构,并且有了一个咨询服务主任的头衔,这个主任头衔得到了院长的批准。你通过商务系运作这个咨询机构,自己和其他教授提供咨询。一切进行得都很不错。一天,继续教育部主任 Randy 对你说,咨询服务部门应该在他的部门之下,不应该是单独的一个部门。你会:

  _____ a. 建议某些咨询服务在继续教育部门之下,但其他的,例如你的咨询服务,还应该在商务系之下。

  _____ b. 尽一切可能阻止这种变动。直接找院长,要求咨询服务应该继续留在商务系,在你的领导下,就像一开始院长同意的一样。

  _____ c. 什么也不做。院长一定会识破这个夺取权利的计谋,从而会拒绝 Randy。

  _____ d. 去找 Randy 谈一下。试着达成一个双方都满意的协议。

  _____ e. 将 Randy 的要求放在一边。这不值得争斗,你还是可以做咨询。

3. 你是一家银行的分行行长。你的一个同事在刚刚结束的经理会议上两次打断你。你会:

  _____ a. 什么也不做。这也不是什么大事。

  _____ b. 友好地与之讨论,试着让同事停止这种行为。

  _____ c. 不要说或做任何事情,因为这或许会伤害人际关系,即使你对此感到有点失望。

  _____ d. 坚决地告诉同事,你这次可以容忍被打断,但希望将来不要发生。

  _____ e. 告诉同事,如果他讲话的话你会倾听而不会打断,希望他也同样这样对待你。

4. 你是人力资源/人事部经理。你已决定要让来访者登记并佩戴来访者通行证。但是,只有大约一半的员工在将他们的来访者带到办公室谈公事前登记。你将:

  _____ a. 去和总经理谈一谈为什么员工不让来访者登记。

  _____ b. 试着找出一个能取悦多数员工的方法。

  _____ c. 去找总经理,让总经理要求员工遵守你制订的步骤。如果总经理同意,员工就会遵守。

  _____ d. 不要求来访者签到,只要求他们佩戴来访者通行证。

  _____ e. 让员工顺着自己的喜好做。

为了了解自己的冲突管理类型,请在空线处标注数字 1—5。

场景 1	场景 2
_____ a. 强迫	_____ a. 妥协
_____ b. 逃避	_____ b. 强迫
_____ c. 迁就	_____ c. 逃避
_____ d. 妥协	_____ d. 协作
_____ e. 协作	_____ e. 迁就

```
           场景 3                              场景 4
_____    a. 逃避                       _____    a. 协作
_____    b. 协作                       _____    b. 迁就
_____    c. 迁就                       _____    c. 强迫
_____    d. 强迫                       _____    d. 妥协
_____    e. 妥协                       _____    e. 逃避
```

现在请按照在四个场景中你的反应将数字依次填入,然后将数字相加。

```
场景1    场景2    场景3    场景4
  a        b        d        c     = _____  总分,强迫型
  b        c        a        e     = _____  总分,逃避型
  c        e        c        b     = _____  总分,迁就型
  d        a        e        d     = _____  总分,妥协型
  e        d        b        a     = _____  总分,协作型
```

最低分数即代表你最明显的冲突管理类型。在所有场景中没有最好的冲突类型。分数越平均,在改变冲突管理模型时越具有灵活性。高分和低分都意味着很低的灵活性。这对确定他人的冲突管理类型也有帮助,这样你就可以和他人一起计划如何解决冲突。

5 种冲突管理类型——强迫、逃避、迁就、妥协和协作将在下一部分讨论。图 6-2 提供了结合交流分析和自信行为的综合练习。

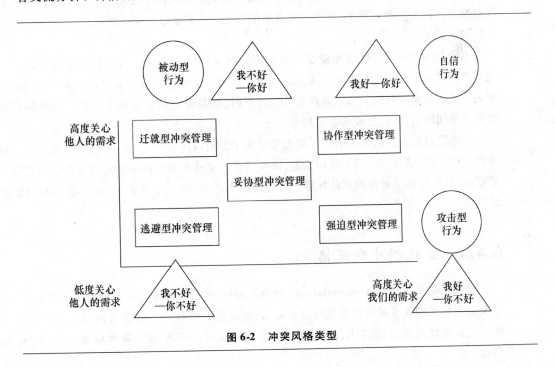

图 6-2 冲突风格类型

6.4.2 强迫型冲突风格

强迫型冲突风格(forcing conflict style)试图通过攻击性行为解决冲突。强迫型使用严厉型父母或适应型儿童自我心态,使用攻击型行为。强迫型的方法使用不合作、独裁的方式去满足自己的需要,如果必要会牺牲他人的利益。胜利—失败场景就产生了。强迫型使用权威、威胁、胁迫[96],当他们知道对自己有利时就会使用少数服从多数原则。例如,一个管理者告诉某个员工:"如果你现在不这样做,你就会被解雇。"

强迫型冲突管理的优点和缺点 强迫型冲突管理的优点是能够做出更好的组织决策(假设强迫者是正确的),而不是低效率、妥协的决策。缺点是滥用强迫型冲突风格将会引起对使用者的敌意和怨恨。

适当使用强迫型冲突风格 强迫型适用于以下条件:(1)有关个人差异的冲突时(尤其是有很难改变的价值观差异时);(2)保持亲密、支持性的关系并不重要时;(3)解决冲突十分紧急时。

6.4.3 逃避型冲突风格

逃避型冲突风格(avoiding conflict style)被动地忽略冲突,而不是解决冲突。逃避型使用服从型儿童或随和型父母自我心态,使用被动型行为。被动型不自信、不合作,想避免或推迟面对冲突。因为冲突未解决,就产生了双输的境况。人们通过拒绝采取行动,从身体上远离或从精神上逃离冲突。[97]

逃避型冲突风格的优点和缺点 逃避型冲突风格的优点是可以维持如果解决冲突就会受到伤害的人际关系。缺点是事实上冲突还未解决。滥用逃避型冲突风格会使个人内心陷入冲突。逃避者易被利用。当上级容忍员工违规时,就是使用逃避型冲突风格。逃避问题通常并不能使问题消除,问题经常会变得更糟糕。

使用逃避型冲突风格的条件 逃避型适用于下列情况:(1)利益不大;(2)对抗将严重损害重要的工作人际关系;(3)时间紧迫,需要逃避。某些人采取逃避政策是因为他们害怕处理不好的对抗,使情况更坏而不是好转。在学习过本章后,遵循这些指示,你将能够有效地处理对抗。

6.4.4 迁就型冲突风格

迁就型冲突风格(accommodating conflict style)试图通过被动地向对方让步来解决冲突。迁就型是顺从型儿童或同情型父母自我心态,采取被动型行为。迁就型的方法是不自信和合作。它试图满足他方的需求,忽略自己的需求。这样会产生赢—输的境况,他方将成为胜利者。

迁就型冲突风格的优点和缺点　优点是维持人际关系。缺点是向他方投降可能会达不到预期的目标。迁就型也许应该有更好的解决方法。滥用迁就型冲突风格将使别人利用迁就者,迁就者想要维持人际关系的努力通常会失败。

迁就型冲突风格应用的条件　下面的条件下可以应用迁就型冲突风格:(1)维持人际关系重于一切;(2)对于迁就型来讲,同意的让步对自己并不重要,但对他人十分重要;(3)解决冲突的时间有限。当遇到专制的老板时迁就型常常是唯一可以使用的方式。

逃避型和迁就型冲突风格的区别　逃避型冲突风格者可以简单地什么也不说或什么也不做。然而,迁就型冲突风格者必须去做某些不愿意做的事情。例如,如果你的老板说了你不同意的事情,你可以通过什么也不说来逃避。但是,如果你的老板让你到邮局去取一封信,而你不愿意去,但是你去做了,你就迁就了你的老板。

6.4.5　妥协型冲突风格

妥协型冲突风格(compromising conflict style)通过自信地让步方式来解决冲突。妥协型处于成人自我心态,使用自信型行为。它为了和谐的人际关系会试图满足他人的需要。这样,通过妥协就产生了我有所得亦有所失的情形[98],妥协式在自信行为和合作性方面均处于中等水平。适合在谈判当中应用妥协型。

妥协型冲突风格的优点和缺点　妥协型的优点是冲突能够得到快速解决,人际关系得以维持。缺点是妥协经常达不到预期目标(做出并不是最满意的决策)。滥用妥协将使人们玩弄花招,例如他们会提出双倍以上的要求,以便妥协后得到他们想要的。妥协型经常在管理层和工会集体谈判时使用。

妥协型应用的条件　下面的条件下应用妥协型冲突风格:(1)问题复杂、紧急,没有简单、明确的解决方法;(2)不同的解决方案对各方利益关系重大;(3)时间紧。

6.4.6　协作型冲突风格

协作型冲突风格(collaborating conflict style)自信地通过各方达成一致意见解决冲突,也被称为解决问题型。协作型处于成人型自我心态,使用自信型行为。协作型的方法是自信的和合作的。协作型试图去考虑问题的全部。关键是找出能够满足各方需求的问题解决方法。不像强迫型,如果有更好的解决方案,协作型愿意改变。这是唯一能够产生双赢情况的冲突风格类型。

情境应用

选择冲突风格类型

AS 6-3

确定最合适的冲突风格类型：

A. 强迫型　　B. 逃避型　　C. 迁就型　　D. 妥协型　　E. 协作型

_____ 11. 你所在的班级整个学期都使用团队法。在正常条件下，最合适的类型是_____。

_____ 12. 你加入了一个协会，这样你就可以认识更多的人。你对协会的作用兴趣很低。在协会活动时，你的一个建议被另一个成员反对。你知道你的想法更好。反对你的人用了强迫型。

_____ 13. 你是一个生产部门的主管。一个重要的生产进程拖后了。你的两个员工和往常一样又有冲突了，争论该如何赶上截止日期。

_____ 14. 你是一个购买计算机委员会的成员。有四个品牌可以选择。但别人对于品牌、价格和服务不能达成一致意见。

_____ 15. 你是销售主管。你的一个非常有能力的销售人员正在谈一个大单。你们俩正在讨论她要做的下一笔销售。你不同意她采取的策略。

_____ 16. 你在要去开一个非常重要的会议的路上。你迟到了。在你转过街角时，在商店里，你看到了你的一个员工没有在工作，而是溜了出来。

_____ 17. 你所在部门有了危机。你的老板给你打电话，用非常严厉的语气告诉你："现在马上过来！"

_____ 18. 你和你的老板以及其他平级主管在开一个特殊的一小时预算会议。你必须要对每个部门的预算最后定案。

_____ 19. 你和一个平级主管一起写一个报告。你不同意报告使用的格式。

_____ 20. 这个月你的员工工资预算超支了。今天生意不好，所以你想让一个兼职员工早点下班。他告诉你他不想回家，因为他需要赚钱。

协作型冲突风格的优点和缺点　优点是通过使用自信型行为，用最好的方案解决冲突。一个大的缺点是与其他冲突风格类型相比，通常要花费更多的时间和更大的精力解决冲突。

协作型冲突风格的应用条件　下面的条件下应使用协作型冲突风格：（1）维持人际关系比较重要；（2）时间充足；（3）发生冲突的各方平等。为了取得成功，必须面对冲突。协作型通常被认为是最好的冲突风格类型，因为它自信地面对冲突，而不是被动地忽略它或攻击性地与别人争斗。

迁就型和协作型冲突风格的区别　让我们举例解释。对于迁就型，当你和你的同事正在搬家具时，你们轮流听你们各自喜欢的电台，这样，你们每个人都有所得失。对于协作型，你们可能找一个你们共同喜欢的电台一起听——你们都赢了。不幸的是，协作并不总是发生。

观察表明，并没有适用于解决所有冲突的最好的冲突风格类型。某人的首选类型是满足他的需要。有些人喜欢强迫型，有些人更喜欢逃避型等等。成功之道在于在特定情境中使用合适的类型。在五种类型中，最难成功使用的类型（也可能是在适合时最未被充分利用的）是协作型。因此，协作型将在本章下一部分详细说明。

在开篇案例中，Larry坚持使用强迫型冲突风格，而Helen在开始时使用迁就型冲突风格，而后变成强迫型冲突风格，然后又变回迁就型冲突风格。为了各方双赢，Helen应该使用协作型冲突风格。

工作应用

10. 举出一个你所经历的冲突风格的情境。区分和解释最合适的冲突风格类型。

6.5 用协作型冲突风格方式解决冲突

当冲突存在时，要应用合适的冲突风格类型。在上级—员工冲突中，协作型并不总是最合适的。然而，对于同事和平级之间的冲突，它一般是合适的冲突风格类型。

本小节的目标是建立自信地面对冲突的能力，采取解决冲突而不破坏人与人之间关系的做法。让我们看一下冲突解决方案的提出人、反应人和中间人的作用。

6.5.1 提出冲突解决方案

解决方案提出人是在冲突中与他人对抗的人。解决方案提出人的态度对对抗结果有重要影响。我们准备面对什么结果就会得到什么结果。如果你在冲突中预期争吵和战争，那么你就得到争吵和战争。如果你预期成功解决冲突，你也将成功解决它。（回顾一下第3章中的自我实现预言。）

为了解决冲突，你应该设计行动计划。当你使用协作型冲突风格开始冲突解决工作时，遵循下列**提出冲突解决方案的步骤**（initiating conflict resolution steps）：步骤1，使用XYZ模型来保持问题主导者身份；步骤2，坚持执行既定计划；步骤3，达成一致的改变。

步骤1：使用XYZ模型来保持问题主导者身份 冲突当事人没有成功解决冲突的部分原因是他们通常等待太久才开始对抗，而且常常情绪化且没有计划（被动—攻击性行为）。在对抗中，人们说着言不由衷的话，因为他们没有想过他们真正的需要和目标。你应该知道，当你有失望感和挫折感时，问题出在你自己身上，而不是别人的原因。例如，你不吸烟，来看你的客人吸烟。吸烟困扰你，而不是吸烟者。这是你的问题。你应该首先以请求作为对抗的开始，以解决这一问题。这种方式会减少防御性行为，建立解决问题的气氛。

应该了解自己想要达成的目标和自己的期望，提前表述它们。使用描述性语言，而不是评价性语言。避免决定谁应该受到谴责。双方当事人通常都负有部分责任。确定谴责对象只会让人们变得具有防御性,这对于冲突解决毫无意义。陈述要简短。陈述越长,解决问题花费的时间越长。等待得越长,人们会变得越有防御性。使用 XYZ 模型。[99] **XYZ 模型(XYZ model)** 用行为、后果和感受描述问题。当你做 X(行为)时,Y(后果)发生了,我感到 Z(感受)。例如,当你在我的房间里吸烟(行为),我会呼吸困难和恶心(后果),我感到不舒服和生气(感受)。可根据情境改变陈述次序,可先讲感受或后果。

注意,在 XYZ 模型中,并没有包含建议一词。你不能在开始时给出建议,你应该让他人自己反应,他人也许有好的解决方法。如果他人没有提供解决方法,或者提出一个你并不同意的方法,你可以试着提出建议。在上面的吸烟案例中,不要告诉客人吸烟有害健康,不要建议他不要吸烟。

时机也很重要。不要在别人有其他事情时与之解决冲突。如果对方很忙,另约时间来讨论冲突。另外,对抗一个人时不要同时讲几件不相关的事情。

> **工作应用**
>
> 11. 应用 XYZ 模型描述自己经历过的冲突问题。

步骤 2:坚持执行既定计划 讲完简短的、事先计划好的 XYZ 型语句之后,等待对方的反应。如果对抗方承认问题并承诺改变,你也许成功了。通常情况下,人们并没有意识到有冲突发生,如果方法正确,他们会愿意改变。然而,如果其他人不理解或逃避承认问题,要坚持下去。在他人甚至没有意识到冲突存在时,你不能够解决冲突。多次重复你自己计划的方案,或者用不同的方式多次解释,直到对方认识到问题或你发现毫无解决的希望。但是不要轻易放弃,要倾听他人的意见,观察非语言暗示。[51]

当他人承认问题存在但并不想解决时,诉诸共同目标。让他人意识到对他有利,也对组织有利。

步骤 3:达成一致的改变 试着达成能够解决冲突、双方一致接受的行动步骤。牢记你是协作型,而不是强迫型。如果可能,让对方承诺将如何改变。

下面举例说明如何解决冲突:

Pam:嗨,Bill!能和你谈几分钟吗?

Bill:当然。什么事情?

Pam:近来有点事情一直困扰着我,我想应该让你知道。你没做家庭作业就来上课(行为),我感到有点生气(感受),我们小组不得不等你读完那些资料,或是在你没有贡献想法的情况下做出决策(后果)。

Bill:嘿,我很忙!

Pam:你认为小组中其他的人就不忙吗?

Bill:不。

Pam:成绩对你重要吗?

Bill:是啊。如果我成绩不好,我就不能在足球队踢球了。

Pam:你的成绩中包括了家庭作业,我们也都得到一样的小组成绩。你的投入将会使我们得到一个更好的成绩。

Bill：很正确！有时我忘了这一点。嗯，有时我不做是因为我不明白作业。

Pam：我会告诉你的。如果你有不明白的地方，给我打电话，或者来找我，我会解释的。你知道我的电话和地址。

Bill：太感谢了。

Pam：这么说来你是同意在课前做作业了，我也愿意在你需要时帮你一把。

Bill：好，从现在起我会做的。

6.5.2 回应冲突解决方案

反应人是解决方案提出人面对的人。多数解决方案的提出人不遵循上述模型。因此，反应人必须遵守冲突解决模型来成功地解决冲突。**回应冲突解决方案的步骤**(responding to conflict resolution steps)：步骤1，倾听并用 XYZ 模型描述问题；步骤2，对冲突的某些方面达成一致；步骤3，要求或提出多项解决方案；步骤4，对于改变达成一致。这些步骤将在表 6-3 中体现。

表 6-3 解决冲突

提出冲突解决方案
步骤1：使用 XYZ 模型来保持问题主导者身份；
步骤2：坚持执行既定计划；
步骤3：达成一致的改变。
回应冲突解决方案
步骤1：倾听并用 XYZ 模型描述问题；
步骤2：对冲突的某些方面达成一致；
步骤3：要求或提出多项解决方案；
步骤4：对于改变达成一致。
调解冲突解决方案
步骤1：应用 XYZ 模型，让各方表达其抱怨；
步骤2：对问题达成一致意见；
步骤3：提出多项解决方案；
步骤4：达成改变的一致意见，然后遵守。

6.5.3 调解冲突解决方案

经常地，冲突中的员工不能解决自己的争论。在这些事件中，管理者应当调停，帮助他们解决争端。[100]

将冲突的双方当事人叫到一起之前,管理者应当判断是联合会议好还是单独会议好。如果一个员工开始抱怨,但还没有开始对抗其他人,或者不同员工在理解上有严重差异时,管理者应该在将他们聚集在一起之前与当事各方进行1对1的会面。此外,当事人双方对问题都有相同的认识和解决问题的动机,管理者可以在当事人都冷静时,召开联合会议。管理者应当是调停者,而不是法官。让员工知道这是他们的事情,不是管理者的,员工要为解决问题负责。如果可能,让员工自己解决冲突。保持公正,除非一方违反了公司政策。不要轻视冲突的当事人。不要做诸如"我对你们双方都很失望,你们太幼稚"等评论。

在召集冲突当事人后,遵循下列调停冲突模型。**调解冲突解决方案的步骤(mediating conflict resolution steps)**:步骤1,应用XYZ模型,让各方表达其抱怨;步骤2,对问题达成一致意见;步骤3,提出多项解决方案;步骤4,达成改变的一致意见,然后遵守。这些步骤在图6-3中有所描述。

在讨论自信行为时,曾以开篇案例为例,说明Helen可以如何自信地面对Larry。除了自信地面对Larry外,Helen还应该使用协作型冲突风格类型解决计算器使用问题。Helen可以建议Larry由他们中的一个向老板再要一个计算器,这样他们就都有了一个。对于双方来讲,第二个计算器可以产生双赢。Helen和Larry都赢了,因为他们都不用再等待计算器了。部门也赢了,因为效率提高了,不用浪费时间来等待计算器了。公司赢了,因为部门更有效率了。得到第二个计算器是一个解决冲突的好方法。然而,如果部门或组织没有买新计算器的预算,或者浪费的时间成本低廉,如果问题是这样,Helen要自信,直到她用完计算器再将它给Larry——这是双赢;或者他们可以达成其他协作协议,如每个人在特定时间保管计算器。如果Larry不愿意协作,他们的老板必须调解冲突。

> **工作应用**
>
> 12. 描述一个可以应用冲突解决方案提出人、反应人和调停解决冲突模型的真实场景。

6.6 总结

图6-3展现了交流分析、自信、冲突风格的关系。图6-3的前两列关于冲突风格,第三列关于自信,第四列和第五列关于交流分析,最后一列与人际关系的目标有关。最后一列是关于实现人际关系目标的人际行为优先顺序。但是要记住,这只是常用建议。如本章所述,有时其他行为会更适合。在自己人际关系的大多数方面,你应当努力去关注满足自己需要的同时满足他人的需要。你应当使用自信、成人型、协作型去创造各方双赢。

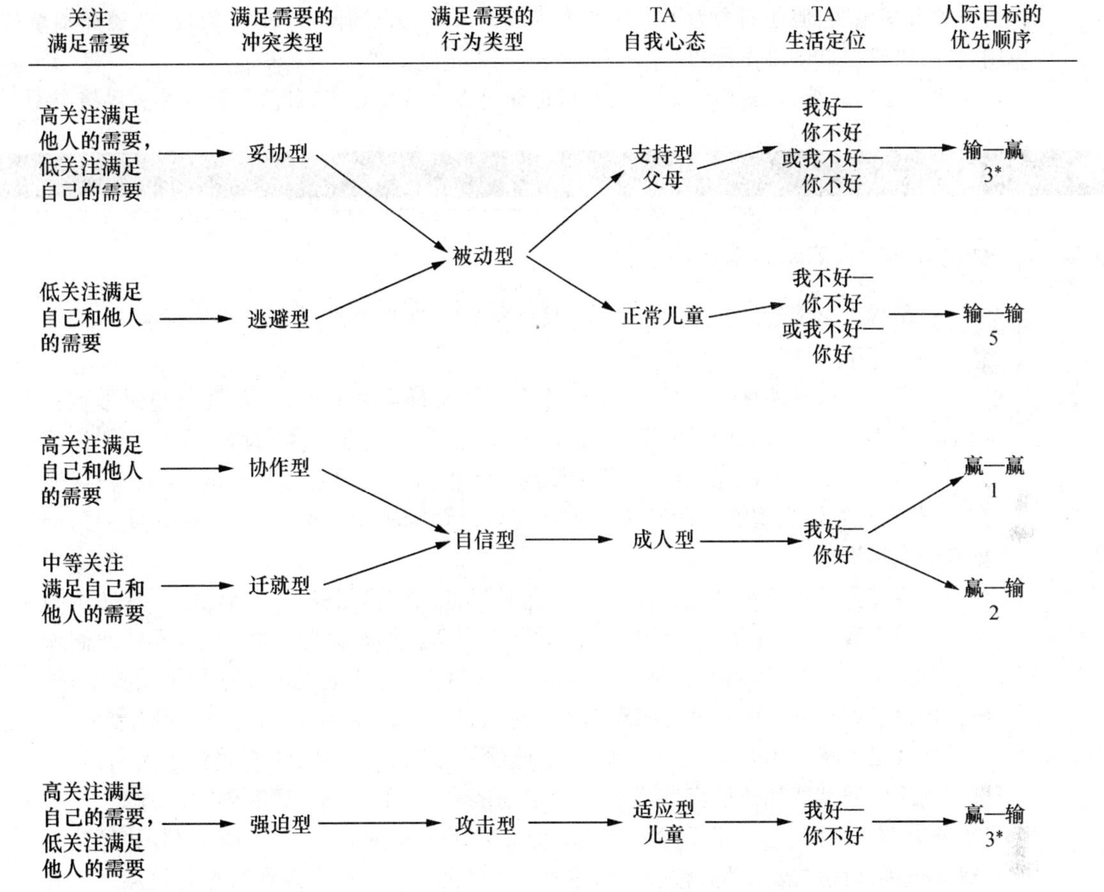

第 6 章 冲突管理

关注 满足需要	满足需要的 冲突类型	满足需要的 行为类型	TA 自我心态	TA 生活定位	人际目标的 优先顺序
高关注满足他人的需要，低关注满足自己的需要	妥协型	被动型	支持型父母	我好—你不好 或我不好—你不好	输—赢 3*
低关注满足自己和他人的需要	逃避型		正常儿童	我不好—你不好 或我不好—你好	输—输 5
高关注满足自己和他人的需要	协作型	自信型	成人型	我好—你好	赢—赢 1
中等关注满足自己和他人的需要	迁就型				赢—输 2
高关注满足自己的需要，低关注满足他人的需要	强迫型	攻击型	适应型儿童	我好—你不好	赢—输 3*

图 6-3　人际动力学类型

* 赢—输和输—赢情境对于组织或团队来讲，优先顺序是相同的，因为个人及团队或组织都输。对于输方来讲，个人的输比团队重要。

在阅读图 6-3 时，你应当注意人们使用被动型、妥协型和逃避型冲突风格类型来对抗采用攻击型、强迫型的人的行为。自信的人使用协作型、妥协型冲突风格，他们的行为在两个极端中间。

你应当了解使用被动型、妥协型、逃避型的人与使用攻击型和强迫型冲突风格的人有着相反的人际关系。被动型的人羞于交朋友和主动结交，而攻击型的人试图掌控和冒犯团队。自信型的人使用协作型管理手段，倾向于友好和在工作时创造各方双赢。一般地讲，被动型的人不能满足自己的需求，他们常被攻击型利用。攻击型的人不讨人喜欢，因为他们侵犯他人的权利。自信型的人趋向于拥有最好的人际关系。

在个人绩效和人际动力类型之间，没有明确的关系。许多被动型的人独自工作得很好，攻击型的人也同样如此。攻击型的人某些时候比被动型的人更多产，因为攻击型的人可以利用被动型的人。谈到团队和组织绩效，自信型的人通常是最愿意为组织努力负责的人。被动型的人对做好团队工作有良好的意愿，但他们不会说如何做。攻击型的人只对自己负责。如果

组织中的人际关系

某人提出了不同于他人的想法,攻击型的人不会为了大家好而协作。自信型的团队成员与大家协作地分享想法,但他们会为了大家产生双赢而改变,去选择一个更好的建议,遵循本章的原则,就可以建立自信协作技巧。

作为本章的总结,让我们讨论个人人格将如何影响自我心态、自信和首选冲突风格类型。

自我测试练习 6-4

你的人格和人际动力学

有相同人格类型(第 2 章)的人一般相处愉快,较少冲突。[101] 所以在人际关系中,注意与你人格不一样的人。

如果你具有高外倾性人格,注意你的严厉型父母自我心态,一定要尽量采取积极行动以改善人际关系。也许你处于"我好"的生活定位,但确保用"你好"的心态对待他人。作为外倾型的人,也应当注意不要使用攻击型行为去得到你想要的东西。在大多数情况下,外倾性类型的人在冲突中对抗他人没有问题。但是,不要对他人使用强迫型冲突风格类型。

如果你具有高随和型人格,你倾向于维持与他人的良好关系。但注意不要使用随和型父母自我心态,注意适当使用儿童型自我心态。不要让他人利用你,不要把他人置于"你不好"的生活定位,要使自己能够处于"我好"的生活定位。注意不要被动,不要使用逃避型和妥协型冲突风格方法来避免对抗他人,你也需要满足自己的需要。

适应型人格与如何调节感情、特别是愤怒处理有关。如果你的适应型人格较低,你会使用父母型或儿童型自我心态。你也可能处于"我不好"的生活定位,他人处于"你不好"的生活定位。基于自己的适应型人格,你可以是被动型(让他人利用你)或攻击型(试图利用他人),适应性差将导致暴力。低适应型人格的人通常在处理冲突方面很弱,因为他们倾向于逃避和妥协或在冲突情景中采取强迫。尽量不要有低适应型人格,不要太情绪化。学会处理情绪特别是愤怒。

适应型和开放型人格有关。如果你适应性差,你也许对新事物不够开放。如果你在开放性方面很差,你也许很难很好地处理冲突,因为解决冲突通常需要改变。所以要尝试去接受新事物。

如果你具有高尽责型人格,你将有父母型或儿童型自我心态。你处于"我好"的生活定位,但要注意不要认为他人处于"你不好"的生活定位。注意你为达到目标而使用的攻击性行为。你也许擅长解决冲突,但也要注意满足他人的需要。

行动计划:基于自己的人格,你应当做什么来提高自己的交流分析、自信和冲突风格技巧?

第6章 冲突管理

复习题

　　_____是理解人际动力学中行为的方法。三种_____包括父母型、儿童型和成人型。父母型包括严厉型父母和支持型父母,儿童型包括正常儿童型和适应型儿童。三种_____是互补型、交叉型和隐蔽型。

　　互补成人—成人型交流在组织中一般更有效率。存在四种生活定位,采取积极定位肯定更受欢迎。

　　被动型行为是满足他人需求的同时没有争取自己权利的逃避型行为或妥协型行为。攻击型行为是不考虑他人权利,将自己的意愿强加于他人身上。被动—攻击型行为是同时使用两种类型的行为。_____是用适当的方法提出自己的要求并表现思想和感受的步骤。一般地,自信型行为最具有生产力,然而,在某些情况下,被动型和攻击型行为会更合适。

　　拥有自信行为的步骤:步骤1. 树立目标;步骤2. 确定如何产生双赢情境;步骤3. 使用自信短语;步骤4. 坚持执行计划。

　　处理愤怒和防止工作场所暴力十分重要。本章提供了一些如何处理自己和他人的愤怒、控制情绪的技巧。一定要注意寻找潜在暴力的信号。组织可以通过训练员工来达到这些目标。书面政策和良好的工作环境也能够帮助防止暴力。

　　当两方或多方意见不一致时,就产生了_____。冲突风格技巧对于人际关系十分重要。

　　冲突风格类型如下:_____者试图通过攻击型行为解决冲突。_____者试图被动地忽略冲突而不是解决冲突。_____者试图通过被动地向他人妥协来解决冲突。_____者通过自信让步的方式来解决冲突。_____者自信地通过对各方都有好处的一致意见来解决冲突。每种类型都有优点和缺点,每种都有适合的确定场景。

　　_____包括如下:步骤1. 使用XYZ模型来保持问题主导者身份;步骤2. 坚持执行既定计划;步骤3. 达成一致的改变。_____是用行为、后果和感受描述问题的方法。_____如下:步骤1. 倾听并用XYZ模型描述问题;步骤2. 对冲突的某些方面达成一致;步骤3. 要求或提出多项解决方案;步骤4. 达成同意改变的一致意见。_____步骤如下:步骤1. 让各方用XYZ模型表达自己的不满;步骤2. 对问题达成一致意见;步骤3. 提出多项解决方案;步骤4. 达成同意改变的一致意见并执行。

　　人际动力学涉及人际关系中行为的应用。被动型和攻击型的人使用对抗性行为,自信型的人的行为在这两种极端行为之间。一般地,使用自信型行为的人来源于成人型自我心态,高度关注满足他人和自己的需要。他们倾向于使用协作型冲突风格,采取适当的行为方式,这些将产生双赢的情境。如图6-3,人际动力学类型,总结了交流分析、自信和冲突风格类型。

案例分析

Andy Cunningham:Citigate Cunningham 公司

　　1985年,Andy Cunningham在加利福尼亚的Santa Clara创立了自己的公共关系(PR)公司——Cunningham传播公司。Andy认为,公共关系公司的职责是整理和传达信息。她将目标定位于使客户及时察觉市场动向,同时这也是公司的竞争优势所在。为实现这样的目标,公司密切关注着金融组织、新闻报道、咨询顾问、顾客甚至公司内部的雇员。公关公司的成功离不开高素质的员工,客户必须对为他们服务的PR人有相当的信心,因为很多时候,客户不得不接受PR人根据数据分析得到的不利消息。在PR行业,各公司的客户变动很频繁,雇员跳槽也很平常,因为PR人追求高收入和新挑战。

　　Cunningham传播拥有硅谷部分最好的客户,包括Borland International and Aldus Corporation(软件生产商)、惠普和摩托罗拉。公司仅有24名雇员,但每年的收益增长超过300万美元。然而,Andy犯有大

组织中的人际关系

多数创业者的通病,即总希望自己做出所有的决定,而不是咨询权威。结果,经理们老是抗议,士气低落,客户及雇员的变动频繁,Andy不得不面对这样的威胁:公司正面临着成立以来的首次亏损。

面对问题,Andy明白改革势在必行。她最初尝试将客户分派给不同的工作小组,根据各小组的绩效分发奖金。不幸的是,公司内部的竞争变得更加激烈,"斗争"升级,雇员拒绝共享信息,工作小组之间也没有彼此的合作。Andy意识到分小组是个好主意,但小组工作体系有待进一步改进。

Andy越发意识到要使公司业绩好转,就必须咨询权威。于是她决定成立一种新型团队组织,它是一种合作性计划下的目标驱动系统,称之为吸纳性小组(input teams)。Andy给每个小组下达了年度目标,各小组制订了达到目标的计划及预算。每一位雇员至少属于一个小组,同时小组成员每周会面不少于5小时。Andy还意识到人力资源条例必须支持公司的目标和新的管理体系。通过在一起工作,Andy和她的人力资源经理以及其他一些人员制订了以下计划。

为吸引和留住雇员(员工被称为associate),他们设计了职业路径规划系统。所谓职业路径规划系统,是一系列的工作任务,通过奖励与提拔,使员工更富责任感。职业路径规划系统设计的目的是使员工的能力提升一个层次,使客户更加放心。新员工被引导融入企业文化,即所谓的Cunningham文化。他们要学习有关吸纳性小组的知识,了解不同的部门,以及了解如何提升团队工作技能和时间管理技能。新员工需要参加Cunningham传播公司组织的为期3天的培训。

工资的给付体系也进行了改革。员工的工资由固定工资和奖金组成,而奖金则与绩效挂钩。因此,事实上是员工决定了自己的职责、目标与报酬。Andy说,每个员工都感到了物有所值。公司经常会有一些咨询会议,让员工们得到来自上司的反馈,让他们明白自己所做的与预期存在的差距。员工偶尔完不成目标的时候,也不会对工资的降低有所抱怨。要提高工资,员工就必须进一步提高工作绩效。

Andy的一些效益高的老员工开始抱怨新体系,他们不想被束缚在一个小组中,但是,Andy的立场非常坚定,新体系必须实施,甚至一些老员工要辞职她也在所不惜。在上述改变实施后的6个月内,有3名老员工自动终止了与公司的工作合同。Andy对他们的离开表示遗憾,但是她认为他们对新体系的看法存在误解。从积极的角度来看,新体系的执行使公司的业绩持续增长,员工数量由原来的24人增加到了59人。

Andy很清楚地看到,要在全球的信息经济中更具竞争力,公司规模必须扩大。2000年7月,Andy与Incepta Group PLG达成了协议,成为Citigate公司全球市场团队的一部分,大大扩展了公司业务的深度与广度,使公司能更好地为客户服务。如今Andy已经是Citigate Cunningham公司的总裁兼CEO,该公司拥有大约150名员工,公司总部搬到了佩罗奥托,并且在加利福尼亚的旧金山、得克萨斯州的奥斯汀、马萨诸塞州的剑桥都有分公司,年收益超过2000万美元。

网上查询:想了解更多关于Andy Cunningham和Citigate Cunningham的信息,或更新本案例中提供的信息,请直接在网上进行查询,或登录公司网址:www.citigatecunningham.com。

请用案例和课本中的信息,或在网上和从其他渠道所获得的相关信息,回答下列问题。

1. 本案例是怎样说明坚定与自信的?

2. 列举Cunningham内部的至少2种冲突情形。

3. 对于老员工,Andy采取了哪种冲突管理模式?

第6章 冲突管理

4. Andy 有效地解决了你在问题 2 中列举的冲突吗?

回顾性问题

5. 本案例中存在哪些学习型组织的问题(第 2 章和第 5 章)?

6. 工作小组模式的创新给工作满意度带来了怎样的变化(第 3 章)?

7. 在本案例中,组织结构和沟通扮演了什么样的角色(第 4 章)?

客观题案例

Bill 与 Saul 的冲突

下面是 Bill 与 Saul 的通话内容。Bill 是销售员,Saul 是生产经理。

Bill:"听着,Saul,我刚刚得到一份订单,需要 1 000 单位的商品,我答应 2 天内给对方送货。生产方面应该没什么问题吧?"

Saul:"Bill,你应该知道正常的交货时间是 5 天。"

Bill:"我知道,但是我不得不答应他 2 天内送货上门。所以,请尽力吧!"

Saul:"我们没有这个能力,你事先该同我商量一下,我最快也得需要 4 天。"

Bill:"哦,我的天,你到底是我母亲,还是产品经理?"

Saul:"2 天内我确实无法准备好 1 000 单位商品,我还得准备其他人的订单,他们比你先预订。临时订单最快也得要 4 天。"

Bill:"加把劲,Saul,你可不能这样对我。我需要这笔生意,这可是一笔大生意。"

Saul:"我了解,Bill,你已经是第 3 次对我说同样的话了。"

Bill:"但这次确实是一笔大单。难道你不在乎销售量吗?"

Saul:"我当然在乎,但我的生产速度可不及你近来的销售速度快。"

Bill:"如果我违约了,你承担得起这个责任吗?"

Saul:"Bill,我们的生产有自己的周期。我很抱歉,我无法满足你,你的订单需要 4 天才能完成。"

Bill:"我本以为找你就足够了,看来是你逼我找你的老板 Carlson 先生,他会教你该怎么满足我的要求。我看你就想想办法吧,省点时间,不要把事情搞复杂了。"

Saul:"我当然在乎,但我的生产速度确实跟不上你近来的销售速度。"

Bill:"难道你真的不在乎这笔大单吗?"

Saul:"我就等着 Carlson 先生来找我好了。还有,希望你有愉快的一天,Bill!"

回答下列问题,并在每题之间的空白处写出你的理由。

_____ 1. Bill 谈判时处于_____自我心态。
    a. 严厉型父母 b. 随和型父母 c. 成人   d. 正常儿童
    e. 适应型儿童

_____ 2. Saul 谈判时处于_____自我心态。
    a. 严厉型父母 b. 随和型父母 c. 成人   d. 正常儿童

e. 适应型儿童

_____ 3. 两人的电话讨论是一起_____交流。
  a. 互补型 b. 交叉型 c. 隐蔽型

_____ 4. 从文中可以看出 Bill 的人生价值观是_____。
  a. 我好—你不好 b. 我好—你也好 c. 我不好—你不好 d. 我不好—你好

_____ 5. Bill 的行为是_____。
  a. 被动型 b. 攻击型 c. 自信型

_____ 6. Saul 的行为是_____。
  a. 被动型 b. 攻击型 c. 自信型

_____ 7. Bill 与 Saul 的冲突是_____。
  a. 个人的 b. 人际的 c. 个人的/团队的 d. 团队内部的

_____ 8. 冲突的起源是_____。
  a. 个体差异 b. 信息 c. 目标 d. 环境

_____ 9. Bill 属于_____冲突风格。
  a. 强迫 b. 回避 c. 迁就 d. 妥协
  e. 协作

_____ 10. Bill 属于_____冲突风格。
  a. 强迫 b. 回避 c. 迁就 d. 妥协
  e. 协作

11. 假如你是 Bill,你会怎样做?

12. 假如你是老板 Carlson,如果 Bill 找你,你会怎样做?

注:Bill 与 Saul 的对话和/或他们与 Carlson 先生的会面,可以在课堂进行角色扮演。

技能强化练习 6-1

交流分析
准备

下面是 10 种情形,对于每一种情境:

1. 发送者的自我状态如下:
  CP——严厉型父母
  SP——随和型父母
  NC——正常儿童
  AC——适应型儿童
  A——成人

2. 分别将 CP、SP、NC 、AC、A 填入每个由序号标注的情境的左侧 S_____处。
3. 接受者的自我状态如说明 1 所示,仔细辨别,并将 CP、SP、NC 、AC、A 填入 R_____处。
4. 从 a、b、c、d 或 e 中选择最符合对话中人际关系的选项。

S_____ 1. Ted 委派任务时说:"工作虽然有点枯燥,但必须有人来做,你愿意去做吗?"作为被委派者

第6章　冲突管理

的 Sue,说:
　　a. "好的老板不会让我去做这样的工作。"　　　　　　　　　R_____
　　b. "我愿意随时为你效劳,Ted。"　　　　　　　　　　　　　R_____
　　c. "我不会打扫的。"　　　　　　　　　　　　　　　　　　R_____
　　d. "你不会是认真的吧?"　　　　　　　　　　　　　　　　R_____
　　e. "我马上就去做。"　　　　　　　　　　　　　　　　　　R_____

S_____ 2. Helen 是一名顾客。一次她将一件女装送去干洗,洗完后付钱,然后带回家。回到家她打开一看,发现衣服并没有洗干净。Helen 返回干洗店,质问干洗员:"你这儿究竟怎么回事?难道你洗不干净衣服吗?"干洗员,Saul,回答道:
　　a. "这不是我的错,并不是我洗的。"　　　　　　　　　　　R_____
　　b. "我很抱歉,我们马上为你重洗。"　　　　　　　　　　　R_____
　　c. "我理解你为何会如此失望,你今天就想穿吗?我可以怎样弥补这一过失呢?"
　　　　　　　　　　　　　　　　　　　　　　　　　　　　　R_____
　　d. "这些污渍是你不小心造成的,而不是我们。"　　　　　　R_____
　　e. "噢,这种事情在本店是第一次发生。"　　　　　　　　　R_____

S_____ 3. 在办公室里,Bill 把一叠纸弄掉到地板上。经理 Mary 看见了走过来说:"这种事谁都会发生,我来帮你捡起来吧。"Bill 回答:
　　a. "我想是我脚下滑了一下,哈哈!"　　　　　　　　　　　R_____
　　b. "如果不把纸堆得这么高,这样的事就不会发生了。"　　　R_____
　　c. "不是我的错,我才不捡呢。"　　　　　　　　　　　　　R_____
　　d. "谢谢你帮我,Mary。"　　　　　　　　　　　　　　　　R_____
　　e. "让我来吧,不费什么事的。"　　　　　　　　　　　　　R_____

S_____ 4. Karl 和 Kelly 正在谈论她所在银行支行绩效奖金的事情,Karl 说:"我听说你没有拿到绩效奖金。"Kelly 回答:
　　a. "对呀,你拿了多少?"　　　　　　　　　　　　　　　　R_____
　　b. "我根本不需要。"　　　　　　　　　　　　　　　　　　R_____
　　c. "支行经理不公平。"　　　　　　　　　　　　　　　　　R_____
　　d. "支行经理不给我提是因为他对我有偏见,男的提得都比女的多。"　R_____
　　e. "谢谢你的关心。有什么需要我帮助的吗?"　　　　　　　R_____

S_____ 5. Beckie,商场经理,对他的手下 Ed 说:"货架上的口香糖没了,你再去进点货。"Ed 回答:
　　a. "为什么每次都是要我去做?"　　　　　　　　　　　　　R_____
　　b. "乐意效劳,我明白保持货源充足对顾客的重要性。"　　　R_____
　　c. "我整理完这一排就去做。"　　　　　　　　　　　　　　R_____
　　d. "如果能送我一包的话我就会做。"　　　　　　　　　　　R_____
　　e. "为什么不卖大包装的呢?那样我就不必这么频繁地上货了。"　R_____

S_____ 6. 经理 Carol 让手下 Tim 填一些表格。过了一会,Carol 回来时发现 Tim 还没有填表格。Tim 说:"噢,我忘了。"Carol 回答:
　　a. "我早告诉过你了,把该做的记下来,这样就不会忘记了。"　R_____
　　b. "没关系,我知道你很忙,有空再填吧。"　　　　　　　　R_____
　　c. "请现在就把它填完。"　　　　　　　　　　　　　　　　R_____
　　d. "你是怎么搞的?"　　　　　　　　　　　　　　　　　　R_____

组织中的人际关系

    e."你在做白日梦还是在干嘛呢？"   R_____

S_____ 7. Joan 刚刚完成了给财务控制员 Wayne 作的预算报表。Wayne 看了看说："预算太多了。"
    Joan 回答：
    a."我很遗憾你会这么想，怎样才是合理的呢？"   R_____
    b."（笑）我没比其他人多报。"   R_____
    c."你知道你在说什么吗？我没多报。"   R_____
    d."你认为哪些项目多报了？"   R_____
    e."多报是为了以备不时之需，你总不能不批准吧？"   R_____

S_____ 8. Jill 是一个电脑修理工，一次对他的顾客说："你对电脑做了什么，怎么会出现这样的故障？"顾客回答：
    a."你能修好它吗？"   R_____
    b."我把机器照顾得很好呢，你最好快点把它修好。"   R_____
    c."很抱歉，麻烦你了，你今天是不是不太顺？"   R_____
    d."我要把你刚才说的话告诉你老板。"   R_____
    e."我把它掉到地上了，哈哈。"   R_____

S_____ 9. Peter 正在等他的朋友 Will，他俩已经好久没见面了。看到 Will 来了，Peter 说："真高兴见到你。"他给了 Will 一个拥抱，还转了一圈。Will 说：
    a."不要在大街上拥抱我，很多人看着呢。"   R_____
    b."我没迟到噢，你来早了。"   R_____
    c."抱歉我迟到了，我能做什么作为补偿，尽管说吧。"   R_____
    d."让我们去聚会，聚会！"   R_____
    e."抱歉我迟到了，道路堵塞。"   R_____

S_____ 10. Sally 给她的秘书 Mike 留了个便条："有空的时候帮我把这个打出来。"大约一个小时后，Sally 开完会回来问道："Mike，我给你的信打好了吗？"Mike 回答：
    a."你想在 11 点之前拿到它？那你怎么不早说。"   R_____
    b."我正在打呢，再要 10 分钟就可以完成了。"   R_____
    c."你说要我有空再打的，我正在忙更重要的事呢。"   R_____
    d."记着呢，老板娘，我马上就做。"   R_____
    e."很抱歉，我不知道它这么重要。我现在打可以吗，只要 15 分钟就行。"   R_____

课堂练习

  目的：提高你运用交流分析的能力。

  SCANS 要求：通过这个练习培养学生的人际交往能力、咨询能力、听说读写算等基本能力、思维能力和其他综合个人素质。

  准备：完成上述准备部分的练习（10 种情境）。

  任选以下一种方式：
  1. 指导老师带领大家对一遍答案。
  2. 指导老师就各种案例向学生提问，然后给出参考答案。
  3. 2—3 人为一组进行讨论，按照三步式方法同时进行 2—3 个不同案例的讨论，然后由老师给出参考答案。探讨每个案例中不同的选择可能导致的不同结果，它是促进了还是阻碍了人际关系及交流？

它是如何促进或阻碍的?

结论:指导老师带领全班同学一起讨论练习结果并且/或做总结性点评。

应用(2—4分钟):我从练习中学到了什么?我该如何运用这一知识?

分享:请同学举手,宣读自己在上面应用部分的答案,与全班同学分享。

技能强化练习6-2

自信行为
准备

在下面10个案例中,每个案例有5个选项(论述或者行为)。请确定每个选项是何种类型:自信型(A)、攻击型(G)、被动型(P),分别将A、G、P填入每个选项前面的横线上,并将a—e按照适合顺序进行排序。

1. 在课堂上,你们小组正在进行练习的讨论,但是,有两位组员却在讨论私事,而你又对课堂练习非常感兴趣。
   _____ a. "难道你们不想在课堂上学到点东西吗?"
   _____ b. 不练习了,加入到他们的谈话中去。
   _____ c. "这是非常有价值的练习,我希望你们能够加入。"
   _____ d. "这个练习真令人讨厌,是吧?"
   _____ e. "停止私人的讨论,不然请离开教室。"

2. 你和你同寝室室友不抽烟,而你本人也十分厌恶抽烟这种行为。但是,你室友的朋友经常来你们寝室抽烟。
   _____ a. 把他们赶出寝室。
   _____ b. 故意不停地咳嗽,而且说:"我快喘不过气了。"
   _____ c. 让你的室友要求他的客人不要抽烟,要不去别的地方会面。
   _____ d. 跟你最喜爱的教授诉苦。
   _____ e. 什么也不说,什么也不做。

3. 你的上司一再地让你给部门的同事泡咖啡,但这并不是你的工作职责。
   _____ a. "这不是我的工作。为什么不让每位同事轮流做这事呢?"
   _____ b. "要喝你自己去泡。"
   _____ c. 听从老板的吩咐。
   _____ d. 向人事部门或者工会投诉。
   _____ e. "今天不喝咖啡了怎么样?"

4. 你正乘坐你朋友的车。你非常紧张,因为你朋友正不停地加速,还乱串道,并且穿越禁止穿越的地区。
   _____ a. "你想杀了我吗?"
   _____ b. "你认为Lussier教授今天的课讲得怎么样?"
   _____ c. "请将车开慢点,不要串道。"
   _____ d. 试着不要去看道路。
   _____ e. "不要这样开了,要不立刻让我下去。"

组织中的人际关系

5. 部门会议正在讨论新的预算。但是,你的一些同事正逐渐偏离主题,白白浪费了时间,而你的上司此时并没有打断讨论。

　　_____ a. 什么都别说,毕竟这是你上司的会议。
　　_____ b. "到目前为止我们一直在讨论 XYZ,我们还需要讨论 ABC,在这些方面你们有什么看法?"
　　_____ c. "让我们停一下,别浪费时间了,回到主题上来吧。"
　　_____ d. "让我们投票吧,好早点结束。"
　　_____ e. "不好意思,我要去下洗手间。"

6. 你的一位同事总是找各种借口要你替他完成工作。

　　_____ a. 帮他做。
　　_____ b. "我不想做你的工作,请别来找我了。"
　　_____ c. "走开,自己去做,你这个贪心鬼。"
　　_____ d. "我很愿意帮你的忙,但是我现在很忙。"
　　_____ e. "走开,不要再来烦我。"

7. 你买了一块手表,结果发现是坏的,因此你带着发票回到商店,但是售货员拒绝调换。

　　_____ a. 坚持要求换一个新的,如果有必要的话,找他的上司,或者上司的上司。
　　_____ b. 拿着坏表回去。
　　_____ c. 把坏表扔柜台上,然后自己拿起个新表就走。
　　_____ d. 等其他售货员值班时再过来。
　　_____ e. 现场制造气氛,大喊大叫,把其他顾客吸引过来,让商店不能正常做生意,直到同意换表。

8. 你就要下班了,正打算去看你孩子的一个演出。正巧你上司过来要你晚点离开,给他准备明天的报告。

　　_____ a. "抱歉,我正要去看演出。"
　　_____ b. "乐意为你效劳。"
　　_____ c. "明天做可以吗?"
　　_____ d. "我要去看演出,我可以回家之后再做吗?"
　　_____ e. "为什么我要继续呆在这儿?你不会自己做吗?"

9. 你一直认为作弊是不对的。但你的同学想借你的作业抄一下,而你之前花了好几个小时才完成了作业。

　　_____ a. "拿去吧!"
　　_____ b. "我不会帮助作弊者的。"
　　_____ c. "好的,但不要逐字逐句地抄。"
　　_____ d. "我很想帮助你,因为你是我的好朋友。但从良心上来说,我不能让你抄我的作业。"
　　_____ e. "你自己出去玩得倒开心,你想让我当傻瓜去这样帮你?没门。"

10. 你认识的几个人来到你宿舍,他们之中有一位拿出毒品来,吸了一点,大家传着。而你不吸毒品。

　　_____ a. "我不赞成吸毒,你会给我带来麻烦的,把它们收起来,要不你们走。"
　　_____ b. 把毒品给抢下来然后扔掉。
　　_____ c. 自己也吸一点,因为你不想让自己看起来不合群。

_____ d. 传给别人，自己不吸。

_____ e. "你想杀了自己吗？拿着那玩意儿给我离开。"

课堂练习

目的：提高你的自信行为能力。

SCANS 要求：通过这个练习培养学生的人际交往能力、咨询能力、听说读写算等基本能力、思维能力和其他综合个人素质。

准备：完成准备部分的练习(10 种情境)。

任选以下一种方式：

1. 教师带领大家过一遍答案。
2. 教师就各种案例提问学生，然后给出参考答案。
3. 2—3 人为一组进行讨论，按照三步式方法同时进行 2—3 个不同案例的讨论，然后教师给出参考答案。探讨每个案例中，不同的选择可能导致的不同结果，它是促进了还是阻碍了人际关系及交流？它是如何促进或阻碍的？

结论：指导老师带领全班同学一起讨论练习结果并且/或做总结性点评。

应用(2—4 分钟)：我从练习中学到了什么？我该如何运用这一知识？

分享：请同学举手，宣读自己在上面应用部分的答案，与全班同学分享。

技能强化练习 6-3

运用 XYZ 冲突模式

准备

下面是 5 个冲突情境，写下你解决冲突的 XYZ 方法。不仅要解决冲突，还要协调好人际关系。

1. 你的一位同事第二次邀请你下班后一起出去。第一次你找了个不能出去的借口，但是你确实不想跟他一起出去，你会怎么说？

   X _____
   Y _____
   Z _____

2. 一位同事老是来你的办公室找你聊天，你不得不陪他聊到满意为止，但这影响了你工作的完成，你不得不工作到很晚，你该怎么说？

   X _____
   Y _____
   Z _____

3. 你的一位同事一直在偷懒，总是不能完成你们合作中属于他的工作。你不得不多做一些，但你不想这样的情况继续下去，你该怎么说？

   X _____
   Y _____
   Z _____

4. 你的一位同事不停地打断你的另一位同事(同时也是你好朋友)。这一点让你不舒服，准备找个

组织中的人际关系

时间同这位爱插话的同事私下谈一下,你该怎么说?
X _____
Y _____
Z _____

5. 你的一位同事已经是第三次大声地放音乐了,你不喜欢这个音乐,它使你无法集中精神。你以前没抱怨过,但你现在准备抗议了,你该怎么说?
X _____
Y _____
Z _____

课堂练习

目的:提高你以积极的方式解决冲突的能力。

SCANS要求:通过这个练习培养学生的人际交往能力、咨询能力、听说读写算等基本能力、思维能力和其他综合个人素质。

准备:练习之前熟悉上述的10种情境。

过程(5—20分钟)

任选以下一种方式:

1. 教师带领大家过一遍5种情境的可能的答案。
2. 教师就各种案例问学生他们的XYZ方法,然后给出可能的参考答案。
3. 2—3人为一组进行讨论,按照XYZ方法同时进行2—3个不同案例的讨论,然后教师给出可能的参考答案。探讨每个案例中,不同的选择可能导致的不同结果,它是促进了还是阻碍了人际关系及交流?它是如何促进或阻碍的?

结论:指导老师带领全班同学一起讨论练习结果并且/或做总结性点评。

应用(2—4分钟):我从练习中学到了什么?我该如何运用这一知识?

分享:请同学举手,宣读自己在上面应用部分的答案,与全班同学分享。

技能强化练习6-4

提出冲突解决方案
准备

在课上你有机会就你正在面对或曾经遇到的冲突进行角色扮演,以提高你解决冲突的能力。将下面的信息填写完整,并单独准备一张纸记录下你的答案。

对方(可以不只一方)(你可以使用虚构的名字)_____

情况说明:

1. 列出对方的相关信息(例如:与你的关系、对方的知识结构、年龄结构和背景等)。
2. 写出冲突或讨论之后你所希望达到的目标。
3. 确定对方对你的行为可能的反应(不愿改变:强度、来源、焦点)。

你将如何克服对方对改变的排斥?

在进行冲突解决的过程中,按上述3步来进行,在另外的纸上写下你进行冲突解决的计划,并带到

第6章 冲突管理

课堂上来。

课堂练习

  目的：体验并提高解决冲突的能力。
  SCANS 要求：通过这个练习培养学生的人际交往能力、咨询能力、听说读写算等基本能力、思维能力和其他综合个人素质。
  准备：事先完成准备阶段的信息，并写好计划以便练习。
  过程：你们发起冲突、回应冲突、观察冲突，然后对解决方案的有效性进行评价。
  步骤1(2—3分钟)
  尽可能分为3个人一组，如果有人不能凑成组，那就允许一两组为两人一组。每组的3个成员选择数字1号、2号或者3号，1号首先发起冲突，然后依次是2号、3号。
  步骤2(8—15分钟)
  1. 发起者1号将事先准备好的自己的信息给2号(回答者)阅读。等2号阅读完毕，进行角色扮演。3号是观察者。
  2. 进行解决冲突的角色扮演。观察者3号在反馈单上写下他的观察结果。
  3. 总结：角色扮演结束后，观察者就冲突解决的有效性发起一场讨论，3位成员都必须参与讨论。3号不要事先准备演讲稿，等老师说开始后再讨论。
  步骤3（8—15分钟）
  跟步骤2一样，这次2号是发起者，3号是回答者，1号是观察者。
  步骤4（8—15分钟）
  跟步骤2一样，这次3号是发起者，1号是回答者，2号是观察者。
  结论：指导老师带领全班同学一起讨论练习结果并且/或做总结性点评。
  应用(2—4分钟)：我从练习中学到了什么？我该如何运用这一知识？

  分享：请同学举手，宣读自己在上面应用部分的答案，与全班同学分享。

————————————————————————————————————**反馈单**

  试着对冲突解决方案的每一步都写出积极的改进意见。语言务必是描述性的和明确的，所有的改进意见都应包含一个积极的备选行为(也就是：如果你当时说了/做了……你就可以通过……改善冲突的解决)。
  步骤1：发起者保持问题所有权了吗？

  他拥有并实施了经过深思熟虑的 XYZ 计划了吗？

  步骤2：他有没有坚持，直到对抗者承认了问题？

  步骤3：发起者最终使对抗者同意改变或同意他的解决方案了吗？

第3篇
领导技能：影响他人

- 第7章 领导与信任
- 第8章 激励绩效
- 第9章 道德权力与政治
- 第10章 人际关系网与谈判

Chapter 7

第 7 章
领导与信任

学习目标

通过本章的学习,你应该能够:
1. 解释何为领导,了解它是如何影响组织行为、人际关系和绩效的。
2. 描述领导特质理论。
3. 列举并分别描述领导行为理论中的四种领导类型。
4. 列举并描述四种领导权变理论。
5. 解释四种情境管理模式。
6. 确认替代管理的三个特征。
7. 简要描述信任的五个维度。
8. 掌握以下 14 个关键术语(以在本章中出现的先后为序):

领导 leadership	规范性(权变)领导理论 normative leadership theory
领导特质理论 leadership trait theory	情境领导理论 situational leadership
领导行为理论 behavioral leadership theories	独裁型领导 autocratic style
领导方格论 Leadership Grid	顾问型领导 consultative style
领导的权变理论 contingency leadership theories	参与型领导 participative style
权变领导理论 contingency leadership theory	放任型领导 laissez-faire style
领导行为连续体 leadership continuum	信任 trust

■■■■ 组织中的人际关系

> **引例**
>
> Mike Templeton 是美国爱荷华州达文波特市西北银行的一名部门经理,负责分管员工招聘、离职、加薪和升职。Mike 与下属相处得很愉快,整个部门的气氛都很融洽。Mike 的老板让他做一份该部门本年度至今贷款情况的报告。Mike 是完全可以自己完成这份报告的,但他又想,如果同信贷科的同事一起来写,效果会更好。信贷科共有三名员工,经过认真考虑后,Mike 选择了 Jean。他把 Jean 叫到了办公室商量此事。
>
> Mike:嗨,Jean,我叫你到这儿来是想让你来做一份我们部门年初至今的贷款报告。这个任务不是必须做的,我也可以指派其他人来做,不知你有没有兴趣?
>
> Jean:我不知道能不能做好,因为以前没有做过这样的报告。
>
> Mike:我知道,不过我相信你的能力,你能做好的。
>
> Jean:你会帮助我吗?
>
> Mike:当然。撰写报告的方法有几种,我会把报告中必须包含的内容的详细资料提供给你。报告格式你自己选择,但事先要经我同意。现在我们开始讨论报告的内容吧!编写过程中如果有什么问题,可以随时来跟我商讨。我相信你能出色地完成任务。你愿意接受这个任务吗?
>
> Jean:好的,我来做。
>
> 接下来,Mike 和 Jean 一起讨论如何编写报告。
>
> 你会选择哪种领导方式来编写这份报告?本章将介绍 10 种管理原理。每种都可以用来编写借贷报告。

第一部分中(1—3 章),我们着重讲述的是个人自身能力的培养,而第二部分(4—6 章)讲述的是如何应用这些技能培养人际交往的能力。从第三部分开始我们将要讲述如何培养领导能力。显然,个人的自身能力和人际交往能力是领导能力的基础。这三种能力组成了一个自然的、相互关联的发展体系。[1]领导既是一种能力,也是一种展示这种能力的行为。[2]

7.1 领导怎样影响组织行为、人际关系和绩效

领导(leadership)是指导员工实现组织目标的过程。"领导"是管理学中最热门的研究领域之一。[3]研究者和业界人士一致认为,"领导"是组织行为和人际关系领域最为重要的话题。[4]尽管领导能力可以通过学习获得[5],然而在实际的招聘过程中,经常能看到缺乏沟通能力和领导能力的应聘者。[6]社会需要高效的领导者。[7]今天的企业更关注团队工作,领导能力对组织中的每个成员(而不仅仅是管理者)而言,都是很重要的。[8]

有几种不同类型的领导模式。领导者的类型影响了领导者的行为。[9]换言之,领导者的行为恰恰构成了领导的类型。独裁式领导与民主式领导的行为方式是不相同的。领导者与下属之间的人际关系因领导风格的不同而有所差异。[10]这一点在本章后续内容中将会详细讲述。有时候,领导的类型也会影响组织绩效。员工犯错的主要原因就是领导不力。[11]管理者的错误

领导可能导致怠工。[12]调查表明,变革型领导对组织绩效会产生积极的影响。[13]真正卓越的领导者普遍具有较强的责任心、自我牺牲的精神和高效的工作作风。[14]

领导和管理的区别 人们经常把**领导**与**管理**这两个词用混,其实这是不正确的。管理和领导是两个有联系但又不同的概念。领导只是管理的五项职能之一(计划、组织、人事、领导和控制)。有的管理者并不一定是真正的领导者。你也许就遇到过这样的人——他们是管理者但却不是真正意义上的领导者,因为他们不具备影响他人的能力。反之,有的人是领导者却又不是管理者。[15]实际工作中会有这样一种情况,团队中某一名普通的员工,他的威望可能比部门经理还高,这样的人我们称之为非正式领导。

对领导的这种定义容易使人产生这样的误解:影响员工只是管理者一个人的职责。其实,组织中的任何一个成员都能够影响其他成员。[16]团队或组织中的任何一个人都希望,也都有可能成为领导者。[17]因此,无论你的地位如何,你都有机会体验做领导的感觉。

> **工作应用**
> 1. 解释领导能力对组织的重要性,并给出具体原因。

多年来,学者们一直在探寻这样一些问题:"怎样做才能成为有效的领导者?""最有效的领导模式是什么?"这些问题并没有统一的答案。我们下面以时间为序来回顾一下学者们是如何回答这一问题的。学习完这几种领导理论,选择一种你最喜欢的模式,结合自己的工作实际,形成自己的领导方法。

7.2 领导特质理论

20世纪初,人们开始对领导的个性特征进行系统的研究。最初的研究是在"领导者是天生的,不是后天培养出来的"基础上进行的。这就是后来为人们所称的伟人理论。学者们希望能够找到区别领导者与下属、有效领导者与无效领导者的一系列特质因素。**领导特质理论**(leadership trait theory)认为有效的领导具备一系列特殊的生理和心理的个性特征。研究人员从领导者外表、进取心、自立能力、说服力和支配欲等方面入手,对优秀的领导者所具备的特质因素进行分析,并把这几方面当做提拔领导者的前提条件,只有完全具备了这些素质才有可能受到提拔。

非结论性的结论: 20世纪70年代,学者们进行过三百多次分离领导特质的研究。[18]但绝大多数都以失败而告终。人们很难找到所有成功领导者都共同具备的一致而独特的个性品质。在所有的研究案例中,每次都有例外情况出现。比如,有些调查问卷显示,成功的领导者身材普遍较高,可拿破仑却是例外。另外,有些人在某一领导岗位是成功的,但在其他岗位却不一定。

人们猜想,"果断"、"自信"这样的性格特征是否可以通过培养、训练而获得?[19]事实上,我们是不可能找到一系列放任四海而皆准的特征因素的。如果领导者是天生而非后天造就的

(即领导能力是不能通过学习来培养的),那么也就没有必要开设管理学或人际关系学这样的课程了。[20]

7.2.1 Ghiselli 的研究

Edwin Ghiselli 对领导的特质理论进行了大量的研究。[21] 他认为有些性格特征确实对领导者的成功起着重要的作用,但并不是所有的。Ghiselli 认为领导者有六项特质对其成功起着关键作用,按重要程度排序如下:

1. 监管能力。指导别人的能力。这是管理的基本能力。本门课程将会提供这方面的训练。
2. 成就欲望。努力工作,认真履行职责并不断寻求事业的成功(见第 8 章)。
3. 智慧。良好的判断力、严谨的推理和理性的思维(见第 2 章)。
4. 决断能力。果断的解决问题的能力(见第 12 章)。
5. 自信心。相信自己,表现得很自信(见第 3 章)。
6. 主动精神。主动地完成工作(见第 8 章)。

引例中的 Mike 就具备监管能力。他把工作分配给 Jean 去做,自己对过程实施监管。但仅就现有的案例信息,我们很难判断 Mike 是否还具备其他五个方面的个性特征。

7.2.2 当代的研究

即使人们已经普遍认可并不存在一系列统一的领导特质因素,对这方面的研究却从没有停止过。华尔街日报/盖洛普(The Wall Street Journal/Gallup)对来自于 282 个大公司的 782 名高级行政人员进行了一次"对一名成功的管理者来说,最重要的性格品质是什么?"[22]的调查。公布调查结果之前,我们先来做一份自我测试练习。

自我测试练习 7-1

领导特质

请仔细阅读下面的 15 个表述,选择最能代表你实际行为的程度副词,并将相应的数字填入题前的空格中。

几乎总是	常常	经常	有时	很少
5	4	3	2	1

____ 1. 我是值得信任的,如果我承诺去做某事,我一定会按时间完成。

____ 2. 我是忠诚的,我从来不说或做伤害朋友、亲戚、同事、老板和他人的话或事情。

3. 我能接受别人的批评,如果别人指出我的缺点,我会认真对待并在适当的时候予以改正。
____ 4. 我是诚实的,我不做撒谎、偷窃、欺骗之类的事情。
____ 5. 我公平、平等地待人,从不利用他人。
____ 6. 我渴望成功,并尽自己最大的能力努力争取。
____ 7. 我做事有主动性,不用别人告诉我就能自觉地把事情做好。
____ 8. 我善于解决问题,如果事情并没有按预期情况发展,我会及时调整方法以实现最终目标。从不轻易放弃。
____ 9. 我很自立,我不需要别人的帮助。
____ 10. 我勤奋工作,在完成工作的过程中享受工作的乐趣。
____ 11. 我喜欢与别人一起工作,我觉得与别人一起工作比自己独立工作更有意思。
____ 12. 我能激励别人,我能劝导别人做他本不愿意做的事情。
____ 13. 我受到别人的尊重,人们喜欢与我一起工作。
____ 14. 我有合作精神,我帮助团队成员共同进步而不是仅仅突出自己。
____ 15. 我是领导者,我喜欢教育、训练和指导他人。

将每题的所选数字(1—5)按顺序填入下列纵栏中,先把纵栏分数汇总,再合计总分。每栏前面的标题就是本栏所代表的性格特征。

正直	勤奋	与人相处的能力	
1. ____	6. ____	11. ____	
2. ____	7. ____	12. ____	
3. ____	8. ____	13. ____	
4. ____	9. ____	14. ____	
5. ____	10. ____	15. ____	
合计____	合计____	合计____	总计____

每纵栏相加合计的最低分值为 5 分,最高分值为 25 分,最后的总分在 15—75 分之间。一般来说,得分越高,成为成功领导人的可能性越大。如果你想要成为(或已经是)一名管理者,你应设法加强你的正直、勤奋和与人相处的能力。再来从头浏览一遍这 15 个特质选项,找出你的最大优点和最明显的缺点,制订培养目标和提高计划。

华尔街日报/盖洛普的调查结果表明,对成功的领导者来说,正直、勤奋和与人相处的能力是三个最重要的性格特征。调查也同时明确了一系列导致领导低效的性格因素:观点狭隘、不善于理解他人、优柔寡断、没有开创精神、不敢承担责任、缺乏诚信、懒于独立思考、解决问题的能力差、甘于平庸。

> **工作应用**
>
> 2. 你是怎么理解领导特质理论的？回忆一位你昔日的领导，Ghiselli 的六个特质他具备了哪些？缺乏哪些？

7.3 领导行为理论

20 世纪 40 年代末，许多人开始从研究领导者的内在性格特征转移到外在行为方式上。研究者们在继续探寻最好的领导风格的同时，试图找到一系列区分有效领导者和无效领导者的行为特征。**领导行为理论（behavioral leadership theories）**认为有效领导者身上一贯具有一些独特的行为风格，也就是说，领导者的行为决定了其领导效果。[23]

本节的学习内容如下：三种基本的领导类型、二维领导行为模式、领导方格论和变革性领导。

7.3.1 基本的领导类型

20 世纪 30 年代，在领导行为理论开始流行之前，爱荷华大学（University of Iowa）的研究者们便把研究重点放在了领导者行为上。他们归纳了三种基本领导类型：

独裁型：权力独掌于领导者一个人手中，领导者决定一切事情并对组织成员实行严格的监管。

民主型：组织成员共同参与决策，他们在一定的范围内可以自己决定工作内容和工作方法，工作有一定的自主权。

放任型：给予组织成员决策上的完全自由，由其个人选择合适的方法完成工作。

研究结果表明，民主型的领导作风最受欢迎，组织工作效率也最高。虽然后来的研究表明，民主的领导组织并不一定都是绩效最好的。然而，爱荷华大学的研究推进了人际关系的研究，把对领导的研究视角由内在的气质引向了外在的行为。

引例中的 Mike 就是民主型的领导者，他让 Jean 来共同参与报告的编写。

7.3.2 二维领导模式

结构维度和关怀维度 1945 年，俄亥俄州立大学（Ohio State University）开始研究领导行为的影响因素。研究者们发明了"领导者行为描述问卷"（Leader Behavior Description Questionnaire，LBDQ），用以测量领导风格。被调查对象——下属成员勾勒出其领导者行为的两个重要维度：[24]

- 结构维度　这种领导行为的目标是制订、组织、委派和控制下属们，以完成目标绩效。

第7章 领导与信任

- **关怀维度** 这种领导行为的目标是培养友好、关怀的工作关系,并鼓励下属们在工作中相互信任和相互尊重。

以工作为中心和以员工为中心 几乎与俄亥俄州立大学的研究同时,密歇根大学调查研究中心(University Michigan's Survey Research Center)也开始了类似的研究。他们也将领导行为划分为两个维度,但取名不同。[25]

- **以工作为中心** 与结构维度相类似,此维度在管理方格图(将在后文中讨论)中被称为"关心生产"。
- **以员工为中心** 与关心维度相类似,此维度在管理方格图中被称为"关心人"。

不同领导风格的应用 在管理过程中,管理者可以采用指令式(结构维度、以工作为中心、关心生产)和/或鼓励式(关怀维度、以员工为中心、关心人)的领导行为。为了明确这两个变量是如何影响员工满意度和组织绩效的,研究人员进行了多次调查。调查结果表明,一般来说,鼓励程度越高,员工满意度也越高,可绩效却不一定随之提高。一些不太关心员工的领导往往会产生较高的绩效水平。

把两个维度按不同方式组合起来就会产生四种领导风格,即二维领导模型(见图 7-1)。

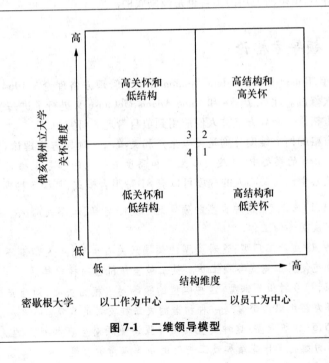

图 7-1 二维领导模型

组织中的人际关系

> **情境应用**
>
> **二维领导模式**
> **AS 7-1**
>
> 根据图 7-1,判断下列行为分别属于哪一象限。
>
> A. 1　　　　　　B. 2　　　　　　　　C. 3　　　　　　　　D. 4
>
> _____ 1. "Bill,该轮到你取信了,你已经很长时间没有取信了。"
>
> _____ 2. "我没意见,你可以按你自己的想法去做。"
>
> _____ 3. "把烟熄灭,这里不允许吸烟。"
>
> _____ 4. "因为是新手,你的工作完成得不是很理想。不过没关系,我会教你的。看,就像这样做。"
>
> _____ 5. "我相信你能完成这项任务。你不太自信,只是因为以前没有做过。试试吧!要是遇到问题随时来找我。"

引例中,Mike 运用的就是高关怀(以员工为中心)和低结构(以工作为中心)的管理风格,如第三象限所示。Mike 只是告诉 Jean 报告中应包括什么内容,具体的撰写方式由 Jean 自己来决定。并且 Mike 所使用的语言也是鼓励式的。

7.3.3 领导方格论

1964 年,Robert Blake 和 Jane Mouton 开发了管理方格理论[26],1964 年[27]和 1978 年[28]又分别进行了两次修改。此后,Blake 和 Anne Adams McCanse 又进行了进一步的研究[29],1991 他们提出了领导方格论。领导方格被人们应用到项目管理的研究中。[30]

领导方格的两个维度分别是关心生产和关心人。**领导方格理论(leadership grid)**认为在 Blake 和 Mouton 的模型中,高度关心生产和高度关心人的领导风格是最有效的领导方式。根据领导者关心生产与关心人的程度可以有 81 种组合模式,其中 5 种典型的管理模式分别是:

(1,1)贫乏型:这种类型的领导既不关心生产,也不关心人。领导者只付出最小的努力来完成必要的工作。

(9,1)血汗工厂型:这种类型的领导只关心生产,对人却漠不关心。领导者借助手中的权力迫使员工完成各项工作。员工被当作机器一样对待。

(1,9)乡村俱乐部型:这种类型的领导对人极为关心,对生产却缺乏必要的关心。领导者努力在组织内部营造一种和谐的关系和友好的气氛。

(5,5)组织人型:这种类型的领导强调兼顾对生产和对人的关心,保持两者平衡。领导者尽力维持工作成绩和员工士气的中等满意的程度。

(9,9)团队型:这种类型的领导对职工与任务都很关心。领导者能够把组织目标和员工个人需求有效地结合起来,强调全员参与、明确责任和及时解决冲突。

方格中(见图 7-2)的横坐标代表对生产的关心,纵坐标代表对人的关心。每个坐标轴被分别划分为 9 个等级。1 表示关心程度低,9 表示关心程度高。

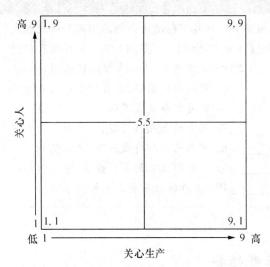

图 7-2　领导方格图

资料来源：The Leadership Grid® Figure (adapted from *Leadership Dilemmas-Grid Solutions* by Robert R. Blake and Anne Adams McCanse. Houston：Gulf Publishing Company, p.29. Copyright © 1991, by Scientific Methods, Inc.)。

方格图一直被沿用至今。领导者填写方格图的过程，实际上也反映出他们完成特定工作时所采用的工作方法。最后的得分结果则表明了他们属于领导方格图的 81 种领导风格中的哪一种。他们通过训练过程来使自己成为最佳风格(9,9)的管理者，即对生产和下属员工都给予高度关心。

引例中的 Mike 对完成报告的工作很关心，对工作的执行者 Jean 也很关心。如果让你在以上的五种管理模式中选择一种，你很有可能选择(9,9)的团队型模式。可实际上，Mike 更多的是鼓励 Jean 来做，而不是指导她怎样去做。确切地说，Mike 应用的管理方式更接近于(1,9)的风格。

工作应用

3. 你是怎么理解领导方格理论的？回忆一位你昔日的领导，他的管理方式属于五种典型管理模式中的哪一种？

情境应用

领导方格图
AS 7-2

根据图 7-2,判断下列描述分别属于那种管理模式。
A.（1,1）（贫乏型）　　B.（1,9）（乡村俱乐部型）　　C.（9,1）（血汗工厂型）
D.（5,5）（组织人型）　　E.（9,9）（团队型）

_____ 6. 团队士气高昂,成员们都很喜欢自己的工作。部门生产效率在全公司中却是最低的。

_____ 7. 团队的士气还可以,工作效率处于中间水平。

_____ 8. 部门的工作绩效最高,员工们的士气也最高。

_____ 9. 该部门员工的士气最低,可工作绩效却名列前茅。

_____ 10. 工作绩效和员工士气都很低。

7.3.4 变革型领导

变革型领导理论是一种现代的领导观念,它研究的是成功领导者的行为方式。通过对多位成功领导者个体行为的分析,找出他们身上所具备的、带领其企业走向成功的一系列特殊的行为方式。因此,变革型领导理论也应属于行为理论。变革型领导指的是企业的高层管理者,主要是一些大公司的首席执行官。[31]

变革型领导喜欢变革、创新和积极进取。[32]他们通过实施下列三种行动,带领企业持续进步。[33]

行动1:重视革新。变革型领导者清楚地认识到,企业只有不断推陈出新,才能适应瞬息万变的发展环境,继而在日趋激烈的国际竞争中始终处于领先地位。

行动2:构建愿景。变革型领导向员工们勾勒出企业发展的美好蓝图,激励大家为实现理想同心协力。他们是有远见的领导者。[34]

行动3:适应变革。变革型领导在应对变革、实现组织目标的过程中,对员工实施有效的指导和管理。

变革型领导有如下一些性格特征:(1) 作为变革的代言人出现。他们是变革的催化剂,永远不满于现状、寻求改变。(2) 鼓舞他人。通过完成某项困难的任务,培养下属的信心;(3) 信任他人。相信下属的能力,并能有效地鼓舞他们的士气。(4) 以价值为导向。强化组织价值观,通过改变下属的动机和价值观提高企业绩效。(5) 勤于学习。他们热爱学习,通过持续的学习不断丰富、完善自己。(6) 善于解决问题。他们能用创造性的方法解决工作中遇到的各种问题。(7) 远见卓识。他们具有高瞻远瞩的眼光和视野。这些特征在领导—成员角色转换过程中表现得更为明显。[35]

Martin Luther King 的演讲——"我有一个梦想",被认为是典型的变革型风格。

魅力型领导　变革型领导同时也是魅力型领导。魅力型领导理论[36]认为,魅力型领导能激发下属的忠诚度、工作热情,带领下属完成更高的工作目标。[37]但他们却可能不会在组织中运用以上三种行动。希特勒、斯大林是非常具有魅力的领导者,但他们身上同时也表现出明显的性格缺陷。

交易型领导 交易型是与变革型不同的领导风格。[38]交易型的领导原则是"你为我做这项工作,我就会给你回报"。交易型领导主要指的是企业的中层或一线管理者,他们采用这种领导方式帮助变革型的高层领导者实施他们的三个行动。

引例中的 Mike 不是银行的高层管理者,不具有影响全行工作的职权,因此,他不是变革型的领导者。作为一名中层的部门经理,他属于交易型的领导者。

7.4 领导的权变理论

特质理论和行为理论都一直在努力寻找一种适用于所有情境的、最好的管理模式。直到20世纪60年代末,人们才真正意识到,要找到一种普遍适用于任何组织、任何工作任务、任何领导对象的领导性格特质、领导行为方式是不现实的。俄亥俄州立大学和密歇根大学的研究结果都表明,没有哪一系列领导者行为在所有情境下都是行之有效的。

领导的权变理论(contingency leadership theories)认为各种领导风格在与之相对应的不同的领导情境或环境中才能发挥最大效用。

本节中,我们将讨论几种最有代表性的权变理论:权变领导理论、领导行为连续体、规范性领导理论和情境领导理论。

7.4.1 权变领导理论

从1951年起,Fred E. Fiedler 开始研究第一个权变的领导理论(情景理论)——"领导有效性的权变理论"。[39]Fiedler 认为,一个人的领导风格受其个性影响(以特质理论为导向),而且基本上不会改变。领导者很难改变他的领导方式。**权变领导理论**(contingency leadership theory)即 Fiedler 的权变模型,该模型用来判断一个人的领导方式是工作导向型的还是关系导向型的,以及这种领导方式是否与具体的工作情境相适应。如果不适应,Fiedler 建议改变环境以适应领导者。

领导风格。领导者的领导风格究竟是任务取向型的还是关系取向型的,是可以确定的。为此,Fiedler 设计了"最难共事的同事"(Least Preferred Coworker, LPC)问卷,用以调查领导者本人的反映,从而测试领导者的人格特征与领导风格。接着又列出了与领导方式相适应的情境因素。

情境因素。情境因素指的是影响领导效果的三个最关键的因素,按重要性排序如下:

1. 领导者—成员关系。即上下级关系的好坏。下属对领导者的信任、尊重和接受的程度以及对其领导能力的认可。工作环境是否友好、轻松。上下级关系越融洽,情境就越有利。

2. 任务结构。即工作任务规定的明确程度(即结构化或非结构化)。任务责任是否清晰、明确,是否有固定的程序化的程序来指导下属。任务越结构化,情境就越有利。

3. 职位权力。领导者所掌握权力的大小。该职位是否赋予了领导者如分配工作、奖惩、

组织中的人际关系

雇佣、解聘、加薪和晋升等权力。领导者的职位或法定权力越大,情境就越有利。

选择适当的领导方式。在具体的工作环境中,读者可以结合 Fiedler 的权变理论模型,回答三个情境因素问题。参照图7-3,先从问题1开始,沿着决策树依次回答完问题2、3后,在情境1—8中选择一种。最后得出相应的领导方式,即以任务为导向还是以关系为导向。

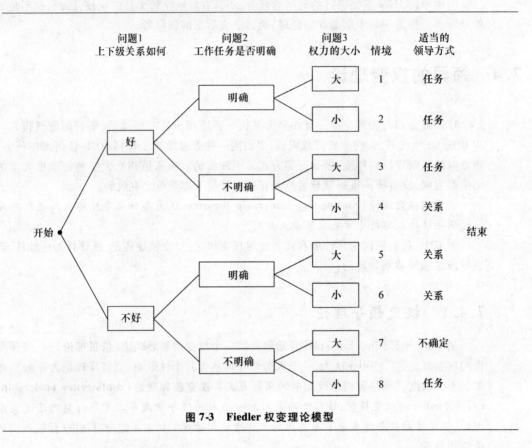

图 7-3　Fiedler 权变理论模型

人们对 Fiedler 的权变理论提出了种种质疑。例如,有人认为,领导者应该改变自己的性格特征和领导方式来适应不同的环境。在对该理论的批判和探讨的过程中,又形成了其他几种权变理论(将在本章后续内容中介绍其中的几种)。Fiedler 是权变理论的开创者,他为这一理论的发展作出了贡献。

引例中的 Mike 与 Jean 有着很好的关系,Mike 布置的任务是不确定的,他的权力很大。所以参照图7-3,Mike 处于情境3,应该选择以任务为导向的领导方式。可实际上,Mike 应用的是以关系为导向的方式。依据 Fiedler 的建议,为了适应他所偏爱的关系导向型的领导方式,Mike 应该设法调整情境。

第7章 领导与信任

工作应用

4. 你是怎么理解权变领导理论的？你同意 Fiedler 所说的"改变情境以适应领导者"吗？

情境应用

权变领导理论 **AS 7-3**	根据图 7-3，判断下列每句描述分别属于哪种情境和领导方式。 A. 1　B. 2　C. 3　D. 4　E. 5　F. 6　G. 7　H. 8 A. 任务导向　　　　　　　B. 关系导向

_____ 11. Ben，企业主管，负责集装箱生产线的生产管理。他对下属的工作有奖惩权，大家都觉得他比较严肃，很难相处。

_____ 12. Jean，公司的计划经理，负责帮助其他部门制订工作计划。但大家都认为她并不了解各部门的情况，做出的计划往往都不切合实际。要是别人对她的工作提出意见，她就会表现得很生气。

_____ 13. Ron，公司主管，负责银行支票的注销工作。他与同事的关系很好。Ron 的老板很会用人，且乐于表扬下属的工作成绩。

_____ 14. Connie，小学校长，负责全校教师的分班及其他工作任务的指派，决定教师的任聘及聘期。学校的气氛比较紧张。

_____ 15. Len，委员会主席。深受所有人的尊重。他鼓励大家为提高组织绩效积极献策。

7.4.2　领导行为连续体

　　R. Tannenbaum 和 W. H. Schmidt 认为，在决策过程中，有两种极端的领导行为——以领导为中心和以员工为中心。在这两种行为中间，存在着一系列过渡性的领导行为，它们共同组成了领导行为的连续统一体。在他们的模型中，为领导者提供了七种主要的决策类型。[40]对原模型的修改如图 7-4 所示。**领导行为连续体理论（leadership continuum）**即 Tannenbaum 和 Schmidt 的连续统一体模型。该模型在以领导为中心和以员工为中心两种领导方式的基础上，提出了 7 种领导方式。

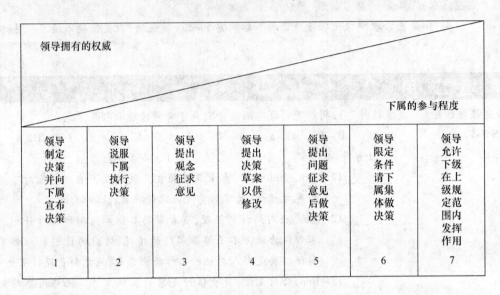

图 7-4　领导行为连续体

在选择领导类型之前,读者必须考虑以下三个因素或变量:

管理者。领导者更喜欢哪一种领导类型。他的工作经历、预期目标、价值观、个人背景、专业知识、安全感、对下属的信任度情况如何?

下属员工。他们喜欢哪种领导类型,他们的经历、期望等等。一般来说,参与愿望越强烈的下属,参与能力就越高,应该被给予其更多的参与机会。

工作情境。是否考虑到了环境因素,如组织规模、结构、风气、目标和技术等,另外,高层管理者也会对领导类型产生影响。

此时,你可能会意识到,以上情境变量都是描述性的。这个模型并没有指明在具体的情境中应该选用哪一种领导方式。随后两节内容中介绍的模型将会告诉领导者,如何结合既定的情境,选取相应的领导方式。

引例中 Mike 在谈话开始时用的是第4种方式。他先提出一个可做进一步修改的决策草案,Jean 并不是必须写这份报告,如果她不愿意做,Mike 可以再让其他人来写。Mike 同时也使用了第五种领导方式,即领导者提出问题——报告的编写目的、报告中应该包括的内容——同时又告诉 Jean 她可以自己选择编写格式,只要事先征得他的同意。

工作应用

5. 你是怎么理解领导行为连续体理论的?回忆一位你昔日的领导,他运用的是这7种方式中的哪一种?

情境应用

领导行为连续体　根据图7-4,判断下列每句描述分别属于哪种领导类型。
AS 7-4

A. 1　B. 2　C. 3　D. 4　E. 5　F. 6　G. 7

_____ 16. "Samantha,我把你调到了新的部门,不过如果你不愿意去,你可以不去。"

_____ 17. "Sally,快去把桌子擦干净。"

_____ 18. "从现在开始,我们就按照这种方法开始工作吧。大家对这个过程还有没有不太明白的地方?"

_____ 19. "你可以在这两周中选择一周去度假。"

_____ 20. "关于怎么解决管线阻塞问题,我想先听听你的想法。但最后我会给出解决方案。"

7.4.3 规范性领导理论

通过对领导决策的大量实证研究,Victor Vroom 和 Philip Yetton 希望找到一种可以直接指导管理实践的、应用性的领导理论。在此基础上,他们开发了一种新的模型,该模型告诉领导者如何根据不同的情境,选取相应的领导方式。[41] **规范性领导理论(normative leadership theory)** 即 Vroom 和 Yetton 的决策树模型,该模型共有五种领导方式,读者可根据不同的情境选择相应的领导方式。

五种领导方式　2000 年,在《领导与决策过程》一书中[42],Vroom 把规范性理论模型作了修订。新模型借鉴了 Tannenbaum 和 Schmidt 的连续统一体模型的划分依据,根据下属对管理决策的参与程度——从领导者独自决策到全体组织成员共同民主决策,对原来的五种领导方式重新进行了命名。下面介绍的就是 Vroom 最新修订的五种领导方式:

1. 个人独裁。领导者独自做出决策。
2. 个别沟通。与下属单独沟通,获取必要的信息和建议后,领导者再自己做决策。
3. 集体商议。与全体员工一起商议,得到信息反馈后领导者个人再决策。
4. 多方协调。召开员工大会,员工集体参与讨论,领导者最后自己决定。
5. 授权他人。与下属共同评价方案,集体决定。

虽然规范性领导模型仅仅是一种领导模式,但它也可以用来衡量决策制订过程中员工的参与程度。所以我们将在本书第 12 章中再次讨论这个模型,该章讲解的就是:团队、创造性问题的解决和决策的内容。

引例中的 Mike 使用的是个别沟通的领导方式。Mike 告诉 Jean,在他允许的前提下,她可以自己选择报告的写作格式。Mike 会在充分考虑 Jean 的想法的基础上做出最后决策。

> **工作应用**
>
> 6. 你是怎么理解规范性领导理论的？回忆一位你昔日的领导,他运用的是这五种决策方式中的哪一种？

7.4.4 情境领导理论

情境领导理论(situational leadership) 即 Hersey 和 Blanchard 开发的情境领导模型。模型中共有四种领导风格,在具体的情境中,要依据下属的成熟度水平选择相应的领导风格。情境领导模型充分借鉴了[43]二维领导模式和图 7-1 中四个象限的内容,进而组合成以下四种具体的领导风格:指导型(右下象限——高任务、低关系);推销型(右上象限——高任务、高关系);参与型(左上象限——高关系、低任务);授权型(左下象限——低关系、低任务)。

Hersey 和 Blanchard 的情境领导理论使行为理论的研究更向前迈进了一步。该理论告诉领导者,不同情境下的领导方式要与下属的成熟度有效配合。当下属的成熟度很低时,选择指导型的领导方式;成熟度发展到中低水平时,选用推销型的领导方式;成熟度达到中高水平时,使用参与型的领导方式;

当下属达到完全成熟阶段时,就可以使用授权型的管理方式。

与俄亥俄州立大学的二维领导模型一样,Hersey 和 Blanchard 的情境领导模型也是在两个维度上分四个象限来研究领导者的四种领导方式。但不同的是,它重新命名了这两个维度(分别用任务和关系取代了原模型中的结构和关怀)。而且在四个象限区域内,又画出一条钟形曲线,在象限的下方从左至右将成熟度由高至低划分出四个区间。

引例中的 Mike 使用的是参与型的领导方式。因为 Mike 对 Jean 的关心高于对工作任务的关心。而对 Jean 的态度更多的是鼓励,而不是指导。Mike 向 Jean 详细地说明了报告中应包括的内容,但具体的写作格式,只要 Mike 同意,Jean 可以自己决定。

总体来说,几种权变理论都是通过给予下属们必要的鼓励和指导,来达到一种双赢的管理效果。过多的指导可能会挫伤员工的自尊心、压制其成长甚至遏制他们能力的发挥。而缺乏必要的鼓励和支持,员工的社交相互性和归属成就感都会受到影响。

图 7-5 对几种主要的领导理论做了简单的汇总和复习。

第 7 章 领导与信任

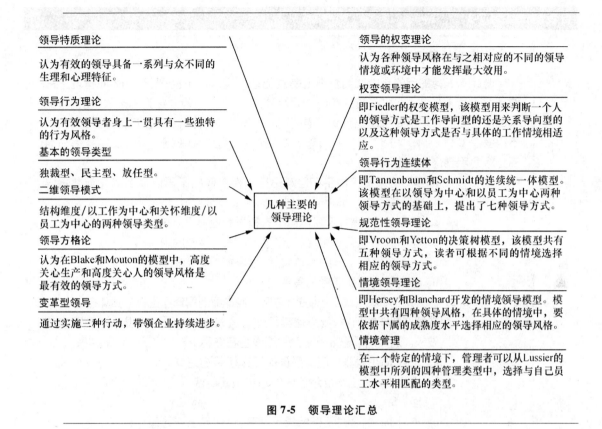

图 7-5 领导理论汇总

7.5 情境管理

本节中我们将讨论情境管理理论，该理论在 Hersey 和 Blanchard 的情境领导理论基础上改编而成的。两个理论模型的主要区别在于模型中变量的命名和模型本身的设计。该模型与第 5 章的情景沟通模型很相似。本节内容中，我们将首先请大家做一套自我测试练习题（见自我测试练习 7-2），由此判断你所偏爱的管理类型。接着介绍了情境管理理论。在模型的应用部分提出了不同情境下管理方式的选取要与下属的能力水平相匹配。应该根据不同的管理对象，选择相应的管理方式。[44]

组织中的人际关系

自我测试练习 7-2

判断你喜欢的管理类型

设计本练习的目的是由此判断你所偏爱的管理类型。下面列出了 12 种情境。每种情境下有 a、b、c、d 四种不同的做法，选取与你的实际行为最为接近的选项，在相应的字母前画圈。一定不要考虑去挑选正确的答案，所选选项要反映出你最真实的想法。不用考虑 C _____ 和 S _____，本章的后半部分会对此做出解释，技能强化练习部分将会用到这些内容。

C _____ 1. 你手下的新员工似乎在逐渐适应工作。他们不再像从前那样需要指导和严密的监管。你将：
　　a. 除非出现问题，否则再也不去指导和监督了。S _____
　　b. 花时间与他们单独接触，了解他们每个人的绩效水平。S _____
　　c. 一定要确保工作顺利进展，继续保持严格的指导和监督。S _____
　　d. 与他们讨论新任务的重要性。S _____

C _____ 2. 你分配给 Joe 一项工作任务，并且向他详细地解释了工作的具体做法。Joe 故意忽视你的指导，按照他自己的方法去做。此项工作没有达到客户的要求。这类问题已经不是第一次发生在你和 Joe 之间了。你决定：
　　a. 先听 Joe 的解释，但必须确保工作任务的完成。S _____
　　b. 告诉 Joe 把工作按照正确的方法重新再做一遍，同时严格监管工作过程。S _____
　　c. 告诉 Joe 顾客对工作结果不满意，让他自己去处理。S _____
　　d. 与他一起讨论出现的问题和解决办法。S _____

C _____ 3. 你们部门的员工很团结，整个部门就像一个真正的团队。部门的绩效在公司中是最高的。因为上班高峰期的交通问题，公司董事长同意调整作息时间，使各部门错开工作时间。相应地，你也要调整你们部门的工作时间。已经有几名员工向你提过调整建议。接下来你要采取的行动是：
　　a. 让大家一起来决定工作时间。S _____
　　b. 自己决定后向大家解释这么做的理由，并征求大家的意见。S _____
　　c. 召开会议征求大家的意见，征得你的同意之后，选择新的工作时间。S _____
　　d. 自己做决定，把新的工作时间以备忘录的形式通知大家。S _____

C _____ 4. Bill 是你招聘来的新员工，经过一个月的培训后，他的工作成绩并不理想。他已经尽力了，可是领悟力似乎比较差。你决定：
　　a. 详细地向他解释工作步骤。一边指导他的操作一边讨论每个步骤的重要性。采取支持和鼓励的态度。S _____
　　b. 告诉 Bill，培训期已经结束，下面的事情别人帮不上，只能靠自己了。S _____

232

c. 同他一起复习工作步骤,并严格监督他做事的过程。S _____
　　　d. 告诉 Bill 虽然培训已经结束,但他遇到什么问题可以随时去找你。S _____

C _____ 5. Helen 过去五年的工作成绩都很突出。最近你注意到,她的工作质量和数量都下降了。她家里出现了问题。你将:
　　　a. 告诉她把精力放在工作上并严格监督她的工作。S _____
　　　b. 指出 Helen 工作中出现的问题,并让她认识到她的个人问题已经影响了她的工作。同她一起想办法解决问题。始终给她一种支持和鼓励的态度。S _____
　　　c. 告诉 Helen 你已经注意到她工作成绩的下降,同时也表明你相信她一定会马上解决好这个问题的。S _____
　　　d. 同 Helen 一起研究问题究竟出在哪里、怎么解决,严格监督她今后的工作。S _____

C _____ 6. 在公司的有些地方是不能抽烟的。你路过一个禁烟区的时候偶然发现 Joan 正在抽烟。她已经在公司工作了十年,而且工作干得很出色。Joan 以前从没被发现过抽烟。你将:
　　　a. 告诉她马上把烟熄灭,然后离开。S _____
　　　b. 询问她抽烟的原因和这么做的目的是什么。S _____
　　　c. 劝说 Joan 不要在禁烟区抽烟,监督她今后的表现。S _____
　　　d. 让她赶紧把烟熄灭而且要看着她熄灭。告诉 Joan,你今后会一直监督她。S _____

C _____ 7. 你部门的员工往往不需要怎么指导就能把工作完成得很好。最近 Sue 和 Tom 之间发生了冲突并影响到了工作。为此,你将:
　　　a. 把 Sue 和 Tom 叫到一起,告诉他们,他们之间的矛盾已经影响到了部门的工作。一起探讨解决问题的办法,并告诉他们你会检查问题的解决情况。S _____
　　　b. 让部门成员共同讨论怎么解决矛盾。S _____
　　　c. 让 Sue 和 Tom 坐在一起讨论怎么解决矛盾。鼓励他们要拿出实际行动来解决问题。S _____
　　　d. 直接告诉他们你的解决办法并让他们去执行,你会严格监督执行情况。S _____

C _____ 8. 在他人的鼓励和指导下,Jim 通常是能够完成本职工作的,可是,每当偶尔他偏头痛病犯了的时候,他就无法工作。别人又都不愿意替 Jim 去做。你决定:
　　　a. 让他认识到自己的问题,一起研究怎么做才能保留住这份工作,使用鼓励的态度。S _____

b. 告诉 Jim 把自己的本职工作做好，同时严格监督他的工作表现。S _____

　　c. 告诉 Jim 他已经影响到了别人的工作，让他自己想办法解决问题。S _____

　　d. 本着支持、鼓励的态度为 Jim 制订最低的、保证可以实现的绩效水平。S _____

C _____ 9. Bob 是你手下最有经验和生产能力的员工。他对你说他有一个能够以最低的成本投入增加部门产量的具体想法。他可以在不影响现有工作的情况下，去做尝试性的试验。你认为这是一个非常好的主意，于是你：

　　a. 与 Bob 一起制订工作目标，鼓励和支持他的工作。S _____

　　b. 为 Bob 制订工作目标。但他本人一定要同意这些目标而且要让他认识到你对他的工作很支持。S _____

　　c. 告诉 Bob 及时向你报告工作的进展情况，有什么问题随时来找你。S _____

　　d. 让 Bob 随时与你保持联系以便你能指导和监督他的工作。S _____

C _____ 10. 你的老板让你写一份专题报告。Fran 是一名工作能力非常强的员工，在没有别人指导和帮助的情况下能独立把工作完成得很好。可 Fran 不愿意接受这项工作，因为以前她从没有写过报告。你要：

　　a. 告诉 Fran 她必须接受这项任务，并给她全面的指导和监督。S _____

　　b. 向 Fran 描述报告的大体内容，她可以按照自己的方式具体去写。S _____

　　c. 向 Fran 描述接受这项任务可能会带给她的收益。听取她对如何撰写报告的想法，同时要检查工作的进展情况。S _____

　　d. 同 Fran 一起讨论撰写报告的一些可能的方法。鼓励和支持她去完成任务。S _____

C _____ 11. Jean 是你们部门的最佳销售员。可最近她的月报告总是迟交而且里面还常出现错误。为此你迷惑不解，因为她做事从来不这样。你决定：

　　a. 仔细检查她以前写过的报告，向她解释你理想的报告应该是什么样的。下次交报告之前，与她定个见面时间一起检查报告。S _____

　　b. 指出她的问题，让她自己说该怎么办。以帮她解决问题为出发点。S _____

　　c. 向她阐明报告的重要性。请她解释问题出在哪里。告诉 Jean 你希望下一份报告她能按时交上来，并且不再出现错误。S _____

　　d. 提醒 Jean 下一次按时交报告且不能再出现错误。S _____

C _____ 12. 你部门的员工工作效率非常高,而且愿意参与决策。部门聘请的一位顾问开发了一种新技术的使用方法。你将:
a. 向大家解释顾问的这种方法并让大家一起讨论决定该怎么贯彻执行。S _____
b. 直接把这种方法教给员工,严格监督执行情况。S _____
c. 向大家介绍新方法并阐明其重要性。教授员工新方法的同时一定要把操作步骤讲清楚。回答员工提出的问题。S _____
d. 向员工介绍新方法,同时就如何改进和实施方法征求大家的意见。S _____

判断你的管理类型:
1. 在下表中圈出你的每个情境选项。每纵栏上的栏头代表你所选的管理类型。

情境	S-A	S-C	S-P	S-L
1.	c	b	d	a
2.	b	a	d	c
3.	d	b	c	a
4.	c	a	d	b
5.	a	d	b	c
6.	d	c	b	a
7.	b	d	c	a
8.	b	d	a	c
9.	d	b	a	c
10.	a	c	d	b
11.	a	c	b	d
12.	b	c	d	a
总计				

S-A 独裁型
S-C 咨询型
S-P 参与型
S-L 放任型

2. 汇总每纵栏所选的个数,个数最多的一栏就是你偏爱的管理类型,该类型最有可能被你经常使用。

个数分配越平均,说明你的管理方式越灵活。若某栏的得分是 1 或 0,则表明你不愿意使用该管理类型。

需要说明的是,并不存在所谓"正确的"领导类型。设计本部分练习的目的是让你能更好地理解你有可能或倾向于采取的领导方式。

7.5.1 情境的定义

判断了管理类型之后,我们来学习这四种类型的具体内容和每种类型的应用情境。如上所述,并不存在一种适用于所有情境的最佳的管理类型。事实上,真正有效的管理者往往是结合每个员工或团队的能力水平,来调整自己的领导方式。[45]根据管理者—员工之间的相互作用将管理行为分为两种截然不同的类型:指导型和鼓励型。

- 指导型行为。管理者通过实行指导或控制性的行为,确保工作任务的完成。管理者告诉员工是什么样的任务、什么时间、什么地点、怎样去做,并监督任务的执行过程。
- 鼓励型行为。管理者更注重鼓励和激励员工去完成工作。他向员工解释任务内容,听取员工意见,帮助员工做出自己的决定。

也就是说,在管理员工的过程中,管理者可以注重指导(完成任务),也可以注重鼓励(培养关系),或二者兼顾。

定义完了这些内容之后,又引出了下一个问题。我该使用哪种类型?为什么?

答案是,要依情境而定。而情境又是由员工(们)的才能所决定的。才能有两个不同的方面:

- 能力。员工们是否有工作经验、教育背景和相关技能等类似的能力,他们能在没有管理者指导的情况下完成工作任务吗?
- 动机。员工们是否愿意去做这项工作?他们会在没有管理者鼓励和支持的情况下去执行任务吗?

判断员工才能。员工的才能由高到低分为不同的程度,它们组成了一个连续的带状体。遇到具体的工作任务时,领导者通过选取一处最能反映员工此时能力和动机的程度点,来判断员工在完成该项任务时所处的能力水平。这些能力程度如下:

- 低(C-1)。在没有详细指导和严格管理的情况下不能完成工作任务。这类员工可能具有完成工作的能力,但在没有严格监管的情况下,缺乏执行任务的动机。
- 中(C-2)。员工的能力水平一般,在专门的指导和支持下能正常地完成工作任务。他们的工作主动性也许很大,但仍需要指导、支持和鼓励。
- 高(C-3)。员工的工作能力很强但缺乏自信心。他们最需要的是用支持和鼓励来激励他们完成工作任务。
- 突出(C-4)。在没有任何指导和支持的情况下,员工有能力完成工作任务。

绝大部分人在工作中会承担不同的任务。重要的是我们要认识到,随着工作任务的不同,员工所表现出来的能力水平也不同。例如,一名银行的出纳员在处理常规业务的时候表现出的能力可能会是 C-4,但当面对一项新的或特殊业务时表现出的能力可能就会是 C-1 了。员工在做一项新工作之初往往只具有 C-1 的能力,需要详细的指导。随着他们工作能力的提高,不再需要严格的监督,管理者只需给予适当的支持就可以。一名合格的管理者必须把员工的能力从 C-1 逐步培养到 C-3 甚至 C-4。

7.5.2 选用适当的情境管理类型

正如前文所提到的,"正确的"管理方式是随情境的变化而变化的。因此,情境对于员工能力水平的发挥起着绝对的作用。下面将要详细讨论的每一种管理类型中,也都体现了支持和指导程度的不同。

与员工能力水平相关的四种管理类型——独裁型、顾问型、参与型和放任型都被归纳在表7-1 中。

表 7-1 情境管理模型

能力水平（C）	管理类型（S）
（C-1）低 ——→ 没有指导的情况下，员工不能和/或不愿意去完成任务。	（S-A）独裁型 高—指导—低—支持。告诉员工该怎么做并严格地监督他们的操作过程。给予很少支持或不给予支持。管理者自己做决策。
（C-2）中 ——→ 员工的工作能力和主动性一般。	（S-C）顾问型 高—指导—高—支持。管理者向员工推销自己的工作方法，并监督关键步骤的操作。决策中可能会采纳员工的意见。与员工建立一种支持、鼓励型的关系。
（C-3）高 ——→ 员工的工作能力很强，但可能缺少自信心和主动性。	（S-C）参与型 低—指导—高—支持。很少给予或只给予大概的指导。让员工按照自己的方式去完成工作。只花有限的时间监督工作的执行情况。注重工作结果。与员工一起做决策，但管理者具有最终决定权。
（C-4）突出 ——→ 员工的工作能力和主动性都非常强。	（S-C）放任型 低—指导—低—支持。提供很少或不提供指导和支持。让员工们自己做决策。

独裁型（autocratic style）（S-A）指的是高—指导—低—支持的管理行为（HD-LS），下属员工属于低—能力水平时，适宜使用这种管理方式（C-1）。管理者要给予员工非常详细的指导，准确地向他们描述工作任务是什么、什么时间、什么地点和怎样去执行。同时，要严格地监督任务的执行情况。管理者很少去鼓励员工，做决策的时候也不需要听取员工的意见。

顾问型（consultative style）（S-C）指的是高—指导—高—支持的管理行为（HD-HS），下属员工属于中等—能力水平时，适宜使用这种管理方式（C-2）。在这种方式下，管理者要给予员工具体的指导，告诉他们工作任务是什么、什么时间、什么地点和怎样去执行。另外，要监督所有关键步骤的操作情况。与此同时，管理者通过向员工解释为什么要按要求执行任务和回答他们的问题，以支持和鼓励员工。通过向员工宣传按照他们的工作方法去完成工作会带来的种种利益，来影响与员工间的关系。做决定的过程中，他们可能会征求员工的意见，但最终的决定权还是掌握在他们自己手中。一旦他们结合员工的意见做出了决策，他们接着就要指导和监督员工的执行情况。

参与型（participative style）（S-P）该管理类型的特点是低—指导—高—支持（LD-HS），当员工的能力高（C-3）的时候适合选用此方式。领导者只给员工大概的指导，花有限的时间监督员工的工作情况，允许员工按照自己的方法去工作，不去管过程而只是关注最后的结果。管理者应该通过鼓励，培养员工的自信心。面对一项新的工作时，管理者不需要告诉员工该怎么去做，只是问他们自己想怎么样做。管理者要么与员工一起做决策，要么允许员工自己做决策，但必须在限定范围内或上级允许的前提下。

放任型（laissez-faire style）（S-L）特指低—指导—低—支持的领导行为（LD-LS）。当员工的能力水平非常高（C-4）的时候适合使用此类型。该类型的管理者只需要告知员工要做什么就行了。一般情况下，员工是不用指导的，遇到问题时可以去问管理者。管理者自然也不需要监督员工的工作过程。这类员工具有很高的动机,基本不需要多少支持和激励。领导者允许员工在一定范围内自己做决策,无需征得经管理者的事先同意。

7.5.3 情境管理模型应用

下面以"自我测试练习7-2"中的一个情境为例,结合图7-2中的内容,讲解情境管理模型的具体应用。

首先,确定该情境中员工的能力程度,在题前的C中标注(1—4)。接着,确定a、b、c、d四种行为所代表的管理类型,在每种行为后面的S中分别标注该类型的代表字母(A、C、P或L)。最后,在最适合该情境的行为后面画(√)。

C_____ 1. 你手下的新员工似乎在逐渐适应工作。他们不再像从前那样需要指导和严密的监管。你将:
  a. 除非出现问题,否则再也不去指导和监督了。S_____
  b. 花时间与他们单独接触,了解他们每个人的绩效水平。S_____
  c. 一定要确保工作顺利进展,继续保持严格的指导和监督。S_____
  d. 与他们讨论新任务的重要性。S_____

下面来看看具体的练习步骤:

1. 员工们原来的工作能力是C-1,现在他们已经发展到C-2水平。如果你在C_____中填2,你的答案就是正确的。

2. 选项a是S-L,放任型的管理表现。管理者不给予员工指导和支持。选项b是S-C,顾问型的管理表现。管理者既给予员工指导也给予支持。选项c是S-A,独裁型的管理表现。管理者只是指导员工,不给予支持。选项d是S-P,参与型的管理表现。管理者给予员工很少的指导和很高的支持(考虑到员工的兴趣)。

3. 如果你选择了b项行为,你的答案就是正确的。然而,在商界中解决问题的方法往往并不只有一个。因此,在这个练习中,你得分的依据是,每个情境中你的行为会取得怎样的效果。在本题的情境中,b是最好的选项,因为它是一种逐渐培养员工能力的做法。该答案得3分。c是次优选项,接着是d选项。保持现在的工作状态,总比仓促地对员工实施"拔苗助长"式的培养要好,后者很容易产生问题。所以c选项得2分,d选项得1分。选项a是从管理的一个极端转向另一个极端,所以该项的效率最低,得0分。这种管理方式产生问题的可能性很大,会直接影响到管理工作的成败。

越是能够将自己的管理方式与员工的工作能力很好地结合起来,管理者成功的可能性就越大。

在技能强化练习7-1中仿照上例,应用情境管理模式完成其余11个情境的练习,你将从同伴那里得知你在应用模型发展自己的情境管理技巧方面是否成功。

> **工作应用**

  7. 你是怎么理解情境管理模型的?回忆一位你昔日的领导,他运用的是这四种管理模式中的哪一种?你会把该模型运用到你的管理实践中吗?

  8. 你希望你的老板对你使用这四种模式中的哪一种?为什么?

7.6 比较各种领导理论

本章共介绍了10种不同的领导理论。表7-2把这10种理论按四种领导类型分类列在了一起。认真浏览表7-2,可以更好地理解这些理论之间的异同点。

表 7-2 领导类型

行为领导理论

基本领导类型	领导类型分类			
	独裁型	民主型		放任型
二维领导类型	高结构/以工作为中心。 低关怀/以员工为中心。	高结构/以工作为中心。 高关怀/以员工为中心。	高关怀/以员工为中心。 低结构/以工作为中心。	低关怀/以员工为中心。 低结构/以工作为中心。
领导方格理论	只关心生产,不关心人。 ((9,1)血汗工厂型的管理者)	既关心生产又关心人。 ((9,9)团队型的管理者)	只关心人,不关心生产。 ((1,9)乡村俱乐部型的管理者)	对生产和人都不太关心。 ((1,1)贫乏型和(5,5)组织人型的管理者)
变革型领导	有三种行为,没有具体类型。			

领导的权变理论

权变领导理论	工作导向型		关系导向型	
领导行为连续体	1. 领导者制订决策并向下属宣布。	2. 领导者说服下属执行决策。 3. 领导者提出观点,征求意见。	4. 领导者提出决策草案,以供修改。 5. 领导者提出问题,征求意见后做决策。	6. 领导者限定条件,请集体做决策。 7. 领导者允许下级在上级规定的范围内发挥作用。
规范性领导理论	领导者独自做出决策。 (个人独裁)	与下属单独沟通或同全体员工一起商议,介绍情况,获取解决问题的信息和意见。领导者最后自己做决策。 (与个人和集体协商)	召开员工大会,集体参与讨论,领导者最后自己决定。 (多方协调)	召开下属员工大会,介绍当前情况,让大家一起做决策。 (授权他人)
情境领导理论	高任务,低关系。 (指导型)	高任务,高关系。 (推销型)	高关系,低任务。 (参与型)	低关系,低任务。 (授权型)
情境管理	高指导,低支持。 (独裁型)	高指导,高支持。 (顾问型)	高支持,低指导。 (参与型)	低支持,低指导。 (放任型)

领导特质理论

主要研究领导者的个性特征,没有具体的类型。

> **工作应用**
>
> 9. 你更喜欢哪种理论或模型？为什么？
> 10. 你希望成为哪种类型的领导？描述该类型的特征。

7.7 领导替代

前文所介绍的领导理论都一致认为，有些领导类型在任何情境下都是有效的。Keer和Jermier[46]却提出，下属员工、工作任务和组织环境等因素妨碍了领导者对下属态度和行为的影响。产生领导替代，或者说排除或替代领导者影响作用的特征有：向员工布置的结构化的工作任务（指导）或对员工行为给予正面的认可（支持）。必备的指导和支持并不一定要由领导者来提供，组织中的其他资源，如其他下属、工作任务和组织环境同样可以提供指导和支持。

随着虚拟组织的出现，员工往往接受不到管理者直接的指导。因此，在虚拟领导情境下，对员工的管理也一定要有所不同。[47]因为员工同管理者一样，都具有领导责任心，所以他们往往都有比较强烈的自我激励的需要。[48]

产生领导的指导和/或支持功能替代的特征主要来自于以下几方面：

1. 员工特征。能力、知识、经历、培训；渴望独立；专业导向；对组织奖赏的淡漠。
2. 工作特征。工作任务具体、明确且常规化、程序化；工作方法固定不变；工作成果的自我反馈及时；内在的工作满意度。
3. 组织特征。规范（明确的计划、目标和职责范围）；僵化（严格、僵化的组织制度和工作程序）；高度细化、反应灵敏的咨询和参谋机能；联系紧密、凝聚力强的工作团队；领导者不掌握组织的激励资源；上下级之间有一定的空间距离。

> **工作应用**
>
> 11. 你同意"下属、工作和组织的一些特征能够替代领导的指导和支持作用"这个说法吗？请说明理由。

7.8 领导的多样性和全球化

认识到当今世界的全球化趋势[49]，并具备全球化的领导技能[50]是一个组织有效运作的必备条件。欧洲人把跨国旅游看作像美国人的跨州旅游一样平常。很多国家和地区都非常重视旅游业。绝大多数的大公司的业务都拓展到世界很多地区。这一切都要求当今的领导者必须具有文化意识和多样性的领导方法，这样才能在日趋全球化的经济环境中立于不败之地。[51]我们已经在第2章和第4章分别讨论了文化的个性差异和跨文化沟通问题，这里我们只讨论领导中的文化差异。

大部分的领导理论都起源于美国,所以不可避免地带有美国人的偏见。这些理论认为员工的责任比权力更重要;重视员工的自我满足感的实现,而忽视责任心和利他动机的培养;民主的价值高于独裁的价值;强调理性而忽视灵性、宗教或迷信。因此,在不同的文化背景下,这些理论的使用效果可能也就会有所不同。[52]

20世纪70年代,日本生产率的增长速度超过了美国。于是,有人开始就日本生产率高的原因进行研究。研究结果表明,日本公司与美国公司管理方式的明显不同导致了管理效果的很大差异。同时,明确了两国企业管理的七个主要的不同点。在日本:(1)员工的聘用时间更长;(2)更多地采用集体决策方式;(3)更多地采用集体负责制;(4)评估和提升员工的速度比较慢;(5)更多地使用软性、隐含的控制体系;(6)比较缺乏专业化的员工职业生涯设计;(7)从更整体的角度关心员工。[53]这些年来,美国的很多公司已经采用了更多的集体决策和集体责任制的管理方法,并且更注重从整体的角度来对待员工(回忆第1章的全人管理方法)。此外,有越来越多的公司采用了日本的全面质量管理技术(TQM)和自我指导工作团队的管理方式。

在欧洲,各种各样的管理模式给管理教育领域带来了更多的问题。欧洲的管理者置身于多样的价值体系和宗教背景下,他们所面临的文化问题比技术问题还要多。管理不像是技巧问题,而更像是语言问题。

美国、欧洲和日本公司的经理们都认识到,他们必须用一种完全不同于本国的方法,来管理和领导在别国的业务。丰田公司(Toyota)和本田公司(Honda)在美国的工厂的经营方式与其在日本本国的多少有些不同。同样地,IBM在日本的管理方式也不同于其在美国的。

这里的几个例子说明了要根据不同的民族文化背景选用不同的管理方式。韩国的企业要求领导者要像父亲般慈爱地对待自己的员工。而在阿拉伯,除非企业有特殊要求,否则把对员工的仁爱和宽容视为领导者的一种无能的表现。在日本,一名好的领导者应该谦虚和少说话。斯堪的纳维亚和荷兰的领导者总是为难员工而不愿意去激励员工。独裁型的领导方式比较适用于高情境文化(见第4章)背景中,如阿拉伯、远东和拉丁美洲的国家,而参与型的领导方式在低情境文化的国家中则比较适用,如美国、挪威、芬兰、丹麦和瑞典。[54]

电子化组织(e-organization)一般都是全球性的公司,所以它们的管理方式也不同于其他性质的组织。据在电子化组织和传统型组织中都曾工作过的管理人员所说,电子化组织的领导者更注重决策制订的速度、灵活性和未来的愿景。易趣(eBay)的首席执行官Meg Whitman说,易趣的交易额每一刻钟就要增长40%到50%。易趣公司每三个月就要制订一个全新的战略目标,这一迅速变化的过程,对公司的领导提出了严峻的挑战。在一年的时间里,易趣公司的员工从30人增加到140人,注册用户从10万人增加到2 200万人。Whitman在孩之宝(Hasbro)玩具公司任职期间(加盟易趣公司之前),制订了一年的发展战略并执行了一年。易趣公司为了迎合市场的变化,要经常改进战略目标和营销手段。[55]在线领导要管理来自世界各地的虚拟的和无边界的组织,因此不需要太多的面对面的交流,往往只需要书面沟通就可以完成工作。[56]也许你就是某一虚拟组织的成员或领导者,正在为着共同的组织目标而各自独立地工作着。尽情享用跨越时空距离和组织边界进行畅快交流和合作所带来的工作感受吧![57]

■■■■ 组织中的人际关系

7.9 信任

在商界中如同在生活中一样,信任是培养与客户、供应商、同事和管理层之间人际关系的一个必要的构件。阅读本部分之前,请先完成自我测试练习7-3——可信度。

自我测试练习7-3

可信度

请仔细阅读下面的17个表述,选择最能代表你实际行为的程度副词,并将相应的数字填入题前的空格里。一定要诚实,这也是测试你可信度的一部分。

几乎总是 几乎从不

5   4   3   2   1

1. 我说实话,我讲的都是事情的真实情况。
2. 答应的事情,我就一定会去做。
3. 我尽力维持公平,为利益各方都创造一种双赢的局面。
4. 我会尽力完成工作任务。
5. 我会在能力允许的条件下主动为他人提供帮助,需要的时候我也会去寻求他人的帮助。
6. 我很谦虚,我不炫耀自己的成绩。
7. 当我犯错误的时候,我会主动承认而不是尽力掩盖和弱化它。
8. 我不会承担超过我能力极限的任务。
9. 我说到做到,从来不说一套做一套。
10. 我公平地对待自己的同事,朋友和其他人。
11. 我支持和保护自己的同事并给他们留面子。
12. 当有人告诉我某些事情要保守秘密时,我就不会告诉其他任何人。
13. 我要么不说,要说就只说同事积极的一面,从不传闲话。
14. 同事们都把我看做是合作的伙伴而不是竞争的对手。
15. 我让同事了解一个真实的我——我的立场、我的价值观。我与他人分享自己的感受。
16. 当同事告诉我一些他们自己的隐私时,我会给予认可和支持,并也会向他们说出自己的一些隐私。
17. 我能够有效地处理各种意见、与不同的人打交道,解决各种类型的冲突和矛盾。

> 请把对每个情境所选的数值(1—5)填入下面的对应横线里,汇总每个纵栏的得分;再将5个纵栏的总分相加,把最后的总得分填入右下角的总计得分栏里。在下面的分值连续线上找出你的最后总分所处的位置。
>
> | 正直 | 能力 | 一致性 | 忠诚 | 坦率 |
> |---|---|---|---|---|
> | 1. | 4. | 8. | 11. | 15. |
> | 2. | 5. | 9. | 12. | 16. |
> | 3. | 6. | 10. | 13. | 17. |
> | | 7. | | 14. | |
>
> 总分 _____
>
> 可信 17 ---- 20 ---- 30 ---- 40 ---- 50 ---- 60 ---- 70 ---- 80 ---- 85 不可信
>
> 得分越低,你的可信度就越高。注意哪一个是你的最强(得分最低栏)和最弱(得分最高栏)的可信度维度。下一节内容将会教你如何全面培养可信度的五个纬度。

传统的分级组织结构正在被以信任为纽带的组织和灵活的网络所取代。[58]成员间的相互信任在团队组织中显得尤为重要。[59]但培养跨团队的信任和合作往往是比较困难的。[60]第4章中讲过,信任及可信度问题可能是潜在的沟通障碍。人们不愿跟从一个自己不信任的领导。[61]建立人际关系的能力是建立在信任基础之上的。你的个人技能会影响你的信任意愿,而信任意愿又会反过来影响你的人际关系及领导技能。如果你想影响他人,必须首先取得他们的信任。[62]你可信吗?这一节,我们将讨论信任的类型及如何建立信任。

7.9.1 信任的类型

信任(trust) 是希望不要被他人利用的一种积极的期待。信任不仅仅是给予,也是一种付出。这种积极的期待是建立在对他人的认识、了解和相互接触的基础上的,它需要时间来培养。人际关系中总存在被他人利用的风险,信任使我们可能受到伤害。

在组织人际关系中有三种信任的类型:威慑型信任、了解型信任及认同型信任[63],也被称为信任的三个层次。组织中的信任基于以下假设:两个陌生人进入一种新关系时,对对方都没有把握,认为如果太迅速地展现自己可能会给自己带来伤害,而且也不确定这种关系能维持多久。

威慑型信任 大多数人际关系都始于威慑型信任,这是因为我们没有与对方打交道的经验。威慑型信任是最脆弱的信任类型,一次违反或不一致就能破坏人际关系。这种关系的基础是人们害怕违反信任原则后会受到报复。人之所以会言行一致是因为害怕言行不一致可能带来的后果。例如,开始一项新工作时,我们会担心把工作搞砸或者跟同事、老板相处不来,于是便会努力做好工作。顾客与销售人员的关系一般都是基于威慑型信任的。

了解型信任 了解型信任是组织中最常见的信任。信任建立在与对方的交往经历之上。我们会根据对对方的了解情况来预测其行为。同样,不可预测性也是我们不信任他人的原因,对方不可测时,我们就不会信任对方。对他人了解越多,越能预测其行为,我们也就越信任他们。

与脆弱的威慑型信任不同，了解型信任不会因为行为的不一致而被破坏。如果不能准确预测他人的行为，对他人感到失望或被人利用，我们通常会理解对方违背信任原则的行为，接受这一事实，原谅此人，并继续原先的关系。为了保持良好的人际关系，我们必须承认错误[64]，并且道歉。

认同型信任 当两人之间有了超过同事关系的朋友般的情感关系时，就有了认同型信任，它是信任的最高层次。员工会考虑双方的最佳利益，善待对方。团队经理都努力建立这样的信任，这样团队成员会感觉很舒服，互相信任，从而可以预测对方的表现，并在对方不在时也能自由行事。

不管是工作中还是工作外的人际关系，都有一种性别差异，即：与女性相比，男性一般更愿意直接表达自己认为重要的东西及自己的期望。女性通常认为，不需要自己直说对方就能揣测出自己认为什么重要以及期望什么。当然，这一点对年轻人来说可能会有例外，因为年轻一代的女性正变得越来越自信及具有进攻性。信任层次及层面见图7-6。

工作应用

12. 举例说明你在工作中经历过的信任的三个层次。

7.9.2　建立信任

现在我们讨论如何建立信任关系，以实现认同型信任。如图7-6所示，信任有五种层面。[65]诚信位于正中心，控制着能力、一致、忠诚及开放性其他四个层面，没有诚信，信任便土崩瓦解。

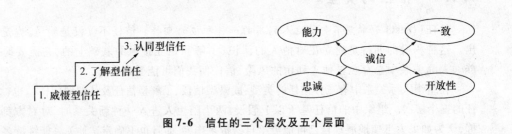

图7-6　信任的三个层次及五个层面

自我测试练习7-3"可信度"中的五列即信任的五个层面。各个层面都很重要，但你要尤其注意自己较弱的层面。

诚信 诚信的人具有诚实、真实、真诚的特点。诚信是人们评价他人可信度的最重要的层面。诚信是领导力中首要或许也是最重要的特征。没有诚信，所有其他层面都毫无意义。[66]

关于建立诚信的建议：

- 说实话。你会信任一个说谎的人吗？不要说谎话或误导他人。要说你真心想说的，并且说话算数。说话要符合事实。如果一个人说话符合事实，那么这个人是可以信任的。[67]当然，也要注意说话的方式，以免伤害人际关系，要遵循前面几章介绍的准则。关于做到真实这

第 7 章 领导与信任

一点,请参照第 3 章有关道德行为的准则。
- 保守承诺。你会信任一个不守诺言的人吗?为了使别人信任自己,你必须让他们相信你是值得依赖的。要做到"君子一言,驷马难追"。你的言语与承诺影响着别人对你的评价,因此如果你说过要做什么事,一定要切实地去做。
- 要公平。你会信任一个对你不公平的人吗?公平有助于建立你的可信度。[68]世界最大的休闲餐饮公司"Darden 餐饮公司"首席执行官司 Joe Lee 认为,诚信及公平是商业中的重要核心价值观。[69]不公平感会引起不信任、报复及诉讼。[70]因此,在决策之前要考虑别人将如何看待这些决策的客观性及公平性。为了做到公平,要努力为所有相关人员创造双赢。不是自己做的事千万不要说是自己的功劳,如果功劳是其他人的,要给予认可。

能力 能力指的是人的技术知识、人际关系知识、能力及技能。为了使人们信任自己,你需要让他们相信你拥有实现承诺所需的技能及能力。

关于开发能力的建议:
- 要尽责。你会信任一个工作做得不好的人吗?要尽自己最大的能力去工作。要完成一项任务之前,要问自己对方是否会满意。要询问对方自己可以如何不断改进(见第 4 章中的指导方针)。
- 了解自己的优缺点。你会信任一个自称能做但其实没有能力做到的人吗?可能的话要主动帮助他人,在你需要帮助的时候,可向他人求助。不要承诺超出自己能力范围的事。
- 不要夸口。你信任喜欢夸口的人吗?让成就说明一切吧。谦卑有助于建立信任。[71]没人想听你自夸,尤其不喜欢听你把自己和他人做对比。
- 承认错误。你会信任一个自称什么都懂的人吗?如果你承认自己不明白或承认错误,别人会认为你是有能力的人,而不会因此认为你无能。别人会认为你值得信赖,不会欺骗他们。[72]没有人会喜欢一个坚持自己永远正确的人。[73]

一致性 具有一致性的人会在相同的情境中表现相同,他们具有可预测性。

关于培养一致性的建议:
- 信守承诺。这听起来有点意思重复,因为一致性就是指说到做到。不要承诺太多以至于无法兑现承诺。
- 宣扬什么就要做到什么。做的要与说的一致,因为行动胜于雄辩。你会信任一个说一套做一套的人吗?这样的人可信度低,别人不会采纳他们的建议[74],更不会信任他们。[75]
- 要不偏不倚。你会信任给自己喜欢的下属特殊优待的管理者吗?要使用相同的方式对待不同的人。要公平,不要歧视与自己不同的人,或是偏向与自己关系好的人。

忠诚 忠诚的人会照顾他人的利益(而不是利用他人)。忠诚需要认同型信任。

关于培养忠诚的建议:
- 加大对忠诚的投入。如果别人知道你总照顾他们,他们也会反过来照顾你。[76]你会信任一个只顾自己的人吗?要支持他人、保护他人、为他人留面子。
- 保守秘密。你会信任一个背后捅你一刀的人吗?如果一个人告诉你一个秘密,那么这个人会因信任你而承担风险,因此不要将秘密转告他人。一次泄密就会永远地破坏你们的关系。
- 不要背后说别人坏话。你会信任一个背后说别人坏话的人吗?如果别人听到你说其他人的坏话,他们就认为你也会背后说他们的坏话。记住,如果你没有什么好话要说,那就干脆不说。

- 做个合作者,而不是竞争者。[77]你会完全信任一个努力打败你的人吗?要做个团队合作者,帮助别人。

开放性　开放性的人会接受新思想及变化,会说出全部真实。

关于培养开放性的建议:

- 自我展现。你会信任一个不让你知道他们真实一面的人吗?与他人分享知识有助于建立忠诚及信任。[78]不信任不仅来自于人们了解到的东西,还来自于对东西的不了解。因此,要让别人理解真正的你,告诉他们你代表什么及看重什么。把你的想法积极而自信地告诉他人,与他人分享你的感觉。只谈论事实的人会被认为是冷漠而疏离的,要与别人分享感觉,这样有助于他们真正地了解你。可遵循第 5 章及第 6 章中关于情绪及处理愤怒的指导方针。更多的自我展现建议如下。

- 接受他人的自我展现。你会信任一个贬低你的人吗?当别人向你展现自我时,要鼓励、接受并支持他,而不是评判或嘲弄。使用反映型、安抚型及探查型反应技巧,而不要使用建议型及转移型反应技巧(见第 4 章)。反过来,别忘了也向对方展现你自己。

- 接受多元化及冲突。你会信任一个排斥异己的人吗?要接受不同意见及冲突。请遵循第 6 章中有关解决冲突的指导方针。我们将在第 14 章中再次讨论多元化问题。

自我展现及 Johari 窗口:自我展现有助于人际关系的发展,能使信任提高到认同型信任水平。Johari 窗口是由 Joseph Luft 和 Harry Ingram 两位提出者的名字组成。[79]如图 7-7 所示,Johari 窗口是由两个轴组成的四个象限:(1)横轴表示自己了解的关于自己的信息(包括价值观、态度、信仰等)的程度;(2)纵轴表示他人了解的关于自己的信息的程度。

	自己知道	自己不知道
别人知道	开放	盲点
别人不知道	隐藏	未知

图 7-7　Johari 窗口

在对自己了解的基础上,我们选择自认为可以与他人分享的自我信息;也就是说,我们"打开"了"隐藏"窗口。自我展现的过程中,我们还会发现关于他人了解自己的某些方面,比如我们做了哪些令人不高兴的事等;换句话说,我们打开了"盲点"窗口。除非进入到新情境,否则"未知"窗口无法打开,因为我们只有事情发生了才知道自己会如何表现,比如,被开除。因此,为了建立信任并改进人际关系,我们要逐渐自我展现,以打开"隐藏"窗口及"盲点"窗口。

关于自我展现的其他建议:

- 事件发生后,在展现你对事件的想法及感受时要关注现在而不是过去;要自信。

第7章 领导与信任

- 当你打算自我展现时,要选择适应的时机及地点,或许需要避开事件发生时做自我展现。比如,不要在团队会议中告诉老板你对他有意见。
- 分享的深度及广度要随着时间的推移及信任的发展而变化。不要一次就把所有的都展现出来。

风险及破坏信任　通过自我展现来建立信任会存在受到伤害、失望、被利用的风险。尽管人们常常害怕自我展现的风险,然而考虑到人际关系及友谊可能因此而提升,因此还是值得冒险的。如果你遵循了上述建议,你便可以将风险降到最低程度。在性格差异方面,女性通常比男性更愿意自我展现,对他人的自我展现也表现出更多的支持。因此,想增加自我展现的男性可以从移情力强的女性开始,这有助于提高信心。

信任的赢得及建立需要时间。破坏信任要比建立信任容易得多。多年的信任可以因为一次不当行为而遭到破坏。比如,如果你言行不一且被发现说谎,未能按时完成工作或工作做得糟糕,不忠诚等,你就可能伤害到与人的关系,别人或许永远不再信任你。在了解型信任及认同型信任层次时,你或许犯错后会被原谅,也可能得不到原谅。你们的关系或许永远不可能回到从前,甚至可能就此破裂。因此,要始终使自己可以信赖。

工作应用

13. 工作中你的信任层面中最强及最弱的分别是什么?你将如何改进自己的可信度?你会采纳哪些建议?

最后,请完成自我测试练习7-4,看看你的人格如何影响你的领导风格及建立信任的能力。

自我测试练习7-4

你的人格、领导及信任

我们讲过,人格是建立在特质基础上的。因此,你的人格会影响你的领导行为及对权变领导风格的使用。你倾向于哪种情境领导风格?你具有灵活性吗?你能根据情境改变领导风格吗?

如果你有高外倾性人格,你的领导风格中的任务导向会强于人员导向,因此你需要加强对人的因素的关注,要注意自己的独裁式领导行为。适当的时候多鼓励员工参与(参与式或放任式)。或许你能力很强,也很一致,但在你看来,完成工作比发展人际关系更为重要。因此你或许需要在诚信、忠诚以及开放性方面努力,以建立信任。

如果你有高随和性人格,你很可能有高人员导向的领导风格,但你需要注意确保工作得以完成。即使适合独裁式领导风格的时候,你可能也不太愿意采用这种方式。在你看来,完成工作比不上人际关系重要。因此你很可能具有高开放性、忠诚、诚信,但需要在能力及一致性方面多加努力。

组织中的人际关系

> 适应性是指处理自己情绪的能力。如果在适应性人格方面你得分不高,那么你或许不喜欢做领导。低适应性人格的人通常不喜欢展现自我,因此你或许在信任的能力层面、一致性层面及诚信层面会受到质疑。
>
> 如果你具有高尽责性人格,那么你或许会要求别人也一样尽责。你更为任务导向还是人员导向?你的领导风格比尽责性更易受你的导向影响。尽责性会带来信任层面中的能力及一致性。然而,根据你是任务导向还是人员导向,你或许需要在诚信、忠诚及开放性方面努力。
>
> 如果你有高开放性,你或许会在变革时使用参与式领导风格。你会利用开放性以建立信任,但可能需要在信任的其他层面进行努力。
>
> **行动计划**:基于你的人格,你会做哪些具体努力,以改善领导风格及建立信任?
>
> _____
> _____
> _____

复习题

_____是指导员工实现组织目标的过程。管理和领导是两个有联系但又不同的概念。领导只是管理的五项职能之一(计划、组织、人事、领导和控制)。领导与绩效之间有因果关系。

_____认为有效的领导具备一系列特殊的生理和心理的个性特征。Ghiselli 研究认为,有些性格特征确实对领导者的成功起着重要的作用(最重要的是管理的能力),但并非所有特征都是必不可少的。尽管领导特质理论已经不那么流行,但在这方面仍有研究。

_____认为有效领导者身上一贯具有一些独特的行为风格。三种基本领导类型:独裁型、民主型、放任型。二维领导模式是指结构维度和关怀维度(俄亥俄州立大学),即以工作为中心和以员工为中心(密歇根大学)。_____是 Blake 和 Mouton 提出的,认为最有效的领导方式既高度关心生产又高度关心员工。变革型领导理论通过实施下列三种行动,带领企业持续进步:重视革新、构建愿景、适应变革。

_____认为好的领导风格要随情境改变而改变。_____是 Fiedler 提出的,该模型用来判断一个人的领导方式是工作导向型的还是关系导向型的。领导方式要与具体的工作情境相适应。如果不适应,Fiedler 建议改变环境以适应领导者风格。Tannenbaum 和 Schmidt 提出了_____模型,该模型在以领导为中心和以员工为中心两种领导方式的基础上,提出了七种领导方式。在选择领导方式时,要考虑三种因素:管理者、下属员工、工作情境。_____是 Vroom 和 Yetton 的决策树模型,该模型共有五种领导方式,使用者可根据不同的情境选择相应的领导方式。使用者需要回答决策树中的一系列问题,以决策使用哪种方式。_____是 Hersey 和 Blanchard 提出的模型,使用者可根据情境中的下属成熟度从四种领导风格中选择最适合的领导风格。

四种情境管理类型包括:_____即高—指导—低—支持的管理行为,适用于下属员工属于低—能力水平时;_____即高—指导—高—支持的管理行为,适用于下属员工属于中等—能力水平时;_____即低—指导—高—支持,适用于员工能力高时;_____即低—指导—低—支持的领导行为,适用于员工的能力水平非常高时。

必备的指导和支持并不一定要由领导者来提供,组织中的其他资源,如其他下属、工作任务和组织环境同

第7章 领导与信任

样可以提供指导和支持。

在全球经济中,管理者的管理及领导方式有所不同。

_____是希望不要被他人利用的一种积极的期待。有三种信任的类型:威慑型信任、了解型信任及认同型信任。信任有五种层面:诚信(诚实、真实、真诚)、能力(技术知识、人际关系知识、能力及技能)、一致性(行为的可预测性)、忠诚(照顾他人的利益)及开放性。最重要的层面是诚信,其他层面都以诚信为基础。建议信任时会有风险,不要做任何有可能破坏信任的事情。

案例分析

Carl Thomson:摩托罗拉

摩托罗拉,全球无线、自动与宽带通信方面的领头羊,从事生产已经超过了75年,它的 Intelligence Everywhere 解决方案包括:

- 软件增强型无线电话和信息发送,双向无线电产品和系统,以及为客户、网络运营商和商业、政府和工业客户提供的联网和互联网接入产品。
- 端到端系统,为宽带运营商提供互动数字视频、语音和高速数据解决方案。
- 嵌入式半导体解决方案,适合无线通信、联网和运输市场的客户。
- 集成电子系统,适用于汽车、信息通信、工业、电信、计算机和便携能源系统市场。

Carl Thomson 在一个生产小型电话配件的部门工作,并一步步做到了部门经理。Carl 的工作是监督与管理其中一种配件的生产,该配件是电话不可缺少的零件。机器的操作并不复杂,很容易就能做出标准的产品来,由于报酬比较低,Carl 的员工普遍感到工作枯燥。Carl 总是与员工们在一起,认真地监督,使他们按计划生产。Carl 认为,如果他不深入员工中监督,随时提醒他们注意自己的产量,员工们就会松懈,并且达不成目标。Carl 的员工视他为 OK 上司,因为 Carl 的确很关心他们,员工也非常有效率。Carl 对完不成标准生产任务的员工也会进行培训,并且解雇了一些员工。

Peter Picnally 是一个大部门的经理,该部门按照顾客的需求设计器械。Peter 最近退休了,而 Carl 因为在原先部门的良好表现被提拔为 Peter 的继任者。Carl 没做过设计的工作,也没有管理过同类部门。设计者们都是工程师,享受优越的待遇,并且在 Peter 的带领下,工作做得非常出色。Carl 以他一贯的方式来观察员工,他发现设计者们的工作方式各不相同。所以他近距离地观察员工的工作,希望找出一个大家都能遵守的好的方法来,使大家的工作标准化。就在 Carl 告知员工如何在按顾客需求的设计工作中做得更好的方法不久,事情却变得有些糟糕,员工们说他不明事理。当他监督某一位员工的时候,可以靠他的威信使员工照他的话去做。可是当他离开去监督另一位员工时,其他员工又会采用他们自己的那一套。员工们在背后抱怨说 Carl 是一个无知的管理者。

抱怨自然也传到了老板 José 的耳中。José 也注意到,自从 Carl 接手了设计部后,部门的效益的确有所下降。José 决定叫 Carl 来他办公室好好谈谈事情到底是怎么一回事。

网上查询:想了解更多关于摩托罗拉的信息,或更新本案例中提供的信息,请直接在网上进行域名查询,或打开摩托罗拉公司的网站 www.motorola.com。

请利用案例和课本中的相关信息,或在网上和其他渠道所获得的相关信息,回答下列问题。

1. Carl Thomson 是配件部门和设计部门的经理和/或领导吗?

2. 举例说明是哪一种领导理论导致了 Carl 在一个部门成功而在另一个部门却遇到了问题。

组织中的人际关系

3. 根据图 7-3，Fiedler 的权变领导模型，恰当地分析配件生产部门和设计部门的情境及领导模式。

4. Fiedler、Keer 和 Jermier 会给 Carl 怎样的建议以提高部门绩效。

5. 根据表 7-1，确定设计部员工的能力水平处于什么层次。根据课文的材料，在这种情况下，要成为一个成功的领导者，你会建议 Carl 使用哪种管理领导模式？Carl 使用该模式了吗？

6. 性格（第 2 章）与哪种领导理论联系最为密切？

7. 沟通在领导中（第 4 章和第 5 章）扮演了什么样的角色？

8. 权变领导理论在第 5 章中是如何体现的？

客观题案例

清洁工作

Brenda 是 Big K 超市切肉班的领班。她决定着切肉员的录用与解雇，同时也决定着他们的升降。虽然没有人这么说，但是她推测所有的男性切肉员对她并不友好，因为她是个女老板。但是大家的技术都非常熟练。

肉类及冷冻食品的包装箱一个月需要清洁一次，这个任务都是由切肉员来做的，这项工作通常由大家轮流负责。这不是一个人的工作，也没人喜欢做。本月的清洗时间又到了，Brenda 需要找个人来完成这项工作。她恰好遇到了 Rif，于是向他走了过去。

Brenda：Rif，本月你来清洗箱子吧！
Rif：为什么是我？我两个月前刚洗过，让别人洗吧！
Brenda：我没有问你什么时候洗的，我是要求你去清洗。
Rif：我了解，可我是个切肉员，不是看门人。为什么不叫看门人来洗？或者用其他更公平的方法？
Brenda：你要是不照我的话做，我可要采取措施了。
Rif：行了行了，我做就是了。

回答下列问题，并在每题之间的空白处写出你的理由。

_____ 1. Brenda 对 Rif 所采用的领导方式是_____。
        a. 专制的   b. 民主的   c. 放任的

_____ 2. 对于 Rif，Brenda 采用的是第_____象限领导模式（图 7-1）。
        a. 1   b. 2   c. 3   d. 4

_____ 3. 对于 Rif，Brenda 应该使用第_____象限领导模式（图 7-1）。
        a. 1   b. 2   c. 3   d. 4

_____ 4. Brenda 使用的领导方格模式是_____（图 7-2）。
        a. 1,1   b. 9,1   c. 1,9   d. 5,5
        e. 9,9

_____ 5. 根据领导方格理论，Brenda 采用了合适的领导模式。

第7章 领导与信任

　　　　　　a. 对的　　　　　　　b. 错的

_____ 6. 根据 Fiedler 的权变理论模式（图7-3），Brenda 处于_____情境，_____导向的行为是合适的。

　　　　　a. 1　　b. 2　　c. 3　　d. 4　　e. 5　　f. 6　　g. 7　　h. 8
　　　　　a. 任务　　　　　　　　　　b. 关系

_____ 7. Brenda 运用了_____领导连续体风格（图7-4）。

　　　　　a. 1　　　　　b. 2　　　　　c. 3　　　　　d. 4
　　　　　e. 5　　　　　f. 6　　　　　g. 7

_____ 8. 解决月度清洁工作比较合适的规范性领导方式是_____。

　　　　　a. 个人独裁　　b. 个别沟通　　c. 集体商议　　d. 多方协调
　　　　　e. 授权他人

_____ 9. Brenda 的对 Rif 的情境监督模式（situational supervision style）是_____（表7-1）。

　　　　　a. 专制的　　b. 协商的　　c. 参与的　　d. 放任的

_____ 10. Brenda 应该采用_____情境监督模式（situational supervision style）来解决月度清洁的问题。

　　　　　a. 专制的　　b. 协商的　　c. 参与的　　d. 放任的

11. 如果你面临 Brenda 的情境，你会采用哪种方法清洗每月的包装箱？

注：可在课堂上进行分角色表演。

技能强化练习7-1

情境监督
课堂练习

　　目的：学会使用情境监督模式，提高你根据员工的个人能力对他们实施合适的情境监督模式的能力。

　　SCANS 要求：通过这个练习培养学生的人际交往能力、咨询能力、听说读写算等基本能力、思维能力和其他综合个人素质。

　　过程：2 人一组，在自我测试练习7-2 中的第2—12 种情境中，运用表7-1 的情境监督模式。完成后，由指导老师给出参考答案，参照答案，检验自己的答案是否正确以及对知识掌握的水平。

　　对每种情境，根据表7-1 的左边栏来辨别文中描述的雇员的能力水平。能力分为1—4 四个层次，分别填写在自我测试练习7-2 中每个情境左边标有"C"的横线上。现在辨别每种回答（a—d）所代表的监督模式（这些列在例子右边栏）。在每个后面标有"S"的横线上，填上各模式的代号（A、C、P 或者 L）。最后，在管理模式的选项中，在你认为是最合适的答案（a、b、c 或者 d）下打个（√）。

　　步骤1（3—8 分钟）
　　指导老师带领同学复习情境监督模式（表7-1），然后以情境1 为例讲解如何运用各模式。
　　步骤2（25—45 分钟）
　　为测试你在监督方面的效率，翻到下一页：
　　1. 先不要在课堂上讨论答案，重复练习，然后对左边表格"无模式"部分中你选择的答案作简要说明。在右边表格"有模式"部分中写下你所选的各模式的编号，并排序。

■■■ 组织中的人际关系

2. 将每个专栏的数字相加,并将得到的和与每个专栏顶端的数字(0、1、2 或 3)相乘,再将 4 个和相加,得到你的总分,范围为 0—36。分数越高,则说明模式与能力水平更相符。通过反复练习,你的分数有没有得到提高?坚持每天练习,可以有效地提高你的实践能力。

指导老师预先浏览情境监督模式,然后以情境 1 为例讲解如何运用各模式。

整合(3—5 分钟)

1. 翻到自我测试练习 7-2 的情境 2,然后翻到情境监督模式(表 7-1)(你可以将该页撕下来)。对各情境运用合理的模式,以选择最佳行动进程(3—4 分钟)。指导老师公布答案,并打分(3—4 分钟)。

2. 分组,2 人一组,如果剩下了单个人,则可以有一组为 3 个人。每个小组运用各模式处理情境 3—6,组员如果存在分歧,可以选择不同的答案(8—12 分钟)。教师没要求的话不要做 7—12。指导老师公布答案,并给每个情境打分(2—4 分钟)。

3. 以小组为单位,选出情境 7—12 的答案(11—15 分钟)。指导老师公布答案,并给每个情境打分(2—4 分钟)。

注:测试中的表现与实际工作中的表现并没有必然的联系,被测人员往往倾向于选择他们认为正确的答案,而不是他们在实际中的真实做法。本练习的目的在于使他们更好地了解自己的监督模式,以及如何改进。

结论:指导老师作点评。

应用(2—4 分钟):通过这个练习我学到了什么?怎么把所学的这些知识应用到未来的工作和生活中?

分享:请同学自愿举手,宣读自己在上面应用部分的答案,与全班同学分享。

技能强化练习 7-2

领导模式的角色扮演
课堂练习

目的:亲身体验领导行为,识别领导模式,以及了解如何运用与影响组织的不适当的领导模式相对的合适的领导模式。

SCANS 要求:通过这个练习培养学生的人际交往能力、咨询能力、听说读写算等基本能力、思维能力和其他综合个人素质。

准备:所有必需的材料如下(不必事先准备)。

步骤 1(5—10 分钟)

分小组进行讨论,选出你们小组做出下列决策所选的模式(专制的、协商的、参与的、放任的)。

你是办公室主任,有 4 位下属,都使用着过时的打字机。你即将购买一台新打字机来替代一台老的(大家都知道这件事情,因为几个销售人员正在办公室)。你得决定谁使用新打字机,下面是 4 位员工的一些信息。

Pat——他在该组织已经工作了 20 年,今年 50 岁,目前的打字机使用了 2 年。

Chris——他在该组织已经工作了 10 年,今年 31 岁,目前的打字机使用了 1 年。

Fran——他在该组织已经工作了 5 年,今年 40 岁,目前的打字机已经使用了 3 年。

Sandy——他在该组织已经工作了 2 年,今年 23 岁,目前的打字机已经使用了 5 年。

可能的领导模式

指导老师选择一个选项：

选择A：领导行为模式的连续性1—7。察看图7-4关于这7种模式的说明。

选择B：情境监督模式。

S-A 专制的　　a. 独自做决定，然后分别告诉每位下属你的决定，以及你为什么和怎样做出决定的。

　　　　　　　b. 独自做决定，然后召开会议宣布决定，以及你为什么和怎样做出决定的。会上不允许讨论。

S-C 协商的　　a. 在做决定之前，分别找每位下属谈话，了解他们是否需要新打字机，以及需要的理由。然后做出决定，在会议上宣布或者分别告诉每位下属。

　　　　　　　b. 在做决定之前，召开会议听取所有下属的意见，看有谁需要新打字机，以及理由是什么，但是不再在下属间展开讨论。然后做出决定，在会议上宣布或者分别告诉每位下属。

S-P 参与的　　a. 暂定你将把新打字机给某位下属。然后召开会议，宣布你的计划，接着展开讨论，确定是否改变你的选择。在公开讨论之后，你做出最终决定并宣布，同时解释你这样选择的原因。

　　　　　　　b. 召开会议，将问题提出来，然后公开讨论谁该得到新打字机。讨论结束之后，做出决定并解释原因。

S-L 放任的　　a. 召开会议，将问题提出来。告诉大家他们有多长时间(5—7分钟做该练习)做出决定，你不作为讨论的成员之一。做决定的时候，你可以在场也可以不在场，但如果你在场，你不能参与。

每个小组成员告诉其他人自己的名字，以及两三件对自己来说有意义的事。

当所有成员都说完后，相互问问题以便更好地了解彼此。

步骤2(5—10分钟)

1. 从不同的小组中选出4名志愿者到教室的前面，拿出一张8.5英寸×11英寸的纸，写下你在角色扮演中所扮演的人物的名字(用大号、黑色字体)，然后对折放好，让管理者(角色扮演中的)和同学能看到名字。当管理者考虑计划的时候，志愿者翻到本练习的最后，阅读你和你同学所扮演的角色。表演的时候，尽量投入到角色中去，所做的、所说的都要与角色所处的环境相适应。只有打字员能够看下属角色的信息。

2. 教师会告诉每个组他们的管理者将采用何种管理模式。选择可以不止一个。

3. 小组选择一位管理者进行表演并做出决策，同时小组要计划好"谁、什么、何时、何地、怎么样"。管理者将进行角色扮演。谁都不要事先看下属角色的信息。

步骤3(1—10分钟)

某一位管理者走到教室前方，开始领导角色的扮演。

步骤4(1—5分钟)

其他学生(不包括这位管理者所在组的学生)进行投票以确定管理者表现的是哪种模式(1—7，或指导型a.b.、推销型a.b.、参与型a.b.、授权型a.b.)，然后表演者公布答案。如果一部分班级成员没有选对，可以展开一次讨论。

步骤3和步骤4(25—40分钟)

重复步骤3和步骤4，直到所有管理者都表演完了或者时间用完了。

组织中的人际关系

步骤5(2—3分钟)
班上每个成员分别确定自己在这种情境下会如何决策,然后投票选出班级会采用哪一种模式。老师给出自己的参考答案或者作者的观点。

结论:指导老师作点评。

应用(2—4分钟):通过这个练习我学到了什么?怎么把所学的这些知识应用到未来的工作和生活中?

分享:让志愿者回答结论和应用部分的问题。

下属角色信息

补充信息(仅供扮演下属的学生阅读):

Pat　　对现状很满意,而且不想花时间去学习新打字机的使用。对自己的立场非常坚定。

Chris　对目前的工作感到厌烦。非常想学习操作一台新打字机,作为办公室资历第二的员工,他打算在这次竞争中一定要积极争取。但同时也担心,因为他原先的打字机是4台中最新的。他想了个好办法:得到新的打字机后,把原来的那台给Sandy。

Fran　　对新打字机很感兴趣。每天花在打字上的时间比其他任何一位员工都要多。所以,他相信自己会得到的。

Sandy 想要新打字机。认为自己应该得到它,因为自己是最快的打字员,而且用的是最旧的打字机。她不想要一台别人淘汰的打字机。

技能强化练习7-3

自我展现与信任(Johari窗口)
课堂练习

目的:根据Johari的窗口理论进行自我展现,以增进信任。
体会:通过提问和回答进行自我展现,增进信任。
规则:
1. 轮流提问。
2. 如果你没有(或没有打算)提问某个问题,你也可以拒绝回答该问题。
3. 你不必按顺序提问。
4. 在练习中的任何时候,你可以自己增加一些问题。

步骤1(7—15分钟)
2—3人一组,先花一分钟阅读下面的问题,选择你想问的,同时加上你自己的问题。要遵循上述规则。

1. 你叫什么?什么专业?
2. 为什么选择这个专业?
3. 你有什么职业规划?
4. 你认为做这样的练习怎么样?
5. 你空闲的时候做些什么?
6. 你的大五人格特点是什么?或者你认为我的大五人格特点是什么?

第7章 领导与信任

7. 在自我测试练习7-3中,你的信任分数是多少?强项和弱项分别是什么?或者你认为我的分数是多少?我的强项和弱项又是什么?

8. 说说你对我的第一印象。

9. 你和/或他人如何看我?

10. _____

11. _____

12. _____

步骤2(5—15分钟)

回顾关于如何增进信任的建议。我遵守得怎么样?哪些建议我没有遵守?

以同样的小组回答下列问题。然后你可以根据上面列出的问题提问,以进一步加强自我展现。

1. 你/我在自我展现中有没有冒风险?

2. 信任发展到了什么水平(威慑型信任、了解型信任、认同型信任)?

3. 你/我在练习中有没有未遵守的建议?

4. 关于Johari窗口,你/我是不是仅仅关注于向他人显示未知(隐藏领域)?你/我有没有向自己展示未知(盲点)领域?

结论:指导老师作点评。

应用(2—4分钟):通过这个练习我学到了什么?怎么把所学的这些知识应用到未来的工作和生活中?

分享:请同学举手,宣读自己在上面应用部分的答案,与全班同学分享。

Chapter 8

第8章
激励绩效

学习目标

通过本章的学习,你应该能够:

1. 阐释激励的过程和影响绩效的三个因素。
2. 描述四种内涵激励理论。
3. 描述两种过程激励理论。
4. 说明如何利用强化(奖励)提升绩效。
5. 列出给予表扬模型中的四个步骤。
6. 阐释目标写作的四个步骤。
7. 说明目标管理的三个步骤。
8. 说明工作丰富化、工作设计和工作简化的方法。
9. 阐释在北美以外地区利用激励理论可能存在的局限性。
10. 掌握以下16个主要术语(以在本章中出现的先后为序):

激励 motivation
绩效公式 performance formula
内涵激励理论 content motivation theories
需求层次 needs hierarchy
双因素理论 two-factor theory
明确需求理论 manifest needs theory
过程激励理论 process motivation theories
期望理论 expectancy theory
公平理论 equity theory
强化理论 reinforcement theory
给予表扬 giving praise
目标 objectives
目标管理(MBO) management by objectives (MBO)
工作丰富化 job enrichment
工作设计 job design
工作简化 job simplification

第 8 章 激励绩效

> **引例**
>
> Bumble Bee 公司①由几个罐头制造商创建于 1899 年。1999 年,Bumble Bee 收购了加拿大的 BC Packers 公司②,销售它的 Cloverleaf 牌金枪鱼和鲑鱼,并开始销售高质包装的国内一流品牌 King Oscar 牌沙丁鱼。2000 年,加利福尼亚圣地亚哥的 ConAgra 食品公司收购了 Bumble Bee 公司。今天,Bumble Bee 海产品公司是一家提供全方位服务的海产品供应商,在全世界范围内拥有 5 000 多名雇员,在波多黎各的玛雅圭(Mayaguez)、厄瓜多尔的曼塔(Manta)以及加利福尼亚的 Santa Fe Springs 市都设有罐头工厂。公司还生产罐装蟹肉、虾肉、牡蛎、蛤蜊等。[1]要了解更多关于 Bumble Bee 的信息,请访问网站:www.bumblebee.com。
>
> Latoia Henderson 最近被提升到一个管理职位。她对她的工作充满热情。总体来说,一切顺利,但 Latoia Henderson 在 Hank 那里碰到了一个问题。Hank 经常迟到,尽管他的工作做得不错,但他的绩效并不是每次都能达到预期的水平。为了找出问题所在,Latoia Henderson 与 Hank 谈了一次。Hank 说,薪金和福利都不错,部门同事也好相处,但这份工作比较无聊。他抱怨说,他对如何做这份工作根本没有发言权,Latoia 总是检查他。Hank 相信,他受到的待遇是公平的,因为有工会,给了他工作保障。但是因为每个人的报酬都是一样的,努力工作是浪费时间。如果你处于 Latoia Henderson 的职位,你要怎样激励 Hank 呢?本章将讨论具体的激励理论和技巧,它们不仅能激励 Hank,而且还能激励所有组织里的雇员。

8.1 激励的重要性

在本节中,我们将讨论什么是激励以及它为什么重要,并了解它如何影响行为、人际关系和绩效。

8.1.1 什么是激励以及它为什么重要

激励(motivation) 是引导行为满足需求的内在过程。你是否有过疑惑:人们为什么要做他们做的事?人们做他们做的事的首要原因就是要满足他们的需求或要求。人们为满足需求的过程是:

需求→动机→行为→满足或者不满足

比如,你渴了(需求),于是产生了拿杯饮料的驱动(动机)。你拿饮料(行为)解渴(满足)。但是,如果你拿不到饮料,或者拿不到你想要的饮料,你就不会得到满足。满足感通常很短暂。即使拿到了可以满足你的饮料,但很快你就会需要另外一杯饮料。

经理人常把激励看做是雇员投入精力达到组织目标的愿意程度。[2] Latoia 很担心,因为 Hank 没有努力工作的动力。

---

① Bumble Bee 是一家海产品公司,译者注。
② BC Packers 公司是一家加拿大海产品公司,它的 Cloverleaf 牌金枪鱼和鲑鱼是加拿大的一流品牌,译者注。

组织中的人际关系

> **工作应用**
>
> 1. 举个例子说明你如何经历过激励过程。说出其中的需求、动机和满足感或不满足感。

了解如何激励员工为什么如此重要 激励是最普遍的管理课题之一。[3]Pierre Bellon 是法国索迪斯联合公司(Sodexho Alliance)(是一家在 74 个国家拥有 24 700 家客户以及 315 000 位雇员的从事多种服务的全球企业)的创立者和总裁,他说,激励是企业成功的关键,但动机不是简单地用钱买来的。[4]你必须雇佣有才华的人并激励他们[5],而且自我激励是公司聘用人才时最看重的技能。[6]经理人采用广泛的刺激方式来激励员工[7],而且他们不断寻找激励普通员工的方式。[8]据美联储前主席格林斯潘说,你必须把公司和雇员的利益结合在一起[9],这就是我们所说的公司与雇员双赢的局面。因此,激励你自己和其他人的能力就成为你事业成功的关键。

8.1.2 激励是如何影响行为和人际关系的

激励如何影响行为和人际关系 所有的行为都是受某种需求激发引起。但是,需求和动机是复杂的,我们无法总是知道我们的需求是什么或者我们为什么做我们做着的事情。你是否做过什么事却不知道为什么做它? 理解需求将帮助你理解行为。[10]

我们无法观察动机,但我们能观察行为并引申出这个人的动机是什么,我们称之为归因(attribution)(第 3 章)。但是,要了解一个人行动的方式为什么是他做过的那样是不容易的,因为人们可以做同样的事情但是却基于不同的原因。况且人们还经常试图一次满足不同的需求。[11]

采取 X 理论和 Y 理论态度的人们具有不同的动机和人际关系。性格也常常影响到不同人际关系交往的激励过程。总体来说,具有大五随和性人格的人们非常有动力经营良好的人际关系以满足自己的关系需求。

总体来说,一个受到激励的员工将会努力把工作做得比那些没有受到激励的员工好。[12]但是,绩效并非简单地以激励为基础。绩效的层次受到三个内在独立因素的影响:能力、动力和资源。这种关系可以表述为**绩效公式(performance formula)**:绩效 = 能力 × 动力 × 资源。能力和动力是决定绩效层次的行为驱动因素。[13]

为了达到高水平的绩效,所有三个因素都必须是高水平的。如果任何一个因素的水平比较低或者缺少其中任何一个因素,绩效的水平就会受到消极的影响。比如,刘 Mary,一个非常聪明的学生,有了书,但因为她不关心成绩,她就不学习(动力比较低),于是也没有得到 A。

作为一个员工或经理,如果你想取得较高的绩效,你就必须确信你和你的员工们有达到目标的能力、激励和资源。当绩效没有达到标准或者更高水平的时候,你就必须确定哪种绩效因素需要改善,并改善它。[14]开始的案例中,Hank 有能力和资源,但他缺乏动力。

当员工的需求未能通过组织获得满足时,员工们会不满意且通常绩效较低。Hank 就是这样的例子,他发现工作很无聊,于是他的绩效也未能达到预期。为了提升 Hank 的绩效,Latoia 必须要达到人际关系的目标。她必须建立一个双赢的局面,以便满足 Hank 的需求,激励他达到她所预期的绩效。随着各种激励理论和技巧的介绍,你将了解到 Latoia 可以如何运用理论及技巧来激励 Hank 或其他人。

情境应用

绩效公式
AS 8-1

确定以下5种情境中导致绩效差的因素。

A. 能力　　　　　　　B. 动力　　　　　　　C. 资源

_____ 1. 近年来,美国钢铁工业的生产率已经不如外国的竞争对手了。
_____ 2. 我认为,你的工作成果不如本部门其他成员多,是因为你懒惰。
_____ 3. 我比我的径赛对手 Heather 和 Linda 训练的时间更久更刻苦。我不明白为什么她们却在赛跑比赛中击败了我。
_____ 4. 如果我想的话,我可以全部拿 A。但在大学里我更希望放松和过得愉快些。
_____ 5. 政府如果减少浪费会更加有效率。

为人普遍接受的激励理论是不存在的。[15]在本章中,你将了解到七种主要的激励理论,并学到如何运用它们激励你自己和他人。在研究过这些理论之后,你可以选择运用其中一种理论,或者采纳其中几种来形成你自己的理论,或者运用最适合特定情境的那种理论。

8.2 内涵激励理论

令人满意的员工通常工作效率都比较高。[16]工作满意是一种激励因素。[17]如果一个组织想要提高绩效,必须满足员工们的需求。[18]每年都会有数以亿计的美元用在员工需求满足计划上以提高工作效率。为了提高绩效,经理人们必须要了解他们自己的需求和他们员工的需求,而且必须满足这些需求。这是人际关系的目标。

内涵激励理论(content motivation theories)关注于确定人们的需求以理解什么会激励他们。你将了解四种内涵激励理论:(1)需求层次;(2) ERG 理论;(3) 双因素理论;(4) 明确需求理论。你也将了解到组织如何利用这些理论来激励员工们。

8.2.1 需求层次

需求层次是 Maslow 提出的激励理论,以五种需求为基础。在20世纪40年代,Maslow 提出了影响最为广泛和人们最熟知的一种激励理论。[19]他的理论主要以三种假设为基础:

- 人们的需求是根据重要性(层次)排列的,从基本需求(生理上的)到较复杂需求(自我实现)。
- 如果低层次需求没有得到最起码的满足,人们就没有动力去满足较高层次的需求。
- 人们有五种需求。以下为根据重要性排列的五种个人需求。

生理需求。这些是人们的首要或者基本需求。它们包括空气、食物、居所、性以及减轻或避免痛苦。在组织里,这些需求包括适当的薪资、休息时间和工作条件。

安全需求。一旦生理需求获得满足,个人就会关心安全和保障。在组织里,这些需求包括

组织中的人际关系

安全的工作条件、可以应对通货膨胀的薪资增长、工作保障以及保障生理需求的其他福利。但是，现在的工作比以前缺乏保障，福利也比较少。

社会需求。在安全问题解决之后，人们就要追求爱、友谊、认可度和友爱。在组织里，这些需求包括与他人交流、被他人接受和交朋友的机会。

尊严需求。社会需求满足之后，个人就会关注自我、地位、自尊、成就感以及自信感和威信感。在组织里，这些需求包括职位、完成工作本身的满足感、奖励工资的提高、受赏识程度、挑战性的任务、参与决策以及升迁机会。

自我实现。这种最高层次的需求是要发掘一个人的全部潜能。为此，人们会寻求成长、成功以及升迁。在组织里，这些需求包括发挥技能、展示创造性的机会、成功和升迁以及对于工作的完整控制能力。

许多研究并不支持 Maslow 的层次需求理论。但是这个理论具有坚固的基础，直到今天仍然适用。事实上，Maslow 的理论是其他几种理论的基石。今天，各种组织仍然在努力满足自我实现的需求。[20]

对于 Maslow 的五种需求的描述，请参见图 8-1。

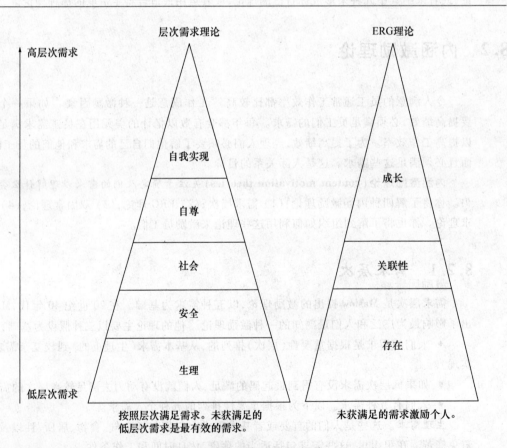

图 8-1 需求层次和 ERG 理论

8.2.2 ERG 理论

对于需求种类的争论已经持续很长时间了。有些人认为仅存在两种需求,而另外一些人则认为存在七种需求。七位研究者对这一理论进行了综合和简化。ERG 是一种比较为人所知的简化理论。如图 8-1 所示,Clayton Alderfer 将 Maslow 的需求层次重新组织为三个需求层次:生存(生理需求和安全需求)、关系(社会需求)和成长(尊严和自我实现)。Alderfer 仍然坚持这种需求的高低顺序。他同意 Maslow 的观点,不满足的需求会激励个人。在开始的案例中,Hank 的绩效不好,但如果他的绩效能够为他带来需求的满足,就能通过激励使其绩效达到 Latoia 的期望。

利用需求层次理论和 ERG 理论激励 以 Maslow 理论为基础,我们得出结论,向经理人提出的主要建议就是满足员工的低层次需求,使得低层次需求不再成为激励员工的支配因素。经理人应当了解和理解人们的需求,并满足这种需求,将其作为一种提升绩效的工具。组织如何满足需求将在后面章节中讨论。

利用 ERG 理论,需要回答六个问题:(1) 个人有什么需求?(2) 已经满足了什么需求?(3) 哪种未被满足的需求处于最低层次?(4) 是不是某些层次较高的需求已经落空了?(5) 这个人重新关注低层次的需求了?(6) 如何使未被满足的需求获得满足?Latoia 观察了 Hank,并找时间与他谈话以确定他的需求。Hank 关于生存和关联性的需求已经获得了满足。但是,它在成长方面的需求却落空了。为了激励 Hank,Latoia 必须要满足其成长的需求。在本章里,你将会了解到满足成长需求的方法。

8.2.3 双因素理论

双因素理论(two-factor theory) 指的是 Herzberg 把需求分为保健和激励因素。在了解 Herzberg 的理论之前,先完成自我测试练习 8-1 以了解一下什么东西会激励你。

自我测试练习 8-1

激励因素和保健

以下是可以带来工作满足感的 12 种工作因素。根据它们对你的重要程度评级。在每种因素前的横线上填上编号 1—5。

很重要		有些重要		不重要
5	4	3	2	1

____ 1. 有趣的工作。

____ 2. 一个好老板。

____ 3. 对我工作的承认和重视。

> 4. 提升的机会。
> 5. 满意的个人生活。
> 6. 有声望的工作。
> 7. 工作责任。
> 8. 好的工作条件(漂亮的办公室)。
> 9. 合理的公司规章、制度、程序和政策。
> 10. 通过工作学习新事物成长的机会。
> 11. 我能做得好并可以成功的工作。
> 12. 工作保障。
>
> 请在下面的横线上填上代表你在这些表述中获得的分数,以确定保健还是激励因素对你更重要。
>
> | 保健 | 激励因素 |
> |---|---|
> | 2 | 1 |
> | 5 | 3 |
> | 6 | 4 |
> | 8 | 7 |
> | 9 | 10 |
> | 12 | 11 |
> | 总分 | 总分 |
>
> 在每一列中填上数字。你选出保健还是激励因素对你更重要了吗?现在我们将要找出他们的重要性。

20世纪50年代,Frederick Herzberg和他的助手采访了200位会计师和工程师。[21]他们应要求描绘了他们满意的以及受到激励的情形或者不满意的以及未被激励的情形。他们的研究结果与传统观点不同,他们不认为满足和不满足是一体的两个对立面。

Maslow将需求分为5种,Alderfer将需求分为3种,而Herzberg将需求分为两种,他称之为因素(factors)。Herzberg将低层次需求(生理、安全、社会/生存和联盟)归为同一个类别,他称之为保健(hygienes)因素;而把高层次需求(尊严、自我实现、成长)归为一个类别,他称之为激励因素(motivators)。保健又可称为外在因素(extrinsic factors),因为激励的诱惑来自工作本身以外,比如薪水[22]、工作保障和工作职衔;工作条件;额外福利以及关系。激励因素又被称为内在因素(intrinsic factors),因为激励来自工作本身,比如成就、认可、挑战和进步。[23]参见表8-1对于Herzberg理论的说明。

第8章 激励绩效

表8-1 双因素理论

保健因素（需求）
（生理、安全、社会/生存和联盟需求）
外在因素
不满足（环境）没有不满足
• 薪水　• 职位　• 工作保障　• 额外福利　• 政策与行政时间　• 人际关系
激励因素（需求）
（尊严、自我实现和成长的需求）
内在因素
没有工作满足（工作本身）工作满足
• 有意义和具有挑战性的工作　• 对工作的认可　• 成就感 • 提高的责任感　　　　　　　• 成长的机会　　• 提升的机会

Herzberg 主张，提供的维持因素虽然可以让人们不至于不满，但是人们并未因此受到激励。比如说，如果人们对于他们的薪水不满，后来得到了加薪，他们将不再不满。他们甚至在短时间内会是满足的。[23] 然而，不久以后，他们就会习惯新的生活水平，接着也不再满足。为了再次满足，他们需要再次提升。这种恶性循环不断继续。如果你的薪资获得提升，你会不会更有动力从而效率更高呢？你知道在下次薪资提升之前有多少人能提高并维持他们的生产效率呢？

Herzberg 说，要激励，你必须首先确保保健因素是适当的。一旦员工对他们的环境满意，就可以通过工作来激励他们。今天，许多组织正努力在无聊的工作中找到一些意义。[25]

回顾自我测试练习 8-1。根据 Herzberg 的理论，如果你寻求和获得这些工作因素，你可能不会不满意，但你也可能不会满意。别对你被要求做的每件事都期望有外在回报。为了满足，你必须寻求和获得自我激励的内在回报。

工作应用

2. 在自我测试练习 8-1 中，你选择了激励因素还是保健因素作为对你重要的因素呢？解释一下。

运用双因素理论激励员工　在开始的案例中，Hank 说他并没有对保健因素不满。他缺乏的是工作满足感。如果 Latoia 打算激励他，她就必须关注内在激励，而不是保健方面的激励。Hank 说工作很枯燥。薪资提升或者工作条件的改善会使这个工作更有意思和具有挑战性吗？动力来源于你做你喜欢和享受做的事情。根据 Herzberg 的理论，激励员工的最好方式就是在工作本身上创造挑战性和成功的机会。[7] Herzberg 提出了一种提高动力的方法，他称之为工作丰富化。本章的后一章节中，你会了解到工作丰富化以及 Latoia 如何利用它激励 Hank。

8.2.4 明确需求理论

像 Maslow、Alderfer 和 Herzberg 一样,明确需求理论的学者们相信,人们是由他们的需求所激励的。但是,他们对需求的分类是不同的。激励的**明确需求理论(manifest needs theory)**主要是 McClelland 的需求分类方法,即成就感、权力和结盟。McClelland 没有对低层次需求进行分类。他的结盟需求与社会和联系需求是相同的,而权力和成就感需求与自尊、自我实现和成长有关。参见表 8-2——四种激励理论对于需求的分类。

表 8-2 四种激励理论对于需求的分类

Maslow 的 需求层次理论	Alderfer 的 ERG 理论	Herzberg 的 双层因素理论	McClelland 的 明确需求理论
自我实现	成长	激励因素	权力
尊严			成就
社会	关联性	保健因素	结盟
安全	存在		
生理			

明确需求理论最早是由 Henry Murry 提出的[27],而后又经过 John Atkinson[28] 和 David McClelland[29] 的调整。不像 Maslow,他们相信,需求是以人性为基础的,并随着人与环境之间的相互关系发展。所有的人都拥有成就、权力和结盟的需求,只是程度各异。这三个需求之一会主宰和激励我们每一个人的行为。在介绍每种需求的细节之前,完成自我测试练习 8-2 以确定你的主要或者首要需求。

自我测试练习 8-2

明确需求

根据对你描述的准确程度确定 15 种表述。在每一种表述前的横线上写下数字 1—5。

像我		有点像我		不像我
5	4	3	2	1

____ 1. 我喜欢努力工作。
____ 2. 我喜欢竞争和胜利。
____ 3. 我想拥有很多朋友。

4. 我喜欢挑战困难。
5. 我喜欢主导和控制。
6. 我想受到他人的喜欢。
7. 我想随着任务的完成知道自己如何进步。
8. 我不赞同别人做事的方式时会提出自己的异议。
9. 我喜欢频繁参加聚会。
10. 我喜欢制订并实现现实的目标。
11. 我喜欢影响其他人并让他们按照我的方式走。
12. 我喜欢加入很多团队或组织。
13. 我喜欢完成困难任务的满足感。
14. 在没有领导的情形下,我愿意负责。
15. 我喜欢和别人共同工作胜于独自工作。

请在下面的横线上填上代表你在这些表述中获得的分数,以确定你的基本需求。

成就感	权力	结盟
1 ___	2 ___	3 ___
4 ___	5 ___	6 ___
7 ___	8 ___	9 ___
10 ___	11 ___	12 ___
13 ___	14 ___	15 ___
总分 ___	总分 ___	总分 ___

在每一列中填上数字。每一列的总和应当在 5 和 25 之间。分数最高的那一列就是你的主要或者基本需求。

了解了自己的需求,你将会学到更多的关于这三个需求的东西。

成就感需求(n-Ach) 成就感需求较强的人们常具有以下特征:在解决问题上想要承担个人责任;有目标(他们设定的目标是适当的、现实的、可以实现的);渴望挑战、出色和与众不同;承受的风险是经过计算的和适当的;期望对于绩效有具体的回报;愿意努力工作。

成就感需求比较强的人会针对把工作做得更好的方式、如何完成特殊或者重要的事情以及职业发展进行思考。他们在非常规、具有挑战性和竞争性的情形下表现出色,而成就感需求比较低的人在这种情形下则绩效较差。

McClelland 的研究表明,只有大约 10% 的美国人拥有支配性的强成就感需求。有证据表明,在较强的成就感需求与高绩效之间存在关联性。成就感需求较强的人有喜欢销售和企业家类型职位的倾向。管理人常常拥有较强但不是支配性的成就感需求。

激励成就感需求较强的员工: 赋予他们明确的且可以达到的目标、具有挑战性的非常规任务。对他们的绩效迅速反馈并经常给予反馈。不断提高他们做新事情的责任感。[30]

权力需求(n-Pow) 权力需求较强的人常具有以下特征:想要控制状况;想要影响和控制他人;喜欢能够胜利的竞争(他们不喜欢失败);愿意与他人对抗。

权力需求较强的人在寻求权威的职位和地位的时候会想到控制状况和控制他人。权力需求较强的人一般联盟需求比较弱。经理人倾向拥有支配性权力需求。权力是成功管理的基本要素。现在,员工想要更多的权力以控制他们的工作。[31]

激励权力需求较强的员工:让他们尽可能策划和控制自己的工作。试着把他们纳入决策层中,特别是当他们会受到该决策影响时。他们单独工作往往比作为团队成员时绩效更好。试着分配给他们一个完整的任务而不是任务的一部分。

人们有动力获得权力,因为权力可以满足他们的需求。在开始的案例中,Hank 的首要需求似乎就是权力。Hank 想要在如何做他的工作上拥有更多的发言权,而且他想要 Latoia 少监控他的工作。如果 Latoia 赋予 Hank 更多的相关工作责任,就可能满足 Hank 的需求,营造一个双赢的局面,带来更高的绩效。

结盟需求(n-Aff) 结盟需求较强的人常具有以下特点:寻求与他人的亲近关系;愿意被别人喜欢;喜欢参与大量的社会活动;寻求归属感(他们会参加团队和组织)。

结盟需求较强的人在乎朋友和社会关系。[32]他们易于在帮助、教导和促进他人成长中享受快乐。他们的权力需求往往较弱。结盟需求较强的人喜欢老师、人力资源和其他可以帮助人的工作。他们不希望管理别人,因为他们喜欢成为团队的成员之一,不喜欢成为领导者。

激励结盟需求较高的员工:确保让他们作为团队的一个部分工作。他们的满足感是从与他们一起工作的人们获得的,不是从工作本身。多给他们表扬和褒奖。赋予他们指导和训练新员工的责任。他们会成为良师益友。

> **工作应用**
>
> 3. 说明你个人的成就感需求、权力需求和结盟需求是如何影响你的动机、行为和绩效的。你能如何应用明确需求理论来激励员工呢?

8.2.5 组织如何满足员工的需求

参见图 8-2 中所列的组织用于满足员工需求的方法。注意,薪资能够满足高层次和低层次两种需求。[33]激励员工和薪资良好会影响绩效。[34]许多组织的经理人向员工支付的薪资是基于他们的绩效的。[35]

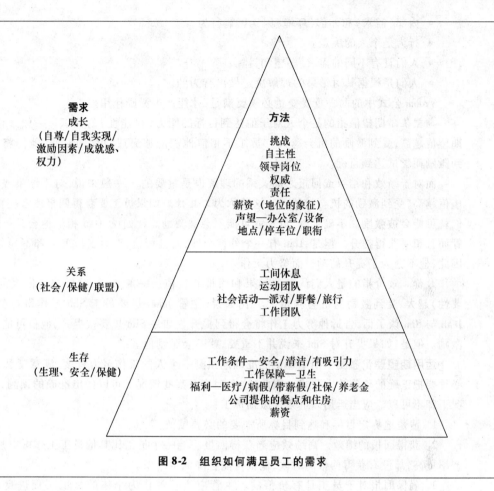

图 8-2 组织如何满足员工的需求

8.3 过程激励理论

内涵激励理论试图解释是什么激励着人们,而**过程激励理论**(process motivation theories)则试图解释人们怎样以及为什么可以被激励。他们关注行为甚于需求。为什么人们选择特定的工作目标?[36]为什么人们选择特定的行为以满足他们的需求?[37]人们如何评价需求满足感?[38]期望和公平理论尝试对这些问题做出回答。

8.3.1 期望理论

期望理论(expectancy theory)是 Vroom 的公式,表述为激励水平 = 期望值 × 效价。根据 Victor Vroom 的理论[39],激励依靠的是人们期望某种事物的程度以及他们取得该事物的可能性。这个理论基于以下假设:

> **组织中的人际关系**

- 内部(需求)和外部(环境)因素影响行为。
- 行为是个人的决定。
- 人们具有不同的需求、愿望和目标。
- 人们是根据其对结果的理解决定做出行为的。

Vroom公式中的两种重要变量必须要满足,才能产生激励作用。

期望值。期望值指的是个人对于他达到目标的能力(可能性)的认识。一般来说,某人的期望值越高,受到激励的机会越大。[40]员工不相信他们能够完成目标的时候,他们将不会因受到激励而尝试达到目标。

而对于绩效和结果或回报之间关系的理解也是重要的。[41]一般来说,对于结果或回报的期望值越高,受到激励的机会就越大。这被称为工具性。如果员工要获得回报或者获得成功,他们就可能会被激励。不确定时,员工就可能不会被激励。比如说,Dan相信他会是一个好的主管而且想要获得提升。但是,Dan有一个外控个性,而且相信,努力工作怎么都不能导致提升。因此,他不会为了提升的动机而努力工作。

效价。效价指的是人们认为的结果和回报的价值。一般来说,结果或者回报的价值(重要性)越大,受到激励的机会就越大。[42]比如说,主管Jean,想要员工Sim工作得再努力一些。Jean与Sim谈了话,告诉他努力工作将会得到提升。如果Sim想要被提升,他很可能就会受到激励。但是,如果提升对Sim来说并不重要,就不会激励他。

运用期望理论激励 期望理论能准确地预测一个人的工作努力程度、满意度和表现[43],但必须要把正确的价值放入公式。因此,这个理论在某些情况下可以做出准确的预测,在其他情况下却不可以。应当运用以下条件激励员工:

1. 清楚地界定目标和达到目标所需要的必要绩效。[44]
2. 获得回报的绩效。高绩效应当获得回报。[45]当一个员工比其他员工工作得更加努力,生产率更高,却没有获得回报的时候,他很可能会降低生产率。
3. 确保回报对于员工是有价值的。主管应当了解作为个体的员工。[46]促进良好的人际关系。
4. 确信你的员工相信你会履行诺言——工具性。比如说,他们必须相信,如果他们努力工作,你就会提升他们。而且你必须履行诺言,因而员工才会相信你——信赖。[47]

期望理论对于那些具有内控个性的员工也是最有效的,因为如果他们相信他们可以掌握自己的命运,他们的努力将会带来成功。[48]期望理论对那些具有外控个性的员工效果并不很好,因为他们不相信他们的努力会带来成功。如果相信成功是命运和机会安排的,为什么还要努力工作呢?

在开始的案例中,Hank说,因为工会的存在,每个人获得的薪水都是一样的,因此努力工作都是浪费时间。在期望公式中,既然期望值较低,就没有激励作用。对高绩效支付更高的报酬会激励很多员工。但是,在一个工会组织里,即便Hank的工作更出色,Latoia也没权力提升Hank。但是获得更高薪水、层次更高工作的提升机会,会激励他更加努力工作。如果不是目前的工作表现很好,组织通常不会提升人们到层次更高的工作。假设,Hank对提升很感兴趣,Latoia向Hank解释说,如果有升迁的机会,她将推荐他,条件是他工作出色。如果升迁对于Hank并不重要,Latoia可以帮助满足他的其他需求。如果Latoia能通过期望值和

第8章 激励绩效

价值观找到需求，Hank 将会被激励去达到期望值，为各方创建一个双赢的局面。

在性别方面，男毕业生会比女毕业生有更高的期望值。[49]

工作应用

4. 举例说明期望理论是如何影响你的动机的。你能如何运用期望理论激励员工？

8.3.2 公平理论

公平理论（equity theory） 最初是 Adams 的激励理论，它的基础是人们所感知的投入和产出之间的对比。J. Stacy Adams 推广了公平理论，他主张，人们在他们的绩效（投入）和所收到的回报（产出）之间寻求社会公平。[50] 人们可以根据对公平的了解来预测行为。[51]

根据公平理论，人们会把他们的投入（努力、资历、经验、地位、智力等等）和产出（赞扬、认可、薪资增长、地位提升、主管肯定等等）与其他相关人进行对比。其他相关人可能是一个同事或者一群来自相同或不同组织的员工，甚至来自一种假设情形。请注意，我们的定义中提到的是认识到的而不是实际的投入和产出。[52] 公平可能实际存在。但是如果员工能够相信存在不公平，他们会改变他们的行为以建立公平秩序。[53] 员工必须认识到他们获得的待遇与其他相关人一样公平。[54]

在与其他人对比的时候，大多数员工都有夸大自己的努力和绩效的倾向。他们也会高估其他人赚取的东西。在未发现其他相关人做着同样的工作却赚得更多或者赚得一样但工作较少时，员工可能感到很满意并且很有动力。但当他意识到不公平的时候，就会通过减少投入或者提高产出以试图减少不公平。

与其他相关人比较，会出现三个结论：

回报公平。投入与产出被认为是平等的，动力可能存在。员工可能相信，如果相关人有更好的经验、教育，就会应当有更多的产出。[55]

回报偏低。当员工认识到他们收到的回报偏低的时候，他们可能通过提高产出（获得提升）来减少不公平；减少投入（减少工作、缺席、休息时间延长）；有理化（为不公平找到合乎逻辑的解释）；改变他人的投入或者产出（让他们做得更多或者获得更少）；离开这个环境（转换工作或者离开去找一个更好的工作）；改变对比的目标（他们比我做的和得到的都少）。

回报偏高。回报偏高对于大多数员工来说并不是问题。但是，研究表明，员工可能通过提高投入（工作更努力或者做更多）减少所认识到的不公平；减少产出（削减薪资）；有理化（我值这么多回报）；试着提高他人的产出（给他们的和给我的一样多）。

运用公平理论进行激励 在实践中运用公平理论很困难，因为你不知道员工的参照群体是谁，以及他关于投入和产出的看法如何？[56] 但是这个理论的确提供了一些有用的一般性建议：

- 主管应当清楚，公平是基于人们的观念的，而且可能是错误的。主管很可能建立公平或者不公平。一些经理人会有喜欢的下属，他们会获得特殊的待遇，而其他人则不会。[57]

组织中的人际关系

- 回报应当是公平的。员工如果认识到他们获得的待遇是不公平的,就会产生士气和绩效的问题,怨恨和报复也会经常发生。[58]
- 高绩效应当受到回报[59],但是员工必须理解,要获得产出就需要投入。

在开始的案例中,Hank 说,因为工会存在,他受到的待遇是公平的,因此,对于 Hank,Latoia 不必考虑公平理论。但是,对于其他员工,这可能就是问题了。

工作应用

5. 举例说明公平理论如何影响你的动力。你如何运用公平理论去激励员工?

8.4 强化理论

研究支持了强化理论对于工作绩效的影响。[60]包括 3M、菲多利食品公司和百路驰轮胎公司在内的几个组织已经在提高生产效率上使用了强化理论;密歇根贝尔公司在出勤及标准生产率和效益水平上提高了 50%;依美利空运公司运用强化理论之后,达标员工从 30% 提高到了 90%,估计强化计划使得公司每年节省了 650 000 美元。

正如读者所见,内涵激励理论关注的是什么激励人们,而过程激励理论关注的是人们如何以及为什么被激励;强化理论关注的是让人们做你想让他们做的事情。[8]**强化理论(reinforcement theory)** 最初是 Skinner 的激励理论:可以通过回报的运用来控制行为。该理论也被称为行为修正和可控行为调节。

B. F. Skinner 认为,人们的行为是通过积极的体验和消极的后果学得的。他相信,人们愿意重复收到回报的行为,而不愿重复未获回报的行为。Skinner 结构中的三个内容是:[62]

刺激物──→反应(行为/绩效)──→结果(强化/积极或消极)

一个员工会认识到作为特定行为的结果中什么是为人所期望的以及什么不是。不能强化行为则不能有效地激励员工。[63]

强化理论是关于如何不断地保持期望的行为。换句话说,人们行为是可以强化的。[64]比如,Beth 是一个学生,如果她想在考试中拿到 A,她就会为了结果学习。如果 Beth 得到了 A(回报),下次考试她很可能也会同样努力地学习。然而,如果 Beth 没有得到 A,下次考试她很可能就会改变学习方法。我们愿意通过尝试和错误学会获得我们想要的东西。通过评价和强化,人们可以获得期望的结果。[65]

Skinner 认为,管理者能够在控制和塑造员工行为的同时也让他们感觉自由。用于控制行为的两个最重要的概念就是强化的类型和强化的步骤。

强化的类型 强化的四个类型如下:

积极型强化:又称正强化。鼓励持续行为的方法之一就是为所期望的绩效设置有吸引力的后果(回报)。比如说,一个员工准时参加会议而获得主管对他的感谢。这种赞扬通常用于强化守时。其他强化方法还有薪酬、提升、休假和升职。积极性强化对提高生产率来说是最好

的激励因素。

避免型强化：又称负强化。与积极型强化相比，避免型强化鼓励持续进行所期望的行为。员工会避免消极后果。比如说，一个员工准时参加会议是为了避免消极的强化（责备）。设计固定计划，特别是规则，用于促使员工避免某些行为。[66]

消除型强化：与鼓励期望的行为相反，当不被期望的行为出现时，消除型强化（如责备）通过停止强化的方法减少或者消除这种行为。比如说，一个员工开会迟到，则不会获得赞扬；再比如，员工的绩效只有达到标准时，薪资才会提升。主管如果不奖励好的绩效，则会导致好的绩效最终消失。[67]

惩罚型强化：惩罚为不期望出现的行为设置令人不快的后果。比如说，一个员工开会迟到会受到责备。请注意，利用避免型强化时并没有实际惩罚，真正控制行为的是受到惩罚的威胁。其他惩罚方式包括干扰、剥夺优先权、监视、罚款和降级。利用惩罚手段能减少不期望出现的行为，但是它也可能导致其他不期望出现的行为，比如说，士气低落、生产力降低以及盗窃和破坏行为。惩罚手段，是最有争议和效果最差的激励员工的方式。

强化的步骤 关于强化理论需要考虑的第二个问题是何时进行绩效强化。强化的频率和力度可能和强化措施本身一样重要。两种主要分类是：连续性强化和间断性强化。[68]

连续强化：通过连续的方法，理想的行为被不断地加强。例如，带有自动计数功能的机器让员工随时了解已经生产多少产品、每件产品的单位工资等。

间断强化：间断性强化是指每隔一段时间或者每生产一定数量的产品，就对员工进行奖励。当奖励基于时间时，称为"时距程式"；基于产量时，称为"比率程式"。选择间断性强化时，有四种方法：

1. 固定时距程式。（如：每周发工资、每天固定时间休息、午餐。）
2. 可变时距程式。（如：偶然表扬员工、突袭检查、突袭测验。）
3. 固定比率程式。（如：按标准速度生产后给员工发工资或奖金。）
4. 可变比率程式。（如：对出色的工作进行表扬、让一定时间内没有迟到过的员工抽奖。）

一般来说，比率程式比时距程式的激励效果更好。可变程式最能有效地激励持久的行为。

运用强化进行激励 一般来说，积极型强化是最好的激励方法。连续强化对持续获得良好行为作用更佳，但是这种方法并非总能适用。下面是一些基本原则：

- 确保员工知道公司或领导对他们到底有何期望。[69]设立明确目标。
- 选择合适的奖励。[70]对一个人的奖励在另一个人看来可能是惩罚。要了解员工的需求。
- 选择合适的强化程式。
- 不要对平庸或差绩效进行奖励。[71]
- 关注积极的一面，给员工表扬，而不是关注负面的东西批评员工。要让员工自我感觉良好（皮格马利翁效应）。
- 每天都要有表扬。
- 为员工做事，而不是针对员工做事，这样你会看到生产率的提高。

在开篇的案例中，Hank 上班迟到，业绩不尽如人意。如果 Latoia 提出可能给 Hank 提升

(期望理论),那她运用了可变时距程式的积极强化法。何时有职业空缺并没有固定时间,Hank 只有完成一定量的工作后才能得到提升。如果提升的建议不能改变 Hank 的行为,那么 Latoia 应该尝试其他积极强化法,如工作丰富化。如果积极强化法不能改变 Hank 的行为,Latoia 可以使用避免型强化法,基于她的权威,她可以告诉 Hank,下次再迟到或者业绩再低于某一水平的话,他会受到特定的惩罚,比如减工资。如果 Hank 仍不改变行为,Latoia 必须跟进,对其做出惩罚。作为一名管理者,应该先尝试积极强化。积极强化是真正的激励因素,因为它能建立一种双赢,员工和管理者或公司的需求都能得到满足。从员工的角度来说,避免型强化和惩罚会带来一方赢一方输的局面(组织或管理者通过强迫员工做其不愿做的事而获胜)。

促使雇员工作和按时工作的组织强化方法

组织促使雇员工作和按时工作的传统方法是避免型强化及惩罚。如果员工旷工一定天数,他们便没有工资。如果员工迟到,时间卡片会有所显示,员工也会受到惩罚。

今天,许多组织在使用积极强化法,为准时出勤的员工提供奖励。比如,康涅狄格州斯坦福德市的 ADV 营销集团公司就使用了连续强化法,为准时出勤的员工提供奖励:连续 13 周准时上班的员工将获得一张 100 美元的晚餐券,连续一年准时上班的员工将获得 800 美元的休假补贴外加两天假期。芝加哥的 Mediatech 公司采用了可变比率程式——抽奖法。公司每周提供 250 美元,周五时转动轮子,以确定是否需要抽奖。如果不需要抽奖,这笔钱将累积到下一周;如果需要抽奖,只有准时上班的员工有资格参加抽奖。

许多组织都在采用的一种方法是弹性工作制,这一方法真正解决了上班迟到的问题。弹性工作制规定只要员工做满小时数,并且满足其他对工作时间的限制,员工可以自己决定工作开始和结束的时间。典型的时间安排是,员工可以在上午六点到九点之间开始工作,在下午三点到六点之间结束工作。弹性工作制有助于满足人际关系目标,因为员工可以自己安排时间,同时满足了个人需求及工作要求。显然,员工希望有更灵活的工作时间,组织提供弹性工作制也能从中获益。

工作应用

6. 你现在或过去的主管使用哪(几)种强化类型及程式?请具体解释。你将如何使用强化理论激励员工?

情境应用

激励理论 指出下列主管关于如何激励员工的论述属于哪种理论。
AS 8-2
A. 期望理论　　　　B. 公平理论　　　　C. 需求层次理论
D. 明确需求理论　　E. 双因素理论　　　F. 强化理论

_____ 6. "我使员工的工作更有趣,以此来激励他们。"

_____ 7. "我确保自己公平对待每位员工。"

_____ 8. "我知道 Wendy 喜欢和别人一起工作,所以我就把需要和其他员工一起合作的工作分派给她。"

_____ 9. "Paul 在商店里大声喊叫,因为他知道我会听到。我决定不理会他的喊叫,结果他就不叫了。"

_____ 10. "我非常了解所有员工的价值观。现在我可以给出真正能激励他们的奖励了。"

_____ 11. "我们提供良好的工作条件、优厚的薪水和福利,所以我现在在努力发展更多的团队合队。"

_____ 12. "当我的员工表现出色时,我会给他们写感谢信。"

_____ 13. "我以前通过改善工作条件来激励员工,但现在我不这样做了,我现在关注于给员工更多的责任,这样他们能够成长并发展新技能。"

_____ 14. "我设立明确的、可实现的目标。员工实现目标后我还提供他们喜欢的奖励。"

_____ 15. "现在我认识到我是个专制型主管,因为这种风格满足了我的个人需求。我将来会努力给我的员工更多的自主权。"

8.5 激励技巧

前面几节中我们讨论了几种主要的激励理论。现在,我们研究具体的激励员工的技巧,包括:给予赞扬、目标管理、工作丰富化、工作设计。使用有效激励技巧的组织能够招聘并留住人才。[72]

8.5.1 给予赞扬

在 20 世纪 40 年代,调查显示员工最想从工作得到的是对其工作的欣赏。在其后的若干年里,类似的研究都显示了差不多的结果。[73] 对员工给予认可能够激励员工。[74] 但员工说他们很少或从来没从老板那里得到过赞扬。[75] 你还记得老板何时给你写过感谢信或表扬你工作完成得出色吗?[76] 还记得老板何时抱怨过你的工作吗?如果你是经理,你何时表扬或批评过你的员

组织中的人际关系

工？表扬及批评的比例是多少？

表扬可以使员工产生积极的自我认知,通过皮格马利翁效应带来更好的绩效。[77]表扬是一种激励因素(不是保健因素),因为它能满足员工对自尊/自我实现、成长及成就的需求。表扬能创造双赢。表扬或许是最有力、最低成本、最简单而又最不被重视的激励技巧。

Spencer Johnson 和 Ken Blanchard 合著的畅销书《一分钟经理》使得赞扬他人变得流行起来[78]。他们开发出一种方法,用一分钟赞扬来激励人,如表8-3 所示。**给予赞扬(giving praise)** 的步骤包括:第一步,告诉对方他具体哪些地方做得好;第二步,告诉对方为什么他的行为很重要;第三步,停顿一会;第四步,鼓励对方重复这样的行为。Blanchard 把它称为"一分钟赞扬",因为这一过程耗时不超过一分钟。员工在这一过程中不必说什么。四个步骤的解释如下。

表8-3 给予赞扬模型

第一步,告诉对方他具体哪些地方做得好;
第二步,告诉对方为什么他的行为很重要;
第三步,停顿一会;
第四步,鼓励对方重复这样的行为。

第一步,告诉对方他具体哪些地方做得好。表扬他人时,要看着对方的眼睛。目光接触能表现出诚挚和关心。另外很重要的一点是,要很具体,运用描述性语言。泛泛地说"你是个好工人"效果不太好。此外,不要说得太多,否则表扬就失去了效果。

主管:Julio,我无意中听到你处理顾客投诉的过程。你做得很好,很冷静,很有礼貌。顾客气冲冲地来,但笑眯眯地离开。

第二步,告诉对方为什么他的行为很重要。简要说明组织或个人如何从他的行为中获益。此外,还可以告诉员工你对他行为的想法。要具体,使用描述性语言。

主管:没有顾客我们就没有生意。一个顾客对我们评论不佳可能会使我们失掉成百上千的销售额。你刚才处理问题的方式令我很自豪。

第三步,停顿一会。这一点做到不易。笔者培训过的大多数主管都不会停顿。停顿的目的是给员工机会去体验赞扬的力量。正所谓"此时无声胜有声"。

主管:(默数到5。)

第四步,鼓励对方重复这样的行为。这是一种强化,激励员工保持这种行为。Blanchard 建议拍拍员工。拍拍对方会产生巨大的影响力。然而,他建议说只有在双方都感觉舒适时才可以这样做。有其他学者认为不要拍拍员工,因为这样可能引起性骚乱的纠纷。

主管:谢谢你,Julio。继续保持下去(同时拍拍他的肩膀或握握手)。

你看,给予赞扬很简单,而且不用花一分钱。笔者培训过的几个管理者说效果很惊人。赞扬比加薪或其他经济奖励更能激励人。一个管理者说有个员工慢腾腾地在货架上摆罐头,他表扬员工摆得很整齐,员工非常高兴,效率提高了100%。请注意,管理者关注于积极的一面,采用积极强化法,而不是惩罚。这名管理者本可以这样说:"不要磨洋工了,快点摆。"这种做法就不会激励员工提高速度,只能伤害人际关系,还可能引起争吵。请注意,在上述例子中,罐头摆得很齐,管理者没有表扬员工工作节奏慢。然而,如果表扬不奏效,管理者应该使用其他强化方法。

在开篇的案例中,如果 Hank 有兴趣为了提升而改变自己的行为,Latoia 应该表扬他上班准时,鼓励他保持下去。表扬与可变时距程式一起使用时是一种非常有效的强化方法。

8.5.2 目标及目标管理

很多年来,不少作者说设置困难的目标会带来更高水平的激励和绩效,研究也支持了这一说法。[79]

目标(objectives) 是指在特定时间内需要实现什么。目标是最终结果,并不包括目标应如何实现。如何实现目标是计划的范畴。[80] 一些作者还将 goal 与 objective 区别开来;我们并不对这两个词进行区分。你将学习目标的五个标准、如何描述目标以及如果进行目标管理(MBO)。

目标的标准　为了激励员工有更高的绩效水平,目标应该是:

- 有难度但可实现。员工接到有一定难度的目标后的绩效往往好于接到易于达到的目标、没有接到任何目标或只是被告之"你尽力而为"时的绩效。[81] 如果要被激励人有高水平的表现,目标必须有挑战性。[82] 然而,如果人们认为目标不可实现(期望理论),他们就不会受到激励。
- 可见并可测量。如果要实现目标,人们必须能看到并定期测量其进展。[83] 当绩效被测量和评估时,个人的表现往往更好。[84]
- 具体、有目标期限。为了激励员工,必须让员工知道你对他的期望是什么以及他们需要何时完成任务。[85] 应该给员工具体的、有期限的目标。然而,有些目标不要求或不适合有目标期限,比如,技能强化练习中的目标就没有期限。
- 如果可能,参与式设定目标。成员参与目标设定的团队往往比接受指定目标的团队绩效好。[86] 管理者应该根据员工的能力允许一定水平的员工参与。能力越高,参与水平可以越高。
- 被接受。为了实现目标,员工必须接受这些目标。员工不接受目标的话,即使上述四个条件都满足,也可能最终失败。如果员工不承诺为目标而努力,他们就可能实现不了目标。[87] 允许员工参与有助于使员工接受目标。[88]

情境应用

目标　下述目标没有满足哪个条件。
AS 8-3　　A. 困难但可实现　　B. 可见并可测量　　C. 具体、有目标期限

_____ 16. 在 20____财年增加控件的产量。
_____ 17. 在 20____年增加销售总额。
_____ 18. 20____年 6 月前增强公司形象。
_____ 19. 在两周内写出目标。
_____ 20. 这学期通过人力关系学课程。

组织中的人际关系

实际上,目标更多地运用于目标管理之外,而非目标管理环境中,这是因为在许多情境中(如生产线上)你不得不跟上机器的步伐,这种情况下,目标就不那么适用。大多数组织及其部门都有目标。[89]

目标写作 目标应该写下来。为了写好满足上述五个标准的目标,请参见表8-4中Max E. Douglas的模型。

表 8-4 目标写作模型

目标模式
不定式 + 行为动词 + 具体、可测量的单一行为 + 目标日期
学生目标举例
到 20 __ 年 5 月/12 月人力关系学课程期末成绩达到 B
到 20 __ 年 5 月前将累积绩点提高到 3.0
管理者目标举例
每天生产 1 000 单位
使缺勤数保持在每月三次以下
在 20 __ 年将事故率减少 5 个百分点
组织目标举例
到 2006 年底将医疗事故死亡人数减少一半
到 2008 年成为世界第一汽车生产商
可口可乐年销售量增长 7%—8%[90]
到 2010 年现代汽车公司要找到一个外国合作伙伴并成为世界前五名汽车生产商[91]

目标管理 为员工指明一个共同目标是管理者需要做的工作。这就是目标管理努力的方向。[90] **目标管理**(management by objectives, MBO)是管理者及员工共同为员工设立目标、定期评估绩效并根据结果奖励员工的过程。

真正的 MBO 应当在组织范围内进行。始于公司最高层,依次向下至工人。每层管理者的目标都要为下一层的目标作贡献。为了成功,MBO 需要许多承诺、时间、参与。如果你真正投入并愿意使员工参与,那么你可以成功地使用 MBO。

MBO 的三个步骤如下:

第一步,设立个人目标及计划: 每个下属都与经理一起设立目标。目标是 MBO 的核心,应该满足前面讨论过的五个标准。

第二步,做出反馈并评价绩效: 施乐公司学习系统认为,做出反馈是最重要的管理技能。员工必须知道其目标实现的进展如何。因此,管理者及员工必须经常会面,一起评估员工的进展。[92] 评估的频率取决于个人及工作。然而,多数管理者都没有进行足够的评估。

第三步,根据绩效进行奖励: 应该根据目标来评估员工的绩效。对达到目标的员工应该进行奖励,方法有认可、赞扬、加工资、提升等。如今许多组织都把工资与目标挂钩。[94]

MBO 是一种激励因素（不是保健因素），这是因为它能满足员工对自尊/自我实现、成长以及权力/成就感的需求。MBO 使员工拥有更多的责任，可以创造有意义、有挑战性的工作，帮助他们成长并实现他们及管理者各自的目标。[95] MBO 可以创造双赢。

如果组织中有工会（像开篇案例中那样），MBO 必须得到工会的同意及参与才能顺利实施。

8.5.3 工作丰富化

工作丰富化（job enrichment）是通过使工作更有趣、更有挑战性以将激励因素融入工作本身的过程。工作丰富化和工作轮换（员工学习做其他员工的工作）以及工作扩大化（员工接受更多类似性质的更多任务）都不同。

工作丰富化是一种有效的激励工具。[96] 包括 IBM、AT&T、宝丽来、孟山都、通用汽车、摩托罗拉、美泰、旅行者保险公司在内的很多组织都成功地使用了工作丰富化。

实施工作丰富化之前，管理者应该确定工作的激励潜力较低，而且员工希望工作更加丰富。有些具有外控特点的员工可能对原来的工作比较满意。实施工作丰富化之前，保健因素要做足。

下面是管理者可以采用的简单方法：

授权更多多样化的工作及责任。将有挑战性的任务派给员工能帮助他们成长以及发展新技能。[97] 新任务需要新的具有挑战性的学习。任务的多样化可以减少由于重复工作带来的单调，给员工更大的成就感，因为他们可以完成更多的任务。管理者可以将部分责任及原本自己亲自做的工作授权给员工。[98]

组织自然的工作团队。应允许员工以团队的形式一起工作。比如，在 AT&T，负责准备用于打印的服务订单的服务订单代表原先分布在办公室的不同区域。为了使工作丰富化，公司让他们搬到一起，并配备专门的打字员和他们一起工作。结果，准时打印率从 27% 上升到了 90%，且准确率大大提高。工作团队的形式能使员工的责任感增加，其完成的工作变得可辨认。

让员工对自己可辨认的工作负责。让员工负责整个产品而不是部分产品的制造。比如，摩托罗拉公司的装配工人原先只负责一两个部件的生产，工作丰富化后他们可以生产八种不同的部件，而且组织的产品上还会贴上他们的名字。不符合质量控制标准的产品会直接退给相应的生产者，而不是随意由任何一个装配工进行维修。

给员工更多的自主权。允许员工为自己的工作制订计划、安排时间、组织及控制。比如，在纽约的银行家信托公司，打字员可以自己制订工作时间，而且由他们自己更正错误，而不是由专门人员来更正。让打字员自己校对则可以不必安排校对员。这种工作丰富化的方法每年为公司节约 360 000 美元，员工态度及工作满意度均得到了改善。

> 工作应用

7. 描述如何使你当前或过去的工作丰富化。

8.5.4 工作设计

设计不好的工作带来的绩效问题往往比管理者想象得要多。**工作设计(job design)** 是员工将投入变为产出的系统。方法越有效,员工越高产。如今的潮流是让团队设计自己的工作,或者至少根据团队的情况改变工作要求,这样可以激励员工不断学习以取得更好的绩效。[99]

工作设计的常用方法是工作简化。工作简化的目的是使员工更聪明地工作,而不是更努力地工作。**工作简化(job simplification)** 是对工作进行削减、整合或改变顺序,以增加绩效。为了激励员工,可让他们将工作分为若干步骤,看看能否将工作:

- 削减。任务必须做吗?如果不是必须要完成,就不要浪费时间。在英特尔公司,管理层认为 100 美元以下的费用没有必要填单申请,这种做法使工作量一个月下降了 14%。
- 整合。同时做几件事往往可以节约时间。一天结束时去一次收发室,而不要一天去几次。
- 改变顺序。改变做事的顺序往往能节约不少时间。

运用得当时,工作简化能够有效激励员工。但是,要避免把工作变得太简化或单调,应该像工作丰富化所指的那样,使工作更有趣、更有挑战性。

> 工作应用

8. 描述如何简化你当前或以前的工作。采用削减法、整合法还是改变工作的顺序?

根据 Herzberg 的理论,工作丰富化和工作设计是激励因素(而不是保健因素),因为它们能满足员工对自尊、自我实现、成长、权力及成就的需求。这两种方法授权员工增加责任,并能够创造有意义、有挑战的工作以帮助他们成长并实现自己及管理层的双赢。[100]

有工会的情况下(像开篇案例中那样),如果得不到工会的同意及参与,工作丰富化及工作设计便无法进行。假设 Latoia 可以使用这些方法,那么她和 Hank 可以一起努力把 Hank 当前单调的工作变成有挑战性、有意思的工作。这是对 Hank 最有效的激励方法,因为它能直接解决工作单调的问题。未来得到提升的可能并不能改变 Hank 的现状,然而,如果做不到工作丰富化,那么在提升之前至少要使工作不再令人无法忍受。如果 Hank 认为工作有意思,那么他就更可能准时上班,并表现良好,这样也是一种双赢。

为了回顾几种主要的激励理论,请见表 8-5。为了回顾激励过程的四个步骤,请见图 8-3。

表 8-5 激励理论

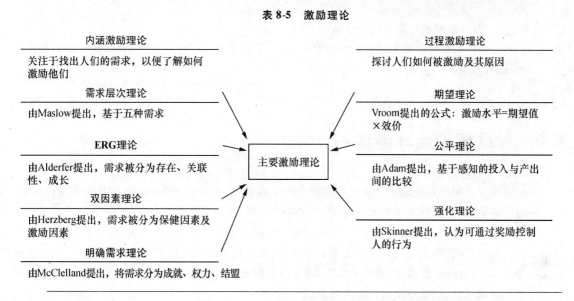

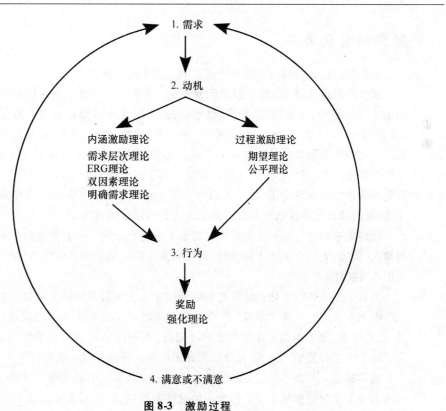

图 8-3 激励过程

提示：由于需求是永无止境的过程，因此激励过程是不断循环进行的。

> **工作应用**
>
> 9. 哪种激励理论最好？为什么？
> 10. 你喜欢哪种激励理论？作为管理者，为了增强激励以提高绩效，你打算运用哪些主要方法、技巧等？

8.6 激励理论全球通用吗

你学习的激励理论源于北美。随着全球化的发展，企业必须认识到这些理论的文化局限。有研究认为，不同国家中激励因素有所不同。[100]比如，美国和日本的做法就不同，[101]美国销售员与日本及韩国的销售员差异明显[102]，而这两个亚洲国家的销售员之间可能差别不大。[103]

可惜的是，西方企业文化压迫了其他文化，没有将其他文化因素纳入其政策以创造竞争优势。[104]成功的跨国公司，如分布于全球74个国家的索迪斯联合公司，都有每个国家当地人员组成的管理团队，以便解决对当地人的激励问题。[105]

激励的文化差异

下面我们讨论具体的激励理论在不同文化中的差异。

需求层次理论、ERG理论及双因素理论　不同文化中需求层次的顺序可能不同。在风险规避文化国家中，比如日本、希腊、墨西哥，最高层需求可能是对安全的需求。在重生活质量（关系）胜于生活数量（财产）的国家中，如丹麦、瑞典、挪威、芬兰，最高层的需求可能是社会需求。一家位于墨西哥的美国公司为了解文化差异付出了代价。这家公司用加工资来鼓励员工更长时间地工作，但实际上加工资却激励了员工工作时间更短，因为他们工作时间较短便已经有足够的钱生活和享受了（这是他们的主要价值观之一），那为何还要加班呢？与双因素理论相关，更高层次的内在激励在富裕国家比在贫穷国家更有效。

明确需求理论　不同文化对成就需求的程度也不同。在看重生活数量的国家中，如美国、加拿大、英国，人们更关注于高绩效；而在看重生活质量的国家中，如智利、葡萄牙，人们对高绩效则不太关注。

另外一个主要的文化差异是对待商业的个人主义观及集体主义观。崇尚个人主义的国家（美国、加拿大、英国、澳大利亚）更看重自我成就。崇尚集体主义的国家（日本、墨西哥、新加坡、巴基斯坦）更看重集体成就及忠诚。因此，不同国家对个人及集体的激励方法不同，美国除了对个人进行奖励，如今正制订越来越多的基于团队绩效的奖励。[106]

公平理论　与公平性相关的公平理论在大多数文化中都适用。[107]然而，公平还意味着对绩效高的员工支付更多的工资。作为一种激励手段，这在个人主义国家中比在集体主义国家中更为有效，集体主义国家中人们更倾向于平等，不管产出有何差异，工资没有区别。[108]此外，美国的工会（包括教师组织）更喜欢同酬，而不是绩效工资。但是，在美国无工会的组织中越来

第 8 章 激励绩效

越多地采用绩效工资。[109]

期望理论 期望理论由于其灵活性在各种文化中均适用,因为不同文化中人们的期望及效价可以不同。比如,在集体主义国家中,社会接受度可能比个人认可度更重要。不同国家的管理者可以根据员工的价值观提供不同的奖励,避免上述那家在墨西哥的美国公司金钱换工时的错误做法。

强化理论 强化理论也适用于不同文化。各国的人们都会使用被强化的行为。[110]我们会被告知,或者自己悟出,什么样的行为会受到奖励,并使用对自己有益的行为。各地的管理者都会设定规则及违规处罚条款。因此,员工会避免招致惩罚的行为。然而,惩罚的方法可能不同。在美国,解雇员工比在欧洲容易得多。

激励目标设定 目标设定依赖于人们对成就及高绩效的需求,并以生活数量为基础。因此,美国管理者会设定有挑战性的目标并实现这些目标。然而,在不看重成就而看重生活质量的国家,如法国、葡萄牙、智利,目标设定的激励作用就不那么明显。

电子化组织中的激励 在第 5 章中讲过,大多数全球性公司都是电子化组织。电子化组织有着独特的激励问题。一个主要的问题是降低生产效率的干扰因素。比如,由于有了互联网,员工会上网冲浪、玩网络游戏、买卖东西、沉迷于网络事件、网上求职等。美国可以上网的员工平均每天花半个小时访问与工作无关的网站[111],这种网上闲逛每年花费雇主 540 亿美元。[112]为了制止这种情况,许多雇主都安装了网络监控软件。尽管能抓到网上闲逛的员工,但这种软件伤害了员工对公司的信任,有损员工士气[113],会造成两难局面。

全球性电子化公司在招聘及留住有经验的技术员工及职业员工方面存在困难。这些员工比传统员工有着更高的需求层次,有着更高的成就需求,设立并达到有挑战性的目标,并希望相应的激励性奖励。他们有着更高的期望值,不像传统员工那样希望同酬。他们希望有更多的薪金、期权,而这又会产生公平性问题。如果公司像对待传统员工一样对待他们,他们就会离开。许多外国出生的美国电子化组织员工来到美国寻找技术性工作。

已故学者 W. Edwards Deming 博士经常被认为是将日本塑造成世界商业领导的学者,他在接受《华尔街日报》的访问时说:[114]

> 我们每个人生来都有内在激励、自尊、求知欲。当前的管理体系将所有这些都粉碎了。人们不是为公司工作,而是互相竞争。日本人比美国人更加成功,因为他们合作而不是竞争。美国公司必须学会互相支持,而不是各顾各的。这是公司应有的行为。

Deming 的意思是,要想在全球经济中生存,北美必须从个人主义改变为集体主义。但他对美国公司做出这种必要改变以便有效竞争持悲观态度。

工作应用

11. 你认同 Deming 所说的美国公司要在全球经济中生存就必须采取集体方式经营吗?

在本章结束之前,请完成自我测试练习 8-3 以确定你的人格如何影响对你的激励。

自我测试练习 8-3

你的人格及激励

如果你具有高外倾性人格,你很可能对权力有较高的需求。你可能会有较为实际的期望值,知道自己想要什么,设立了合理目标,并努力实现自己的目标。你或许会关心自己是否被公平对待,但不太关心别人是否被公平对待。你可能会喜欢对自己的积极型强化,但为了达到目标你也会对他人采用惩罚的手段。你喜欢赞扬,但可能不太赞扬他人。你喜欢控制工作的内容和方式。

如果你有高随和性人格,你可能对关系有高需求。你的期望值更多地与关系有关,而不在于设定任务目标及实现这些目标。你可能关心自己是否被公平对待,你也会帮助他人得到公平对待。你可能喜欢对自己的积极强化,但如果你没有受到公平对待,要注意不要使用消除型强化(什么也不做,等着问题自己解决),要自信。你需要认可,喜欢赞扬,你也会给别人认可及赞扬。你喜欢与人一起共事。

如果你有尽责性人格,你很可能对成就有高需求。你很可能有着现实的期望值,知道你想要什么,设定了合理目标,并努力实现目标。你可能关心自己是否被公平对待,但不太关心别人是否受到公平对待。你喜欢对自己的成就采取积极型强化,倾向于避免惩罚。你喜欢赞扬,但不太赞扬别人。你喜欢成就及成功能被测量的工作。

明确需求激励理论对适应性人格没有要求。然而,这种人格显然会对行为产生积极或消极的影响。如果你有低适应性人格,你很可能有不实现的期望值,不太了解自己想要什么,不会设定目标并努力实现目标。你可能受到的待遇很公正,但你认为不公正。你受到的惩罚可能比赞扬多。你可能不喜欢你的工作,但换工作也不会使你快乐或更加适应。新工作不会改变你的人格,需要改变的是你自己。

明确需求激励理论对开放性人格没有要求。然而,这种人格显然会对行为产生积极或消极的影响。如果你有开放性人格,你很可能喜欢冒险,喜欢设定具有挑战性、现实的目标。

行动计划:在你人格的基础上,说出你将采取什么方法激励自己及他人?

复习题

_____是引导行为满足需求的内在过程。过程为:需求→动机→行为→满足或者不满足。通常来说,受到激励的员工会更加努力地实现目标。绩效并非简单地以激励为基础。绩效的层次取决于_____:绩效 = 能力 × 动力 × 资源。为了获得最佳激励效果,三个因素互必须同时具备。

_____关注于确定人们的需求以理解什么会激励他们。_____是 Maslow 提出的激励理论,基于五种需求。ERG 理论由 Alderfer 在 Maslow 需求层次理论的基础上将需求分为三个层次：存在、关系及成长。_____是 Herzberg 提出的理论，将需求分为保健因素与激励因素。_____是 McClelland 提出的理论，将需求分为成长、权力及结盟。_____则试图解释人们怎样以及为什么可以被激励。_____是 Vroom 提出的公式，即激励水平＝期望值×效价。_____是 Adams 提出的激励理论，它的基础是人们所感知的投入和产出之间的对比。

_____主要是 Skinner 提出的激励理论，即：可以通过回报的运用来控制行为。强化类型包括：积极型强化、避免型强化、消除型强化、惩罚型强化。强化程式包括连续性强化和间断性强化（固定时距程式、可变时距程式、固定比率程式、可变比率程式）。_____的步骤包括：第一步，告诉对方他具体哪些地方做得好；第二步，告诉对方为什么他的行为很重要；第三步，停顿一会；第四步，鼓励对方重复这样的行为。_____是指在特定时间内需要实现什么。目标应该：有难度但可实现；可见并可测量；具体、有目标期限；如果可能，参与式设定目标；被接受。目标写作模式是：不定式＋行为动词＋具体、可测量的单一行为＋目标日期。_____是管理者及员工共同为员工设立目标、定期评估绩效并根据结果奖励员工的过程。

_____是通过使工作更有趣、更有挑战性将激励因素融入工作本身的过程。_____是员工将投入变为产出的系统。_____是对工作进行削减、整合或顺序改变，以增加绩效。

随着全球化的发展，企业必须认识到这些理论的文化局限。一个主要的文化差异是个人主义，美国必须转而使用集体主义的方法管理企业。电子化组织与传统组织有着不同的激励问题。

案例分析

Gerdon Bethuen：大陆航空公司

Gerdon Bethuen 辞去了他在波音商用飞机集团伦敦（华盛顿）公司副总裁的职务，当上了美国大陆航空公司的 CEO。大陆航空一直处于非盈利状态，每年亏损数百万美元，被认为是表现最差的航空公司。Gerdon 对公司展开了调查，为什么它会被列为最差。调查结果是公司功能混乱，员工们互相抱怨，对自己的差劲表现为不承担责任，反而归咎于他人。员工不喜欢为公司工作，公司的人际关系一团糟。

衡量航空公司业绩的一个重要指标是航班准时性。大陆航空每年因晚点而多付出 600 万美元，同时由于给因晚点而滞留的乘客安排竞争对手的飞机，或者安排住宿和餐饮，也需要额外付出 300 万美元。每当追究晚点的责任时，各部门或体系互相推诿，不肯承担责任。只要没受到责备，各部门根本就不在乎自己的表现如何。由于组织制度的关系，如果任何一个环节（飞行员、行李、空中交通、天气、登机、清洁、燃料、协调等）处理得不好，整个系统就会受影响，一个环节推迟了，整个航班就得推迟。随着飞机往返于各个机场，可能造成的延误也就更多。

为了改善员工的表现，Gerdon 改变了管理模式，采用工作小组的方法。Gerdon 告诫每位员工，工作小组就像一支足球队，大家各司其职，但目标是整体的，成功或失败都是属于团队的，而不仅仅是个人。他还把小组比作一只手表：由许多的部分组成，但只有各部门协调一致的时候，整体的功能才能体现出来。Gerdon 最先在公司高层成立了一个 5 人最高管理小组，并将这种小组制度逐渐发展到整个大陆航空内部。他还改变了人力资源的培训，使得员工行为发生了改变。

小组的工作是在确定飞机晚点的时候，停止互相责备，一起努力找出飞机晚点的原因，找出使飞机准点的解决方案。要从员工处得到信息与反馈，公开、诚实、支持性的沟通都是必需的，员工要从积极的一面来看待批评。大家必须同心协力，做好自己的工作，使飞机出发、到达准时。而航班准时是用来衡量航空业进步的标准之一。

组织中的人际关系

　　Gerdon 改革的重要一步是改变人力资源的报酬体系,以刺激员工自我提高。过去的不考虑工作表现的工资体系也改变了,现在是一种激励的体系,根据每个月每位员工完成准时航班目标的程度,给予相应的奖金。另外,15% 的税前利润被用于一项员工公益金计划。大陆航空为准时航班投入了数百万美元,到现在已经连续几个月名列准时航班的前三名。

　　在 Gerdon Bethune 的领导下,大陆航空数个季度保持了 21% 的增长率,同时高于其他航空公司的顾客满意度也为公司带来了更多的利益。Gerdon 被《价值》评为美国最佳 50 位 CEO 之一,被《商业周刊》评为全球最顶尖的 25 位经理人之一,被《商务旅游新闻》评为最有影响力的首席执行官之一。

　　网上查询:想了解更多的关于 Gerdon Bethuen 和大陆航空的信息,或更新本案例中提供的信息,请直接在网上进行域名查询,或登录网址 www.continental.com。

　　请用案例和课本中的信息,或在网上和其他渠道所获得的相关信息,回答下列问题。

1. Gerdon Bethuen 是如何运用需求层次理论、ERG 理论和双因素理论来改善大陆航空员工的表现的?

2. Gerdon Bethuen 是如何运用明确需求理论来提高员工的表现的?

3. Gerdon 是如何运用期望理论并设置目标来提高员工的表现的?

4. Gerdon 是如何运用强化理论和奖励来提高员工的表现的?

回顾性问题

5. 你认为 Gerdon Bethuen 的大五人格特征(第 2 章)是什么?

6. 在大陆航空的成功中,沟通(第 4 章和第 5 章)扮演了怎样的角色?

7. Gerdon 运用了或属于哪种领导模式(第 7 章)?

客观题案例

Friedman 的激励技巧

　　下面是 Art Friedman 与 Bob Lussier 的对话。1970 年,Art Friedman 实施了一种新的经营方法。当时公司名叫 Friedman 家电商店,位于加利福尼亚的奥克兰,有 15 位员工。从下文你将了解到,Friedman 家电商店是第一个运用该经营方法的公司。

　　Bob:你在商业上成功的秘诀是什么?
　　Art:我的经营方法。
　　Bob:那是什么?你是怎样实施的?
　　Art:我把我的 15 名员工叫到一起,告诉他们:"从现在起,我希望你们能够认为这公司是我们的,而不仅仅是我个人的。我们都是老板。从现在起,你们自己决定自己的价值,然后告诉会计师你要的报酬。你们自己决定哪天工作,自己决定何时上下班。我们将会有一个公开的零钱系统,每个人都可以自

第8章 激励绩效

由使用,根据你的需要提钱。"

Bob:你是在开玩笑吧?

Art:不,这是真的,我确实这样做了。

Bob:有人要求涨工资吗?

Art:有一部分人。Charlie 要求了,他周薪涨了 100 美元。

Bob:工资提高之后,他与其他人的工作效率提高了吗?

Art:是的,所有人都是。

Bob:既然所有的员工都可以按他们的意愿上下班,那你是怎样运作你的家电商店的?

Art:员工都制订了自己的工作时间表,而且都很满意。我们从没有人手不足的问题,也没有人员冗余的问题。

Bob:有人从零钱箱里偷钱吗?

Art:没有。

Bob:这种方法在任何行业都有效吗?

Art:是的,过去是,现在是,将来也是。

  1976 年,Art Friedman 把公司改名为 Friedman 微波炉公司。他运用让每个人成为老板的激励方法开了一家特许经营店。Friedman 在全国开设了超过 100 家特许经营店,但后来他放弃了特许经营店,转而关注于自己的店。连续 25 年,Friedman 实现了目标,提供一流的服务、合理的价格、无条件的满意保证,还开课教顾客如何使用微波炉。除此之外,Friedman 还提供安装及维修服务。公司已经销售了超过两百万台微波炉,在加州有八个分店,在北卡罗莱那州及田纳西州各有一家分店。公司最近最具有战略意义的扩张是向互联网进军。Friedman 的公司通过网站 www.friedmansmicrowave.com 间接销售了许多名牌微波炉。与竞争对手的网站不同的是,在 Friedman 的网站,你找不到任何关于微波炉的图片或产品说明,相反,他们会让你拨打电话(888-449-6386),或者发电子邮件说明你想购买什么样的产品或咨询。因此,通过互联网,该公司能够继续专注于提供优质服务。

  回答下列问题,并在每题之间的空白处写出你的理由。

  _____ 1. Art 的经营方法提升了员工业绩。
    a. 对的   b. 错的

  _____ 2. Art 很注重绩效公式中的_____因素。
    a. 能力   b. 激励   c. 资源

  _____ 3. 从文中可以看出 Art 的员工处于_____需求层次。
    a. 生理   b. 安全   c. 社会   d. 尊重
    e. 自我实现

  _____ 4. Art 的经营方法不太注重满足_____需求。
    a. 成就   b. 权利   c. 联系

  _____ 5. Herzberg 会说 Art 运用的是_____。
    a. 保健因素   b. 激励因素

  _____ 6. Victor Vroom 会认为 Art 运用了期望理论。
    a. 对的   b. 错的

  _____ 7. Adams 认为 Art 运用哪种公平模式?
    a. 报酬相当   b. 报酬过高   c. 报酬不足

  _____ 8. Art 运用了_____强化理论。

组织中的人际关系

  a. 积极型强化　　b. 避免型强化　　c. 消除型强化　　d. 惩罚型强化

_____ 9. 与 Art 的经营方法关系最密切的是_____。

  a. 给予奖励　　b. MBO　　c. 工作丰富化　　d. 工作设计

_____ 10. Art 的技巧最强调_____。

  a. 授权多样性　　　　　　　　b. 形成自然工作小组
  c. 工作认可　　　　　　　　　d. 实行自我管理

11. 你知道有哪些组织运用 Art 的技巧或其他不寻常的技巧吗？如果有,请说出该组织的名字。它是怎么做的？

12. Art 的技巧可以在任何组织中运用吗？解释你的答案。

13. 从权威的角度看,你会使用 Art 的技巧吗？解释你的答案。

技能强化练习 8-1

你想从工作中得到什么？
课堂练习

  目的:帮助你更好地了解工作要素如何影响动机,使你明白人们会受不同的要素激励。你会采取什么激励方式使他人发生转变。

  SCANS 要求:通过这个练习培养学生的人际交往能力、咨询能力、听说读写算等基本能力、思维能力和其他综合个人素质。

  准备:在此之前要完成本章的自我测试练习 8-1。

  体会:讨论工作要素的重要性。

  步骤 1(8—20 分钟)

  5—6 人为一组,对自我测试练习 8-1 选出的答案进行讨论。对最重要的 3 个要素达成一致,它们可以是激励因素,也可以是保健因素。如果涉及文中没列出的要素,如报酬,你可以把它们添加进来。

  步骤 2(3—6 分钟)

  每组派一个代表到讲台前,把他们的 3 个要素写在黑板上。

  结论:指导老师作点评。

  应用(2—4 分钟):通过这个练习我学到了什么？怎样把所学的这些知识应用到未来的工作和生活中？

  分享:请同学举手,宣读自己在上面应用部分的答案,与全班同学分享。

第8章 激励绩效

技能强化练习8-2

学会褒奖

准备

BMV-8

回想一下你曾经在哪些工作中表现出色,赢得了褒奖和尊重。你可能为公司节省了钱,可能使一位不满意的顾客变得开心等等。如果你没有这样的经历,采访别的有过经历的人。把自己放在管理者的位置,写下对这些表现出色的员工你会给予什么样的奖励。

简要描述当时的情形:

1. 告诉员工他们哪些方面做得对。

2. 告诉员工为什么这样做很重要。

3. 停下来,静止片刻(默数到5)。

4. 鼓励员工以后要继续这样做。

课堂练习

过程(12—17分钟)

目的:提高褒奖他人的技巧

SCANS要求:通过这个练习培养学生的人际交往能力、咨询能力、听说读写算等基本能力、思维能力和其他综合个人素质。

准备:提前准备好褒奖的内容。

体会:给予和接受褒奖。

步骤(12—17分钟)

5—6人为一组,每次一人,进行褒奖。

1. 解释背景。
2. 选择接受褒奖的组员。
3. 给予褒奖(以谈话的形式,不要照着纸读)。选择适当的姿势,就好像你确实在给予工作中的奖励(例如,双方都坐着,或者都站着)。
4. 总结。小组根据扮演管理者的同学的行为给出反馈:
   - 褒奖是明确表述的吗?扮演管理者的同学有没有看着员工的眼睛?
   - 把优秀行为的重要性说清楚了吗?
   - 扮演管理者的同学停下来,并沉默一段时间了吗?
   - 扮演管理者的同学鼓励员工以后继续这样做了吗?扮演管理者的同学接触员工了吗(可选做)?

结论:指导老师作点评。

■■■ 组织中的人际关系

应用(2—4分钟):通过这个练习我学到了什么?怎么把所学的这些知识应用到未来的工作和生活中?

分享:请同学举手,宣读自己在上面应用部分的答案,与全班同学分享。

技能强化练习 8-3

设置目标
准备

在第 1 章要求大家写了 5 个课程目标。把它们重新写下来,或者写下新目标,运用下面的 Douglas 模型:

不定式 + 行为动词 + 具体、可测量的单一行为, + 目标日期

1.

2.

3.

4.

5.

同时根据 Douglas 模型写下两个个人目标和职业目标:

个人目标
1.
2.

职业目标:
1.
2.

课堂练习

目的:学习设置目标的技能。
SCANS 要求:通过这个练习培养学生的人际交往能力、咨询能力、听说读写算等基本能力、思维能力和其他综合个人素质。
准备:在练习之前,先写下 9 个目标。
步骤(2—12 分钟)
5—6 人一组,与大家共享各自的目标。每人陈述一个目标,其他人进行补充,使之符合有效目标的标准。第二个人陈述一个目标,其他人给予反馈。一直持续下去,在时间允许的情况下,每人练习一次。
结论:指导老师作点评。

第8章 激励绩效

应用(2—4分钟)：通过这个练习我学到了什么？怎么把所学的这些知识应用到未来的工作和生活中？

分享：请同学举手，宣读自己在上面应用部分的答案，与全班同学分享。

Chapter 9

第9章
道德权力与政治

学习目标

通过本章的学习,你应该能够:
1. 说出权力、政治和道德是如何影响行为、人际关系和绩效的。
2. 描述七种权力基础。
3. 列出增强权力基础的技巧。
4. 讨论政治行为的必要性以及如何使用道德政治来帮助你实现目标。
5. 谈一谈道德的政治与非道德的政治的差别。
6. 说出培养与上下级、同事和其他部门成员有效的人际关系的技巧。
7. 掌握以下15个关键术语(以在本章中出现的先后为序):

权力 power	政治 politics
强制权力 coercive power	互惠 reciprocity
关系权力 connection power	Ⅰ型道德 Type Ⅰ ethics
奖赏权力 reward power	Ⅱ型道德 Type Ⅱ ethics
法治权力 legitimate power	道德的政治 ethical politics
感召权力 referent power	非道德的政治 unethical politics
信息权力 information power	开放政策 open-door policy
专家权力 expert power	

第9章 道德权力与政治

> **引例**
>
> Scitor 公司的总部位于美国加州的太阳谷(Sunnyvale)。Scitor 是拉丁文,意为"求知"。Scitor 公司主要为项目管理、系统工程、定制计算机信息系统方面提供产品和服务。该公司始建于1979年,公司利润自创办起保持不断增长,现有员工超过800人,并且在8个州设有办事处。[1]如果想了解该公司的更多信息,请登录其网站 www.scitor.com。
>
> Bob 和 Sally 在饮水机旁的谈话:
>
> Bob:我很遗憾 Peterson 客户没有分配给你,那本是你应得的。Roger 声称自己有能力做这项工作,我可不相信他。我真的很意外,我们的老板 Ted 竟然相信他的话。
>
> Sally:我同意你的看法,没有人喜欢 Roger,他总是为所欲为。我实在无法忍受 Roger 总是压迫他的同事或是其他部门的人为他做事。他已经好几次使用了紧急程序,现在采购和维护部门都对他置之不理了。这对我们的部门很有害。
>
> Bob:你说得太对了。Roger 只考虑他自己,他从不考虑别人还有公司的利益。我无意中听到 Ted 对他说如果想晋升就要学会做团队的一员。
>
> Sally:他总是想排挤别人的做法真让人觉得恶心。为了得到提升他真是不择手段。但是按照他的做法,他永远也别想。
>
> 要想在组织中得到提升,除了好的工作业绩,还需要什么条件? 你需要得到权力并且对上级、下级、同事以及其他部门的成员运用道德政治技巧。这一章我们就要讨论这个问题。

9.1 权力、政治和道德如何影响行为、人际关系和绩效

有些人渴望得到权力,而对于另一些人,如果别人给他们权力,他们却不愿接受。在第8章中,我们学习了 McClelland 的需求理论中对权力的需求,你应该发现了上述不同表现。你需要权力吗?

在所有的组织中为达到一定的目标,权力都是必要的[2],权力会影响工作业绩。[3]你的老板会对你的行为产生直接的影响。管理者行使权力的方式也会影响人际关系和工作业绩。比如说,在本章开始举的案例中,Ted 把 Peterson 客户给了 Roger,这一行为影响了 Roger 和 Sally 的行为和关系。Roger 可能没有 Sally 业绩好,还可能会损害部门的业绩。

有些管理者只考虑自己的利益而滥用职权,他们贬低他人的工作,不能很好地和别人相处,从而会严重削弱组织的士气和业绩。他们甚至会赶走最优秀的人才,使组织蒙受损失。[4]如果组织过分使用权力让员工加大工作量或减少工资,即使员工可能会屈服让步,但他们会产生报复心理。我们来举一个实例:凡士通轮胎橡胶公司(Firestone Tires)为福特"勘探者"汽车生产的多数劣质轮胎都出自其位于伊利诺伊州的工厂,当时工厂就存在劳动纠纷。凡士通公司不但没有降低成本,反而损害了公司的声誉,失去了很多客户,并且要支付数百万的法律费用和索赔款。[5]

今天,成功的全球化公司都与员工分享权力。[6]在以诚信为本的当代组织结构中,员工行使

组织中的人际关系

权力已经成为新型分权决策的基础了。[7]

与权力类似,在组织业绩中,政治也是十分重要的。[8]使用组织政治与不使用组织政治的管理者在行为上是不同的。崇尚道德与不崇尚道德的人也是不同的。Roger 的表现就与 Bob 和 Sally 有所不同。想想在和你工作的人中,那些有道德和没有道德的人,他们的行为和人际关系是否存在差异?

那些使用非道德政治的人容易说谎、欺骗、打破规则。人们会及时揭穿这种人并且不再相信他们。Bob 和 Sally 与 Roger 的关系不好是因为 Roger 的政治行为有问题。采购和维护部门的人对 Roger 不理不睬也是因为他的行为不当。而 Bob 和 Sally 与这些部门关系良好。Roger 的政治行为使他没能达到老板 Ted 的期望。

政治人际关系影响着员工业绩。[9]总的来说,使用道德政治会比使用非道德政治更能保持长期的生产效率。[10]使用非道德政治可能短期内奏效,但长远来看,业绩会下降。[11]Roger 使用的应急策略可能短期内行得通,但采购和维护部门现在已经无视他的要求了,Roger 的行为和业绩、他的同事的业绩以及整个组织的业绩都会受到消极的影响。

9.2 权力

为了组织的效率,你必须知道如何行使权力。在本章的这个部分,我们就要讨论权力在组织中的重要性、权力的基础以及如何扩大权力和影响的策略。首先我们来完成关于权力基础的自我测试练习 9-1,通过这个测试来确定你会优先使用哪种权力。

自我测试练习 9-1

权力基础

当你想要得到一些东西或者需要别人的允诺、帮助时,你经常会使用什么方法?想一想最近在你身上有没有这样的情况发生?如果没有,那就假设你和你的同事都想得到同一个工作任务。你会怎样做来得到它?下面有 7 种方法,从 1 到 7 按顺序排列它们,你最经常使用的标上 1,最不常使用的标上 7,以此类推。请诚实回答。

_____ 我会使用某种**强制权力**——压迫、勒索、暴力、威胁、报复等等——来得到我想要的。

_____ 我会使用有影响力的**关系权力**。我会提到我的朋友,或直接让别人命令那个人做这件事(比如你的老板)。

_____ 我会使用**奖赏权力**。我会向我的同事提供一些对他有价值的东西,作为回报,他会顺从我的意愿。

_____ 我会对我的同事提出**合法**的要求使他给我我想要的(比如说你的资历比你的同事老)。

第 9 章 道德权力与政治

> _____ 我会使用感召权力来说服我的同事——凭借我们之间的关系。别人妥协或顺从是因为他们喜欢我或者因为我是他们的朋友。
> _____ 我会使用信息权力说服我的同事给我我想要的。事实会支持我,他要按照我说的做。我有他们所没有的信息。
> _____ 我会让我的同事意识到我有技术和知识,从而说服他给我我想要的。因为我是专家,应该听我的。
>
> 你的选择(1—7)体现出你对权力的使用倾向。每个权力基础都是本章将要讨论的关键术语。

9.2.1 组织权力

有些人把权力看作让别人听从自己安排的能力,或者替别人或为别人做事的能力。这些定义可能都是对的,但是它们似乎让权力这个词带有了摆布和消极的内涵,正如谚语所说的,"权力带来腐败,绝对的权力带来绝对的腐败"。在一个组织中,权力应该是一个表示积极意义的词。没有权力,管理者就不能实现组织目标。[12]员工不会毫无根据地被影响,而这个根据常常与管理者行使的权力有关。其实管理者不一定直接使用权力去影响员工,影响员工的通常不是权力本身,而是对权力的感知。[13]领导与权力密不可分。我们所说的**权力(power)**是指一个人影响他人做其不情愿做的事的一种能力。

9.2.2 权力基础及如何扩大权力

权力有两个来源——职位权力和个人权力。职位权力由最高的管理层委派到行政管理系统。个人权力来源于其追随者。每个人都有不同程度的个人权力,个人权力主要归功于某人的个性和人际交往的技能。[14]领导从追随者中得到个人权力是因为他满足了追随者的某种要求。

John French 和 Bertram Raven[15]提出过五个权力基础——强制、合法、专家、奖赏和感召——这五个基础今天仍被广泛使用。下面我们来研究一下权力的七个基础以及如何扩大每种权力。总的来说,权力要给那些懂得如何使用它来产生效果的人。[16]业绩越出色就会被授予越大的权力,同时也肩负越多的责任。[17]

强制权力 强制权力(coercive power)的使用包括用威胁或惩罚的手段使别人顺从。出于害怕和恐惧,员工经常会按照主管或同事的要求做,因为如果不顺从就会导致训斥、察看、停职或者解雇。其他强制权力的例子还包括言语攻击、侮辱和排挤。在本章开头的例子中,Roger压迫同事和其他部门的人强迫他们顺从自己就是使用了强制权力。

执行规定或维持纪律时使用强制权力是可以的。当员工不按管理者要求工作时,管理者可以通过强制权力让员工顺从。然而,建议最低限度地使用强制权力,因为强制权力会伤害人际关系、影响组织生产。[18]

扩大强制权力：要想得到更多的强制权力，你需要处于一定的管理职位，要有招聘、训练和解雇员工的权力。[19] 然而有些人没有管理职权也能强迫他人做事。

关系权力 关系权力（connection power）的基础是你要与有影响力的人有关系。它依赖于与那些有影响力的人或朋友的接触。恰当的关系可以让别人感知你的权力甚至让你获得实权。[20] 如果别人知道你与当权者关系很好，他们会很愿意接受你的请求。本章末尾的例子就是关于如何利用关系网得到提升的。

扩大关系权力：要想扩大关系权力，就要扩大你的关系网，要与控制权力的重要管理者保持联系。[21] 参加群体活动和适合的俱乐部。像高尔夫这样的体育运动能让你结识一些有影响力的人物。当你想要得到某些东西时，搞清楚谁有能力帮你得到它，与他们结成联盟，把他们拉到你这边来。让别人知道你的名字，要注意推销自己，让当权者知道你的成就。

奖赏权力 奖赏权力（reward power）是指向别人提供对他们有价值的东西从而影响他们的能力。在管理职位上，要使用积极的巩固手段来激励员工，比如赞扬、肯定、加薪和提升，从而使员工顺从你的意愿。对待同事，可以相互赞扬或者交换一些对对方有价值的东西。[22]

如果恰当的话，让对方知道你给他的是什么。如果你拥有吸引别人的东西，就应该利用。Smith教授想要招募一个学生助手，他告诉候选人如果被选中并且工作做得好，他会推荐他得到萨福克大学的工商管理硕士奖学金，因为他在该大学有关系权力。结果这位教授只付了最少的薪水却得到了高质量的帮助，他既帮助了他的学生也使他的母校获益。Smith教授通过创造一个双赢的情景实现了人际交往的目标。

扩大奖赏权力：得到一个管理职位，然后获得并控制资源。要有权力评估雇员的业绩并且决定是否给其加薪和提升。找出什么对他人是有价值的，并且以此为根据奖赏他们。[23] 夸奖别人会扩大你的权力。让员工感觉他们是被赏识的而不是被利用的，管理者会得到更多的权力。[24]

法治权力 法治权力（legitimate power）是以管理者的职位权力为基础的，这个职位权力是组织授予的。员工们容易认为在工作范围内，他们应该按照主管的意愿做事。比如说，主管让一个员工把垃圾扔掉。员工可能不愿意，但他会想："老板是下了一个合法的命令，我应该照做。"然后他就会把垃圾扔掉。如果员工做这件事前比较犹豫，主管也会强调他的职位权力。

当要求员工做工作范围内的事时，使用法治权力是可以的。大多数日常交往都属于法治权力的范畴。[25]

扩大法治权力：让别人知道你所拥有的权力，让别人感受到、认识到你确实掌控着权力。记住，只有当别人感知到你的权力时才算真正拥有权力。

感召权力 感召权力（referent power）的基础是个人权力。依靠自己的性格和与员工的关系使他们顺从你的意志。对别人说"能请你帮个忙吗？"而不是说"这是命令！"这种感召主要是来自管理者对员工的吸引，表现为喜爱他人的一种个人感受。大家都不喜欢Roger这个人，他的感召权力就很弱。

一般职位权力很低或没有职位权力的人非常适合使用感召权力。[26] Roger没有职位权力，所以他应该加强他的感召权力。

第 9 章 道德权力与政治

扩大感召权力：要想获得感召权力，就要培养与他人的人际关系，要支持他们。运用本书的原则能够帮助你赢得感召权力。记住，老板的成功要依赖于你。要赢得他们的信任来扩大自己的权力，要搞好与老板的关系。

信息权力 信息权力（information power）是指你有别人想要的信息。管理者掌握信息，而这个信息正是他人需要的。[27]然而，由于配备了中央计算机网络，管理者个人的权力变小了，有些秘书比管理者掌握着更多的信息。信息通常但不是绝对都与工作有关。

扩大信息权力：要让信息通过你传递。要了解组织的动态。为其他部门提供信息和服务。要在委员会中服务，因为这样你既获得了信息也得到了扩大关系权力的机会。要出席研讨会和其他会议。

专家权力 专家权力（expert power）是以使用者的技术和知识为基础的。作为专家，别人就会依赖你。掌握某种技术和知识的人越少，这些人拥有的权力就越大。[28]人们一般都很敬重专家。例如，有极少数人能成为一流的运动员或执行官，他们手里握着的也都是数百万美元的合同。[29]

对于那些要与其他部门和组织打交道的人来说，专家权力格外重要。[30]他们没有直接的职位权力可以使用，所以专家的身份会给他们信誉和权力。之所以 Roger 而不是 Sally 拿到了 Peterson 客户是因为他说服了 Ted 自己有专长。

扩大专家权力：要想成为专家，就要参加组织所能提供的所有培训和教育项目。不要墨守成规，要尝试更加复杂的不易评估的任务，树立积极的形象。

牢记在特定的情境中使用适当的权力。图 9-1 中通过四个情境监督和交际风格比较了两个权力来源和七个权力基础。可以看到，强制权力、奖赏权力和法治权力来自职位权力；而感召权力、信息权力和专家权力来自个人权力。

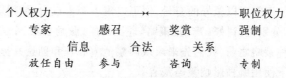

图 9-1 权力来源与基础以及情境监管与交际风格

> **工作应用**
>
> 1. 在这些关于增加权力基础的建议中，你在工作中最先采纳的是哪两个？
> 2. 举两个人们使用权力的例子，最好是从你所在的组织或曾经工作过的组织中选。说出权力基础并描述其行为以及它是如何影响人际关系和业绩的。

组织中的人际关系

> **情境应用**
>
> **权力使用**　指出在下列情境中应使用哪种权力比较合适。
>
> **AS 9-1**
> A. 强制　　　　　　B. 奖赏或合法　　　　C. 信息或专家
> D. 关系　　　　　　E. 感召
>
> ＿＿＿＿　1. Carl是你主管的员工中业绩最出色的。他很少需要你的指导，但是最近他的业绩不如从前了。你知道他有一些个人问题，但是工作还是要完成的。
>
> ＿＿＿＿　2. 你想要一台新的个人计算机来帮助你更好地完成工作。
>
> ＿＿＿＿　3. José是你最好的员工之一，他想要得到提拔。他曾要求你如果有机会要帮他做好准备。
>
> ＿＿＿＿　4. 你最差的员工再次无视你的指示。
>
> ＿＿＿＿　5. Wonder需要一些指导和鼓励来维持生产率，她今天又没有完工，并且以生病为借口。她有时就会这样。

9.2.3 影响策略

你的权力就是影响别人做其不情愿去做的事，这种能力会帮助你实现自己的目标。所以除了权力来源和权力基础，你还需要具备一些劝说技能。[31] 劝说需要做精心的准备，并且以令人信服的方式恰当地陈述你的论点和论据，劝说不意味着强制权力或摆布。有些人（不是指你的老板）会告诉你做什么（甚至强迫你做什么），而有些人会说服你让你想做这件事，那么你会更愿意为谁做事呢？

劝说别人并不需要以领导的身份，你可以集中个人权力、使用影响策略。本章将介绍五种影响策略，它们分别是：讨好（赞扬）策略、理性说服、激励感染、个人魅力和合法化策略。

在讨论每种策略之前，我们先来谈谈洞察他人心理和创造并提出双赢的情境，以便你了解在特定的条件下使用哪种影响策略最有效。

洞察他人心理　对于你自己来说，那些支持你的观点的原因和论点听起来都很不错，然而对于其他人可能根本不相关或毫无意义。要想影响其他人，就要了解别人的价值观、态度、信念和动机。洞察别人的心理是人际交往技能的关键，它包括四个部分。

1. 要进行换位思考（站在你的老板、同事、其他部门成员的立场）。在说服的过程中，要估计他人的世界观和期望。
2. 要正确理解他人的期望，如果你不这样做，就很难影响他人。
3. 在说服的过程中要把他人的期望考虑进来。也就是说，针对你要劝说的人采用最适合的劝说策略。例如，如果你知道这个人喜欢被人赞扬，那就采用讨好或赞扬策略；如果这个人容易被事实或数字说服，就采用理性说服；如果这个人不在乎事实和数字而是易动感情的，那就要使用激励感染策略。
4. 在劝说的过程中，始终要以他人的希望为中心。这样才能实现双赢。

创造并提出双赢的情境　当你希望某人为你做某件事来帮助你时，单单考虑你自己是很容易的。但是回想一下,人际交往之所以能成功,关键在于你和对方都能够获得利益,实现双赢。所以就要像上文建议的那样,多洞察别人的思想,回答他人不经常说出口的问题:"我能得到什么好处吗?"要牢记大多数人还是更多地考虑自己的利益的,而不是你的利益。所以花时间告诉他们你自己会有什么收益会让他们厌烦。他们想要知道的是他们会得到什么好处。所以要像上面第4点提到的,把焦点放在他人的期望上。

讨好(赞扬) 使用讨好策略的时候,你要在向对方提出要求以前友好地赞扬他,使其心情愉快。在第8章里你已经学过了赞扬的重要性以及如何夸赞别人。记住每天都要夸赞别人。

恰当地使用讨好策略:要改善人际关系,最好把讨好策略作为一种长期的策略来使用。你的夸赞必须是真诚的才会有效。如果你平常不怎么夸奖别人,而突然间赞扬一个人,然后就请他帮忙的话,那个人会认为你在摆布他。那么你的策略会导致事与愿违。

使用讨好策略:当你想要利用讨好策略时,使用下面的建议:

1. 要对追随者的情绪十分敏感。讨好策略用在那些情绪化的人身上最有效,所以在错误的时间请他们帮忙会遭到拒绝。对于易动感情的人,先赞美几句试探一下他们的情绪,如果他们心情很好就可以提出你的要求;反之,还是再找其他的机会吧!

2. 要赞许追随者过去的成就。一开始要说说此人之前做的某些工作完成得多么出色。要具体指出他哪里做得好,可以参考第8章中介绍的赞扬别人的模式。然后你就可以提出要求了。如果先提出要求遭到了拒绝,然后再去赞扬别人,那么你的赞扬便显得很不诚恳,像是在摆布别人,就得不到你想要的结果了。

3. 说明为什么这个追随者会被这个任务选中。夸赞的时候要告诉追随者他是独一无二的,再适合这项工作不过了。当追随者相信这项工作十分重要并且自己非常胜任时,他会发现拒绝这项工作是很难的。

4. 承认你的要求会给别人带来很多不便。对于增加别人的工作负担和这项工作带来的不便要道歉。赞扬别人的同时要感谢追随者对于这些不便给予的谅解。

理性劝说 理性劝说策略是指用事实和论据来进行逻辑说服,从而使他人的行为有助于目标的实现。用事实和数字作论据;视觉效果也很重要。进行理性劝说时要剖析他人的心理。

恰当使用理性劝说:对于那些行为容易受思维而不是情绪影响的人采取理性劝说一般效果比较好。如果你们拥有一致的目标或有一个双赢的情境,理性劝说通常会很奏效。

使用理性劝说:当你想要利用理性劝说时,使用下面的建议:

1. 解释一下为什么要实现你的目标。要想让别人为你的目标奉献,你就要让他明白该目标的意义和重要性。

2. 向他解释目标实现后他能从中得到什么益处,当然这要以洞察对方心理和创造双赢情境为基础。

3. 提供论据证明你的目标是可以实现的。回想一下期望动机理论的重要性(见第8章)。为对方提供一个具体的、逐步的计划。

4. 向对方解释要怎样解决一些潜在的问题和担忧。要了解潜在的问题和忧虑并且在理性劝说中解决他们。如果在劝说过程中别人提出了一些你没有预料到的问题(这种情况很可能会出现),要重视这些问题。不要忽视他人的顾虑,也不要简单地回答"不会发生这种情况"或者"你不用担心这个问题"。要让对方说说当他提出的问题出现时应该如何解决。这样有

组织中的人际关系

助于赢得忠诚和支持。

5. 如果有其他竞争方案也可以实现目标,解释清楚为什么你的方案优于其他方案。同样,你要先做些功课。你需要非常了解这些竞争方案。只告诉对方"我的想法就是比别人的好"是不足以排除其他方案的。一定要说明为什么你的计划是最优的并且指出其他方案的缺陷和问题。

激励感染策略 激励感染策略试图通过内化激起追随者的热情以实现目标。你可以向他们表达一些能够刺激其情绪的感受,这些感受会与追随者的价值观、理想和渴望产生某种共鸣从而增强他们的自信。

恰当地使用激励感染策略:对于那些行为易受感情而不是逻辑思考影响的人,激励感染策略一般比较奏效。要想激励别人,你就要了解别人的价值观、希望、恐惧和目标,拥有感召力是很有用的。

使用激励感染策略:当你想要利用激励感染策略时,使用下面的建议:

1. 当使用激励感染策略时,你要根据追随者的价值观调动他的感情和激情。如果有多个追随者,根据每个人的价值观改变你的激励感染策略。

2. 把这种感染力同他们的自我观念联系起来。把他们的自我形象同团队、部门或组织的专业人员或成员联系起来。目标的实现有助于提高自我认知,从而加强个人形象。

3. 把你的要求同一个清晰的、富于吸引力的构想联系起来。创建一个设想,描述一下当目标实现时,事情会发展成怎样一番景象。

4. 要有积极乐观的态度。要有信心目标一定会实现,你的自信和乐观要很有感染力。比如在谈论目标时,不要说如果实现了会怎样,而是要说当目标实现了会怎样。

5. 使用非言语表达会使你的语言表达也充满感情。可以适当地提高或压低你的声调,提到重点时可以稍加停顿。可以让对方看到你湿润的眼睛或是几滴眼泪并要保持眼神接触。要使用面部表情、肢体语言和手势,比如说用力地拍桌子。这些都能有效地加强你的言语表达,使之富于感情。

个人魅力策略 所谓个人魅力,就是依靠忠诚和友谊来向他人提出要求。向别人提出要求时是要请别人帮你一个忙。因此要说"请为我做这件事吧"而不是说"这是命令"。

恰当地使用个人魅力策略:当你手中的权力很弱时,个人魅力显得尤为重要。因此,在同事间或对组织以外的人会更普遍地使用个人魅力,对上级或老板较少使用。与他人保持良好的关系也很重要。如果你对一个不喜欢你的人提出某个要求的话,很可能会遭到拒绝。

使用个人魅力策略:当你想要利用个人魅力时,使用下面的建议:

1. 首先告诉对方你想让他帮一个忙,并且说明为什么这个要求很重要。然后问他是否愿意帮助你。事实上,你在介绍细节之前,你渴望得到肯定的答复。当对方了解这个要求的重要性并且表示愿意帮助你时,即使知道了要求的内容也很难再推辞了。但是要确认不要让对方认为你在摆布他,否则会伤害你们之间的感情。

2. 求助于你们的友情。如果你们有关系,就不需要友情感召了,而且友情感召对于陌生人也不会奏效。当使用个人魅力时,你可以说:"我们很久以前就是朋友了,我从来没要求过你什么,你能否……"

第9章 道德权力与政治

3. 告诉对方你很依赖他。这有助于让对方认识到他对于你和你们之间友情的重要性。这样的话,会让对方了解你不希望他忽视你的请求,如果他不能帮助你就会伤害你们的关系。同样,为了整体效果,友情是必要的。

合法化策略 合法化策略依赖于组织权力,你对别人提出一个合理的要求,别人就应该满足你的要求。的确,合法化策略与法治权力紧密相连,但是策略要在没有职位权力的情况下使用。比如,当你对组织中地位比你高的人提出要求时。

恰当使用合法化策略:你需要指出你有合法的权力或资格提出某项特殊的要求。

使用合法化策略:当你想要利用合法化策略时,使用下面的建议:

1. 参考组织政策、程序、规则和其他文献。解释说明在组织结构中你的要求是具有合理性的。
2. 参考书面文件。如果有人不相信你所参考的文件,就向他们出示保险手册、合同、协议书、设计图、工作计划等等,证明你的要求合法化。
3. 参照先例。如果有人曾经提出过类似的要求,你也可以要求平等的待遇来支持你的想法。

你需要认识到上述五种策略可以一同使用来帮助你影响别人。比如说,赞扬策略经常需要其他策略的支持。当一种策略起不到作用时,你可以换用其他策略。

工作应用

3. 从五种影响策略中选出一个,举例说明它是如何帮助你或其他人实现目标的,最好是从你所在的组织或曾经工作过的组织中选。一定要指出是哪种策略。

情境应用

影响策略
AS 9-2

为下列情境选择适当的个人策略。

A. 理性劝说   B. 激励感染   C. 合法化
D. 讨好(赞扬)   E. 个人魅力

_____ 6. 你在销售部门工作,你想得到关于一种新产品的信息,这种产品尚未投入生产,并且在内部和外部都没有公开。你认识一个在生产部门曾经参与过此产品生产的人,于是你决定与他联系。

_____ 7. 你有一个新的五人员工小组,其中的两个人今天没来上班。而你今天又有一大批货要送。只有几个人是完不成任务的。

_____ 8. 这个情境与第7个有关。尽管你的员工同意按时完工,你还是想要给他们一些帮助。你还有一名员工,他的职责是处理日常事务和保持清洁。他不属于你那五个员工的小组。然而,你意识到他可以顶替两个员工的空缺以帮助完成任务。你决定和这个圈外的员工谈一谈,请他帮助这个小组工作两个小时。

_____ 9. 在情境8中提到的这个局外的员工不愿意帮忙。他只是问:"我能得到什么好处?"

_____ 10. 你认为你应该加薪,于是你决定跟你的老板谈一谈。

299

组织中的人际关系

9.3 组织中的政治

我们将要学到政治的本质以及如何培养政治技能。首先请完成自我测试练习9-2。通过这个自我测试练习就能看出你是怎样使用政治行为的。

自我测试练习 9-2

政治行为

在工作中你实际上或打算使用下列哪种行为？选择能描述你行为的回答，在每种描述前标上1—5中的一个数字。

　　(5) 习惯性的　　(4) 经常性的　　(3) 偶尔　　(2) 很少　　(1) 极少

_____ 1. 我与每个人都相处得很好，包括那些很难相处的人。在遇到有争议的问题时，我会回避或延迟表达我的看法。

_____ 2. 我努力让对方感觉他很重要，我会赞扬他们。

_____ 3. 当与别人一起工作时，我会主动让步并且回避谈论别人的错误；我会建议他们使用其他更有效的方法。

_____ 4. 我会努力了解管理者并且尽可能地掌握其他部门的动向。

_____ 5. 我会与掌权者保持相同的兴趣（看比赛或者参加运动，加入相同的俱乐部等等）。

_____ 6. 我会有目的地与高层领导者取得联系并建立关系，这样看到我的名字或见到我的样子他们就会知道我是谁。

_____ 7. 我会让别人认可或看到我的成就。

_____ 8. 我会与其他人结成联盟来提高自己的实力，从而得到我想要的。

_____ 9. 我乐意帮别人的忙，反过来他们也会帮助我。

_____ 10. 当我不确定我能做到时我也会说我能；如果确实完成不了，我会解释说那件事超出了我的能力范围。

要知道你的政治行为是怎样的，把所有10项你所选的数字累加起来。结果应该在10—50范围内。分数越高，说明你所使用的政治行为越多。把你的分数写在这里_____，然后在下面的数轴上找到你分数的相应位置。

非政治的　　10 ———— 20 ———— 30 ———— 40 ———— 50　　政治的

9.3.1 组织政治的本质

政治对于你事业的成功是至关重要的[33]，不懂政治就不可能成功。[34]政治实际上就是一种

第9章 道德权力与政治

组织生活。[35]在经济领域,货币是流通媒介,而在组织中,政治就成为相互交流的媒介。[36]管理者们必须要成为政治人,才能实现他们的目标。政治是一个相互作用的网络,在相互作用中,权力被赋予、转移并实行。**政治(politics)**就是获得和使用权力的过程。从这个定义你就会发现权力与政治是紧密相连的。

管理者如果缺少了其他人或其他部门的帮助就不能实现自己的目标[37],而这些人或部门并不在管理者的职能管理范围内。比如说,Tony是一个生产部门的主管,要想正常生产,他就需要原料和供应,因此他就不得不依赖采购部门。如果 Tony 与供应部门的关系处理得不好,他可能就会在需要的时候拿不到原料。

互惠(reciprocity) 是指建立权利和义务,结成联盟然后利用它们实现目标。当别人为你做事时,你就要承担一定的义务,他们会希望你给予补偿。当你为别人做事时,别人就对你负有义务,日后他们也要给你回报。[38]经过了一段时间,当这种权衡使得双方都得到实惠时,联盟就产生了。这一联盟可以增强团体权力以达到互惠。你应该努力发展一个网络或联盟,它可以协助你实现自己的目标。[39]当相互之间的利益权衡有助于联盟创造出双赢的情境以便使联盟或组织中的每个成员都受益时,人际交往的目标也就实现了。

与权力一样,由于很多人滥用政治权力,政治这个词也含有贬义。[40]圣雄甘地把毫无原则的政治称为罪恶。然而,道德的政治可以通过实现人际交往的目标使组织受益,并且不会带来任何不良影响。政治的强度和重要性依照组织的不同而不同。但大型的组织一般政治性更强;管理阶层越高,政治也越重要。在全球化环境下,政治技巧显得尤为重要。[41]

你应该已经看到,组织中的政治是公司日常经营中不可分割的一部分。你需要完善自己的组织行为,利用组织实体来帮助自己和你所在的组织获益,同时避免因政治而有所损失。

工作应用

4. 举一个互惠的例子,最好是从你所在的组织或曾经工作过的组织中选一个。解释一下什么是上文提到的权衡。

9.3.2 培养政治技能

的确,你可以擅长政治,不至于做个蠢人。[42]在组织中,人际交往技能对于政治成功是至关重要的。第1章中介绍的指导原则可以帮助你培养政治技能。更具体的例子可以参考自我测试练习9-2中的10项描述,有意识地使用那些行为。有效地执行这些行为有助于增强你的政治技能。然而,如果你不赞成其中的某些行为,就不要使用它们。你不需要使用所有的行为。找到适合在你的组织中使用的行为。比如说第10项描述,如果你不确信自己是否能胜任,保守一些,不要用"承诺"这类词。你一定不希望被别人当作不守信用的人。确立诚信是很重要的,诚信是建立在诚实的基础上的(参照第7章)。

利用互惠原则。当你想得到什么的时候,找出是否有他人也会受益。创造联盟权力既可以帮助你,也可以帮助其他参与者和你的组织受益。持续的联盟也被称为政治联合,人际网就是一种政治形式[43],在下一章中你将学习如何建立人际网的知识。

> **工作应用**
>
> 5. 在自我测试练习9-2的10个政治行为中,你在这方面最弱的是哪两项?最强的是哪两项?请解释一下。

9.4 商业道德和礼节

在第3章中我们从个人层面上把道德作为一种个人技能讨论过。现在我们把它放在组织层面上把它作为一种领导技能集中讨论一下。当我们用权力和政治来实现自己的目标的时候,我们也要讲道德。要遵从人际交往的基本原则,在考虑整个系统的效果的同时,为参与各方创造一个双赢的环境有助于保持道德。在这部分,我们将要讨论Ⅰ型道德和Ⅱ型道德、道德政治和非道德政治、道德规范以及礼节问题。

9.4.1 Ⅰ型道德和Ⅱ型道德

所谓Ⅰ型道德(type Ⅰ ethics)是指那些被权力机构视为是错误的,但其他人又不认为是不道德的行为。有些人不接受权力机构把某些行为视为不当的,而这部分人的数量影响着人们决定是否做出不道德的行为。

在自我测试练习3-4中(见第3章),这些行为被大多数组织视为不道德的行为,但是很多员工不以为然,并且照行不误。总的来说如果越多的人否认某一行为是不道德的,那么实施这种行为的人也就越多。人们想要理智地看问题,他们会认为既然很多人这么做,那么我这么做也没什么不好。人们也愿意夸大这些人的人数。通常人们所谓的"每个人"实际上只是很小一部分人。每年,员工偷窃的累计金额可以达到100亿美元。[44]

有些人有意地做出一些不道德的行为,因为他不同意权力机构判定道德行为的标准,这部分人实际上就违反了Ⅰ型道德。比如公司规定在某些特定的地点不可以吸烟,然而某个员工不认为吸烟是有害或危险的,他就会在那里吸烟。

Ⅱ**型道德**(type Ⅱ ethics)是指即便某种行为被权力机构和个人都看做是错误的,但人们仍然会实施这种行为。那些虽然认可一些行为是不道德的但是仍然从事这些行为的人就违反了Ⅱ型道德。我们还是用上文抽烟的那个例子,这个员工知道规定不允许吸烟,也同意吸烟是危险的,但仍然会这样做,那么他违反的就是Ⅱ型道德。

> **工作应用**
>
> 6. 分别举一个Ⅰ型道德和Ⅱ型道德的例子,最好是从你所在的组织或曾经工作过的组织中举。

第9章 道德权力与政治

情境应用

Ⅰ型道德和Ⅱ型道德
AS 9-3

辨别下列所述行为属于哪类道德行为：

A. Ⅰ型道德　　　　　　　　B. Ⅱ型道德

_____ 11. Bill 又让一个玩具蒙混过关，尽管他明知道这个玩具是不合格产品，那么他的行为是？

_____ 12. Carla 告诉我把公司的笔和办公用品带回家是可以的，因为大家都这样做。

_____ 13. Wayne 再次到处传同事的闲话，为什么他不认为这是不道德的？

_____ 14. Danielle 正在用公司的设备为她将举行的晚会复印指南。我告诉她这样做不对，她也同意，但她还是这样做了。

_____ 15. Mike 又一次早退了，他说自己所得的报酬太低，所以这样做没什么不对。

9.4.2 道德的政治和非道德的政治

根据行为的不同，政治对组织有时是有利的，但有时也会有害。我们把政治分为两类：道德的政治和非道德的政治。**道德的政治**包括对个人和对组织都有利的行为。那些对个人有利对组织也没有害处的行为也是道德的。道德的政治可以创造一个双赢的情境，实现人际交往的目标。相反，**非道德的政治**是指对个人有益但对组织却有害的行为。非道德的政治创造的情境是一方输一方赢。非道德的政治也包括使组织受益但却损害了个人利益的管理行为。[45] 组织一词应该也包括组织中的人，因为员工的利益受到损害的话，组织利益也得不到保障。当与公司外部的人打交道时，要使用利益相关人策略来保证道德。[46] 通过创造与对方的双赢情境来提升公司的业绩。[47]

在自我测试练习9-2中提到的10种政治行为基本都属于道德行为。我们再举一个关于道德行为的例子，Tom 是计算机部的经理，他想要一台新的计算机。他跟几位高层领导谈了话并且说明了他们也会得到的益处。Tom 与这几位领导结成了联盟并从他们那里拿到资金购买了他想要的计算机。Tom 受益了，因为他现在有了一台新的性能更强大的计算机，而他的领导们也因为这台计算机的使用受益，使得 Tom 在他们眼中的印象得到了提升。组织的整体业绩也更好了。

下面是关于非道德行为如何使组织利益受到损害的一些例子：(1) Karl 是一位主管生产的经理，他很想升做总经理。为了增加自己的机会，他到处传播关于他最有力的竞争者的谣言。(2) 公司里有一个闲置的办公室，空间大，设施又全。Sam 是一个销售经理，尽管他大部分工作时间都在公司外，但他觉得这间办公室很能代表威望，所以就想得到它，事实上 Sam 知道这间办公室如果分给公关经理 Cindy 会更有用，但是他还是通过他那位当领导的朋友得到了这间办公室。(3) 某些人在他们的自荐表里说谎。[48] (4) 一位经理让他的秘书（或其他员工）说谎。[49]

组织中的人际关系

道德行为的实施会带来回报吗？[50] 好的经营和好的道德是同义词；道德是经营的中心，利润和道德也有紧密的内部联系。[51] 首先，在别人背后捅刀子的人可能会得到丰厚的回报，但是报复很快随之而来，诚信损失，生产率也会下降。在本章开头的例子中就能看出这一点。Roger 为了得到提拔使用了非道德政治。但是按照他同事的话来说，他是不会得逞的。当他人不喜欢你或你到处树敌时，想要得到提升是很困难的。非道德行为似乎与压力有关。与他人搞好关系就是在实施道德行为。

工作应用

7. 举一个道德的政治和非道德的政治的例子，最好是从你所在的组织或曾经工作过的组织中举。描述一下有关各方的行为和结果。

情境应用

道德的政治与非道德的政治

AS 9-4

下列描述属于哪类政治？

A. 道德政治　　　　　　　　B. 非道德政治

_____ 16. Pete 把他的同事 Sue 犯的任何错误告诉给每个人。

_____ 17. Tony 在上网球课，这样他就可以挑战他的老板了。

_____ 18. Carol 每天上午十点钟都会递送报表，因为她知道这个时间她会碰到大老板。

_____ 19. Carlos 在工作时间到处打听其他部门的事情。

_____ 20. 尽管 Frank 不需要向三位高层管理者汇报工作，他还是把自己部门的一份业绩报告送去了。

9.4.3 道德规范

为了完善道德行为，组织要建立一定的道德规范。好的道德规范能够清楚地指导道德行为与非道德行为。[52] 大多数组织认为道德规范是重要的，并且已经建立了自己的道德规范。[53] 表 9-1 就是一个组织关于员工的道德规范。

表 9-1 道德规范[*]

- 在工资、福利和工作条件上，我们要平等地对待我们的员工。
- 我们决不会剥夺员工的任何法律和道德权利。
- 我们决不会雇用童工，也不会与雇用童工的任何公司有经营往来。
- 我们承诺会不断地监控我们以及与我们有贸易往来的公司的所有设施。

* 摘自美国 PVH（Philips-VanHeusen）集团的企业责任声明。

要想在道德方面取得成功,组织就要审查员工们的道德行为。对于有非道德行为的员工,组织要否定并给予惩戒。高层的领导者更需要在道德方面以身作则,对待员工要诚实,建立自己的诚信。[54]

9.4.4 礼节

礼节是被社会承认的正确或错误的行为标准,它不仅仅指会说"请"和"谢谢"。注意一下我们在定义道德和礼节时谈到的共同点。礼节对于事业的成功也是非常重要的。[55]然而与道德不同,组织一般没有礼节规范和相应的正式训练。

许多组织把礼节视为招聘面试的录取标准之一。事实上,有些管理者会把求职者带出去吃饭,目的是观察其礼节,包括餐桌礼仪。候选人如果在礼节方面表现不好就会被淘汰。你也许会认为用礼节来评判应聘者不公平,也许你的想法是对的。然而商业社会的现实就是公司需要那些能为自己的组织树立良好形象的员工。回想一下,客户、供应商和组织中的其他人在相互联系中,都是以你的个人行为来评判你所在的组织的。组织是不会接受那些令其难堪的员工的。[56]

组织会假定人们在家里都会学到礼节,或者礼节是通过经历和观察学到的。然而事实并非如此。礼节技巧是可以得到改进的。[57]如果你从未考虑过商业礼节,那就从现在开始吧!我们会给你一些提示。

面试礼节:你所在的大学的就业服务部门可能会给你提供一些面试训练,利用好这些服务。下面是面试时的一些注意事项。

- 在面试前一定要对招聘组织做一些调查,以便你在回答问题的时候会更明智。比如说,该组织提供何种产品和服务?它有多少员工和厂址?公司的财政状况如何?年收入和净利润是多少?它的战略计划是什么?大多数这样的信息都会从公司的年度报表和它的网站上找到。
- 去面试时一定要穿着得体(有关第一印象我们在第 2 章中讨论过)。
- 务必提前到达面试地点。让自己有充足的时间应付交通堵塞和停车。如果早到十分钟的话,你可以放松一下然后再去找接待员。
- 一定要多带几份简历还有你可能用到的其他材料,把它们装在一个公文包或精致的文件夹里。
- 一定要提前知道主管面试的人的姓和姓的准确发音。当和他见面时,称呼他的姓来打招呼。比如"Smith 先生您好"。
- 不要直呼接见者的名,除非接见者允许。
- 握手时一定要有力,并与接见者保持眼神接触。要等到接见者先伸出手,不要先有动作。
- 在面试过程中要说几次接见者的名字。比如"Smith 先生提了一个很好的问题"。
- 在接见者请你坐下之前不要坐,要等到接见者坐下后你再坐。
- 一定要注意你的非言语行为(参见第 4 章)。不要向后靠,那样会显得很懒散。要坐直,稍微前倾,保持足够的眼神接触以表明你在用心听。可以把腿交叉,但不要交叉双臂,因为

组织中的人际关系

交叉双臂是防卫和封闭的标志。

- 不要先提及薪水和福利的问题。如果对方问你期望拿到多少薪水,说一个范围,让你的期望值居中。面试前你应该调查好你应聘的岗位薪水大概是多少。
- 回答问题前一定要先考虑一下。说话时要清晰,要让别人听得见。注意你的措辞,使用恰当的语言,避免俚语和行话。
- 面试即将结束时一定要感谢接见者。如果对方没有告诉你什么时候结果会出来,询问一下。
- 面试后当天或第二天,如果你想要得到这份工作,一定要追加一封简短的感谢信并再附一份你的简历。在感谢信中添加一些面试后你认为必要的信息,并说明你渴望在某天(说明面试者通知你的日期)知道选拔结果。
- 在结果公布之日到来时,如果你还是没有得到通知是否被录用,一定要打电话确认一下。

餐桌礼仪: 如果在面试时,你被带到外面吃饭,下面的建议可能对你有用。如果你被录用了,要带别人出去吃饭,即使不是面试,你的角色也变成了招聘方。很多技巧也适用于午休跟别人吃饭时使用。

- 出去吃饭时不要让自己饿着,可以事先吃点东西。狼吞虎咽是不当的行为,会给别人留下不好的印象。
- 一定要让招聘者带着你,不要喧宾夺主。
- 一定要让招聘者先就座。
- 一定要等到招聘者先铺开餐巾纸你再做。
- 如果服务员问你想喝点什么,要让招聘者回答。如果你还没到法定饮酒年龄不要点酒类,哪怕你有假身份证,毕竟你不想让招聘者知道这些。
- 如果你想喝点什么,也不要点酒精类饮料,除非招聘者让你喝酒。如果招聘者问你要不要来点喝的,你要先问对方是否要喝东西,如果对方喝,你就可以来一杯;如果对方不喝,你也不要喝。如果饮料会对你有副作用,就不要喝了。因为在与招聘者讨论或回答问题时要保持最佳状态和礼节。
- 要预料到会点开胃菜、主菜和甜点。但是你不需要全都点,尤其是当招聘者没有全点的时候。比如说如果对方问你要不要开胃菜或甜点,你要先问招聘者是不是要。如果服务员问你,你要让招聘者来替你回答。
- 要等到所有人的菜都上齐再开始吃,而且要等到招聘者先开始吃。
- 一定要与招聘者保持相同的节奏进餐,吃每道菜时既不要太快也不要太慢,这样就能和招聘者一起吃完了。
- 嘴里有食物时不要讲话,为了避免这个问题,每次吃一小口。
- 任何一道菜里最后剩下的那份食物你都不要吃,即使你没吃饱也最好在自己的盘子里留一点食物。
- 使用餐具时,一定要从外向内,如果不确定应该使用哪一样,采用招聘者的用法。
- 不要主动付账。大体的原则是谁邀请吃饭谁就做东,除非在吃饭前就商量好了。
- 一定要感谢招聘者对你的款待。同时对服务员也要有礼貌(对他说"请"和"谢谢")。

第9章 道德权力与政治

电话礼节：被录取以后,电话会成为你工作中的一部分。下面的建议不是针对电话接线员的,接线员还需要接受其他适当的训练。

当你给别人打电话时要注意的礼节：

- 把你想讨论的内容列一个提纲或先计划一下。谈话时一定要在计划纸上做好笔记。不要随便找一张纸记,用一个笔记本可以帮助你更清楚地记录你所打过的电话。
- 如果没有人接电话一定要简单地留言。一定要说明:(1)你的姓名,(2)你打电话或留言的原因,(3)回电的号码,(4)回电话最合适的时间。讲话时要大声并且让对方听清楚,尤其是你留下的电话号码。如果是坏消息、保密的信息或者比较复杂的消息就不要使用语音信箱留言了。一定控制好你的情绪,留言的时候不要流露感情以免日后成为别人的笑料或对你不利的把柄,比如对你老板的抱怨。
- 一定要先问问对方是否有时间和你通话。如果对方正在忙,另外安排一个时间再打。
- 如果掉线了你一定要再重拨回去,打电话的人有责任再打过去。
- 打电话时不要吃东西。
- 打电话时不要再和第三个人讲话。
- 要先挂电话,放下听筒时要轻轻的。

接电话时的礼节：

- 尽量在电话铃响了三声以内接电话。
- 报上名字(不要报自己的外号)、所在的部门和组织名后一定要说"你好"。
- 如果对方打电话时你不太方便接,他又没有问你是否有时间听电话,一定要告诉他你现在不能和他讲话。安排一个时间给他回电话而且一定要回。
- 如果你要让别人在电话另一端等你一会儿,比如说你要查一点信息,不要超过一分钟;如果要超过一分钟,先让对方挂线然后你再回电话。
- 一次不要接多个电话,以免让别人在电话另一端等你。打开留言信箱然后再一一回电话。
- 保证你周围有纸(电话记录本)和笔。如果你不认识对方,一定要马上把对方的名字记下来,然后再谈话时就要称呼对方的姓名。
- 在电话里不要把他人的个人信息透露给对方。
- 要最后挂线。
- 一定要在你的留言信箱中留下简短的信息,它应该包括:(1)你的姓名,(2)你所在的组织,(3)请对方留言,(4)建议何时再打过来。切记,如果你不在,要把电话直接接到留言信箱,这样就可以让对方直接留言而不用久等了。
- 一定要在24小时以内给对方回话。

手机礼节：

- 不要让你的信息打扰别人。要把你的手机调成震动,即使调成了震动,也不要影响开会或其他活动,除非出现紧急情况。
- 不要在手机通话时打扰别人,比如在开会或公共场合(走在街上或在电影院、饭店或教室里),找一个没有其他人的地方打电话。
- 开车打电话时要格外小心,既为了你个人的安全也为了他人的安全,很多交通事故都

组织中的人际关系

是因为一边开车一边打电话造成的。在美国很多州开车打电话甚至是违法的。

电子邮件礼节：
- 发邮件时信息要简短，不要超过两页。要开门见山，清楚明了，不要长篇大论。
- 如果信息超过三页要用附件发。用附件发送才能保证信息的可读性。
- 一定要让电脑自动检查拼写和语法。写完信息时也要检查。如果你写的正确无误会让别人更加重视你的内容。
- 避免使用一些别人可能不懂的网络语言或其他行话。
- 在电子邮件中不要提及任何你不想让他人知道的信息。其他组织也可能会读到你的电子邮件，即使你已经把它删掉了也可能通过一些途径被找到。
- 不要发一些掺杂感情的信息，原因与上文介绍的关于电话留言的内容是一样的。
- 避免垃圾邮件。不要发无用的信息。不要给不需要知道这份信息的人发邮件。

会议礼节： 如果是你主持会议，可以参考第11章关于会议管理技巧的指导。下列建议是针对参加会议的一些礼节。
- 按时到会。
- 参加会议时要做适当准备。会议前要做一些阅读工作。
- 如果你迟到了一定要道歉，但是不要解释迟到的原因。你的借口只会占用会议的时间，并且一般没有人会相信。
- 不要给会议添麻烦，这个问题将在第11章中继续讨论。

写字楼礼节： 写字楼是指大家共享的工作空间和设备，包括办公桌、电脑、电话、传真机、复印机、用餐区、电冰箱、咖啡机、冷水机等等。
- 要跟大家一样遵守一些规则。
- 自己用完某样东西要收拾好，确保你用完后别人马上就可以用，即使你发现那个地方又脏又乱、复印机里的纸用光了或者咖啡壶里没有咖啡了。如果有人没有收拾或者不为别人做好准备工作就当面指出他的不对。
- 一定把属于你的那份消费支出付清，包括咖啡和水费、午餐的账单、为同事集资买礼物等等。没有得到允许就不要吃别人的食物或喝别人的水。如果别人请你吃东西、喝东西，下次你要补回来。
- 一定要尊重别人的隐私。不要看别人办公桌或电脑上的文件、信息和传真。这样做就相当于把别人的信件拆开来读，是非常不对的。
- 不要独占公共的空间和设备，要公平地分享。

工作应用

8. 举一个例子说明某人的行为很不注重礼节。

第9章 道德权力与政治

9.5 垂直政治

垂直人际关系对于你事业的成功是很重要的。[58]垂直政治是指你与上级和下级的人际关系。你的老板、你主管的员工以及向你汇报的员工对你来说是最重要的人,你需要培养与他们之间有效的人际关系。[59]

9.5.1 与老板的关系

与老板的关系会影响你的工作满意度,同时也意味着你的工作成功与否。如果与老板的关系处理得不好,你的生活会很悲惨。很显然,你应该与你的老板建立良好的工作关系,这样做也叫经营你的老板。[60]

不要试图改变你的老板。要分析老板的风格和喜好,如果有必要,改变你的风格来迎合他。[61]举例来说,如果你的老板是很务实的人,而你属于那种随便而健谈的人,那么与老板相处时也要务实。如果你的老板喜欢你能提前完成工作,那么只做到按时就不够了,你要提前。记住,人们一般都喜欢与自己行为相似的人,所以与你的老板保持行为一致可以促进你事业的发展。[62]

了解你的老板会使你们的关系更和谐。要了解你的老板的主要责任、他认为怎样算是好的工作业绩、他会怎样评估你的业绩以及他对你的期望。正如第7章中讲到的,你的老板必须要信任你。[63]帮助你的老板成功、弥补他的不足就是你的工作。[64]

老板们的普遍期望 老板一般期望的是忠诚、合作、主动性、信息和接受批评。

忠诚:回顾一下,忠诚是诚信重要的一部分。你需要忠诚并保持正确的态度。[65]不要在老板的背后说他的坏话,[66]即使其他人这样做你也不能。无论你多小心或者其他人多么守口如瓶,这些闲话总会传到老板耳朵里。如果老板真的知道,你们之间的关系将会受到严重的影响。你的老板可能会原谅你也可能永远不会原谅你。总之不要低估不忠诚的代价。

总是偏听尤其是接受负面的言论只会纵容其他人继续这种不好的行为。本章开头介绍的Bob和Sally的对话就是一个说别人坏话的例子。如果有人在说别人的坏话,鼓励他们说些好话来停止,或者转换一下话题,或者走开让他们自己说。比如你可以建议"抱怨Roger无济于事,为什么不谈谈我们能做点什么来改善,例如……"或者"有谁昨天晚上看电视里播的电影了?"

合作:你的老板会希望你与他以及所有和你有工作往来的人之间都能保持合作。如果你不能和他人融洽地相处,你的老板会陷入窘境。老板们都讨厌丢面子。Roger就很不合作;他的老板就告诫他如果想要被提升,就要成为团队的一员。

主动性:你的老板希望你清楚自己的责任和职权,他希望你能自己把事情处理好。如果遇到问题,他希望你自己解决而不是把问题留给他来处理。[67]如果让领导参与解决问题是可以的,至少也要分析一下情况,先推荐一个解决方案。要自愿承担任务。

信息:你的老板希望你随时向他汇报你的目标和你的工作进程。[68]如果遇到问题,老板也希望你能告诉他。[69]不要掩饰你的过错、你的员工的过错甚至老板本身的过错。如果老板是从别人那里得知自己部门的情况,他会显得很尴尬、愚蠢。老板不喜欢意外。[70]

接受批评: 我们都会犯错误,你的老板的部分责任就是帮助你避免再次犯错。当老板批评你时,尽量不要防御和争辩。记住,批评也是完善技能的途径之一[71],即使批评对你是一种伤害也要勇于接受(见第5章)。

如果你用有效的人际关系作为指导,去了解你的领导,达到他对你的期望,建立和他的良好的关系。如果你达到了他的要求,他也会很愿意满足你的需要。满足老板的期望能够为你们彼此创造一个双赢的情境,从而实现人际交往的目标。

如果与老板的关系处理得不好,那么你提升的几率也会大打折扣[72],你可能会一直待在一个毫无前途的岗位或被调到这样的位置。还要小心不要越级(去找你老板的老板),这样会被视为叛徒,既不忠诚也不道德。[73]去投诉你的老板只会使问题更糟糕。[74]如果你真要这么做,先想一想"老板的老板站在我这一边的机会有多少?"如果你与高层管理者的关系不如你的老板和他们好,你就更应该好好考虑一下了。这一章的最后部分的第一个案例就是讨论越级问题的。

工作应用

9. 在老板的五个期望中,你最强的是哪一点? 最弱的又是哪一点? 解释一下。

9.5.2 与下级的关系

如果人际交往的目标——实现组织目标的同时也满足员工的需要——很容易实现的话,为什么又存在很多人际关系处理不好的情况呢? 原因之一就是管理者实际上必须把完成工作放在首位,这样的话,员工的需求和管理者自己的利益就是次要的了。管理者们一般都忙于工作而忽视了从事这项工作的员工们的需求。员工们在开始某项工作时都会激情万丈,但是管理者一般不会花时间发展人际关系来维持员工的这份激情。作为管理者,你必须花时间去培养有效的人际关系。

培养管理者—员工之间的关系 在培养管理者与员工之间的关系时,你应该遵照贯穿本书的指导方针。完美的人际关系可能不存在。管理者应该追求一种和谐的关系,在这种和谐的关系中,鼓励不同的看法,并且以和平的方式达到某种共识。[75]要让员工的士气保持高涨,但是管理者也不要一味地讨好满足所有的人。作为管理者,你可能要面对员工们的不满,有些人憎恨你不是针对你本人,而仅仅是因为你管理者的角色。其他人可能还出于别的原因不喜欢你。即使管理者本人不受喜爱和欢迎也是可以拥有良好的人际关系的。

友谊 管理者与员工之间的关系不可能是真正意义的友谊。监管这种本质决定了真正的友谊是不会存在的,因为管理者必须要评估员工们的业绩,真正的朋友是不会以任何正式的方式评估或评判彼此的。管理者还必须对员工施加命令,朋友之间是不会发号施令的。管理者还会让员工改变,而朋友是不会要求对方改变的。

努力成为朋友也会给你和你的员工以及部门带来问题。[76]你的朋友会尽力利用你们的友谊来得到实惠吗?你对待你的朋友会像对待部门里的其他人一样吗?部门的其他员工会说你搞特权。他们会憎恨或排斥你的朋友。你们的友谊可能反过来会影响整个部门的士气。

不要像对待真正的朋友那样对待员工也并不意味着管理者不能表现得友好。[77]如果管理者抱着"我是老板"这样的态度,员工们会憎恨他,那么组织的士气也会出现问题。在大多数情况下也有特例。有些管理者对待员工十分友好而且同时管理非常有效。

> 工作应用

10. 假设你受雇或被提拔到一个管理岗位。你会培养和员工之间的友情吗?描述一下你计划如何培养。

开放政策 开放政策(open-door policy)是与你的员工保持接触的一种方法。要向员工敞开你的门,这是与你的管理能力成正比的,这句话既是本意也是比喻意。要想拥有有效的人际关系,你就必须和员工多接触,给予他们所需的帮助。如果在员工眼中管理者总是太忙或不愿意帮助他们,人际关系和士气就都会下降。[78]开放政策不是指员工想见你时你就要放下手头所有的事。如果不是什么紧急的事,员工可以提前预约。要把与员工的接触放在你的其他责任之上。管理者们也会使用公开信箱政策。

> 工作应用

11. 你现在的老板或曾经的老板使用开放政策吗?解释一下。

明智地使用你的权力。切记,作为管理者,你的成功要依赖于你的下级。[79]如果你希望你的员工达到你的期望,创造一个双赢的情境。帮助你的员工满足他们的需要,同时提高他们的业绩帮助你自己成功。当要求下级做什么事的时候,要问问自己他们不会张口问的问题:"我能得到什么好处?"在本章讲到奖励权力时提到的Smith教授和学生助手的例子就是上下级间双赢的情境。

9.6 水平政治

水平政治是指你与同事或其他部门和组织的成员之间的关系。你的同事在组织阶层中与你是同级的。有些直接同事跟你向同一个老板汇报工作。接下来你就要学到如何培养有效的水平政治。

9.6.1 与同事的关系

要想成功你就必须与同事合作、竞争甚至有时批评他们。

与同事合作 作为员工,你的成功是与其他员工息息相关的。如果你很合作又乐意帮助他人,那么他们对待你的态度也会很积极并且愿意帮助你实现目标。[80]如果你不与你的同事合作,你的老板也是会知道的。

与同事竞争 即使与同事保持合作关系你也要与他们竞争。当评估你的业绩、加薪或考虑提拔时,你的老板会拿你同别人比较。正如一个优秀的运动员一样,你必须学会成为团队的一员并帮助伙伴成功,但同时你也要业绩出色。

批评同事 不要特意挑同事的毛病。但是如果同事确实做了一些他们不应该做的事情,你有义务帮助他们改正或者避免类似事情再次发生。如果你巧妙真诚地告诉同事他们的不足,一般他们都会欣然接受。[81]有时你的同事确实不知道自己犯了错。但也有些人不接受批评也不接受你主动提出的建议。在第6章中,我们曾经介绍过如何接近同事和他人、如何解决冲突,第5章还对如何提出批评提出了一些建议。

你不要直接向老板汇报,除非同事犯了极其严重的错误,例如无视安全条例而威胁到员工的安全。要先和同事讨论他犯的错误并且警告他持续这种错误行为的后果,除非你的个人安全受到威胁,不要直接去找老板。不要帮同事掩盖错误——这样只会让当事人的处境更麻烦。也不要期望或要求别人帮你掩盖错误。

Roger 就破坏了与同事间的关系,他总是为自己着想,过分注重竞争而不够合作,他批评同事和其他部门的人,强迫他们为自己办事。

工作应用

12. 举一个你与同事相处融洽的例子,最好是从你所在的组织或曾经工作过的组织中选一个。描述一下你是如何与同事合作、竞争甚至批评他们的。

9.6.2 与其他部门人员之间的关系

你一定非常需要其他部门和组织提供的帮助。[82]你需要人事部门招聘新员工、财务部门审核预算、采购部门提供原材料、维护部门保证部门设备的正常运转、质量控制部门帮助维持产品质量以及工资部门批准加班费等等。

其中有些部门有一些需要你遵守的工作程序。要通过合作培养和谐的人际关系并且按照组织规定的指导方针办事。[83]这里还建议与其他组织的人员搞好关系。[84]

Roger 好几次都使用了"老套的应急程序",结果是采购和维护部门对他置之不理了。这样会使 Ted 和整个部门都很尴尬,而且损害了部门的业绩。

图9-2将权力、政治、道德等概念总结在一起了。从中央的人际交往目标开始,通过水平

第 9 章 道德权力与政治

政治和垂直政治分别与你的同事和其他部门的成员以及你的上级和下级创造出双赢的情景。对待政治要使用适当的权力。

如果你能骄傲地告诉所有相关的人你的决定,那么这个决定很可能就是道德的。

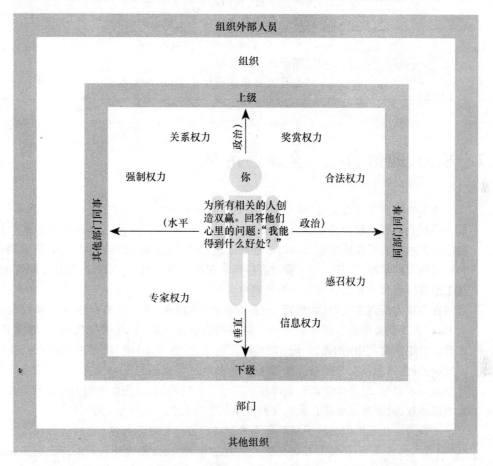

图 9-2 道德决策的人际关系原则

如果你透露自己的决定时感到很尴尬或者你一直在自圆其说,那么你的决定很可能就是不道德的。

工作应用

13. 举一个你与其他部门的成员相处融洽的例子,最好是从你所在的组织或曾经工作过的组织中选一个。描述一下你们之间的关系是如何影响你和其他部门以及整个组织的业绩的。

情境应用

与他人的关系　找到下列对话所对应的对象：
AS 9-5
　　A. 下级　　　　B. 同事　　　　C. 上级　　　　D. 其他部门

_____ 21. "作为下级，我向一位叫 Kim 的中层管理者汇报工作。"

_____ 22. "销售部的那些家伙总是催我们运货。"

_____ 23. "Willy 对于我委派给他的任务表现得很不情愿。"

_____ 24. "那是这家公司的老板。"

_____ 25. "主管们要聚在一起吃午饭，你来不来？"

9.7 权力、政治和礼节全球通用吗

　　如果你的回答是否定的，那么你就答对了。根据文化价值和历史的不同，在不同国家，人们看待权力和行使权力的方法也不同。一种理解全球差异的方法叫做权力距离。[85] 权力距离的中心集中在员工在跨阶层互动时心理的适应程度，它反映了集权和分权决策的期望。在权利距离较大的情况下，员工相信管理者应该掌握权力并做出决定，而在低权力距离的情况下，员工想要得到权力并且参与到决策管理中。[86]

　　在高权力距离文化中（如墨西哥、委内瑞拉、菲律宾、南斯拉夫和法国），强权政治是被认可的，因为人们希望他们的领导者与低阶层的人表现不同，在这种文化中，等级差异很明显。在低权力距离文化中（如美国、爱尔兰、澳大利亚、新西兰、丹麦、以色列和荷兰），强权政治是不被接受的，因为员工希望通过授权来分享权力。[87] 在低权力距离文化中，人们对于权力的差异感觉很不舒服，也不太强调社会等级。因此，如果美国公司想在高权力距离的文化中对其商业单位授权，就要渐渐地融合和改变商业单位中的文化才会产生效率。[88]

　　不同的文化和组织使用不同的标志来定义权力。一间办公室（它的位置和面积）、私人空间（高管人员停车场、进餐室和休息室）、大批工作人员、会见重要人员的绿色通道在美国的许多公司里都是权力的标志。然而，在一些文化中这些标志又会变得毫无意义，即使在美国，很多公司也在降低权力距离。因此在不同的文化间乃至在组织内部，确定权力行使的规范和期望是十分必要的，这样你就可以相应地调整你的行为与之适应。[89]

　　电子化组织中的权力与政治和在传统组织中是不同的。电子化组织中的权力距离更低，因为管理者对员工的直接观察很少，距离也更远。可视化的政治行为，像面对面的会议或者到某个地方会见有影响力的管理者对于电子化组织中的员工就不那么容易了。电子化组织会通过电子网络更多地利用网络对话。你可以通过网上聊天室和信息揭示板来补充加强传统的面对面政治，从而有更多的机会和其他人见面和谈话，这些人会帮助你在工作和事业中取得进步。电子邮件网络也是很有效的。

　　同商业道德一样，商业礼节也会随着文化的不同而不同。比如说，在很多亚洲和中东国家，用食指去指或点就被认为是很粗鲁的行为。要了解例如送礼、吃饭、喝酒以及在何时何地

第9章 道德权力与政治

谈生意这些礼节可能存在的差异。商业礼节的其他差异已经在关于全球差异的章节中介绍过了。

在本章即将结束的时候，完成自我测试练习9-3，看看你的性格是如何影响你对权力和政治的使用的。

自我测试练习9-3

你的性格与权力和政治

如果你的性格是*外向型*，你对权力的渴望也是最强烈的。注意你对强制权力的使用以及你对下属专制领导风格的使用。权力是通过政治获得的，因此你可能会倾向于政治行为的使用，要保证你所使用的是道德政治。即使你不太关心别人对你的看法，也要注意使用恰当的礼节，以便不会侵犯到他人。受人喜爱有助于你得到权力。你也需要得到同事和其他部门成员的帮助来为各方创造双赢的情境。不要指望你的老板同意你的所有看法。记住，你对老板的控制对你的发展是至关重要的。因此无论你多么不情愿，要想得到提拔，就要按照老板的想法和老板的方式做事。

如果你的性格是*随和型*，那么你最需要的是参与。也许你对权力的需求很低，但是通过关系也会获得政治。你很在乎别人对你的看法，你很注重礼节并且与你的老板、同事和其他人都相处得非常融洽。注意不要让别人在使用权力时利用你，行事要自信。

如果你的性格属于*责任型*，那么你最想拥有的是成就。你可能不关心政治，但是你很可能会为了实现你的具体目标而追逐权力。你很可能会使用理性的劝说，但你不善于洞察别人的心理，因此要想获得成功，你需要培养这方面的技能。要与你的老板维持良好的关系，你需要确定你要实现的目标和你老板要实现的目标是一致的。如果你想要进步，就要寻找一些与你的同事和其他人都无关的个人目标。

你的*适应型*个性的强弱决定着你会如何使用权力和政治。适应型个性较弱的人（有些人是伪装的）一般不会使用道德政治或权力，他们只会通过利用别人来达到自己的目的。如果你的适应型个性不鲜明，你可以停止以自我为中心，努力去创造双赢的情境。当你学会付出的时候，你会感叹其实你的收获更多。有一句话是这样说的：“一分耕耘一分收获。”这句话里蕴涵着很多的真理。你是否注意到奉献要比索取更让人开心？你是否在没有回报的前提下为别人付出过，然后突然发现你得到的比你预想的多得多？

如果你的性格属于*开放型*，这种性格会对权力的需要产生直接的影响。要想维持专家权力，你必须了解你所研究领域的最新动态。要第一个接受最新的培训，自愿地承担任务。阅读适当的期刊，参加贸易或专业会议，并且要与组织外的其他人保持联络，紧跟趋势。要成为学习型组织的一员，不断地追求进步，努力把新的东西吸收到你的部门和组织。

组织中的人际关系

> **行动计划**：根据你的性格，要想改善你的权力、道德政治技能（垂直和水平）和礼节，你会具体做哪些事情？
> _____
> _____
> _____
> _____

复习题

除了良好的工作业绩，如果你想要成功，你还需要获得权力并且和你的上级、下级、同事和其他部门的成员运用道德的政治技能。

_____是一个人影响他人去做其不情愿做的事情的能力。总的来说，所处的管理层次越高，拥有的权力就越大。权力的两个来源是职位权力和个人权力，权力的七个基础是：_____基于威胁和惩罚来使对方屈服；_____基于关系来影响他人；_____利用对他人有价值的东西来影响对方；_____基于某人的职位权力；_____基于某人的个人权力；_____依靠掌握别人想了解的信息；_____以自己的知识和技能作为基础。

要影响他人，你必须能够洞察他人的心理并且创造双赢的情境。五个影响他人的策略是讨好（赞扬）、理性劝说、激励感染、个人魅力和合法化。

_____，获得权力和使用权力的过程，是实现组织目标的重要部分。_____涉及创造义务和责任、建立联盟来实现目标。

_____是指被权力机构认定为错误的，但其他人却不认为是不道德的行为，而_____是指权力机构和个人都认定为错误的，但仍然有人违反的行为。_____包括对个人和组织都有益的行为，而_____包括使个人受益、组织受害的行为。

用来指导道德决策的人际关系要通过为参与各方创造双赢的情境来实现人际关系的目标，它包括与上级、下级、同事、其他部门或组织的成员以及与组织外人员的关系。如果你很自豪地谈及你的决定，那么这个决定很可能是道德的；而如果在向他人谈到你的决定时你感到尴尬或你在自圆其说，那么这个决定就很可能是不道德的。礼节是指被社会认可的正确或错误的行为标准。

你与上下级的关系即垂直政治对事业的成功是很重要的。了解你的老板和他的期望。老板们的普遍期望包括忠诚、合作、主动性、信息和接受批评。对待你的员工，培养一种职业关系，而不是友谊，使用_____，让员工可以与你接触。

与同事和其他部门的关系即水平政治对你事业的成功也很重要。学会与你的同事合作和竞争，必要时也要批评他们。在与其他部门打交道时，要持合作态度，并且遵照公司的指导原则。

根据权力距离的不同，权力的感知和形式在全球范围内存在差异。权力的标志也根据文化的差异而不同，政治和礼节也是一样的。

第9章 道德权力与政治

案例分析

Carlton Petersburg：领导学系

Carlton Petersburg是中西部一个规模不大的教学型大学中领导学系的终身教授。该系共有9名教员,是科学与艺术学院(SAS)十个系中的一个。领导学系的主任是Tina,她近年刚升为主任。系里共有包括Carlton在内的6名教师,在这儿工龄都比Tina长。Tina凡事都喜欢制订具体的政策,这样每个人做事都有据可依。从学校的层面来看,在研究生助教的问题上没有相关政策。Tina曾经问过SAS的院长有关政策的问题,院长说没有具体政策。Tina就此事院长找副校长商议,最后决定,由各学院自行制订政策,规定研究生助教的工作范围。因此,Tina将研究生助教的问题提上了会议日程。

在会议上,Tina征求各位教师的建议,就研究生助教具体的工作范围和工作职责等内容,Tina希望能够达成一致的决议。Carlton是唯一一位要求研究生助教帮助批改试卷的教师。其他教师绝大多数都表示反对这种做法,他们认为这是教师自己的工作。Carlton对自己的做法作了一些解释,他说他的测试都是客观题,因此,每一道题都有一个正确答案,他也就不需要亲自批改试卷了。他同时还指出,在学校,甚至在整个国家,由助教批改试卷的教师比比皆是,还有的甚至由助教代替授课和批改主观题。Carlton辩解说,如果其他人可以让助教批改试卷而自己不可以的话,那他会觉得非常不公平。他指出,系里并不需要这样的一个政策,并请求不要设立。但是,Tina坚持要制订一个政策出来。Carlton在会上做了一个个别的小型调查。会后,会上唯一没发言的教师Fred Robbinson对Carlton说,如果不允许Carlton使用研究生助教,那确实很不公平。

所谓的一致决议并没有如Tina所预想的那样达成。Tina准备起草一份规章制度,在下次系会议上讨论。第二天,Carlton给系里每位老师递上了一份备忘录,质问否决他使用和学校其他老师使用的同样的资源在伦理和法律上能否讲得通。他声明如果系里通过了禁止他使用助教批改客观题的政策,他将上诉到院长、副校长甚至校长。

网上查询：本案例确有其事。为保密,文中人名均为化名。所以在SAS的网站上无法查到相关信息。但是,你可以上自己学院的网站,查询你不了解的信息。

请用案例和课本中的相关信息,或在网上和其他渠道所获得的相关信息,回答下列问题。

1. Tina的权力源自何处,她在会议上运用了哪些权力？

2. (a) Carlton的权力源自何处,他在会议上运用了哪些权力？(b) 对Carlton而言,备忘录是一个明智的政治行为吗？这样做会使他得到或者失去什么？

3. 如果你是Tina你会怎么做？(a) 你会跟院长讨论Carlton要对规章制度提出上诉的问题吗？(b) 这种讨论体现出哪些行政性行为？(c) 你会起草一份规定,直接禁止由助教批改客观试题吗？(d) 你回答问题(c) 时会不会受到(a) 答案的影响？

4. 如果你是Carlton。(a) 当你发现会议上没有人在口头上支持你,你会继续维护自己的立场还是停止使用研究生助教？(b) 你怎样看待Carlton备忘录这件事情？(c) 作为一名终身教职的正教授,Carlton的工作是不会被动摇的,如果你还没有获得终身教职或者没有得到正教授职称,你会改变你的答案吗?

5. 如果你是 Carlton,而 Tina 起草了一份规定,并且得到了系里其他教师的同意,你会怎样做? (a) 你会向院长抗议吗? (b) 同样地,如果你还没有获得终身教职或者没有得到正教授职称,你会改变你的答案吗?

6. 如果你是 SAS 的院长,了解到副校长并不想在全校范围内推行一个相关政策,而 Carlton 又向你提出抗议,你会怎样做? 你会在整个学院范围内推行这个政策吗?

7. 研究生助教的规定应该在什么样的范围内(学校、学院还是系)设立?

8. (a) Fred Robbinson 应该在会议上表态支持 Carlton 吗? (b) 如果你是 Fred,你当时会站在 Carlton 一边反对其余 7 位老师吗? (c) 如果你是或不是 Carlton 的朋友,如果你是或不是有终身教职的正教授,你的答案会改变吗?

回顾性问题

9. 本案例中的角色感知(第 2 章)、态度和价值观(第 3 章)是什么?

10. 本案例中运用了哪些沟通方式(第 4 章和第 5 章)? 沟通的主要障碍是什么?

11. Tina 和 Carlton 发生了哪种冲突管理模式(第 6 章)? 如果你遇到 Carlton 那种情况,你会采用哪种冲突管理模式?

12. Tina 在设立政策的时候采用了哪种情境监督领导模式(第 7 章)?

13. Carlton 坚持要研究生助教,为了维护自己的立场,他采取了哪种激励理论(第 8 章)?

第9章 道德权力与政治

客观题案例

竞选

Karen Whitmore 两个月后就要升职了,她现在的岗位将由她的下属——Jim Green 或者 Lisa Fesco 接替。Jim 和 Lisa 都知道是他俩在竞争这个职位。他们的工作经验、工作的数量和质量都同样出色。下面是他俩为获得提升而采取的政治行为。

为了获得晋升,Lisa 一直在夜校学习管理学,并参加了公司的相关培训。Lisa 为人乐观,待人友善,从不吝惜赞美之辞,与每个人都相处融洽。因为 Karen 是本地职业女性联合组织的一位领导者,所以 Lisa 六个月前就加入了该组织,现在在一个下属的委员会工作。

她总是想办法了解到组织的近况,在工作的时候,时常与 Karen 谈论组织的情况。有一件事情 Karen 对 Lisa 不满意,每当她指出 Lisa 的错误时,Lisa 总是有说辞。

Jim 爱好体育,他与高层管理者一起打高尔夫和网球已经有一年多的时间了。工作的时候,尤其是同 Karen 在一起的时候,Jim 总是提及他与高层经理之间的谈话。Jim 帮助别人的时候,也希望别人能感激并且回报自己。Jim 非常想获得晋升,但他很担心,因为现在公司里越来越多的女性走上了管理者的岗位,Lisa 作为女性可能会比他更有优势。为了使自己的机会增大,一次下班后他故意晚走了一会,把 Lisa 正在做的一份报告作了一些小小的改动——增加了一些错误,但他装得若无其事。Lisa 递交报告的时候,对自己先前完成的工作没有检查,当然,Karen 发现了这些错误。对于 Jim,Karen 也有一件事情不满意,Jim 这个人领悟能力不强,有的时候,她不得不耐心教导他如何开展工作。

回答下列问题,并在每题之间的空白处写出你的理由。

_____1. 从文中可以看出 Karen 拥有_____权力。
    a. 职位   b. 个人

_____2. 为了晋升,Lisa 注重于_____权力。参考文中对 Lisa 的描述。
    a. 强制的 b. 关系的 c. 奖赏的 d. 合法的
    e. 指导的 f. 信息的 g. 专家的

_____3. 为了晋升,Jim 注重于_____权力。参考文中对 Jim 的描述。
    a. 强制的 b. 关系的 c. 奖赏的 d. 合法的
    e. 指导的 f. 信息的 g. 专家的

_____4. _____更多地运用了互惠的手段。
    a. Lisa   b. Jim

_____5. Lisa_____采取了缺乏职业道德的行为。
    a. 有   b. 没有

_____6. Jim_____采取了缺乏职业道德的行为。
    a. 有   b. 没有

_____7. Jim 修改报告属于_____行为。
    a. Ⅰ型道德   b. Ⅱ型道德

_____8. 哪些人没有被 Jim 修改报告的行为影响到?
    a. 管理者 b. 下属 c. 同事 d. Karen 的部门
    e. 其他部门 f. 组织

_____9. Lisa 在_____方面没能满足 Karen 的期望。
    a. 忠诚 b. 协调性 c. 主动性 d. 信息

e. 虚心接受批评

_____ 10. Jim 在 _____ 方面没能满足 Karen 的期望。
a. 忠诚　　　　　b. 协调性　　　　　c. 主动性　　　　　d. 信息
e. 虚心接受批评

11. 站在 Lisa 的角度,她怀疑 Jim 改了 Lisa 的报告,但是没有证据。你会怎么办?

12. 站在 Karen 的角度,她怀疑 Jim 改了她的报告,但是没有证据。你会怎么办?

注:可针对 Lisa 与 Jim、Karen 与 Jim 或者三者之间的相互关系进行角色扮演。

技能强化练习 9-1

谁拥有权力?
课堂练习

注:本练习适合在一起合作至少超过两星期的固定小组。
目的:更好地了解权力以及如何获得权力。
SCANS 要求:通过这个练习培养学生的人际交往能力、咨询能力、听说读写算等基本能力、思维能力和其他综合个人素质。
准备:阅读并理解文中的角色。
体会:在小组内部讨论权力。

步骤 1(5—10 分钟)
固定小组成员在一起讨论目前谁拥有最大的权力(最有能力影响小组其他成员的行为)。权力随时间发生变化。在讨论之前,每位成员选出自己心目中最具权力的人,写下他的名字 _____。之后,每个人分别陈述自己的选择并说明理由。将其他组员的选择写在下面的空白处。

步骤 2(7—12 分钟)
若组员的选择达成一致,写下他的名字 _____。
有无权力竞争?

为什么你们认为这位同学最具权力?为帮助大家回答这个问题,以小组为单位,就你们所选出的人选,回答下列问题:

1. 他遵循下列九条中的哪些人际关系方针:(1) 乐观;(2) 积极主动;(3) 真心待人;(4) 微笑,富于幽默;(5) 称呼他人的名字;(6) 善于倾听;(7) 帮助他人;(8) 为他人着想;(9) 创造双赢的局面。
2. 当选人如何向外界传递积极的形象?他看起来是哪一类型的形象?他是通过哪些非语言的信息传递积极形象的?他是通过哪些行为获得权力的?
3. 当选人的权力的主要来源是(职位、个人)?
4. 当选人在小组中权力的基础是(强制、关系、奖赏、法定、信息、专业)。
5. 当选人运用了下面的哪些政治行为(与每个人都相处融洽,让每个人都觉得自己很重要并经常称赞他们,尽量不指出别人的错误)?
6. 当选人运用了(道德的、不道德的)政治。

第9章 道德权力与政治

7. 当选人对组员(协调、竞争、批评)。

综上,为什么当选人是最具权力的?(将协商一致的答案写在下面。)

与大家分享你做本练习的体验。你(没有)被选为小组最有权力的成员,你是如何想的?谁追求权力?谁不追求权力?追求权力是错误的、不好的吗?

选做题

1. 每组派一名发言人,讲一讲选出的最具权力的是谁,并解释做出选择的理由。
2. 每组派一名发言人,只需阐明做出选择的理由。

结论:指导老师作点评。

应用(2—4分钟):通过这个练习我学到了什么?怎样把所学的这些知识应用到未来的工作和生活中?

分享:请同学举手,宣读自己在上面应用部分的答案,与全班同学分享。

技能强化练习9-2

影响策略

准备

下面有三种情境,对每一种情境,选择最适合的影响策略,并写在下面的横线上。填写时请注意不要写自己在这种情况下采取的措施。

1. 你正处于大学的实习医师期间,工作开展得很顺利。你希望毕业后能尽快成为医院的正式员工。

你会运用哪种(哪些)影响策略?

_____

你会尝试影响谁?你会怎么做?

_____

2. 你工作已经有六个月了。一次当你向电梯走过去的时候,你看见一位非常有权势的人在等电梯,她对你在职位上的提升会有很大的帮助。你没见过她,但是你知道她的部门最近刚完成了一份新的公司五年发展战略,她喜欢打网球,你跟她还在同一个宗教组织。虽然你只有几分钟的时间,但你还是决定跟她交流一下。

你会运用哪种(哪些)影响策略?

_____

你将怎样开始你们的谈话?你会从哪个话题开始?

_____

3. 你是生产部的经理。一部分销售人员制订了发货时间表,但是按照部门的生产能力很难达到。顾客因为货物没按时送到而抱怨。这种情形对公司的声誉有较大的影响,所以你决定在午餐的时候,同销售部经理好好谈一下。

你会运用哪种(哪些)实施影响的策略?

_____

组织中的人际关系

你会怎样处理这种情境?
_____
_____

选择一种最贴近你的情境,也就是说,你可以很容易进入这种情境。或者描述一种现实生活中的情境,而且你能够很快地向你的小组解释清楚。现在,简要地写下你在该情境下采取何种行为(你想怎么说、怎么做)来影响相关的人,让他们做你想要的事情

情境_____或者你的选择:
_____
_____

影响策略:
_____

措施:
_____
_____
_____

课堂练习

目的:通过运用实施影响的策略,提高你的说服力。

SCANS 要求:通过这个练习培养学生的人际交往能力、咨询能力、听说读写算等基本能力、思维能力和其他综合个人素质。

准备:理解五种影响策略,并做好充分的准备。

体会:在事先选择的情境中讨论哪种影响策略最恰当?同时,你还可以就所选择的情境进行角色扮演,在该情境下,你会如何处理?你还可以扮演被影响者以及观察者。

SB 9-2

步骤1(10—20分钟)

3人一组,如果人数不凑巧,可以有1—2组为2人。每组两两之间最好选择不同的情境,有亲身经历的组员优先。首先,尽快对每一种情境达成一致,派出一名发言人向班级公开自己小组的答案。在准备角色扮演的过程中,每位成员向小组其他成员解释自己处理所选择情境的方法,其他人提出自己的建议,使问题能处理得更好——该避免什么、改变什么以及增加什么(例如,就你目前的情况,我不会说……我会说……我会增加……)。

步骤2(5—10分钟)

一次表演一种情境,每组发言人向大家公布表演中将会采取的影响模式,然后由老师做点评。老师也可以找其他小组的同学进行表演,如果他们的案例能说明这个案例。

SB 9-3

准备(1—2分钟)

在三个角色扮演中,你将分别扮演影响者、被影响者和观察者。准备时,决定首先表演的情境,谁扮演被影响者以及谁扮演观察者。另外两种情境也这样进行安排,让每个人都有机会体验三种不同的角色。

第 9 章 道德权力与政治

角色扮演 1(7—15 分钟)

当分别扮演影响者和被影响者的同学表演的时候,扮演观察者的同学要做好记录:哪些方面做得好以及影响是如何实施的。结束后,被影响者和观察者对实施影响者给出自己的意见和建议,以使大家都得到提高。按上述做完之后,才进行下一次角色扮演。

角色扮演 2(7—15 分钟)

第二对扮演影响者和被影响者的同学表演的时候,扮演观察者的同学要做好记录:哪些方面做得好以及影响是如何实施的。结束后,被影响者和观察者对实施影响者给出自己的意见和建议,以使大家都得到提高。按上述做完之后,才进行下一次角色扮演。

角色扮演(7—15 分钟)

第三对扮演影响者和被影响者的同学表演的时候,扮演观察者的同学要做好记录:哪些方面做得好以及影响是如何实施的。结束后,被影响者和观察者对实施影响者给出自己的意见和建议,以使大家都得到提高。按上述做完之后,才进行下一次角色扮演。

结论:指导老师作点评。

应用(2—4 分钟):通过这个练习我学到了什么?怎样把所学的这些知识应用到未来的工作和生活中?

分享:请同学举手,宣读自己在上面应用部分的答案,与全班同学分享。

Chapter 10

第 10 章
人际关系网与谈判

学习目标

通过本章的学习,你应该能够:
1. 了解构建人际关系网的过程。
2. 阐述一分钟自荐的含义和内容。
3. 简述如何进行人际关系网会谈。
4. 了解谈判的步骤。
5. 简述如何制订谈判计划。
6. 简述如何进行讨价还价。
7. 解释施加影响的过程。
8. 掌握以下 13 个关键术语(以在本章中出现的先后为序):

构建人际关系网 networking
人际关系网 networks
构建人际关系网的过程 networking process
一分钟自荐 one-minute self-sell
人际关系网会谈程序 networking interviewing process
谈判 negotiating

同盟 coalition
对抗型谈判 distributive bargaining
合作型谈判 integrative bargaining
谈判的过程 negotiating process
谈判计划 negotiating planning
讨价还价 bargaining
影响过程谈判 influencing process

第 10 章 人际关系网与谈判

引例

丰田汽车公司创建于 1973 年,目前是世界第三大汽车生产商,产品类型广泛,包括大型卡车。丰田车和它的凌志型车每年生产 550 多万辆,平均每 6 秒生产一辆。除了日本国内的 12 家自有工厂之外,丰田公司还拥有 54 家制造商,分布在其他 27 个地域,销售遍及 160 多个国家和地区。

丰田公司以家族企业起家,至今丰田家族仍拥有公司的控制权。现任董事长 Hiroski Okuda 是第一位作为总裁管理公司 30 年之久的非家族成员。1995 年初,当他成为总裁时,丰田公司已经停滞不前,机构臃肿,而且在日本的市场份额也被三菱和本田两个公司夺走。典型的日本式总裁都变革很慢而且实行群体决策,Hiroski Okuda 显然不是这样的总裁。

Hiroski Okuda 迅速地对丰田公司进行了强有力的变革。他不遵循日本的文化传统,而是制订了一个全球性(主要是美国式的)的管理规划。终身雇佣制在日本非常普遍,他却更换了几乎三分之一的高层管理者。他改变了在日本工厂长期奉行的以年功序列制为基础的激励体系。在当时,这些显著的改革大大地提高了管理水平,这在丰田的发展史上是前所未有的。

Hiroski Okuda 扭转了丰田的局面。在短短的几年里,丰田公司在日本消费者心目中树立了更好的形象,市场份额和销售量不断增加。然而,据说尽管他成绩卓越,但同时也得罪了丰田家族的成员,因此,他被推到董事长的位置上而离开了日常的管理工作。[1]有关本案例中 Hiroski Okuda 和丰田公司的信息及最新资料,可上网搜索或访问丰田网站 www.toyota.com。

10.1 人际关系网和谈判如何影响行为、人际关系和绩效

人际关系网是一种政治行为。善于交际的人更多地表现为外向的个性,比那些不擅长交际的人有更好的人际关系。你不可能在每件事上都是专家,都能较好地独立完成。因此,你需要别人的帮助,同时也要帮助别人作为回报(第 9 章)。为了使别人完成变革,就需要构建人际关系网。[2]交际能力是人与人之间相处技能的重要方面,也是智商的一种体现。[3]人与人之间相处的技能就是通过交际来创建、构造和维持彼此之间的关系。[4]学习型组织的工作是以知识分享为基础的,通过交际你可以获得新知识。[5]交际关系将影响你在组织中的学习与融合。[6]

谈判是在某种事情上达成协议,例如在报酬上和老板取得共识。谈判能力将影响你整个职业生涯中所获得的报酬。[7]擅长谈判的人会成功运用有影响力的策略来发展良好的人际关系。你是否注意到有些人总能得到他们想要的东西,而有些人却不能?他们成功的主要原因是他们具有谈判技能。那些随心所愿的人会有效地利用人际关系网来达到他们的目的。擅长谈判和不擅长谈判的人之间会有很大的不同。成功的销售代表都是优秀的谈判者,他们会比那些不擅长谈判的人有更好的销售绩效和报酬。成功的企业(例如沃尔玛)也是用它们强大的谈判能力来降低成本和提高利润的。[8]

■■■ 组织中的人际关系

> **工作应用**
>
> 1. 请解释构建人际关系网或谈判是如何影响你工作或曾经工作过的地方的行为、人际关系和绩效的。

10.2 构建人际关系网

专业知识和技能可以帮助你得到较低的管理职位,但人际关系网和社交技能会使你被提拔为高级管理者。因此,如果想干得更好,你必须利用社交技能(礼节)[9]来构建人际关系网。对于女人来说,要进入一个适合的人际关系网是非常困难的,因为加入"老伙伴"的圈子[10]是不容易的,而这是造成女性职业"玻璃天花板"的一个因素。不过,女人(例如惠普公司的CEO Carly Fiorina)可以成功地把人际关系网做到极致。在我们详细了解人际关系网之前,先完成一下自我测试练习10-1,来了解你对人际关系网的应用。

> **自我测试练习10-1**
>
> **构建人际关系网**
>
> 根据对你的行为描述的准确程度,来判断下列16个句子,把数字1—5填到每个句子前面的空格上。
>
> 准确   不准确
>
> 5   4   3   2   1
>
> ____ 1. 当我做一项工作时(一个新项目、一次工作调动或一个重要的采购任务),我会向熟人和一些新朋友寻求帮助。
> ____ 2. 我把交际看成创造双赢局面的一种方式。
> ____ 3. 我喜欢结交新朋友,能很容易地和陌生人开始交谈。
> ____ 4. 我能很快地讲述两三件我所取得的突出成就。
> ____ 5. 与那些能帮助我(如为我提供工作信息)的客户联系时,我会为交谈制订目标。
> ____ 6. 与那些能帮助我的客户联系时,我的谈话是有计划的、短暂的和坦诚的。
> ____ 7. 与那些能帮助我的客户联系时,我会对他们的才能表示赞赏。
> ____ 8. 与那些能帮助我的客户联系时,我会准备一系列的问题。
> ____ 9. 我知道至少100个对我可能有帮助的人的联系方式。
> ____ 10. 我有一个对工作有帮助的人的联系档案或数据库,并且经常更新和添加新名字。
> ____ 11. 与那些能帮助我的人交往时,我会向他们打听其他可能联系到的人的名字,以获得更多的信息。

_____ 12. 当我从别人那里寻求帮助时,我会问我能怎么帮助他们。
_____ 13. 当人们帮助我时,我会及时地表示获益匪浅,然后写一封感谢信给他们。
_____ 14. 对那些在工作上帮助过我或可能帮助我的人,至少每年和他们联系一次,并且把他们纳入我的职业规划中。
_____ 15. 我和其他公司的同行们定期联络,如那些行业组织和专业组织的成员。
_____ 16. 我参加行业会议、专业会议和工作会议,以维持关系和建立新联系。

加总你的得分,写到这里_____。然后在下面标出代表你的分数的点。

有效的交际　80——70——60——50——40——30——20——10　无效的交际

如果你还是在校的学生,那么你在交际有效程度上的分数可能不高,不过这就可以了。在学习完本章的内容之后,你就能培养起自己的交际能力了。

构建人际关系网不是向认识的每个人寻求帮助。如果有人直接对你说:"我是卖汽车的,我和你做笔生意吧!"或"你能聘用我吗?"你会有什么反应呢?构建人际关系网意味着帮助别人和提供建议或业务信息,保持联系或给予援助。它是为了某种政治的和社交的目的,建立彼此联系的持续的过程,是通过有效的交流来建立业务关系和友谊。[11] 人际关系网是"人以群分"[12],如同图 10-1 中所显示的,注意在人际关系网中的人与人之间都是相互关联的。你的第一层关系使你进入到他们的人际关系网中,接着就会把你带到第二层关系中。把在工作中能帮助你的人的名字写下来。

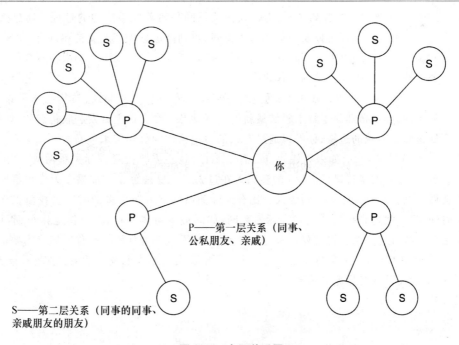

图 10-1　人际关系网

组织中的人际关系

构建人际关系网是推销自己,把自己看成"你"公司的 CEO。换句话说,你应为自己的职业负责,开发自己的智力和技能。[13] 把交际当做职业保险吧![14] 你会发现那些第二层关系(朋友的朋友)经常能给你所需要的帮助。无论你开始做什么——做一个新的项目、准备工作调动、买汽车或房子——使用人际关系网吧!

10.2.1 构建人际关系网的原因和现实性

为什么你应该构建人际关系网?看看这个说法:重要的不在于你知道什么,而是你认识谁。这种说法正确吗?如果是正确的,那么它是公平的吗?我们可以在构建人际关系网的目标中寻找答案。

构建人际关系网的目标 以下是培养人际关系网技能的理由。

- 找到工作或得到更好的工作:通过人际关系网,你不仅可以在简历和准备工作方面获取反馈,也可以在本领域的工作前景、发展潜力和机会方面得到信息,帮助你了解那些你不知道的招聘公告,以及没有公示或打出广告的招聘信息。当今的许多职位是不公开招聘的,何况很多公示的工作空缺也在发布之前被人以非正式的方式填补了。没有人际关系网,你可能永远无法把握求职的机会。[15] 如果你有工作,还想有一个更好的位置,在找到新工作之前,千万不要离开目前的岗位。只有在有工作的时候,你才更容易获得更好的工作。

- 在目前的工作中表现更好:人际关系网能帮助你做好工作,尤其是一些新任务。不要自己从头开始,最好从有经验的人那里获得帮助。通过人际关系网来了解你所在的组织及其文化,获得同事的支持与认可。[16] 有些工作(如销售),需要通过人际关系网来得到新的业务。

- 在组织中不断得到提升:构建人际关系网是培养联系能力的过程。通过人际关系网,你可以了解权力制订者以及他们的管理方式,得到高层管理者的支持和认可,发现能帮助你提升的良师益友。你也需要和其他部门的人构建人际关系网,而不只局限在本部门,从而了解整个公司的发展和发现更多的工作机会。[17]

- 在你的行业中紧跟潮流:通过行业组织和专业组织的会议,与其他公司的同行构建人际关系网,可以帮助你了解本领域最新的发展动态。在会议上分发和收集名片,如果你的公司不处于临近削减的边缘,你可以通过专家的力量给你的公司带来革新。

- 保持流动性:如果你认为自己有了工作,就不需要构建人际关系网或跟上行业发展的潮流,那你就大错特错了。1/5 的美国人在过去三年里被解雇。[18] 如果今天你被解雇了,明天你会做什么?没有人际关系网的人会比有人际关系网的人花更多的时间去找新工作,而且花的时间越长,就越难找到。[19] 构建人际关系网,如同锻炼身体一样,需要持之以恒,否则你就会失去已经拥有的关系。再重复一遍,把人际关系网看成职业保险——你一定会需要的。

- 发展关系:所有的人都想拥有业务上的朋友和私人朋友。如果你在一个新地方求职的话,人际关系网对你尤其重要。[20]

> **工作应用**
>
> 2. 说一说你在工作中曾利用的或将要利用的人际关系网。

第 10 章 人际关系网与谈判

重要的不是你知道什么,而是你认识谁 这句话在很大程度上是正确的,但是也有例外。举一个和工作相关的例子,在网上发布简历并不是现今大多数人求职的方法。(在四大网站即 Monster.com、Headhunter.net、CareerBuilder.com、HotJob.com 上有 80 多万份简历。)[21] 在求职的过程中,通过人际关系网是最成功的获取工作机会的方式。根据美国劳动部的资料,2/3 的工作都是通过口口相传、非正规的渠道、亲戚朋友和熟人来获得的。相比其他所有的方式,人际关系网能提供更多的工作机会。

不同的人从个人利益的角度来理解公正性。如果你通过人际关系网找到工作,这是公正的吗?关键问题不在于是否公正,而是它的客观存在。人际关系网反映了人类活动的本质。众所周知,人是主观的,并且常常是非理性的,有时是不公正的。人际关系网的力量强大,而且非常实用,原因是人们喜欢帮助别人和被别人帮助。[22] 所以人际关系网是互惠的。你可以有两种选择:抱怨人际关系网的不公正或者培养你的交际技能。

无论你需要什么帮助,你有现成的人际关系网可求助吗?你知道如何去构建人际关系网来帮助自己吗?人际关系网看似很容易,人们也认为它是自然形成的。但事实上,构建人际关系网是人们通过不断的奋斗学习得来的技能。[23] 本章后五部分介绍了构建人际关系网的过程,将会给你的职业发展提供帮助。[24] 构建人际关系网的过程可概括为表 10-1,包括以下内容:自我评价和设立目标、准备一分钟自荐、发展人际关系网、安排会谈、维持人际关系网。

表 10-1 构建人际关系网的过程

1. 自我评价和设立目标
2. 准备一分钟自荐
3. 发展人际关系网
4. 安排会谈
5. 维持人际关系网

如同在人际关系网目标中讨论的那样,构建人际关系网的过程也同样适用于广义的职业发展,[25] 但本章重点讨论求职问题。

10.2.2 自我评价和设定目标

自我评价能帮助你认清自己拥有的技能、竞争力和具备的知识,也能让你了解适应新工作的能力,认识到哪些准则在新工作中是重要的。把新工作中最重要的准则,按优先顺序排列出来,能帮助你明了理想中的新职位。需要考虑的因素有行业类型、公司规模和增长率、区位、差旅和通勤往来、薪酬组合和利润、工作需要、发展潜力,还有管理方式、企业文化、组织运行方式。对职业满意度的评价标准包括运用才智的能力、在本领域发展的潜力、把工作做到最好的能力。尽管在评价技能和特长方面有很多工具,但是一个简单的优势列表足以判别你在理想工作中的才智和素质。

成就 在完成自我评价之后,你应该把才智转化为成就。[26] 在工作和学习中取得的成绩是对能力最好的证明。你未来的雇主会认为过去的行为决定着未来的行为,如果你在过去做得很好,那么在以后你也会取得类似的成绩。成就显示了你的与众不同,证实了你具备的技能。为了构

组织中的人际关系

建有效的人际关系网,你应该清楚简明且有说服力地阐述过去所取得的成绩。把它们写下来(至少两三条),并融入简历里。无论你是否在求职,你都应该有一个经常更新的、方便可用的简历。[27]

把成就和面试联系起来　　在面试中,务必要陈述以你的能力获得成就。许多面试是以非常泛泛的问题开头的,如"做一下自我介绍"。应聘者通常不会说一些令人信服的话。在列出主要成就之后,下一步就是详细讲述已解决的问题或把握住的机会,以及你是如何运用你的能力来解决的。这些成就也应该在简历中简单地体现出来。如果被问到一个泛泛的问题(如"做一下自我介绍")的时候,你就可以讲述成就来回答对方。

设定人际关系网的目标　　在侧重于成就的自我评价之后,你应该清楚地阐述目标,例如,结识良师益友;为某种需要学习专业知识、技能和其他需要;在工作流动时得到有关未来工作的反馈信息;得到某个工作等等。

> **工作应用**
>
> 3. 制订一个人际关系网的目标。

10.2.3　准备一分钟自荐

在设定目标的基础上,下一步的工作是通过一分钟自荐来帮助你达到目标。**一分钟自荐** (one-minute self-sell)是指在人际关系网中使用的迅速概括你的经历和职业计划并提出问题的起始性陈述。用一分钟或更少的时间,自荐的内容必须是简要清楚的、有说服力的,它能让对方了解你的背景、工作领域以及你所取得的主要成就,这些都可以为你将来的工作指明方向,让对方明白你下一步的计划及其理由。你也可以通过人际关系网来促成会谈,在支持、指导、联络、获取行业信息及其他方面获得帮助。

经历　　首先,简要介绍迄今为止你的经历。包括你最近的工作或学习经历、工作或实习过的公司类型、学习过的课程。一定要包括行业和企业类型。

计划　　其次,阐述你要从事的目标行业、最喜欢的行业以及具体的职责或角色。你也可以提到目标企业的名称,同时让别人了解你求职的原因。

提问　　最后,提出问题来进行双向交流。可提的问题有很多,你可以根据对方的特点、自己的目标或者你做一分钟自荐的原因来设计问题。下面举几个例子:

- 像我这种经历的人在什么领域能有机会找到工作呢?
- 我的能力或学位在哪些行业适用呢?
- 我的技能适应贵公司的哪些职位呢?
- 您看我未来的职业目标怎么样?它和我的教育水平与能力匹配吗?
- 您知道在我从事的领域里有哪些招聘信息吗?

写一份一分钟自荐并练习　　写一份一分钟自荐。必须清楚地把你的经历、计划和问题分别列出来,问题要针对你谈话的对象来设定。这里有一个自荐的例子:"你好,我是Will Smith,是美国春田学校的应届生,今年五月份毕业,主修市场营销专业。曾在大Y超市销售部实习过。我想在食品行业找一份销售工作。具体的职位方面,您能给我一些建议吗?"在家人和朋友面前练习你的自荐,并征求他们的意见来改善它。你使用这种自我介绍的机会越多,它就变得越容易。人际关系网技能(见技能强化练习 10-1)将为你提供练习一分钟自荐的机会。

工作应用

4. 写一份一分钟自荐,以实现你在工作应用 3 中设定的目标。

10.2.4 发展人际关系网

从你认识的人那里开始第一层联系。每个人都能创建一个大约两百人的关系网列表,其中既有业务来往的,也有私人交往的。把地址簿和电话本变成你的人际关系网列表,并且不断更新和发展它。业务联系包括过去或现在的同事、行业和专业组织、同学会、销售商、供应商、管理者、良师益友和其他专业人士。在私人交往方面,你的人际关系网包括家人、邻居、朋友、宗教群体以及私人服务提供者(如外科大夫、牙医、保险代理人、股票经纪人、会计、发型设计师、政治家)。

从第一层关系那里寻求可以加入的第二层关系。按上述分类列一个人际关系网的表,并不断更新,加入从别人那里获知的新关系。你会发现你的人际关系网变得更有代表性,使你更接近在招聘位置上起决定作用的人。

接着,加入陌生人来拓展你的关系表。你应该在哪发展你的关系网呢?答案是任何人群聚集的地方。加入更多的专业协会,包括特殊的同学会、学校校友会等。如果你真的想提高声望,那么你就应该成为领导者而不仅仅做一名成员。主动加入一些委员会或协会,做些演讲等等。其他一些有助于你认识陌生人的组织包括商会、校友俱乐部和聚会;市民组织(扶轮国际、国际狮子会、基瓦尼俱乐部、Elks、Moose);交易展览会和招聘会;慈善会、社区以及宗教群体(Goodwill、美国抗癌协会、社区教堂);社交俱乐部(锻炼、划船、高尔夫、网球)。网络群体和聊天室也聚集了具有各种兴趣的人。选择任何形式都能为你提供构建人际关系网的机会。

另外,非常重要的一点是培养用名字来记住别人的能力。如果你想让从未见过或很少听过的人对你有深刻的印象,那就称呼他们的名字吧!侧面打听他们是谁,然后用名字来称呼他们,同时用一分钟自荐来介绍自己。当你被介绍给别人时,最好在谈话中称呼他们的名字两三次。如果你认为他们能帮助你,就不要在这次谈话后中断联系,应在以后的日子里打电话联系,或私人约见,如一起喝咖啡或吃午饭。索要对方的名片并把他们加入到关系网列表中,同时在合适的时候把你的名片或简历送给他们。

在如今的人才市场,通过发展关系网以及准备好简历来进行"被动求职"是非常必要的。当你真正求职时,你可能想要的不只是一大堆名片。要利用这些名片来做一份求职的关系网。计算机软件能帮助你来完成它。用文字程序或数据库,你可以很容易地创建一个人际关系网系统,每页或每个文件中列一个联系人,见表 10-2 的例子。当然,你可以根据自己的需要制订关系网系统。

表 10-2　求职的人际关系网格式

第一层关系:Bill Smith,兄弟会成员
第二层关系:John Smith
Smith 兄弟公司
维斯特伍德大街 225
邮政编码:59025
电话:643-986-1182
电子信箱:john_smith@smith.com
个人联系:
6/2/03 Bill 在兄弟会所打电话给他的父亲,我和 John 聊了一会,约定 6/5 去他的办公室见他。
6/5/03 和 John 就 Smith 兄弟公司和工作问题谈了 20 分钟,没有空缺的职位。
6/6/03 给 John 发了感谢信,对昨天的会见及工作信息和建议表示感谢,并把自己的名片和简历复印给他。
6/18/03 发一份电子邮件,告诉 Smith 我遇到了 Peter Clark。
得到的第二层关系:(每人单用一页)
Peter Clark,高尔夫俱乐部
Tom Broadhurst,Lobow Mercedes 公司代理
Carol Shine,顾问

10.2.5　安排会谈

在目标基础上,利用关系网列表来安排会谈以达到目标。达到一个目标(如求职)可能需要很多次会谈。会谈可以是通过一个电话,或者最好是一次会见来获取信息,以达到目标,如从你感兴趣的领域中有经验的人那里获得信息。你是安排会见的人(和招聘面试中的角色相反),所以在会谈之前,你需要根据在自我评价和设定目标之后选定的工作或行业,准备一些具体的问题。

要求 15—20 分钟的会见　要求一次 15—20 分钟的会见,很多人都会愿意和你谈话。当你接近目标行业中的某个人时,这种会见可能是最有帮助的,15—20 分钟的面对面的会见是非常有好处的,千万不要拖延时间,超出最初的约定,除非对方要求你这么做。留下你的名片和简历,以便有事的时候可以联系到你。如果你是一个全日制的学生或正处于求职期间,你可以制作一些相对便宜的名片。留下名片可能会影响到你能否得到工作机会。一些学校的就业中心能帮助你制作名片并打印出来。

会谈的过程(networking interviewing process) 包括以下步骤:保持友好和了解对方、做一分钟自荐、询问事先准备好的问题、得到更多联系人的情况、询问对方你可以如何帮助他们、发一封感谢信和近况简介。下面分别来介绍每一步。

保持友好和了解对方:做一个简短的自我介绍(你的名字和主题——如我是某某学校的学生),感谢对方给你的时间。把你的名片和简历的复印件送给他。清楚地阐述会谈的目的,说明你不是来求职的。不要以自我推销的方式开始谈话,要提起对方的兴趣。[27]做一些调查,

说出对方的一件成就来打动他,如"我很喜欢你在 CLMA 会议上关于……的演讲"。正如在第 9 章所讨论的,你应该了解某个人,尽力使谈话适应他的风格。

做一分钟自荐:即使他以前已经听过了,也可以再说一遍。这能使你快速简要地说明自己的背景和工作意向,并开始提出问题。

询问事先准备好的问题:提出问题。[28] 如上所述,你应在会见前准备好一系列问题。根据你的目的、会见对象及他在工作上对你有什么帮助来设定问题。以下是一些例子:

- 您认为我的资格适合这个领域吗?
- 根据您对行业的了解,未来什么样的工作是热门的?
- 您对我的工作有什么建议?
- 假如您也在这个领域开始求职,您将和谁联系?

在会见期间,如果对方提到求职的障碍,要向他请教克服障碍的办法。

得到更多联系人的情况:上面最后一个问题就是询问更多联系人的例子。记住要询问一些你应该接触的人的名字。即使这种联系对你根本没有帮助,你也可以从中得到一种指导,这对你也是有利的。大多数人能给你三个名字,所以如果他只给你提供一个,就再多问几个。把这些新情况加入到关系网列表中。注意在表 10-2 求职的关系网格式中的内容。当你联系新人时,记住要提到你第一层关系中的人的名字。

询问对方你可以如何帮助他们:呈上一份近期学术文章的复印件,或在会谈中提供一些额外的信息。记住,所有这些都是为了建立关系,是彼此互惠的。所以要帮助他人。[29]

发一封感谢信和近况简介:在私人会见之后,对方会记住你,得到工作的可能性就会增加。在招聘信息方面和他们保持联系,或在会见后发一封感谢信也能巩固关系。通过发感谢信,送上另一份名片或简历,你能继续保持关系,在将来也能维持双方的联系。注意在表 10-2 求职关系网格式中的内容。

一定要用步骤准则衡量会见的效果。在会见时是友好的吗?你清楚会见的意图吗?你做了包含问题的一分钟自荐吗?你问了其他准备好的问题吗?你获得了其他联系人的名字吗?最后,你寄出感谢信了吗?随着人际关系网的拓展,为了维持关系,多打些电话,多安排些会见,多联系一下,对你总是有帮助的。见表 10-3。

表 10-3 会谈的过程

第一步:保持友好和了解对方。
第二步:做一分钟自荐。
第三步:询问事先准备好的问题。
第四步:得到更多联系人的情况。
第五步:询问对方你可以如何帮助他们。
第六步:发一封感谢信和近况简介。

10.2.6　维持人际关系网

要让你的关系网了解你的工作进展，这一点非常重要。在你当前或将来的职位上找一位导师，以便让其在老板认为很重要的事情上给你以帮助和指导。如果某个人在你求职时帮助过你，一定要让他知道结果。对帮助你跳槽的人表达感谢将会促进双方的情谊，为他提供信息也能增加在将来得到帮助的可能性。在你找到新工作之后，通知关系网中的每个人并提供最新的联系方式也是一个不错的主意。工作变动了，但关系网不能中断。要做出承诺来保持关系网，这对你的工作发展是有好处的。参加交易会，进行业务联系，[30]不断更新、修正、添加关系网列表。经常感谢他们为你花费的时间。

构建人际关系网也是帮助他人（尤其是关系网中的人）的过程。如同你被帮助一样，你应该帮助别人。另外，你会惊喜于别人对你的回报。和关系网列表中的每个人尽量一年至少联系一次（打电话、发电子邮件或寄贺卡），看看你能为每个人做什么。对他们最近的成就表示祝贺。

10.2.7　同盟

和构建人际关系网一样，建立同盟是一种很有影响的政治行为策略。但它又和构建关系网不同，后者是为了达到长期的目标，而同盟侧重达到一个具体的目标。同盟是使别人站到你一边，帮助你得偿所愿。**同盟（coalition）**是为了达到某种目而建立起来的一种短期的关系网。此外，同盟和构建关系网一样，也是结交朋友，并使他们帮助自己达成心愿的过程。[31]尽量争取有权力的人站到你这边，他们能直接（他们让别人加入）或间接（你能用他们的名字作为联系纽带吸收其他的人加入你的同盟）地帮助你结交更多的人。

许多群体决策事实上在群体会议之前就通过同盟完成了。例如，你打算买一台苹果电脑，你想让委员会去挑选。但你认为他们大多想买IBM电脑，这样在开会前你结交一些人，尽力让他们站到你这边（形成同盟）去投苹果电脑的票。如果你在开会前知道投票情况，在开会时你就会推荐苹果电脑并得到它。如果清楚自己没有形成一个能获胜的同盟，你就不会在开会时推荐苹果电脑。

在发展同盟时，不要简单地寻求帮助。你需要从第9章中学习影响策略。了解一个人并创造双赢的结果，以便他能在帮助你的同时也能有所收获。

一般地，日本人利用人际关系网和社会技能来发展业务是很重要的。只有在建立关系之后，他们才会进行交易。这对喜欢快速成交的美国人来说是不可想象的，他们不愿意通过关系网来慢慢地建立联系。Hiroski Okuda非常擅于在丰田公司和它的家族成员中构建人际关系网，否则他永远不会成为第一个掌管公司30多年的非家族成员，正是关系网使他登上了领导宝座，同时也是家族成员的同盟使他成为董事长而离开了日常管理的工作。

第10章 人际关系网与谈判

工作应用

5. 讲述一个利用同盟达到目标的例子。
6. 你在构建关系网时最强和最弱的方面是什么？你将如何提高构建关系网的能力？要包括两三个已学过的最重要的方法。

情境应用

关系网中的宜与忌 在下面每一条中，哪些是应该做的，哪些是不该做的？
AS 10-1
A. 宜　　　　　　　　B. 忌

_____ 1. 从第二层关系开始构建关系网。
_____ 2. 构建关系网以了解所在行业的最新发展。
_____ 3. 构建关系网以为当前的工作得到帮助。
_____ 4. 认为关系网是不公正的。
_____ 5. 保持关系网的灵活性，不要有具体的目标。
_____ 6. 在关系网自我评价中，关注自身的弱点。
_____ 7. 做一个包括经历、计划和问题的自荐。
_____ 8. 在构建关系网的过程中，直接提出自己的要求，尤其是询问能否得到工作。
_____ 9. 要求30分钟的会见。
_____ 10. 以一分钟自荐来开始关系网会谈。
_____ 11. 在会谈中必须获得其他人的联系方式，尽量得到三个。
_____ 12. 当一次会谈非常有帮助时，发一封感谢信和近况简介。
_____ 13. 至少一个月联系一次关系网中的人。

10.3 谈判

在本节中，我们将探讨如何通过谈判得到你想要的东西。**谈判**（negotiating）是一个双方或多方有不同的想法并试图达成协议的过程。谈判也被称为讨价还价。构建人际关系网时会遇到谈判。举例来说，你求职时会为报酬而谈判，销售代表构建关系网时会为销售业务谈判。事实上，公司会利用职工的关系网，借助软件程序来制订公司的发展规划。甚至在员工不知情的情况下，从电脑中的地址簿、长期联系的朋友列表、电子日历、电子信箱中扫描出员工的人际关系，还能描绘出在员工和联系人之间所有的关系。员工可能被要求将他们关系网中的人介绍给同事来谈判销售业务，比如将律师介绍给潜在的委托人，或将基金募集者介绍给潜在的捐赠者。[32]

和构建人际关系网相同，谈判时也应该建立关系。权力、影响策略和政治在谈判过程中都

组织中的人际关系

是有用的。在这部分,我们将探讨谈判和谈判过程。在开始讨论之前,先完成自我测试练习 10-2 中的自我评价,从而判断你在谈判中的表现。

自我测试练习 10-2

谈判

分析下面的 16 种说法,是否准确地描述了你的行为。把数字(1—5)写到每句话前面的横线上。

准　确　　　　　　　　　　　　　　　　　　　　　　　　　　　　　　不准确
　5　　　　　　　4　　　　　　　3　　　　　　　2　　　　　　　1

_____ 1. 如果有可能,在谈判前了解谈判对象,确定他想要什么或愿意放弃什么。
_____ 2. 在谈判前,设立目标。
_____ 3. 在准备谈判时,关注对方是如何获利的。
_____ 4. 在谈判前,考虑好想支付的目标价、能支付的最低价格以及开价。
_____ 5. 在谈判前,考虑各种方案和折中办法,以免达不成目标价。
_____ 6. 在谈判前,考虑对方可能提出的问题和异议,并准备好答案。
_____ 7. 在谈判开始时,保持友好并观察对方。
_____ 8. 让对方先开价。
_____ 9. 倾听对方,把重点放在帮助他们达到目标,而不是自己的需要。
_____ 10. 不会太快地向对方的提议让步。
_____ 11. 就某事做出让步时,要提出其他要求作为交换。
_____ 12. 如果对方试图推迟谈判,尽量制造紧张气氛并告诉对方他可能失去什么。
_____ 13. 如果我想推迟谈判,不会在对方给自己施压的情况下做出决定。
_____ 14. 达成协议后,不再后悔。
_____ 15. 如果不能达成一致,会征求在将来的谈判时有所帮助的建议。
_____ 16. 在整个谈判过程中,尽量发展彼此的关系,而不只是一次性的事务。

加总你的得分,把它写在这里_____。然后在下面标出代表你分数的那一点。
有效的谈判　80——70——60——50——40——30——20——10　无效的谈判。
如果你在谈判效果上得分不高,不用担心。你可以通过下面的章节培养自己的谈判技能。

10.3.1　谈判

谈判涉及利益的分享(双方有意达成一致)和利益的对立(双方有不同的主张,不想达成一致),导致利益的冲突(所以,谈判是一种冲突的状态)。有很多场合适合谈判,如劳资纠纷、买卖货物和服务、获得新工作、增加工资,所有这些都没有确定的价格和安排。如果有预定的取舍选择,就不会有谈判。例如,在几乎所有的美国零售店里,你可以买那些带价格标签的商品,也可以不买,但你不能讨价还价。很多汽车代理商进行谈判,但少数汽车代理商已经放弃了跟顾客讨价还价的做法,而采用固定的明码标价。

谈判策略 下面讨论两种谈判策略:[33]

对抗型谈判策略:对抗型谈判(distributive bargaining)是分享"一块固定尺寸的蛋糕",形成有输有赢的局面,也叫零和博弈。因为你所得到的都是对方失去的。你省下来的每一分钱都是你的收获,同时也是对方的损失,或者表现为员工的收获和管理者的损失,反之亦然。所以,在更多的情况下,对抗型谈判策略是有输有赢而非双赢的。双方通过取舍做出妥协。[34]

合作型谈判策略:合作型谈判(integrative bargaining)是对每个人都有较好的安排,创造一个双赢的局面。例如你和朋友想去看电影。对抗型的结果是说出你想看的和不想看的电影,而在合作型谈判中,你们两个人都把自己感兴趣的电影列出来,然后找出共同喜欢的。关键在于有更多的选择而不是非此即彼的。

现在对抗型谈判的观点已经改变,不变的"蛋糕"被认为是幻想出来的,是不存在的。成功的企业会运用合作型策略,共同努力使"蛋糕"变大以后再来分享,如劳资纠纷的谈判。研究报告指出,运用"对立"(如员工对管理者)的对抗型谈判策略的公司不如采用"合作"的合作型谈判策略的公司经营得好。[35]在第8章中讲到员工共同分享准点航班带来的收益,就是改变了谈判策略从而增加了成效。

为什么合作型的谈判策略不常被采用 一个关键问题是信任。运用合作型谈判,你必须坦诚地交流,在结果方案上灵活处理。遗憾的是,在很多组织中,员工不信任管理者,双方都不能以坦诚的方式进行对话。所以,他们为了一个不变的"蛋糕"在斗争,而不是把它变大再来分享。为了成为一个合作型谈判高手,你可以通过第7章的内容来学习如何培养信任。

各方都应该相信自己得到了好结果 谈判是得到你想要的,同时发展和保持良好的人际关系。[36]为了成为谈判高手,就必须和所有的谈判对象都创造双赢局面,从而达到建立人际关系的目的。你会常和"对抗"策略的人一起看电影吗?你会常从让你吃亏的人那里买东西吗?

谈判技能是可以培养的 谈判是一种重要的领导技能。[37]因此,你应该树立自己的谈判风格。[38]不是所有的人天生就是伟大的谈判家。事实上,很多人对如何达到目标一无所知,只知道提出需要和坚持到底,因此常常表现为对抗型谈判。有效的谈判者是培养出来的,而不是天生的。[39]在下一节中将教给你培养谈判技能的方法,和其他事情一样,最重要的是练习。技能强化练习10-2为你提供了练习谈判的机会。

> **工作应用**
>
> 7. 举例说明对抗型谈判和合作型谈判。

10.3.2 谈判过程

谈判过程(negotiation process)包括三或四个步骤:计划谈判、讨价还价、推迟谈判、决定

组织中的人际关系

是否达成协议。这些步骤可概括为图 10-2。[40] 和本书的其他模型图一样,图 10-2 给出了步骤要点。然而,在工作应用中要综合运用,可能需要稍加调整。

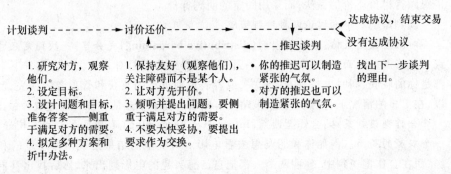

图 10-2 谈判过程

谈判计划 成功或失败的谈判通常都在于准备过程。[41] 必须清楚地了解在谈判时要达到什么目的。是价格、方案、交货期、销售额,还是所有这些方面?谈判计划包括研究对方(即谈判对象)、设定目标、预测问题和异议并准备答案、拟定多种方案和折中办法。把计划写下来是有好处的,可以迫使你制订一份详细的计划。表 10-4 是一个关于工作报酬的谈判计划的例子,从中可以看出,它不是简单的非取即舍的方案。你可以通过回答表 10-4 中的问题,以及根据接下来要讨论的内容,来列出提纲或写出计划。

表 10-4 谈判计划

谈判情境
(X 公司的工作报酬)

研究对方,了解他们
(在这种工作中的生活费用是多少?别的公司为同类工作提供的报酬是多少?这个公司对从事这种工作的其他人给出的报酬是多少?这份工作的市场如何?我得到这份工作还需要哪些资格——专业能力?对方的谈判风格是什么?我希望得到的报酬是多少?)

设定目标
(在研究对方的基础上,我能接受的最低报酬是多少?我希望的报酬是多少?如果我开价的话,我能随意要求的报酬是多少?我的最佳备选方案(BATNA)是什么?如果我不能得到最低报酬,我将继续兼职,或保持现有的工作,或找一份临时代理人的工作。)

预测问题和异议,并准备答案 把重点放在满足对方的需求上。
(对方可能问我为什么会提出那样的报酬目标,或者告诉我要求太高。如果这样,我会说别的公司给我……你的公司给我……我会以此来获得自己想要的报酬。或者说自己还有其他的工作机会,或真的需要……使我愿意换工作。)

拟定更多方案和折中办法
(如果不能得到希望的工资,我会要求多一些休息日、更多的养老金、好的办公室、一个助手或其他。)

第 10 章　人际关系网与谈判

步骤 1：研究对方，了解他们。研究对方不只是研究某个具体的人，还包括其处境。例如，如果你正买卖某种东西，就找出竞争者的品牌、质量、价格等等。尽量去了解对方，在谈判之前，要从第 9 章的内容中获得启示。[42] 在了解对方时要谨慎，因为人们常常误解对方或在错误判断的基础上（比如一个虚构的、不变的"蛋糕"）用对抗型的谈判策略去谈判，而不是合作型策略。[43]

弄清关键决策者。当你和某个人谈判时，要弄清他向谁汇报，谁才是真正的决策者。尽量和决策者直接谈判。尽量发现对方的需求以及他们愿意或不愿意放弃什么。向曾经和对方谈判过的人了解对方的个性和谈判风格。你了解对方越多，达成协议的机会就越大。如果可能，在谈判之前，建立起个人的关系。[44] 如果你和对方共事过，比如对方是你的老板，或潜在的客户，想一想过去他做过或没做过的事。在谈判中可以利用过去的经验，来达到增加工资或促成销售的目标。

步骤 2：设定目标。在研究对方的基础上，你的目标是什么？你必须清楚你要坚持的一件事。[45] 设定底线、目标价、开价以及为达成协议的最佳备选方案。

- 设定一个具体的、达不到你就会终止谈判的底线目标。可以是上限（你最多能付出的），也可以是下限（你最低的售价）。如果谈判结果不如意，你应该终止谈判。[46]
- 设立一个真正想要达到的最终目标。
- 设定一个开价目标，应比自己预期的要高。
- 为了达成谈判协议，制订最佳备选方案。要事先知道，如果达不到底线，你应该怎么做。一个最佳备选方案能帮助你在不顺利的谈判中达到目标。例如："如果不能在 10 月 10 日前卖出房子，我会把它租出去 6 个月，然而再卖。"见表 10-4。

应注意的是，对方可能也会设立这三种目标及最佳备选方案，所以不要把开价当成最终结果。大多数成功的谈判结果都是在底线和目标价之间。[47] 这是对双方都有利的结果。[48]

众所周知，大多数人不能准确地制订目标范围和最佳备选方案。这些方案和目标都是通过谈判达到的。我们将在谈判过程中再次讨论目标。

工作应用

8. 写出谈判目标，包括底线、目标价、开价以及最佳备选方案。

步骤 3：预测问题和异议并准备答案。把重点放在满足对方的需要上。对方可能想知道你为什么要卖某种东西、你为什么要找工作、你的产品和服务质量如何、它的特色和价值在哪里。你需要做好准备，来回答一些没有明确提出的问题——"在这其中我能得到什么？"不要侧重于自己的需要，而要考虑能为对方带来哪些利益。在谈话中使用"您"和"我们"，而不用"我"的字眼，除非你正在告知你能为他们做什么。

你会遇到异议（这是谈判不会有结果的原因），这是一个好的机会，当工会要求增加工资时，管理者会说公司无法支付。然而，工会会做出调查来证明一段时间内的利润以驳斥反对的意见。遗憾的是，不是每个人都能直接说出他们真正的意见。所以，你需要倾听，提出问题来找到妨碍达成协议的事情。想办法把这些事情说得令人放心，使他相信正在做一笔好的交易。

例如,不要强调说"我会给你你所要的一半"。(增加 2 美元,而不是 4 美元),而是说,"我给你 2 美元,比你现在挣得要多"(不要说"比你要求的少 2 美元")。

你需要充分了解自己的产品或业务,这样才能显示出你的自信和热情。如果对方不信任你,认为双方的交易是不好的,那么你就不能达成协议。所以,在求职过程中,你必须让管理者确信你能做那份工作。在销售讲解中,你必须表达出你的产品是如何对客户有利的。在做销售时,你应该事先准备好一些封闭型的问题,如"你想要白的还是蓝的?"

步骤 4:拟定多种方案及折中办法。在购买或求职过程中,如果有很多卖主或招聘方,你就处于强有力的地位来达到目标。普遍的做法是引用其他的报价,来看看对方能否胜过他们。让对方了解他们能得到什么以及会失去什么。拟订的方案应该侧重于"给予"对方他们想要的东西,同时满足自己的需要,进而使双方达成协议。

如果你必须有所放弃,或不能完全地达到目标,要准备好提出其他的要求来作为交换。当一个航空公司有资金上的困境时,它会要求雇员削减工资。如果不想简单地同意削减工资,工会就会提出折中办法,要求获得公司的股票。如果对方要求较低的价格,那么你就要求对方让步,如大批量销售,或更长交货期,或搭配一款不太流行的颜色。

讨价还价　在制订谈判计划之后,你应该为讨价还价做好准备。以一种良好的信念去谈判。[49]面对面的谈判通常是最好的,因为你能观察到[50]对方的非语言行为(见第 4 章),更好地理解反对意见。不过,通过打电话或写信的方式也可以进行谈判。需要重复的是,了解对方的爱好。**讨价还价(bargaining)**包括保持友好、关注障碍而不是具体的人、让对方先开价、站在对方的角度来倾听和询问、不要太快让步、提出其他的要求作为交换。在完成讨价还价的过程时,你就能实现为此所做出的计划。

第一步:保持友好(了解对方)并关注障碍,而不是具体的人。以微笑和称呼对方名字的方式与其打招呼。微笑是告诉对方你喜欢他们,对他们感兴趣。做简短的开场白。开始建立信任[51]和合作的关系。[52]要等多长时间才开始谈到业务要取决于对方的风格。一些人喜欢直入主题,而另外一些人喜欢在谈生意之前先了解对方。你必须能成功地和不同风格的人谈判。所以,要了解他们的风格,以及他们的风格和你在谈判计划的第一步"了解对方"时所预期的相符吗?必要的时候调整自己的风格,尽量去适应对方的风格。要注意的是,你和对方越相似,你做成好生意的机会就越大。想一想你喜欢的销售员的类型,以及让你从他们那里买东西的人。他们和你更相像,还是正好相反?

关注障碍,而不是某个具体的人,这指的是永远不要攻击对方的个人品性,不要说"你这样砍价是不公平的"之类的话来贬低某人。否则,对方肯定会感到被冒犯,谈话可能就此中止,你们就很难达成协议。所以即使对方开始做出这样的事,你也不要和他用粗俗的语言争吵。[53]要说"您认为我的开价很高,是吗?"这样的话。不谈有关他人(包括竞争者)的负面的事情,只以肯定的方式说出你的竞争优势。人们都希望得到四种东西:包容、控制、安全和尊敬。如果人们认为你在逼迫、威胁或轻视他们,他们就不会相信你,也不会和你达成协议。

第二步:让对方先报价。如果在讨价还价之前不设立目标,你怎么知道一个报价是否合适?把目标放在心里面,对你会很有利。如果对方给你的报价高于你的未定价和目标价,你就能达成协议。假设你希望每年得到 30 000 美元的报酬(目标价),你的下限是 27 000 美元,你认为老板能给出的最高价是 33 000 美元。如果老板给了你 35 000 美元,难道你会对他说"那太高了,只给我 30 000 美元就可以"吗?

用未定价作为切入点。对方可能以一个未定价开始,这样你可以通过谈判来改善它。必要的时候从这个报价开始达到你的真正目标。在上面的工作谈判中,如果你得到的报价是 26 000 美元,低于你的底线,你认为太低,就努力把报酬提高以趋向于你的目标价。在每年例行的绩效评价时,管理者给 Marc 增加了 2 美元的工资。但 Marc 希望增加 3 美元。老板告诉他,他不过是个小混混,不该讨价还价。但这没有阻止 Marc 争取加薪 3 美元的努力。他向老板说明为什么这 3 美元的要求是值得的,最后他得到了 3 美元的加薪。他相信他也通过争取赢得了老板的尊重。[54]如果不去要求或很容易就被驳回(参考讨价还价的第四步),那他当然就得不到更多的工资。

如果对方似乎在等着你来开价,就向对方提出问题来使对方开价。例如"工资的范围是多少?""你希望为如此优质的商品付多少钱?"等。举一个例子来说明让对方开价的重要性,Bob Lussier 想卖二手车,他去见了七个二手车的交易商,告诉他们他要去几个地方,寻求最好的报价。设想一下他能得到多少报价呢?答案是零。没有人给他报价,他们都在问:"你想要多少?"[55]

尽量避免简单地就价格进行谈判。[56]当对方说"说出你最佳的价格,我们才能告诉你是否能接受它",对你施加压力让你先报价时,你可以这样回答他们:"你希望是多少?"或"合理的价格是多少?"如果这样也不奏效,则可以说:"我们通常的价格是……但是,如果你给我开个价,我会看看能为你做什么。"如果在第一步和第二步事情进展得很顺利,得到了最高价或达到了目标价,你就可以跳过第三步和第四步,直接达成协议。否则,请继续看下一步。

第三步:倾听和询问能满足对方需要的问题。 前面提到,人们需要包容、控制、安全、尊重。当你倾听时,你就给了他所有这些感受。所以在讨价还价中,要凝神倾听,尤其是在与双方有冲突时。[57]这是一个很好的机会,可以帮助你发现自己对问题和异议的准备是否准确。同时也给你提供了关注对方需要、准备应对异议的良机。

创造机会给对方,使其表达意见或异议,当你说话时,你输出信息,但是在你提问和倾听时,你应该接收那些对你应对异议有帮助的信息。如果你一直在说自己要说的,而不是发现对方真正感兴趣的是什么,那么你就可能毁掉一笔交易。应该问这样的问题:"这个价格不合适吗?""对你来说够快吗?""你还想了解什么?"如果对方反对的意见是"需要"的标准,如两年工作经验,而你只有一年,就强调对方需要而且自己也具备的能力,你们或许可能达成一致。如果反对的意见是你无法达到的,至少你也能知道,而不再在不可能的事情上浪费时间。但是,要确定反对意见是否真正是"必须"的标准。如果应聘者中没有人具有两年工作经验,而你也申请了,结果会怎样?结果是你可能会获得这份工作。

第四步:不要让步太快,提出其他的要求作为交换。 要求越多的人得到的越多。如果你有计划,拟订了各种方案(至少有一个最佳替代方案),也准备好了折中办法,那么,在讨价还价之后,你就不会说"我本来想要求……"。不要简单地放弃能达成协议的事情。如果你的竞争优势是服务,而你却在谈判过程中很快地在一个较低的价格上妥协,你的价值就会在瞬间消失。在谈判过程中,不要以过多的让步来使对方满意。记住不要降低自己的底线,如果底线是现实可行的,就要准备好在实现不了底线目标时终止谈判。[58]当你不能达到目标时,其他备选方案可以帮助你增加讨价还价的能力。[59]如果你终止了谈判,对方可能把你叫回谈判桌,如果对方没有把你叫回谈判桌,你可以自己回来接着就低价进行谈判。

避免急切和被威胁。如果对方知道你很急切,或很软弱,或愿意接受较低的协议,他们就可能乘机利用你。你曾见过有人在产品上标明"一件不留、急需现金回笼"吗?你认为对方会得到什么样的价格?你也需要避免被大声的话所威胁:"你跟我开玩笑呢?这太贵了。"许多人听到这样的话后很快就会降低价格,但是,不要被类似的伎俩吓倒。

首先做出让步。当你处理一件复杂的事情(如劳资纠纷的谈判)时,你要愿意首先做出让步。让步是互惠的,更容易使双方达成协议。对方会感激你,然后你能得到比你放弃的东西更好的回馈。

避免单方面的妥协。想一想事先准备好的折中办法。如果对方要求较低的价格,你就向他提出大批量的销售,或更长的交货期,或不太受欢迎的颜色等。你需要传达这样的信息:你不想白白地放弃任何事情,你也不是一个没有主见的人。

推迟谈判 在似乎无法达成协议时,推迟谈判可能是一个明智的选择。[60]

如果对方要推迟,你可以制造紧张气氛。当对方说"我以后再和你联系"时,不仅要告诉对方他能得到什么,也要让他知道会失去什么。当你不能得到自己想要的东西时,可以试着制造紧张气氛,例如说"今天是优惠的最后期限","这是最后一个"或者"它们卖得很快,等你再来买时可能就没有了"。但是为了建立长期的关系,你要确信给对方开出的条件优厚。诚实是最好的策略。别人和你谈判的首要原因是他们信任你、尊重你。建立信任关系是做成交易的必要前提。诚实和正直是一个谈判者最重要的品格。[61]如果你有备选方案,就用它们来制造紧张气氛。你可以说:"还有别的工作机会等着我回复,你什么时候能让我知道是否被聘用了呢?"

如果制造紧张气氛也不奏效,而且对方说"我考虑一下",那你就回答"好吧!"然后把你的提议中对方很满意的部分至少重复一下,了解你的报价是否能满足对方的需要。对方可能会决定达成协议。[62]如果还不行,并且对方没有说明什么时候再和你联系,你应该问他们"什么时候我能得到是否被聘用的回音?"尽量敲定一个具体的时间,然后告诉对方:如果到时候没听到回音,你会打电话给他们的。如果你确实对这份工作很感兴趣,过后应该再发一封感谢信(信件、电子邮件或传真),并再次列出对方非常欣赏你的那些特性。如果你在谈判中忘了表现出来,就把它们写到信里寄给对方。

要记住:当对方不再想和你达成协议时,强硬地推销是没有用的。应抛开压力。[63]例如,如果问客户"你到底想要什么?"倘若你非要迫使对方给你一个结果,答案可能是"不"。然而,如果你肯等待,可能会有很好的机会。你可以对老板说"为什么我们不好好考虑一下,晚些时候再讨论呢?"然后选一个有利的时机去见老板。

你也需要观察非语言的交流,了解言外之意,尤其是和不同文化的人谈判时,有些人不喜欢就会直接告诉你"不行",例如,在日本说"这件事很难办"是很普遍的,美国人会认为这句话意味着他们会尽量去办,而日本人明白它意味着不再努力,他们认为直接说出来是不礼貌的。

你想推迟,而对方制造紧张气氛。如果你对这笔交易不太满意,或还想再看看,就告诉对方你想再考虑一下。也可能在你最后达成协议之前,需要和老板或其他可以直接做决定的人商量。[64]如果对方制造紧张气氛,要仅仅把它当做紧张气氛而已。在任何情况下,你都能在后来的谈判中得到同样的交易。不要被迫达成你不满意或将来会后悔的协议。如果你想推迟，给对方一个再联系的具体时间，然后做更多的准备或直接告诉他们不能达成协议。

达成协议 如果对方在你开价之前给出更高的报价，你就能获得更好的结果。但是，如果统计一下，你会发现经常有意外的收获是不可能的，如果你的目标价和对方的目标价是相同的，你们都能实现目标，就会形成好的协议。所以如果你得到了很高的报价，双方都获得了目标价时，那么这就不是真正的讨价还价了。

然而，双方的目标常常是相反的。讨价还价的区间就在你的底线和对方的底线之间，并会最终落实到每一方的目标和底线之间。在这个范围内，双方都能获得好的结果。见图10-3，这是一个讨价还价区间的例子。还是以工作为例，注意谈判出来的工资最有可能在27 000美元和30 000美元之间。现实中，大多数人不会告诉对方自己的目标，他们要在双方的目标之间找到解决的方案，而这需要通过讨价还价实现。

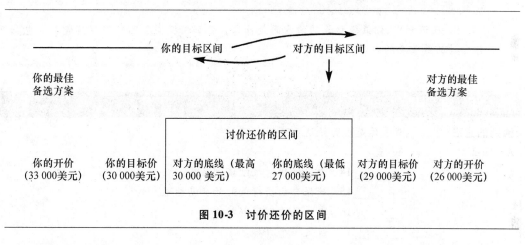

图 10-3 讨价还价的区间

一旦协议达成，要在合适的时机确认或形成文件。[65]为保证双方不会改变已达成的协议，普遍的做法是发一封感谢信或确认函。

在做完交易之后，不要再纠缠下去。是把它变成私人的交往还是不再理会，取决于对方的谈判风格。如果对方想建立关系，就和他保持联系。否则就远离他。

为了避免所谓的"成功者曲线"，你应该对已达成的协议感到高兴，而不要开始怀疑自己的决定。不要问自己"我能不能卖得更高些或买得更便宜些？"，在做成交易之后，想做任何改变都太晚了，所以，为什么还要为它而苦恼呢？通过事先研究和设定有效的目标来制订好计划，你就能减少犯"成功者曲线"的错误，而对自己做成的交易变得更有信心。

没有达成协议 所有人都会遭遇反对、拒绝和失败，即使明星也不例外。凡人和明星的不同就在于怎样来面对失败。[66]成功的人会从错误中学习，继续努力工作；而失败者常常不能坚持下去。成功是一种在不断的失败中也不丧失热情的能力。对每个人来说，追求快乐和淡忘不好的事情没有什么不同。Peter Lowe曾经想举办一个名人演讲的论坛，他希望美国前总统Ronald Reagan成为其中的一位演讲者。于是，他每星期都给Reagan打一次电话，坚持了一年多，直到Reagan同意了为他在论坛上演讲。然而，没有人总会赢，所以你需要知道什么时候该放弃，以减少你的损失。[67]

组织中的人际关系

如果你不能达成协议,就要分析情况,尽量找到错在哪里,以便在日后改进。你也可以向对方征求意见。例如你可以说:"我知道我不能得到这份工作,但我很感谢您给我的时间。您能在我的简历和面试能力方面提出些建议吗?在帮助我在这个行业求职方面您还有别的建议吗?"

丰田董事长 Hiroski Okuda 被认为是一个坚韧的谈判者,他运用自己的魅力来实现目标。他通过谈判成为总裁,后来又得到董事长的职位。丰田公司也以有效的谈判而著名,它和几百个供应商谈判,以较低的价格得到顶级质量的供应。同时,利用人际关系网和供应商建立长期的关系。Hiroski Okuda 是一个成功的商人,这是众所公认的,然而,你不要努力去做 Hiroski Okuda 或其他人。你只需要做你自己,并把自己的事做到最好。技能强化练习 10-2 将使你培养自己的谈判技能。

工作应用

9. 在谈判中,你最强和最弱的方面是什么?你如何提高自己的谈判技能?要包括两三个你学过的最重要的内容。

情境应用

谈判的宜忌 看看你是否会做这些事?
AS 10-2   A. 宜   B. 忌

_____ 14. 力争使用对抗型谈判策略。
_____ 15. 确保自己获得最好的交易结果。
_____ 16. 在会见之前了解对方。
_____ 17. 设定一个目标。
_____ 18. 侧重于帮助对方,满足对方的需要。
_____ 19. 很快地进入主题。
_____ 20. 先开价。
_____ 21. 给出一个非取即舍的报价。
_____ 22. 花大部分的时间告诉对方他们得到的条件多么优厚。
_____ 23. 不要太快让步,并提出其他的要求作为交换。
_____ 24. 尽量推迟谈判。
_____ 25. 如果不能达成协议,要征求对将来的谈判有帮助的建议。

10.4 人际关系网和谈判在全球适用吗

让我们来谈谈电子化组织。互联网使人际关系网的建立变得更容易,因为网络的潜能是

第10章 人际关系网与谈判

无限的。考虑一下互联网帮助你建立人际关系网的潜力吧！你能通过电子邮件、在线列表、聊天室和网络论坛与世界各地的人交流，互联网也使你可以更容易地了解谈判对象。你可以在网上进行谈判，而不必再到世界各地出差。所以去上网进行网际交谈吧！

的确，在人际关系网中存在着文化的差异，你需要适应并融合对方的文化。[68]人际关系网是政治活动和社会活动的一部分，正如上一章所讨论的那样，所以我们可以把它概括一下。因为文化背景的不同，为了交易而建立的人际关系网也是不同的。我们将在谈判中探讨人际关系网。

随着全球化的深入，跨文化的谈判逐渐增加。有证据表明，在不同国家的文化中存在着谈判风格的差异。[69]例如，以色列人喜欢争论，所以常常表现为情绪激动的谈判（甚至大声喊叫），而日本人不会这样。因为文化的不同，你研究对方所花费的时间以及你需要的信息类型也是有差别的。当你不熟悉某种文化的风俗、行为和期望时，你需要花更多的时间去研究。

全球化的谈判有很多含义，在本节中，对北美、阿拉伯和俄罗斯的谈判类型进行了比较。[70]下面分别讨论它们的差异：

- 达成协议的时间和最后期限。法国人喜欢冲突，愿意花很长的时间形成协议，他们不太关心对方喜欢什么。中国人喜欢拖延谈判的时间，当你认为快要接近结束时，主管可能微笑着重新开始谈判。全球化了的美国人则不同，他们没有耐心，喜欢快速达成协议，希望对方喜欢他们。所以好的谈判者经常和美国人拖延谈判的时间，从而在最后的方案上对其加以限制。一项研究发现，谈判的最后期限对北美人是非常重要的，而阿拉伯人是不关心的，对俄罗斯人来说根本就是可以忽视的。所以最后期限真的就是最后期限吗？

- 侧重任务还是人际关系。在日本和许多南美国家，没有人际关系是无法达成协议的，否则任务也会被发展成人际关系。和日本人一样，中国人在商业活动中也把人际关系和谈判紧密联系在一起，人们喜欢赠送礼物。但是要送合适的礼物，例如，不要给中国人送钟，因为它寓意死亡。和日本人、阿拉伯人和俄罗斯人相比，北美人喜欢短期的人际关系，不大关心持续的人际关系。

- 权力及影响策略的运用（互惠的让步）。不同文化中，权力运用的基础也是千差万别的。谈判时所使用的影响策略（第9章）也因文化的不同而不同。在对谈判时的争议和障碍的处理上，美国人喜欢以理服人，采取逻辑性强的并带有事实和数据的辩论方式。阿拉伯人喜欢使用精神策略，以情动人。俄罗斯人喜欢使用权力而不是影响策略来达到目的。美国人和阿拉伯人认为让步是允许的，也是互利互惠。而俄罗斯人不这样认为，他们把让步当成软弱的象征。总的来说，俄罗斯人喜欢采用对抗型谈判策略，而北美人和阿拉伯人更喜欢采用合作型谈判策略。

- 交流——语言和非语言的。在一些国家（如美国、德国、英国、瑞士）的文化中，谈判者采用直接的语言交流，而另一些文化（如日本、中国、埃及、法国和沙特阿拉伯）更多地依赖非语言交流，你需要了解他们的言外之意。在同样的半小时谈判过程中，比较北美人、日本人和巴西人的表现[71]，可以发现，在身体接触方面，美国人和日本人只喜欢握手，而巴西人喜欢每半小时接触5次。巴西人比美国人和日本人更频繁地说"不"（分别是每个小时83次、9次和5次）。巴西人不喜欢沉默，日本人觉得沉默更令人感到舒适，而美国人介于两者之间。超过10秒的沉默时间分别是0秒、5秒、3.5秒。在打断对方的次数上，巴西人也比北美人和日本人多

345

2.5—3倍。另外,美国人喜欢一次只讨论一件事情(线性进程),而法国人经常一次讨论很多事情。

- 谈判的地点以及酒和食物的选择。这方面有很多事情值得重点考虑。你应该懂得选择合适的地点和时间(同一天的不同时间也会有不同的效果)来谈生意。例如,赛博公司(Saber Enterprises)的CEO说,当日本主管到美国和美国主管到日本的时候,几乎都会出去用餐,边喝酒边谈生意。如果客户点了一杯酒,你会叫可口可乐吗?当然你不会建议信奉摩门教的客户喝酒。无论在谈判中是否需要喝酒,都要注意不要冒犯对方。不要让酒影响你的表现或在其影响下做出不利的决定。酗酒在美国是一个问题,据估计,它在生产、旷工和健康方面,每年造成8 600万美元的损失。[72]另外需要注意的是,不同信仰和文化的人禁吃某种食物。例如许多犹太人认为猪是不洁的,而印度人认为牛是神圣的,所以犹太人不吃猪肉,印度人不吃牛肉。在印度,巨无霸汉堡包是用羔羊肉做的。

- 名字、阶层或头衔、穿着、问候和仪式。这些方面所要注意的在同一文化内部的谈判中也适用。在研究对方时或与对方一起时,可以观察他更喜欢别人怎样称呼他(是Christine,还是Chris;是Smith先生,还是Smith总裁),以及他喜欢穿什么衣服(西服还是休闲装)。注意,也会有人穿着特殊或神圣的衣服。还要了解是否有特定的问候方式(如鞠躬)或仪式(如饭前祷告),你可能需要参与进去。

10.5 施加影响的过程

回顾一下本书第三部分的内容"领导技能:影响他人"。在第7—10章中,我们探讨了促使他人帮助你实现目的的许多影响要素,包括运用权力、影响策略、政治、人际关系网和谈判来信任和激励他人。重点是通过合乎伦理和满足别人需求的方式来实现自己的目标。因此,我们要通过和所有的谈判对象双赢的方式来达到人际交往的目的。现在,我们把所有影响要素综合在一起,来构建一个影响程序。

回顾施加影响的关键词 通过回顾关键词的定义来了解它们之间的相互关系。领导是使员工努力工作达到目标的过程,所以领导是让他人工作来完成组织的目标。激励是促使行为满足需要的内在过程。权力是影响别人做他们不愿意做的事的能力。政治是获得和使用权力的能力。人际关系网是为了政治和社会的目的,建立相互关系的持续的过程。谈判是双方或多方(都拥有对方需求的资源)试图达成交易的过程。信任是确定他人不会利用你的弱点占你便宜的积极的想法。

施加影响的过程 影响过程(influencing process)是从目标开始的;通过合乎伦理的领导、权力、政治、人际关系网和谈判来激励别人帮助实现目标;通过建立信任和创造双赢的局面来达到目标。表10-5显示了各个影响要素之间的相互关系。

第 10 章　人际关系网与谈判

表 10-5　施加影响的过程

动机	行为	人际关系	绩效
开始有需要，并设定目标。你需要激励他人来帮助你实现目标。	运用权力、政策和关系网来激励他人，帮助他实现目标。若双方都拥有对方需要的资源，你们就可通过谈判实现自己的目标。	通过个人技能、人际关系能力和合乎伦理的行为来建立信任，是有效人际交往的基础。	在信任的基础上，形成良好的人际关系，创造双赢的局面，从而实现目标。

由于领导技能与一个人的行为、人际关系和绩效相关，所以我们从组织内外部的个人水平来分析领导技能。你最初有一种需要，所以你设立了一个目标（是设立目标而不是实现目标，这是讲究策略的合适的表达，毕竟我们不愿意显得自私或冒犯他人）。通常，我们需要别人帮助自己实现目标，所以要运用权力、政治和人际关系来激励他人帮助你达到目标。作为回报，你要帮助别人。当别人有你需要的东西，而你也有他们想要的东西时，你们就会通过谈判来达到目标——创造双赢的局面。但是，为了得到别人的帮助，你需要通过合乎伦理的行为建立信任，才能如愿以偿。

作为本章的结束，在自我测试练习 10-3 中，讨论一下人格是如何影响人际关系网和谈判的。

自我测试练习 10-3

人格、人际关系网和谈判

　　人格（或个性）对人际关系的影响比对谈判风格的影响更大，这也就是为什么在讨价还价时你要关注障碍而不是某个具体的人。在研究对方时，你要了解对方的谈判类型，而不是他的个性。所以在这个练习中讨论谈判及其对行为的影响时，它的原则并不适合于所有的场合。不过，关于个性和行为的规律总是有例外的。

　　如果你有高外倾性性格，你很可能对权力有强烈的需要，尽力和那些帮助你的人构建人际关系网。但是要记住，即使是你认为不会帮助你的人也可能是你走向成功之路的钥匙。所以要和不同层次的人交往。一个关键人物的秘书能够帮助你接近关键人物。注意在谈判中对强迫权力的应用。记住，首先做出让步通常可以使对方获得实惠，这样你就会得到比放弃的还要多的收获。

　　如果你的性格是平易近人的，你很可能对归属有强烈的需要，喜欢和各种层次的人建立人际关系网。在谈判过程中，要注意对方可能会利用权力来占你的便宜。要坚持，不要放弃得太早，否则提出其他要求作为交换。

　　如果你有极强的责任心，你很可能对成果有强烈的需要，而不太关心建立广泛的关系网。但是你喜欢和朋友互利互惠。你可能需要培养自己的人际交往能力，如进行小型的会谈和认识新人。你在谈判中可能喜欢以非常理性的方式来实现目标，但要记住了解对方并把重点放在满足对方的需求上，这样你才能实现自己的目标。

组织中的人际关系

> 适应力的高低会影响人际关系网的构建和谈判。适应力低的人，或假装适应力强的人，一般不会很好地运用人际关系网和进行谈判。他们总是通过对抗型的谈判策略来达到目标和影响别人。如果你适应性人格较弱，你就不要再以自我为中心，而是要创造双赢的局面。当你学会了放弃的时候，你就会惊讶于在关系网中更多的收获。有句话是有道理的："付出越多，得到越多。"你是否有过这样的经历：你为别人做事，以为不会有回报，结果却发现得到的比预期的多。
>
> 你的**开放性**直接影响人际交往能力。喜欢尝试新体验的人通常都是外向的，喜欢认识新人的。内向的人不喜欢结交新人，也不擅长交往，因此他们要比其他人付出更多的努力。对新体验的接受常常导致妥协型和合作型的讨价还价，这在成功的谈判中是必要的。
>
> **行动计划**：根据你的个性，在提高交际能力和谈判技能方面，你应做哪些事情？
>
> _____
> _____
> _____

复习题

人际关系网的构建和谈判的方法取决于个人的行为和人际交往，反过来，它们也影响实现目标的绩效。

_____是为了政治和社会的目的建立相互关系的持续的过程。

_____是不同环节上的人的集合体。建立关系网的目的如下：得到工作或得到更好的工作，在目前的工作上表现得更好，在组织中得到提升，紧跟行业潮流，保持流动性，发展关系。通过人际关系网找到工作的人比综合其他方法找到工作的人要多得多。

_____包括如下任务：自我评价，设定目标，一分钟自荐，建立关系网，进行会谈，维持关系网。_____是在关系网中迅速地概述自己的经历和职业计划并提出问题的开场白。编辑求职数据库或其他关系网数据库能帮助你找到工作或实现其他目标。_____包括如下步骤：保持友好并了解对方，做一分钟自荐，提出事先准备的问题，通过人际关系网获得更多的联系，询问对方如何帮助他们，过后写一封感谢信和近况介绍。

_____是用来达到目标的短期的人际交往。

_____是一个拥有别人需要的资源的双方或多方试图达成交易的过程。谈判策略包括_____（对一个不变的"蛋糕"进行谈判，结果是有输有赢的）和_____（每一方都能得到好处，创造双赢的结果）。

_____有三个步骤，也可能是四个步骤：计划、讨价还价、可能有推迟、达成或没有达成协议。_____包括研究对方、设定目标、预测问题和异议并准备答案、拟定备选方案和折中办法。_____包括保持友好、关注阻碍而不是某个人、让对方先开价、倾听和提出问题来满足对方的需要、不要太早让步和提出其他要求作为交换。讨价还价的范围在你的底线和对方的底线之间，最后会落实在每一方的目标价和底线之间。坚持达成协议，如果不能达成协议，要分析失败的原因并征求建议，以便下次谈判时改进。

具有巨大潜力的互联网，使全球性的关系网构建变得更容易。在建立人际关系网和谈判时，一些跨文化的差异包括达成协议的时间和最后期限；侧重任务还是关系；权力的应用和影响策略（让步和互惠的结合）；交流（语言和非语言）；谈判的地点以及酒和食物的选择；称呼、阶层或头衔、穿着、问候和仪式的运用。

第10章 人际关系网与谈判

_____从目标开始,运用合乎伦理的领导、权力、政治、人际关系网和谈判,来激励他人帮助自己实现目标,以及通过建立信任和创造双赢的局面使目标得以实现。

案例分析

Andrea Jung:雅芳

Andrea Jung 1999 年 11 月被任命为雅芳(Avon)全球 CEO,2001 年 9 月当选为董事会主席。雅芳是全球美容护肤及相关产品的顶级直销商,年销售收入达 62 亿美元。她通过 390 余万名独立销售代表向全球 143 个国家和地区的女性提供产品。雅芳向全球 100 多个国家和地区的女性提供两万多种产品,包括著名的雅芳色彩系列、雅芳新活系列、雅芳柔肤系列、雅芳肌肤管理系列、维亮专业美发系列、雅芳草本家族系列、雅芳健康产品、全新品牌 Mark 系列以及种类繁多的流行珠宝饰品。

雅芳是美容界的领军企业,是直销行业中值得信任的品牌,但那仅仅只是一个开端。逐渐地,你会在各个地方发现雅芳的倩影,在报刊亭、在街角的小商店、在时尚行业、在健康领域、在互联网、在电波中。雅芳致力于成为全球女性的知音,为她们提供最令人满意的产品、服务,使之实现自我满足。她关注的不仅是女性漂亮的容颜,还关注女性的舒适和健康,关注女权与女性的经济独立方面。

正如 Andrea Jung 所说,在过去,作为雅芳沿袭了一个多世纪的传统,让人们的生活更美好一直是公司为之奋斗的目标,是公司立足的基石,但而今,新雅芳已经远远超出了这个范畴。Andrea Jung 通过不断地强调雅芳是女性代言人而使雅芳成功地实现了转型。她的目标是不断提高雅芳的声誉,使之成为全球最佳美容用品生产商和直销商,把公司带入更具吸引力的发展轨道,开发一系列高品质的护肤品,并且为全球女性提供更多的就业机会。

Andrea Jung 和她的管理团队处事果断,雷厉风行,充分把握时代发展的机遇,加快了公司的长期发展步伐。Andrea Jung 上任以来对雅芳进行了大刀阔斧的改革,其中最近进行的改革有以下几方面:

- 开发了下列新产品生产线:雅芳全球健康产品、新零售品牌 beComing 以及新的青少年系列产品。
- 将目光瞄准美国国内的西班牙人市场,发行了一份新的市场宣传手册,叫做"Avon Eres Tu"(意思是"雅芳就是你")。Avon Eres Tu 设计精美,采用双语印刷,讲述了拉丁女性独特的美丽和她们的家庭生活模式。
- 继续开拓中国市场。中国从 1998 年起明令禁止传销,雅芳重新设计了它的商业模式,通过广泛的销售网络开展零售业务,包括各类化妆品专卖店和大型商场专柜。
- 对北美的制造业务进行改组。2004 年第一季度,雅芳淘汰了蒙特利尔制造基地的设备,形成了一个统一的供应链,大大改善了公司的利润结构。同时,雅芳将部分生产业务承包了出去。

各项证据充分显示,Andrea Jung 在雅芳进行的战略性改革收到了显著的成效。Andrea Jung 和她的首席运营官 Susan Kropf 被《商业周刊》提名为年度最佳经理人,表彰她们在雅芳做出的突出贡献。虽然全球经济处于激烈的竞争中,但她们二人还是带领雅芳在国内外市场上取得了大幅度的增长。自 1999 年 Andrea Jung 执掌雅芳以来,取得了两项关键性成就:一是连续 3 年达到 2 位数字的增长幅度;二是全球销售代表的数量持续稳定地增长。

在美国著名的《商业道德》杂志的"全美 100 名最佳企业公民"的年度评选中,雅芳名列前十,同时被《财富》杂志评为"全美最值得尊敬的公司"。雅芳同样因其慈善事业而广受好评。通过包括雅芳乳腺癌运动在内的雅芳全球女性健康基金,雅芳总共为治疗癌症筹集了超过两亿五千万美元的资金。

雅芳的企业文化具有强大的凝聚力,注重社会责任、参与、多样化和潜力。Andrea Jung 说:"不论在世界上什么地方,雅芳都代表着渴望与潜力。"雅芳拥有深厚的企业文化,指导与维持每位员工的行为,

组织中的人际关系

这并不是偶然发生的。Andrea Jung 的领导风格深深地嵌入和加强了公司的人本文化,提升了公司的目标。雅芳的员工行为准则、职业道德观和价值观都源自它的企业文化。如今,在这个以 Andrea Jung 为首的全球 500 强企业,越来越多的女性走上了管理者的岗位。女性经理超过了 50%。

网上查询:想了解更多关于 Andrea Jung 和雅芳公司的信息,或更新本案例中提供的信息,请直接在网上进行域名查询,或登录网站 www.avon.com。

请用案例和课本中的相关信息,或在网上和其他渠道所获得的相关信息,回答下列问题。

1. 人际关系网在雅芳扮演了什么角色?

2. 相对于其他采取零售方式的同类产品的销售商,人际关系网对雅芳而言是否更重要?

3. 雅芳谈判的交易类型有哪些?

4. 在雅芳的商业活动中,跨文化的差异是如何影响员工的工作方式的?

5. 互联网对雅芳产生了什么影响?

回顾性问题

6. 为什么消费者的感知(第 2 章)对雅芳很重要?

7. 顾客信任(第 7 章)对雅芳而言比对其他公司更重要吗?

8. 雅芳对销售代表是否必须采取跟其他公司不同的激励措施(第 8 章)?

客观题案例

John Stanton:安利

Charley Roys 想要了解更多咨询方面的工作,为获得一份这样的工作,他来到扶轮社(Rotary Club)的会议,通过与不同的人接触看是否能有所收获。与每个人交谈过后他都会递上自己的名片。

John Stanton 找到了 Charley,对他说:"你好,我叫 John Stanton,我有一份非常有意思的兼职工作,我正在寻找新的合伙人参与进来。你会感兴趣吗,这可是一份年薪达 50 000 美元的兼职工作哦!"Charley 点点头,但他想更深入地了解这份工作,而 John 却说:"这样吧,我们另外约个时间,大概半个小时就可以,我可以把整个情况告诉你。"他们约好第二天在 Charley 家中见面。

Charley 问 John 这份工作具体是什么。John 说:"我先给你解释一下工作的性质。"然后 John 开始在纸上画一个金字塔形的图案,然后对应地将人们分为不同的层次,告诉 Charley 向每个层次的人们销售产品他能赚多少钱。Charley 所要做的只是同 John 一样,把不同的人们都拉进来,钱就会源源不断地进入口袋。根据数据计算,Charley 如果现在开始做的话,每年能有 50 000 美元入账。

在 John 结束他的长篇大论之前,Charley 突然问道:"是安利吗?"John 回答说是。Charley 说:"我以前见过这种类型的宣传,我对成为安利的营销代表没有任何兴趣。"Charley 说他不喜欢做销售。John 回答道:"你误会了,我们不是靠销售来赚钱,你并不是亲自去销售安利的产品。你只需要拉其他人入伙,

第 10 章 人际关系网与谈判

让他们去销售。"

Charley 说:"如果我自己不销售,那我怎么说服其他人去销售呢?这是一个金字塔结构,是建立在商品销售基础上的呀。"Charley 问 John 为什么在扶轮社的时候不把事情说明白。John 说:"许多人对安利有误解,你的确应该好好看看我们的宣传资料。"

Charley 说他知道的确有一些安利的营销代表赚了很多钱,但是自己并不善于做这类工作,安利不适合他。John 离开之前问 Charley 是否知道有谁对这份能赚大钱的兼职工作感兴趣,但 Charley 说没有,John 失望地离开了。

回答下列问题,并在每题之间的空白处写出你的理由。

_____ 1. 本案例的主要内容是_____。
  a. 构建人际关系网   b. 商业谈判

_____ 2. John 在扶轮社的会议上构建人际关系网成功吗?
  a. 是的   b. 不是

_____ 3. 作为安利的销售人员,为了销售产品,首先需要发展_____关系。
  a. 一级   b. 二级

_____ 4. John 构建人际关系网的目标是_____。
  a. 获得一份(更好的)工作 b. 把现在的工作做得更出色
  c. 在安利获得提升   d. 继续从事当前的工作
  e. 灵活调度   f. 发展人际关系

_____ 5. John 的一分钟自我推荐做得怎么样?
  a. 好   b. 不好

_____ 6. 在文中两人的第一次见面中,John 想做的是下面人际关系网会谈中的哪一部分?
  a. 提升自己的亲和力 b. 做一分钟自我推荐
  c. 询问   d. 获得更多的联系人
  e. 提供帮助   f. 跟进

_____ 7. John 想在安利公司获得成功的话,他需要同盟吗?
  a. 需要   b. 不需要

_____ 8. John 有没有与 Charley 讨价还价?
  a. 有   b. 没有

_____ 9. 安利的商业主要基于_____谈判。
  a. 对抗型   b. 合作型

_____ 10. 安利以及其他类似的公司努力使各方都得到好的结果吗?
  a. 是的   b. 不是

11. 为什么 John 没能成功运用影响过程说服 Charley?

12. John 在扶轮社没有告诉 Charley 有关安利的事,这种做法是否违反了职业道德?

组织中的人际关系

技能强化练习 10-1

构建人际关系的技能准备

按步骤完成下列各题：

1. 自我评估，设定目标。列举自己2—3次成功的经历。把自己的目标明确地表述出来，这样有助于了解更多有关自己专业方面的就业机会；参加实习；找一份兼职或全职的工作等等。

2. 设计一份一分钟自荐，并写出来。

历史：

计划：

问题：

3. 发展自己的网络，列举你的网络中至少5个对你达到目标有最大帮助的人。

4. 做一次人际关系网络面谈。为了达到目标，选择某个人做一次大概二十分钟的面谈，如果不方便，也可以进行电话采访。被采访者可以是大学就业指导中心的某个人，也可以是你的专业教授。

课堂练习

目的：通过下列步骤的练习，提升你的人际关系网络技能。

SCANS要求：通过这个练习培养学生的人际交往能力、咨询能力、听说读写算等基本能力、思维能力和其他综合个人素质。

过程：做事先准备好的一分钟自荐，虚心听取他人的建议，进行自我改进与提高。你也可以公布你的网络的名单和采访所问的问题，以获得更全面的建议。

步骤1(7—10分钟)

A. 两人一组，互相阅读对方的一分钟自荐。历史、计划和问题是否清楚（你能否理解），是否简明（用了超过还是少于60秒），是否引人注目（对你是否有帮助）。提出自己的见解。

B. 待每个人的一分钟自荐都完善后，分别开始自己的演讲（不是照读）。其间，认真观察每个人的演讲是否清楚、简明和自信？提出自己的见解。然后进行第二遍、第三遍的练习，或者直到被告知开始下一步的练习。

步骤2(7—10分钟)

三人一组，分组的原则是尽量与在步骤1中没同你合作过的同学一组。按A、B两个步骤进行，重复一分钟自荐，进一步提高自己的信心与交流能力。

步骤3(10—20分钟)

四人一组，分组的原则是尽量与在步骤1和步骤2中没同你合作过的同学一组。与大家共享你在上个练习中第三题（你的网络名单）和第四题（你采访的问题）。对每个人的回答分别提出自己的见解。

第 10 章 人际关系网与谈判

应用(课后):将你的网络名单扩大到至少 25 人,就练习中的一些问题做一次采访。

结论:指导老师带领全班同学一起讨论练习结果并且/或做总结性点评。写下相关的网络名单和/或采访问题及答案。

分享:请同学举手,宣读自己在上面应用部分的答案,与全班同学分享。

资料来源:本练习由 Sacred Heart 大学商学院助理教授 Andra Gumbus 开发。ⒸAndra Gumbus, 2002。经 Gumbus 博士授权使用。

技能强化练习 10-2

汽车销售谈判
课堂练习

目的:提高你的谈判技巧

SCANS 要求:通过这个练习培养学生的人际交往能力、咨询能力、听说读写算等基本能力、思维能力和其他综合个人素质。

体会:你将体验一辆二手汽车买方或卖方的角色。

准备:阅读并理解谈判的过程。

步骤 1(1—2 分钟)

2 人一组,面对面坐着,双方都不能看记有对方信息的小纸条。每组之间保持一定的距离,互相听不到其他小组的谈话。如果班级人数为奇数,则最后无小组的同学可以作为观察者,或者给老师当助手。确定二手车的买方及卖方。

步骤 2(1—2 分钟)

老师将记有买方与卖方信息的小纸条发到各位同学手中。

步骤 3(5—6 分钟)

买方与卖方阅读各自的信息,并在下面的空白处记下午餐会议的计划(你的基本方法是什么、你将怎样陈述)。

步骤 4(3—7 分钟)

买卖双方展开谈判,其间不要偷听其他小组的谈话。这只是一个谈判过程,并不要求一定要达成交易。不管成功与否,谈判结束后,阅读你的同伴的信息,并交流彼此的体验。

总结(3—7 分钟)

回答下列问题:

1. 在谈判中,你运用了 7 种权力(第 9 章)中的哪几种?交易的双方是否都认为自己处理得很好?

组织中的人际关系

2. 你在谈判中运用了哪些影响策略(第9章)?

3. 在做计划的时候,你是否:(1)对其他人进行了调查,(2)设定了目标(底线、目标、开价——支付或接受的开价),(3)预料到了问题与障碍,并准备好了应答策略,(4)准备好了替代方案?

4. 在谈判的过程中,你是否:(1)态度友善,对事不对人,(2)让对方先表示同意,(3)认真倾听,仔细询问,尽可能满足对方的需要,(4)谈判不顺利时并不气馁,继续寻求其他解决方案?

5. 你们在价格方面达成一致了吗?如果你是卖方,你有没有得到目标价格?如果没有,是多了还是少了?

6. 在谈判中,开价高是不是一个好策略,也就是说,要求对方支付的价格超过你预期的价格?

7. 在谈判过程中,首先向对方开价好还是让对方开价好?

8. 在谈判中,表现得强势一点好还是弱势一点好?换句话说,在谈判中,你是否会说你不一定要同对方做生意,你还有其他的选择?或者你是否会表现得非常想做成这笔生意?

9. 在谈判中,如果能够威胁他人,是否对谈判有所帮助?

结论:指导老师作点评。

应用(2—4分钟):通过这个练习我学到了什么?怎么把所学的这些知识应用到未来的工作和生活中?

分享:请同学举手,宣读自己在上面应用部分的答案,与全班同学分享。

资料来源:汽车销售谈判中的买方、卖方信息由 Tulane 大学的 Arch G. Woodside 提供。汽车销售练习选自论文"Bargaining Behavior in Personal Selling and Buying Exchanges",该论文曾在1980年商业模拟及体验式学习协会第八届年会(ABSEL)上被宣读。练习使用得到了 Woodside 博士的许可。

第4篇
领导技能:团队和组织行为、人际关系和绩效

- 第11章 团队动力和领导
- 第12章 团队、创造性的问题解决和决策制订
- 第13章 组织变革和组织文化
- 第14章 重视全球多元化

Chapter 11

第11章
团队动力和领导

学习目标

通过本章的学习,你应该能够:

1. 说出团队动力的六大组成部分,以及他们是如何影响团队绩效的。
2. 描述团队形成的五个步骤。
3. 阐述在团队发展的不同阶段所采用的四种不同的情境管理风格。
4. 阐述如何有效地计划和组织会议。
5. 说出五大问题成员,并指出如何掌控他们,以免他们对团队造成不良影响。
6. 掌握以下14个关键术语(以在本章中出现的先后为序):

团队合作 teamwork 维持角色 maintenance roles
团队绩效模型 team performance model 利己角色 self-interest roles
团队动力 team dynamics 团队发展第1阶段 group development stage 1
规范 norms 团队发展第2阶段 group development stage 2
团队凝聚力 Group cohesiveness 团队发展第3阶段 group development stage 3
地位 status 团队发展第4阶段 group development stage 4
角色 roles 任务角色 task roles

组织中的人际关系

引例

Bonnie Sue 是密西西比河杰克逊市西部太平洋制造公司的一位机器操作员。以前,她曾提出改善绩效的方法,而且那些方法也被经理所采用。结果,经理指派 Bonnie Sue 去领导一个特殊委员会,这个组织的任务是对她工作的那个领域提出改善绩效的方法。这个团队有六名成员,而且都来自她那个部门,他们都志愿为这个委员会服务。连续三周,这个委员会每周都举行一到两个小时的会议。在这几周中,成员之间关系也越来越密切,而且在利益分享上也相当平等。但 Bonnie Sue 并不满意目前的团队绩效。离向管理层提交绩效报告最后期限只有三周的时间了。她一直思考其中存在的一些问题,并且想知道应该如何解决这些问题。最初,这些成员开会时总是充满激情,而且总有一些意想不到的想法。但是,随着时间的推移,尽管他们还在为如何提高团队的绩效出谋划策,他们原来的那份激情已经消退。在会议期间,成员们曾经提出在会议之外还需要做些工作,但是似乎没有人去做。其中的三名成员引起了团队中的种种问题。Kirt 是一个破坏者,他总是贬低其他人的意见,而且其他人也听从他的指挥。Kirt 总认为他提出的意见更好,而且他从来就不让步,即使他知道自己错了。Kirt 总是与其他人争论谁的提案更好。Shelby 则总是令人愉快的,她总是尽力保持团队的和谐,但她总是使团队离题。Carl 正好与 Shelby 相反,他能将团队带回原来的议题中。他从来就讨厌浪费时间,但他一说话总能滔滔不绝。Carl 控制着会议的时间。问题是什么?如果你处在 Bonnie Sue 的位置,你将如何做,以使你的团队拥有最好的绩效?

11.1 团队如何影响行为、人际关系以及绩效

尽管团队被称为管理界一时的狂热,但他们在商界非常受欢迎,而且已经逐渐成为管理实务的主流。[1]组织中的很多工作都是由团队协作完成的。**团队合作(teamwork)**就是组织成员在一起工作以完成单个人所不能完成的工作。[2]有效率的成员的行为方式与无效率的成员不同。[3]无效团队的一种形式是集体游手好闲,不能做好分内的工作,而这种情绪在团队中就像流感一样传播开来,严重破坏工作气氛。[4]团队的一些成员不具有合作精神。他们总想着一己私利,而且总是以团队绩效为代价。他们这种破坏性的行为分散了其他成员的精力。[5]

团队成员如何相互影响,即所谓的团队动力和流程也会影响个人和团队的行为和绩效。[6]理解团队流程将会有助于改善你的团队行为和绩效。[7]人与人之间的关系是团队绩效的基石。[8]组织绩效与有关人力资本投资的人力资源决策有关。[9]组织总是希望团队在利用最少的资源和时间的情况下获得最好的绩效。[10]为了达到这一目标,公司必须挑选那些能在技术和人际关系技能之间达到平衡的团队领导和成员。[11]而有关流程在团队绩效中有举足轻重的作用这一方面,已经有了很多研究成果。[12]

11.1.1 团队绩效模型

团队绩效模型(team performance model)认为团队绩效建立在其结构、动力和发展阶段

第 11 章 团队动力和领导

的基础之上。这一绩效模型也可当做一个公式来用。团队绩效是组织结构[13]、组织动力[14]和组织发展阶段[15]的函数。在图 11-1 中列示了该模型的三大组成部分。你必须知道,要想达到高水平绩效,团队必须有一个能使大家一起工作的有效的组织,有一种良好的动态人际关系,并且要形成团队合作的能力。团队面临系统的影响,如果其中的一个成分相对较弱,绩效就会受到影响。在这一章中,我们将在各节中讨论每一个组成部分。

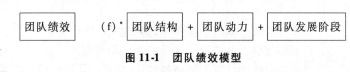

图 11-1　团队绩效模型

*(f) = 函数。

11.1.2　团队类型

团队也称为小组。有经过组织批准的正式团队,而非正式团队则是由于成员的兴趣类似而自由组合形成的。团队可以是永远存在的,没有终止;也可以是临时性的,随着目标的达成而结束。在这里我们将讨论正式团队,正式团队主要的两种类型是功能型团队和任务型团队。

功能型团队　功能型团队是正式的、永远存在的团队,它由经理和雇员组成。每一个工作单元和部门组成一个功能型团队。如我们在第 5 章中所述,市场部、产品部和运营部,同其他各种功能型团队一样,每个都是一个功能型团队。同时它们又是交叉型的功能型团队,它们可以是永远存在的也可以是临时组建的。有一些功能型团队可以称为自我导向型团队和自我管理型团队,因为团队的领导功能是成员共同承担的。

任务型团队　任务型团队由功能型团队的成员为了某一特殊任务而组成,通常是由不同的功能型团队的成员组成。它们是通常所说的交叉性组织。任务型团队也可以是由从功能型任务团队成员中所选取的人组成的。而作为任务型团队的成员的同时,通常你又是功能型团队成员,因此你同时有两个老板。任务型团队通常被称为委员会。当经理面对抉择时总是临时组建一个任务型团队,以在决策制订过程中得到帮助。任务型团队或者说委员会通常有两种形式:

特别委员会,或者说是特遣团队,是一个正式的临时性团队,它将在目标达成后解散。例如,为了选择一台新的计算机而组建的特遣团队,这种团队在选完计算机后没有存在的必要,所以它就要被解散。

而常务委员会是一个正式的持续型团队,它由一些流动成员组成。例如,人力部门和管理部门通常成立常务委员会,成员们通常在一起协商持续进行的集体协议并制订一些新合同。

高层次的经理通常同时为几项任务和常务委员会服务,而且在委员会的会议上扮演重要的角色。在本章中我们将讨论功能型团队和任务型团队,而你将学会如何组织会议。在我们研究团队绩效模型的各项细节之前,完成自我测试练习 11-1,以决定你利用团队行为的方式。

自我测试练习 11-1

团队行为

确定以下列出的各条如何描述了你的行为。在每一条目前给予 1—5 分的成绩。

最能描述我　　　　　　　　　　　　　　　　　　　　最不能描述我

5　　　　　4　　　　　3　　　　　2　　　　　1

_____ 1. 我总能影响团队成员以更好地完成组织的目标。
_____ 2. 我尽量接纳团队中每个成员的意见和观点。
_____ 3. 我能为我的团队提供创造性意见,使他们更好地完成任务。
_____ 4. 我总能在团队决策中做一些贡献。
_____ 5. 当团队发生冲突时,我能帮助团队成员解决冲突。
_____ 6. 我总能确保团队有明确的目标。
_____ 7. 当完成一项任务时,我会考虑应该需要多少名成员来完成这项工作,并且总是让最优秀的成员来完成任务。
_____ 8. 我总是采用那些有助于实现组织或团队目标的行为,而且我能鼓励其他成员形成和实施有效的准则。
_____ 9. 我总是能照顾到团队的每一名成员,以使他们感觉到他们每个人都是完美的、能起作用的成员。无论如何,我都不排斥任何一个人。
_____ 10. 我对我在团队中的位置非常满意,我可以是团队中的主角,也可以是团队中的普通成员。而且我尽量帮助其他成员使其对自己的地位感到满意。
_____ 11. 我只说和做那些对完成工作有直接帮助的事。
_____ 12. 我只说和做那些有助于形成和维持良好人际关系的事。
_____ 13. 我从来就不说和做那些损人利己的事。
_____ 14. 当我新参加一个团队时,如一个新的委员会,我能帮助团队理清和设定目标。
_____ 15. 当团队中的成员对团队出现不满情绪时,我会尽力去帮助解决那些矛盾,以使他们对团队满意。
_____ 16. 当团队中的成员在完成团队的任务时出现低落情绪,比如说存在个人问题或某天不顺时,我会尽量帮助他克服这些困难,以帮他完成团队的任务。
_____ 17. 当团队干得很好时,我不干涉团队成员的相处或者团队的绩效。

将你所得的总分写在这里_____。然后再标出你的分数的位置。

有效的团队行为　85——75——65——55——45——35——25——17　无效的团队行为

只要团队中已经有人做了,你不需要为团队做所有上述事情。了解一个成功的团队所需的行为,并提供有助于团队进一步发展的行为也是团队技能的重要组成部分。

问题 1—5 有关团队结构,问题 6—13 有关团队动力,问题 14—17 有关团队发展。当你阅读以上三个组成部分中的每一个成分时,你可以回过来评论你的答案。

11.2 团队结构

如图 11-2 所示,团队结构有四大组成部分,除此之外还有团队动力和团队发展将会影响团队的绩效。在其他章节中我们将详细讨论这四大组成部分,在此,我们只做简要概括,细节请查阅其他章节。

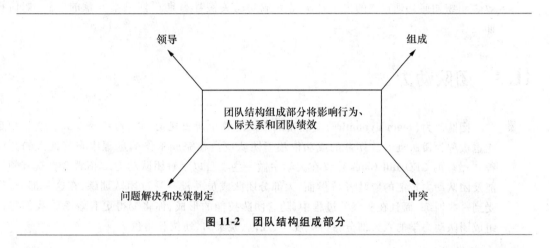

图 11-2　团队结构组成部分

11.2.1 领导

在第 7 章中我们已经讨论了领导这一要素。在这一章中我们将范围扩大到在团队不同发展阶段的情境管理者。我们也论述了如何运用领导技能驾驭一次会议。拥有有效领导的团队(当然是在能很好共享的前提下)将明显比那些缺少领导技能的团队有更出色的绩效。[16]第7—14章主要讨论了如何形成你的领导技能。

11.2.2 组成

团队组成指的是团队成员的多样化。团队混合或者团队多样化不只涉及性别和种族。业务技术能力是极其重要的。回忆一下在第 5 章中所谈到的道德在包容多样化时使用交叉功能型团队的重要性。[17]组织总是希望在多样化中获益。然而,多样化并不总能增加绩效,它必须被有效地管理。[18]在现代组织中,管理多样化的团队是一项异常困难而充满挑战的事。[19]然而,相比单一化的团队来说,有效的多样化的团队将富有创造力[20],能做出更好的决策[21],而且能更好地应对变化。[22]我们将在第 14 章中讨论多样化。

11.2.3 问题的解决和决策的制订

所有团队在完成任务时总会遇到一些问题。组织成员如何一起解决问题将会影响团队的绩效。在团队的决策制订过程中有效地利用成员参与将会引致更高的绩效水平。[23]团队和创造性问题的解决以及决策制订将在第12章中讨论。

11.2.4 冲突

前面讲过冲突可以使功能顺畅也可以使功能紊乱,它将有助于或者伤害团队的绩效。[24]多样化是一柄双刃剑,它带来了不同的意见和观点,它能增加绩效,但也能增加冲突并危及绩效。[25]组织如何管理存在的内部冲突是其成功的关键性因素。[26]回顾第6章的内容,如何管理冲突。

11.3 团队动力

团队动力(team dynamics)是指团队形成过程中所出现的相互影响的方式。这些相互影响也被称为团队进程。[27]团队的成功依赖于团队成员在完成工作的进程中与其他人的交流进程。[28]微软的CEO Bill Gates建议在大学中做一些项目以了解团队动力。[29]招聘者喜欢有领导技能及团队动力技能的应聘者。[30]然而,大部分团队成员并没有受过团队训练,在这一部分,你将受到一些训练,而且在实践的过程中,随着团队技能的形成,你将变得更有效率。[31]我们将讨论组成团队动力学的六大部分:目标、规模、规范、凝聚力、地位和角色。

11.3.1 目标

为了更有效地完成任务,一个团队必须具有清晰的目标并承诺达到目标。领导人必须允许团队根据其能力设定目标。

对经理的提示 经理必须确信他们的团队有可测量的目标,并且知道其优先权。在设定目标的过程中,你可以参照第8章中的一些指导方针,并使用那些设定目标的模型。团队的目标必须与它的组织目标相一致。

如果你是其中的一名成员或跟随者,而不是一名领导人,尽力帮助团队设立全体成员同意并且给予承诺的清晰的目标。作为团队的一员,你有义务帮助团队获得成功。如果团队在一开始没有正确的目标,它很可能就不会成功。

> **工作应用**
>
> 在下列工作应用1—8中,回忆你现在或以前所属的某一特殊团队。如果你将做技能强化练习11-1,则现在请勿以你在班上的小组为例。
>
> 1. 团队对于清晰的目标达成一致并给予承诺了吗?解释其原因。

11.3.2 团队规模

理想的团队规模是多大？随着团队目的的不同，团队的规模也不尽相同。作为自我导向型的功能型团队，一些公司选用了 12—18 名成员，但一般认为理想的规模是 14—15 名成员。[34] 任务型团队的规模通常要小于功能型团队的规模，查明事实的团队规模通常要大于解决问题的团队规模。在团队规模上没有一致的理想规模，有些人说是 3—9 名，而另一些则说是 6—8 名。假如团队规模过小，它将会过于谨慎；假如过大，则会影响速度。但大团队一般会拥有更多的选择以及高质量的想法，因为它们将从参与者的多样化中获益。[35]

规模将如何影响团队动力　团队规模影响领导、成员以及完成工作的进程。团队规模越大，在指明方向时领导者需要更正式化以及更多的专制。而在小规模团队中则相反，领导者更不正式，并且更具参与性。大规模团队中的团队成员更能忍受领导者的专制。一般来讲，在 5 个人组成的团队中，参与者之间更平等（这里最需要的是正式的计划、步骤以及规范）。由 20 个人或更多人组成的团队中，则因团队太大而无法在决策中达成一致协议，团队成员们更趋向于组建一些次级团队。

对经理的提示　经理人通常在决定其功能型团队的规模时没有发言权。然而，合适的领导风格因团队大小的不同而有差别。那些主持某一委员会的经理应该能选择团队的规模。在这个过程中，经理应该为委员会选择合适的人选，以使团队的规模最适于特定任务。

> **工作应用**
>
> 2. 团队有多大？这一规模合适吗？解释其中的原因。

11.3.3 团队规范

一般情况下，功能型团队通常有固定计划，以帮助提供必要的行为指导，而任务型团队则没有。然而，固定的计划并不能涵盖所有的情况。所有的团队都具有一些它们自己的未书面化的准则。[36] 规范是团队对其成员行为的共同的期望。为了保持团队的一致性和理想的行为，规范决定了哪些可以做、哪些应该做、哪些必须做到。[37]

规范如何形成　规范是团队成员在日常工作的交流中自发形成的。每一个成员在进入团队时都会带入文化以及以前的经验。团队的信念、观点以及知识将会影响规范形成的形式。例如，团队每天生产 100 单位产品，假如团队成员都愿意接受这一期望，那么 100 单位产品将变成一种团队规范。规范可以根据团队的需要而改变。[38]

团队应如何实施规范　假如团队成员不遵守规范，其他成员会迫使其顺从。团队迫使其遵守规则的一般方法包括嘲笑、排斥、阴谋怠工甚至体罚等。但是，如果其中的一名成员 Sal 每天生产超过 100 单位产品，其他成员也会取笑甚至嘲笑他。如果 Sal 继续破坏这一规范，其他成员会对其施以体罚甚至排斥他，以迫使他遵守这一规范。其他成员会损坏他的产品或者偷走他的工具和材料,以降低他的工作效率。

对经理的提示 团队目标必须具有激励性,有助于团队成员达到这一目标,否则队员将变得比较消极,这将会阻碍团队目标的实现。继上例,假如公司的产量规范是每天110单位产品,团队的100单位产品的规范则是一个消极的规范。反之,若公司的规范是每天90单位产品,那么100单位产品则是一个积极的规范。经理必须知道他们团队的规范。他们必须努力保持并形成一个积极的规范,以破除那些非积极的规范。经理可以使团队面对消极的规范,然后试图找出双方都满意的规范。[40]

工作应用

3. 列举团队中的至少三种规范。区分他们是消极的还是积极的。团队应如何实施这些规范?

11.3.4 团队凝聚力

团队遵守规范的程度以及规范的实施主要依赖于凝聚力的程度。**团队凝聚力**(group cohesiveness)[41]是团队成员拥有的相互之间的吸引力和亲密程度。一个团队越具有凝聚力,就越能团结在一起。团队成员越称心,他们就越愿意遵守团队规范。[42]例如,一些成员抽烟,那么这个团队就会形成一个抽烟的规范。这种抽烟的同伴影响经常会获得优势。为了被整个团队所接受,一些成员必须做一些他们并不愿做的事情。

影响凝聚力的因素 这些因素是:

目标:达到团队目标的一致性和约束力越强,团队的凝聚力就越强。

规模:一般来说,规模越小,凝聚力越强。规模越大,就越难在目标和规范上达成一致。拥有3—9名成员的团队具有理想的规模。

同质性:一般来说,团队成员越相似,凝聚力越强。人们一般都比较容易接受和他们相似的人。然而,同质性随着工作的多样化而逐渐变得不可能。[44]

利益分享:一般来说,团队成员之间的分配水平越公平,团队的凝聚力就越强。团队在受一名或几名成员支配之后,就会缺乏凝聚力,因为其他成员遭到了排斥。[45]

竞争:注重竞争将会影响团队的凝聚力。假如团队关注队内竞争,每个人都会尽力做得比其他人好,这将会导致极低的凝聚力。假如团队关注队与队之间的竞争,团队成员就会很好地团结在一起以打败对手。当没人关注谁将得到奖励时,一个团队能完成的工作可能是惊人的。

成功:一个团队在完成它的目标时越成功,团队凝聚力就越强。成功似乎会繁衍凝聚力,同时又会转而繁衍成功。人们总是希望在一个成功的团队中。你是否注意到失败的团队将比成功的团队更容易争吵,而且也更会抱怨是其他成员导致了失败?

凝聚力将会如何影响团队绩效 很多实验在对比了有凝聚力的团队和不具凝聚力的团队时都得出以下结论:有凝聚力的团队在完成目标时成功的可能性更大,而且从工作中所获得的满意度更高,成员忘记工作的可能性也更小,更信任,也更合作,而且紧张和敌意也更少。S.

第 11 章　团队动力和领导

E. Seashore 在这一主题上做了最广为人知的实验。Seashore 发现：

- 生产率高的团队凝聚力更强而且更能接受管理层制订的生产率水平。
- 那些生产率水平低的团队同样也有很强的凝聚力，但不接受管理层制订的生产力水平。他们会制订并实施一个低于管理层水平的规范。
- 生产力水平处于中游的团队是低凝聚力的团队，不管其是否接受管理层要求的生产力水平。团队成员的绩效波动幅度最大的团队是低凝聚力的团队之一。他们更能容忍违反团队规范。

对经理的提示　经理必须努力发展接受他们生产力水平的有凝聚力的团队。在对团队的目标达成协议和承诺时，分享机制的运用将会有助于团队凝聚力的形成。有时团队内的竞争是有益的，但经理应主要关注团队间的竞争。这将有助于形成一个有凝聚力的成功的团队，同时又会促使团队向更高的水平进步。随着环境的全球性和多样化，组建有凝聚力的团队将越来越是一种极具挑战性的工作。[48]

工作应用

4. 团队有凝聚力吗？影响团队凝聚力的六个因素是什么？凝聚力的程度是如何影响团队绩效的？解释其原因。

11.3.5　团队中的地位

团队成员之间互动时，他们由于多种不同的原因而产生对他人的尊敬。[49]一个团队成员所获得的尊敬、威望、影响和权力越多，他在团队中的地位也就越高。[50]**地位**（status）是指团队成员感知的相对于团队中其他人的等级。

地位的发展　地位建立在以下几个因素之上：成员的工作头衔、工资或薪水、工龄、知识或技术、交往技能、外表、教育背景、种族、年龄、性别等等。多样化的训练将有助于团队成员提高其在团队中的地位，因为多样化也被看做是组织的优势。团队的地位依赖于团队的目标、规范和凝聚力。那些遵从团队规范的成员将会比那些不遵从团队规范的成员拥有更高的地位。团队将更愿意忽视那些拥有高地位的成员破坏规范的行为。拥有高地位的成员将会在很大程度上影响团队规范的形成，地位低的成员倾向于学习高地位成员的行为和规范。

地位将如何影响团队绩效　高地位成员对团队的绩效有很重要的影响。在一个功能性团队中，经理通常拥有最高的地位。经理的管理能力将会影响团队绩效。除经理之外，功能性团队中的高地位成员也会影响团队绩效。假如高地位成员支持积极性的规范和高生产率，团队就也会接受这一切。非正式的领导会对团队产生很大的影响。[51]

另一个影响团队绩效的重要因素是地位相和性。地位相和性是指成员从他们团队地位中所获得的认知度和满意度。那些对其地位不满的成员将会觉得被排除在团队之外[52]，而且他们也不可能是积极的参与者。他们可能从身体上或精神上远离团队，而且不能发挥他们最大的潜能，甚至在他们为更高的地位而战时将会引发团队冲突。[53]领导斗争经常持续很长时间或者无法解决。那些对地位不满而准备辞职或者反抗的团队成员将会导致同一种结局即低水平的团队绩效。

对经理的提示 为了使组织更有效,经理必须在功能性团队中拥有最高的地位。为了达到这一目标,经理必须很好地履行管理的五大功能即计划、组织、协调、指挥和控制,并具有一些必需的技能。经理必须与整个团队保持良好的人际关系,特别是与那些高地位的非正式领导,保证他们会支持积极的规范和目标。此外,经理还必须意识到冲突可能是缺少地位相和性的结果。经理可以采用在第6章中讨论的冲突管理技巧。

> **工作应用**
>
> 5. 按在团队中的地位列出每位团队成员的名字,包括你自己。哪些特点将会影响其在团队中地位的高低?

11.3.6 团队角色

当团队在为达到某一目标而工作时,它必须行使特定的功能,在功能行使的过程中,形成了角色。**角色**(roles)是关于团队成员应该如何履行职位要求的一些共同认可的期望。

角色如何形成 人们在形成角色的过程中总是以他们自己的期望、组织的期望和团队的期望为基础。人们总是希望加入那些能满足团队成员地位或角色的组织。当他们加入组织时,他们通过定位、工作描述以及管理监督来了解组织的期望。当与团队交流时,他们学习团队的期望即规范。随着员工将这三方面期望的内部化,他们也就进入了自己的角色。[54]

人们总是在一个职位同时扮演很多种角色。例如,一名教授可能扮演教师、研究员、作者、咨询者、顾问和委员会成员等不同的角色。我们的角色将同时在工作之外得以延伸。这位教授同时也是一个家庭的成员,属于某一专业或一个市,而且拥有许多不同圈子的朋友,每一种组织都有不同的期望。

对团队成员进行分类 在第7章中我们曾讨论过,当经理和员工进行交流时可以采用指示性的行为(结构设置、以工作为中心、产量或任务导向),鼓励性的行为,或者两者兼有。这两种方式同时也会在团队成员之间的交流中被采用。谈到团队成员互动时,常用的术语包括任务角色和维持角色。第三种称法是自利角色。下面我们将讨论这三种不同的角色:

团队的**任务角色**(task roles)是指团队成员所说和所做的将会直接影响目标的完成。任务角色可以被进一步地分为以下几类:

- 目标澄清者——他们的任务是确保每个人理解目标。
- 计划者——他们的任务是如何达到目标。
- 组织者——他们的任务是分配和协调资源。
- 领导者——他们的任务是在任务下达时通过指导影响成员。
- 控制者——他们的任务是采取正确的行动以确保目标的实现。

团队中的**维持角色**(maintenance roles)是指团队成员所说和所做的将会形成和保持团队的动力。维持角色可以进一步分为以下几类:

- 形成者——他们的任务是使成员融入到团队中并做出承诺。

- 寻求一致者——他们的任务是让成员投入并同意团队的决定。
- 协调者——他们的任务是帮助团队成员解决他们之间的冲突,以防止他们影响团队的绩效。
- 守护者——他们的任务是保证合适规范的形成与实施。
- 鼓励者——他们的任务是对成员的需要给予支持、友好和积极的反应。
- 和解者——他们的任务是为了凝聚力而更改或者使其他人更改他们的立场。

自利角色(self-interest roles) 是指团队成员所说和所做的只满足私人的需要或目标,而不顾集体的利益。请注意这一定义与不道德的竞选活动(第9章)和强迫型冲突风格(第6章)相似。当团队成员扮演自利角色时,他总是有隐藏的议程。这些自利探寻者将会告诉组织中的成员如果他们不罢工也不仅仅考虑自己,那么组织将会受益匪浅。他们可能会不惜采用不道德的政治和暴力方式以达到他们的目标。换言之,他们给人一种他们总是在为别人和组织考虑的感觉,而实际上他们只是为了达到自己的目标,他们会为此不惜一切代价。

作为团队中的一员,当你区分能使自身和组织同时获益(双赢)的自利角色和只使自身获益而损失组织的利益(单赢)的自利角色时,必须密切关注自利角色以及那些隐藏的议程。那些自利性的成员都是问题成员。在以后的章节中你将会学到应该如何管理这些问题成员。

自利角色可以进一步分为以下几类:
- 侵略者——他们通过负面的批评或贬低其他成员及他们的观点而挫伤他人的锐气。
- 拦路者——他们不接受团队的努力,而且还阻止团队到达其目标。
- 荣誉偷袭者——他们总是想方设法把集体的荣誉归为己有。
- 离群者——他们不管从身体上还是从精神上都只关心自己而不是团队。

角色将如何影响团队绩效 为了使一个团队有效,必须分别由人扮演任务角色和维持角色,而使自利角色最少。如果一个团队只有任务角色,那么这个团队的绩效将会受到影响,因为这样的团队不能有效地解决存在的冲突。团队的进程将会影响团队的绩效。而从另一个角度来说,如果团队中没有任务角色,那么团队的任务将无法完成。任何有自利性成员的团队都将不能发挥它最大的潜力。

对经理的提示 经理必须让团队知道扮演这些角色的重要性。当身处某一团体时,你必须清楚每一位成员所扮演的角色。如果在必要的时候,没人扮演任务角色或维持角色,你就必须担起这一角色的任务。[55]在下一部分,我们将讨论团队的发展,在团队发展过程中,经理应如何利用自利角色和维持角色。

在本章开头的例子中,目标相当明确,团队规模正好,而凝聚力、地位、角色都不是主要问题。Kirt 一直怀疑别人的观点,而其他人也受他的影响。作为领导者,Bonnie Sue 需要对这种已经形成的消极规范采取措施,以保证团队的成功。Bonnie Sue 可以在下一次开会的开始就指出,团队内形成了一种规范,而这种规范将给团队带来破坏性的影响。她可以在 Kirt 他们贬低这个想法时打断他们,并提醒他们整个团队应保持积极。团队同样可以讨论是否还有其他消极的规范要停止。此外,他们还可以讨论积极规范的制订将会有助于团队更出色地完成工作。Carl 在这个团队中扮演任务角色,Shelby 扮演维持角色,而 Kirt 则扮演自利角色。在本章的最后,我们将讨论应该如何管理 Kirt、Shelby 和 Carl 这类问题成员。

工作应用

6. 利用你在工作应用5中的列表,识别出每一位团队成员(包括你自己)所扮演的主要角色。

总之,有效的团队必须有明确的目标,并有团队全体成员对这一目标的同意和承诺,必须有达到目标所需的团队规模、积极的规范、凝聚力、地位的相合性,同时包含任务角色和维持角色,但自利角色必须最少。建立满足个人和团队或组织的有效的团队动力将会获得一种双赢的局面。图11-3回顾了团队动力的六大组成部分。

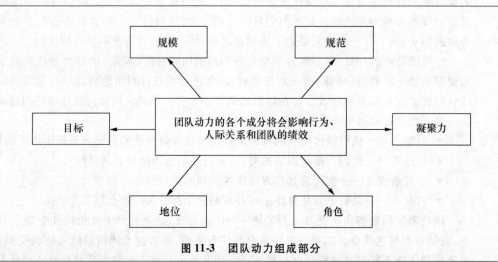

图11-3　团队动力组成部分

情境应用

团队动力
AS 11-1

将以下各种情境与团队的动力因素一一对应起来:
A.目标　　B.规模　　C.规范　　D.凝聚力　　E.地位　　F.角色

_____ 1. 我是一名工会成员。假如不是工会,我们将不会获得现在的薪水。集体谈判确实有用。

_____ 2. 我还能用一名员工,但是这里并没有一个职位空缺。

_____ 3. 我希望管理层能下定决心,我们这个月生产这种产品,而下个月则生产另一种产品。

_____ 4. 如果你需要什么建议,你可以去向Sharon请教,她比这儿的任何一个人都明白这里的各种关系。

_____ 5. "Conrad,你迟到了。其他人都准时到了,所以我们没有等你就开始开会了。"

情境应用

角色　　　　　　将以下各条与各种角色对应起来：
AS 11-2　　　　A. 任务　　　　　　　B. 维持　　　　　　　C. 自利

_____ 6. "等一下，我们还没听听 King 的意见。"
_____ 7. "你能再解释一下我们为什么要这样做吗？"
_____ 8. "在你来之前，我们已经试过了，根本就不行。我认为我的意见更好。"
_____ 9. "这与问题有什么关系？我们已经离题了。"
_____ 10. "我认为那个意见比我的好，我们就按照那个做吧！"

11.4 团队发展阶段

团队发展阶段将会影响团队的动力、满意度、努力程度和绩效。[56]所有的团队都是独一无二的，而其动力也会随其所在阶段的不同而不同。[57]然而，基本上每一个团体在从一群人的集合到一个运营顺利而有效的团队、部门或单位，大致都会经历相同的几个阶段。[58] R. B. Lacoursiere 在翻阅了两百多篇有关团队动力的文章后，提出了一个5阶段模型，它基本上综合了团队发展的各个阶段。[59]这5个阶段分别是：定位、不满、问题解决、生产和终止。虽然这5个阶段是独立且独特的，团队发展阶段的一些元素将会在每一阶段都有体现。下面我们将详细描述每一发展阶段。

11.4.1 第1阶段：定位

形成（forming）阶段的主要特点是低发展水平、高承诺、低能力。当第一次形成一个团队时，他们通常会对团队做出很高的承诺，然而，因为他们从没在一起工作，所以他们没有完成某项任务的能力。[60]当初次交流时，他们通常会担心他们如何能融进这个团队、他们将被要求做什么、这个团队会是怎样、这个团队的目的是什么等等。[61]当任务开始时，这一阶段是显而易见的，因为这一团队是全新的。[62]传统的功能性团队很少会全部都是新成员。而这在新的自我导向型团队中则是屡见不鲜的。[63]一些功能性团队从未走出这一阶段。他们从未解决进程中令人担忧的问题，便已经走入下一个阶段。假如角色和目标不明确，不能被成员所理解，那么成员们很难作为一个团队得到发展。[64]

11.4.2 第2阶段：不满

风暴（storming）阶段的特点是中发展水平、低承诺、稍许能力。当成员在一起工作一段时间后，他们将越来越对组织不满。[65]成员开始怀疑为什么我是其中的一员？这个团队能完成些什么吗？为什么其他成员不能做应该做的事？通常在这一阶段,任务比预期的更复杂、困难,成员开始觉得沮丧和缺少应有的能力。然而,团队确实显现出一些完成任务的能力。[66]团队成员需要相互学习[67],并建立作为一个团队应有的信任。[68]那些陷入这一阶段的团队的主要特点是纪律松弛、动力低下、生产率极低。在这一阶段,他们从来不对团队感到满意,也不试图学习站在一个团队的角度来完成任务。

11.4.3 第3阶段:问题解决

规范(norming)阶段的主要特点是:高发展水平、多样化的承诺、高能力。随着时间的推移,在有关目标、任务、技能等等方面,成员在最初期望和实际中找到了平衡。随着成员能力的形成,他们也越来越对这个团队满意,并对其做出种种承诺。[69]关系的发展使成员的隶属需要得到满足。[70]随着极具规范和凝聚力的团队结构的形成[71],他们学会了在一起工作。随着团队成员的交流和相互影响,承诺一次又一次改变。在冲突和变动期,团队需要很好地解决这些问题。[72]假如团队不能有效地解决有关团队动力的问题,团队会退回到第2阶段,或者变得很不稳定,在承诺与能力之间徘徊。假如团队成功地形成了积极的团队结构和动力,它会向下一个阶段发展。[73]

11.4.4 第4阶段:生产

运转(performing)阶段的主要特点是显著的发展水平、高承诺、高能力。在这一阶段,承诺和能力不会变动太多。这一高承诺和技能水平[75]提高了生产率和绩效。[74]团队拥有高满意度。团队保持了积极的团队架构和动力。高生产率使他们获得了积极的感觉。[76]团队动力会随着时间的推移而改变。但是各种冲突将得到快速的解决,成员之间坦诚相待。[77]

11.4.5 第5阶段:终止

对于功能性团队,终止(adjourning)阶段将永远不会达到,除非他们在组织结构上有一些彻底的变动,但任务性团队则能达到这一阶段。在这一阶段,成员必须面临离开团队。在那些依次经历了以上四个阶段的团队的成员,会因团队的终止而感到难过。当然,那些没能顺利经历以上四个阶段的,对其队员来说则是一种解脱。团队可能在很长一段时间内谈论它的终止,当然也可能仅仅在最后一次会议中谈论这一问题。对终止的感觉因成员之间的关系以及在团队终止之后成员能否再见面而不同。

团队的每一个发展阶段中的两个关键变量是任务的完成情况(能力)和社会情感或士气(承诺)。这两个变量的变化趋势在每一个阶段并不相同。能力在每一个阶段都有所增加,而承诺在第1阶段很高,第2阶段下降,第3、4阶段又逐渐上升。他们的发展趋势如图11-4所示。

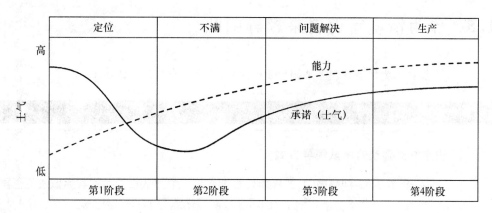

图 11-4 团队发展阶段 1—4

注：如果团队处于第 5 阶段，它就结束，因此谈不上能力和承诺，更没有发展。

在开始的案例中，Bonnie Sue 的团队处于第 2 阶段——不满阶段。该团队的承诺下降但能力上升，她需要解决这种不满的状况以使团队向第 3 和第 4 阶段发展。作为特殊委员会，这个团队在 3 周内将会经历终点——第 5 阶段。下一节将探讨 Bonnie Sue 作为情境管理者如何能够帮助团队向第 3 和第 4 阶段发展。

工作应用

7. 识别团队的发展阶段以及领导所用的情境管理方式。领导所用的方式合适吗？
8. 要改善团队的动力需要做些什么？请做出解释。

情境应用

团队发展阶段
AS 11-3

识别团队发展阶段：

A. 1   B. 2   C. 3   D. 4   E. 5

_____ 11. 成员已经意识到他们最初的期望是不现实的并接受了这种状况。
_____ 12. 特殊委员会提出了管理建议。
_____ 13. 团队成员正努力相互认识。
_____ 14. 团队设置了一个新的产品纪录水平。
_____ 15. 成员们团坐着抱怨。

11.5 作为情境管理者来领导团队

在探讨作为情境管理者来领导团队之前，先完成自我测试练习11-2。

自我测试练习 11-2

确定你更喜欢的团队领导方式

在下面的12种情境中，选择能代表你作为一个团队领导者的实际做法的答案。忽略 D_____ 和 S_____，它们将在技能强化练习11-2中用到。

1. 你的团队共同工作得非常好，成员被积极的规范黏着在一起。只要你继续采取维持行为，他们将保持一种高于组织平均水平的相当一致的生产水平。现在你有一项新的任务给他们。为了完成这项任务，你将会：D_____
   a. 解释需要做什么并告诉他们如何去做。在他们执行这项任务时监督他们。S_____
   b. 告诉团队你对他们过去的表现有多么满意。解释新的任务，但是让他们自己决定如何去完成它。如果他们需要，则给予帮助。S_____
   c. 告诉团队有什么需要去做。鼓励他们提出如何开展工作的建议。检查工作绩效。S_____
   d. 给团队解释有什么需要去做。S_____

2. 你被提升到一个新的管理岗位。团队看起来对工作没有天分，但团队成员看起来确实非常关注他们所做工作的质量。上一个管理者因为部门的低生产力水平而离职。为了提高生产力，你将会：D_____
   a. 使团队知道你已经意识到它的低生产力水平，但让他们自己决定如何改善这种状况。S_____
   b. 在团队成员履行职责的时候，花大量的时间监督他们。在必要的情况下对他们进行培训。S_____
   c. 向团队解释你非常乐意同他们一起努力提高生产力，如团队一样一起工作。S_____
   d. 告诉团队几种提高生产力的方法。根据他们的想法改进方法，并确保这些方法得到实施。S_____

3. 你的部门一直都是组织中高绩效的团队之一，作为一个团队它运行得很好。过去，你一般是让成员自己关注他们的工作。你决定：D_____
   a. 定期转转并鼓励团队成员。S_____
   b. 确定成员角色，花更多时间检查绩效。S_____
   c. 使工作按照它们原有的方式进行。S_____

第 11 章 团队动力和领导

d. 举行一场会议。推荐改善方法,同时听取成员的意见。在对变化达成一致后,监督团队以确保其履行新思想且确实得到改善。S _____

4. 过去的一年你花了大量的时间来培训雇员。然而,他们不再像过去一样需要你花费大量的时间来监督生产。一些团队成员不再像过去那样很好地相处。你最近充当了调解人的角色。你:D _____

   a. 举行一场会议探讨提高绩效的方法,让团队决定做出什么改变。做个支持者。S _____

   b. 使事情保持现状。在必要的时候近距离地指导他们并充当调解者。S _____

   c. 让成员自己处理问题。S _____

   d. 必要时继续近距离监督,但是花更多的时间扮演维持角色。改善团队精神。S _____

5. 你的部门做了一项非常伟大的工作以至于其成员大量地增加。你对新成员整合的速度之快感到惊奇。该团队自己持续地提出了改善绩效的方法。增长的结果是,你的部门将转移到一个新的、更大的地点。你决定:D _____

   a. 设计新的布局图,将其展示给团队看他们是否能够改进它。S _____

   b. 做团队的一员并允许团队设计新的布局图。S _____

   c. 设计新的布局图,将其复印件贴在公告板上以使雇员知道转移后该到哪里去报告工作。S _____

   d. 举行一次会议,获取雇员对新地点布局图的意见。会议之后,考虑并敲定布局图。S _____

6. 你被指派去领导一个作业团队。由于一个亲属的亡故你错过了团队的第一次会议。在第二次会议上,团队似乎已经提出了目标和一些基本规则。成员中有完成任务的志愿者。你:D _____

   a. 像铁腕领导一样接管团队。改变一些基本规则和任务。S _____

   b. 回顾至今都做了什么,保持事情的原状。然而,从现在开始负责并提供清晰的指导。S _____

   c. 接管领导地位但是允许团队做决策。支持并鼓励他们。S _____

   d. 看到团队做得很好,你会离开且不再参加任何会议。S _____

7. 你的团队工作达到了或者仅仅低于规范,但团队内部有一些冲突,结果是生产进度落后于计划。你:D _____

   a. 告诉团队如何解决冲突,然后近距离监督以确保你的计划被遵守以及生产力的提高。S _____

   b. 让团队解决这个问题。S _____

   c. 举行一次会议,像团队一样工作并达成一套解决方案。鼓励团队一起工作。S _____

   d. 举行一次会议,提出一种解决冲突的方法,并向成员推销这种方法,采纳员工意见并跟进。S _____

8. 组织允许弹性工作时间。你的两个雇员询问他们是否可以更改工作时间。你有点顾虑,因为所有繁忙的工作时间段都需要有人在岗。部门非常有凝聚力,有着积极的规范。你决定:D _____
   a. 告诉他们情况进展良好,保持其现有的样子。S _____
   b. 举行一次部门会议获取每一个人的意见,然后重新安排成员工作时间。S _____
   c. 举行一次部门会议获取每一个人的意见,然后基于试验重新安排成员工作时间。告诉团队一旦生产力下降你将会重新使用原有计划。S _____
   d. 盼咐他们举行一次部门会议。如果部门同意在繁忙时段至少保证三个人在岗,他们就可以做出改变,同时给你一份新的安排计划。S _____

9. 一次部门会议你迟到了10分钟,你的雇员正在谈论最近的任务。这让你感到很惊奇,因为在过去你必须提供清晰的指导,员工极少发表意见。你:D _____
   a. 及时控制局面并提供你的通常指导。S _____
   b. 仅仅坐着不讲任何话。S _____
   c. 鼓励团队继续,但也给予指导。S _____
   d. 感谢团队在没有你的情况下开始讨论,并鼓励他们继续。支持他们的努力。S _____

10. 你的部门一向非常高效。然而有时成员会较为散漫,有些人会发生意外,但从来没有出现过严重伤害。你听到一阵喧闹并走过去看发生了什么。远远地你就看见 Sue 手中拿着用公司生产的材料制造的球坐在地上,大笑着。你:D _____
    a. 不说什么也不做什么。毕竟,她没有什么事,部门又是非常高效的,你不想引起员工的情绪波动。S _____
    b. 召集团队并向其咨询如何避免事故再次发生。告诉他们你将检查他们以确保此类现象不再继续。S _____
    c. 召集团队一起讨论这种情况。鼓励他们以后更加小心。S _____
    d. 告诉团队从今往后你将经常检查他们。把 Sue 带到你的办公室并惩罚她。S _____

11. 你正在你所领导的专案委员会第一次会议上,大多数成员都是来自营销和财务领域的第二或第三层经理,你是来自生产部门的一名管理者。你决定由此开始:D _____
    a. 致力于改善关系。在开始谈论工作之前使每一个人都感觉他们已经相互熟悉。S _____
    b. 改变团队目标以及团队中的权威人士。提供清晰的指导。S _____
    c. 要求团队确定其目标。由于大多数成员是高层经理,让他们自己提供领导力。S _____
    d. 以提供指导和鼓励作为开始,给出指令并感谢他们的合作。S _____

12. 你的部门过去完成了一项伟大的工作。现在部门有了一台新计算机,同旧的那台稍有不同。你经过了操作这台计算机的培训,现在你要培训你的员工去操作它。为了培训他们,你: D _____
   a. 给予团队指导,个别地和他们一起工作,提供指导和鼓励。S _____
   b. 召集团队确定他们想获得怎样的指导。对他们学习的努力给予支持。S _____
   c. 告诉他们这是一个简单的系统,给他们一份指南让他们自学。S _____
   d. 给予团队指导,然后四处走动以近距离地检查他们的工作,在需要的时候给予额外的指导。S _____

为了确定你更喜欢的领导方式,在1—12种情境中圈出你选择的字母,相应的标题列表明了你选择的领导方式。

	专制(S-A)	咨询(S-C)	员工参与(S-P)	放任(S-L)
1.	a	c	b	d
2.	b	d	c	a
3.	b	d	c	c
4.	b	d	a	c
5.	c	a	d	b
6.	a	b	c	d
7.	a	d	c	b
8.	a	c	b	d
9.	a	c	b	d
10.	d	b	c	c
11.	b	d	a	c
12.	d	a	b	c
合计				

把每列圈出的项数加总,全部四列之和应等于12。数量最高的一列代表你更喜欢的领导方式。不存在一种对所有情境都是最好的方式。

在四种方式中的数量分布越均匀,你对团队的领导越灵活。任何一列的总和为0或1可能表明你不愿采用这种方式,在需要采用这种方式的情况你可能会遇到问题。

你更喜欢的领导方式同你更喜欢的情境管理方式(第7章)以及情境沟通方式(第5章)相同吗?

情境管理和团队发展阶段

情境管理可以被应用在团队发展阶段中。第7章提出了情境管理模型,主要介绍了如何管理单个雇员。下面你将会发现一些变化,即集中于在团队发展阶段中应用模型。在团队发展的每一阶段,团队的有效表现和向下一阶段的发展都需要不同的管理方式。

前面介绍过,经理人员与其团队互动时可以扮演任务角色,维持角色,或者两者兼而有之。你将会学到在不同的团队发展阶段经理人员应该扮演怎样的角色。

团队发展第 1 阶段(group development stage 1),定位——低水平发展 D1(高承诺/低能力),采用专制的管理方式(高任务/低维持)S-A。在任务团队第一次集合时,经理人员需要帮助团队澄清其目标,对其加以指导以确保团队有一个良好的开端。由于成员承诺加入团队,经理人员需要扮演任务角色以帮助团队提高能力。[78]

在经理人员同其功能团队一起工作时,他们必须确保团队有清晰的目标且成员知道自己的角色。[79]如果团队没有清晰目标或者发生了复杂的变化,经理人员则需要扮演适当的任务角色。

团队发展第 2 阶段(group development stage 2),不满——中等水平的发展 D2(较低的承诺/一些能力),采用咨询的管理方式(高任务/高维持)S-C。尽管任务和功能团队明确地知道其目标和角色,成员由于各种原因而变得不满,比如与其他成员相处困难或者认为自己对团队的影响力不够。[80]一旦士气下降,经理人员需要集中于维持角色以鼓励成员解决问题。[81]经理人员应该通过开发适宜的团队结构来帮助成员满足其需求。与此同时,经理人员需要继续扮演对团队提升能力有益的任务角色。

团队发展第 3 阶段(group development stage 3),问题解决——高水平的发展 D3(不同的承诺/高能力),采用员工参与管理方式(低任务/高维持)S-P。当任务和功能团队成员知道其目标和角色是清晰的时候,几乎没有必要给予其任务领导,成员知道该如何去工作。[82]

承诺通常由于诸如利益冲突或损失之类的与团队动力有关的问题而改变。[83]为了使团队解决其面临的问题,经理人员需要集中维持行为。如果经理人员继续提供不必要的任务指导,团队会变得令人不满并退回或稳定在这个水平上。

能够改进前面探讨的团队结构和动力的经理人员将会带领团队发展到第 3 或第 4 阶段的水平。否则,团队将稳定在团队发展第 2 阶段的水平上。员工激励、发展和人际关系维持是一个发展的过程。采用员工参与方式可以帮助成员改善承诺;反过来,承诺的改善又会影响成员的能力。

团队发展第 4 阶段(group development stage 4),生产——显著水平的发展 D4(高承诺/高能力),采用放任主义管理方式(低任务/低维持)S-L。发展到这一阶段的团队拥有执行适当任务和扮演维持角色的成员[84];除非产生了问题,否则经理人员不需要扮演任何角色。

作为经理人员,你应该决定自己团队的当前发展水平并努力将其带到下一个发展阶段。[85]

在开始的案例中,Bonnie Sue 的承诺处于第 2 阶段——不满。Bonnie Sue 需要同时扮演任务和维持两种角色以帮助团队向第 3 和第 4 阶段发展。集中于解决相互贬低这一消极规范,需要任务和维持两种角色同时发挥作用。同时,在完成会议任务以及激励 Kirt、Shelby 和 Carl 更能干这些方面,Bonnie Sue 需要提供更强的领导力。具体如何去做,你将在下一节中学习到。

团队发展的四个阶段及相应的情境管理方式归纳在表 11-1 中。

第 11 章 团队动力和领导

表 11-1 团队情境管理

团队发展阶段(D)	管理方式/角色(S)
D1 低水平 →	**S-A 专制的**
高承诺/低能力 →	高任务/低维持
成员达成团队承诺,但他们没有能力去执行。	提供指导以使团队有清晰的目标,成员知道其角色。为团队提供这种指导。
D2 中等水平的发展 →	**S-C 咨询的**
低承诺/有一些能力 →	高任务/高维持
成员已经对团队感到不满。他们已开始提高能力但对结果感到沮丧。	继续指导团队提高其作业能力。在团队结构发生变化时提供维持以使其重获承诺。决策中包含成员的投入。
D3 高水平的发展 →	**S-P 员工参与的**
不同的承诺/高能力 →	低任务/高维持
在生产相对稳定的时候承诺随着时间而改变。	很少提供指导。集中于开发有效的团队结构。让团队参与到决策中来。
D4 显著水平的发展 →	**S-L 放任主义的**
高承诺/高能力 →	低任务/低维持
承诺和生产都一直很高。	成员自己提供任务和维持角色。管理者是团队的一员。允许团队自己作决策。

11.6 会议领导技巧

中层经理人员平均每周有 11 个小时在开会,高层领导则平均每周有 23 个小时在开会。[86] 伴随着团队自我指导的趋势,工作场所的会议占用了越来越多的时间。[87] 今天,任务小组会议已成为最重要的会议之一。[88] 由于各种水平的雇员花在会议上的时间都在上升,对会议管理技巧的需求比以往任何时候都更强。[89] 对会议最一般的抱怨是:会议太多、太长而且低效。[90] 尽管如此,会议对事业的成功还是非常重要的。[91] 事业可能在会议中成功或失败。会议的成败主要取决于领导以及人际沟通。在本节中,我们将探讨会议的计划、会议的组织以及如何处理团队问题成员。

11.6.1 会议的计划

会议计划至少需要涉及五个领域:会议的目标、参与者和任务、议程、时间以及地点。计划文本应该在会议前送达与会成员。[92]

目标 在团队会议之前,确定想要从团队中得到什么。会议召集者所犯的一个最大的错误是他们往往对会议没有清晰的思想和目的。[93]领导者需要陈述他们希望会议达到什么样的结果。在召集会议之前,你需要明确会议的目的和目标。

参与者和任务 在召集会议之前,领导者应该决定谁有资格参加会议。[94]参与者越多,会议有所作为的可能性就越小。[95]是整个团队或部门都需要参加吗?或者是否有一些特殊的非团队成员应该被邀请参加会议?在有争议的问题上,领导者可能会发现更明智的做法是在会议对这个问题探讨或投票之前会见一些主要成员。回忆第10章中关于同盟的讨论。

参与者在会议前应该知道他们被寄予什么样的期望。如果需要参与者做些准备(阅读材料、做些调研、准备报告之类),应该在会前提前告知他们。[96]

议程 在召集会议之前,领导者应该认识到,为达到会议目标,会议中可能发生哪些行为。日程会告诉成员领导者对他们的期望是什么,以及会议将会如何进展。对每一项议程限定时间有助于团队遵循目标,会议离题是一种常见的现象。

议程依据优先次序设定。这样一旦团队没有时间探讨所有事项,最不重要的事项就可以暂且搁置。[97]很多会议中领导者都把所谓的快速事项放在前面。团队一旦陷入僵局就要快速通过重要事项,或者将其推到以后。

需要作报告的成员应该在会议之初就作,原因在于人们会紧张并全神贯注于他要作的报告。报告一旦结束,他们就会更放松,也将更积极地参与到会议之中。准备了一份报告,却仅仅被告知"我们将在下次用到它",这是一件令人沮丧的事情。因为这传达了这样一种信息:该成员或者该报告是不重要的。

日期、时间和地点 在决定一周中的哪一天以及什么时间开会时,可征求成员的意见。成员一般早上更清醒。明确地详细说明开始和结束的时间。[98]确保选择一个足够大的开会空间,并使大家感到舒适。座位的安排要能使参与者在进行小组讨论时能有目光接触,时间要充裕,这样不会太匆忙。如果需要预定会议场所,要提前足够长的时间,以确保获得想要的会议空间。

伴随着技术的发展,电话会议变得相当普遍。电视会议也开始流行。这些技术节约了旅途成本和时间,结果是决策得更好、更快。应用电视会议的一些公司包括Arco、波音、美国医疗保险公司、福特、IBM、美国天合公司和施乐公司。自从《罗伯特议事规则》问世之后①,个人电脑据说已成为管理会议的最有用的工具。个人电脑能够被变成大屏幕的"智能黑板",这样可以显著改变会议的效果。会议记录可以记在个人电脑上,会议结束后可打印分发。

领导 领导者应该确定小组的发展水平并采取适当的任务行为和/或维持行为。每一项议程可能都需要不同的处理方式,例如,一些议程可能仅仅需要发布信息,而另一些议程则需要讨论或投票表决,还有一些议程需要某个成员做报告。

提高团队成员能力的一条有效途径是有可能的话让团队成员每次会议轮流做会议主持或协调人。

书面计划 在领导者对上述5项做出计划之后,他们应该把这些计划写下来并做成若干

---

① 美国一本关于开会规则的书,为美国议会、公司、组织、社团以及俱乐部等团体举行会议、制订规则、产生决议时使用的开会规则,在美国被广泛地使用。——译者注

份分发给将要参加会议的成员。表 11-2 按顺序提供了一次会议计划的推荐内容。

表 11-2　会议书面计划

时间：日期、星期、地点、开始和结束时间。
目标：会议的目的和/或目标陈述。
参与者和任务：如有必要,列出每个参与者的名字和任务。如果全部成员有共同的任务,做一个任务陈述。
议程：按优先次序列出需要解决的每一事项及其大致的时间限制。

11.6.2　会议的组织

下面,你将学习到团队的首次会议、每次会议的三个部分、领导、团队结构以及情绪。

首次会议　在首次会议上,团队处于定位阶段。领导应该采用高任务角色,但应该给成员用一定时间去相互认识的机会。相互介绍可以为以后的相互交往搭建平台。成员一旦发现他们的社会需求无法得到满足,不满很快就将产生。一种简单的方法就是以介绍作为开始,然后转向团队的目的、目标和成员角色。有时在这个过程中或过程后会有一段时间的休息以供成员非正式交往。

每次会议的三个部分　每次会议都须设计如下的内容:

1. 目标。准时开始会议;等待迟到的成员是对准时到达的成员的惩罚,同时发展了迟到规范。可从回顾进展、团队目标以及本次特别会议的目的或目标开始。如果做了会议纪要,通常在下次会议开始时获得批准。建议大多数会议都安排一位秘书做备忘录。

2. 议程。全面涉及议程事项。努力遵守大致的时间,同时要保持灵活。如果讨论是建设性的且成员需要更多的时间,就给他们所需的时间;但是,如果讨论的更多的是扰乱性的争议,则需要继续下一议程。

3. 总结并回顾任务。按时结束会议。领导者应该总结会议中发生了什么。会议的目标达到了吗？回顾会议中下达的任务。获得对任务的承诺,每个成员都该为下次或未来的某次特别会议履行职责。秘书和/或领导者应该记录所有的任务。如果对任务没有责任和考核,成员就不会完成它们。

领导、团队结构和动力、情绪　如上节所述,领导者需要改变团队的发展水平。必要的时候,领导者必须提供适当的任务行为和/或维持行为。

领导者有责任帮助团队开发一种有效的团队结构。在团队履行任务的时候领导者必须集中于其动力,并使团队意识到它的发展如何影响到其绩效以及成员的承诺。团队需要创造和维持能有效促进共同工作的积极情感。消极情感应该被忽视,团队成员应该被引向一个积极的方向。单个成员、子团队或整个团队都可能变得情绪化。情绪可能由会议内容、成员对团队结构的理解和团队动力引起。作为团队的一员,你需要同时关注口头和非口头沟通两个方面(见第 4 章)以帮助团队理解动力如何影响其行为、人际关系和绩效。不要仅仅关注讲话者,在其他人听的时候观察他们。一旦团队成员表现出不耐烦,使团队注意到这点并应用积极倾听和冲突解决技巧来讨论这个问题。团队建设(第13章)是帮助团队开发有效结构和动力的一种有效的技巧。

> **工作应用**
>
> 9. 回忆你所参与的一次具体的会议。团队领导是否做了会议计划,通过陈述会议目标,识别参与者和他们的任务,制订议程,陈述会议的日期、时间和地点?领导者在会前为成员提供书面会议计划了吗?解释你的答案。如果你是领导者,你会怎么做。

11.6.3　问题成员的管理

团队成员一起共事后,个性类型趋于显露。某些个性类型能够导致团队较为低效。[101]你的团队中可能存在的一些问题成员如下:沉默者、健谈者、徘徊者、无聊者以及争辩者。下面我们将讨论如何处理各种类型的成员以使这些成员和团队更有效率。

沉默者(silent member)　为使团队足够有效,所有团队成员都该参与其中。如果成员保持沉默,团队就不能从他们的想法中受益。

领导者有责任鼓励沉默者参与讨论,当然做得不能太明显或牵强,可用的一种技巧是简单轮流制,这种方法要求全部成员轮流发表他们的意见。这种方法一般情况下比直接号召成员更安全。然而,这种方法并不是任何时候都适当。为了建立沉默成员的信心,应问他们容易答上来的问题。如果你相信他们有自己的想法,要求他们加以表达。此外,还要观察他们的非口头表达。[102]

如果你是沉默一类,尝试着更多地参与团队。知道什么时候该站起来发表自己的观点以及什么时候该保持警觉。沉默者一般不会成为好的领导者。

健谈者(talker)　健谈者对每件事情都有话要说。他们喜欢控制讨论。然而,一旦他们控制了讨论,其余的成员就无法参与。健谈者会引起团队内问题。

领导者有责任减慢健谈者的速度,但并不是让他们闭口。不要让他们控制团队。[103]简单轮流制对健谈者非常有效,可以帮助他们学会必须等待自己的发言机会。在不采用简单轮流制时,有礼貌地打断健谈者并发表自己的观点或者邀请其他成员发表他们的观点。预先作"让我们给没有发表意见的人一个机会"这样的陈述也能减慢健谈者的速度。

便士策略也可以用来减慢健谈者的速度并鼓励沉默者参与。在会议开始时,给每个参与者5便士,他们每发一次言就收回一便士。参与者的便士一旦用完,就拒绝他们继续发言。会议结束后收集剩下的便士看谁没有参与,同时鼓励他们在将来的会议中积极参与。诚然,这是一种笨拙的方法,但它确实有效。[104]

如果你更像一个健谈者,尽量慢下来。给别人一个发言或解决问题的机会。好的领导在这些领域开发雇员的能力。

徘徊者(wanderer)　徘徊者使团队脱离议程事项并常常喜欢抱怨和批评。[105]

领导者有责任保持团队的轨迹。如果徘徊者想要社交,就切断这方面的交谈。礼貌地感

第11章 团队动力和领导

谢该成员的贡献,然后抛给团队一个问题以使其回到预定的轨迹上来。然而,如果徘徊者有合理的且可以解决的抱怨,允许团队讨论它。团队结构需要强调和解决,但如果它不是可以解决的,把团队带回轨迹。控制而不解决任何问题将会降低完成任务的士气和承诺。如果徘徊者对无法解决的问题发出抱怨,领导者应该这样说:"我们的工资或许是不够高,但我们没有能力控制我们的工资。抱怨也不会为我们带来工资的上涨,还是让我们回到手头的问题上来吧!"

如果你更像一个徘徊者,尽力注意自己的行为并注意不要跑题。

无聊者(bored member) 你的团队中可能有一个或更多成员对现在的任务不感兴趣。无聊的人有可能专注于其他事情而不专注于或不参与团队会议的讨论。无聊的人可能是一个无所不知者,他们自我感觉优越并奇怪团队怎么会花这么多的时间在这种显而易见的问题上。[106]

领导者有责任保持成员的动力。分配给无聊者一项任务诸如在黑板上记录意见或做会议记录。邀请无聊者,把他们带回团队。如果你允许他们仅仅坐着休息,事情可能变得更坏,其他人可能决定也不再参与。消极情绪很容易传给团队的其他成员。[107]

如果你更像一个无聊者,尽量寻找方法自我激励。致力于变得更有耐心并控制可能对他人产生消极影响的行为。

争辩者(arguer) 像健谈者一样,争辩者喜欢成为人们注意的焦点。当你采用有利于开发和选择行动方案的"魔鬼代言人方法"时,你会与人争辩。然而,争辩者喜欢仅仅为争辩而争辩,而不是帮助团队。他们把事情变得对立,同时又无法忍受输的结局。

领导者应该用非争辩的方式来解决冲突。不要和争辩者进行争论[108],争论正是其期望的。如果争论已经开始,把其他人也带入讨论之中。如果争论是个人性的,把它打断。个人攻击只会伤害团队。保持讨论向目标发展。尽力使争辩者对抗的机会最小化。

如果你更像一个争辩者,努力以肯定性争论的形式阐述你的观点,而不是好斗的争论。倾听他人的观点,如果他们有更好的意见,要乐于做出改变。

结论 只要你在团队中工作,无论其他成员如何挑衅,都不要阻碍、胁迫或与他们争论。如果你这样做了,他们将成为受害者,而你将成为团队中的欺凌弱小者。如果你的团队中有以上方法都对其不起作用的问题成员,在会议之外同他进行个人面谈。要说服他们同意以一种合作的方式工作。

在开头的案例中,Bonnie Sue 的会议缺乏具体任务。她需要使用更具指导性的领导力,并把任务分配给具体成员在会议外去完成。回忆 Bonnie Sue 的团队中的问题成员,他们是 Carl——健谈者,Shelby——徘徊者,Kirt——争辩者。Bonnie Sue 需要采用领导技巧使 Carl 慢下来,使 Shelby 不跑题,使 Kirt 不与他人对抗,并快速解决冲突。

> **工作应用**

10. 识别你所参与的一场会议中的问题成员。领导者对他们的处理有效吗?你可以做什么以使他们更高效?详细解释。

情境应用

团队问题成员
AS 11-4

识别如下问题成员：
A. 沉默者　　B. 健谈者　　C. 徘徊者　　D. 无聊者　　E. 争辩者

_____ 16. Jesse 总是第一或第二个发表意见，并且总是详细地加以阐述。由于 Jesse 的反映如此之快，其他人有时会有些想法。

_____ 17. 今天有两个团队成员第一次安静地坐着，其他成员进行全部讨论并主动承担任务。

_____ 18. 在团队讨论某个问题的时候，一个成员询问团队是否有人接到副总裁和售货员的消息。

_____ 19. Eunice 通常最后一个发表意见。一旦被要求解释她的立场，Eunice 总是改变自己的答案以对团队表示赞同。

_____ 20. Hank 喜欢挑战其他成员的观点。他喜欢团队按照他的方式行事。一旦某个团队成员不赞成 Hank，他就对该成员过去的错误作英明的评论。

11.7 总结

组织采用团队来实现绩效目标。团队中的成员在相互影响的过程中提高动力。团队结构——领导技巧和解决问题以及做决策的能力——是团队发展阶段的主要决定因素。团队结构和动力越有效，发展阶段就越高。发展阶段越高，团队的绩效水平就越好。反过来，团队的绩效又会影响它的行为和人际关系。[109]你是否曾经注意到同一团队的行为和人际关系在实现目标（胜利）或未实现目标（失败）的时候会有所不同？

当你领导的团队某种意义上在达到团队目标的同时又满足了个人需求时，你就创造了一种双赢的局面。

对本章中讨论的因素如何影响团队的一种解释见表 11-3。

表 11-3　团队绩效构成模型

团队绩效(f)*	团队结构	团队动力	团队发展阶段
高↔低	• 领导 • 构成 • 问题解决和决策 • 冲突	• 目标 • 规模 • 规范 • 凝聚力 • 地位 • 作用	1. 定位 2. 不满 3. 解决 4. 生产 5. 终结

*（f）= 函数。

在阅读表11-3时,你是否理解了团队行为和人际关系受到团队结构、动力及团队发展阶段的影响?继而又会影响团队绩效。而团队绩效也会影响团队行为和人际关系,因为这个过程是不断发展的而非有清晰的开始和结束点。

学习提高团队动力、团队领导、团队问题解决和决策的技巧将有助于你变得更有效。

在即将结束本节时,完成自我测试练习11-3以更好地理解你的人格或个性如何影响你的团队行为。

自我测试练习11-3

个性特点和团队

阅读下面两种陈述:
相对于单独工作我更喜欢作为团队的一员和其他人一起工作。
　　　　强烈同意　7　6　5　4　3　2　1　强烈不同意
相对于个人成就我更喜欢达到团队目标。
　　　　强烈同意　7　6　5　4　3　2　1　强烈不同意

你对这两种陈述的同意程度越强烈,你成为一个好的团队成员的可能性就越高。(然而,非强烈同意并不意味着你不是一个好的团队成员。)下面是关于大五人格纬度如何能够影响你的团队工作的一些信息。

如果你有很高的**外倾性**个性,你可能有很高的权力需要。无论你是否是团队领导,你都要刻意避免操纵团队。寻求他人的意见,明确什么时候该引导、什么时候该跟随。即便你有非凡的想法也要保持对他人的敏感,这样他们才不会感觉你在欺侮他们,并会在你影响他们的时候保持镇定。注意你的动机,确保他们对团队有益。由于你的领导技巧有影响力,你具备为团队做出积极贡献的潜力。如果你对权力的需求很低,尽力保持警惕,这样你才不致被他人利用,一旦你有了很好的想法就讲出来。

如果你有很高的**随和性**个性特征,并且从属的需要很高,你将更可能是一个好的团体主义者。然而,在你有了很好的想法的时候,不要让对伤害关系的担忧阻碍你对团队的影响。不要太快就向他人让步。你的一个未被实施的更好的想法对团队绩效是无用的。你有成为团队有价值的资源的潜力,只要你发挥这种潜力,你可以同他人一起很好地工作并使他们感觉到自己的重要性。如果你的从属需求很低,要注意对他人的言行保持敏感。

如果你有很高的**尽责性**个性特征,成就需求较高,那么你要小心自己的个人化倾向。有自己的目标很好,但如果团队和组织都失败了,那么你也就失败了。记住,做事的好方法往往不止一个,你的方法不一定就是最佳方法。不要太追求完美,因为这样可能会引起与其他成员之间的冲突。由于尽责,你有潜力帮助团队把工作做到最好。如果你对成就需求不高,那么要促使自己对团队做出有益的贡献,要尽本分。

如果你**适应性**很强,能控制自己的情绪,这将对团队有益。如果你易情绪化,要努力保持冷静并帮助团队实现目标。

> 如果你具有开放性性格,你会尝试新事物,这可能有助于团队进步。当你有了能帮助团队进步的想法时,要与团队成员分享,要运用你的影响技巧。如果你不愿意改变,要努力变得更加开放,要愿意尝试新事物。
>
> **行动计划**:基于你的个性特征,你会采取哪些具体措施以改进你的团队技巧?
> _____
> _____
> _____

复习题

团队会影响行为、人际关系和绩效。_____是指大家一起努力以实现个人单独无法实现的目标。_____认为团队的绩效基于团队结构、团队动力、团队发展阶段。功能型团队是包括管理者及员工的正式长期的团队。任务型团队是功能型团队成员为了某一具体任务在一起工作。特殊委员会,或任务小组,是正式的临时团队,当目标实现后解散。常务委员会是一种正式的长期团队,成员常常轮换。

团队结构的组成因素包括:领导、构成、问题解决及决策、冲突。

_____是指团队形成过程中所出现的相互影响方式。团队动力学的六大部分:目标、规模、规范、凝聚力、地位和角色。团队必须具有清晰的目标并承诺达到目标。随着团队目的的不同,团队的规模也不尽相同。_____是指团队成员之间或整个团队的吸引力以及友好度。具有积极高效规范的有凝聚力的团队往往生产水平最高。_____是指团队成员感知的相对于团队中其他人的等级。_____是关于团队成员该如何履行职位要求的一些共同认可的期望。团队角色分为以下几类:_____,即团队成员所说和所做的将会直接影响目标的完成;_____,即团队成员所说和所做的将会形成和保持团队的动力;以及_____,即团队成员所说和所做的只满足私人的需要或目标,而不顾集体的利益。

伴随着不同的情境管理方式,团队发展的五个阶段是_____,定位——低发展水平阶段 D1(高承诺/低能力),使用专制型情境管理方式(高任务/低维持)S-A;_____,不满——中发展水平 D2(低承诺/稍许能力),使用咨询型情境管理方式(高任务/高维持)S-C;_____,问题解决——高发展水平 D3(多样化的承诺/高能力),使用参与型情境管理方式(低任务/高维持)S-P;_____,生产——显著的发展水平 D4(高承诺/高能力),使用放任型情境管理方式(低任务/低维持)S-L;以及第五阶段终止,这只适用于任务团队,不适用于功能团队。

会议计划的五个方面包括:目标、参与者及任务、议程、时间和地点、领导技巧。会前应该将会议计划发给与会者。主持会议的三个步骤包括:(1) 回顾目标,(2) 浏览议程,(3) 总结回顾任务。会议的领导者应该帮助团队制订有效的团队结构,应该根据团队的发展阶段使用合适的领导方式。团队领导者可能会遇到问题团队成员,包括应该使其参与的沉默者、应该使其慢下来的健谈者、应该使其不跑题的徘徊者、应该激励的无聊者以及应该避免与其争论的争论者。

关于第 11 章的总结,请见表 11-3。

第 11 章 团队动力和领导

案例分析

Valena 科技公司

20 世纪 80 年代,应用生物工业成为经济发展中的热门。随着遗传工程学中的新发现不断涌现,生物公司如雨后春笋般地出现,大量风险投资注入到这个具有无限商业潜力的行业,每个人都希望从中获取巨额利润。而这之中最有潜力的要数疾病的治愈了,包括癌症和艾滋病,都发展到了基因层面。

Valena 科技公司(Valena Scientific Corporation,VSC)是一家大型的保健品生产商,它看到了生化工程发展的趋势,决定制订一份生化研发计划。正如 VSC 的高层管理者后来评价的那样,生化研究多元化的决定是大胆而冒险的。尽管生化行业发展迅速,但是真正的微生物方面的专家还是很少,导致了该领域专家的欠缺。由此衍生的问题是,该领域缺乏创新型产品问世,而这却是衡量公司商业成功的因素。许多原先期望获得高回报的投资者纷纷失去了兴趣,越来越多的生化公司难以获得足够的投资来支持下一步的研发计划。但 VSC 没有被吓倒,而是继续向前推进,它深信自己能克服市场开拓进程缓慢的问题——这是生化公司普遍面临的问题。

VSC 的研发组由九位科学家组成,其中三位精通基因拼接,三位精通基因重组,另外三位则是发酵方面的专家。另外还有一部分技术人员。管理层确信如果这个由科学家和技术人员组成的研发工作组有充分的自主权,那他们将会在生物研发方面取得巨大的成功。三个工作小组之间交互很少,整个工作流程井然有序。例如,工作一般由基因拼接组展开,然后到基因重组,然后是发酵。

VSC 的生物研发计划遇到了一个特殊的机遇。Hoffman-LaRoche(瑞士罗氏大药厂)正要开发一种白血球干扰素,用以治疗癌症。VSC 与罗氏签订了合同,共同开发一种更高层面的干扰素技术。VSC 总共有六个月的时间来进行新技术的研发。各小组(基因拼接、基因重组、发酵)仍然专注于各自的小组工作,并且立刻开始了各自专业相关的研究。数月之后,各小组的非正式领导人聚会讨论计划的进展,突然发现每个小组都选取了截然不同的研究方向。他们想试着找出各个方向之间的结合点,但徒劳无功,每个小组都认为自己的研究方向是最优的。穷根究底的会议折磨着每个人的神经,但对解决问题于事无补。管理层意识到这个问题之后,决定外聘一位正式的专家领导整个研发组。他们聘请了一位在 DNA 重组方面有着丰富的研究经验的大学教授担任公司研发计划的首席生物学家。所有的研发成员在干扰素的研究期间的所有进展都得向他汇报。

这位首席生物学家认为有必要将这三个小组整合为一个真正的小组,于是要求九位科学家在两天内撤销原来的小组。领导者推动各位科学家在一起交流他们的希望与构想。当他们达成了一致的构想后,新小组立刻开始了科学试验,并且在新小组中讨论他们曾经在各自小组中研究的问题。渐渐地,大家的意见逐渐统一,并最终形成了一个方案,看起来比以前各自为政的方案成功的可能性要大得多。当小组回到 VSC 后,所有的技术人员以最快的速度用新方法开展工作。并根据小组的相关程度,制订了明确的最后期限。

经过这次变化之后,科学家们在许多方面都发生了显著的变化,小组之间的交流变得很普遍。小组的领队经常交换意见并且协调彼此之间的问题。非正式的聚餐及茶歇成了各小组一些成员之间习以为常的事。小组的领队及成员基本每天都对自己的研究进行讨论和协调。虽然小组没有像高层执行官预想的那样成为自治的部门,但每个人都情绪高涨,充满动力,乐于为事业献身,团队精神处于最高点。

网上查询:想了解更多关于 VSC 的信息,或更新本案例中提供的信息,请直接在网上进行域名查询,或登录网站 www.vsc.com。

请用案例和课本中的相关信息,或在网上和其他渠道获得的相关信息,回答下列问题。

1. 根据团体绩效模式的相关内容(图 11-1),在小组重组前,哪种功能对小组实现目标的行为伤害

组织中的人际关系

性影响最大?

2. 讨论项目研究小组重组前团队动力的六个部分分别是怎样的?

3. 项目研究小组在改组前后分别处于什么发展阶段?

4. 在管理层聘请首席生物学家之前对九名科学家采用了什么情境监督模式?首席生物学家在改组中采用了什么情境监督模式?管理层和首席生物学家的方法都适用于小组所处的发展阶段吗?

5. 改组与第 11 章的内容有何联系?

回顾性问题

6. 本案例中的沟通问题是什么(第 4 章和第 5 章)?

7. 在改组前,冲突是如何影响小组的(第 6 章)?

8. 在改组前,管理层对项目研究小组采取了哪种强化(强化理论)?哪种激励技巧最能使所有的成员以团队形式进行工作?(第 8 章)

客观题案例

组织行为

通过改组,Kristen 新增了三个部门生产同种产品。Ted、Jean 和 Paul 分别是三个部门的主管。为提高生产效率,她成立了一个小组专门分析目前的情况,引进更先进的方法,促进效率的提高。该评估小组由 Kristen、三位主管、一位工业工程师和一位来自员工中的专家组成。该小组对目前各部门的情况进行了如下的分析:

第一组:Ted 的部门的生产效率略高于规范的效率。每月的产量大概是规范月产量的 102%—104%(规范是 100%)。大家在一起工作,相处融洽,并且经常一起吃饭,每位员工的生产效率大致相当。

第二组:Jean 的部门的生产效率大概是规范效率的 95%—105%,大多数情况下维持在 100%。员工之间的互动看起来比较少,生产能达到 100% 的部分原因是有两位员工一直保持 115% 的生产效率。Jean 再过六个月就要退休了,这两位员工都想接替她的位子。有三位员工的生产效率只有规范的 80%—90%。

第三组:Paul 的部门的生产效率是规范的 90%—92%。Betty 是一位颇有影响力的非正式领导,监督大家的生产率水平,告诉每位员工是生产多了还是生产少了。John 是这个部门唯一达到规范生产率的员工,部门的其他员工也不愿和他说话,有的时候他们还故意使他的生产效率下降。该部门其他员工的生产率大概是规范的 90%。

回答下列问题,并在每题之间的空白处写出你的理由。

_____ 1. Kristen、Ted、Jean 和 Paul 组成了_____小组。

a. 功能　　　　　b. 任务　　　　　c. 非正式

_____ 2. 为提高生产效率，Kristen 成立了_____。
a. 功能小组　　　b. 特别委员会　　c. 规范委员会

_____ 3. 哪个(些)小组的目标比较一致,责任心较强？
a. 1　　　　　b. 2　　　　　c. 3　　　　　d. 1 和 2
e. 1 和 2　　　f. 2 和 3　　　g. 1、2 和 3

_____ 4. 哪个(些)小组的目标(积极的规范)与管理者的要求比较一致？
a. 1　　　　　b. 2　　　　　c. 3　　　　　d. 1 和 2
e. 1 和 2　　　f. 2 和 3　　　g. 1、2 和 3

_____ 5. 哪个(些)小组的凝聚力比较强？
a. 1　　　　　b. 2　　　　　c. 3　　　　　d. 1 和 2
e. 1 和 2　　　f. 2 和 3　　　g. 1、2 和 3

_____ 6. 哪个小组表现得最自私自利？
a. 1　　　　　b. 2　　　　　c. 3

_____ 7. Betty 在他的小组中扮演了_____的角色？
a. 任务　　　　b. 维护　　　　c. 利己

_____ 8. 第一组处于小组发展的第_____阶段。
a. 1　　　　　b. 2　　　　　c. 3　　　　　d. 4
e. 5

_____ 9. 第二组处于小组发展的第_____阶段。
a. 1　　　　　b. 2　　　　　c. 3　　　　　d. 4
e. 5

_____ 10. 第三组处于小组发展的第_____阶段。
a. 1　　　　　b. 2　　　　　c. 3　　　　　d. 4
e. 5

11. 为提高每个小组的生产效率,你有什么好的建议？

技能强化练习 11-1

团队动力

准备

注：本练习适合在一起合作达一定时间的小组(推荐 5 小时以上)。

回答下列问题：

1. 根据出勤、预习情况、课堂参与程度,试辨别每位成员(包括你自己)对小组的承诺程度。(把他们的名字写在相应的横线上。)

高承诺_____

中承诺_____

低承诺_____

组织中的人际关系

2. 我们的小组规模是
　　_____太大　　　　　_____太小　　　　　_____正好
解释原因。

3. 列举至少五种你们小组所制订的规范。判断每一种是积极的还是消极的。
   1) _____
   2) _____
   3) _____
   4) _____
   5) _____
   哪些积极的规范有助于小组的运作？

4. 根据小组的承诺、规模、同质性、参与的平等性、内部成员的竞争以及成功，判别各小组凝聚力。
   _____高　　　　　_____中等　　　　　_____低
   凝聚力是如何影响小组表现的？怎样才能提高凝聚力？

5. 判别每位组员的地位，包括你自己。（把名字写在相应的横线上。）
   高 _____
   中 _____
   低 _____
   小组成员具有平等的地位吗？如何改善？

6. 判别每位成员所扮演的角色，在相应的横线上写下他们的名字。同一个名字可能会出现多次，同一横线上的名字若多于一个，按角色重要性排列。
   任务角色
   目标澄清者 _____
   计划者 _____
   组织者 _____
   领导者 _____
   控制者 _____
   维持角色
   形成者 _____
   寻求一致者 _____
   协调者 _____
   守护者 _____
   激励者 _____
   和解者 _____
   自利角色（如果适用）
   侵略者 _____
   拦路者 _____
   荣誉偷袭者 _____
   离群者 _____

第 11 章 团队动力和领导

为提高影响力,哪些角色需要增加表演次数?哪些需要减少?谁应当表演?谁不应当表演?

7. 我们的小组处于_____的发展阶段。
1) 定位
2) 不满
3) 问题解决
4) 生产
该怎么做才能提高小组的发展水平?

8. 判别问题人群,如果存在,请把他们的名字写在恰当的横线上。
沉默者 _____
健谈者 _____
徘徊者 _____
无聊者 _____
争辩者 _____
该怎么做才能消除由这些人所引起的问题?请明确地说出该由谁来做以及该做什么?

9. 回顾 1—8 各题的答案。按照重要顺序,各小组该怎么做才能优化小组结构?详细说明小组各成员为改善小组结构将采取什么措施。

课堂练习

注:本练习适合在一起合作达一定时间的成员(推荐 5 小时以上)。

目的:帮助你更好地了解组织的各结构成分,以及它们是如何影响组织行为的,有助于优化小组的结构。

SCANS 要求:通过这个练习培养学生的人际交往能力、咨询能力、听说读写算等基本能力、思维能力和其他综合个人素质。

体会:讨论组织结构,制订改良计划。

准备:你应当先回答准备部分的问题。

步骤(10—20 分钟)

各小组聚在一起讨论上述 9 道准备部分的问题的答案。充分解释和讨论你的答案,并就小组的过程和动力,提出比较明确的建议。

结论:指导老师带领全班同学一起讨论练习结果并且/或做总结性点评。

应用(2—4 分钟):我应该调整我的目标吗?如果是,把它/它们重新写在下面。

分享:请同学举手,宣读自己在上面应用部分的答案,与全班同学分享。

技能强化练习 11-2

团队情境管理
课堂练习

目的：帮助你更好地了解小组的发展阶段，运用合理的情境监督模式。

SCANS 要求：通过这个练习培养学生的人际交往能力、咨询能力、听说读写算等基本能力、思维能力和其他综合个人素质。

体会：就准备部分所选的 12 种情境的管理模式进行讨论，同时你将会得到反馈，了解自己选择的是否准确。

准备：事先完成自我测试练习 11-2。

步骤 1(3—10 分钟)

指导老师先带领大家回顾一下团队情境管理模式（表 11-1），然后向大家讲解如何运用到情境 1 中去。介绍小组的发展阶段、四种可选行动分别对应的管理模式以及每种选择的得分。按照下面的步骤，为 12 种情境分别选出最佳行为。

第 1 步

确定每种情境中团队的发展水平，将 1、2、3 或 4 填在 D _____。

第 2 步

判别选项 a 到 d 所对应的管理模式，将 A、C、P 或 L 填在 S _____。

第 3 步

为每个小组的发展水平选择最合适的管理模式，与 a、b、c 或 d 连起来。

步骤 2

选择 A(3—5 分钟)：老师给出情境 2—12 的参考答案，格式参照步骤 1，但不做任何解释。

选择 B(10—30 分钟)：2—3 人一组，阅读教师选定的情境。教师将给出参考答案。

结论：指导老师作点评。

应用(2—4 分钟)：通过这个练习我学到了什么？怎么把所学的这些知识应用到未来的工作和生活中？

分享：请同学举手，宣读自己在上面应用部分的答案，与全班同学分享。

Chapter 12

第 12 章
团队、创造性的问题解决和决策制订

学习目标

通过本章的学习,你应该能够:

1. 描述三种决策方式并了解哪种方式最好。
2. 列出决策模型的每一个步骤。
3. 描述出五种可用于产生创造性方案的方法。
4. 阐释团队决策的优缺点。
5. 描述出规范领导模型。
6. 解释以下 14 个关键术语(以在本章中出现的先后为序):

问题 problem
问题解决 problem solving
决策 decision making
决策模型 decision-making model
成本效益分析 cost-benefit analysis
创造力 creativity
创造过程的阶段 stages in the creative process

头脑风暴法 brainstorming
分和法 synetics
名义群体法 nominal grouping
一致计划法 consensus mapping
德尔菲法 Delphi technique
反向意见法 devil's advocate technique
规范领导模型 normative leadership model

组织中的人际关系

引例

Ted Williams 被安排到伊利诺伊州芝加哥市温迪公司的预算委员会工作。Ted 期望着这一变动，因为几周内后他就能每天有几个小时从日常工作中脱离出来。更重要的是，Ted 知道预算委员会的主席是公司的董事长 Sonia Windy。Ted 希望能在预算委员会的工作中发挥出色，这样他就可以给董事长留下一个好的印象，从而有利于他以后的发展。Ted 以前从来没有在委员会工作过，他很想知道委员会的工作是怎样的。

预算委员会形成于 10 年前，其人员来自于各个部门。除了董事长担任主席不变化外，其他成员每年都有变化。预算委员会有权分配预算，但是 Ted 想知道 Sonia 会允许委员会有多大的参与度以及她会采用什么样的监督风格。

在预算委员会工作一年后，Ted 回顾了他的经历。Sonia 允许团队成员在每个部门应该分配多少预算这一问题上提出建议，但是没人能对已经分配好的数目提出反对意见。在每个人都陈述完建议分配方案后，大家就数字展开讨论。等所有的讨论都结束后，Sonia 最后决定每个部门得到多少预算。在每个部门分配金额的问题上，她会对自己的决定做出清楚的解释。

12.1 决策如何影响行为、人际关系和绩效

令人吃惊但千真万确的是：由于两年内没有被完全执行，一半的组织决策以失败告终，三分之一的决策根本就没有被执行。[1] 经理们主要是被雇来解决问题和做决策的。经理们的决定能够影响到消费者、雇员和社区的健康、安全和福利。坏的决定能够损害公司的发展和个人的职业生涯。[2] 例如，许多创业家的创业决策最终以失败告终，商业失败会对市场经济的有效运行造成频繁和潜在的伤害。[3] Smith Corona 公司曾是打字机行业中的重要公司，但是由于公司未能做出进军个人电脑和文字处理软件的决策，最终走向了破产。[5] 从积极一面来看，有效的人力资源管理总是与较好的个人绩效、组织生产率以及公司金融状况有着密切的联系。[6]

行为和人际关系在集中决策和分散决策中迥然不同。[7] 分散决策也叫联合参与决策、权力分享或授权。[8] 现在的雇员喜欢联合决策中的人际关系[9]，因为他们可以有更多的解决问题以及决策的责任。[10] 我们会在谈到团队决策的优势时再讨论这点。

决策失败的众多原因中的一个是简单的从众行为。其他组织做出某种决策时，公司感到有一种压力使他们做出同样的决策。当然，这种决策也许是不错，例如，Simth Corona 公司应该随大流进军文字处理软件和家庭电脑行业。但是，许多公司可能无法有效地使改变的决策适合公司独特的环境，而这会导致本意良好的决策最终失败[11]。

决策失败的另一个原因是忽视道德标准，不符合道德的决策通常都是不好的决策[12]，回忆一下，正是一系列的不道德决策使安然公司走向灭亡。多元全球环境日新月异，道德的决策变得更加重要。[13] 我们前面已经讨论了道德标准，这里就不再讨论。但是，当你学习本章时，记住符合道德的决策肯定会有回报。因此，当你决策时，把你的宗教价值体系或其他精神价值体系加入到决策中[14]，并遵循其道德规范。[15]

第 12 章 团队、创造性的问题解决和决策制订

考虑到决策的高失败率后,你会发现,做出有效的决策并不容易。顾问专家们已经建立了一个行业,培训人们如何决策。[16]你应该意识到,解决问题和制订决策的技能会影响你的绩效。你可以培养这方面的技能,这就是本章的内容。本章中的决策风格和模式适用于个人和团体,但重点主要集中在团体。

工作应用

1. 给出上文未列出的解决问题和决策如此重要的原因。
2. 举例说明,你正在工作的地方或者是你曾经工作过的地方的一个决策怎样影响行为、人际关系和绩效。

解决问题和决策之间的关系

简而言之,决策是为了解决问题并利用同时发生的机会。例如,你生产产品的速度慢于你的竞争对手,因此你的产品价格较高。于是你发展了一种使生产产品速度更快的流程,这会使你有机会比你的竞争者更有成本优势。下面是对解决问题和决策的进一步解释。记住,在本章中,当我们讨论问题时,也包括机会,当我们讨论决策时,也包括解决问题。

当正在发生的情况和个人或团队想要发生的情况之间存在差别时,就会有**问题**(problem)存在。如果你的目标是一天生产500单位产品,但是实际仅生产475单位产品,这就存在问题。问题发生的一个主要原因是变化。在原料工具等方面发生的一个变化可能是为什么生产475单位产品而不是500单位产品的原因。**解决问题**(problem solving)是为了达到目标而采取修正行动的过程。

决策(decision making)是对能解决问题的行动方案进行选择的过程。当面对一个问题时,你必须做出决策。首先要决定是否采取行动去解决问题。例如,你可以简单地改变目标,从而消除问题。在上面的例子中,你可以把目标改为每天生产475单位产品。

有些问题是无法解决的,有些问题是不值得花费时间和精力去解决的。然而,既然经理的部分工作是达到目标,如果想成功的话,你必须努力试着解决大部分问题。本章所提出的建议能帮助你发展解决问题和决策的能力。

在本章开头的例子中,问题是没有足够的钱分配给各个部门,要做出的决策是每个部门实际能拿多少钱。

工作应用

3. 给出你现在正面临的一个问题的例子。

组织中的人际关系

12.2 决策风格

有各种各样的决策风格[17],包括反射型、一致型和省思型风格。为了能确定你的决策风格,回答自我测试练习12-1中的问题。

自我测试练习12-1

决策风格

请仔细阅读下面的10句话,选择最能代表你实际行为的程度副词,把相应的数字填入空格。

选择最能描述你怎样做出决策的答案:

A. 总的来说,我＿＿＿＿＿去行动。
 1. 快速地　　　　　　2. 中等速度地　　　　　3. 慢速地

B. 我花费在重要决策上的时间比不太重要决策上的时间＿＿＿＿＿。
 1. 大致相同　　　　　2. 多　　　　　　　　　3. 多得多

C. 当我做决策时,我＿＿＿＿＿听从第一感觉。
 1. 通常　　　　　　　2. 时而　　　　　　　　3. 几乎不

D. 当我做决策时,我＿＿＿＿＿担心出错。
 1. 几乎不　　　　　　2. 时而　　　　　　　　3. 经常

E. 做决策时,我＿＿＿＿＿重新检查我的工作。
 1. 几乎不　　　　　　2. 时而　　　　　　　　3. 通常

F. 做决策时,我会收集＿＿＿＿＿信息。
 1. 很少　　　　　　　2. 一些　　　　　　　　3. 大量

G. 做决策时,我会考虑＿＿＿＿＿备选行动方案。
 1. 很少　　　　　　　2. 一些　　　　　　　　3. 许多

H. 当做出一个决策时,我通常在＿＿＿＿＿完成它。
 1. 截止日期之前很长时间　2. 快到截止日期时　　　3. 刚好到截止日期时

I. 做出决策后,我＿＿＿＿＿寻找其他方法,后悔没再等等。
 1. 几乎不再　　　　　2. 时而会　　　　　　　3. 通常会

J. 我＿＿＿＿＿后悔已经做出的一个决策。
 1. 几乎不　　　　　　2. 时而　　　　　　　　3. 经常

为了确定你的决策风格,把代表10个问题答案的数字加总起来,总数在10和30之间。在下面的连线上代表你分数的地方打一个"×"。

10　　　　反射　　16　　　一致　　23　　　省思　　30

第 12 章 团队、创造性的问题解决和决策制订

> 分数位于 10—16 之间的表示反射型风格；在 17—23 之间的表示一致型风格；在 24—30 之间的表示省思型风格。你已经确认了你所倾向的个人决策风格。在成员决策的基础上，团队也有倾向的决策风格。把我改成我们，你可以回答 10 个关于团队而不是你自己的问题。

12.2.1 反射型风格

反射型决策者喜欢快速地做出决策（"做事或谈话时不仔细考虑"）。他不花费时间去取得可能需要的各种信息，也不考虑所有可供选择的方法。从有利的一面看，反射型决策者是果断的，毫不拖延。[18] 从不利的一面看，当一个决策不是最好的选择时，快速决策可能导致双倍浪费。[19] 如果总决策错误，反射型决策者可能会被雇员认为是个很差劲的管理者。如果你属于反射型风格，你或许需要放慢速度，花费更多的时间去收集信息，并分析所有的选择方案。遵循决策模型的步骤有助于培养你这方面的技能。

12.2.2 省思型风格

省思型决策者喜欢花费大量的时间做决策，考虑大量的信息，并对若干选择方案进行分析。从有利的一面看，省思型决策者并不匆忙做出决策。从不利的一面看，他可能会拖延决策，并浪费宝贵的时间和其他资源。[20] 省思型决策者可能会被认为优柔寡断和不坚决。如果你属于省思型风格，你需要加快决策速度。Andrew Jackson 曾说："花费时间去仔细考虑，但是行动的时机来临时，要停止思考去行动。"

12.2.3 一致型风格

一致型决策者做决策时既不会匆忙也不会浪费时间。一致型决策者知道信息及可选方案何时足够做出正确的决策。他们具有一致的良好决策记录。[21] 一致型决策者倾向于按照决策模型的步骤做出决策。

12.3 决策模型

这个模型称为理性模型，它适合用于重要的非重复性决策。当要做出不重要的重复性决策时，不必完全采用模型中的五个步骤。在某些情况下，例如拥有非常有限的信息时，直觉决策是恰当的。[22] 直觉也可以应用在模型的各个步骤。

遵循模型的各个步骤并不保证一定成功，但是，遵循模型的步骤将增加决策成功的几率。[23] 当你遵循这些步骤时，可以询问别人的意见。有意识地在你的日常生活中应用这种模

型,这样你会提高决策的能力。

决策模型(decision-making model) 步骤如下:明确问题;设定目标和标准;产生若干选择方案;分析所有选择方案并挑选一个;计划、决策实施和控制。我们将仔细研究每个步骤。

12.3.1 第一步:明确问题

由于时间的压力,经理和雇员们经常急于解决问题。[24]在匆忙中,他们常常忽略了解决问题的第一步——明确问题。为了能充分认识问题,员工或团队必须确定问题出现的原因。[25]"是什么导致我们每天生产475单位产品而不是500单位产品"。在确定问题出现的原因时,需要时间去思考,思考时要非常安静,远离他人,反思,而且要有重点。为了确定问题出现的原因,我们需要回头看,明白过去,然后预测未来,你必须获得必要的信息和事实。[26]把责任推托给他人并不能解决问题。

在分析每一个问题时,首先要区分问题出现的迹象和问题的原因。为了做到这一点,可以把所有表明问题存在的可观察到的和可被描述的迹象特征列举出来。之后,你就可以确定问题出现的原因。原因不存在,则不会产生影响。例如,Wayne——一个已经在公司工作5年的员工——是一个优秀的生产者。然而,在上个月,Wayne请病假和拖拉的次数比过去两年内都多。出了什么问题?如果你说问题是旷工或拖拉,你就混淆了症状和原因,这些只是问题的症状。如果管理者仅仅教训Wayne,他可能会减少拖拉和旷工,但是问题并没有得到解决。这时明智的做法是管理者与员工通过交流找出问题出现的原因。真正的问题可能是一个私人问题或是工作上的问题。关键点是决策者为了解决问题必须要准确地确定问题。

12.3.2 第二步:设定目标和标准

在问题确定以后,你现在要准备为决策设定一个目标和判断标准。经理应该有一个解决问题的目标。拥有基本目标的经理会做出较好的执行计划和决策。遗憾的是,确认目标并不像听起来那么简单:目标必须准确说清楚将要完成什么。关于怎样设定目标,请参考第8章。

除了设定目标,你必须确定为达到目标决策所必须满足的标准。明确地说明"必须"的标准和"希望"的标准。"必须"的标准必须满足,而"希望"的标准是期望能达到但不一定必须满足的。例如:人力部门雇佣经理的目标和标准如下:在20____年6月30日之前雇佣到一个仓储经理。必须满足的标准是拥有大学学位和至少五年仓储经理的工作经验;希望有的标准是雇佣者应该是少数民族。组织想雇佣一个少数民族,但是不会雇佣那些满足不了必须标准的人。

继续以Wayne为例:目标是提高Wayne的出勤记录,标准是他以前的出勤率。

12.3.3 第三步:产生若干选择方案

在确认了问题并设定了目标与标准后,就要找出解决问题的所有可能的方法或选择方案。一个问题通常有许多解决方法。[27]实际上,如果你没有两个或两个以上的选择方案,你就不需要做出决策。[28]当做的是常规决策时,选择方案是非常直接明白的。然而,当做的是非常规决策时,就需要有新的具有创造性的方案。收集需要的信息并寻找可能的选择方案时,你应该考虑涉及的时间、精力、行动和成本。不要期望得到所有的信息,这是不可能的。然而,你必须获得足够的信息去促使你做出一个好的决策。[29]当思考可能的选择方案时,要有创造性。继续拿Wayne这个例子来说,可选择的方案包括:给他一个警告、以某种方法惩罚他或者与他交谈以确定他行为改变的原因。

12.3.4 第四步:分析所有选择方案并挑选一个

在产生出若干选择方案后,你必须依据目标和标准去一个个评估它们。你不必每次都试图选择最优方案。在很多情况下,一个令人满意的决策就会完成工作。[30]要有前瞻性并试着预测每个方案可能产生的结果。[31]你可以用来分析选择方案的方法是成本效益分析。**成本效益分析(cost-benefit analysis)是一种比较每个选择方案执行过程中的成本和效益的方法**。每个选择方案有它的有利一面和不利一面,或者说它的成本和收益。成本不仅仅指金钱,它包括时间和金钱的耗费等等。为了做出最佳选择,你在做成本效益分析的时候,需要运用直觉[32]、感觉和判断。成本效益分析在非营利部门中很流行,因为其收益很多时候很难用一定量的金钱来衡量。

继续拿Wayne这个例子来说:选择的方案应该是与他交谈,尝试确定为什么他的出勤发生了变化。

12.3.5 第五步:计划、决策实施和控制

决策过程的第五步有三个独立的部分。未能完成第五步是为什么三分之一的决策从未被采用的一个主要原因。[33]我们将分别讨论每个部分。

计划 做出决策后,你应该制订一个执行计划和它的实施进度表。

实施决策 在做出决策和制订计划以后,必须执行它们。把计划传达给所有的员工是计划成功实施的关键。

控制 正如所有的计划一样,在计划实施的同时要进行控制。应该设立检查人员以确认这个决策是否正在解决问题。如果不是,就需要进行纠正。你不应该紧紧盯住一个计划,不能把钱扔在不好的决策上。当你做出一个不好的决策时,你应该承认错误并回到决策模型前面的步骤中去改变决策。

继续拿Wayne这个例子来说:管理者预先计划好在会面中将会对他说些什么,以引导、控制会面的内容,并继续跟进以确认问题被解决。

图12-1中的步骤并不是简单的从开始到结束。在任何一步,你可能必须要回到前面的步骤中去做一些改变。例如,如果你是在第五步并且控制和执行状况并不是如计划的那样进行。你可能必须要返回,通过产生和挑选一个新的选择方案或者通过改变目标的办法来采取正确的行为。如果问题没有被准确地确认,你可能必须要回到第一步。

组织中的人际关系

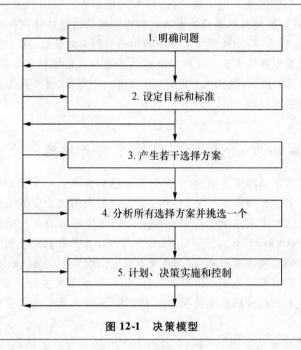

图 12-1 决策模型

开篇案例中的预算委员会应该利用决策模型在各个部门中分配预算。

工作应用

4. 按照决策模型中的五个步骤,解决工作应用 3 中所给出的问题。把它清楚地写出来,标明每一步。

情境应用

决策中的五个步骤 把下面的五个陈述与决策模型中的各个步骤对应起来:

AS 12-1
A. 第一步:确认问题 B. 第二步:设定目标和标准
C. 第三步:产生若干选择方案 D. 分析所有选择方案并挑选一个
E. 第五步:计划、决策实施和控制

_____ 1. 今天我们将会使用头脑风暴法。
_____ 2. Chuck,机器还在出错吗?
_____ 3. 我们应该说清楚我们究竟要努力完成什么。
_____ 4. 你观察到了什么征兆?
_____ 5. 在这种情况下我建议我们采用直线顺序决策过程来帮助我们。

12.4 团队创造性的问题解决和决策制订

前面的部分描述了解决问题和决策应用于个人和团体的情形。在这部分,我们将考察创造力以及怎样利用团队形式产生出创造性的选择方案。创新是商业领导者们在21世纪所要面对的最大挑战之一。[34]

公司都努力试图鼓励创新[35],因为组织才智是通过革新[36]和创造力发展起来的。[37]而且员工的创造力会产生不断增长的生产率[38]和长期的生存能力。[39]新技术会导致革新。[40]实际上,创造力和革新是不同的。创造力是提出新的、有用的想法,革新是创造性想法的组织实施。[41]

12.4.1 创造过程

创造力(creativity)是提出独特的方案以解决问题的能力。一个关于创造力的例子是Adelphi大学扩充其研究生商业项目时的做法,当时人们都认为自己没有时间去深造。Adelphi大学提出的解决问题的方法是"轮子上的教室":即在往返纽约与其他城市间的火车上一星期提供四天课程。

为了提高你的创造力,要遵循创造过程中的各个阶段。在**创造过程中的四个阶段**是:(1)准备;(2)所有可能的解决问题的方法;(3)酝酿;(4)评估。

1. 准备。你必须熟悉问题。询问以得到其他人的意见、感觉、想法和事实。当解决一个问题时,寻找新的角度,运用想象和发明,不要给自己设定界限。[42]

2. 所有可能的解决问题的方法。产生出尽可能多的创造性解决问题的方法,不要做出任何判断。下面谈到头脑风暴法时会具体介绍。

3. 酝酿。产生出所有可能的方法后,休息一下。这并不需要很长的时间,但是你在继续关于解决问题的工作之前,一定要花点时间休息。在酝酿阶段,你可能对问题的解决方法有所洞察。你是否有过这样的经历:你努力工作去解决问题但很受打击,但是当你放弃或休息一会时,你却找到了解决方法?

4. 评估。在实施解决问题的方法之前,你应该评估所有可供选择的方法,确认你选择的想法是切实可行的。评估经常会带来更多的创造力。

每个人都有创造的能力[43],遵循这四个阶段能帮助提高你的创造力。对创造性各个过程的一个概括请看表12-1。

表12-1 创造性过程的各个阶段

第一阶段:准备
第二阶段:所有的可能解决问题的方法
第三阶段:酝酿
第四阶段:评估

> **工作应用**
>
> 5. 给出一个你怎样应用创造过程各个阶段的方法去解决问题的例子,或者应用它去解决一个现存的问题。

人们对创造性想法的反应会影响团队行为。[44]下面列出了会扼杀创造力的一些反应,如表12-2所示。要避免出现这些反应,并鼓励别人不要出现这些反应。

表 12-2　扼杀创造力的反应

• 它不在预算中。	• 我们已经尽力做得最好。
• 它花费太多了。	• 我们没有时间。
• 我们以前从未这样做过。	• 那会使其他的设备过时。
• 别人曾经试过它吗?	• 我们公司太小/大了,不适合这个想法。
• 它在我们公司无法实行。	• 为什么要改变? 它还运行良好。
• 那不是我们的问题。	• 我们还未准备好。
• 我们以前已经试过了。	• 你太超前了。
• 它不可能行的。	• 你不可能让老员工适应新技巧。
• 那不在我们的职责之内。	• 让我们组织一个委员会。
• 这个变化太剧烈了。	• 不要异想天开。
• 没有它我们也会做好。	• 让我们回到现实吧。

12.4.2　运用团队智慧去产生创造性选择方案

在决策过程的第三步,组织产生新的选择方案时运用了团队的智慧。[45]你可以运用各种各样的技巧[46],包括头脑风暴法、分和法、名义群体法、一致计划法和德尔菲法等。

头脑风暴法　头脑风暴法(brainstorming)是在不做评价的情况下提出许多解决问题的选择方案的过程。在使用头脑风暴法时,向团队提出一个问题或一个机会,并要求他们提出创造性解决问题的办法。因为团队力量可能要比个人力量的总和还大,广告执行官 Alex Osborn 提出了四个相互关联的头脑风暴法规则:[47]

- 数量。团队成员应该产生尽可能多的解决问题的办法。更多想法会增加找到优秀的解决方法的几率。产生可能的选择方法是决策模型的第一步。
- 不批评。团体成员在头脑风暴法产生解决问题方法的阶段,不应该以任何方式批评或评估想法。评估是决策模型第四步要做的——分析所有选择方案并选择一个。
- 自由轻松。当你身在局中而无法想到局外时,[48]你必须跳出局外从新的角度去观察。团体成员应该把浮上心头的任何想法都表达出来,无论这个想法是多么奇怪、疯狂、不可思议——因此,就需要避免阻碍成员创造力的批评和扼杀创造力的反应(表12-2)。

● **延伸**。团体成员应该尝试把意见建立在其他人意见的基础上甚至把他们的意见引入到一个新的方向。记住,所有的想法都属于团队,所以每个人都可以任意对其支取使用。延伸有助于产生大量自如的想法,但是一定注意不要批评。

头脑风暴法通常用于解决复杂的问题、创造新的产品、为产品命名以及在市场上投放产品。但是头脑风暴法不适合在未来决策的确定性不明朗的情况下使用。例如,不适合使用头脑风暴法来讨论要不要生产新产品。你可以使用头脑风暴法来讨论生产什么样的新产品,但是不要使用头脑风暴法决定是否生产新产品。如果你决定生产新产品,那么你可以使用头脑风暴法去为产品命名并决定如何将产品投向市场。

头脑书写法:头脑书写法是头脑风暴法的一种变体。为了消除团体中同事压力和其他建议的影响,参与者把他们的想法写下来。然后,成员们努力改进并整合这些想法。[49]

电子头脑风暴法:利用互联网,全世界各地的人们可以参与电子头脑风暴会议。因为具有更大的匿名性,它也有头脑书写法的消除团体压力的优点。[50]电子头脑风暴法通常被用于电子组织中。

分和法 分和法(synetics)是通过角色扮演和幻想来产生新奇的选择方案的过程。分和法重点集中在想法的新奇性而不是数量。[51]创造力可以来自看起来混乱[52]和冲突的情形。[53]首先,为了扩充、延展组织的思想过程,领导者不要精确地陈述情形的性质。例如:当Nolan Bushnell想形成一个家庭用餐方面的新概念时,他先讨论一般的休闲活动,然后他说休闲活动和出去吃饭有关。从这个分和法得到的一个想法是饭店电子游戏综合体,家庭在这儿可以玩游戏,买比萨饼和汉堡包。饭店电子游戏综合体被称为"比萨时代剧院",它的吉祥物是"牛肉奶酪"。

名义群体法 名义群体法(nominal grouping)是通过一种结构性投票的方法来产生和评估选择方案的过程。这个过程通常涉及下面六步:

1. 每个成员独自写下所产生的想法(头脑书写)。[54]

2. 以一种轮叫调度的方式,成员给出他们的想法,领导者在每个人都能看到的地方记录下所有的想法。

3. 通过引导式的讨论将各选择方案阐释清楚,记录下所有补充想法。

4. 每个成员对想法进行评级和投票,通过投票来排除选择方案。

5. 第一轮投票讨论的目的是阐明,而不是说服。此时,建议成员描述其选择方案背后的逻辑。

6. 最后一轮投票是为了选出呈报给领导的问题解决方案。管理者可能会也可能不会实施这一决定(这是参与管理风格)。

研究发现名义群体法优于头脑风暴法。[55]

一致计划法 一致计划法(consensus mapping)是形成一个团队一致同意的解决问题办法的过程。一致计划法需要相互合作努力形成解决问题的方法,该方法能够被所有员工接受,而不是迫使团队成员形成竞争性斗争。一致计划法是名义群体法的延伸,与名义群体法的主要区别在于,团队对列出来的各个解决问题的方法进行分类,以便形成团队的一致意见,而不是对每一个成员提出的解决方案进行投票。一致计划法的主要好处在于,由于解决方法是团队一致认同的,其成员一般会更加投入地执行。[56]必胜客/肯德基的成功部分是由于其首席执行官建立一致意见的能力。[57]

德尔菲法 德尔菲法(Delphi technique)是通过一系列匿名调查问卷的形式对一个团队进行投票测验。它是名义群体法的一种变体,但是没有面对面交流,它还包括一致意见的形成。德尔菲法非常适合在团体中有较大冲突时使用,但比较耗时。[58]每一轮调查问卷的观点都将被分析,并写入下一轮调查问卷中征求团队意见。在一致意见形成之前,这个过程可能要进行五次或更多次。德尔菲法被用于技术预测,比如预测下一次计算机技术的重大突破将是什么。

在本章开头的例子中,Sonia Windy 使用头脑风暴法产生选择方案,团队成员不允许反对其他人的分配建议,直到所有人都陈述完他们的分配数目。为了回顾五种创造性技巧,请参见图 12-2。

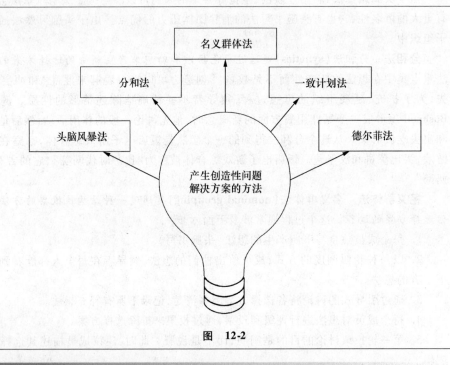

图 12-2

工作应用

6. 给出管理者适合使用头脑风暴法、分和法、名义群体法、一致计划法和德尔菲法情形的例子。

情境应用

运用团队产生选择方案 AS 12-2

在下面的五种情形中,找出产生解决问题的选择方法最适合的团队方法。
A. 头脑风暴法　　　B. 分和法　　　C. 名义群体法
D. 一致计划法　　　E. 德尔菲法

_____ 6. 主管想开发新玩具,她利用员工和孩子一起想办法。
_____ 7. 部门正面临士气问题。
_____ 8. 主管必须决定办公室的新设施。
_____ 9. 主管想在部门中减少浪费。
_____ 10. 主管想找出未来的商业趋势。

12.5 团队决策的优势和劣势

在本部分,我们将讨论运用团队解决问题和决策的优势和劣势。首先,你应该意识到,如今的趋势显然是组织越来越多地使用分权式决策。[59] 随着员工想获得越来越多的解决问题的决策责任[60],组织正在分享权力或授权员工进行集体决策。[61] 员工参与决策可以提高绩效。[62]

为什么决策失败? 虽然人们一致认为参与式决策有效,但组织要真正使用参与式决策仍然有很长一段路要走。一项关于高层经理做出的400项决策的研究发现[63],尽管经理们意识到参与式决策的重要性,但只有仅仅五分之一(20%)的决策在执行时使用了参与式决策的方法。

研究人员 Paul Nutt 发现,有三个关键的错误会导致决策失败,例如火石轮胎召回事件以及壳牌公司处理布伦特·斯帕钻油平台事件,都被认为是下列错误导致的决策惨败。

1. 急于判断,即管理者有了第一个选择方案后就急于解决问题。当决策者采用第一个可能的解决问题的方案时,决策失败次数可能会多出四倍。换句话说,他们未能产生多样的选择方案——决策模型的第三步。

2. 资源误用,即管理者在决策期间将时间和金钱用错了地方。他们倾向于匆忙地做出决策,然后花费时间和金钱为这一糟糕的决策辩护,而不是清楚地确认问题、设定目标和标准、产生多样的选择方案、完整地分析选择方案、执行计划和控制决策——决策模型的第一步到第五步。

3. 运用易于失败的权力和影响策略做出决策,从而导致糟糕的执行。运用不太成功的权力和影响策略做出的决策仅仅有三分之一(33%)能够成功。然而,权力和影响(而非参与)是最常被人们使用的决策方法,60%的决策都是运用这种方法做出的。

总之,虽然经理们认为遵循决策模型中的那些步骤和运用参与决策的方法会花费太多时间,但从中得到的收益却明显大于成本。实际上,运用参与决策法去帮助实施决策的成功几率超过80%。因此,要消除与决策有关的高失败率,请运用参与决策法和决策模型。

12.5.1 团队决策的优势

下面是运用团队决策的一些优点:

更好的决策 参与管理是有效的,因为团队在解决复杂问题时通常做得更好。[64] 运用团队去解决问题和决策非常适合在有风险和不确定性的情况下做出非常规决策。[65] 微软就为了改善决策而建立了一个高层决策团队。[66]

更好的决策来自共同合作。共同合作发生于总的效果大于单个效果的总和时。由于共同作用,团队方法优于所有的个人方法。技能强化练习 12-1 比较了团队决策和个人决策。

更多的选择方案 多元化是积极的,因为多元化的团队能提出不同的看法和多样化的解决方法。多样化的团队更有创造力。[67] 成员们可以在每个人想法的基础上提高选择方案的质量。领导者可以运用前面讲过的创造性团队技巧。在决策模型的第三步中,要形成尽可能多的选择方案。

另一个提高决策质量的方法是反向意见法。**反向意见法(devil's advocate)** 要求个人在团队面前为自己的立场解释和辩护。其他团队成员对这个解释者提出尖锐的问题。他们努力找出所选择的解决方法存在的漏洞,以便找出实施时可能出现的任何问题。经过一段时间的争辩,团队最终得出修正过的解决方法。在决策模型的第四步中可使用这个技术。

接受 如果受决策影响的人能参与到决策制订过程中,那么计划实施成功的几率将会大大增加。决策的方法往往比决策本身还重要。如果每个成员都在决策过程中贡献自己的想法,就会有利于产生所有权感、热情和对行动的承诺。[68]

士气 在解决问题和决策中使用参与法能够带来可见的回报和更高的员工满意度。[69] 参与法会使员工更好地理解为什么要这样决策以及产生更高的满意度。[70] 此外,部门内部的沟通也会更有效。

12.5.2 团队决策的劣势

下面是运用团队决策的一些缺点:

时间 团队决策比个人决策要花费更多的时间。参与到解决问题和决策中的员工没有生产性行为。因此,团队解决问题和决策会耗费组织更多的时间和金钱。当有时间压力时,不适合使用参与法。[71]

主导 某一个团队成员或团队内的小群体可能在会议中占主导地位并使团队决策无效。[72] 团队内可能会形成一些子团队,也可能产生破坏性的冲突,还可能出现冲突的次要目标(参见第 6 章关于隐蔽型交互影响的讨论)。个人或团队可能会努力试图在某个观点上取得胜利,而不是去寻找最优的解决方法,或者个人会把个人需要置于团队需要之上。

顺从和群体迷思 团队成员会感觉有压力而听从团队的观点,他们由于害怕自己的意见不被接受或被排斥,因此不提出自己的质疑。[73] 团队如果不愿意使用反向意见法,便会失去多元化的优势。这种由于顺从而对团队解决问题或决策产生负面影响的现象被称为群体迷思。一个具有超凡能力的成员可能会吸引其他人,或者一个专横的成员可能会胁迫其他成员同意他的观点,特别是那些具有害羞内向个性的成员。采用名义群体法可以避免主导和顺从带来的问题。

责任和社会惰化 当团队做出决策时,责任通常被分散到许多人身上,因此人们可能采取一种不太严肃的态度,因为他们知道不是他们自己独自承担责任。但是,管理者要为决策负责,不管决策是怎样做出的。管理者可以把权力授予团队并让其做出决策,但是责任还应由管理者承担。

社会惰化像流感一样在成员之间传播,毁坏团队决策的氛围[74],因此要提前把它找出来或阻止它。管理者需要一些必要的技巧去有效地利用团队。

当使用团队的优势超过劣势时,使用团队。在本章开头的例子中,Sonia 决定使用团队。决定是否使用团队的一个关键问题是:团队能比任何个人做出更好的决策吗?如果你认为个人会做出一个更好的决策(这个人可以是作为经理的你自己或一个知识丰富的员工),不要使用团队。下一部分将会介绍关于何时使用团队和使用多大程度的参与的具体指导。

12.6 规范领导决策模型

现在管理者要应对的主要问题不再是是否应使用团队去解决问题和决策,因为应该使用[75],现在的问题是什么时候应该使用团队、什么时候应该独自做出决策以及使用团队时应该使用多大程度的参与。当你想提高决策效率时,这部分的规范领导决策模型和技能强化练习12-3 中的情境决策模型将回答这些问题。

规范模型和情境模型不能替代决策模型;决策模型将告诉你什么时候使用团队和使用多大程度的参与。换句话说,规范模型和情境模型不是告诉你怎样做出决策;而是告诉你做决策时应该使用多大程度的参与。

在 1973 年,Victor Vroom 和 Philip Yetton 发表了一个决策模型。[76]Vroom 和 Arthur Jago 重新修订了这个模型并在 1988 年把它扩充到四个模型。[77]模型建立在两个因素的基础上:个人及团队决策、时间驱动及发展驱动决策。

在 2000 年,Victor Vroom 发表了规范领导的修订版本,题目是"领导能力和决策过程"。现今的模型是在 Vroom 及其耶鲁大学的同事对超过 100 000 个经理的领导能力和决策过程研究的基础上建立的。[78]我们将介绍修订版本,并把重点放在时间及发展驱动型决策上。

规范领导模型(normative leadership model) 中有时间驱动及发展驱动决策树,使用者能够根据具体情境从五种领导风格(果断、咨询个人、咨询团队、促进及委托)中选择合适的风格。之所以叫做规范模型是因为它提出了一系列的问题,而这些问题是在特定情境中确定最佳领导风格时所要遵循的准则(规范)。

为了使用规范模型,你必须有具体要做的决策,有做决策的权力,还要有具体的潜在追随者参与决策。

12.6.1 领导参与风格

Vroom 根据追随者在决策中参与的程度确定了五种领导风格。

1. 果断 领导者独自做出决策并向追随者宣布或推销这一决策。领导者可能会从团队内外得到信息,而不必详细说明问题。

2. 咨询个人 领导者个别地告诉追随者问题,得到建议和信息,然后做出决策。

3. 咨询团队　领导者举行一个团队会议,告诉追随者问题,得到信息和建议,然后做出决策。

4. 促进　领导者举行一个团队会议,在其中扮演促进者角色,去确认问题和设定做出决策的限制范围。领导者寻求成员参与、争论和形成一致意见,不将自己的观点强加于人。但是,领导者在决策上有最后的发言权。

5. 委托　领导者让团队判断问题并在已说明的限制范围内做出决策。领导者的作用是回答问题、提供激励和资源。

12.6.2　确定合适的领导风格的模型问题

对一个给定的情形,为了确认五种领导风格中的哪种最合适,你要回答建立在7个变量基础上的一系列判断性问题。这7个变量可在图12-3和图12-4中的时间驱动和发展驱动模型中找到。现在解释在使用这个模型时怎样回答这些变量问题。

1. 决策的意义。决策对于计划或组织的成功有怎样的重要性?这个决策具有很高的重要性(H)还是不太重要(L)?对于非常重要的决策,领导者需要参与进去。

2. 承诺的重要性。追随者承诺执行决策具有怎样的重要性?如果决策的接受对于有效执行非常关键,那么是高重要性(H);如果承诺不太重要,则重要性是低的(L)。对于那些需要很高的追随者承诺以保证成功的决策来说,追随者一般需要参与到决策中去。

3. 领导者的专门技术。领导者拥有多少关于这个具体类型决策的知识和专门技术?专门技术是高(H)还是低(L)?领导者拥有越多的专门技术,就越不需要追随者参与。

4. 承诺的可能性。如果领导者独自做出决策,那么追随者对决策承诺的可能性是高(H)还是低(L)?对于追随者喜欢和愿意执行的决策,就不太需要他们参与到决策中。

5. 团队对目标的支持。追随者对于团体或组织解决问题所要达到的目标的支持度高(H)还是低(L)?想获得高水平的支持,则需要更高水平的参与。

6. 团队的专门技术。追随者有多少关于这个决策的知识和专门技术?专门技术是高(H)还是低(L)?追随者拥有越多的专门技术,个体或团队的参与就越大。

7. 团队的能力。若干个人在一起作为团队工作解决问题的能力是高(H)还是低(L)?如果具有高团队能力,则可以有更多的参与。

并非所有的决策都涉及这7个变量。为特定情形选择最佳领导风格时可能要回答所有7个问题或者至少2个问题。当做出重要决策时,如果问题1、3、6绑在一起,那么团队中一定要有具有专门技术的领导者或追随者,此外还要考虑承诺问题(问题2和4)。在决策中如果问题5和7绑在一起,则领导者不应该把决策委托给具有低目标支持、低专门技术和低能力的团队。模型的一大好处是将相关变量绑在一起,帮助你通过回答问题来确定特定情形中的最佳领导风格。

12.6.3　根据情形选择时间驱动或发展驱动模型

第一步是根据情形受时间重要性驱动还是受发展跟随者驱动,从两种模型中选择一种。决策的特征是关注点、价值和导向。

第12章 团队、创造性的问题解决和决策制订

时间驱动模型 其三个特征如图12-3所示。
- 关注点。该模型关注于以最少的成本做出有效的决策。时间成本高的原因是团队决策要比领导独自决策花费更长的时间。
- 价值。价值被赋予在时间上而非追随者发展上。
- 导向。模型具有短期导向。

该模型是工作原理如漏斗一样的决策树。确定问题陈述,然后从左到右用高(H)或低(L)回答问题,当问题不适用于当时情形时,跳过去,并要避免穿过任何水平线,直到最后一栏,最后一栏即合适的领导参与决策风格。

	1 决策的意义	2 承诺的重要性	3 领导者的专门技术	4 承诺的可能性	5 团队对目标的支持	6 团队的专门技术	7 团队的能力	领导风格
问题陈述	H	H	H	H	—	—	—	果断
				L	H	H	H	委托
							L	咨询(团队)
						L	—	咨询(团队)
					L			
			L	H	H	H	促进
							L	咨询(个人)
						L	—	咨询(个人)
					—			
			L	H	H	促进
						L	咨询(团队)
					L	—	咨询(团队)
				L			
		L	H	—	—	—	果断
			L	H	H	促进
					L	咨询(个人)
				L	—	
	L	H	H	—	—	果断
			L	—	H	委托
					L	促进
		L	—	—	—	果断

图12-3 规范领导时间驱动模型

资料来源:Adapted from *Organizational Dynamics* 28, Victor H. Vroom, "Leadership and the Decision-Making Process," p.87. Copyright © 2000 with permission from Elsevier。

发展驱动模型 其三个特征如图12-4所示。
- 关注点。模型关注于使员工在有最大发展的情况下做出有效的决策。

- 价值。价值被赋予追随者的发展,没有任何价值赋予时间。
- 导向。模型为长期导向,因为发展需要时间。

模型是种工作原理如漏斗一样的决策树。确定问题陈述,然后从左到右用高(H)或低(L)回答问题,当问题不适用于当时情形时,跳过去,并要避免穿过任何水平线,直到最后一栏,最后一栏即合适的领导参与决策风格。

	1 决策的意义	2 承诺的重要性	3 领导者的专门技术	4 承诺的可能性	5 团队对目标的支持	6 团队的专门技术	7 团队的能力	领导风格
问题陈述	H	H		H	H	H	H	委托
							L	促进
						L	—	咨询(团队)
					L	—	—	咨询(团队)
				L	H	H	H	委托
							L	促进
						L		促进
					L	—	—	咨询(团队)
		L	—	—	H	H	H	委托
							L	促进
						L		咨询(团队)
					L			咨询(团队)
	L	H	—	H	—	—	—	果断
				L	—	—	—	委托
		L	—	—	—	—	—	果断

图 12-4 规范领导发展驱动模型

资料来源:Adapted from *Organizational Dynamics* 28, Victor H. Vroom, "Leadership and the Decision-Making Process," p.87. Copyright © 2000 with permission from Elsevier.

电脑化的规范模型 Vroom 已经开发出更加复杂精确但非常容易使用的 CD-ROM 模型。它把时间驱动和发展驱动结合为一个模型,包含 11 个变量/问题(而不是 7 个)和 5 个测量标准(而不是 H 或 L)。另外,使用者运用模型时,可以得到关于定义、例子和其他方面的指导。电脑化模型超出了本课程的范围,但你会在情境应用 12-3 和技能强化练习 12-2 中学会怎样使用时间驱动和发展驱动模型。

12.6.4 确定合适的领导风格

为了确定合适的风格,根据情形使用最佳模型(时间或发展驱动)和回答问题,其中的一些问题可以跳过,这取决于使用的模型和以前的问题。问题依照一定的顺序排列,并以一种决策树的样式呈现出来,与 Fiedler 模型相似(表 7-2),你最后可以找到合适的风格。假如你对相同的情形使用两种模型,那么对一些决策,合适的风格会相同,而对另一些决策,合适的风格将会不同。

第 12 章　团队、创造性的问题解决和决策制订

在本章开头的例子中，Sonia 使用了什么样的规范领导决策风格？那是她应该使用的吗？用于预算情形的模型是发展驱动模型，如图 12-4 所示。使用模型，说出 Sonia 应该使用的风格和她实际使用的风格，然后对照下面的答案。

- 问题 1——（H）。该决策是重要的。
- 问题 2——（L）。承诺实际很低，Sonia 可以直接告诉各个部门他们得到多少预算，他们没有别的选择，只能接受。
- 跳过问题 3 和 4。
- 问题 5——（L）。团队支持并不是很高，因为成员会为了自身利益而尽量为他们自身部门获得更多的资金。
- 跳过问题 6 和 7。

Sonia 应该使用也确实使用了团队咨询决策风格。Sonia 举行了一次会议，得到信息，让团队讨论。然后她做出最终的分配决定。

工作应用

7. 给出每个决策风格——果断、咨询（个人或团队）、促进和委托——适合使用的情形。
8. 回想一下你或你的老板已经做出的某个具体决策，是时间驱动还是发展驱动？运用图 12-3 或图 12-4 的数据选择合适的参与风格。一定要陈述你回答的问题以及你是怎样回答的（H 或 L）。

情境应用

标准领导模式 AS 12-3

A. 果断　　B. 咨询个人　　C. 咨询团队　　D. 促进　　E. 委托

使用时间驱动模型，如图 12-4 所示，为下列情形选择合适的领导风格。

_____ 11. 你部门的某人已经做了大量的私人复印，这影响着你的预算。你想制止这种复印，你是一个新经理并且你非常确定你知道是谁正在做这种事。

_____ 12. 你部门中的情况一切正常，但是你知道表现能够更好。部门员工都具有丰富的知识和良好的工作准则，是非常好的一起合作工作人。你在思考一次头脑风暴法的会议，你以前从未做过这个。

使用发展驱动模型，如图 12-4 所示，为下列情形选择合适的领导风格。

_____ 13. 你在采购部门工作，你必须在预定的预算内为销售人员购买 5 辆新车。

_____ 14. 你监督一个自我指导团队，但是你不提如何进行管理，团队是自我管理的。7 个成员中有一个已经退休了，需要补充。

_____ 15. 你管理 5 个兼职的高中雇员。你知道你正在失去顾客，但是你不知道为什么，你想找出问题，改善这种情形。

注：在技能强化练习 12-2 中有更加复杂和详细的情形。

组织中的人际关系

12.7 决策方式普遍适用于全球吗

全球经济要求做出的决策能够影响全球范围的运作。[79]同时,国家和文化的差异要求决策本土化。例如,麦当劳在日本已经有3 800家店,正面对着一个饱和的市场,因此它提出了许多新的非常讲究饮食的菜单项目,包括法国炖菜堡,以吸引新顾客。这些新顾客主要是那些新的职业女性,她们认为麦当劳在美国和日本的菜单太孩子气了。[80]

新的技术特别是互联网已经提高了全球交往和决策的速度和质量。[81]电子组织正在利用互联网的优势,并且正如所讨论的,正在使用电子头脑风暴法。电子组织比老的传统组织越来越多地使用团队决策。电子组织的决策速度更快,互联网加快了收集信息以及产生、评估和选择解决方法的过程。作为学习性组织,它们看重知识分享、从错误中学习,如果决策运行不畅,会快速采取纠正行为。

决策失败的原因具有全球性。先前讨论的三种类型的错误来自对美国、加拿大和欧洲的400个决策的抽样。[82]

决策风格和决策模型建立在美国的决策方法上。来自不同文化的人未必会以同样的方式做出决策。[83]决策风格确实因不同文化对时间导向的不同而有所差异。在某些国家做出决策要比其他国家快。在那些对时间不敏感的国家(如埃及),比那些对时间敏感的国家(如美国),决策更加有省思性(而美国的决策更加具有反射性)。运用参与决策的国家要比运用专制决策的国家花费的时间更长。日本比美国使用更高水平的参与决策,经常花费更长的时间。

一些国家是更加以解决问题为导向的(如美国),而其他国家按照事物本身具有的方式接受它们(如泰国和印度尼西亚)。文化影响着问题的选择、分析的深度、赋予理性和逻辑的重要性、决策使用参与的水平。因此,在高权力距离文化中(如墨西哥、委内瑞拉、菲律宾和南斯拉夫),更多的是专制决策,参与是不能被接受的,因此规范领导决策模型不会被采用。在低权力距离文化中(如美国、爱尔兰、澳大利亚、新西兰、丹麦、以色列和荷兰),更多的是使用参与决策——特别是日本。

最后,我们讨论一下个性怎样影响决策风格以及参与在决策中的使用。

自我测试练习 12-2

个性特点、决策风格和参与

让我们来讨论一下你的个性将如何影响你的决策。

如果你有高外倾性性格,伴着对权力的欲望,你可能做出快速反射型的决策。你所喜欢的规范领导风格更加倾向于果断或咨询。你可能需要被允许在决策中有更多的参与以便使决策更有成效。参与同样会降低你决策的速度。

第12章　团队、创造性的问题解决和决策制订

> 如果你有随和性个性特点，伴着对联盟的强烈需要，你倾向于成为好的团队扮演者并可能在决策中寻求他人的参与。你所喜爱的规范领导风格可能是促进和委托。但是不要太多地等待省思和太慢地做出决策，因为你可能会错过机会。
>
> 如果你是非常尽责的，由于对成就的强烈渴望，你可能知道你想要什么，可能做出快速的、反射的决策。你可能会改变规范领导风格以帮助你得到想要的。因为你很谨慎，所以可能比其他个性特点类型的人更加倾向于遵循决策模型中的步骤。
>
> 由于你的适应性强，你能够控制你的情绪，这有利于团队决策。如果你太易于情绪化，要努力保持冷静和帮助团队。
>
> 如果你具有开放性，你会乐于尝试新的事物，这将有助于创造力。如果你不情愿尝试新事物，努力寻找改善的方式并且使自己变得更加具有创造性。
>
> **行动计划**：在你个性的基础上，你会做些什么具体的事情来提高你决策的技巧？你是否应该更经常地遵循决策模型中的步骤？

复习题

一个_____存在于实际发生的和个人或团队想要发生的之间存在差异时。_____是为了满足目标而采取纠正行为的过程，而_____是选择一个能解决一个问题的选择路径的行动的过程。

有三种决策风格：反射、一致和省思。

_____的步骤如下：第一步：明确问题；第二步：设定目标和标准；第三步：产生若干选择方案；第四步：分析所有选择方案并挑选一个；第五步：计划、决策实施和控制。_____是一种比较每一种选择性路径的行动的成本和收益的技术。

_____是发展解决问题的独特的选择方案的能力。_____包括：(1) 准备，(2) 所可能的解决问题的方法，(3) 酝酿，(4) 评估。

运用团队去产生选择性方案的方法包括_____，即在没有评估的情况下，对解决一个问题提出许多方案；_____是通过角色扮演和幻想产生出许多新奇选择方案的过程；_____是通过一种结构投票法产生和评估选择方案的过程；_____是形成一个团队一致同意的解决一个问题的方法的过程；_____指通过一系列匿名调查表的方式考察一个团队。

解决问题时会运用团队存在的优势（更好的决策、更多的选择方案、接受和士气）和劣势（时间、主导、顺从和群体迷思、责任和社会惰化）。一个帮助团队做出更好决策的方法是_____，这要求个人在团队面前解释和为自己的立场辩护。

_____存在能够促使使用者根据情形选择五种领导风格（果断，咨询个人，咨询团队，促进和委托）中的一种合适风格的时间驱动和发展驱动决策树。使用者在最大化决策的七个变量的基础上回答一系列问题。

组织中的人际关系

案例分析

Carolyn Blakeslee 的《艺术日历》

1986年,Carolyn Blakeslee 创办了《艺术日历》,这是一种供视觉艺术家使用的月刊,它会提供各种有关授权、展览和其他供艺术家提交作品的论坛(大约15页)以及一些供读者自由谈论的专栏信息。这种期刊的大部分信息都是公开的。《艺术日历》不是很专业,它的外观很普通,没有色彩,里面没有广告,而且是二等邮寄——这对增加发行量没有多大帮助。

Carolyn 的家在亚历山大大帝旧城里的波多马可河附近,她在家中的一个房间里开始了《艺术日历》的兼职生意。她坚信,那些收到她的小册子的人中,会有一半要来订购她的刊物。然而,当她发现印刷品只有3%的订阅量后,她失望了。尽管如此,在头八年的每两年里,发行和收入都翻了一倍。《艺术日历》成为艺术家们的指定信息来源。

Carolyn 从未指望过生意会这么成功。数年后,业务也变得越来越复杂、越来越耗时。如果没有职员,她将不再可能每天都骑着那辆平稳的脚踏车在行驶五公里的过程中读完所有的邮件,兼职的时间变得比全职都要多。像其他女人那样,Carolyn 也希望能够拥有所有的一切:经济上得到满足、照顾到家庭(她真的很喜欢做母亲,也希望能经常和丈夫在一起)、做自己的艺术品、有空闲的时间。Carolyn 面临着三个选择:保持现状、扩张或变卖,每个选择及其替代选择都体现在下面的决策树中:

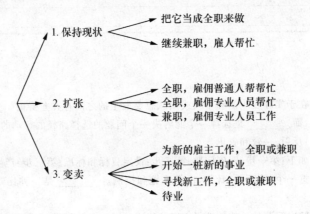

网上查询:寻找更多关于 Carolyn Blakeslee 和《艺术日历》的信息,访问 www.folkart.org。

累积问题

从正文和案例的相关信息中,或其他从网上以及通过其他渠道得到的信息中,找到下列问题的答案。

1. Carolyn 应该用理性的决策制订模型进行决策吗?

2. 定义问题。问题存在的原因和症状是什么?

第12章 团队、创造性的问题解决和决策制订

3. Carolyn 应该为这个决策制订目标和标准吗？

4. 决策树中列出了一些选择，你能想出其他的一些选择吗？

5. 分析这些选择并从中选出一个，在 Carolyn 的决策树中列出每个选择的职业和陷阱，哪个和你的不同。充分考虑维持现状和扩张的风险。

6. 如果你是 Carolyn，你会怎样做？哪个选择是最难计划、实施和控制的？

7. 这是一个群体决策还是个人决策？阐述你的观点。

回顾性问题

8. 在大五人格类型（第2章）中，哪一种类型会影响 Carolyn 的决策？感知（第2章）、价值观（第3章）和激励（第8章）是如何影响这个决策的？

9. 组织结构和沟通（第5章）在本案例中有何问题？

10. 职业道德和礼节（第9章）与本案例可以有何关系？

客观题案例

部门会议

Juanita 是第十国家银行的支票处理主管，她曾经召集她的五个员工一起尝试着找出一种可行方案，以解决支票处理过程中的瓶颈问题。下面就是会议中的一些讨论。

Juanita：（开始陈述）想必大家都已经意识到了，在我们的工作中存在着瓶颈问题。我召开这次会议的目的便是尝试着找出解决问题的办法。我想，这次会议将把我们组成一个团队，借由团体讨论，找到解决问题的办法，以提高大家工作上的满足感。我希望大家都能提出一些可行的方案，一个原则便是，任何人都不可以否定任何解决方案，任何疯狂的想法都是可以接受的，谁先来？（大约四五分钟后，非正式的团体核心人物 Mary 打断了会议。）

Mary：我已经给出了最好的解决方案，没有必要继续征求其他意见。

Juanita：Mary，我们正在尝试着找出尽可能多的、有创造性的方案。

Mary：为什么？我已经找到最好的了。

Juanita：我们继续。谁接着来？（Mary 带着"请安静"的表情四处巡视了一遍。过了三四分钟——仿佛有100分钟那么漫长——仍然没有人发言，因此 Juanita 接着说。）

组织中的人际关系

Juanita：那么让我们分析一下已有的七个方案，挑出最好的一个。

Mary：我的是最好的。

Will：等一下，Mary，我的方案不比你的差，甚至比你的还好。请你向我们解释一下，为什么你要坚持，你的方案比我们其他任何人的都要好吗？

Mary：如果大家这么希望，我会的。

Juanita：等等，这些方案是我们大家的，而不是某一个人的，我希望我们能像一个团队一样。（Mary 和 Will 继续争论，他们的观点似乎是最受青睐的。眼看争论还在继续，Juanita 发觉，大家将不会全部同意其中一种方案。）

Juanita：现在我们有两个选择，让我们投票表决吧。（Mary 四票，Will 两票。除了 Will 自己和 Juanita，剩下的人都投了 Mary 的票。）

回答下列问题，并在空白处陈述你选择的理由。

_____ 1. 银行里存在问题。
        a. 是   b. 否

_____ 2. Juanita 在会议上运用了参与式管理。
        a. 是   b. 否

_____ 3. 这个团队是一个_____的团队。
        a. 功能性的   b. 任务性的   c. 非正式的

_____ 4. Mary 的决策制订风格似乎是_____。
        a. 反射的   b. 一致的   c. 省思的

_____ 5. 这个团队运用了创造性的过程。
        a. 是   b. 否

_____ 6. Will 建议采用_____。
        a. 成本—收益法   b. 分和法   c. 德尔菲法   d. 反向意见法

_____ 7. 会议中 Juanita 主要运用的技术是_____。
        a. 头脑风暴法   b. 分和法   c. 名义群体法   d. 一致计划法
        e. 德尔菲法

_____ 8. Juanita 运用团体决策能达到的主要好处是_____。
        a. 好的决策   b. 更多的选择   c. 得到赞同   d. 更高的士气

_____ 9. 团体决策主要的缺点是_____。
        a. 耗费时间   b. 顺从与群体迷思
        c. 个别人主导   d. 责任

_____ 10. Juanita 运用了_____规范领导决策风格。
        a. 果断   b. 咨询(个人或团队)
        c. 促进   d. 委托

11. 如果你是 Juanita，你会采用团体决策来解决问题吗？为什么？

第 12 章 团队、创造性的问题解决和决策制订

12. 假设你决定运用团体决策,如果你是 Juanita,你将如何掌控这个会议?

提示:在班上可对这个会议进行分角色扮演。

技能强化练习 12-1

个人决策与团队决策
课内练习

目标:比较个人与团队决策问题以了解使用团队决策的时机。

SCANS 要求:通过这个练习培养学生的人际交往能力、咨询能力、听说读写算等基本能力、思维能力和其他综合个人素质。

准备:你必须完成情境应用 10-1 或目标案例中的 10 个问题。

体验:课堂上,你将在团队内对同样的问题进行决策,并对结果进行分析。

步骤 1(1—2 分钟)

在下面的"个人答案"栏中,写出你对情境应用 12-2 和 12-3 的个人观点。

情境应用问题	个人答案 (A—E)	团队答案 (A—E)	参考答案 (A—E)	个人相对团队 得分
6.				
7.				
8.				
9.				
10.				
11.				
12.				
13.				
14.				
15.				
总分				

步骤 2(18—22 分钟)

划分为五人团队(人数不凑巧时四人或六人一组亦可)。作为一个团队,对情境应用 12-2 和 12-3 就方案达成一致意见,将团队成员共同的答案填入上面的"团队答案"栏中,尽量用一致意见法代替投票法。

步骤 3(4—6 分钟)

记分:导师将给出情境应用 12-2 和 12-3 的参考答案,将它填入第四栏。在第二栏里,在总分线上写上个人正确答案的个数(1—10);在第三栏里,在总分线上写上团队正确答案的个数(1—10);在第五栏里,在总分线上写上个人对团队的胜负比分(例如,如果个人得分为 8,团队为 6,那么你将以 2 分的优势

打败团队——在总分线上写上+2;如果个人得分为5,团队为8,那么你将以3分的差距负于团队——在总分线上写上-3;如果是平局,写上0)。

取平均:将个人总分相加,按团队成员的数目等分,计算取平均。平均值为_____。

得或失:找出平均分和团队得分的差别之处,如果团队得分高于个人平均分,你将赢得_____分;如果团队得分低于个人平均分,你将失去_____分。

找出最高的个人得分_____;

找出得分高于团队得分的人数_____。

综合(4—8分钟):小组讨论,在制订决策的练习中,团队的优势与劣势分别是什么?

优势:

- 更好的决策。你们的团队制订了更好的决策了吗?团队得分是否高于个人得分?如果没有,为什么?是知识丰富的成员没有自信还是他们的意见根本未被采纳?
- 更多的选择方案。作为团队,是否让成员考虑了那些个人不会考虑到的选择?你们的团队是否运用了"反向意见法"的方法?
- 接受。团队的成员是否达成了一致意见?
- 士气。成员是否更乐意在团队中制订决策和做出回答?

缺陷:

- 时间。制订决策时团队所花的时间比个人多吗?多花的时间是否值得?
- 主导。是否有某个人或小团体控制了团队?每个人都参与进来了吗?
- 顺从和群体迷思。在陈述个人观点时,没有自信的成员同意了大多数人同意的方案,这样做是为了被接受还是因为少数服从多数的团队压力?
- 责任和社会惰化。因为没有人会对团队的共同方案负责,成员是否采取了"我不在乎"的态度?

改善:综上所述,团队决策的好处是否多于个人决策?如果用你的团队继续共同工作,将如何提高自身的问题解决能力和决策制订能力?陈述你的观点。

结论:导师将引导全班讨论并且/或者对结果进行评注。

应用(2—4分钟):从这次练习中我学到了什么?以后我将如何运用它?

分享:各人将就应用部分陈述自己的观点。

技能强化练习12-2

应用规范领导模型

准备

前文中,我们已经学习了规范领导决策制订模型。应用适当的模型,如图12-3或图12-4,针对下列问题找到合适的领导风格。

第12章 团队、创造性的问题解决和决策制订

步骤：
1. 针对给出的问题,你将采取两个规范模型中的哪一个；
2. 回答多个问题(你将回答模型中的2—7个问题)；
3. 针对以下四个案例,在已选择的模型中选择合适的领导风格。

① **产品部经理。** 你是一个生产大量产品的制造部门的经理。在你的部门中有两台主要的机器,每台机器配备了10个工作人员。你有一个很重要的订单将在明天早上发出,你的老板很明确地告诉你,必须在最后期限之前完成任务。现在已经是2:00了,你正按计划生产。2:15时,一个工作人员来告诉你说一台机器正在冒烟,并且有一些异常的噪音。如果你继续运行此台机器,或许机器可以撑到今天结束,你将能够及时地发出货物；如果现在停止使用这台机器,制造商要明天才能来检查,你将错失最后的交货期限。你给老板打电话,但是无人接听,你不知道还能如何联系到他,也不知道他什么时候能回来给你指示。现在你的职位最高,对于机器的了解最多,你将采用哪种领导方式？

步骤1　你会采用哪个模型？(_____时间驱动_____发展驱动)
步骤2　你将回答哪些问题？如何回答？(H=高,L=低,NA=不回答/略过),圈出你的答案。

1. H L NA　　3. H L NA　　5. H L NA　　7. H L NA
2. H L NA　　4. H L NA　　6. H L NA

步骤3　哪种领导方式是最合适的？
_____果断　_____咨询个人　_____咨询团队　_____促进　_____委托

② **宗教领袖。** 在你的教堂中你是最高的领导者,你的教堂有200名成员,来自125个家庭。在宗教研习上你有着博士头衔,担任教堂领导才两年,但你没有上过商业课程。教堂雇了个秘书,并有三个兼职的项目主任,负责教义的解说、音乐和社会事务,此外还有许多教学志愿者。你有一个顾问委员会,其中有10个人是你的教会成员,他们也是社区内高水平的商业首脑,你给委员会的成员支付薪水。在征得委员会同意的情况下,你做了一个年度预算。教堂的收入来自教堂成员每周的捐赠。委员会不希望经营出现亏损,教堂有着少量的资金盈余。你的义务会计师(CPA)——委员会成员之一——想和你见个面。会面中,她告诉你,每周的捐赠已经低于预算并下降了20个百分点,同时,实际使用的成本也提高了25个百分点。你将面临一个极大的危机,并且照这样下去,你的盈余将在两个月内耗尽,在这样的危机下,你将采用哪种领导方式？

步骤1　你会采用哪个模型？(_____时间驱动_____发展驱动)
步骤2　你将回答哪些问题？如何回答？(H=高,L=低,NA=不回答/略过),圈出你的答案。

1. H L NA　　3. H L NA　　5. H L NA　　7. H L NA
2. H L NA　　4. H L NA　　6. H L NA

步骤3　哪种领导风格是最合适的？
_____果断　_____咨询个人　_____咨询团队　_____促进　_____委托

③ **商学院院长。** 一家小型私立大学新成立了商学院,你是该学院的院长。在你们院有20个教授,其中仅有两人为非终身教职,他们的平均在校年数是12年。上任之时,你便希望在3年后能离开这里去一个较大的学校。你最初的目标是着手成立一个商学院顾问委员会,以增进与社区及校友的关系,筹募奖学金捐款。你以前当院长时做过这些事。然而,在这个地区你是新人,跟当地商界没什么联系。如果你想在两年半后在履历上显示你的成就,你需要快速地建立起与校友和社区领导的关系网络。你们院的教职员工相处融洽且都能言善辩,可是一旦你将他们组成小型团队时,他们就似乎变得分散且沉默。你将采取哪种领导方式来达成你的目的？

步骤1　你会采用哪个模型？(_____时间驱动_____发展驱动)
步骤2　你将回答哪些问题？如何回答？(H=高,L=低,NA=不回答/略过),圈出你的答案。

组织中的人际关系

1. H L NA   3. H L NA   5. H L NA   7. H L NA
2. H L NA   4. H L NA   6. H L NA

步骤 3　哪种领导风格是最合适的？
　　　　_____果断　_____咨询个人　_____咨询团队　_____促进　_____委托

④ 网络公司的总经理。你是一个网络公司的总经理，这几年你们公司面临着经济危机。你的两个高层经理跳槽了，一个是四个月前离开的，另一个是两个月前离开的。利用你的关系网，你在一个月内就找到了接替他们的人选，所以新的经理接触工作的时间不长，合作的时间也不长。而且，他们现在都在做自己的事情，以完成各自的工作。不过他们都很聪明，工作也很努力，并且帮你勾画了公司的前景。你和你的两个高层经理都知道该如何将公司转型。为了这项工作的顺利完成，你必须和你的两位经理及所有员工共同奋斗。事实上，你的所有雇员都是高科技专才，也都希望能参与到决策制订中来。你的商业伙伴没有钱继续投资，如果你不能在四个月内获得收益，你将很可能破产。你会采用何种领导方式来达到你的目的？

步骤 1　你会采用哪个模型？(_____时间驱动_____发展驱动)

步骤 2　你将回答哪些问题？如何回答？(H＝高，L＝低，NA＝不回答/略过)，圈出你的答案。

1. H L NA   3. H L NA   5. H L NA   7. H L NA
2. H L NA   4. H L NA   6. H L NA

步骤 3　哪种领导风格是最合适的？
　　　　_____果断　_____咨询个人　_____咨询团队　_____促进　_____委托

课堂练习

目的：提高使用规范模型选择合适领导方式的技能。

SCANS 要求：通过这个练习培养学生的人际交往能力、咨询能力、听说读写算等基本能力、思维能力和其他综合个人素质。

体验：你将运用规范领导模型解决四个给出的案例。

步骤 1(10—15 分钟)
导师带领学生复习规范领导模型，以案例①为例说明如何运用模型选择合适的领导方式。

步骤 2(10—20 分钟)
划分为两人或三人团队，运用模型，为案例②—④选择合适的领导方式，然后由导师给出参考答案。

结论：导师将发起一场讨论/或作总结性陈述。

应用(2—4 分钟)：我从这次练习中学到了什么？以后我将如何应用这些规范化领导模型？

分享：各人将就应用部分陈述自己的观点。

技能强化练习 12-3

应用情境决策模型

准备

学习运用情境决策模型，你会发现它和规范领导模型有着相似之处，不同之处在于情境决策模型只有一个，并且模型中的问题也较少。

第 7 章讨论了情境管理模型，第 5 章提供了交流时应用的情境沟通模型。现在你将学习一个类似

第12章 团队、创造性的问题解决和决策制订

的模型,在解决问题和制订决策时,它将帮你决定应用哪种管理方式。运用这个模型有两个步骤:步骤1,诊断案例;步骤2,选择合适的方式。

步骤1,诊断案例 第一步是判断情境变量,包括时间、信息、接受度和员工能力水平,如图12-5所示。

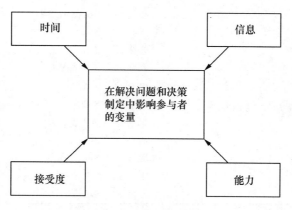

图12-5 影响参与者的变量

时间:管理者必须确定是否有足够的时间让团队的所有成员进行决策制订,如果时间不多,管理者应该采用独裁的方式,而不考虑成员喜欢何种方式。此时,管理者要忽视其他三个变量,因为如果没有时间,这三个变量便不重要。如果时间允许,管理者可以考虑其他三个变量,从而选择合适的解决问题和制订决策的方法。如果时间很短,管理者可以舍弃参与式和放任式而选择咨询式。当然,时间仍然是相关的。在某些情况下,一分钟可能很短,但是在其他情况下,一个月也可能很短。

信息:管理者掌握了足够的信息量以便进行有效决策了吗?如果管理者掌握了全部必要的信息,那就没有必要采用参与式,独裁可能是最合适的。如果管理者有了一些信息但还需要更多,咨询式可能是合适的。但是,如果管理者没有什么信息,那么合适的方式便可能是参与式或放任式。

接受度:管理者必须了解成员对决策的施行是否接受。如果管理者独自制订了决策,他的团队会执行么?如果是,那么独裁式可能合适。如果团队不情愿,合适的方式可能是咨询式或参与式。如果没有事先征询则团队很可能不执行决策的话,那么参与式或放任式可能是合适的。

能力:管理者必须判断团队是否有能力并且希望参与解决问题和制订决策的过程。在解决问题和制订决策的过程中,团队是否掌握某些经验和信息?团队是否会将组织或部门目标放在个人目标之前?团队成员是否愿意参与到解决问题和制订决策中?当制订的决策对雇员会有所影响时,他们会更希望能参与进来。如果团队的能力水平非常低,可以采用独裁式;如果团队的能力中等,可以采用咨询式;如果团队的能力水平较高,可以采用参与式;如果团队的能力水平非常杰出,可以采用放任式。但要记住,团队的能力水平是时刻都在变化的。

表12-3的第一部分总结了步骤1。

表 12-3　情境决策制订

第 1 步:判断情况

资　源		运用资源的方式
时　间	无	S-A
	有	S-A,S-C,S-L
信　息	所有	S-A
	部分	S-C
	少数	S-P 或 S-L
接受度	接受	S-A
	勉强接受	S-C
	拒绝	S-P 或 S-L
能　力	低	S-A
	中	S-C
	高	S-P
	杰出	S-L

第 2 步:选择合适的方式

独裁(S-A):
主管独自制订决策并宣布,也可能就决策的合理性做出解释说明。

咨询(S-C):
主管向团队成员征询信息,然后制订决策,实施决策前,主管将就决策的合理性做出解释,给予雇员某些利益,主管可能会希望团队成员提出问题,引发讨论。

参与(S-P):
主管可能会给出一个初步决策,要求团队贡献想法。如果在正当情况下团队认为需要变动,主管将对决策做出变更,或者主管提出一个问题,征求大家的意见,在雇员参与的基础上,主管制订决策并作出合理解释。

放任(S-L):
主管向团队描述一种情形和决策的限度,团队来制订决策,主管也只是团队中的一员。

步骤 2,选择合适的方式　考虑了四个变量之后,管理者应该对不同的情况进行分析并选择合适的方式。在某些情况下,所有的变量都建议使用同一种方式,但在其他情况下,不同变量需要的方式可能是相互冲突的。例如,管理者所掌握的时间变量可能允许他采用任何一种方式,也拥有所有必须的信息量(独裁式);雇员可能不情愿(咨询式或参与式);能力中等(咨询式)。当不同的变量引发了选择方式的冲突时,管理者必须决定将重心放在哪个变量上。在上面的例子中,假如说为了决策能成功地实施而需要将重心放在接受度上时,接受度就应该先于信息被考虑。如果意识到成员能力中等,可以采用咨询式。表 12-3 的第二部分解释了如何运用四种方式进行决策制订。

第 12 章 团队、创造性的问题解决和决策制订

环境决策制订模型的应用

我们将模型运用到下列情况中。

Ben 是一名主管,有权给他的一名雇员加薪的奖励,他有一个星期的时间制订决策。Ben 知道每个人上年的表现如何。雇员没有选择权,只能接受,但是他们可以向更上层的管理层投诉。员工的能力水平不同,但是作为一个团队,他们比普通情况下的团队能力要高。

第 1 步:判断情况

_____时间 _____信息 _____接受度 _____能力

Ben 是一名主管,有足够的时间运用各种方式,他掌握所有必需的信息以制订决策(独裁式),员工无法选择,只能接受决策(独裁式),并且团队的能力水平通常较高(参与式)。

第 2 步:选择合适的方式。要从两个互相冲突的方式中做出选择(独裁和参与)。

_____有时间 _____S-A 信息 _____S-A 接受度 _____S-P 能力

必须优先考虑信息变量,员工通常是有能力的,但在这种情况下,他们可能不会将团队目标置于个人目标之前,换句话说,即便员工知道谁才有资格得到加薪,他们依然会为之争斗。这种矛盾可能会引起日后的问题,制订决策的可能方式如下:

- 独裁式(S-A):主管将自行选择要加薪的员工而不与任何人讨论,将结果提交财务部门后,主管将简单宣布结果并简单说明为何这么做。
- 咨询式(S-C):主管将和员工讨论,看谁应该得到加薪,然后主管将决定谁能得到它,并在公布结果后作出合理的解释,主管可能会请大家就问题进行讨论。
- 参与式(S-P):主管将初步选择一名员工给予加薪,但一旦有人说服他其他人更适合得到这项奖励,他将变更结果,或者主管可以说明情况,和大家一起讨论谁可以得到加薪,考虑他们的付出之后,Ben 将做出决定并给予解释。
- 放任式(S-L):主管说明情况,让团队决定谁可以得到加薪,主管可能是团队中的一员,请注意,这是唯一的允许团队制订决策的方式。

选择:最合适的应该是独裁式,因为主管掌握所有必需的信息,接受度并不重要,能力才是问题。

下面的 10 种情况需要决策,选择合适的解决问题和制订决策的方式,决定采用哪种方式时,运用表 12-3,如前文所示,在时间、信息、接受度和能力前面的线上,写上 S-A、S-C、S-P、或 S-L,在判断的基础上,选择你将采用的方式。

     S-A 独裁   S-C 咨询   S-P 参与   S-L 放任

_____ 1. 你建立了一套新的工作流程,可以提高产量,你的老板对此很感兴趣,要你在几个星期内试一试,你认为你的员工都很有能力,并且他们会接受此项变革。

    _____时间 _____信息 _____接受度 _____能力

_____ 2. 你的产品面临新的竞争,你们组织的收益下降了,你被告要解雇 10 个职员中的 3 个,你做主管已经 1 年了,你的员工能力较强。

    _____时间 _____信息 _____接受度 _____能力

_____ 3. 几个月来,你的部门遇到了一些问题,试过了很多方法都不奏效。最后你又想出了一个方法,但你并不确定能干的员工们是否接受,也不知道可能产生的效果。

    _____时间 _____信息 _____接受度 _____能力

_____ 4. 你的组织中,弹性上班制变得很流行,一些部门让员工自行选择上班、下班的时间,但

421

组织中的人际关系

是,因为员工需要合作,他们必须在同样的八小时之内工作,你并不确定他们对改变时间的兴趣如何,你的员工们是一个非常有能力的团队并且喜欢参与制订决策。

_____时间 _____信息 _____接受度 _____能力

_____ 5. 你们的行业中的技术变革非常快,组织中的成员都赶不上,高层雇了一个顾问给出建议,你有两个星期的时间决定该做什么,你的员工都很有能力,他们都喜欢参与决策的制订过程。

_____时间 _____信息 _____接受度 _____能力

_____ 6. 高层传达了一项变革,如何施行则取决于你,这项变革将在一个月内生效,它将影响到你们部门中的每一个人,他们接受与否对变革的成效至关重要,你的员工对参与决策不是很感兴趣。

_____时间 _____信息 _____接受度 _____能力

_____ 7. 你的老板给你打电话,告诉你有人订购了你们部门的产品,并要求在非常短的时间内发货,她让你在15分钟之内给她回电话,同时要对订单的接受与否做出决定,在工作日程上,你发现要完成这个订单非常困难,你的员工将要更艰苦地工作,他们是合作的、有能力的并且喜欢参与制订决策。

_____时间 _____信息 _____接受度 _____能力

_____ 8. 高层决定做出一项变革,而它将影响你所有的员工,你知道这项变革将使你的员工不安,因为变革会使他们更辛苦,一两个员工甚至可能辞职。改革将在30天后生效,你的员工都很有能力。

_____时间 _____信息 _____接受度 _____能力

_____ 9. 你相信你们部门的产量可以提高,你考虑过一些可能的方式,但都不确定,你的员工很有经验,几乎所有的人在这个部门的时间都比你长。

_____时间 _____信息 _____接受度 _____能力

_____ 10. 一个顾客想和你们签一份合同,但要你以很快的速度发货。你只有两天的考虑时间,要想完成合同,你的员工将有六个星期必须夜以继日地工作,而且没有周末休息,你不可以要求他们超时工作,完成这个有益的合同将让你得到加薪,但如果拟定了合同却没有及时完成,将损害你得到大幅加薪的机会,你的员工都很有能力。

_____时间 _____信息 _____接受度 _____能力

课堂练习

目的:发展你情境管理中解决问题和制订决策的能力。

SCANS要求:通过这个练习培养学生的人际交往能力、咨询能力、听说读写算等基本能力、思维能力和其他综合个人素质。

准备:你应该已经做完准备部分的10个案例情境。

体验:你将为准备阶段的10个案例选出可取的解决问题和制订决策的方式。

步骤1(5—12分钟)

导师复习表12-3,以情境1为例说明如何运用它来选择合适的管理方式。

步骤2(12—20分钟)

划分为两人或三人团队,应用模型共同解决情境2—5,你可以改变最初的答案。导师将给出参考答案,然后继续做情境6。

第 12 章 团队、创造性的问题解决和决策制订

步骤 3(12—20 分钟)

仍然按原来的方式分组,选出案例 6—10 的问题解决和决策制订方式。导师将给出参考答案。

结论:导师将引导一场班级讨论/或作结论性评注。

应用(2—4 分钟):我从这次练习中学到了什么? 以后将如何运用此项知识?

分享:个人将就应用部分给出自己的观点。

Chapter 13

第 13 章
组织变革和文化

学习目标

通过本章的学习,你应该能够:
1. 描述变革的四种类型。
2. 指出人们为何抵触变革以及怎样排除抵触。
3. 解释作出变革时怎样使用变革模型。
4. 描述组织文化的维度。
5. 描述组织气候的维度。
6. 描述培训周期以及培训会如何提高绩效。
7. 列出并解释辅导模型的步骤。
8. 列出并阐述绩效评估的五个步骤,并指出绩效评估怎样帮助提高的绩效。
9. 描述六种组织发展的技术。
10. 阐述组织文化、组织气候和组织发展之间的关系。
11. 掌握下列 17 个关键术语(以在本章中出现的先后为序):

变革类型 types of changes	发展 development
管理信息系统 management information systems	绩效评估 performance appraisal
自动化 automation	标准 standards
变革阻力 resistance to change	辅导模型 coaching model
组织文化 organizational culture	网格式组织发展 Grid OD
组织气候 organizational climate	调查表反馈 survey feedback
士气 morale	力场分析法 force field analysis
组织发展 organizational development	团队构建 team building
培训 training	

第 13 章 组织变革和文化

引例

Ronnie 现在任职于纽约市保险公司（New York City Insurance Company，NYCIC），他曾经是康涅狄格州丹伯里市一家叫骑士的小型保险公司索赔部门的经理，直到这家公司被 NYCIC 收购。骑士公司被收购之后，Ronnie 和他的同事不知道会发生什么。他们知道公司会有很多他们不愿看到的变化。新经理告诉他们，他们将是 NYCIC 大家庭的一分子。"家庭"意味着一种人们常说的组织文化，而这种组织文化形式已经在现有的组织发展规划中发展很多年了。NYCIC 一直关注员工的士气。Ronnie 对这些新行话感到困惑。他想知道变革会如何影响他的生活。在骑士公司，所有的经理都是白人，几乎很少有少数民族。但在 NYCIC，有女性的和来自少数民族的经理，并且超过一半的员工来自少数民族。在组织中实施变革时，有没有一种方法可以使人们不抵触变革呢？这是第 13 章主要讨论的问题。

13.1 变革如何影响行为、人际关系和绩效

柏拉图说："变革的出现不因任何事情而受到阻止。"管理变革是组织研究中的核心问题之一。[1] 商业领域的很多事实表明，"变革是唯一的常量"。[2] 组织变革和发展使创新成为新经济中有价值的必要因素。[3]

组织的成功取决于组织对环境变化的适应性。[4] 组织变革的外部环境力量包括：加剧了的全球竞争[5]、客户需求[6]、政府法规[7]、经济环境[8]以及加快商业速度[10]的技术进步。[9] 变革的内部环境力量包括：财务状况、新的或修正后的任务和战略[11]、正式组织结构的再建（第 5 章）以及并购[12]——像开篇案例中的 NYCIC 公司和骑士公司那样。所有这些力量都要求变革，无论它受欢迎或是被排斥。[13]

再想想大陆航空公司 CEO Gordon Bethune，他推行的内部变革旨在使员工们降低航班晚点记录、提高准点率。[14] Bethune 和其他经理们设定的每月目标影响着员工们的行为和人际关系。[15] 员工们对变革有着不同的反应。[16] 裁员意味着只有更少的雇员，这就改变了人与人之间的关系。[17] 如果不做改变，你就无法取得持续的进步。[18] 为了成功，必须坚持延伸和变化。[19]

工作应用

1. 在你工作或曾工作过的组织里，对经理来说，为何管理变革是重要的？给出原因。

13.2 管理变革

这一节我们讨论变革的类型和变革过程中经历的阶段。下一节将讨论变革阻力及变革模型。在讨论前，完成自我测试练习 13-1，看看你对变革的接受程度。

组织中的人际关系

自我测试练习 13-1

对变革的接受程度

选择最能表达你在每一情形下的反应。

1. 在日常生活中,我:
   _____ a. 寻求做事的新方法。
   _____ b. 喜欢事物本来的样子。
2. 如果朋友反对一项变革:
   _____ a. 这不会影响我的改变。
   _____ b. 我也会抵触变革。
3. 在工作时,我:
   _____ a. 做事与众不同。
   _____ b. 做事与他人一样。
4. 在学校里或工作时,如果我有机会学习使用新的电脑软件帮助我,我会:
   _____ a. 自己花时间学习。
   _____ b. 等待直到被要求使用。
5. 我希望在何时知道变革:
   _____ a. 在任何时候都可以。对我来说,一个简短的通知就好。
   _____ b. 提前通知,这样有时间计划准备。
6. 当工作需要改变时,我会:
   _____ a. 尽快地按管理要求做出改变。
   _____ b. 喜欢缓慢地实现改变。
7. 当领导他人时,我会:
   _____ a. 用适合他们能力的恰当风格。
   _____ b. 用我独特的领导风格。

你选择 a 选项越多,表明你对变革的接受程度越开放。b 选项表示了变革阻力。如果你的倾向是阻碍变革,你也许需要改变你的态度和行为,这样才会有成功的职业生涯。你可以从寻找不同的方法使工作更有效率开始变革。看看你的日常事务,为上学或工作做好准备。你能够做出改变以节省时间吗?

13.2.1 变革的类型

变革的类型很多,它们拥有各式各样的名称。[21]组织由四种相互影响的变量组成。这四种变量又称**变革的类型**(types of changes),包括技术变革、组织结构变革、任务变革和人员变革。管理变革的系统影响被比喻为一辆平稳的汽车,一个变量的变动会对其他变量产生作用。因为系统的影响,你要考虑一个变量的变动将对其他变量有何影响,并做出相应的计划。[22]

技术变革 技术变革,如互联网,提高了变革发生的速度。[23]技术是提高产量以获得竞争实力的常用方法。[4]例如,沃尔玛的成功就归功于技术。沃尔玛的运营成本比它最大的竞争对手还要低。因此,低成本的组织对顾客意味着低价格。

技术变革的一些主要领域如下:

机器 新的机器或设备的持续使用。电脑是复杂的机器,同时也是其他很多机器的一部分。传真机和电子邮件加快了商业的发展速度。

过程 过程是指组织如何把投入(原材料、零部件、数据等)转变为产出(成品和服务、信息)。工序过程的改变是技术变革。[25]使用电脑后,组织已经改变了处理信息的手段。**管理信息系统(MIS)**是收集、处理和传播管理者决策所需信息的正式系统。MIS试图整合所有或大部分组织信息,如财务、生产、库存和销售信息等。这样一来,各个部门能够把他们的工作和整个系统之间协调起来。

> **工作应用**
>
> 2. 描述一个组织中的MIS,最好是与你有关系的组织。如果你对MIS的知识不了解,与了解的人讨论。

自动化 **自动化(automation)**是对工作中人力的简化或减化。电脑和其他机器使某些工作由机器人完成,如检查、清洁、监视和装配零件。自动化不会消除工作,它只会改变工作的方式。未来对培训和更高水平的技能的需求会持续上升,而对非技能工作的需求会下降。[26]大学教育将会让你在技术变革时更灵活并可以不断提高技能。假如你想涨工资和获得提升,主动去学习新技术吧!

> **工作应用**
>
> 3. 描述一下组织中的自动化变革,最好是与你有关系的组织。

组织结构变革 协调好组织结构和技术间的关系相当重要。[27]组织结构指的是组织使用的组织原则及部门类型,如第5章所述。

任务和人员变革 任务是指员工在工作中所做的日常事务。任务随技术和组织结构的变革而改变。[28]任务变化后,员工的技能也要随之改变。员工再培训是一个连续不断的过程。在某些场合,组织必须雇佣有相关技能的新员工。

创造、管理和使用技术的载体是人。因此,人是最重要的资源。[29]人们常常抵触的是技术变革带来的社会变革。商业上的成功以优化人和技术的整合为基础。这种整合被喻为"创造社会—技术系统"。当任务、组织结构或技术改变时,永远都不要忘记这些变革对人的影响。如果没有考虑人的改变,改变其他变量都不会有效。

本章开头关于骑士公司被NYCIC公司收购的案例中,最初的变革是组织结构的变革。骑士公司不再是一个单独的实体,而是NYCIC公司的一部分。NYCIC公司很可能改变骑士公司

组织中的人际关系

的组织结构,让它与当前的组织结构相匹配。随着组织结构的改变,任务、技术和人力都可能发生变化。图 13-1 是对变革类型的回顾。

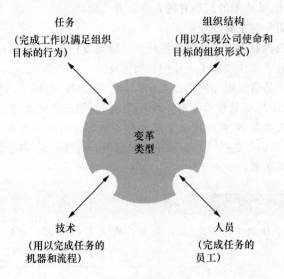

图 13-1 变革类型

工作应用

4. 举一个或几个你所经历过的组织变革的案例,并区分它是属于哪一种类型(任务变革、组织结构变革、技术变革还是人员变革)。

情境应用

变革类型　　区分下列每个场景所代表的变革类型。

AS 13-1
A. 任务变革　　　　　　　　B. 组织结构变革
C. 技术变革　　　　　　　　D. 人员变革

_____ 1. "Jim,从今以后,你每次送包裹的时候都要填好这张新表格。"
_____ 2. "由于部门规模的扩大,我们部门现在要分割成两个部门。"
_____ 3. "Ray 退休了,因而 Kelly 顶替了他的位置。"
_____ 4. "从今以后,如果购买数额低于 300 美元,无须经过采购经理的同意。"
_____ 5. "Kim,给训练中心写报告,要求学习正确的程序。"

13.2.2 变革过程的阶段

经理要了解变革的过程。[30]变革过程中,大部分人经历4个明显不同的阶段。

1. 否认。当人们通过谣言第一次听到变革要来临的风声,他们会否认变革即将发生,或者否认变革将涉及自己。这种"变革影响的是别人,而不是自己"的心理是很普遍的。

2. 抵触。一旦人们克服了开始的震惊,意识到变革会变成现实时,他们会抵触变革。下一节将讨论变革阻力和如何消除变革阻力。

3. 探索。在变革开始实施时,员工常常通过培训探索变革,以更好地了解变革带来的影响。培训是组织发展的一种方法,这在后边的章节中会有介绍。

4. 承诺。经过探索,员工决定承诺他们使变革成功的程度。承诺的程度可能随着时间而改变。

在本章开始的案例中,骑士公司和NYCIC公司间的员工将会经历变革过程的几个阶段。变革过程成功实现的程度将会影响人的行为、人际关系和绩效。

图13-2描述了变革过程的几个阶段。要注意,这些阶段是圆形的,因为变化是一个持续的过程,是非线性的,可以反向发展,如箭头所示。

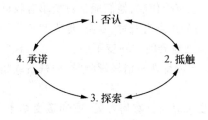

图13-2 变革过程的阶段

13.3 变革的阻力以及如何消除变革阻力

任何公司中都有大约15%的员工积极地抵触变革[31],但是他们的抵触应该被克服。[32]造成抵触变革的原因是多种多样的,主要包括:

(1) 维持现状。(人们喜欢事物现在的状态,把变革视为不便,或认为变革是不需要的。)

(2) 不确定性。(人们容易害怕未知的事物,不想知道变革会如何影响他们。)

(3) 学习焦虑。[33](学习新东西本身会产生焦虑。)

(4) 恐惧。(人们时常担心可能会失去工作,担心共事的朋友会改变,担心学不会新的工作方法,或可能失去如何工作的控制权)。

你将会学到人们为什么抵触变革和如何克服这种抵触。

13.3.1 变革阻力

在做变革之前,管理者应当预期员工会如何应对或抵触变革。[34] **变革阻力**(resistance to change)包括强度、来源和焦点三个变量,它们解释了人们为什么不愿改变。Ken Hultman 认为这三个变量是变革阻力的主要变量。[35]

强度(intensity) 人们对变革通常有四种基本反应:接受、容忍、抵触和反对。变革阻力的强度或强或弱或处于两者之间。作为变革的管理者,你应当预期到变革阻力的强度以便有效地计划,从而克服这些阻力。

来源(sources) 有三种阻力来源:事实、信念和价值观。

1. 事实。变革的事实在传递中时常失真。人们容易选择性地使用事实以证明自己的观点。正确地使用事实有助于克服未知的恐惧。

2. 信念。事实能被证明;信念不能被证明,信念是主观的。我们的信念是引领我们的思想和感受的主张和判断,它会指出变革的对与错、好与坏。

3. 价值观。价值观是人们相信值得追求或做的事情。我们看重自己认为对自己很重要的事情。价值观有优先顺序。我们的价值符合我们的需要并且将影响我们的行为。

人们从不同的来源分析呈现的事实,从而决定变革是否有价值。当事实清楚且合乎逻辑而且人们相信变革对自己有价值时,他们通常对变革有较低的抵触心理。

焦点(focus) 阻力的焦点有三种:自身、他人和工作环境。

4. 自身。人们很自然地会问:"在变革中我会怎么样?我会获益还是会失去什么?"当变革的事实对一个员工的经济待遇有消极影响时,如减薪或超时工作但没有加班费,员工容易抵触变革。

5. 他人。考虑完变革对自己有何好处,或知道变革不会影响到自己后,人们会考虑变革将如何影响朋友、同级(同级压力)和其他同事。如果员工经过分析,认为变革会对他人产生消极影响,那么他们也会阻止变革。

6. 工作环境。工作环境包括工作本身、自然场景和氛围。人们喜欢控制他们的环境,而且会抵触使他们失去控制的变化。员工会对比变革前后的工作环境,对比的结果将会影响其对变革的抵触。

表 13-1 是 Ken Hultman 的抵触矩阵,略有改动,每个方面都有例子。例如,在第一个方格("自身的事实")中,举例的理由是"我从未做过它"。了解人们抵触变革背后的原因有助于你更好地预期和处理这些因素。然而,抵触可能来自不止一个焦点和来源(方格)。使用这一矩阵可以帮助你识别抵触的强度、来源和焦点。一旦你发现可能存在变革阻力,便可以努力克服它。下一节将讨论如何克服变革阻力。

> **工作应用**
>
> 5. 描述一个你抵触变革的例子。识别抵触的强度、来源和焦点。利用表 13-1 来识别是哪个方格代表的阻力。

第13章 组织变革和文化

表 13-1 抵触矩阵

<table>
<tr><th colspan="2">抵触的来源(事实—信念—价值观)</th></tr>
</table>

抵触的焦点(自身—他人—工作环境)			
	1. 自身的事实(我从未做过。上次尝试的时候,我失败了。我所有的朋友都在这里。)	4. 自身的信念(我很忙,没空做。我会做的,但我会搞砸的。我认为我不会接受变革。)	7. 关于自身的价值观(我喜欢现在的工作。我不想改变,我过得很开心。我喜欢独自工作。)
	2. 他人的事实(他还在试用期。她有两个小孩。其他人告诉我这很难做到。)	5. 他人的信念(她假装很忙以避免额外的工作。他这方面比我强,让他做吧。她永远不会理解我们的立场。)	8. 关于他人的价值观(请别人教她吧,我没兴趣。你在想什么对我来说真的不重要。我对他没有什么好说的。)
	3. 工作环境的事实(我为什么要做啊?他们没付给我额外的薪水。他们没有培训我去做。在这个部门里我赚得比其他人少。)	6. 工作环境的信念(工作的地方真是糟透了。这里的薪水真低。在这里,关键是你认识谁,而不是你掌握了什么技能。)	9. 关于工作环境的价值观(谁在乎目标是什么,我只做我的工作。薪水比福利更重要。这份工作给我提供外出工作的机会。)

资料来源:Ken Hultman 的抵触矩阵,《获得最少抵触的途径》(得克萨斯州奥斯汀:学习概念,1979)。

情境应用

识别变革阻力
AS 13-2

下面是五个被要求在工作上做出变化的员工的陈述。使用表 13-1 识别阻力的来源、焦点和强度。标出代表和最好描述主要阻力表现的方格的数字。

_____ 6. 警卫队长问巡逻官 Sue 能否让一个新手警官做她的搭档。Sue 说:"必须这样吗?上一次的新警官也是我训练的。"

_____ 7. 网球教练问明星运动员 Bill 能否让 Jim 做他的双打搭档。Bill 说:"得了吧,Jim 是糟糕的运动员。Peter 比较好,不要拆散我们。"教练不同意,并且强迫 Bill 接受 Jim。

_____ 8. 管理者了解到 Sharon 总是使用妥协型冲突风格。管理者告诉她不要屈服于别人的愿望。Sharon 说:"但我喜欢他们,而且我想要他们也喜欢我。"

_____ 9. 员工走向管理者 Sim,问他是否能改变工作程序表。Sim 说:"那是浪费时间,现在的表格就很好用。"

_____ 10. 职员 Ann 在忙着工作。管理者告诉她停止手中的活并且开始一个新的项目。Ann 说:"我现在正在做的工作更重要。"

13.3.2 消除变革阻力

经理们可以用下面的一些主要方法消除变革阻力。

营造积极的变革风气：发展并维持良好的人际关系。因为变化和信赖如此地接近和相关，经理首要关心的应该是发展相互的信赖。在部门中形成合作和互相信赖的氛围。合作有利于变革。

鼓励对变革的兴趣：不断地为员工提供机会，发展新技能，培养能力和创造力。[36]不断地找寻更好的做事方法。鼓励员工对变化提出建议，聆听并实施他们的想法，这对持续进步很重要。[37]

计划：成功地实施变革需要好的计划。你需要识别可能的变革阻力并计划如何消除它们。设身处地地为员工着想。不要只考虑你作为经理会如何反应，因为经理对事物的感觉很不同。对你来说简单而合乎逻辑的事情对员工来说可能不一样。设定清晰的目标。如前所述，使用系统方法来计划。一个变量的变动，如技术变革，将会对社会关系等产生影响。下面的8种方法应当成为你计划的一部分。

给出事实：得到所有的事实，并计划该如何将它们呈现给职员。不完整的答案只会让员工困惑和愤怒，隐瞒事实及造假只会带来灾难。但是，你不能让坏消息一点点地流传出去，因为这样会使你失去信誉。尽早给出事实以帮助消除未知的恐惧。如果有不实谣言，尽快纠正。

明确指出为什么要变革以及变革将会怎样影响员工：作为给出事实的一部分，你需要记住员工想且需要知道变革的原因，以及变革对他们的消极影响和积极影响。要对员工开诚布公。如果员工理解了变革的必要性及合理性，他们将会更愿意接受变革。要营造紧迫感来消除员工的自满，让员工期待变革。[38]

营造双赢格局：还记得人际关系的目标是满足员工需求的同时实现部门和组织的目标吗？为了消除变革阻力，要明确地回答其他人心中的问题。"我能从中得到什么？"当人们看到变革对自己的利益时，他们更容易接受变革。如果组织能够从变革中受益，员工也应当从中受益。[39]

员工参与：为了营造双赢情境，让员工参与。员工对变革的承诺通常对成功实施变革至关重要。[40]参与到变革设计中的员工比被指派去改变的员工更加忠诚。[41]

提供帮助：允许员工以一种积极的方式表达他们的感受。既然培训对变革的成功很重要，在变革发生之前要尽可能多地预告和培训员工。提供彻底的培训以帮助减少焦虑，让员工意识到他们能通过变革获得成功。[42]

保持冷静：情绪化的人自我保护意识比较强。当你有情绪的时候，你可能在听，但你不会仔细留意，因为你对变革有抵触情绪。如果经理带有情绪，他们很可能会使员工也情绪化。试着不要说一些使人们有情绪的话，你会减少很多变革的阻力。[43]

避免直接的对抗：对抗容易煽动人们的情绪，带来更多的变革阻力。[44]对大多数人来说，谨慎点不会有错。公然的对抗是危险的。试图说服人们承认其所说的事实、信念和价值观是错误的，会导致抵触。如果在争辩中失利怎么办？要避免一些对抗性的话语，诸如"你是错的，你不知道你自己在说什么"、"你真顽固"。

第 13 章 组织变革和文化

使用权力和道德的政策：第 9 章讨论了如何通过使用权力达到目的。达到目的通常伴随着变革。因此，使用你的权力和道德技巧实施变革。记住，克服变革的 10 种方法应当成为你变革计划的一部分。下面你将学习变革计划。

让我们用图 13-3 再回顾一下消除变革阻力的方法。

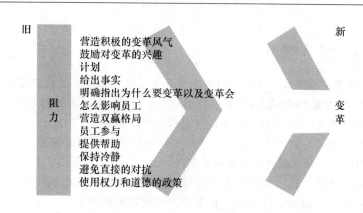

图 13-3　消除变革阻力

13.3.3　对抵触的回应

下面是员工抵触类型、反抗性陈述和经理对员工的回应。这些内容会帮助你消除变革阻力。下列例句有助于你熟悉可能遇到的抵触以及你可以采取的回应方式。

- 阻碍者："我不想那样做。"
  经理："你对变化的异议是什么？你想要怎样做？"
- 松动者："你想要我做什么？"
  经理："我想要你……（具体而详细地描述变革，使用沟通技巧）"
- 拖延者："如果我能做到的话，我会去做。"
  经理："什么更重要呢？"
- 反转者："这是个好主意。"（但是他绝不会去做）
  经理："对于变革，你喜欢的是什么？"
- 回避者："你为什么不叫 X、Y、Z 去做呢？"
  经理："我让你去做，因为……"
- 威胁者："我会去做，但楼上的家伙可能不喜欢这样做。"
  经理："这个让我来处理。你自己的异议是什么？"
- 政客："你欠我一次，放过我吧。"
  经理："我是欠你一次，但是我需要变革。以后我会报答你的。"
- 保守者："这不是我们这里做事的方式。"

经理:"这是特殊情况,变革必须完成。"
- 攻击者:"你这个……(选一个词)"
经理:"我不能容忍这样的行为。"或者"这很令你苦恼,对吗?"

在大多数情境中,上面的管理者回应都是有帮助的。如果员工坚持抵触变革,管理者需要把他们当做问题员工对待,并做相应的处理。[45]

13.3.4 变革模型

Lewin 的变革模型 知道如何实施变革至关重要。这里是两个变革模型,它们以变化为导向。在 20 世纪 50 年代早期,Kurt Lewin 提出了改变人们行为、技巧和态度的方法,这一方法现在仍然被使用。Lewin 认为变革的过程由三个步骤组成。

步骤 1:解冻 这一步常常包括减少那些想保持现状的影响力。解冻有时通过引入表示期望绩效和实际绩效的差异的数据来实现。

步骤 2:变革 这一步使行为转换到一个新的水平。这是员工学习新行为、价值观和态度的变革过程。组织结构、任务、技术和人员变革可能产生令人满意的绩效水平。

步骤 3:再冻结 令人满意的绩效将产生做事的永久方法。再冻结常常通过对新行为的强化和支持得到实现。

在表 13-2 中我们可以复习这些步骤。

Lussier 的变革模型 Lewin 的模型提供了组织变革的一般构架。由于变革的步骤很广泛,作者发展了一个更为特殊的模型。这一模型由五个步骤组成。

步骤 1:定义变革。明确地指出要变革的是什么。它是任务、组织结构、技术还是人员变革?对其他变量的系统影响是什么?根据第 8 章的指导方针设定目标。

步骤 2:确定可能的变革阻力。利用表 13-1 的抵触矩阵,测定可能的抵触的强度、来源和焦点。

表 13-2 变革模型

Lewin 的变革模型	Lewin 的变革模型
步骤 1:解冻	步骤 1:定义变革
步骤 2:变革	步骤 2:确定可能的变革阻力
步骤 3:再冻结	步骤 3:对变革做计划
	步骤 4:变革的实施
	给出事实
	员工参与
	提供帮助
	步骤 5:变革的控制(实施、强化、保持)

第13章 组织变革和文化

步骤3：对变革做计划。对变革的实施做计划。使用恰当的管理风格。在本章后边的内容中，我们会更加详细地讨论计划的变革。

步骤4：变革的实施。这一步骤有三个部分：

- 给出事实。给出变革的论据，尽可能地预先解释为何变革是必需的。解释变革会如何对员工产生影响。把变革和员工的价值观联系起来。
- 员工参与。让尽可能多的员工参与进来。根据情况使用恰当的管理风格。
- 提供帮助。允许员工以一种积极的方式表达他们的感受。对员工开诚布公。确定员工获得了恰当的培训。

步骤5：变革的控制。追踪以确定变革被实施、强化和保持。确定目标的实现。如果目标没有实现，用正确的行动纠正它。对于重要的变革，要改变绩效评估方法，以正确地反映新工作的要求。

在表13-2中温习一下这些步骤。

如果NYCIC公司的管理者依照这些指导来克服变革阻力，运用变革模型开展有效的计划，那么骑士公司的变革将会被成功地实施。

> **工作应用**
>
> 6. 举出一个对某个管理者有帮助的变革模型的特定例子。

13.4 组织文化

你也许听说过国家文化，即一个国家的国民会做出特定的举止行为；组织也有文化。[46]全球化公司需要在他们的组织文化内整合国家的文化价值。[47]**组织文化（organizational culture）**指共享的价值观和组织成员如何行为的假设。

管理者大体上认同组织文化与积极的组织绩效有关系。[48]CEO们的个人价值观通常会渗透到组织中并影响组织里的每个人，例如Saraide公司的总裁Hatim Tyabji。[49]学习型组织建立在将知识转化成组织可持续发展的共享价值观的基础之上。[50][51]组织能产生促进创造性的文化。[52]3M公司形成了重视创新的文化。[54]Medtronic公司①的总裁William George在授权的组织内建立了创新的学习型文化。虽然文化会发生变化，但要改变信念和价值观却很难。[55]在这一节里，我们将讨论组织文化的学习以及强文化与弱文化、积极文化与消极文化。

13.4.1 认识组织的文化

新来者需要学习并融入组织文化。组织文化起初是通过观察组织中的人和事习得

---

① 世界最大的医疗设备制造商。——译者注

的。[56]成功和共享的经验也会形成文化。员工可以通过五种方式学习组织文化:英雄、故事、口号、符号和典礼。

1. 英雄——例如 IBM 的创始人 Tom Waston、沃尔玛的 Sam Walton、西南航空公司的 Herb Kelleher、联邦快递的 Frederick Smith 以及其他对组织做出卓越贡献的人。

2. 故事——关于做出非凡努力的创始人和其他人的故事,例如 Sam Walton 每年参观每个沃尔玛商场一次以及某人在大风雪天配送产品或提供服务。公众的声明和演讲也可能是故事的来源。

3. 口号——例如福特公司的"质量第一";麦当劳的 Q、S、C、V——质量、服务、清洁和价值;惠普之道;联邦快递的"顾客—服务—利润"理念。

4. 符号——例如牌匾、大头针和夹克衫,或玫琳凯的粉红色凯迪拉克轿车。符号能够传达特殊意义。

5. 典礼——例如成绩最佳者的颁奖宴会。

> **工作应用**
>
> 7. 说出你所在的或曾经在的组织的英雄、故事、口号、符号和典礼。

13.4.2　强文化与弱文化、积极文化与消极文化

强文化与弱文化　有明确的价值观、其相似行为某种程度上被共享的组织拥有强文化。没有特定的价值观和没有强化行为的组织的文化是弱文化。强文化的例子如下:

IBM:虽然 IBM 以前存在问题且努力改变其文化,但它现在被认为是一个有很强文化的组织。然而,有强文化并不意味着组织就是成功的。公司的创始人 Tom Waston 在工作中形成了 IBM 的独特文化,后来这种文化变得流行起来。IBM 的政策中指出:(1) 要尊重所有的员工和他们的尊严;(2) 公司以用最好的方式完成每一项任务为目标;(3) 为客户尽可能提供最好的服务。

百事可乐:与 IBM 强调卓越的文化不同,百事可乐的组织文化强调每一位员工工作生活的每一个方面的竞争。百事可乐的主管们要联合起来超越可口可乐公司,同时各自又要超过公司内的其他主管。经理有持续增加市场份额的压力,轻微的市场份额下降会导致经理的下课。百事可乐也强调好的身体而且有健康计划帮助员工保持体形。

J. C. Penney 公司: James Cash Penney 建立了下面的七项原则,这构成了公司文化基础:(1) 尽可能地服务公众,满足他们的要求;(2) 根据我们提出的服务来期待合理的报酬,而不是业务能承受的所有利润;(3) 尽我们所能提升顾客价值、质量和满意度;(4) 不停地自我培训和培训我们的合作伙伴,确保我们的服务更有效;(5) 不断地提高商务活动中的人性因素;(6) 根据在商务产出中的参与度奖赏组织中的男性和女性员工;(7) 检验政策、方法和行为的方法:"它是否与'什么是正确的和公正的'保持一致?"

可以看出,IBM 强调卓越;百事可乐强调竞争;J. C. Penney 公司强调公平。它们有着不同

的文化,而且它们都是成功的组织,这说明不存在一个最好的组织文化。

积极与消极文化 当组织的文化有能带来有效绩效和生产力的一系列标准时,我们把这种组织文化视为积极文化。[57]消极文化是抵触和骚动的根源,它会阻碍绩效。[58]

最有效的绩效组织文化是强文化和积极文化。不包括已经列出的,拥有强、积极文化的公司有 Amdahl 公司、爱默森电气、强生、宝洁、3M、Dana Corporation 公司、万豪国际酒店、Fluor 公司。

在接受一个组织的工作之前,你可能想要知道它的文化以确定它是否是你喜欢的组织类型。例如,假如你不是那么喜欢竞争,你就不会喜欢在百事可乐公司工作。

在本章开始的例子中,Ronnie 感受到 NYCIC 公司有强的组织文化,而骑士公司有弱的组织文化。NYCIC 公司需要在骑士公司内形成共享价值观和员工行为责任。组织开发团队构建计划(本章后面将加以阐述)会是在骑士公司内形成 NYCIC 公司文化的极好手段。

工作应用

8. 描述你工作或服务的公司的组织文化。它是否或曾经努力地想要形成一个强的、积极的组织文化?如果是,是怎样形成的?

13.5 组织气候

组织气候是一个广义的词。本节中将给出它的定义并做出解释。**组织气候(organizational climate)是它的成员所感觉的相对持久的组织内部环境特点**。气候是员工对内部环境氛围的感受。

文化和气候的主要区别是:文化是基于共享价值观和事情应该"如何"做的假定(理想的环境),而气候是基于事情如何做的"方式"的共同感受(无形的内部实际环境)。一个组织可以有强文化和消极的气候。员工可以知道事物应该如何,但不满于他所感觉到事物真实的方式。[59]例如,在某些组织内经理们声称质量异常重要,并且有很多标志提醒人们要这样做。但如果你问员工质量是否很重要时,他们会告诉你管理层只关心实际上有多少单位的货被运出大门。成功的公司注意形成强的文化和积极的气候。

组织气候非常重要,因为员工对组织的感受是他们的态度发展的基础。[60]他们的态度反过来会影响行为。气候与整个组织或组织内的主要部门有千丝万缕的关系。组织有总体气候,特殊工作组可能有不同的小气候。例如,可能在整个公司内存在积极、友好的气候,而在其他的某个部门存在着消极的气候。

第 3 章讨论的工作满意度首先是以组织气候为基础的。士气也是组织气候的重要一环。[61]**士气(morale)是对组织态度和满意度的一种思想状态**。组织内的士气有多种不同的水平。根据下面列出的 7 个维度,士气常常从高到低地连续衡量。

气候的维度

气候的一些基本维度如下：
- 结构。对成员的限制程度——准则、规则和程序的数量。
- 责任心。控制自己工作的程度。
- 奖赏。根据员工的努力程度适当地对其奖赏和惩罚的程度。
- 热情。对人际关系的满意度。
- 支持。获得他人帮助和体验合作的程度。
- 组织归属感和忠诚度。员工认同组织和对组织忠诚的程度。
- 风险。风险承担被鼓励的程度。

研究表明，差的组织气候容易导致低水平的绩效，但并非总是如此。当组织气候维度纵向一致时，绩效会更好。像植物一样，员工需要合适的气候才能成长。在良好的气候中工作也会影响工作绩效。

你可以通过关注气候的维度以形成有效的高生产率的气候。通常，像 NYCIC 公司这样成功的大公司会接管像骑士那样的小公司。在大多数情况下，大公司将小公司的创业气候改变为官僚气候，导致小公司的低生产率。NYCIC 公司需要关注气候的 7 个维度。为了使骑士公司建立积极气候，NYCIC 公司应建立一种最大化简化规则及官僚作风的结构，鼓励员工承担风险。员工们要控制自己的工作，根据绩效确定其奖赏。由于两个公司合并成一个公司，要形成热情、合作的人际关系。为了合作和变革的顺利实施，骑士公司的员工要逐步形成对 NYCIC 公司的归属感和忠诚感。

图 13-4 列出了气候维度。

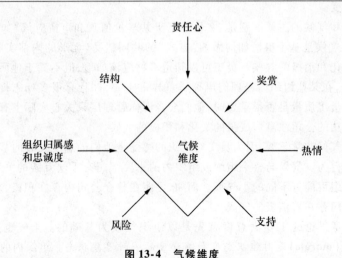

图 13-4 气候维度

> **工作应用**
>
> 9. 根据组织气候的7个维度,描述你工作或曾工作过的一家公司的组织气候。这家公司是否及如何衡量其组织气候?
> 10. 描述你工作或曾工作过的一家组织中的士气。

情境应用

是组织文化还是组织气候?
AS 13-3

鉴别下面每种情况属于下列哪种类型:
A. 组织文化　　　　　　　　B. 组织气候

_____ 11. "扶轮国际"的座右铭:"服务重于一切。"
_____ 12. "员工对今年的涨薪很不满意。"
_____ 13. "请填写这份调查表,写完后把它交给人力资源部门。"
_____ 14. "不成文的衣着规定是工作时要穿西装、打领带。"
_____ 15. "从今以后,没有人帮助你,你要自己检查工作的质量。"

13.6 组织发展

对文化进行变革和管理的组织有泰克(Tektronix)公司、宝洁、天合汽车(TRW)、宝丽来(Polaroid)、太平洋电信(Pacific Telesis)、太平洋共同基金(Pacific Mutual)、菲亚特(Fiat)和圣地亚哥城(City of San Diego)。这些组织意识到文化和气候管理不像几个部门管理项目一样有确定的开始和结束日期。[62] 这是整个组织内持续发展的过程,称为组织发展。[63] **组织发展(organizational development,OD)是提高组织有效性、解决问题和实现组织目标的持续的计划过程**。

13.6.1 通过组织发展改变、管理组织文化和气候

为了管理组织文化,顶尖的管理者必须给出他们想要员工共享的态度、价值观和期望的定义。[64](回顾一下前面讨论的IBM列出的3个原则和J.C.Penney公司列出的7个原则。)给出价值观和期望的定义后,他们还必须与员工进行有效的沟通,使员工明白。[65]

组织发展的第一步是对问题的诊断。发现了问题存在的地方,如不同组内的冲突,提高质量、生产率的需要,低利润,过多的旷工或流动率等,管理层便会引入变革代理人研究这些问题和需求。变革代理人是组织发展计划负责人。变革代理人可使用一系列方法诊断问题,包括记录复查、观察、个人和工作组访谈、开会或使用调查表。在诊断问题后,使用组织发展法解决。

这一节分析6种组织发展法:培训与发展、绩效评估、网格式组织发展、调查表反馈、力场分析法和团队构建。首先阐述培训与发展,因为其他5种技术常常包括培训。

13.6.2 培训与发展

在某一个岗位安排员工后,工作前通常需要对其进行培训。**培训(training)** 是学习必需技能以完成当前工作的过程。**发展(development)** 是培养完成当前和未来工作能力的过程。一般来说,培训是对非管理人员进行技术技能的培养,而发展的技术性较低,是为专业员工和管理层员工设计的。培训和发展常常一起使用或交替使用。

组织关注自身的持续发展,并用培训获得这种发展的动力。[66]各个公司投入培训和发展方面的精力比美国所有大学和学院投入在教育上的精力要多1/3。[67]组织提供个人发展机会,通过持续学习改变员工的行为、态度、技能甚至个性。[68]很多组织把学习定义为"错误的检查和改正"。[69]你要做的是学习如何去学[70],这样你才能自我教育,并跟上你所在领域的最新变化的步伐或进入新的领域。

培训周期 依照培训周期的步骤进行培训,能使培训系统化。培训周期的步骤如下:

步骤1:评估需求。步骤2:设立目标。步骤3:培训前准备。步骤4:实施培训。步骤5:衡量和评价培训结果。

步骤1:评估需求。在培训开始前,必须确定员工培训需求。对新员工和在职员工的培训需求分析是不相同的。

步骤2:设立目标。培训计划的关键是有定义充分的、以绩效为基础的目标。对所有的计划而言,首先要确定你想要达到的结果。第8章讨论的目标标准可用于培训目标。培训目标的例子有:"装配工在为期一天的培训结束后能够每小时装配10套"、"在一个月培训期结束后,客户服务代表可以每小时平均服务20个顾客"。

步骤3:培训前准备。在实施培训前,你要对培训进行计划,准备好所有必需的材料。计划要包括谁做什么、何时做、在哪里和如何做等问题。如果你遇到过来教室前完全没做准备或没弄懂材料的讲师,你就会明白为何要在培训前做好准备了。

在培训准备中,要把任务分化成几步。你的日常工作对你而言是很简单的,但对新员工来说可能很难。写下这些步骤,检查并确保他们能胜任。步骤要以工作指导培训(job instructional training,JIT)步骤为基础。JIT的重点在训练程序方面,全球通用。JIT步骤如下:1. 被培训者的准备。2. 培训员演示工作。3. 被培训者操作工作。4. 追踪。

JIT步骤如表13-3所示。

表 13-3 工作指导培训

1. 被培训者的准备。
2. 培训员演示工作。
3. 被培训者操作工作。
4. 追踪。

步骤4:实施培训。根据你的计划实施JIT计划。确定你有书面JIT计划和其他你要的材料。当采用其他培训方法时,你仍需要实施计划。

步骤 5：衡量和评价培训结果。 在培训项目的过程中和结束时,你要衡量和评价培训结果,确定被培训者是否达到了培训目标。如果达到了目标,那么培训结束。如果没有达到目标,你可能要继续培训直到目标实现,或让未达到目标的员工下岗。

修正你的书面计划中需要改进的地方,存档以便日后使用。

图 13-5 说明了培训周期的步骤。

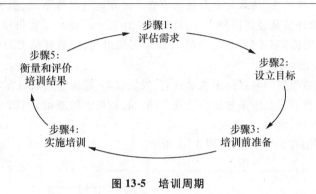

图 13-5 培训周期

工作应用

11. 说出你如何通过接受培训完成特定的工作。阐述培训如何影响你的工作绩效。如何用培训来提高组织的绩效?

情 境 应 用

培训周期

AS 13-4

区别下列各种情况属于培训周期 5 个步骤中的哪一步骤?

A. 步骤 1：评估需求　　　　B. 步骤 2：设立目标
C. 步骤 3：培训前准备　　　D. 步骤 4：实施培训
E. 步骤 5：衡量和评价培训结果

_____ 16. "现在我给大家演示正确的方法。"
_____ 17. "在培训后,你将能操作机器。"
_____ 18. "核查了你的绩效后,我认为你需要更多的培训以提高速度。"
_____ 19. "你以优异的成绩通过了考试,你合格了。"
_____ 20. "我把那张 JIT 表放哪里了?我需要做修改。"

13.6.3 绩效评估

招募完员工后,在培训过程和培训后都应该进行评估。适当的培训会让员工有更好的绩效。**绩效评估(performance appraisal)**是评价员工工作绩效的连续过程。绩效评估也称工作绩效评估、绩效检查、绩效打分和绩效审查。抛开这些名称不说,由于经理行为和员工绩效间的关系,绩效评估是经理们最重要、最难的工作之一。经理要提供绩效反馈以指导日常工作,360°全方位反馈(第4章)是有效的。[71]如果实施得当,绩效评估可以降低旷工和员工流失率,提高士气和生产率。

员工绩效根据两套目标来衡量:(1)发展,(2)评价。发展目标是用来提高未来绩效的决策基础。评价目标是用来对过去绩效奖惩的行政决定的基础,例如,制订薪酬(工资和奖金)、降职、中止合同、调动、升职等。

绩效评估有5步流程,如图13-6所示。

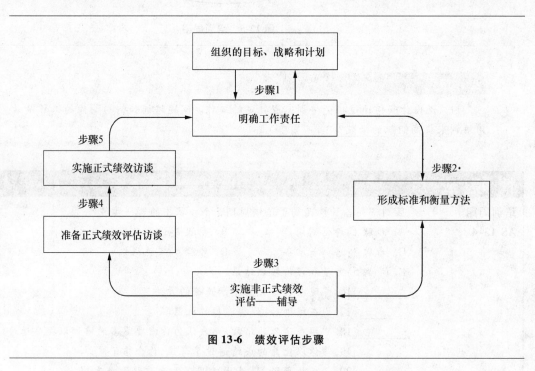

图 13-6 绩效评估步骤

步骤1:明确工作责任。工作责任通常在员工工作手册中陈述,是员工的工作基本任务和责任。要对每项工作责任的重要性进行排序。

步骤2:形成标准和衡量方法。在确定完成工作的步骤是什么后,你需要形成标准和方法以衡量绩效。不合理的标准是绩效评估的主要问题,包括绩效含糊不清、绩效标准定义不清、不恰当的衡量措施和无意义的评价项目。

"标准"(standards)描述了数量、质量、时间和成本方面的绩效水平。秘书的标准可能是

第 13 章 组织变革和文化

每分钟(时间)打 50 个字(数量),至多允许有 2 个或更少的错误(质量),薪水为每小时 8 美元(费用)。在建立绩效评估标准时,你要有一个绩效范围。例如,打字的范围可能是:70 字/分钟——优秀;60 字/分钟——良好;50 字/分钟——中等;40 字/分钟——较差;30 字/分钟——差。无沟通标准和没有反馈是绩效评估的主要问题。表 13-4 描述了常用的几种绩效评估衡量方法。

工作应用

12. 描述你现有和曾有工作的绩效标准。你会如何改进?

表 13-4 绩效评估衡量方法

关键事件法
关键事件法是经理们记载员工在考核期间正面和负面绩效行为的一种绩效评估方法。关键事件文件是评价环境下需要的文件。

等级量表法
等级量表是经理们简单地核对员工绩效水平的一种绩效评估表格。可能的评价项目有工作数量、工作质量、责任心、判断力、工作态度、协作水平和创造性。

行为锚定等级评价法(BARS)
BARS 法是一种将排序法和关键事件法结合起来的绩效评估方法,它比单独使用这两种方法更加客观和准确,易于分出等级,如优秀、良好、中等,表格有多个描述员工绩效的陈述。经理们选择最能描述员工绩效的任务。形成好的 BARS 法后,标准往往更加清晰。

排序法
排序法是一种用来评价员工绩效从最好到最坏的绩效评估方法。在排序法中,经理们将一个员工与其他员工进行对比,而不是按照一个标准衡量每一名员工。排序法的另一个分支是等级分配法,类似于以曲线比例分级。例如,设定员工的绩效分类比例为:优秀——5%,中等以上——15%,中等——60%,中等以下——15%,不及格——5%。

目标管理法(MBO)
MBO 法是指经理和员工共同设定员工的目标,阶段性地评估其绩效,并根据结果奖励的过程(详见第 8 章)。

工作记录法
工作记录法要求经理填写员工的绩效表现。这一系统因事而异。经理们可以记载他们想要记载的内容,或者回答关于员工绩效的问题。工作记录法通常与其他方法一起使用。

哪一种绩效评估方法最好?
确定哪一种评价方法最好取决于系统的目标。几种方法结合使用通常要比只用一种方法好。对于发展目标,关键事件法和 MBO 法很有效。对行政决策,在等级量表法基础上使用排序法或者 BARS 法是有效的。绩效评估的成功与否不在于方法或表格的使用,它取决于经理们处理人际关系的技巧。

工作应用

13. 说出评价你工作绩效的是哪种绩效衡量方法。描述你将如何改进这些方法。

情境应用

绩效评估方法
AS 13-5

利用表13-4的信息,选择在下列每种情况下应该使用的主要绩效评估方法。

A. 关键事件法　　　B. 等级量表法　　　C. BARS 法
D. 排序法　　　　　E. MBO 法　　　　　F. 工作记录法

_____ 21. 你为一家小公司工作,这家公司没有正式的绩效评估系统。你超负荷工作,但你想要开发一个评价机制。

_____ 22. 你刚从一个主管职位升到中级管理职位,你被通知要选择你的接班人。

_____ 23. Wally 工作没有达到标准。你决定找他谈话,以便改进他的绩效。

_____ 24. 你想要形成一个开发员工的系统。

_____ 25. 你取得了人力资源发展(Human Resource Development, HRD)专业的硕士学位,并在 HRD 部门工作。你被要求发展一个目标绩效评估系统,以使整个组织适应均等就业机会准则。

步骤3:实施非正式绩效评估——辅导 绩效评估不应该仅仅是一年一次的一个小时的正式会议,员工需要定期得到他们绩效的非正式反馈。当员工有低于标准的表现时,就需要进行每天或每周的辅导以增大生产率。管理者的新角色是作为一个教练而不是像以往那样作为一个独裁者。[72]

辅导模型的目的是提高能力和处理动机问题。**辅导模型(coaching model)** 包括下列步骤:步骤1,查阅以往反馈;步骤2,描述当前的绩效;步骤3,描述需要达到的绩效;步骤4,达成对变革的承诺;步骤5,追踪。为了有助于了解每一步骤,我们用对话的形式来阐述它们。在对话中,Fran 是自动贩卖机修理厂的管理者,Dale 是自动贩卖机修理厂的新技工。Fran 在辅导 Dale。

步骤1:查阅以往反馈。 这一步假定员工过去被告知或被培训做某事,但是没做或做得不对。如果员工从未得到反馈,解释这一情况。

Fran:Dale,你好! 我叫你来我办公室,因为我想要和你讨论一下你的修理记录。
Dale:记录如何?
Fran:自从你工作后,我们还没有讨论过你的绩效,但我发现一个问题,希望你尽快地改正。

步骤2:描述当前的绩效。 举特定的例子,详细地描述需要改进的当前绩效。

Fran:在翻查修理记录的过程中,我发现你修理了大 Y 超市、联合合作银行和春田 YMCA 公司的自动贩卖机。在所有这三个地方,不超过一个月,你又要回去修理同一台机器。
Dale:对。如果你观察我的报告,你会知道每次的问题都不一样。我第一次的确修理好了。

Fran：我知道。这不是问题所在。问题是修理任何一台机器的平均时间是 3 个月。你知道这一点吗？

Dale：既然你提到它，我确实在培训课程里听过。

Fran：我想确定一下为何你回去修理同一台机器的时间要比 3 个月短。我的猜测是因为当你去修理机器的时候，你只解决了特定的问题，而不是对整个机器进行日常运行维护。

Dale：我的工作是修理机器。

步骤 3：描述需要达到的绩效。详细地告诉员工你所需要的具体绩效是什么。让他告诉你为什么这些是重要的。如果需要一项技能，用工作指导培训教导他们。解释为什么这项技能对完成工作很重要，并规范他们的行为。

Fran：在培训项目中，他们告诉你要对整个机器进行日常运行维护吗？

Dale：我不记得他们那样说过。

Fran：你知道为什么维护比仅仅修理机器更重要吗？

Dale：我想那样我就不用一个月内回去修理同一台机器了。

Fran：你说得对。你会更加有效率。从今以后，我希望你去对整个机器进行日常运行维护，而不是仅仅修理机器。

步骤 4：达成对变革的承诺。如果可能，让你的员工承诺改变他的绩效。承诺很重要，因为如果员工不愿意承诺改变，他就不会做出改变。既然员工不愿意改变，早知道比等着以后发现才知道好，那时可能已经太晚了。员工可能承诺了而没有做出改变。但至少该做的你都做了，当你惩罚员工时，你可以指出他承诺过但却没有真正做出改变。

Fran：从今以后，你会做维护而不仅仅是修理，对吗？

Dale：我以前没有做因为我不知道我要那样做。以后，我会那样做的。

步骤 5：追踪。为了让员工明白管理者是认真对待变革的，追踪具有重要意义。当员工知道他们的绩效会被评价，他们会更容易做出改变。通常不用特地开会，但需要告知员工管理者将如何追踪他们的改变。

Fran：以后，我会继续翻查频繁修理同一机器的记录。我认为那不会继续发生，但如果发生了，我会再叫你来的。

Dale：不会这样了。

Fran：太好了。我很感谢你的合作，Dale！这是我唯一担心你工作的地方。除了这个地方，你的工作做得很棒。再见！

Dale：再见！

最好在接近讨论结束时在纠正其行为方面做出积极的强化。积极的强化有助于激发员工做出必要的改变。例如，上面对话中 Fran 的最后一句话。表 13-5 列出了通过辅导提高员工绩效的 5 个步骤。

表 13-5　辅导模型

步骤1:查阅以往反馈。
步骤2:描述当前的绩效。
步骤3:描述需要达到的绩效。
步骤4:达成对变革的承诺。
步骤5:追踪。

工作应用

14. 举例说明何时适合使用辅导模型。

步骤4:准备正式绩效评估访谈。 如果你没有准备好绩效评估,则要准备面对失败。大部分的组织使用正式的衡量工具。经理们要花时间小心填写。

步骤5:实施正式绩效访谈。 正式绩效评估要得到有效的执行。如果一个员工的排序是中等而不是优秀,经理们要能清楚地知道为什么这个员工的排序不是那么靠前。清晰的标准可以消除正式绩效评估过程中的意外。

图 13-6 列出绩效评估的步骤。注意,步骤 1 到步骤 3 都是双向的(有双箭头),因为每一步的发展都需要管理者反馈并做出相应的改变。例如,在非正式评价过程中,管理者意识到环境的变化需要员工的工作或绩效标准也要随之变化。步骤 5 让管理者回到步骤 1。

如果员工的表现符合期望值,绩效评估便不能帮助解决生产率问题。然而,如果员工的表现低于期望值,使用绩效评估和辅导模型便能获得更高水平的生产率。

13.6.4　网格式组织发展

Robert Blake 和 Jane Mouton 发展了组织发展的"包装"方法。他们形成了标准化的格式、程序和固定目标。Blake 和 Mouton 或他们的同事为组织实施这种项目。**网格式组织发展(Grid OD)** 是被设计以改进管理和组织有效性的 6 阶段项目。[73]

第一阶段:培训。 从不同职能部门来的 5—9 个经理组成团队。在长达一周的研讨会上,每一队成员评价自己的领导风格,来决定他们属于哪一个网格。他们通过训练团队构建、沟通和解决问题方面的技巧,努力使之成为(9,9)格类型的经理(第 7 章)。

第二阶段:团队发展。 经理们回到工作岗位,像(9,9)格经理那样,尝试使用新技巧。

第三阶段:团体间的发展。 工作组提高合作和协调能力。这促进了联合解决问题。

第四阶段:组织目标设定。 管理层提出其努力要达到的组织模式。

第五阶段:目标实现。 确定并执行必要的变革,以达到设定的组织模式。

第六阶段:稳定。 评价前 5 个阶段以确定和稳定积极的变革,识别需要改进或改变的地方。

13.6.5 调查表反馈

调查表反馈（survey feedback）是用问卷来收集基本数据并作为变革基础的一种组织发展方法。不同的变革代理人使用的方法会有微小的差别，然而，基本通用的调查表反馈项目包括以下内容：

1. 管理层和变革代理人做出初步的计划，形成有关的调查问卷。
2. 问卷被分发给组织或单位的所有成员。
3. 分析调查数据以找到需要改进的领域。
4. 变革代理人把结果反馈到管理层。
5. 经理们对反馈进行评估，并和下属讨论反馈结果。
6. 制订并执行行动计划。

例如，某大型制造商邀请顾问来讨论培训事宜。顾问会见工业工程和制造工程的经理。经理们告诉顾问执行调查的结果（步骤1到步骤3）。反馈结果向工程师们展示了较低的组织绩效（步骤4）。3个工程经理叫来工程师，讨论低分的原因以及如何改变其形象（步骤5）。他们决定让工程师们参加人际关系/沟通技能构建培训项目，以更有效地提高他们和所服务的组织成员相互沟通的能力。顾问制订并执行培训计划，帮助纠正这一情况（步骤6）。

衡量组织气候 调查表反馈技术通常用以衡量组织气候。根据这些结果，组织可能成立上面所述的培训项目。组织可能存在氛围问题的征兆包括动作缓慢、旷工和员工流失。当员工有诸多的抱怨、妨害相互的工作、讨论联合或罢工、缺乏对工作的自豪感和士气低落时，组织可能有需要改正的组织气候问题。

组织气候的衡量方法同衡量工作满足感一样（第3章）。调查表反馈是最常用的方法。但调查问卷中的维度因组织的不同而不同。

在技能强化练习13-2中，你会填写一份问卷。你现在可以看看，了解一下组织气候衡量工具的样本。

13.6.6 力场分析法

力场分析法（force field analysis）是一种针对当前绩效水平、变革阻力和驱动力的图解法。这一过程以评价当前绩效水平开始。当前的绩效水平位于图的中间。抑制绩效的阻碍力量列于图的顶部；保持绩效水平的驱动力列于图的底部，如表13-6所示。在观察了图13-6之后，你可以形成策略，保持或增加驱动力，同时降低阻碍力量。例如，在图13-6中，你选择的解决方案是让销售人员去参加培训项目。你还可以多花时间与低效率的销售人员一起工作，还可以加快交货时间，同时保持所有的驱动力能带来更高的销售额。

表 13-6　力场分析法

阻碍力量	H-1 高生产成本	H-2 产品寿命	H-3 交货时间慢	H-4 销售人员 流动率高	H-5 三名销售 人员绩效差	H-6 销售培训 不足
当前绩效：每月销售 1 000 单位产品						
驱动力	D-1 组织的 信誉度高	D-2 产品质量好	D-3 优质广告	D-4 服务好	D-5 七个优秀的 销售人员	D-6 有经验的 销售经理

力场分析法对团队解决问题特别有用。团队成员同意图中所述内容后，解决问题的方案就变得很简单。

13.6.7　团队构建

团队构建极可能是当今使用最广泛的组织发展技术。个人是单位或部门的一部分，由个人紧密而相互依赖地工作而组成的每个小职能部门构成一个团队。每个团队的绩效和所有共同工作的团队直接影响整个组织的绩效。**团队构建(team building)** 是帮助工作小组更加有效运作的一种组织发展技术。

团队构建广泛地用于帮助新的或现在的团队提高绩效。[74] 例如，Miriam Hirsch 博士受某医疗中心邀请担任顾问，被告知将要进行管理责任重组。医疗中心转而采用三成员团队管理方法。医生不再是唯一的决策者，他们需要与一名管理护士和一名行政人员共同工作。因为管理者不适应团队工作，因此请顾问来提出一个团队构建项目，帮助发展他们的技巧。

团队构建目标　依据组织需求和变革代理人的技能，团队构建项目的目标各不相同。典型的目标有：

- 阐明团队的目标和每一团队成员的责任。
- 识别阻碍团队达到目标的问题。
- 开发团队解决问题、制订决策、设定目标和计划的技能。
- 确定哪种团队合作方式受欢迎，并使用该方式。
- 充分利用每一个成员的资源。
- 形成以相互信任和理解组织成员为基础的、开诚布公的工作关系。

变革代理人的职责　通常来说，变革代理人首先要与管理者讨论为什么要实施团队构建项目。他们将讨论这一项目的目标。变革代理人要评估管理者了解团队对其风格和做法反馈意见的意愿程度。管理者接受这一项目的能力将直接影响团队构建的结果。

接着，变革代理人及管理者一起与团队成员进行沟通。为了建立开诚布公的信任氛围，变革代理人先描述团队构建项目的目标、议程和程序，再描述和管理者达成的协议。

变革代理人可能会亲自秘密地访谈每一个团队成员，从而识别组织的问题。除了访谈（或不使用访谈），还可以使用调查表反馈问卷。问卷样本见技能强化练习 13-2。

第13章 组织变革和文化

变革代理人进行团队构建的天数可以是一天或更多,这取决于问题的难度和成员的数量。[75]

团队构建项目议程 团队构建议程因团队需求和变革代理人技能的不同而不同。议程的典型话题包括以下项目:

1. 气候构建。项目之初,变革代理人要形成信任、支持和开放的气候。他可以讨论项目的用途和目标。团队成员互相了解,分享他们想在这会议中达到的目的。

2. 过程和结构评估。团队评估团队构建项目过程的优缺点。团队探索和选择理想的标准。

3. 问题识别。团队识别自身的优势,接着识别劣势或者可能提高的领域。问题可以来自变革代理人的访谈和/或反馈调查。首先,团队列出几个可能改进的领域。接着按照重要性区分其优先次序,帮助团队提高绩效。

4. 问题解答。团队抓住有最高优先权的问题,形成解决方案。然后移到有第二优先权的问题,接着到有第三优先权的问题、有第四优先权的问题,等等。

5. 培训。团队构建常常包括能解决团队当前面临问题的培训。

6. 结束。在总结好完成了什么后,项目就算结束了。接着指定追踪责任。团队成员承诺改进绩效。

在骑士公司,组织发展可以从团队构建会议开始。在团队中,要让骑士公司的雇员明白NYCIC公司的组织发展项目,以及将如何发展骑士公司。通过团队构建会议,NYCIC 公司计划的改革能够在骑士公司得以执行。在几个月后,NYCIC 公司可以用调查反馈表确定员工如何看待骑士公司的变革项目。调查表可作为了解骑士公司未来变革的基础。随着骑士公司团队的发展,可用力场分析法来解决变革带来的新问题,并达到更高的绩效水平。

工作应用

15. 说出一项组织发展技术,并阐述它如何应用于一个特定的组织,最好是和你有联系的组织。

情境应用

组织发展技术 识别每种情境下最适合的方法。
AS 13-6
A. 力场分析法　　　　B. 培训与发展　　　　C. 调查表反馈
D. 网格式组织发展　　E. 团队构建　　　　　F. 绩效评估

_____ 26. "我们需要教员工统计程序控制技术。"

_____ 27. "我们是一个进取的公司,我们相信发展员工。我们想让组织更上一层楼。"

_____ 28. "为了提高生产率,我们要鉴别什么会阻碍我们,什么有助于我们的效率提高。"

_____ 29. "我们想要一个能使我们更好地使用每一个管理者的组织发展项目。"

_____ 30. "我们组织的士气和动机很低。我们想要知道为什么这样以及如何改变。"

> 组织中的人际关系

13.7 组织文化、组织气候和组织发展间的关系

组织文化、组织气候和组织发展是不同的,但是它们之间有关联。气候是内部无形环境的共同感受,而文化是理想环境中的价值观和责任。因此,文化赋予气候特征。通常来说,文化的概念涵盖了气候的概念。然而,近年来,对文化概念的关注增加了,同时对气候概念的关注程度降低了。

组织发展通常作为改变文化或气候的媒介。组织发展项目比文化或气候的范围要宽得多。文化和气候变革可以是广义组织发展项目的一部分。

通过包括团队构建在内的有计划的组织发展项目,NYCIC公司可以排除在骑士公司变革的阻力。组织发展项目可以以变革模型为基础。通过团队构建,NYCIC公司能够改变骑士公司的文化和气候,使其和NYCIC公司的文化和气候一样。

在结束这一章时,完成自我测试练习13-2。测定你的个性会如何影响你对变革和组织文化的反应。

自我测试练习13-2

个性和组织变革、组织文化

让我们测测你的个性与你变革的能力和你喜欢的文化类型如何相关。

在大五人格中,如果你对新的经验开放,你将会愿意改变而且在适合类型的文化中表现出色;如果你对新的经验封闭,你会容易在变化缓慢的官僚类型文化中做得很好。

如果你在尽责方面得分很高,有高的成就需求,你可能倾向于因循守旧,更可能在有强文化的组织里如鱼得水。

如果你有高度的随和性格,有高的附属需求,你可能和人们相处得很融洽,能够融入一个强文化。你会在重视团队和授权的合作类型文化中做得很好。

如果你有外倾性特征,重视对权力的追求,你会喜欢支配,可能不能适应没有映射你价值的强文化。你会在重视个人主义和高权力的竞争类型文化中表现出色。

行动计划: 你愿意在弱文化还是强文化的组织中工作?什么类型的文化价值会吸引你?

第 13 章　组织变革和文化

复习题

当实现管理的五个职能时,管理变革技能对管理者来说很重要。四个主要的_____是技术变革、组织变革、任务变革和人员变革。一个变量的变化会影响一个或多个其他变量。

_____是收集、处理和传播帮助管理者作出决策所需信息的正式系统。

_____是在工作中简化和减少人力。变革程序过程的阶段是:(1) 否认,(2) 抵触,(3) 探索,(4) 承诺。

_____包括强度、来源和焦点三个变量,它们解释了为什么人们不愿变革。强度是关于人们对变革抵触的水平。有三种阻力来源:事实、信念和价值观。焦点阻力有三种:自身、他人和工作环境。为了排除变革阻力,经理们能:(1) 营造积极的变革风气;(2) 鼓励对变革的兴趣;(3) 计划;(4) 给出事实;(5) 明确指出为什么变革是需要的以及变革将会怎样影响员工;(6) 营造双赢格局;(7) 员工参与;(8) 提供帮助;(9) 保持冷静;(10) 避免直接的对抗;(11) 使用权力和道德的政策。Lewin 变革模型的三个步骤是:(1) 解冻;(2) 变革;(3) 再冻结。Lussier 的变革模型有五个步骤:(1) 定义变革;(2) 确定可能的变革阻力;(3) 对变革做计划;(4) 变革的实施;(5) 变革的控制。

_____包含共享的价值观和成员如何行为的假定。组织有强与弱、积极的和消极的文化,组织文化可以被管理和改变。

_____是其成员所感觉的组织内部环境的相对持久量。

_____是对组织态度和满意度的思想状态。有 7 种衡量气候的尺度。它们是组织结构、责任心、奖赏、热情、支持、组织归属感和忠诚度、风险。

_____是提高组织有效性、解决问题和达到组织目标的持续的计划过程。有 6 种组织发展技术:

1. _____是学习必需技能完成当前工作的过程。_____培养完成当前和未来工作能力的过程。
2. _____是评价员工工作绩效的连续过程。_____描述绩效水平的领域:数量、质量、时间和成本。_____包括这些步骤:(1) 查阅以往反馈;(2) 描述当前的绩效;(3) 描述需要达到的绩效;(4) 达成对变革的承诺;(5) 追踪。
3. _____是改进管理和组织有效性的 6 阶段的项目。
4. _____是一种用问卷来收集变革的基本数据的技术。
5. _____是一种对当前绩效水平、变革阻力和驱动力的图解法。
6. _____是一种帮助工作团队操作更加有效的技术。

组织文化赋予组织气候以特征,通过组织发展项目能改变组织文化。

案例分析

柯达公司

20 世纪 70 年代,在美国市场上,柯达公司(Eastman Kodak Company)是一个非常强有力的领导者。在某些工业产品的生产中,柯达公司采用了全球出口策略,将产品运送到国外的客户手中。自从日本竞争者崛起之后,柯达便失去了它强有力的领导地位。众所周知,它在商业中的一个问题区域便是照相材料,当柯达长时间忽视市场并将第一位的优先条件给了日本公司时,日本生产出了 35 毫米厚的照相机。同时,柯达花费了大量的时间和数百万美元,致力于开发一种即时照相机来和宝丽来公司竞争,最后没有取得成功,并且因专利侵害而被起诉。在电影业,柯达的部分市场份额被富士和其他公司抢占。紧接着这些沉重的压力之后,银的价格也大幅上涨,而银是柯达生产照相材料的重要原料,此时柯达处于危

组织中的人际关系

机之中。在数码相机时代的挑战下,柯达要做的便是设法让自己在以后的时间内保有竞争力。

计划变革

高层经理们认为柯达之所以面临如此的问题,有三方面的因素。首先,成本太高;第二,整个公司的员工不了解公司的运作情况,经理们不对公司的绩效负责;第三,战略的计划是由职业专家而不是一线经理制订的。换句话说,计划过程并不是工作过程。综合这些因素可以看出,部门分化被认为是如此众多问题的原因。

柯达的职能部门主要是生产、市场、研发和财务,但是,高层经理们似乎认为,全球环境要求公司应该关注商业环境而不是职能环境。由于采用了职能部门,因此没有人对业绩负责。公司决定从原来的按职能划分部门转变成按事业部划分部门。下一步便是如何计划和实施部门分化,通常的方法是让四五个经理人组成团队,关上门制订出新的组织结构图,然后发号施令。管理者都很在意要使组织重组取得成功,所以他们决定采用参与式管理来实施此项变革。

3个高层经理制订了新的组织方式,然后和与被变革影响的9位直线经理人见了面,向他们解释了新的组织方式以及理由。其中部分理由是,要通过提高新产品开发速度提高公司竞争力。高层经理让9位经理人回去想想新的组织方式然后回来讨论。直线经理需要挑战、质疑、理解、改进这一方案,最重要的是,要把这次组织重组认为是"他们自己"的更新重组。4个月后,这个12人团队有了重组计划。

此后,12人团队延伸到了50个高层经理,重复了这一过程。在第5个月末,62个经理人有了重组计划。这个62人团队延伸到了150个经理人,但是,他们的工作不是重做部门分化,而是为实施按事业部划分制订专门的计划。

接下来便是指派员工任职于新的组织。分配首先根据才能,然后是工龄。在这个过程中,150名经理人中的大部分都有了新的工作,但更重要的是,不管新岗位是什么,大多数的经理们都支持这一重组。变革准备共花了14个月。

实施变革

柯达的重组首先是要在两年时间内裁员12%。大多数人自愿寻找其他工作或退休了。随着时间的推移,经理的人数也下降了25%,并且柯达不再采用内部选拔经理的方式了。在5年多的时间里,关键岗位的经理有70%是新人。

接着,柯达公司创建了近30个独立的事业部,负责制订并执行自己的策略及全球利益绩效。出口政策也改变了,以事业部为单位,所有的方式都集中到直接投资水平上了。事业部分为传统影像事业部、影像密集信息技术事业部、塑料聚合体事业部。柯达还并购了Sterling药业,因此还包括了制药事业部。

生产和研发被分割并分配到不同的事业部,以便将重点更好地放在顾客、市场和技术上。事业部和不同地区部门之间的关系亦更加清晰,并得到了有效的结合。简单地说,事业部负责发展策略,而地区部门则负责实施。

每个事业部都要定期对盈利和价值进行评估,都要求创造一个超过其资产净值成本的收益,以此来反映其风险水平和市场环境。未获得所要求的收益率的事业部将被重点监察,一旦无法实现目标,就会被剔除或淘汰。

从多个角度来说,柯达公司的重组是成功的,它提高了公司的经济、产量和市场份额,其业绩连续几年是美国经济发展速度的4倍以上。

网上查询:按名称检索,查找柯达公司的更多信息,访问网站 www.kodak.com。从正文和案例的相关信息或其他从网上或其他渠道得到的信息中,找到下列问题的答案。

第 13 章 组织变革和文化

1. 柯达采取的变革主要是哪种类型？

2. 讨论柯达变革的系统作用(第1章)。

3. 在变革中,柯达将重点放在克服阻力11种方法的哪一种上？

4. 计划变革用了14个月的时间,原来的3位高层经理人制订的组织设计也没有发生什么大的变化(第5章)。如果直接命令,变革的实施是否会更快？如果是你,你会直接命令还是按照柯达公司的做法？

5. 柯达运用组织发展了吗？柯达遵循了 Lussier 变革模型中的步骤了吗？

6. 人格、学习组织、感知(第2章)与态度、工作满意度、价值观(第3章)各自对变革产生了什么影响？

7. 这个案例的焦点是人际沟通(第4章)还是组织结构与沟通(第5章)？

8. 你认为哪个激励理论(第8章)与案例最相关？

9. 在变革的过程中,高层行政人员采用了哪种情境管理领导方式(第7章)以及哪种解决问题及决策制订方式(第12章)？

10. 知道冲突不可避免,在实施变革时,高层管理层采用了哪种冲突管理方式(第6章)？

11. 在这个案例中,权力和政治是如何处理的？

客观题案例

主管 Carl 的变革

Carl 是 Benson 公司的一名员工,他向 Hedges 公司申请并得到了一份主管的工作。Carl 想把工作做好,他观察员工的工作情况以想办法提高产量,一个星期后 Carl 有了主意。

星期五下午,Carl 召集了员工,告诉他们,从星期一开始,组装产品的步骤要发生一些变化,他演示了几次新的步骤之后,问大家是否都明白了,没有人回答。所以 Carl 说:"好极了,那么从星期一开始吧!"

星期一,Carl 在办公室里花了一个小时做周工作计划,然后当他到了生产车间时,意识到没有人遵照他星期五示范的步骤,Carl 把员工召集到一起,询问为什么没有人按照新的步骤做。

Hank:多年来我们一直用的是这种方法,我们觉得它很好。

Sandy:我们做着这种令人厌烦的工作,工资却很低,为什么我们还要提高产量？(其他几个人点了点头。)

组织中的人际关系

Debbie：星期五在饭店我们讨论了这项变革，一致认为，既然我们没有得到更多的报酬，为何要生产更多的产品？

回答下列问题，选出你的答案并在问题的空白处陈述你选择的理由。

_____ 1. Carl 倡导的变革类型是
　　a. 任务变革　　b. 结构变革　　c. 技术变革　　d. 人员变革

_____ 2. 运用表 13-1，确认 Sandy 反对变革的主要理由是
　　a. 1　　b. 2　　c. 3　　d. 4
　　e. 5　　f. 6　　g. 7　　h. 8
　　i. 9

_____ 3. 运用表 13-1，确认 Debbie 反对变革的主要理由是
　　a. 1　　b. 2　　c. 3　　d. 4
　　e. 5　　f. 6　　g. 7　　h. 8
　　i. 9

_____ 4. 如果 Carl 要实施变革，他要克服阻力运用的主要步骤是
　　a. 经营一个积极的氛围　　　b. 鼓励对改进的兴趣
　　c. 计划　　　　　　　　　　d. 陈述事实
　　e. 避免情绪反应　　　　　　f. 避免直接的对抗
　　g. 鼓励员工参与　　　　　　h. 提供支持

_____ 5. Hank 的回答是一种 _____ 反抗性陈述。
　　a. 阻碍者　　b. 松动者　　c. 拖延者　　d. 反转者
　　e. 回避者　　f. 威胁者　　g. 政客　　　h. 保守者
　　i. 攻击者

_____ 6. 这项变革中 Carl 应该采用的最好的组织发展技术应该是
　　a. 力场分析　　b. 调查反馈　　c. 网格式组织发展　　d. 训练
　　e. 团队构建　　f. 绩效评估

_____ 7. Carl 遵循了 Lussier 变革模型中的步骤。
　　a. 是　　　　　　　　　　　b. 否

_____ 8. 假设 Hank 的观点是团队代表性意见，表明了一个 _____ 样的组织文化。
　　a. 积极的　　　　　　　　　b. 消极的

_____ 9. 根据 Sandy 的回答，组织的氛围和士气似乎是
　　a. 积极的　　b. 中性的　　c. 有待提高

_____ 10. 在这种情况（员工不按规定程序操作）下，Carl 应该采用的冲突管理方式是
　　a. 命令　　b. 否认　　c. 妥协　　d. 适应
　　e. 合作

11. 假如你是 Carl，你将会如何实施这项变革？

提示：Carl 和员工的这次会议可在班上进行角色扮演。

第13章 组织变革和文化

技能强化练习13-1

目的：培养你通过辅导提高绩效的技能。

SCANS要求：通过这个练习培养学生的人际交往能力、咨询能力、听说读写算等基本能力、思维能力和其他综合个人素质。

准备：阅读并理解本章节。

体验：你将进行辅导或被辅导，运用辅导模型观察此过程。

步骤1(2—4分钟)

划分为三人团队，如果有必要，建立一个或两个二人团队。每个人在下面的三个案例中选择一个并担任主管，在其他的案例中做员工，进行辅导和被辅导的角色扮演。

1. 员工1是一个文员。他需要使用文件，其余的10个员工也如此。员工们都知道用完文件后应该归还，以使其他人在需要的时候能够及时找到。每个员工一次只能拿出一份文件。当主管走过时，他注意到员工1的手边有5份文件。主管想，员工1可能会以工作任务太繁重为借口为一次拿出不止一份文件辩解。

2. 员工2是一个冰激凌店的服务员，他知道顾客走后要及时收拾桌子，好让新的顾客有位子而不用坐到脏桌子旁。这是一个繁忙的晚上，主管看到，在员工2负责的区域内，有两桌的客人围着脏碟子坐着，而此时员工2正和一个桌子上的几个朋友聊天。员工被要求友好，所以他可能会以此为借口作为没有收拾桌子的理由。

3. 员工3是一个汽车技术师。所有的员工都知道要在每辆汽车的地板上铺上纸垫子以避免地毯变脏。当服务主管走进员工3修理的汽车时，发现里面没有垫子，地毯上还有一块油渍。员工3工作出色，他很可能会在辅导中提到这一点作为理由。

步骤2(3—7分钟)

为辅导做好准备。下面，每个组员写出一个基本的摘要，说明他在辅导员工1、2、3时会说什么，按照下面的辅导步骤：

第一步：描述对过去的反馈；

第二步：描述现在的情况；

第三步：描述期望的行为(不要忘了让员工陈述为什么它是重要的)；

第四步：得到员工的变革承诺；

第五步：追踪。

步骤3(5—8分钟)

A角色扮演。员工1——文员的主管，按计划对他(用扮演员工1的组员的真实姓名)进行辅导，用交谈的方式，不要照读你写下来的计划。扮演员工1的组员，将你自己放到员工的位置上，你工作努力，而且快速的工作面临着许多压力，如果能拥有不止一份文件，工作就会变得相对简单。被辅导时可以提及你的工作负担。主管和员工都可以畅所欲言。

没有进行角色扮演的人可以观察，对主管的表现以及需要改进的地方作记录。

组织中的人际关系

B 反馈。观察者就主管对员工进行辅导的表现展开一场讨论。注意,这是讨论而不是观察者的个人演讲。将重点放在主管的表现上以及他可以采用何种方式改善。员工也可以就自己的感觉发表意见,以及哪种方式会更有效地纠正自己。直到老师告诉你们再进行下一轮谈话。如果你完成得早,可以等其他人完成。

步骤 4(5—8 分钟)

按照步骤 3,只是将角色变换一下。这次是员工 2 被辅导。员工 2 可以陈述和客人聊天以便让他们感到受欢迎的重要性。如果你不能和朋友聊天,那么这个工作便没有什么意思了。

步骤 5(5—8 分钟)

按照步骤 3,只是将角色变换一下,这次是员工 3——汽车技术师被辅导。员工 3 可以提到自己的出色表现。

结论:导师将引导一场班级讨论/作结论性评价。

应用(2—4 分钟):我从这次练习中学到了什么?我以后将如何应用此项知识?

分享:各人就应用部分陈述自己的观点。

技能强化练习 13-2

了解组织氛围的普遍做法是进行问卷调查,下面是春田大学社会科学和人文服务系前系主任 Roland E. Holstead 博士建立的调查方法,经其同意后有所改动。将此应用到你的学校并回答问题,略过不适合应用于你的学校的问题。

学术生活	非常满意	基本满意	满意	有点不满意	不满意
1. 你对你学术项目的满意度	_____	_____	_____	_____	_____
2. 你对你学术导师的满意度	_____	_____	_____	_____	_____
3. 你对所有老师的总体满意度	_____	_____	_____	_____	_____
4. 你对下列课程的满意度					
大学通修课	_____	_____	_____	_____	_____
专业课	_____	_____	_____	_____	_____
选修课	_____	_____	_____	_____	_____

5. 你认为哪些系的课程最有价值?
_____
_____
_____

6. 你认为哪些系的课程最没有价值?
_____
_____
_____

7. A. 就你个人而言,下面几种课程的难度如何?

	非常难	比较难	适中	比较简单	简单
大学通修课	_____	_____	_____	_____	_____
专业课	_____	_____	_____	_____	_____
选修课	_____	_____	_____	_____	_____

B. 就你个人而言,下面几种课程的挑战性如何?

	非常有挑战性	有一定挑战性	适中	没什么挑战	没有挑战性
大学通修课	_____	_____	_____	_____	_____
专业课	_____	_____	_____	_____	_____
选修课	_____	_____	_____	_____	_____

C. 就你个人而言,下面几种课程的趣味性如何?

	非常有趣	比较有趣	有趣	不怎么有趣	很无趣
大学通修课	_____	_____	_____	_____	_____
专业课	_____	_____	_____	_____	_____
选修课	_____	_____	_____	_____	_____

D. 大三和大四的学生回答:有些课程是大一、大二修的,有些是大三、大四修的,还有些是快毕业的学生修的。你是否认为课程的数目增加后,难度或要求也增加了?换句话说,大三、大四的课程是否通常要比大一、大二的难?

_____ 是　　　_____ 否　　　_____ 没有什么区别——光增加数目没什么用处

8. A. 你通常在哪里学习?

　　　　　　　　　　　　每天的什么时候?
_____ 自己的房间　　　_____
_____ 图书馆　　　　　_____
_____ 学生休息室　　　_____
_____ 空教室　　　　　_____
_____ 其他　　　　　　_____

B. 在下面的各个场所学习时,你对自己学习能力的满意度如何?

	非常满意	基本满意	满意	不怎么满意	非常不满
自己的房间	_____	_____	_____	_____	_____
图书馆	_____	_____	_____	_____	_____
学生休息室	_____	_____	_____	_____	_____
空教室	_____	_____	_____	_____	_____
其他	_____	_____	_____	_____	_____

9. 每天你花多少小时在下列活动上?

　　完成作业_____　　读书_____　　学习_____

10. 你每周逃几节课(如果有逃课的话)? _____

	非常满意	基本满意	满意	不怎么满意	非常不满意
11. 你对学校图书馆藏书的满意度	_____	_____	_____	_____	_____
12. 你对班级规模的满意度	_____	_____	_____	_____	_____
13. 你对评分结构的满意度	_____	_____	_____	_____	_____

你的专业是什么? _____
你的绩点是多少? _____
你是几年级的? _____

学生服务

14. 你曾享受过下列哪几种服务?你对它们满意吗?

组织中的人际关系

	非常满意	基本满意	满意	不怎么满意	非常不满意
学生事务主任	_____	_____	_____	_____	_____
房务办公室	_____	_____	_____	_____	_____
咨询服务中心	_____	_____	_____	_____	_____
医务室	_____	_____	_____	_____	_____
牧师	_____	_____	_____	_____	_____
治安部门	_____	_____	_____	_____	_____
职业规划安置办公室	_____	_____	_____	_____	_____
少数民族建议/特殊问题建议	_____	_____	_____	_____	_____

社会生活

15. 总体来说,你对大学的社会生活满意吗?_____
16. 在典型的一周内,学校里有足够多的社会活动吗?如果没有,应该增加什么样的活动?
    _____
    _____
    _____

17. 每周你都参加下面的哪些活动(如果有这些活动的话)?
    _____寝室派对   _____电影
    _____私人派对   _____校园体育活动
    _____校外活动   _____校园文化活动

18. 你最可能在哪些晚上参加学校里的社会/文化活动?_____

19. A. 你经常回家吗(如果你是住宿生的话)?
       _____通常每周一次(周末)   _____至少一个月一次
       _____一个月两次   _____至少一个学期一次

    B. 你通常会因为什么而在学期中的非假期时间回家?
       _____
       _____
       _____

20. 你希望在校园里能看到哪些类型的活动?
    _____
    _____
    _____

21. 你参加下列哪些活动?
    _____报纸
    _____年鉴
    _____广播站
    _____大学体育运动代表队
    _____校内体育运动
    _____学生会
    _____其他俱乐部
    _____宗教活动
    _____其他(详细说明)

第13章 组织变革和文化

寝室生活（如果你不住寝室则略过问题22—33）

	非常满意	基本满意	满意	不怎么满意	非常不满意
22. 你对寝室生活满意吗？	_____	_____	_____	_____	_____
23. 你对寝室长满意吗？	_____	_____	_____	_____	_____
你对寝室助理满意吗？	_____	_____	_____	_____	_____
24. 你对自己在寝室的学习能力满意吗？	_____	_____	_____	_____	_____
25. 你对自己在寝室的睡眠情况满意吗？	_____	_____	_____	_____	_____
26. 你对寝室里隐私的程度满意吗？	_____	_____	_____	_____	_____
27. 你对寝室的洁净程度满意吗？	_____	_____	_____	_____	_____

	非常有效	基本有效	效率较低	效率低	效率非常低
28. 你们寝室的管理如何？	_____	_____	_____	_____	_____

	非常公平	比较公平	公平	有点不公平	非常不公平
29. 你们寝室的制度公平吗？	_____	_____	_____	_____	_____
30. 寝室制度的实施公平吗？	_____	_____	_____	_____	_____

31. A. 你们寝室有下列问题存在吗？
　　_____吸毒　　　　　　　　　　　_____安全
　　_____性活动（异性恋或同性恋）　_____暴力
　　_____性骚扰　　　　　　　　　　_____噪音

　　B. 你们寝室还有上述没有提到的问题吗？_____如果有,是什么？
　　_____
　　_____

　　C. 你会向谁反映这样的问题？
　　_____宿舍助理
　　_____宿舍长
　　_____学生事务主任
　　你对有关部门对这些问题的回应满意吗？_____

32. 你觉得你们寝室最好的是什么？
　　_____
　　_____

33. 如果可以改变寝室,你会改变什么？为什么？
　　_____
　　_____

你住在哪个寝室？_____
你大学的朋友大多数都住在你们寝室吗？_____

组织中的人际关系

目的:更好地理解组织的氛围及你们大学的氛围。

SCANS要求:通过这个练习培养学生的人际交往能力、咨询能力、听说读写算等基本能力、思维能力和其他综合个人素质。

准备:完成准备阶段的调查问卷。

体验:集体对你们班的氛围进行预测并讨论。

步骤1(8—12分钟)

将班级同学对调查问卷的回答制成表格。

选项A:划分为五人或六人团队,老师会选择一些问题,将组员对这些问题的回答制成表格,每个组向老师汇报各自的答案,老师将把全班的回答制成表格,并在黑板上进行总结。

选项B:老师让学生举手回答他们选择的问题,对每个问题的答案进行统计并写在黑板上。

步骤2(8—12分钟)

讨论学校的氛围

1. 氛围的调查通常是针对整个组织或一个主要部门进行。可以将你们班级作为学校的代表来接受调查吗?为什么?

2. 调查的问题是针对春田大学设计的,为了更适合你们学校,哪些部分或单独的问题需要作出变更?

3. 学校氛围是否适应你的需求(或学生整体的需求)?

4. 学校的氛围是如何影响你(或所有学生)的行为和态度的?

5. 学校的氛围是如何影响你(或所有学生)的表现和生产率的?

6. 在你们学校对所有的学生进行氛围的调查有价值吗?怎么调查?

结论:导师将引导一场班级讨论/或做结论性评价。

应用(2—4分钟):我从这次练习中学到了什么?以后将如何应用?

分享:各人就应用部分陈述自己的观点。

技能强化练习13-3

目的:体验改善大学生活质量的质量圈方法。

SCANS要求:通过这个练习培养学生的人际交往能力、咨询能力、听说读写算等基本能力、思维能力和其他综合个人素质。

体验:你将成为质量圈中的一部分。

步骤1(8—15分钟)

划分为五人或六人团队,选择一个发言人,你们组将列出大学生的3—5个最需要得到改善的项目清单,按它们的优先级别区分等级,从最重要的到最不重要的按1—5的顺序排序,发言人将按级别把它

第13章 组织变革和文化

们写在黑板上。你可以参照技能强化练习13-2中的有关问题。

步骤2(3—10分钟)

选项A:导师选择全班的3—5个最优先需要得到改善的项目。

选项B:全班协商选择3—5个最优先需要得到改善的项目。

步骤3(5—10分钟)

每个组选择一个新的发言人,就全班最关心的3—5个领域,由团队提出改善学生生活质量的解决方法。

步骤4(5—20分钟)

就最优先的问题,每个发言人陈述团队如何改善学生生活质量的方法,全班投票或协商选出解决问题的最好方法,完成后继续第2—5个项目,直到完成或时间结束。

讨论:

1. 这个练习中用到的调查反馈和质量圈的方法对改善大学生的生活质量有效吗?
2. 班级是否认为学生的生活质量体现在在学校、学生和社会之间取得平衡?你们的解决方法会让学校、社会和学生都受益吗?

结论:导师将引导一场班级讨论/或做结论性评价。

应用(2—4分钟):我从这次练习中学到了什么?以后将如何应用?

分享:各人就应用部分陈述自己的观点。

技能强化练习13-4

提示:这个练习是为持续时间长的班级团体设计的,下面是一个调查反馈问卷,回答没有对错之分。回答适用于你们班级的问题,每个问题都有五个选项。

非常同意	基本同意	中立	有点不同意	非常不同意
		冲突或争斗		

1. 我们团队的氛围是友好的

2. 我们团队有一个放松的环境(而不是紧张的气氛)

3. 我们的团队非常合作(而不是竞争的)

4. 每个人可以自由地发表意见

5. 我们团队有很多争执

6. 我们团队有问题人物(沉默的、聒噪的、厌烦的、优柔寡断的、争辩的)

漠不关心

7. 我们团队忠于目标（每个人都积极参与）

8. 我们团队有好的参与性

9. 团队成员为上课都做好了准备（所有的作业都完成了）

10. 每个人做自己分内的工作

11. 我们打算开除一个成员，因为他缺勤且/或不做自己分内的工作

决策制订

12. 我们团队决策制订的能力很好

13. 所有的人都参与决策制订

14. 一两个人影响大多数决策

15. 我们团队遵从决策制订模型中的五个步骤（第12章）

    第一步：明确问题

    第二步：设立目的和标准

    第三步：产生多种选择

    第四步：分析各种选择（而不是快速决定一个）

    第五步：计划和实施决策、控制

16. 我们团队使用下述方法：

    a. 大家围成一个小圈

    b. 任务开始前我们先选择方法

    c. 每次仅有一个人发言，不能跑题

    d. 每个人陈述观点并说出具体的理由

e. 大家轮流陈述观点

_____|_____|_____|_____|_____

f. 我们听取他人的意见,而不是只顾说自己的观点

_____|_____|_____|_____|_____

g. 我们删除大家未选择的答案

_____|_____|_____|_____|_____

h. 每个人捍卫自己的观点(当认为自己是正确的时候)而不是改变观点拒绝讨论或自行处理

_____|_____|_____|_____|_____

i. 我们确定剩下的观点,对其中一个达成一致意见(而不是投票)

_____|_____|_____|_____|_____

j. 最后回到有争议的问题上

_____|_____|_____|_____|_____

17. 列出其他相关问题。

18. 我们团队采用了_____冲突管理模式。
    a. 强制　　　　　b. 迁就　　　　　c. 回避　　　　　d. 妥协
    e. 合作

19. 我们团队_____用所有人都能满意的方式解决冲突。
    a. 是　　　　　　　　　　　　　　b. 不是

课堂练习

本练习是为那些已经合作过一段时间的团体设计的。

目的:体验团队建立的过程,提高团队的影响力。

SCANS要求:通过这个练习培养学生的人际交往能力、咨询能力、听说读写算等基本能力、思维能力和其他综合个人素质。

体验:这个练习以讨论为主。

材料:技术强化练习13-4 准备练习

步骤1-a(5—30分钟)

气氛建立:

建立一个信任、支持、开放的气氛,在提问讨论的过程中让成员加深彼此间的了解。

规则:

1. 轮流提问题。
2. 只要你不问这个问题,你也可以拒绝回答。
3. 你并不一定要按下面的顺序提问。
4. 你可以提出自己的问题(将它们填到下面)。

在和大家会面以前,作为个人,预习下面的问题,写下一个或多个你想提问的组员名字。如果你希望能问所有人问题,将"团队"写在问题旁边。当大家都准备好之后,开始问问题。

1. 你对这门课程的感觉如何? _____
2. 你对团队的感觉如何? _____
3. 你对我的感觉如何? _____
4. 你认为我对你的感觉如何? _____

组织中的人际关系

5. 描述你对我的第一印象。_____
6. 你喜欢做什么?_____
7. 你对团队的承诺有多高?_____
8. 你最喜欢这门课程中的什么?_____
9. 你毕业后想做什么?_____
10. 你想从此课程中学到什么?_____
11. 你如何对待最后期限?_____
12. 你和团队中的哪位成员最亲密?_____
13. 你对团队中的哪一位了解得最少?_____

其他_____

资料来源:Adapted from John E. Jones,"Twenty-Five Questions:A Team-Building Exercise," in *A Hand-book of Structured Experiences for Human Relations Training* (La Jolla, Calif.: University Associates, 1973), no.118, pp. 88—91.

步骤 1-b(2—4 分钟)

当导师告诉你开始的时候,和其他组员一起相互问问题。

参与者可以确定他们对团队构建的目标。下面是团队建立的六个目标,你可以加进自己的观点,根据自己的喜好进行排序。

_____ 明确团队的目标
_____ 确认团队绩效需要提高的领域
_____ 发展团队技能
_____ 确定并使用大家更喜欢的团队形式
_____ 充分利用每个组员的资源
_____ 在信任、诚实和理解的基础上发展工作关系
_____ 你自己的目标(将它们列出来)

步骤 1-c(3—6 分钟)

参与者可以分享步骤 1-b 中的答案,如果有必要,团队将就其目标达成共识。

步骤 2(3—8 分钟)

过程与结构:作为一个团队,讨论团队中的优势与劣势(团队如何工作和联系)。下面,为团队列出遵守的规范(该做的和不该做的)。

步骤 3-a(10—15 分钟)

问题确认:回答反馈调查问卷。标示团队的答案。不要着急,仔细讨论这些观点为什么会影响团队以及是如何影响的。

步骤 3-b(3—7 分钟)

在上面信息的基础上,列出 8—10 种可以提高团队绩效的方法。

步骤 3-c(3—6 分钟)

将上述方法区分出优先顺序(1 = 最重要的)

步骤 4(6—10 分钟)

解决问题:选择最重要的那一项,完成下面的步骤:

1. 确定问题

第13章 组织变革和文化

2. 设立目标

3. 产生多个选择结果

4. 分析选项并选择其中的一个

5. 为具体实施制订详细计划

步骤5(1分钟)
待改善的每个方面都遵循相同的五个步骤直到时间结束,至少要涉及三个方面。

培训:团队构建通常包括培训如何解决团队面临的问题,因为在很多练习中都会有培训,因此这里我们就不做了。记住,团队构建的日程是不一样的,并且通常会持续一天或更长,而不是只有一个小时。

步骤6-a(3分钟)
最终的应用:

1. 我想要实施团队的解决方法,为什么?

2. 我从这个练习中学到了什么?

3. 我将如何在我的日常生活中应用此项知识?

4. 作为一个经理人,我将如何运用此项知识?

步骤6-b(1—3分钟)
团队成员总结在改善团队的过程中哪些已经完成,还有哪些要做的?

分享(4—7分钟):每个团队的发言人向全班讲述团队最需要提高的三个方面。老师在黑板上做记录。

Chapter 14

第 14 章
重视全球多元化

学习目标

通过本章的学习,你应该能够:

1. 给出偏见和歧视的定义,说出组织中存在职业歧视的领域。
2. 说出保护少数民族(弱势群体)和妇女的主要法律。
3. 识别出雇用者能够和不能够询问应聘者的问题。
4. 列举出受均等就业机会委员会合法保护的团体。
5. 说明性骚扰的六个方面。
6. 说明组织中的性别歧视以及克服的方法。
7. 列举出全球多元化的七个领域,并且举例说明其中的区别。
8. 列举出处理控诉的步骤。
9. 掌握下列12个关键术语(以在本章中出现的先后为序):

偏见 prejudice	性骚扰 sexual harassment
歧视 discrimination	性别歧视 sexism
少数群体 minority	可比价值 comparable worth
合格职业资格 bona fide occupational qualification	跨国公司 multinational company
积极行为纲要 affirmative action programs	外派人员 expatriates
残疾 disability	投诉模型 complaint model

第14章 重视全球多元化

> **引例**
>
> 在美国康涅狄格州首府 Hartford 市的 We-haul，一小群白人妇女正站在水冷却器周围谈论。她们的谈论中有这样一些言论："这周围存在很多对女性的偏见和歧视。""这里有越来越多的有色人种。""现在我们的工人中甚至有残疾人，看到他们和与他们一起工作都让人觉得不舒服。""我们这个办公室的女性的收入只是在这里工作的男性的收入的一小部分；不仅如此，在收入减少的同时，女性越来越难找到高薪的工作。""最近，我的男主管对我进行性骚扰，因为我没让他得逞，他便一直让我干所有的脏活、累活。""我已经向工会抱怨过这些不公平，但好像我们白人妇女的境况没有丝毫改变。"
>
> 同时，一小群白人男性也在谈论。他们中有这样一些观点："这里的有色人种和妇女越来越多。""为什么这些少数民族不能向其余的人一样学会英文？""他们得到了公平待遇之后，有些人还总是抱怨没得到公平待遇。""我们已经提升了几个人到管理层，尽管他们并不够资格。""不管怎样他们都不是好经理。""晋升为管理者无望，和这些人竞争已经够残酷的了，更不用说其他人了。"
>
> 这种可能在很多组织中都会存在的言论是基于事实的还是编造的？这种态度对个人、他人和组织来说是有益的还是有害的？在这一章中，你将会获悉这些以及其他一些关于多元化的论点。

14.1 多元化如何影响行为、人际关系和绩效

多元化涉及一个团体或组织的成员之间的差异程度。在工作中主要包括种族、伦理、民族、性别、宗教、年龄和能力。重视多元化的意思是在公司中重视所有层次包括各种群体。

不同的人有不同的行为，他们在组织中拥有不同的人际关系。相似的人走到一起的现象是很普遍的。然而，当群体发展而彼此对抗时（白种人对有色人种、男性对女性、管理层对雇员），人的行为和人际关系会变得很差，从而导致绩效不佳。前面讲过（第11章），重视多元化的团体和组织的绩效一般胜过不重视多元化的团体和组织。

全球多元化真的重要吗？ 在美国，有 2.81 亿的潜在顾客。[1]而当一个企业向全球扩张时，它的潜在顾客在中国有 13 亿，在印度有 10 亿，在印度尼西亚有 2.2 亿，在巴西有 1.7 亿，在俄罗斯有 1.5 亿，在日本有 1.2 亿。15 个欧盟国家合起来拥有 3.7 亿的潜在顾客，而 25 个欧盟国家合起来则拥有 4.5 亿的潜在顾客。[2]2004 年 5 月，10 个中欧和西欧国家正式加入了欧盟，使加入欧盟的国家从 15 个增加到 25 个。[3]很明显，美国企业之所以全球化扩张是因为它们知道哪里有不断增加的机会。在当今的全球经济中，你必须有全球化的思维来和多元化的人们共事。[4]拥有国际工作经验在攀登企业事业阶梯中的作用是无法估量的。[5]

在美国，多元化真的重要吗？ 美国的人口非常多元化。据估计，在 2030 年以前，只有不到一半的人是白种人。和其他主要城市一样，加利福尼亚州已经只有不到一半的人是白种人，并且如今有超过一半的大学学龄人口是非白种人。[6]移民的人数在继续膨胀。[7]根据 2000 年的

统计,西班牙人种超过美国黑人,成为美国最大的少数民族团体。难怪财富五百强企业的首席执行官(CEO)会说:"多元化是一条战略性的商业信条。"[8]在现代化企业中,管理多元化的团队是最难的,也是最具挑战性的。[9]

在你的职业生涯中,如果你能为一家参与全球化竞争的企业工作或者同外国公司进行贸易往来,你会等到很好的机会。你可能在美国本土为一家外资企业工作,而且你也有可能有出国公干的机会。如果你还没有这样的经历,你将很可能和从其他国家来的人打交道。在和那些有不同背景、技术和资历的人共事的过程中,你将受益匪浅。[10]通过和与你不同的人合作、互相学习,你将能够改善你的人际关系技能。[11]

14.2 偏见和歧视

在美国,尽管已经有所改善,但对种族、信仰、肤色和性别的偏见和歧视依然存在。[12]歧视的存在阻碍了均等就业机会。而歧视一般是建立在偏见的基础之上的。**偏见(prejudice)** 指的是对一个人或一件事基于某种态度的事先判断。正如在第3章中所讲到的,态度是一种强烈的信念或情感。如果一个人问你:"你有偏见吗?"你很有可能说没有。然而我们所有的人都对人或事有偏见的倾向。回顾一下第2章讨论的第一印象和四分钟障碍(four-minute barrier)。在四分钟之内你没有时间去了解一个人,然而已经做了会影响你行为的臆断。第3章把刻板印象定义为认为团队内所有成员都具有某种行为。你的偏见一般建立在对团队的刻板印象上。对人或对事有预判断或有刻板印象并不一定会造成伤害,我们都会有这种倾向。尽管偏见并不总是负面的,但如果你的歧视是建立在你的偏见的基础之上,你可能会给你自己或其他人带来伤害。[13]**歧视(discrimination)** 指的是赞成或反对一个人或一件事的行为。有关歧视的抱怨一直在持续上升。[14]

为了说明偏见和歧视之间的区别,我们假定Joan是一个主管,并且正在进行招聘。这里有两位够格的候选人:Peter和Ted。Peter是男性非洲裔美国人,而Ted是男性白种人。Joan是白种人,并且对白种人有积极的态度,认为在工作中黑人的效率不如白人,而且她还认为黑人就应该失业。她有几种选择。

Joan可以由于偏见而歧视,雇用Ted。完全根据种族或肤色来选择一个雇员明显是对Peter的非法歧视。同样地,Joan的偏见也可能是偏向Peter而不喜欢Ted。

Joan能够意识到她的偏见,并试图不让它影响她的决策。她可以对两位候选人进行面试,挑选出其中更能胜任工作的一位。那么,在此她没有歧视。这种决策是合法的,也是普遍推荐的一种做法。选择雇员时,你必须多方衡量,避免做出的决策是建立在偏见的基础上的。

在开篇案例中提到的那些消极的偏见可以导致歧视。

工作应用

1. 给出一个你因为某些原因受到歧视的例子。

情境应用

偏见或歧视
AS 14-1

下面的例子出自男性白种人之口,分别属于下列哪种?
A. 偏见　　　　　　　　　　B. 歧视
_____ 1. "Jamal(一个高大的黑人)来了,我敢打赌他会谈篮球。"
_____ 2. "我选 Peter 作我的搭档。Karen,这项任务你和 Betty 配对。"
_____ 3. "Sue,我今天不能继续和你工作。你是不是来例假了?"
_____ 4. "我不想上夜班。你能强迫我吗?"
_____ 5. "老板新雇了一个漂亮的金发碧眼女秘书。我打赌她不怎么聪明。"

14.2.1　就业歧视普遍存在的领域

就业歧视最普遍的五个方面表现在:

- **招募新雇员**　负责招募新人的人未能给前来应聘的某些群体均等的机会。
- **挑选**　负责挑选招聘到的员工的人未能从某些群体中挑选。
- **报酬**　男性白种人得到的比别的群体的人多。
- **晋升**　在晋升中种族和性别是显著的制约。
- **考核**　当组织的考核不建立在工作绩效的基础上,就会产生报酬和晋升的歧视。

工作应用

2. 举出在招聘、挑选、报酬、晋升或考核中歧视的例子,最好是在你所在的企业。

14.2.2　多元化评价培训

为了帮助克服偏见和歧视,所有类型的企业都在忙于培训他们的雇员重视员工差异。例如,LIMRA 公司举行了专门的多元化研讨会,有如下的目标:

1. 理解当前不断变化的员工人口统计特征。
2. 把企业的经营作为全球劳动力市场及经济的一部分。
3. 认识到偏见和歧视如何抑制商业的成功。
4. 从多元文化市场吸纳人才,也向多元文化市场输出人才。

为了避免同化,雅芳公司推行了管理多元化项目,并将其作为公司价值。从晋升为管理者的女性人数上来说,雅芳无疑是成功的。惠普公司把多元化管理计划作为对所有管理者的培训计划,该计划强调了把多元化作为竞争优势。

为了和与自己不同的各种人建立高效的人际关系,你需要容忍人们的差异,试着去理解他们之所以不同的原因,对他们和他们的处境表示同情,并且开诚布公地和他们交流沟通。要注意,人会有产生偏见和刻板印象的倾向,要避免基于偏见的歧视。在本章中,我们还将讨论组织如何帮助其多元化的劳动力。

> **工作应用**
>
> 3. 你或者是你所认识的任何一个人进行过多元化培训吗?如果有,描述一下。

14.3 全体均等就业机会

重视多元化、均等就业机会(EEO)以及积极行为(AA)是有区别的。多元化在概念上和均等就业机会不同,后者主要涉及种族主义和偏见。通过重视多元化,管理层能从差异中受益。[17]在未来的十年中,管理者们将会受到诸多挑战——由更多女性、外派人员、少数民族和老龄工人组成的劳动力的慢速增长;在2005年之前男性白种人只占其中的38%。[18]积极行为是一种招聘工具,可以让之前处于劣势的工人加入劳动力队伍,并引导他们适应企业的文化。重视多元化强调的是理解、尊重并认同不同雇员之间的差异。[19]管理及重视多元化以均等就业机会、积极行为为基础。不像积极行为那样,真正的多元化无关配额,而是要网罗所有种族的优秀人才。均等就业机会、积极行为直接关注的是跟招聘、挑选、薪酬、晋升或考核的相关法律。

14.3.1 影响就业机会的法律

你已经知道组织不能歧视少数民族。在法律上谁是少数民族呢?少数民族即任何不是白种男性、不是欧洲后裔或没有受过足够教育的人。均等就业机会委员会(EEOC)提出的**少数民族(minority)**包括:西班牙裔人、亚洲人、非洲裔美国人、印第安人和阿拉斯加土著。妇女就业同样受到法律保护,但很多时候她们并不被认为是少数,而被认为是多数。有缺陷的年轻人、残疾的工人以及40—70岁的人们同样受到法律的保护。

均等就业机会委员会在全美国设立了47个办事处。它为那些感觉自己没得到公平待遇的人提供诉说的机会,并且开通了免费电话服务热线(1-800-USA-EEOC)和网站(www.eeoc.gov),全天候地提供员工权利信息。

1972年对1964年出台的《公民权利法》的修正案以及1991年出台的《公民权利法》禁止基于性别、宗教、种族、肤色和族裔的就业歧视,法令适用于所有雇员人数超过15人(包括15人)的私有和公众企业。

其他会对员工构成产生影响的法律包括:1963年出台的《同工同酬法》(Equal Pay Act of 1963),它要求企业消除性别差异,实行同工同酬;1967年出台的《反年龄歧视法》(Age Discrimination in Employment Act of 1967),禁止对40—69岁的雇员进行年龄歧视;1973年出台的《职业复原法》(Vocational Rehabilitation Act of 1973),要求联邦承包商采取积极行动,雇用(包括提供合理的食宿安排)残疾人并改善其状况;1972年和1974年出台的《越南老兵复员援助法》(Vietnam-era Veterans' Readjustment Assistance Act of 1972 and 1974)(1980年作了修订)要求联邦承包商积极行动,雇用残疾人和越南老兵;1978年出台的《反孕妇歧视法》(Pregnancy Discrimination Act of 1978),禁止因怀孕、生育或者与之相关的医疗问题歧视妇女,特别是在福利方面。本章稍后还将提到1990年出台的《美国残疾人法》(Americans with Disabilities Act of 1990)。《事假法》(Family Leave Act)准许因家庭紧急情况而请假。

被怀疑违反上述法令的企业可能会接受均等就业机会委员会的调查,或者成为共同起诉或特别诉讼的被告。[20]均等就业机会委员会中关于歧视的条款在持续增加。[21]尽管面临昂贵的法院解决费用和负面的公众形象,企业仍然很难将管理多元化贯彻到日常生产和管理中去。[22]事实上,有一半的雇主说他们的企业因为就业相关的事件受到过控告。[23]没有解决劳动力多元化管理问题的万全之策。然而,很明显的是,熟悉这些法律和你所在企业的均等就业机会与积极行为政策对你是很重要的。

14.3.2 自由就业调查

在就业申请表格中,当你进行面试的时候,在任何组织中都没有人可以合法地询问歧视问题。遵循下面的两条主要原则:

1. 被提问的每个问题都必须是与工作有关的。当问题产生时,你必须知道获得信息的目的。只提出筛选候选人时会用到的合法问题。
2. 你问的一般性问题必须向所有的候选人提出。

下面我们要讨论的是在面试中你可以提出(你可以用来淘汰不合格候选人的法律许可的信息)和不能提出(不能用来淘汰不合格候选人的法律禁止的信息)的问题。禁止提出的问题主要指与合格职业资格无关的信息。**合格职业资格(bona fide occupational qualification, BFOQ)** 允许存在基于宗教、性别或祖籍等的歧视,如果这些在特殊企业的正常管理是合理的,并且是必需的。在一个被最高法院支持的合格职业资格的法例中,阿拉巴马州(Alabama)要求所有的负责最危害安全的男性监狱里的警卫必须是男性。最高法院支持男性的要求是因为20%的犯人是因性侵犯受到起诉的,这将是对女警卫的极大威胁。

我们列出了可以提出和不能提出的话题和问题,如表14-1所示。

表14-1 自由就业调查

姓名
可以问:当前使用的正式姓名,以及是否曾经在工作中使用过别的名字。
不可以问:闺名,以及一个人是否曾经改过姓名。
住址
可以问:当前的住址以及居住时间。
不可以问:候选人是拥有自己的房子还是租赁别人的房子,除非是BFOQ问题。

(续表)

年龄
可以问:如果工作要求候选人的年龄处于21—70岁的某一特定年龄段。如果被雇用了,能否提供年龄证明?例如,要成为含酒精饮料的侍应生必须年满21周岁。
不可以问:你多大了?不能要求出示出生证明。不能问上了年纪的人打算工作多久退休。

性别
可以问:只有性别会影响到合格职业资格的情况下才可以问。
不可以问:如果性别不是必需的合格职业资格。为了避免有违反有关性骚扰法律的嫌疑,不要提出会被认为轻浮的问题和发表类似的言论。

婚姻和家庭状况
可以问:候选人是否可以适应工作作息,以及候选人是否会因某些活动、责任或者义务而耽误出席会议。同样的问题必须对男女候选人都进行提问。
不可以问:陈述婚姻状况。不要问小孩和其他家庭事务方面的问题。

祖籍、国籍、种族和肤色
可以问:候选人是否有在美国工作的合法资格,如果雇用了能否提供证明。
不可以问:确认祖籍、国籍、种族和肤色(候选人或其父母以及其他亲戚)。

语言
可以问:列举候选人能流利说或/和写的语言。如果涉及合格职业资格,可以提问是否能说和/或写某种语言。
不可以问:在下班后使用的语言,或者候选人如何学会该种语言。

犯罪记录
可以问:如果候选人曾犯过重罪以及其他信息,如果这一重罪与工作相关。
不可以问:候选人是否被逮捕过(逮捕并非证明有罪)。与工作无关的相关信息。

身高和体重
可以问:候选人是否能达到合格职业资格对体重和/或身高的要求,如果雇用了能否提供证明。
不可以问:如果身高或体重不是一项合格职业资格,则不可以提问。

宗教
可以问:如果是一项合格职业资格,可以问是否信仰某种宗教。候选人是否能满足工作作息或者是否会因为宗教活动请假。
不可以问:宗教偏好,从属关系和宗派。

信用等级和债务
可以问:如果涉及合格职业资格。
不可以问:如果不涉及合格职业资格。

教育背景和工作经验
可以问:与工作相关的信息。
不可以问:与工作无关的信息。

(续表)

证明人或介绍人
可以问:可以提问愿意提供证明人的候选者。介绍他来申请该工作的介绍人的姓名。 不可以问:教会证明
服兵役情况
可以问:与工作有关的所获得的教育和经历方面的信息。 不可以问:入伍时间和表现。服役兵种或兵役服务合格证。后备役军人在国外服役的经历。
组织
可以问:给出与工作有关组织的成员资格,例如协会、专业或同业公会。 不可以问:指出与工作无关的诸如种族、宗教等组织的成员资格。
残疾或艾滋病
可以问:候选人是否有某方面的缺陷会影响到其在特定工作中的表现。 不可以问:与工作无关的信息。在美国,艾滋病携带者是受相关法律保护的,你不能询问候选人是否患有艾滋病。

工作应用

4. 你,或者你所知道的人中有谁在求职过程中被问到非法歧视方面的问题吗?如果有,把问题写下来。

情境应用

合法问题
AS 14-2

选择 A 或 B 为下面的问题作答:
A. 合法的(可以被问的)　　　　B. 非法的(不可以被问的)

_____ 6. "你的母语或者是最常用的语言是什么?"
_____ 7. "你已婚还是单身?"
_____ 8. "你是驾驶员协会(Teamsters Union)的成员吗?"
_____ 9. "你在工作中曾经因为偷窃而被逮捕过吗?"
_____ 10. "你能证明你能合法工作吗?"

14.3.3　从积极行为到重视多元化

积极行为是指 1977 年对 1965 年和 1968 年出台的《执行命令法》(Executive Orders of 1965 and 1968)的修订案,要求同联邦政府有商业往来的企业要致力于招聘、雇用和保护妇女及少数民族。

积极行为项目(affirmative action programs, AA) 是指有计划地致力于招募、雇用和保护妇女及少数民族。AA要求企业根据本地区人口中少数民族及女性比率来确定其员工中少数民族及女性的构成。企业被要求要有计划地吸纳适当比例的妇女和弱势群体雇员,这一比率是通过复杂的计算过程得来的。

在里根和克林顿当政时期,对AA的支持有所下降。在2003年6月,最高法院在对密歇根大学法律学院的诉讼中支持AA,但是反对在本科生项目中实施AA项目。很多人认为该规定对保存AA有所帮助。[24] AA不受欢迎的其他原因还有:限额通常不利于少数群体;限额不能得到满足;企业会因相反的歧视受到起诉。很多人认为,推行AA并不是解决歧视之道。因此,我们由提倡AA发展为重视多元化。如今,经理人在名片上拥有诸如"施乐公司多元化经理"的头衔,包括可口可乐在内的许多企业拥有多元化顾问委员会。许多成功的企业意识到多元化工作团体可以提高决策质量和组织绩效,所以它们不仅提供多元化培训,还真正地采取行动重视多元化。例如,丹尼餐厅在1994年要花费4570万来解决歧视诉讼,而如今因为其成功的多元化管理而成为从经济问题委员会获得"企业公德奖"的企业。

纽约时代广场万豪伯爵公司的员工结构就是多元化的典型,它拥有1 700名员工,他们涵盖了几乎所有的种族,来自70多个国家,讲47种语言。

工作应用

5. 描述一下企业中的AA项目,最好是你所在的企业。

尽管全球企业的组织结构界限较少,但它们在法律体系上确实有界限。[29]想象一下同时面临上百个国家复杂而各异的法律是何等困难,尤其是在法律有冲突的时候。

14.4 受到法律保护的人士及性骚扰

之前的部分讲到了涉及少数民族和其他群体的法律。这一部分将讨论少数民族、雇员宗教信仰、老龄职工、残疾、酗酒、吸毒及相关测试、艾滋病和艾滋病测试、性倾向、妇女和性骚扰等方面的细节问题。

14.4.1 少数群体

均等就业机会法律禁止工作中对种族、肤色、祖籍和宗教的歧视,但如果它涉及合格职业资格则除外。一般而言,少数群体在无需技能、非专业和非管理级别的领域中更受欢迎。

我们已经知道受保护人士及少数民族包括妇女、有宗教信仰的人、老龄职工和残疾人。因此,在下面少数群体可被上述词代替。

非少数群体应该意识到他们可能也是无意识地对少数群体有刻板印象,期待他们失败,为他们制订更高的标准。这些行为必须有意识地避免。我们不能因为其种族背景、年龄、宗教和其他的一些原因而苛责他们。非少数群体应该意识到少数群体正在改正而使其消极方面被人们遗忘。少数群体也不应该受负面皮格马利翁效应的影响(第3章),让其他人的负面预期成为其自我实现的预言。

同样地,我们要有开放的心态,了解与我们不同的人。公开、坦诚地沟通有助于打破消极的规矩。当你的自我主义观念很强的时候,在别人的心中可能更强。所以,要树立积极形象(第2章)。

宗教信仰 法律要求雇主为雇员的宗教信仰制订合理的安排,当然不能为雇主带来过多的困难。过多的困难是很明显的,包括为迁就雇员的宗教信仰(定义为"所有的宗教形式和方面")而支付的额外工资和其他费用。然而,"合理的安排"是不明确的。雇主必须愿意同雇员谈判,允许他们和愿意的同事换班或者改变工作时间。[31]不仅如此,雇员还可以要求在宗教节日休假来代替其他公众假期。一些雇主还允许雇员选择他们想要的假期。回顾一下,(第3章)工作中有宗教信仰的人数在增加。

年龄 年轻和年老的工人是有差别的。你将和年龄越来越大的顾客和员工打交道,因为人口中增长最快的部分是成年人和老年人。有7700万婴儿潮时期出生的人已经到了50岁。[32]

40岁及40岁以上的人受年龄歧视法律的保护。[33]然而,均等就业委员会因打破年龄偏好力度不够而受到过批评。这种批评可能是基于这样一个事实,即对受害者来说,要证明在雇用和晋升时受到年龄歧视是最难的。年龄歧视还在增多。[34]50岁以上的人很难找到工作。造成这一难题的部分原因是一些对老年雇员由来已久的不正确的看法。

这些不正确的看法中的一些荒诞的说法是:(1)他们的成本比利润高。这不一定是事实,尤其对于身体健康的老年雇员来说。年轻而多病的雇员可能花费更多。(2)他们请病假的时候更多。老年雇员同样值得信赖。病假与一个人的病假周期类型有更大的关系。很多企业认为老年雇员请病假的频率比年轻人少,因而雇用他们。(3)他们抵制改变。老年雇员的想法并不一定比年轻人僵化。

在不断收缩的劳动力队伍中,许多企业积极地雇用老年雇员[35],尤其是零售业和快餐业的兼职工作。老年雇员大多拥有强烈的职业道德。[36]此外,40岁以上的人因为有很多有价值的经历而能成为良师益友。

残障人士 在1992年7月,《美国残疾人法令》(Americans with Disabilities Act,ADA)正式生效了。这一法令为在美国的大约4300万有生理或心理残疾的人提供了就业、交通和住房的平等机会。这一法令被认为是在未来超过25年里对公民权利最重要的衡量。残疾人在过去通常被认为是障碍。**残障人(disability)** 指的是有明显生理、心理或情绪局限的人。他们包括有坐牢记录的人、过度肥胖者、有心脏病病史的人、癌症患者、有心理疾病的人(1/5的美国人精神紊乱),因为其他人可能认为他们是有障碍的。康复的酗酒者和吸毒的人同样被认为是残障人士。法律要求雇主要有"合理的安排"来雇用残疾人。可以要求残障人士同其他雇员有一样的劳动生产率。

ADA中的就业条款会影响16—64岁的美国人,其中9%—11%有工作障碍。尽管美国政府一直致力于为残疾人安置工作[39],但大多数希望拥有工作的残疾人还是没有工作。大概2/3的残疾人没有工作(这种状况从1986年就没有改变过),尽管他们中有79%的人很想拥有一份工作。他们中许多有工作的人说他们的同事并不善待他们。为了降低成本,很多企业解雇了残疾人。[40]尽管在某些情况下残疾人是有优势的,这一现象仍是事实。例如,盲人在黑暗的房子里能工作得很好。虽然企业认为残疾人同样是出色的雇员,但歧视依然存在。大多数残疾人希望他们的老板和同事像对待其他人一样对待他们。公开而坦诚地沟通交流是最好的方式。[41]

对残疾雇员"合理安排"的费用由雇主支付。然而,通常是没有费用或者平均费用也只有120美元,此外,政府有高达5 000美元的税收扣除来帮助支付这些费用。

ADA立法中的合理安排"可能包括工作调整、兼职或有弹性的工作时间安排、仪器或设备的获得或维修、提供讲解人或翻译以及其他类似的行为"。在帮助伤残人士方面需要帮助的美国和加拿大雇主可以通过残疾人就业委员会(President's Committee on Employment of the Handicapped, PCEH)电话获得相关信息。这个委员会拥有一个工作接待网(Job Accommodation Network, JAN),提供新科技以及残疾人救助方面做得成功的雇主的姓名和电话号码方面的免费信息。

酗酒和吸毒及相关测试 从1986年政府开始毒品检测以来,吸毒问题得到了很多人的关注。根据美国反吸毒合作组织的数据,1/6的美国人有吸毒问题。60%的人说他们知道有人在吸毒和酗酒后上班。[44]据估计,美国每年需要花费860亿美元用以弥补因酗酒和吸毒造成的生产率低下、旷工和医疗费用。完成自我测试练习14-1,看一看你是否有这方面的问题。

为了帮助制止吸毒,1988年出台的《联邦工作场所反毒品法令》(Federal Drug-Free Workplace Act)生效了。无论在私有企业还是公共部门,都进行了越来越多的毒品测试。被调查的1 200家企业中有几乎3/4(74.5%)的企业都说会对雇员进行毒品检测。大公司比小企业更多地进行检测,并且蓝领比白领接受更多的检测。[45]

自我测试练习14-1

毒品滥用问题

对于下面的每一种论述,选择1-5来真实描述你的物质(酒精和毒品)使用情况。将数字填在每条论述前面的横线上。不要求你将这个信息在班上公开。

(5) 经常　　　(4) 频繁　　　(3) 偶尔　　　(2) 很少　　　(1) 罕见

____ 1. 我在早上会喝酒或吸毒。
____ 2. 我通过喝酒或吸毒来缓解紧张或者忘记压力和烦恼。
____ 3. 我喝酒或吸毒后去上班/上学,或者在上班/上学的时候喝酒或吸毒。
____ 4. 当我孤单的时候,我会喝酒或吸毒。
____ 5. 我在吸酒或吸毒的问题上说谎。
____ 6. 我在酒精或毒品的影响下开车。
____ 7. 我醒来后不知道自己在酒精或毒品的作用下都做了些什么。
____ 8. 我在酒精或毒品的作用下工作,没有它们我无法工作。
____ 9. 因为酒精或毒品,我上班/上课迟到。
____ 10. 我因为酒精或毒品失业/失学了。

> _____ 11. 我通过喝酒或吸毒帮助睡眠。
> _____ 12. 因为喝酒或吸毒,我有了财务困难。
> _____ 13. 我的朋友喝酒或吸毒。
> _____ 14. 我计划活动时要考虑到能够喝酒或吸毒。
> _____ 15. 当我不在酒精或毒品的作用下工作时,我会有想要喝酒或吸毒的愿望。
> _____ 总分
>
> 你的分数在 15—75 分之间。要了解自己存在问题的严重程度,把你的总分在下面标出来。
>
> 无滥用问题　　　15 ———— 30 ———— 45 ———— 60 ———— 75　　有滥用问题
>
> 如果你有酗酒或吸毒的问题,你应该向专业人士求助。

工作应用

6. 你曾经看过有人喝酒或吸毒后工作吗?酒精或毒品会如何影响他们的工作能力?
7. 你怎样看待雇主的毒品检测?为什么你会这样认为?

14.4.2 艾滋病和艾滋病检验

人体免疫缺损病毒(HIV)是导致艾滋病的病毒。艾滋病(AIDS)有这样的后果:在 HIV 逐渐破坏一个人的免疫系统后,会带来有生命威胁的感染。艾滋病不仅侵袭同性恋,所有这方面的报道中有 40% 发生在异性恋人之间。根据世界卫生组织(WHO)提供的消息,最新感染上艾滋病病毒的成年人中有一半是女性。

1990 年出台的 ADA 以及 1973 出台的《复原法令》(Rehabilitation Act)保护携带艾滋病病毒的人和艾滋病人不受歧视。在 1987 年,联邦政府公布了一项政策,保护联邦政府患有艾滋病的工作人员不受歧视,同样惩罚那些拒绝同艾滋病人一起工作的人。ADA 中对传染病的立法和滥用酒精或药物是一样的。雇主可能采用一项标准来解雇最近感染上传染病的雇员,如果他们对"工作场所中其他人的健康和安全造成威胁"。

公认地,艾滋病主要有以下四种传播途径:(1) 性行为;(2) 共用皮下注射针;(3) 母婴传播;(4) 输血。大多数医学权威都认为病毒不会通过日常接触传播。因此,与艾滋病人共事、正常社交或同 HIV 感染者接触是没有危险的。

在一些州,包括加利福尼亚、威斯康星和佛罗里达,雇主要求进行艾滋病检验是合法的。检验是有争议的,因为检验并不披露被检验人是否有艾滋病——而只是披露被检验人是否容易感染艾滋病病毒。如果一个雇主拒绝雇用有艾滋病的雇员,他可能容易受到残疾歧视的控告。

> 工作应用
>
> 8. 你对和艾滋病患者共事有怎样的看法?为什么?

性倾向 多元化问题中有一个新的因素,即性倾向。"同性恋憎恶"(homophobia)(讨厌同性恋)是指对性倾向的歧视。在大多数情况下,公司对工作之外的个人行为不负责。然而,企业有责任为所有雇员提供安全的、没有威胁、胁迫、骚扰和暴力的环境。

男同性恋者和女同性恋者在就业和失业方面并不受联邦均等就业委员会的法律保护。然而,有些州确实颁布了保护男同性恋者和女同性恋者不受就业歧视的法律。佛蒙特州第一个用法律规定同性恋者之间的结合是相似公民之间的联盟,虽然不是婚姻。有的政府、非赢利组织和私人组织为同性恋员工提供医疗和其他福利。有的企业,包括美国电话电报公司、迪斯尼、宝丽来、莲花和施乐等公司,抵制工作场所中对同性恋的憎恶。

14.4.3 女性和性骚扰

女性是受法律合法保护的群体。从对投诉事件的分析来看,导致性别歧视抱怨产生的最普遍的原因有失业、就业状况、性骚扰、薪水、怀孕、晋升、雇用、胁迫和报复。性骚扰是其中最为敏感的,因为它通常基于个人的判断。性骚扰控告来自任何性别。然而,大多数是针对男性的。同性骚扰也正成为难题。同同事约会可以导致性骚扰。[46]在一个面向女性的小型商业会议上,一个女性发言人忠告女性不要同行业的同事或其他人约会,因为如果她们这样做了,她们将会被认为是某人的女朋友而不是真正的商业人士。[47]将近一半的工作场所的浪漫史无疾而终。

25年前还没有如今被认为是性骚扰的行为。然而,性骚扰如今已变得严重涉及社会化和合法化,管理工作中的性骚扰很被重视。[49]尽管很多企业对员工进行培训以避免性骚扰[50],学者们的报告中指出,多达42%的女性曾是工作中性骚扰的受害者。[51]其中一个问题是人们察觉到了性骚扰,但她们并不报告,因为她们认为企业并不鼓励她们这样做[52],或者因为企业缺乏相关政策和程序来解决这一问题而倾向于充耳不闻。例如,美国三菱汽车公司(Mitsubishi Motors)受到性骚扰抱怨很久了,但一直没有采取措施直到情节严重被告上法庭。同时,向均等就业委员会求助的性骚扰案件的数量一直在上升。

最频繁地成为性骚扰目标的是新雇员、实习生和年轻而没有经验的人。最近经历了个人打击的人,如分居者或离异者,也经常是受害者。从事传统由男性完成的工作的女性同样更容易成为性骚扰的对象。

在某些人看来是性骚扰的行为在另一些人眼中或许并不构成性骚扰。为了帮助人们判断自己是否受到性骚扰,平等就业机会委员会(EEO)对"性骚扰"一词给出了以下定义:在性方面占便宜达到不受欢迎的程度、索要性方面的好处,以及其他具有性本质的口头或肢体的行为。EEO还指出:在以下三种情形下,这些不受欢迎的占便宜将上升为法律界定的性骚扰行为:(1)顺从该行为是作为某人明示或默示的就业条件;(2)个人是否顺从或拒绝该项行为,成为影响其就业决定的基础;(3)该项行为的目的或结果会不合理地干涉个人的工作表现,或

第14章 重视全球多元化

者会造成胁迫性、敌意性或冒险性的工作环境。[53]

联邦法院和州立法院把以下6个方面定义为性骚扰诉讼的基础：

（1）**不受欢迎的性提议**　工作时和下班后，再三收到主管或同事提议建立亲密关系的雇员，即使没有受到公然的威胁也可以提出性骚扰控告。

（2）**强迫**　一个主管在申明的或未申明的条件（给予好处或实行报复）下，要求与雇员约会或发生性行为，雇员可以提出性骚扰控告。

（3）**徇私**　联邦法院及州立法院规定，如果屈服于通过性交换好处的员工受到回报，而拒绝通过性交换好处的员工因此而得不到升职或无法享受某些福利，那么雇主将被认为对此负有责任。联邦法院曾经判决，如果某一员工未被要求通过性交换好处，而其他员工被要求通过性交换好处，则此员工也是性骚扰的受害者。

（4）**间接骚扰**　目击了工作中的性骚扰的雇员即使不是性骚扰的受害者也可以提出性骚扰控告。在一个加利福尼亚的州立法院，一个护士抱怨一个医生在她面前不避讳地强迫其他护士，造成了性骚扰环境。

（5）**身体行为**　雇员没必要受到触摸。法院规定，没有察觉的手势可以构成骚扰，产生敌对的工作环境。

（6）**视觉骚扰**　法院已经规定写在男浴室墙上的关于女性雇员的涂鸦是一种性骚扰。广泛的裸体展示或者色情图画构成了性骚扰。

简单来说，杜邦公司告诉员工："当某件事开始烦扰某个人的时候，它就是骚扰。"我们认为，性骚扰是任何与性有关的不受欢迎的举动。

当人们发现自己处于性骚扰的情况下，他们通常感到受打击、慌乱、没有工作效率、恐惧、孤独以及不知该怎样面对骚扰者。一些奏效的对骚扰者的回应如下所示（可根据情况修改）：

"当你碰我的时候我觉得不舒服。不要再这样做了，否则我将告发你性骚扰。"

"你向我展示色情材料是不适当的。请不要有下次。"

"黄色笑话让我觉得不舒服。不要再对我说哪怕一个，否则我将告发你性骚扰。"

如果情节严重，你可以在第一次受到冒犯的时候就告发他。如果不太严重，你可以在告发之前先进行警告。如果行为很频繁，你可以向你的老板或企业中的某些权威人士告发。如果企业中的权威人士没有采取适当措施来阻止骚扰行为，你可以向均等就业机会委员会提出控诉。

在本章的开篇案例中，一位妇女控诉她的男主管对其有性提议。你认为这是性骚扰吗？

工作应用

9. 你或你所认识的人中有谁经历过性骚扰吗？如果有，描述一下当时的情景（用所有人可以接受的语言）。

10. 你对于法律保护特定群体不受歧视有什么感受？

组织中的人际关系

情境应用

性骚扰
AS 14-3

针对下面所描述的行为用 A 或 B 作答：
A. 性骚扰　　　　　　　B. 非性骚扰

_____ 11. Ted 告诉 Clair 说她很性感，他想哪一天和她出去约会。
_____ 12. Sue 对 José 说如果他想得到这份工作就必须和她去汽车旅馆。
_____ 13. Jean 将腿伸到过道上，当 Wally 经过的时候，他从 Jean 的腿上跨过去并说了声"美腿"。
_____ 14. 在得到礼貌的拒绝之后，Pat 第三次对 Chris 说："你有一个漂亮的（自行填上关于性感的词汇）。你为什么不和我……"
_____ 15. Ray 在和 Lisa 谈话的时候将手放在她的肩膀上。

在下面的部分，我们将继续讨论女性在工作中如何受到歧视的问题。

14.5 男性至上主义和工作与家庭之间的平衡

男性至上主义指的是对性别的歧视。男性至上主义限制了男性和女性对与其能力和兴趣最匹配的生活方式和职业的选择。[54]家得宝公司（Home Depot）同意支付 6 500 万美元来解决对女性的歧视问题。[55]男性和女性在从事传统上由相反性别的人所做的工作时会面临性别歧视。男性在建筑业占支配地位，而女性则在诸如护理等领域占支配地位。对男性和女性长久以来一成不变的看法不仅会伤害到敢于不同的个人，还会伤害到企业，阻止它们发挥潜能。

文化宣传了男女之间的差异。小孩在 10 岁之前就得到了男女价值的教育。传统的看法认为男性是进取而理性的，而女性是感性而脆弱的。男女之间是有差别的，但是他们的角色可以也应该是平等的。传统的角色正发生着变化。[56]

这一部分将调查劳动力中的女性、女性管理者、克服大男子主义、改变性别角色、工作与家庭之间的平衡和管理多元化。现在完成自我测试练习 14-2，看看你对女性工作的态度。

自我测试练习 14-2

工作中对女性的态度

针对以下描述的 10 情况，选择你对女性工作所持有的真实想法。在下面的横线上选择 1、2、3 或 4。

（1）非常赞同　　　（2）同意　　　（3）不同意　　　（4）极不赞同

_____ 1. 女性出去工作是为了赚取额外的零用钱。

2. 女性失业率一般要高于男性。
3. 在怀孕之后,女性会辞职或请很长的产假。
4. 工作中,女性承担的义务比男性少。
5. 女性缺乏获得成功的进取心。
6. 女性缺乏获得成功要受的必要教育。
7. 职业女性的增加导致了男性失业率的上升。
8. 女性在高压工作中的承受力和坚定性不如男性。
9. 女性太感性了,不能成为高效的管理者。
10. 女性管理者很难进行快速而精准的决策。
___ 总分

根据你的态度给出分数,把你 10 个答案的分数加起来,填写在总分这一栏。在下面标出你所得的分数。

消极态度　　　　　10 ——————— 20 ——————— 30 ——————— 40　　　　　积极态度

上面的 10 个语句是对女性工作所持的普遍态度。当然,这些说法是通过不同人主持的调查得来的。贯穿本部分的反驳这些说法的调查也将被引用。规则总是有例外。尽管如此,如果你对女性外出工作持否定态度,那么你就有刻板印象。你可能会想要改变你对此的消极态度。尽管有 EEO、AA 和重视多元化的努力,长久以来对女性工作的否定态度还是会阻碍她们薪水的增长和管理职位的晋升。[57]

14.5.1 劳动妇女

现在我们探讨职业女性和劳动妇女。那些选择成为家庭主妇的女性对社会做出了巨大的贡献。然而不幸的是,这些女性通常不能被称之为职业女性,因为她们不能够从她们的工作中得到报酬。但事实上,每一位家庭主妇都是在工作的女性。

劳动妇女的数量和她们被雇用的原因　20 世纪 90 年代中期以来,美国劳动妇女的数量已接近本国劳动力总量的 47%,据教育部门统计,近 1 500 万的挂钥匙的孩子每周独自在家长达 20—50 个小时。图 14-1 显示了从事劳动的母亲的统计情况。

有低于18岁子女的双亲家庭[60]
双亲工作63.1%,仅父亲工作29.5%,仅母亲工作4.5%,双亲均不工作2.9%

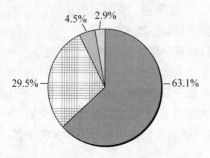

按子女年龄划分劳动队伍中的母亲[61]
1岁以下55%,1—4岁66%,5—10岁78%,11—14岁80%,15—17岁80%

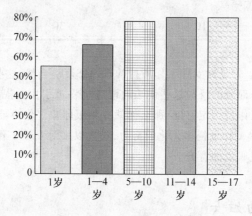

图14-1 劳动队伍中的母亲

女性外出工作是有许多不同的原因的,大致可归纳为经济原因和个人观念需求的原因。随着离婚率呈现过半趋势以及单亲家庭的逐渐增加,出于经济原因,女性必须工作。已婚妇女的收入占平均家庭总体经济收入的20%—50%,女性收入是家庭生活的重要组成部分。总之,今天的妇女想要得到满意的工作和美满的家庭,从而满足她们的成就感和归属感(第8章所提到的)。事实上,经济需求和自我认知需求是高度关联的,不能被分割。

男性和女性能够获得相同的报酬吗? 由于《平等劳工法》已颁布了三十多年,所以从事着相同工作量的男性和女性基本上得到了相同的报酬。然而,从整体上看,女性的平均工资要低于男性[62],而且少数种族的员工工资要比男性白种人低。事实上,在美国工作的西班牙人的工资仅为白种人在1998年薪资的一半,而且许多人在从事着仆人的工作。[63]然而,薪资的不同不仅仅是由于种族歧视引起的,还包括妇女倾向于从事诸如看护孩子等一些低收入的工作[64],而且西班牙人的教育水平较低,不能够胜任许多高薪资的工作,等等。但是薪资不一致的原因部分是由于种族歧视,尤其是在管理职位当中。[65]

第14章 重视全球多元化

可比价值 可比价值(comparable worth)是指那些表面形式不同但是需要相同水平的能力和相应报酬来匹配的工作。可比价值这一概念是指当要求相同的工作能力时传统妇女如像保姆的工作报酬应该与男性如电工的工作报酬相近。一名在外工作的妇女抱怨说在商店工作的男性得到的报酬要高于在办公室工作的女性得到的报酬。反对可比价值这一概念的人们认为按照当今的报酬比率进行工资分配是社会现状的需要,并非是歧视女性。

可比价值这一概念已经被越来越多的妇女团体所关注,而且也得到了来自于政府部门和立法机关的支持。在1984年的国民权利委员会上发布了有关这一概念的条款。而且女性也正在逐步获得那些包括医生、律师和会计等高薪水的职位。但是教师们即使受到过很高的教育,也从来不可能获得像其他职位那么多的报酬。

工作应用

11. 你如何看待制订与可比价值相关的法律?为什么?

14.5.2 女性管理者

关于女性管理者的错误说法 关于女性管理者有两种错误的说法:第一,她们将会离开工作回家生孩子;第二,她们都太感性了以至于无法成为管理者。调查显示,妇女仍旧坚持工作。有8年工作经验的男女管理者都有着相同的心理和感情状态。在所有多变的需要较强的领导能力的工作中,男女管理者并没有表现出任何显著的不同。男女管理者实际上有着相同的管理能力。事实上,当女管理者面对最终生产期限的临近时,在推进生产力和出主意等方面都有着较强的能力,而男性管理者在处理压力和面对挫折时表现出了明显的优势。另外一个关于女性管理者的错误说法就是,女性管理者不会像男性管理者那样在组织中负责任,然而试验表明,女性管理者同男性管理者一样在组织中负相应的责任。[66]

女性如何在管理中晋升以及玻璃天花板 今天成功的女管理者意识到她们不需要像男人那样做或者成为男人中的一员才能够进步。她们感觉自由地做一个女人非常好;她们相信她们的商业能力和管理技巧,而且她们能够大方地将这些技巧展示出来。[67]那些感觉到由于性别的原因会遇到管理问题的女管理者可能会产生一种自我实现预言。管理就是增强组织内部成员之间的关系,女性管理者在增进与每一个雇员和谐统一的关系时都具有一定的优势。

女性占据美国近半(46%)的管理和行政执行岗位,但是她们在千万资产的公司的首席行政官岗位上却没有一席之地,而且她们还无法获得相应的报酬。[68]另外,相对于那些已婚的、有孩子的男人,妇女提升的速度较慢。[69]在全球管理者中,妇女人数很少,这种现象同样出现在美国而且是更高级的职位中。[70]女性在高层管理岗位上的空缺被认为是玻璃天花板,一个不应该存在的、建立在偏见基础上的晋升障碍。美国成立了一个解决此问题的联邦玻璃天花板委员会,但是进展很慢。

调查研究已经揭示了两个与晋升有关的显著特点:拥有一个强烈的晋升愿望;将注意力集中于如何将工作做好以及解决工作中出现的问题上来。虽然拥有一定的教育程度和科技知识

组织中的人际关系

与技巧的人能够进入到较低的管理层次,但是拥有一定的社会网络和个人的社交因素才能使人们进入较高的管理层级,而这一点对于女性是不利的,因为她们无法进入到有效的社交网络中以打碎玻璃天花板。妇女晋升到高级管理者的一个好的兆头就是给予一定的职业鼓励指导。[71]正如我们在第10章所讨论的,社交网络对于职位的晋升是相当重要的。拥有一个好的职业顾问给予你一定的职业鼓励并引导使你进入一个社会网络是非常有益的。你拥有攀登上公司阶梯的热忱吗?你想要走进这个社交网络以推动你的职位晋升吗?

工作应用

12. 你对拥有一个女上司有何看法?为什么?

情 境 应 用

妇女
AS 14-4

判断下列关于妇女的陈述:
A. 事实   B. 错误

_____ 16. 作为管理者,男性要比女性工作完成得好。
_____ 17. 妇女因为需要赚钱才工作的。
_____ 18. 男性管理者要比女性管理者在工作中负责任。
_____ 19. 女性管理者要比男性管理者更关心下属。
_____ 20. 大约每三个管理者中有一个是女性。

14.5.3 克服性别歧视

虽然要实行积极行为计划,但是雇用员工以及晋升的决定不应该建立在性别的基础之上。

性别歧视的言语和行为 男人和女人应该避免使用性别歧视的言语。例如像 mailman 和 salesman 等带有性别歧视的词语应该被换作诸如 letter carrier 和 salesperson 等没有性别歧视的词语。在书面用语中,"他"和"她"应该适当地应用,但不应该滥用。使用中性词和复数形式——supervisors 而不是 the supervisor,这样可避免在后面需要使用"他"或"她"。

称呼人的名字,不要使用性别歧视性语言。劳动妇女不是女孩,就不应该称其为女孩,因为女孩这个词是被用作描述孩子的,而不是成年女性。

留意在工作地点的脏话,最好不要讲脏话。脏话能带来什么呢?谁会喜欢讲脏话的人呢?那些不讲脏话的人在工作中有无被强迫讲脏话呢?

如果有人对你使用了冒犯性的语言,要自信地说出你对这些语言的感受。很多时候,人们不是有意使用歧视性语言的,如果被要求不要这样,他们会注意自己的措辞。

许多男性工人已经对性别歧视的言词越来越敏感了,因为他们的妻子和女儿已经参加了工作,她们想要争取到平等的机会。表14-2表明了消极的性别刻板印象,这些刻板印象对妇女打破玻璃天花板来说是一个很大的障碍。

表 14-2　带有性别歧视(刻板印象)的对男女商务人士的区分

男人	女人
男性商务人士有抱负	女性商务人士爱出风头
他是非常注意细节的	她是好挑剔的
他专心投入于工作、所以易发脾气	她像一头母狼一样乱发脾气
他是沮丧的(酒醉未醒),所以人们都是小心翼翼地走过他的办公室	她心情不好,一定是来月经了
他会坚持到底	她不知道什么时候应该让步
他是坚定的	她是顽固不化的
他能够制订明智的决策	她会表现出她的偏见
他是这个世界中一个顶天立地的男人	她只是一个匆匆过客而已
他敢于说出自己所想的	她是固执己见的、武断的
他能够自如地掌控自己的权力	她很专制
他是小心谨慎的	她是偷偷摸摸的
他是一个严厉的领导者	她在工作中是一个很难相处的人

在开篇案例中,存在着一些消极的带有性别歧视的言词。这些男人和女人能够改变她们的态度、重视多元化吗?

14.5.4　家庭中性别角色的转化

在传统的家庭中,丈夫在外工作,妻子并不出去工作而只是在家里带孩子。而当今美国的绝大多数家庭已经不是这种传统形式了。[73]在 1994 年,夫妻双方均取得收入的家庭已成为普遍的家庭形式。回想一个人的整个生命历程,我们个人的家庭生活每时每刻都在影响着我们的工作。我们将要讨论一些重要的能够帮助我们改善家庭生活的因素。首先让我们完成自我测试练习 14-3 来检验一下我们对婚姻知识的掌握情况。

自我测试练习 14-3

婚姻

回答下面的问题并标示其正确或错误。

正确　错误　1. 将近有一半的婚姻是以离婚告终的。
正确　错误　2. 未婚同居降低了离婚的概率。

正确	错误	3. 大多数离婚发生在他们结婚的第七个年头——俗称七年之痒。
正确	错误	4. 吵架对于婚姻是有益的。
正确	错误	5. 夫妻双方不需要总是协商以共同解决所有的问题。
正确	错误	6. 不幸福的夫妻应该离婚,这样他们在今后的日子里就会很快乐。
正确	错误	7. 那些去教堂或者是共同祷告结婚的夫妻比那些没有共同祷告而结婚的夫妻离婚率要低——那些共同祷告的家庭有神的庇护,能够更长久。
正确	错误	8. 工作狂比非工作狂有更高的离婚率。

答案[74]

1. 正确。自从20世纪60年代中期以来,有将近一半的婚姻是以离婚告终的。
2. 错误。未婚同居的夫妻中大约有50%的夫妻最终选择了离婚。他们倾向于有一种"租赁协议"的态度,这种态度会使得他们缺乏责任感,无法共同度过所有夫妻都会共同经历的艰苦岁月。
3. 错误。大多数离婚发生在结婚的第四个年头。
4. 正确。坦诚开放、开诚布公的吵架能够解决任何人与人之间的冲突。所以你要恰当地使用解决冲突的技巧(第6章)以正确妥善地处理你的人际关系。
5. 正确。大多数成功的夫妻从来不会在所有问题上一致或解决所有问题。你听过在夫妻讨论中使用"你不想走到那一步"这样的话吗?避免一些不重要的问题有助于夫妻关系更长久。
6. 错误。在离婚的夫妻中,50%的夫妻是在离婚五年后才慢慢地开始"幸福"生活的。那些非常不幸福但仍然在一起的夫妻中,有80%五年后会感觉"幸福"。
7. 正确。那些去教堂或者是共同祷告结婚的夫妻离婚率明显较低。
8. 正确。根据"匿名工作狂"的调查,工作狂的离婚是普遍现象。[75]

婚姻和家庭协议 在走入婚姻以前,讨论一些夫妻双方的工作和家庭计划以及家庭任务的分工和照顾孩子的一些事宜是非常有用的。事实上,一些夫妻在结婚前是达成一个婚前协议的。这个协议并非法律文件,他们只是简单地列出了一些关于未来家庭和两人工作的一些事项。那些事项包括:我们将会要两个孩子;薪水相对低的一方要抽出业余时间照顾孩子,直到孩子能够上学为止;一旦家里主要的经济来源一方失去了工作,那么另外一方要想办法赚取更多的钱以提供家用;当孩子上学时,不要为了工作而轻易搬家。然而,夫妻双方要灵活地适应家庭的需要。在有了一个孩子以后,夫妻双方可以改变当初他们要孩子的计划,当孩子逐渐长大后,父亲或者母亲想要留在家里或者出去工作都可以随时根据情况和个人意愿而改变。[76] 为了能够更加详尽地商议这些事宜,有三个组织可以提供一些婚前训练题目:内布拉斯加州奥马哈市的"家庭重心",电话为877-833-5422;明尼苏达州罗丝威欧市的"生活创新",网址为www.lifeinnovation.com;犹他州Provo市的"关系协会",网址为http://relate.byu.edu。为了帮助夫妻建立更好的婚姻,现在成立了一个"世界婚姻境遇组织",网址为www.wwme.org,电话为800-710-WWME。

虽然双职工夫妻一般都是双方平均分担照顾家庭和孩子的任务,但是大多数丈夫花在照顾家庭和孩子的时间都要少于他们的妻子做这些所花费时间的一半。一些夫妻则选择了轮班照顾家庭和孩子,一方在家照顾孩子做家务,而另一方在外工作,这样就不需要把孩子送到托儿机构。

父亲的角色正在转换 以前,大多数父亲在外长时间工作,很难有时间与他们的孩子待在一起。今天,研究调查清楚地表明,父亲在照看孩子的过程中起到了非常重要的作用。父亲与他们的孩子的相互接触和交流很大程度上影响着孩子今后与其他人甚至与这个世界打交道的方式和习惯,父亲在孩子成长中的影响要远远大于母亲。在五岁的时候不能跟父亲接近的孩子在九岁的时候容易出现紧张、懦弱、自卑的倾向。他们多半不可能被他们的同龄人热情地接受,并且很难适应学校的环境。[77]虽然存在很多犯罪的原因,但一个重要的原因就是犯罪分子父亲的影响——或者是缺少父爱。他们的父亲对他们进行犯罪活动产生了深远的影响,大多数罪犯都没有和他们的父亲有过亲密的交流和接触。[78]在一些案例中,父亲和孩子的关系因离婚而终结,而实际并非别无选择,父亲在这种情况下是可以选择继续与孩子保持亲密关系。

今天的父亲正在花费更多的时间与孩子们待在一起。然而,当父母双亲在同一时间上班时,父亲陪孩子的时间却仍旧没有母亲花费的时间多。通常,那些长时间工作的父母亲所要做的就是回到家里做晚饭或者陪伴孩子睡觉,然后再去工作,当他们的孩子已经睡觉了他们才会再回到家。[79]另一些父母就是早晨早点起床,在上班之前陪伴他们的孩子。更多的父亲通常是在孩子生病时在家陪伴孩子,带他们去看医生,喂他们吃药。多数父亲利用1993年颁布的《家庭假期法》照顾家人,法律允许已婚男人利用每年当中的12个无薪周来陪伴并照顾家人。[80]

正如图14-1所示,已婚的夫妻中只有大约5%家庭的母亲出外工作。由于母亲们能够赚到更多的薪水,因此越来越多的父亲留在家里照顾孩子。像母亲一样,一些父亲们从事一些兼职工作,或者自己在家做一点小生意,当他们的孩子长大一些后他们才从事那些全职的工作。父亲的失业或者母亲的薪水高于父亲的薪水有时候能够带来这种"抛弃性别差异"的思想。然而也有更多的父亲愿意与孩子留在家里。那些持有"抛弃性别差异"思想的人认为他们需要丰富的计划和讨论,以及那些处理婚姻问题的沟通技巧和方法,从而使得这一思想能够成为行动。[81]像那些在传统的女性领域中工作的男人一样,这些父亲们需要一个自我积极肯定的心态以承受重新回到工作中的那些潜在的外界压力。

母亲的角色正在转换 以前,多数母亲待在家里照看孩子。今天,正如图14-1所示,孩子在18岁以下的家庭中大约有30%的家庭仍然属于只有父亲在外工作的传统家庭;而大约有68%的家庭是母亲在外工作。随着孩子逐渐长大,母亲从事全职工作的数量也在逐渐回升(见图14-1中的百分比)。

工作:多数母亲会在外工作吗? 这一问题在今天的社会中已经不能称其为问题了。现在的问题已经变为母亲们会离开工作回家照看孩子吗?如果答案是肯定的,那么她们会在家待多久?多数母亲是遵循着《家庭假期法》所规定的12周产假来照顾她们的孩子。然而,一些妇女在公司老板的压力下,不得不少休产假,[82]而且有些母亲在休产假时就已经失去了工作。[83]

组织中的人际关系

为了使人们知道她们应该享有的合法权利,也为了帮助她们能够合法地休假,可以联系劳工部薪资和劳工时间协会,网址是 www.wageandhour.dol.gov,工作求助热线的工作时间是 9:00—5:00,全国劳动妇女协会的电话是 800-522-0925。

在家工作还是出去工作? 争论一直存在[84]:关于母亲应该是待在家里(或者是兼职工作)还是出去工作的争论以及由此衍生出来的好母亲和坏母亲的判断。[85]不幸的是,那些出于某些原因而决定待在家里照看孩子或者出去工作的母亲们都会由于她们的决定而感觉到有些压力而且十分内疚。例如,待在家里的母亲会被问及这样的问题:"你觉得是工作能够让你放松还是待在家里能够使你心情愉快?""你难道没有一份工作吗?"在外工作的母亲也会被问及这样的问题:"你难道不爱你的孩子吗?""你难道不想跟你的孩子待在一起吗?"

我们为什么不能让母亲和父亲自主决定他们各自的工作地点呢?让我们竭尽全力停止那些使得父母亲觉得内疚的片面提问吧!让我们祝福他们并且使得他们对于自己的抉择感到欣慰。犹如工人一般,所有的父母亲都需要得到他人对他们工作成绩的赞扬。记住,重视多元化就是让人们过他们自己想要的生活。所以,不应该强迫人们去结婚、生孩子或者是比他们的原计划要更多或更少的孩子。

对于那些待在家里的母亲,有两个比较好的信息资源:一个是介绍母亲生活方式的网站 www.athomemothers.com;另一个是关于从工作转向家庭所需技巧的网站 www.familyandhome.org。针对那些在外工作的母亲,也有两个较好的信息资源:一个是关于一些工作和家庭信息的网站 www.momsrefuge.com,另一个是介绍养育简单化战略的网站 www.workingmommall.com。

留在家里的母亲需要计划:更多的母亲喜欢跟孩子们待在家里。在 1994 年,孩子在 15 岁以下的家庭中,有 19.8% 的母亲与孩子待在家中,到了 2002 年,有 22.4% 的母亲待在家中。[86]不好的方面是,大多数母亲的薪水在逐渐降低(当她们重新回到工作岗位时,她们也许不会被雇用,也许会得到较低的薪水)而且她们或许会错过晋升的机会。由于更多的妇女辞去了工作回家照顾孩子,然后又重新回到工作岗位,因此她们会忽略计划一下自身所处的环境。职业生涯规划将会忽视照顾孩子这项任务。

当我们进行职业生涯规划时,我们应该尽力选择从事那些便捷的、有很多工作机会的职业,例如教师以及那些薪水较高的兼职工作(护士、会计和律师),从而继续做你自己喜欢做的其他事情。那些自行家庭创业和妇女单独创业的企业已经比过去五年的创业总数增长了 14%,占所有企业总数的 28%。你可以认为这些企业的诞生是抓住了一个非常好的机会,但是这种抉择也具有一定的风险。回想一下当今网站的崛起和衰退,你就会知道这些自行创业行为所承担的风险了。[87]

养育子女 如果我们能够避免令人压抑的养育方式,我们就能够更好地处理我们在工作中所遇到的压力问题。孩子在 1—5 岁时所形成的性格和品德会影响他们的一生。下面将提出两个能够帮助孩子形成积极乐观心态的方针。[88]

- 参与敏感的游戏。抚摸或者抱着孩子,用一种孩子能够听懂的口气与他们说话,并且为游戏提供一些有趣的、具有吸引力的建议,从而鼓励、激励孩子们玩耍。尽量避免不必要的批评,"给予他们更多的表扬而非批评"这一原则对于孩子们要比对于雇员更加重要。一定要记住他们是孩子——让他们知道他们是多么的聪明、能干,当他们需要帮助的时候帮助他们,对他们的成绩给予表扬。

第 14 章 重视全球多元化

- 形成一种温馨的、充满爱意的关系。孩子们需要安全感并且需要被人爱护。那些敏感的游戏能够帮助他们。在学龄前给他们讲故事也是一种帮助他们后来掌握学校知识的一种游戏方式。[89]讲故事的时间越多,看电视的时间越少,他们今后的学习成绩就会越好。当他们上床睡觉的时候给他们讲故事,让他们讲讲一天的生活是建立良好关系的一个非常好的途径。在孩子小的时候与他们建立亲密的关系要比他们上学后建立这种关系容易得多。

良好的儿童保育方式有很多好处,但是它的成本也很高,所以你就会努力赚钱以支付那些专业的孩子看护的基本费用。[90]

14.5.5 工作和家庭的平衡

在今天的重组再造、规模逐渐缩小的公司中,雇员们仍旧需要长时间工作、每周加班并且时刻保持那种长时间专心工作的心态。[91]这种长时间的工作会直接影响、阻碍到家庭生活。[92]父母在照看孩子的问题上觉得非常的愧疚,由于工作的原因他们不能够每天回家与全家人坐在一起吃晚饭,他们其实也想要花更多的时间在家陪伴家人。[93]人们也正在寻找解决这个问题的方法。[94]由于无休止的工作和沉重的家庭责任使得人们倍感筋疲力尽,所以许多人已经逐渐意识到他们的生活非常混乱。[95]

男人和女人在处理工作和家庭问题上都觉得非常的矛盾,他们都感觉非常愧疚和筋疲力尽。[96]工作和家庭的冲突是一种角色之间的冲突形式,在这个冲突中,来自工作和家庭的压力在某些方面是矛盾的、不可调和的,在工作(家庭)中的角色是很难转换到在家庭(工作)中的角色的,来自工作的紧张焦虑和要求也能够全部被带进一个人的家庭生活角色中。[97]工作和家庭的冲突对于一个工作狂来讲并不是那么糟糕,但是对于他们的家庭是非常糟糕的,这一冲突经常导致的后果就是离婚。[98]

男人和女人都想在一个稳定的家庭基础之上很好地保持工作和家庭的平衡。正如前面我们所介绍过的,研究者表明,一个人一生最重要的时间就是0—5岁,因为这是一个人性格形成发展的时期。许多父母亲想要塑造孩子的性格。许多人们已经厌烦了长时间的工作和短时间的休息,他们真正想知道的就是:"我什么时候能有我自己的生活?"[99]许多20—39岁的男人都选择成为爸爸,一个友好和谐的家庭是他们这个时候最重要的工作任务。[100]前面讲过,一些母亲也在这个时候待在家里照顾孩子。

保持工作和家庭的平衡已经变得那么重要,以至于《财富》、《商业周刊》和《工作母亲》会定期评选最佳雇主。各个公司都在竞争,希望在这些杂志排名中争得一席之地,以吸引新的员工。

下面我们将讨论一下一些组织出台的有助于家庭和谐以及帮助雇员们满足工作家庭需求的政策。

14.6 管理多元化

以前,家庭友好的政策(也被称作工作—家庭政策和工作—生活福利)不是一个论点。成

组织中的人际关系

家的男人都希望有一个在家操持家务的妻子,从而使得他们自己能够全身心地投入到工作当中。随着传统家庭数量的逐渐减少,公司期望雇员们丢弃他们在家庭中的任务从而将他们所有的精力投入到工作中去。如今,雇主们明白了员工的职业满意度会影响其对组织的承诺、流动率、对组织变革的支持度,雇主们还意识到员工的工作－家庭平衡满意度会明显地影响到其职业满意度。[101]许多组织认为提供一些家庭友好的福利能够激励员工更加努力地工作从而得到超额回报。[102]这些家庭友好的福利甚至不需要公司支付任何费用,例如雇员灵活的工作时间和由雇员自己支付的工作场所儿童看护。雇员们想要按照孩子的生活时间表来工作,他们会非常赞赏这种工作场所儿童看护的便捷性,也会非常高兴能够在工作的时候与孩子保持近距离。调查表明,一个公司有越多越广泛的平衡工作和家庭的政策,这个公司的绩效就会越高。[103]让我们正视这样一个事实:企业不需要放弃一些东西。许多企业相信人际关系的目标,愿意为雇员们提供宜于平衡工作和家庭的福利,因为企业也会从中受益。

然而,管理多元化不仅仅是提供一些家庭友好的福利。管理多元化强调帮助所有的雇员满足他们工作—生活的需要,或者是改进他们生活和工作的质量。许多组织提供了利于工作—生活的一系列便利条件,并且让雇员们自己选择所需要的福利[104],这些福利被称做自助餐福利。例如,一个雇员选择看护孩子这项福利,另一个雇员选择成为社区健身房的会员、人身保险或者较高的退休养老金。

家庭—工作协会的调查显示,70%的雇员想要更换雇主,81%的雇员想要放弃晋升的机会从而获得灵活的工作安排的机会。[105]存在一个多样灵活的工作时间安排。除了这些标准的福利如健身锻炼和退休养老金外,下面也介绍了一些利于工作—生活的一系列便利条件(前面两条描述的是灵活的工作安排):

- 远程办公,让雇员在家里工作。远程工作,在遥远的地方办公。移动工作,携带着手提电脑和手机与办公室保持联系从而进行正常工作。美国运输部门指出,大约有一亿九千万的人按照以上三种方式在办公室外进行工作。但是远程办公的增长速度没有像雇员们所期望的增长那么快。[106]
- 弹性工作制,在一定范围内允许雇员自行设定他们的工作时间,并且决定哪天放假、哪天休息以及一周内的工作时间,例如一周工作五天、每天工作八个小时还是一周工作四天,每天工作十个小时。在这个灵活的时间当中,组织允许雇员们因为一些个人的原因而放几个小时的假,比如说参加孩子的学校活动,事后他们要尽可能弥补上这几个小时的工作。
- 工作—生活福利,或者是自助餐福利,如上所述。
- 看护孩子,工作场合看护或者是送到附近的托儿所。公司提供经济帮助并帮助找到托儿所。一些公司支付那些生病的孩子的看护费用,以便雇员能够正常上班。
- 工作—生活平衡课程,从中学习一些技巧以改善生活质量。
- 健康计划,公司应该有自己的健身设备。采取全额或者是部分支付的方式使得公司的雇员们加入到健康俱乐部中。进行一些节食、补充营养以及戒烟的活动。
- 学费报销,支付所有的或者是部分的教育费用。如果你想要取得一个硕士学位,你可以为提供这种福利的公司工作。
- 雇员援助计划,为雇员提供专业的关于个人和家庭的意见和建议。

第 14 章 重视全球多元化

提供多元化项目及福利的组织有：利维公司、麦当劳、雀巢、雅芳、信诚、惠普以及 LIMRA 公司。一些公司，包括 AC 尼尔森公司，也正在试图将管理者红利的一部分用于增加雇员福利的条款，其中包括平衡工作—生活的福利。现在，保持工作和家庭的平衡以及人们的生活质量已成为全世界普遍关注的焦点。[107]

14.7 全球多元化

由于全球化是 21 世纪企业领导者最重要的挑战[108]，所以有关领导技能的几章都在讨论全球化。首先让我们回想一下我们在领导、动机、权力、政治、礼节、社会网络、谈判和决策制订中对全球多元化的探讨。在这些部分中我们着重讨论了全球多元化和跨文化关系的问题，在这一节中我们首先探讨一下跨国企业。

14.7.1 跨国企业

科学技术的进步和便捷的通信设备已经让这个世界变得越来越小。[109]科学技术使得企业的管理者轻而易举地管理跨国企业成为现实，竞争对于一些企业的生存是非常必要的。[110]因此，国家之间的依赖越来越深。[111]

一个**跨国企业（MNC）**有很大一部分业务发生在总部之外的其他国家。

跨国企业联结着许多国家的文化。[112]事实上，他们是在每一个重要的国家都有业务的。完成自我测试练习 14-4 从而测验出你是否知道下列每个跨国公司总部的所在地。

对于跨国公司，你应该清楚地知道公司的计划、组织、领导和控制管理职能在其所在国家的分部基本上都是相同的。在美国的底特律经营一家汽车工厂与在欧洲或者是亚洲国家经营一家汽车工厂没有什么分别和不同。在这些国家中对企业员工的良好培训也几乎是相同的。在工人之间、工人和管理者之间、同级管理者之间以及雇员与顾客之间、供应商和其他企业雇员之间的人际关系存在着很大的不同。[113]所以，有效的人际关系一定是不断变化着的。我们要在讨论那些不得不面对多元化文化的外派人员以后，着重探讨一下跨文化人际关系的差异。

自我测试练习 14-4

> **跨国公司的所有者**
>
> 从下列每个题中选择出企业的所有者国家。如果你认为是美国，就在美国一栏上画上圈。如果你认为是其他国家，就写下其所属国家的名字。

企业/品牌名字	美国	其他国家（写下国家名字）
1. 壳牌汽油公司		
2. 雀巢奶糖		
3. 联合利华多芬香皂		
4. 信诚保险公司		
5. 巴克利银行		
6. 沃尔沃汽车公司		
7. CBS 唱片公司		
8. 爱华立体录音机		
9. 拜尔阿斯匹林		
10. 戴姆勒·克莱斯勒汽车		
11. 诺基亚照相机		
12. 玉兰油面部护肤产品		
13. 三星电器/电话		

答案：

1. 荷兰 2. 瑞士 3. 英国 4. 英国 5. 英国 6. 美国 7. 日本
8. 日本 9. 德国 10. 德国 11. 芬兰 12. 法国 13. 韩国

你答对了几个？请写下你的分数

外派人员（expatriates）是指那些工作、生活在非本土国家的人。当他们初到一个陌生的文化领域中时，他们经常会经历两种文化的撞击，从而处于一种混乱和焦虑的状态之中。随着他们的搬迁，他们会逐渐适应新的文化，随之发生一些变化，但是当他们搬迁到另外一个新的国家时，他们就将处于三种文化相交融的一个可怕的状态之中。美国的管理者使用一种传统的美国管理方式对海外企业的文化进行管理，但经常以失败而告终，因为管理多元化远不仅仅包括商业礼仪。公司需要对外派人员者在语言、本土文化和本国企业实践方面进行培训，使得他们成为合格的全球化雇员。今天雇用更多的本土管理者经营管理当地业务已经成为一个明显的趋势。

14.7.2 跨文化关系

当管理外资企业特别是外国管理企业时，一定要意识到文化的差异。为了有一个良好的人际关系，你必须灵活地适应其他人的行为方式，你是外国人，你不应该期望其他人为你而改变。你应该意识到习俗、对时间的态度、工作伦理、工资、法律和政治、道德和参与性管理等各个方面的多元化。在阅读下面的内容时，要意识到它们是带有刻板印象的普遍性概括，总有例外情况。[114]所举的例子目的并非在于判断对与错，它们只是用来呈现出那些影响人际关系的跨文化差异。

习俗的多元化　日本人将人际关系、参与性管理和团队工作放在一个优先级的位置上。

第14章 重视全球多元化

如果你打算成为一颗独立璀璨的明星,你在日本就不会成功。然而法国人就不会将团队共同努力放在一个非常重要的位置上。如果你是一个坦率直言的人,你在日本就会被认为是不礼貌的。如果你拒绝接受或者馈赠礼物,你就会冒犯日本人。而且,不要用白色的纸包裹礼物,因为白色在日本是死亡的象征。不要将筷子垂直放置,这个动作也是死亡的暗示。许多日本公司都是以早操和集体欢呼开始一天的工作的。如果你不是非常积极地参与这些活动,你将会被认为是局外人。

在欧洲,管理方式要比技术、企业体系和宗教背景更具有地方文化性的特征,企业是由一种语言组织起来的,而不是由一套技术搭建起来的。在美国,权力和政治被认为是非常重要的,而法国人更加注重权力和政治。对于法国人来讲,被授予一定的权力是非常重要的。对于许多法国企业家来讲,每天早晨亲吻与他们同级别的女同事是他们早晨基本的程序之一。意外的亲吻可能会使你置于一个非常尴尬窘迫的境地。

美国人相对于其他大多数国家的人来讲,喜欢在面对面与人讲话的时候保持一个较大的距离。如果你后退或者转向其他人,他们会跟随你,会认为你是一个冷酷淡漠的人。在面对面的交流中,拉丁美洲人相对于美国人更希望能够相互有所接触。如果你因为意外的接触跳了起来,你会将自己置于一个非常尴尬的情境中。

每个国家的手势都是不同的。例如,美国人喜欢用眼睛与人交流。然而日本人倾向于目视对方领带结或者是颈部以表示尊敬。在澳大利亚,用手作"V"字形会被认为是淫秽而不是胜利的意思。

对于时间态度的多元化 美国是典型的将时间看做是不可以浪费的宝贵资源的国家,一些社交活动经常被美国人认为是在浪费时间。然而,在与西班牙人进行商务会谈时,如果在会谈之前不进行一些轻松随意的交流,那么就会被对方认为是十分不礼貌的。

美国和瑞士商人都希望你能够准时参加会谈。然而,在少数一些国家中,如果准时到达会谈地点,你恐怕要等上一个小时对方才会到达。如果你打电话通知召开会议,在一些国家中,大多数与会者会迟到,甚至有些人根本不会露面。当他们露面时,他们会表示出准时并不是他们应该履行的一个义务。他们希望你能够等待他们一个小时甚至是更长的时间。如果你表现出了生气或者愤怒的情绪,你就会伤害到你们之间的人际关系。

工作品德的多元化 工作品德就是将工作看做是一生中核心的兴趣和一生中最值得奋斗的目标,它在世界各地都是不同的。一般来讲,日本人比美国人和欧洲人有着较强的工作责任感。由于有着较强的工作责任感和自控能力,许多日本工厂在全世界企业中都是生产效率最高的。虽然人们的工作品德在美国和欧洲没有什么明显的差异,但是美国人的生产效率要稍高一些,而欧洲人在培训的过程中会表现得稍好一些。

美国人相对来说更擅长让那些缺乏培训的工人提高生产效率,这一点在和来自世界各地的没有接受过教育的工人一同工作时,是非常重要的。然而,在一些国家的文化中,管理者和雇员对提高生产率并不感兴趣。这种放松的工作态度对提高全球工作品德的底线并没有任何帮助。

工资的多元化 一般来讲,美国人不再是全世界工资最高的雇员了。日本人和欧洲人已经赶上而且赚取了与美国人一样高的工资。

第三世界国家的雇员赚取的工资要低于发达国家雇员的工资。

体现雇员价值的工资体系也是有所不同的。在美国,支付工资的多少以绩效为准。然而,一些国家的文化却以员工的忠诚度和一些制度来确定雇员的工资。在一些国家中,按照周薪支付是受欢迎的,但是在有些国家中却不受欢迎。

法律和政治的多元化 对于在全世界经营业务的跨国公司来讲,他们所面临的法律和政治环境越来越复杂。一般来讲,发达国家的雇员健康和安全法律相比第三世界国家更加受到保护。各个国家的劳工法也是不同的。欧洲国家能够为雇员提供许多福利,包括4—6周的假期、带薪假期、病假和事假。每个国家的雇员工作时间也有所不同。德国汽车工人一年大约工作1 600个小时,美国工人一年大约工作2 000个小时,日本工人一年大约工作2 300个小时。工作时间的不同导致了每小时劳动力成本的差异。在辞退雇员的事情上,一些国家要比另外一些国家容易得多。

一些国家的政府机构和政客要比另一些国家稳定得多。政府的一些变化就意味着企业经营的整体变化。一些国家例如古巴,已经将美国公司所拥有的工厂和设备拿走,将美国人送回家,且没有任何赔偿。

道德伦理的多元化 当管理全球化的企业时,你必须重新思考企业的道德伦理。在美国和一些国家中,为了经营某项业务而行贿是一种违法行为。然而,在一些国家中,行贿是一个企业进行经营的一个合法手段。例如,一个美国商人对当地电话公司管理者进行投诉,他们公司所派去的服务人员要求一定的贿赂,但是被他拒绝了,所以这个服务人员没有安装上电话便走了。电话公司便会告知这个美国商人,他应该支付那个工人一定的报酬作为小费。跨国公司正在逐步制订全球企业道德伦理的准则。

参与性管理的多元化 在第三世界国家中,雇员需要基本技巧的训练,他们或许没有参与管理决策的能力。一些国家的文化,像日本和美国,对于参与性管理非常重视,而在其他国家却不这样。一些国家的文化只是让管理者简单地告知雇员应该做什么而已。

全球的管理者和劳工之间的关系都是不同的。法国的管理者和劳工的关系比美国的管理者和劳工的关系要更加对立,然而这种关系在日本比较倾向于合作。你应该意识到随着每个国家管理方式的不断变化,企业管理和人际关系也在变得更加复杂。

> **工作应用**
>
> 13. 你经历过由于文化的不同而带来的在人际关系方面或者其他方面的差异吗?如果你有这样的经历,请简单说明一下。

14.8 处理雇员的投诉

均等就业机会委员会的工作就是处理那些由于企业的工作不力所引起的雇员投诉,许多雇员的投诉最终将诉诸法律。有效的管理可以以较少的雇员投诉来衡量。作为一个管理者,你应该努力创造一个雇员与企业双赢的局面从而达到良好的人际关系的目标。但是无论你多么尽力地满足雇员的需要,雇员仍然会对一系列的问题包括歧视进行投诉。你应该使用开放

第 14 章 重视全球多元化

的政策,让雇员主动来到你这里抒发他们不满的情绪。让雇员公开地将抱怨和不满讲出来,管理者采取措施解决它们,要比雇员们把心中的抱怨偷偷讲给其他人听好得多。[115]

当雇员们向你讲述他们的不满时,你应该使用投诉模型来帮助你解决有工会的组织或无工会的组织中的投诉问题。**投诉模型(complaint model)**包括几个步骤:步骤1,认真听取雇员的投诉并且提出一些问题;步骤2,让投诉者提出这个问题的解决方案;步骤3,承诺一个将事实澄清或者决策的时间;步骤4,制订并实施解决计划,然后追踪。每个步骤的详情如下:

步骤1:认真听取雇员的投诉并且提出一些问题 认真倾听基本上是最重要的方法。不打断地听取整个事情的经过,然后提出一些问题以确保事情的准确性。当雇员带着抱怨来找你的时候,尽量不要让他感觉到他很孤立。即使最好的监管者也不得不处理这些投诉。不要让他们有所顾忌,让他们尽力说出他们的抱怨和不满。

步骤2:让投诉者提出这个问题的解决方案 在监管者进一步澄清了投诉的真相并且抱怨者也确认了这个事实后,监管者应该进一步让投诉者提出这个问题的解决方案。征求投诉者的解决方案并非意味着监管者一定要实行这个方案。

在一些案例中,投诉者所提出的解决方案并不能很好地解决这个问题,或者这个解决方案对于对方来讲并不公平。一些提出的解决方案对于监管者来说是不可能实行的。在这种情况下,监管者应该让雇员们知道他们所提出的解决办法是不可行的,并且要解释出其不可行的原因。

步骤3:承诺一个将事实澄清或者决策的时间 由于雇员的投诉经常涉及其他人,所以你应该找到必要的记录或者是与其他人进行谈话。你和那些遇到过类似投诉的你的老板或者同事交流一下思想对于你来讲是非常有益的,他们会提供给你一些良好的解决这个问题的建议。即使你已经很清楚地了解了整个事实,留一些时间去权衡这个事实和解决方案也是非常明智的选择。

确定一个较为具体的时间。在许多案例中,这个时间并不需要很长。一般说来,解决投诉的时间越短,这个投诉所带来的负面影响就越小。[116]太多的监管者只会简单地说"我会尽快处理此事的",却没有给出具体的解决时间。这个回应对于投诉者来讲是非常失败的。一些监管者是故意说得含糊不清的,因为他们根本没有打算解决这个问题。他们希望投诉者能够忘记他们的投诉。这将导致雇员停止投诉,从而引起生产效率的下降和人员流动的问题。

步骤4:制订并实施计划,然后追踪 在得到所有必要的事实和其他人所给予的宝贵意见后,监管者就应该拟订一个解决计划。这个计划可以简单地遵照投诉者所提供的解决方案而拟订。然而,当监管者与投诉者的解决方案出现分歧时,他们应该向投诉者解释原因、与投诉者一同找到更好的替换方案或者拿出自己的解决方案。雇员们参与制订的方案能够随着监管者能力水平的提高而不断改变。

当监管者决定不再采取任何行动解决这个问题时,他们应该清楚地告诉投诉者他们为什么这样做。他们同时也应该指出如果雇员对此解决方案不满意,可以将这个解决方案上诉给其他部门。投诉者应该被告知如何上诉给其他部门。在工会组织中,下一个步骤通常是将问题反映给工会干事。

在所有的步骤中,监管者要通过进一步的追踪以确保计划的实施。[117]监管者也可以适当地召开一个确保计划切实执行的会议,并且将所有的会议和行动形成文件。

表 14-3 列出了处理抱怨模型的四个步骤。

表 14-3　处理抱怨的模型

步骤 1：认真听取雇员的投诉并且提出一些问题。
步骤 2：让投诉者提出这个问题的解决方案。
步骤 3：承诺一个将事实澄清或者决策的时间。
步骤 4：制订并实施计划,然后追踪。

工作应用

14. 说出你向监管者提出过的一次投诉。如果你从来没有投诉过,询问一下那些曾经投诉过的人。识别出监管者在处理投诉时所采用的步骤,以及他没有遵照投诉模型的环节。

在开篇案例中,男人和女人都在抱怨对方。一个妇女反映她曾向工会提出过投诉,但是没有下文。少数民族也抱怨受到不公平的对待。为了解决这些问题,管理层和工会必须一起解决投诉。

客户投诉　解决客户投诉是跟解决雇员抱怨多少有些不同的,尤其是当涉及你或者你们公司做错事情的时候。解决客户投诉的步骤如下：

1. 承认你的错误。
2. 承认发生的事情本不应该发生。
3. 告诉客户你将要如何处理这件事情,或者是询问一下客户他们建议你怎样处理这件事情。
4. 立即采取行动以弥补对客户造成的损失。
5. 采取相应的预防措施以避免今后再发生类似的事情。

在这一章节的最后,请完成自我测试练习 14-5 以检测一下你的性格会如何影响你处理多元化工作的能力。

自我测试练习 14-5

性格与多元化

如果你能够开放地接受新的事物,你就可能乐于向那些与你不同的人学习。

如果你具有随和性性格,而且乐于与他人亲近,你就会与那些不同的人很好地相处。你很可能不会仅因为别人与你不同便负面地评价他人的行为。但是你或许需要自信果断,以便不被他人利用。

如果你是一个尽职尽责的人,有很高的成就需求,你或许倾向于墨守成规,很可能需要适应多样性的情形。

第14章 重视全球多元化

如果你是一个外倾型的人,有很高的权力欲望,你就会有很强的支配欲,不会接受多样化。和尽责型的人一样,你需要记住你的做事方式不一定总是正确的,也不一定是最佳的处理事情的方式。

行动计划:在你性格基础之上,你还需要做哪些具体的事情以提高你重视和管理多元化的能力?如果你能够很好地适应环境,那么你就能更好地与那些有着多元化文化的人处理好关系。

复习题

_____是建立在一些态度上的对于人和情况的预先判断。_____指的是赞成或反对一个人或一件事的行为。在雇用方面的歧视主要存在五个方面:人员招募、人员甄选、赔偿、晋升机会和人员评价。

《均等就业机会及积极行动法》是关于反歧视的主要法律。均等就业机会委员会提出的_____包括:西班牙裔人、亚洲人、非洲裔美国人、印第安人和阿拉斯加土著。在招聘过程中,雇主必须注意不能问非法的歧视性的问题。_____允许存在基于宗教、性别或祖籍等的歧视,如果这些在特殊企业的正常管理是合理的,并且是必需的。_____是指有计划地致力于招募、雇用和保护妇女和少数民族。

受法律保护的人士包括少数民族;老年人;_____人士,即有严重身体、精神或情绪问题的人;酗酒及吸毒的人;艾滋病人;女性。

_____是不受欢迎的性提议。_____是基于性别的歧视。随着大多数女性都参与工作,男性承担着越来越多的家庭责任,男性与女性的性别角色正在发生变化。大多数妇女参加工作是因为经济原因,但却得不到与男性相同的报酬。_____是指那些工作表面形式不同但是需要相同水平的能力和相应报酬来匹配的工作。男性和女性都有能力成为成功的管理者。大约46%的管理者是女性。女人不一定要表现得和男人一样才能成为优秀的管理者。为了克服男性至上主义,组织应该消除带有性别歧视的语言及行为。

当与不同文化中的人共事时,传统的美国人应该有移情力,努力使他人舒适。_____有相当一部分业务在总部所在国家之外的国家进行。_____是在母国之外的其他国家工作的人。在习俗、对待时间的观点、工作品德、薪酬、法律及政治、伦理及参与式管理等方面,全球各地都存在差异。

_____包括下列步骤:步骤1,认真听取雇员的投诉并且提出一些问题;步骤2,让投诉者提出这个问题的解决方案;步骤3,承诺一个将事实澄清或者决策的时间;步骤4,制订并实施解决计划,然后追踪。

案例分析

Vance Coffman:Lockheed Martin 公司

Vance Coffman 从 1996 年任 Lockheed Martin 公司的首席执行官开始,获得了来自各方面的奖励和荣誉,得到普遍的赞赏与尊敬,在他的领导下,Lockheed Martin 公司——一个拥有 300 亿美元年销售额、190 000 员工,技术合作高度多元化的企业——掌握了国内最成功的多元化方案之一。Coffman 最成功

组织中的人际关系

的一点便是他注意培养对公司多元化员工需求的敏感与意识。这些努力包括"成功愿景"声明,表明了公司对多元化的承诺,还包括雇用能主动实施公司多元化方案的行政人员。Lockheed Martin 公司在业务方面所采取的中心价值是道德、卓越、"能动性"、诚实、人力和团队合作;在人力方面,公司认为,学习应该是终生的事业,公司资助员工教育和发展项目;在团队合作方面,大家共同努力可以使团队的创造力、天分和贡献成倍增长。团队可以承担集体的责任,分担任务和领导方式,接受多元化,以及面临风险时承担责任。

Lockheed Martin 公司提倡的理念是吸收优中之优,公司必须包括人口结构中的所有部分。在这方面,公司的均等机会办公室(EOO)提出了若干使员工队伍多元化的措施,在事业部层次实施多元化项目提供指导意见。EOO 的设立,是为了支持公司创造最好的多元化效果。EOO 总监 Holley 认为,走多元化之路没有捷径。Lockheed Martin 公司的许多子公司都设有专门实施多元化的部门,以最大限度地满足员工的需求。Lockheed Martin 公司许多子公司还建立了员工议事会,以增加多元化的影响力。这种议事会可以作为员工和管理层之间的沟通渠道。议事会的工作基于自愿原则,实施着多元化部门及相关员工提出的目标与方案。

Lockheed Martin 公司的多元化努力还体现在员工组织的创立,这种员工组织的社会支持网络成员包括 Lockheed Martin 公司中的同性恋和双性恋成员(简称 GLOBAL),也包括亚裔美国人和太平洋岛屿上的美国人(ALMA),以及黑人支持机构(BEST)。上述少数群体非常重要,因为它们能够满足公司中某一特定次文化群体的特殊需求,ALMA 的主席、宇宙空间发射研究专家 Paul Ma 这样认为。

Lockheed Martin 公司也积极地致力于社区活动,例如,让公司中的员工与社区合作以加强多元化效果。公司还向少数民族学生提供奖学金,参与并资助全国及地区性会议,如妇女工程师协会会议、墨西哥—美国协会会议、NAACP 夏季强化研修班以及非洲裔美国学生的学术 Olin 匹克比赛等。

Lockheed Martin 公司的多元化经理和志愿者们在实施多元化的角色扮演中,采取了各种不同的方式来衡量各种措施在让现有成员拥有家一般的感觉上起到多大作用。自我评估最方便的量化方法是用于衡量多元化有无提高的多元化进程索引。这种于 1997 年第一次试用的索引,评价了部门有关多元化的拥护、评估、计划和实施。索引还可以用来评价多元化在部门商业成功中所引起的作用。杰出人士将被授予多元化总裁奖。

由于 Coffman 和他的行政管理团队有力的领导,以及下层经理的高度激励与合作的团队,Lockheed Martin 公司的多元化方案得到了全国的关注,在 1997 年的《工程和信息技术多元化/职业生涯期刊》上,公司宽广的多元化方案(包括重视与商业活动的联系、员工培训和发展、工作环境和员工支持与沟通以及多样化的招聘策略)得到了肯定。

网上查询:进入 www.lockheed.com 页面或其他网站,查询更多关于 Vance Coffman 和 Lockheed Martin 公司的信息,对案例中的信息予以更新。

根据课文或案例以及网络和其他渠道所获得的信息中,回答下列问题。

1. Lockheed Martin 公司在哪些方面采取了积极的方法来支持和重视多元化?

2. Lockheed Martin 公司是一个跨国公司吗?

3. 跨文化关系对 Lockheed Martin 公司重要吗?

4. 为什么 Lockheed Martin 公司创建学习型组织是重要的呢(第 2 章和第 5 章)?

第14章 重视全球多元化

5. 在这个案例中,态度、自我认知、价值观(第3章)、领导技能(第7章)起到了什么作用?

6. Lockheed Martin 公司的多元化进程索引较好地说明了哪种激励理论(内涵理论、过程理论、强化理论——第8章)和组织开发技术(第13章)?

7. 复习第13章,说出其中哪些概念与本案例有关。

客观题案例

Lilly 的升职

Carlson 采矿及制造公司需要一个新的人力资源副总裁,公司总部在底特律,但它在三大洲五个不同的国家都设有分厂,外国的工厂负责了总生产的70%。

总裁 Ron Carlson 正和几名副总裁及董事开会,决定谁将获得这次晋升机会,下面便是他们的讨论。

Ron:大家都已经知道,我们今天开会的目的是选一个人做副总。Ted,介绍一下候选人吧。

Ted:我们把单子上的名额限制到了两位,大家都认识,他们是 Rich Martin 和 Lilly Jefferson。38岁的 Rich 和我们共同工作了15年,其中在人力资源部10年,并从知名商学院获得了 MBA 学位,44岁的 Lilly 在我们公司工作了10年,最近她去州立大学的夜校拿到了商科本科学位。

Jim:Lilly 是一个非洲裔美国妇女,孩子已经成年,很适合这个职位,符合"积极行动纲要"中的两个条件。虽然不提升她我们也能完成"积极行动纲要"规定的名额,但提升她的话会更好。而且,在底特律有许多非洲裔美国人,所以如果提升 Lilly,我们可以获得更多的公众认可。

Ed:等一下,我们不可以在副总级别上用姑娘,大家都知道她们易冲动且承受不住任何工作压力。

Carl:他们俩的绩效差不多,但 Rich 在公司工作的时间更长,而且受到过更好的教育。

讨论在投票中结束了,Lilly 胜出。原因是:她是一个合格的非洲裔美国女性,如果她是白种人,那么可能获胜的便将是 Rich 了。

回答下列问题,在空白处陈述你的理由。

_____ 1. 升职的过程带有一些歧视。
  a. 是   b. 否

_____ 2. 案例主要讨论的是_____。
  a. 招聘   b. 挑选   c. 薪酬   d. 提升
  e. 评估

_____ 3. 积极行动纲要对 Lilly 晋升的决策起了作用。
  a. 是   b. 否

_____ 4. Rich 可能受到了反向歧视。
  a. 是   b. 否

_____ 5. 这个案例中存在着男性至上主义。
  a. 是   b. 否

_____ 6. Ed 的陈述是_____。
  a. 真实的   b. 错误的

_____ 7. Ed 使用了性别歧视语言。
   a. 是   b. 否

_____ 8. Lilly 作为少数民族成员,Lilly 将很可能遇到跨文化关系方面的问题。
   a. 是   b. 否

_____ 9. Carlson 公司是一个跨国公司。
   a. 是   b. 否

_____ 10. Lilly 能得到副总的职位,最大帮助的来自_____。
   a. 积极行动纲要   b. 训练   c. 弹性工作制   d. 儿童看护
   e. 榜样及导师   f. 健康计划

11. 你将投谁的票?为什么?

12. 如果你是 Lilly,你知道自己有资格获得这个职位,但之所以能够被提升是因为你是少数民族,你会有何感想?可对 Lilly 的反应进行角色扮演。

技能强化练习 14-1

目的:更好地理解男性至上主义的语言和行为,以及它是如何影响人际关系的。

SCANS 要求:通过这个练习培养学生的人际交往能力、咨询能力、听说读写算等基本能力、思维能力和其他综合个人素质。

体验:大家就男性至上主义进行讨论。

步骤 1(7—15 分钟)

选择 A:学生就工作中的男性至上主义语言和行为进行举例(例如:foreman(语言)、让女性端咖啡(行为))。老师或班级成员在黑板上写上"语言"、"行为",记录班级成员给出的例子,讨论这些性别化的语言和行为在组织中对行为的影响。

选择 B:划分为五人或六人团队,其中男女比例与课堂男女比例一致。如"选择 A"中一样,各小组写出性别化语言和行为的清单,并讨论其组织中对人的行为的影响。

步骤 2(7—15 分钟)

选择 A:全班一起,选择一些性别化的语言和行为,讨论如何避免性别歧视性语言和行为。

选择 B:以小组为单位,选择一些性别化的语言和行为,讨论如何避免性别歧视性语言和行为。

结论:老师将引导一场班级讨论/或给出结论性陈述。

应用(2—4 分钟):我从这次练习中学到了什么?以后将如何应用?

分享:自愿者就应用部分陈述自己的观点。

技能强化练习 14-2

在这个练习中,部分班级成员将带上录音机来记录小团体的讨论,最好是小型录音机,老师可以指定某人携带,否则自己携带。

目的:观察小团体中男人和女人的行为是否有所不同。

准备:一些班级成员将带上小型录音机记录小团体的讨论。

第14章 重视全球多元化

SCANS要求:通过这个练习培养学生的人际交往能力、咨询能力、听说读写算等基本能力、思维能力和其他综合个人素质。

体验:在一个小团体里,你们将一起决策并被录音,然后分析录音,看其中的男女行为是否有差异。

步骤1(15—20分钟)

划分为五人或六人团队,尽量使男女数目接近,确保每个团队都有一个录音机。小组一起为一个职位选一个候选人。个人阅读下面的信息,考虑你将雇用谁。当每个人准备好时,小组开始讨论。一定要录下讨论。充分讨论每个候选人的潜质,小组达成一致意见。除非快到时间了,否则不要使用投票表决。你必须在老师指定的时间之内做出决策。不要太早完成,如果完成得很早,则等候其他组完成后再进行下一步。

你是当地学校委员会的成员,委员会可以决定雇用谁做该女子中学的网球教练,下面是各个候选人的信息。

Mary Smith:Mary在附近一所高中当了十年的历史教师,一年的网球教练,不当教练已经五年了。她停止当教练是因为她认为这份工作耽误了太多她和女儿在一起的时间,但是她非常怀念并且想重新当教练。在五分制的考核中她得了三分。Mary从未打过网球比赛,但是她说自己定期进行网球练习,你认为她大约35岁。

Tom Jones:Tom在当地的一家公司任主管,工作时间是从夜间11点到第二天早上7点,他以前没有当过教练,但他在高中和大学都是明星选手,并且一直在地区锦标赛上打球,在报纸上经常可以看到他的名字,他大约25岁。

Wendy Clark:过去的五年里,Wendy在附近一所高中任体育老师和篮球教练,拥有体育学士学位,她从没当过网球教练,但以前在中学龄前校里打球,她说现在每周打一次,你猜测她大约40岁。

Lisa Williams:Lisa已经在你们学校任了两年的英语老师,她没当过教练,但在大学里修过网球教练的课程。Lisa在学生中很受欢迎,她经常打网球,并且据说打得不错,她是一个非裔美国人,你猜测她大约24岁。

Hank Chung:Hank在你们学校教了七年的数学。在日本时,他是高中校队的明星选手,并且曾在美国某大学的知名校队打球,他经常定期打网球作为娱乐,他没有教练经验也没有上过任何教练课程,四年前他就申请过此职位但未被选中,你猜测他大约30岁。

Sally Carson:Sally在你们学校当了四年的体育老师,她没有打过任何的网球比赛,但有体育硕士学位,并修过如何当网球教练的课程,在来到你们学校之前,她在一所高中当了15年的曲棍球教练,你猜测她大约48岁。

步骤2(1—2分钟)

单独回答下列问题,在你选的答案上画圈。

1. 谁说得更多?
    a. 男性　　　　　　b. 女性　　　　　　c. 一样多
2. 给团队带来更多影响的是_____。
    a. 男性　　　　　　b. 女性
3. 给团队带来最少影响的是_____。
    a. 男性　　　　　　b. 女性
4. 总体来说,谁在团队中的影响最大?
    a. 男性　　　　　　b. 女性　　　　　　c. 一样大
5. 打断更多地来自_____。

组织中的人际关系

a. 男性打断女性多　b. 女性打断男性多　c. 一样多
6. 在讨论时间里,我说了大概_____分钟。

步骤3(2—4分钟)
总结步骤2中六个问题的团队的答案,所有的成员都要在上面的问题旁写下团队答案。

步骤4(20—30分钟)
重放录音带里的会议过程。播放的时候,写下发言人的名字及其发言的时间。如果一个人打断了另一个人,写下"男性打断了女性"或是"女性打断了男性"。在录音结束的时候,写下每个人的发言时间。分别统计男性和女性的发言时间。作为一个团队,回答上述步骤2中的六个问题。这些答案仍然和听录音之前的一样吗?

结论:老师将引发一场班级讨论/或给出结论性评注。

应用(2—4分钟):我从这次练习中学到了什么?以后如何应用?

分享:志愿者就应用部分陈述自己的观点。

资料来源:The idea to develop this exercise came from Susan Morse, University of Massachusetts at Amherst, in "Gender Differences in Behavior in Small Groups: A Look at the OB Class," Paper presented at the 25th Annual Meeting of the Eastern Academy of Management, May 12, 1988。

技能强化练习 14-3

你将在课堂上就对一桩投诉进行角色扮演。选择一桩投诉,可以是你向主管投诉,也可以是别人向你投诉,或者是你听到的或编造的案例。完成下列信息,以便扮演投诉方的同学了解角色。

解释情境和投诉内容。

列出关于对方的有关信息,以便同学更好地扮演投诉方(和主管的关系、知识、服务年限、背景、年龄、价值观等)。

复习表14-3,考虑你在处理投诉时会说什么?

投诉观察者表格

在角色扮演的过程中,观察解决投诉的过程,看看主管是否遵从了下面的步骤,效果如何?对投诉模型中的每一步骤进行点评时,尽量说出一点做得好的和一点需要改进的。点评要详细而具体。在提出改进意见时,提出一种建议行为,指出应该说或做什么。

第一步:主管的倾听效果如何?他对这个投诉持公开的态度吗?他通过与员工交谈使其不投诉了吗?主管表现得有防御性了吗?他未打断地听完整个事件了吗?他用自己的语言复述投诉内容了吗?

　　　　(做得好)　　　　　　　　　　(需改进)

第14章 重视全球多元化

第二步:主管让投诉人建议一个解决方案了吗?他对这个解决方案的反应得体吗?如果这个方案不能被采用,他解释原因了吗?

     (做得好)   (需改进)

第三步:主管对获取所有事实或做出决策规定了具体日程吗?时间具体吗?时间长度合理吗?

     (做得好)   (需改进)

第四步:主管制订、实施计划并制订跟进时间表了吗?(这一步可能在这次的投诉中不适用。)

目的:体验或拓展处理投诉的能力。
SCANS要求:通过这个练习培养学生的人际交往能力、咨询能力、听说读写算等基本能力、思维能力和其他综合个人素质。
准备:你要准备好处理投诉。
体验:你将对投诉、处理投诉、观察投诉进行角色扮演,然后评估投诉处理的成效。
步骤1(2—3分钟)
尽可能多地划分为三人团队(无须使用课程固定小组),如果人数不够,那就成立一个或两个二人团队。每个成员选择一个数字,1号、2号或3号,1号首先开始投诉扮演,然后依次是2号、3号。
步骤2(8—15分钟)
 A. 1号(主管)将他准备好的有关投诉的信息给2号(投诉者)阅读。当2号理解了之后,开始角色扮演(步骤B)。3号是观测者。
 B. 角色扮演投诉过程。将自己置于角色中即兴表演。3号在投诉观测表格中记录下他所观察到的。
 C. 讨论。当角色扮演结束之后,观测者就冲突解决方案的效果展开一场讨论,三个人都必须参与讨论的过程中,并不是只有3号作评论。
步骤3(8—15分钟)
参照步骤2,现在2号做主管,3号做投诉人,1号是观测者。
参照步骤2,3号是主管,1号是投诉人,2号是观测者。
步骤4(8—15分钟)
结论:老师引导一场班级讨论/或给出结论性评注。
应用(2—4分钟):我从这次练习中学到了什么?以后将如何应用?

分享:各人就应用部分陈述自己的观点。

第 5 篇
个人技能：个人发展

■ 第 15 章　时间管理和职业生涯管理

第 5 章
个体发育个人发展

Chapter 15

第 15 章
时间管理和职业生涯管理

学习目标

通过本章的学习,你应该能够:

1. 解释如何运用时间日志分析你的时间利用情况。
2. 阐述三个优先性判别问题,确定待办事项清单(目录)的事情什么时候应该授权给他人来做以及什么时候应该确定其高度优先、中度优先和低度优先。
3. 列举并解释时间管理系统的三个步骤。
4. 至少列举三个你现在还没有使用但是将来会使用的时间管理技巧。
5. 描述职业生涯的四个阶段。
6. 列举并解释职业规划模型的五个步骤。
7. 至少解释三个可以让你获得成功的要点,通过运用这些要点你可以增加找到工作的机会、加薪和晋升的机会。
8. 掌握下列的 11 个关键术语(以在本章中出现的先后为序):

时间管理 time management
时间日志 time log
优先性 priority
优先性判别问题 priority determination questions
待办事项清单(目录) to-do list
时间管理步骤 time management

职业规划 career planning
职业发展 career development
职业规划模型 career planning model
职业路径 career path
工作冲击 job shock

组织中的人际关系

引例

Whitney 和 Shane 午餐时间在佛罗里达州坦帕市的"朋友"餐厅聊天。期间,Whitney 向 Shane 抱怨总是有很多事情要去做,而且时间非常紧迫,她的神经都快要崩溃了。过了一会儿,Shane 打断了 Whitney 的抱怨,并且告诉她自己以前也有过相似的困扰,但是后来参加了一个关于时间管理的培训班,学会了如何用较少时间做好更多的事情,因此所有困难也就迎刃而解了。Shane 将培训内容的细节全都告诉了 Whitney,作为回报,Whitney 也将她所学到的职业生涯管理的内容告诉了 Shane,因为这个课程让她获益匪浅,不仅帮助她获得了她现在的这份工作,而且也使她明白了自己将来的目标。

你是否曾经感觉到自己的时间好像总是不够用?你是否曾经为自己的职业生涯犹豫彷徨?如果你的答案中有一个是肯定的,那么本章将帮助你走出困境。

15.1 时间管理和职业生涯管理如何影响行为、人际关系和绩效

你是否被速度瓶颈[1]、时间压力[2]、最后期限[3]所困扰呢?

一些人可能会质疑时间管理是否应该属于人际关系的范畴,但是我们却将其放在本书当中,这主要是因为,管理者不具有很好的人际关系的一个重要原因是他们缺少时间。如果你能管理好你的时间,那么你将有更多的时间发展有效的人际关系,创造一种双赢的局势。培养人际关系技巧也是我们平衡工作—生活关系[4]、减少压力(第 2 章)[5]、提高个人工作效率[6]和保持内心平静的有效途径。控制了时间可能意味着掌握了生命。你是否也像大多数人一样在时间管理上有困难呢?在组织机构精简、工作量膨胀的今天,进行较好的时间管理以提高每个工作日的效率,获得事业上的成功,这似乎比以往任何时候都更加重要了。[7]

时间是管理者最有价值的资源。[8]那些能够有效管理自己时间的人通常在工作中都比较成功,而且有较多的升迁机会。然而,事业成功还是依赖于努力工作和良好规划。[9]

许多人都非常担心自己的职业[10],尤其是在今天的经济状况下——在过去 3 年中,每 5 个美国人中就有 1 个经历过一次失业。[11]职业规划已不仅仅是获得一份工作,而是在你职业生涯[13]的前进道路上持续不断地自我发展[12]。人际关系网(第 10 章)能够让你获得一份工作[14],但是很明显,职业规划是关于你职业发展和进步[15]的长期战略。通过职业网络,你可以培养良好的人际关系进而提高工作绩效。

15.2 时间管理

时间管理是指帮助人们用较短的时间出色地完成较多事情的技巧。在这一部分,我们将帮助你检测、分析现有的时间利用情况,辨别优先决定系统,知道如何运用时间管理系统以及

一些时间管理技巧。

> **工作应用**
>
> 1. 为什么时间管理技巧很重要?通过运用本章所讨论的有关时间管理的内容,你将如何受益?

15.2.1 分析时间的利用

成功时间管理的第一步就是要了解现有时间的利用情况[16],因为人们通常并不知道他们的时间是如何被浪费的。专家认为,由于做事缺乏组织性[17],人们每天至少浪费一小时的时间。一份关于如何利用时间的分析报告将会告诉你可以在哪些领域获得提高,但是这要求你每6个月就要分析一下你的时间利用情况。[18]

时间日志 时间日志(time log)就是日记,它通过追踪每天的活动来帮助人们确定时间是如何被利用的。你每天都可以做一个工作日志(见表15-1),追踪你自己每天的时间利用情况,这样保持一到两周。将表15-1复制5—10份,同时将表中的时间进行调整以适应你的工作时间,如果可能的话每隔15分钟填写一次,尽量不要超过一个小时才填写。这样每一次都代表15分钟,而且每次都是在记录这段时间内完成的活动。例如,在8:15后面记录的是从8:00到8:15这段时间所完成的活动。

表 15-1 时间日志

日期＿＿＿＿＿＿

8:00
8:15
8:30
8:45
9:00
9:15
9:30
9:45
10:00
10:15
10:30
10:45

（续表）

时间	
11:00	
11:15	
11:30	
11:45	
12:00	
12:15	
12:30	
12:45	
1:00	
1:15	
1:30	
1:45	
2:00	
2:15	
2:30	
2:45	
3:00	
3:15	
3:30	
3:45	
4:00	
4:15	
4:30	
4:45	
5:00	
5:15	
5:30	
5:45	

分析时间日志：持续记录工作日志5—10个工作日以后，你可以通过回答下面的问题来对工作日志进行分析：

1. 回顾工作日志，确定你在主要职责上花费了多长时间以及你是如何利用你的时间的。
2. 确定你在哪些地方花费了太多的时间。
3. 确定你在哪些地方花费的时间不够。
4. 确定妨碍你做想要做的事情的干扰因素[19]以及你是如何消除它们的。
5. 确定那些你可以不必亲自参与，但是现在却在亲自参与的事情；如果你是管理者，找出那些不需要管理技巧的任务，同时，确定你能将这些任务分配给哪些人。[20]

第15章 时间管理和职业生涯管理

6. 确认有多少时间是被你的老板所控制的、有多少时间是被你的下属所左右的、有多少时间是被部门外的其他人员所控制的、你能真正控制的时间到底有多少以及你应如何对自己的时间掌握较多的控制权。

7. 寻找危机情境,确认这些危机是否是由于你做过什么或你没有做什么而引起的,你是否遇到过重复出现的危机,你打算如何消除这些重复出现的危机。

8. 找出自己的习惯、模式和倾向,确认它们帮助还是阻碍了你完成工作,你如何将它们转变为你的优势。

9. 列举3—5个你最主要的浪费时间的活动(time waster),你打算怎样消除这些因素。

10. 确定你将如何有效管理你的时间。

多重任务处理(multitasking): 当分析你的时间时,你是否发现你试图在同一时间做太多的事情,即多重任务处理。最近的研究发现,从事多重任务的人实际上比那些集中精力一次只做一个项目的人效率低。[21]人的大脑根本不能一次做两件事情,想一想单屏幕电视就知道了。你不能一次欣赏两个节目,但是你可以前后调节频道,可是这样又会使你每个节目都错过一些内容,你欣赏的节目个数越多,每个节目你错过的内容就越多。同样的道理,时间在你转换任务的过程中流失,任务越复杂,时间流逝得越多。而且,同时做两个任务不仅分散脑力,同时也增加了压力。完成下面的自我测试练习15-1,确定自己是否一次从事了太多的任务。

自我测试练习15-1

多重任务处理

辨别下面所陈述事件的频繁程度

不频繁   频繁
1   2   3   4   5

_____ 1. 我很难专心做事,当我倾听或者阅读时总是走神。
_____ 2. 我很难集中精神,感觉精神很累并且不想工作。
_____ 3. 我有短期失忆症状,会忘记最近做过的一些事情。
_____ 4. 我和别人沟通时有困难,不能很好地表达自己想要说的事情。
_____ 5. 我感觉很有压力,有时会感觉气短。

将你的分数相加(5到25)后填在横线上_____。然后将代表你分数的数字标示出来。

可以胜任多重任务   1——5——10——15——20——25   可能存在超负荷多重任务

以上五个陈述全部都是超负荷多重任务的征兆。[22]然而,另外一些问题,例如疲劳等,也可能引起这些症状。集中精力一次办一件事情能够提高你的时间管理吗?如果你不喜欢花费过多的时间办一件事情或者很容易感到疲惫,那么至少选择一个较好的"停顿点",这样当你再次回到这个任务时,不必花费太多的时间回想之前做到哪儿了。你也可以通过做笔记帮助你快速、高效地回到多重任务中。

本篇的余下部分将向你阐述一些观点,以帮助你提高时间管理。

工作应用

2. 通过对时间日志的使用,辨别三个最浪费时间的活动,以及你会如何减少或者消除这种活动?

15.2.2 优先性判别

任何时候你都可能面对许多不同的任务。区分成功人士和非成功人士的一个显著特征,就是成功人士能够首先做重要的事情,最后才做不重要的事情。[23] **优先性(priority)** 是指相对于其他活动来说,某项活动会得到优先选择。

将你必须要做的事情放在一个待办事项清单中,然后判断优先性,对绩效进行等级排序。划分完优先次序之后集中精力一次只做一件事情。[24] Peter Drucker 认为,少数人似乎能做很多事,而他们这种令人叹服的能力主要建立在一次只做一件事情的基础上。

优先性判别问题 通过回答三个有关优先性判别的问题,建立任务的优先性顺序[25],问题如下:

1. 由于独特的知识和技能,我必须亲自参与某项任务吗?(是或否)尽管授权是管理者的一项重要工作,但是有些时候你可能是唯一一个能够从事此项工作的人,所以你必须亲自参与。

2. 这个任务是否在你的主要职责范围之内,或者它是否可能影响你们部门的绩效或财务状况?(是或否)管理者必须关注本部门的绩效,使财务状况与预算保持一致。

3. 最后期限是什么时候?必须快速行动吗?(是或否)我是否应该马上着手办这件事情,或者能否再等一等?[26] 时间是一个相对的概念,在某些情况下,花费数月或者一年可能被认为是快速行动,而在另外一些情况下,几分钟的事情可能被认为是快速行动。例如,获得大学学位可能必须要提前四年做出决定,对于申请者来说,他们必须花几个月的时间等待才能确定是否被接受。然而,对于招生负责人来说,这个可能是快速行动。在企业的生产线上,机器转换产品品种可能需要几分钟或者数小时,这也被认为是快速行动。

总而言之,**优先性判别问题(priority determination questions)** 涉及:(1)我是否需要亲自参与到活动中?(2)这项任务是我的主要职责吗,或者这项任务将会影响本部门的绩效和财务状况吗?(3)必须快速行动吗?

确定优先性 在回答上面三个问题的基础上,管理者应该能够授权或者对任务进行优先性排序——高度优先、中度优先和低度优先。

授权(D):如果问题1(我是否需要亲自参与到活动中?)的答案是"否",那么该项任务就应该被授权。同样,如果问题1的答案是"否",那么就没有必要回答问题2和问题3,因为该项任务可以授权,不存在优先性问题。当然,对于计划授权以及具体授权这两件事是要确定优先性的。

高度优先(H):如果某件事的上述三个问题的答案全部都是"是",即你必须亲自参与,在你的主要职责范围内,而且必须快速行动。那么此事应为高度优先。

中度优先(M):如果问题1(我需要亲自参与到活动中)的答案是"是",而问题2(那不是我的主要职责)或者问题3(不需要快速行动,可以等待)的答案是"否",那么此事将被认为是中度优先。

低度优先(L):如果问题1的答案是"是",而问题2和问题3的答案都是"否",那么此事将被认为是低度优先。

待办事项目录 为了帮助你提高确定优先性顺序的能力,请思考表15-2中待办事项清单和情境应用15-1的三个优先性问题。**待办事项目录(to-do list)** 是将个体必须完成的活动进行统计汇总而形成的一个清单目录。可以对表15-2自由复制并将其运用到工作当中。概括地讲,就是确定什么是重要的,并且找时间去做它。[27]

表15-2 待办事项目录

	1 亲自参与?	2 职责/绩效/财务?	3		优先性
D 授权——"1"为"否"(N)			快速行动/最后期限?	需要时间?	
H 高度优先——"1、2、3"都为"是"(YYY)					
M 中度优先——"2或3"都为"是"(YYN or YNY)					
L 低度优先——"1"为"是","2或3"都为"否"(YNN)					
活动					

资料来源:Harbridge House Training Materials(Boston)。

组织中的人际关系

情境应用

辨别待办事项清单中活动的优先性

AS 15-1

下面是一家大公司产品部主管的待办事项清单,请将这10个活动进行优先性排序。

优先性辨别	问题				优先性
	1	2	3		
D 授权——"1"为"否"(N) H 高度优先——"1、2、3"都为"是"(YYY) M 中度优先——"2或3"为"是"(YYN or YNY) L 低度优先——"1"为"是","2或3"都为"否"(YNN)	我需要亲自参与吗?	是我的职责吗?影响绩效或财务状况吗?	需要快速行动吗?	有时限吗?	
活动					
1. 销售经理John告诉你,由于产品质量下降,已经有三个客户同你们停止了业务往来。					
2. 秘书Rita告诉你,有一个销售员在等着见你,你并没有和他约好,你也不想购买任何东西。					
3. 副总裁Jan想要和你讨论一下一个月后即将面市的新产品的问题。					
4. 销售经理John留给你一张便条,通知你销售预测有误,预期销售在下个月的基础上将增加20%,库存依照预定计划。					
5. 人事总监Dan送给你一张便条,告诉你你的一个属下已经辞职了,你部门的员工流动率在整个公司中是最高的一个。					
6. Rita告诉你当你出去的时候有一个叫John Smith的人打电话找你,并且要求你回电话,但是并没有说明原因,你也不认识这个人。					
7. 你最好的一个员工Sandy想要和你约个时间向你报告一下在商店中发生的事情。					
8. John打电话邀请你和他一起去见一个预约的客户,同时这个客户也想见见你。					
9. 你的老板Tom打电话说想和你见个面,讨论一下关于产品质量下降的问题。					
10. 你收到公司总裁Frank的便条和来自《华尔街日报》的文章。便条说FYI(供参考)。					

资料来源:Harbridge House Training Materials (Boston)。

第15章 时间管理和职业生涯管理

当使用待办事项目录时,你需要将必须完成的活动写入一行或者几行,然后确定优先顺序。[28] 必须牢记,由于一天当中可能会出现一些必须添加到待办目录中的意想不到的事情,因此优先性顺序可能会改变几次。盯牢高度优先性的任务,着手做最重要的事情,当最重要的任务完成后就继续选择下一个,直到所有的高度优先性活动全部结束,然后是中度优先性和低度优先性活动,依此类推。我们应该时刻确保优先性顺序保持更新,因为当最终期限邻近或者改变的时候[29],优先性顺序也会随之改变,而且随着时间的推移,低度优先通常会变成高度优先。

工作应用

3. 至少列举三个与你的教育相关的高度优先性活动。

4. 从你的待办事项目录(清单)中选出至少五个活动,然后根据优先性判别问题确定每项活动的优先级别(H、M、L、D)。

15.2.3 时间管理系统

你面临的问题不是缺少时间,因为每人都是一天24小时,真正的问题在于如何使用时间。专家认为,大部分人每天都会浪费两个小时。

本章所介绍的时间管理系统被成千上万的管理者证实有效,它同样适用于非管理者和普通学生。你应该努力尝试三周,然后根据你自己的需要进行调整。

- 优先性:对待办事项目录(清单)中的活动进行优先性排序,有助于提高绩效。
- 目标:目标表明了在一段时间内我们想要完成什么,管理者应该根据第8章介绍的要点建立目标。
- 计划:计划是告诉你将如何实现目标以及有哪些必要的活动。
- 日程表:日程表告诉你什么时候应该开始实施计划的行动。你应该为每个工作日制订一个日程表。

时间管理技巧的精要就是要制订计划并尽可能坚持下去。[30] 时间管理步骤如下:步骤1,制订每周计划;步骤2,确定每周日程表;步骤3,制订每日日程表。

步骤1,制订每周计划 在每周的最后一天制订下一周的工作计划,每周如此。根据待办事项目录(清单)和前一周的计划以及部门目标,填写每周计划单(见表15-3)。计划的第一步就是要确定本周要达成的目标[31],目标不应该是每周或每天的常规任务,例如,如果职工的年度评审即将来临,那么可以将其纳入计划。

表 15-3　每周计划表

计划周的时间＿＿＿＿＿＿＿＿＿＿

目标:(在什么时间之前完成什么)(行为动词 + 单个行为结果 + 目标数据)

活动	优先性	所需时间	计划日期
本周总时间			

设立几个主要目标之后,下一步要做的就是列举完成这些目标所需要进行的活动。[32]让我们继续前面的例子,你需要同职工见一次面并且完成绩效评审表格的填写。

下一步要填写的就是活动所需要的时间以及活动的具体时间。继续我们前面的例子,假设你将要花费10分钟来确定绩效评估的时间,还要花将近1个小时的时间准备,那么你可能将活动时间定在星期二,因为那天你相对比较清闲。随着时间的推移,你可能会慢慢学会了每周应该计划多少活动来完成,这样可以避免每周因为计划太多无法完成而感到沮丧[33],也可以避免有太多空闲造成时间的浪费或者错过最后期限。

步骤2,制订每周日程表　制订每周日程表能够帮助你有组织地完成重要目标。你可以在制订计划的同时确定日程安排,你也可以在计划之后确定它,一切随你的喜好。制订每周计划和日程表大概需要30分钟的时间,表15-4是每周日程表,你可以复制表15-3和表15-4用于工作中。当确定每周计划的具体时间时,你应该选择你可以自由支配的时间,避免你需要为其他事(如开会)而预留的时间。大多数管理者每周应该留下50%的自由时间用于处理突发事件,当然这个自由时间可以根据你工作的需要进行调整,通过实践,你将可以制订非常完美的每周计划和每周日程表。Steven Covey曾经说过,成功的秘诀在于不要就日程表制订优先排序,应就事件本身的重要性来安排日程表。[34]

表 15-4　每周日程表

日程安排周_____

	星期一	星期二	星期三	星期四	星期五
8:00 8:15 8:30 8:45					
9:00 9:15 9:30 9:45					
10:00 10:15 10:30 10:45					
11:00 11:15 11:30 11:45					
12:00 12:15 12:30 12:45					
1:00 1:15 1:30 1:45					
2:00 2:15 2:30 2:45					
3:00 3:15 3:30 3:45					
4:00 4:15 4:30 4:45					
5:00 5:15 5:30 5:45					

组织中的人际关系

步骤3，制订每日日程表 成功的管理者都有自己的日程表。[35]你可以在每天早上或者前一天晚上[36]花15分钟左右的时间，制订自己当天或者第二天的日程表。根据你的每周计划、每周日程表、待办事项目录（清单），制订每天的日程表（见表15-5），需要的话可以随时复印用于工作中。

制订每日日程表的第一步就是要确定你无法控制的一些活动的时间，例如会议时间等。

要保持日程表的灵活性。正像上面所陈述的那样，大部分管理者需要有50%的自由时间来处理突发事件。不要认为自己给每项活动安排了足够的时间而高枕无忧。[37]因为许多管理者的经验是，首先估计完成一项非常规任务所需要的时间，然后在此基础上再加一倍的时间，这样才会完成得比较好。通过实践，你估计时间的能力应该会得到提高。

将高度优先性项目安排在你的精华时间处理，所谓精华时间是指你状态最佳的那段时间，而大多数人的精华时间是在早上。确定你的精华时间，然后将那些需要集中精力处理的问题安排在这段时间，至于那些常规事情，例如查收邮件等，可以将它们安排在高度优先性项目完成之后的那些零散时间或者状态不佳的时候。[38]

尽量为那些意想不到的事情安排一些时间。例如，可以将下午3:00以后的一段时间腾出来用于处理职工的日常问题、接听电话或者回电等。

当你还没有对一些项目进行优先性排序也没有将其列入日程表时，不要贸然地着手处理。如果你正在处理一个高度优先项目，这时你的眼前又出现了一个中度优先项目，那么暂且不要去管它。通常，那些所谓的紧急事情是可以等一段时间再处理的。[39]

时间管理的几个步骤能够减少目标、计划及其实施过程中的差距。你需要随身携带每日日程表和待办事项目录（清单）。

像表15-1到表15-5这样的表格有很多种版本都能买到，可以是便签簿样式的，也可以是书本、电子文档或者网页[40]样式的，当然你也可以将本书的表格复印，将它用于日常工作和学习中。

情境应用

时间管理
AS 15-2

请把下面的陈述与时间管理系统的组成部分相匹配。

A. 优先性问题　　　　　　B. 目标
C. 规划　　　　　　　　　D. 每周日程表
E. 每日日程表

_____ 11. 我把约会定在五月五日。
_____ 12. 我知道我想要完成什么。
_____ 13. 我已经决定如何去做了。
_____ 14. 我知道自己的主要职责。
_____ 15. 我已经制订了本周计划，现在打算……

第 15 章 时间管理和职业生涯管理

表 15-5 每日日程表

星期_____   日期_____

时间	
8:00	
8:15	
8:30	
8:45	
9:00	
9:15	
9:30	
9:45	
10:00	
10:15	
10:30	
10:45	
11:00	
11:15	
11:30	
11:45	
12:00	
12:15	
12:30	
12:45	
1:00	
1:15	
1:30	
1:45	
2:00	
2:15	
2:30	
2:45	
3:00	
3:15	
3:30	
3:45	
4:00	
4:15	
4:30	
4:45	
5:00	
5:15	
5:30	
5:45	

15.2.4 时间管理技巧

在自我测试练习 15-2 中,有 68 个关于时间管理的技巧,包括主要的"浪费时间的活动"[41]以及克服它们的办法。完成下面的练习,同时找出哪些技巧是你现在已经使用的,哪些技巧可以帮助你用较少的时间出色地完成较多的事情。浏览"应做"这一栏并对其进行优先性排序,然后至少挑选四个首要优先性项目并在一周之内完成它们。如果合适的话,你可以将这一栏放入你的待办事项目录(清单)中同时确定具体的时间。当"应做"做完后,按照同样的方法处理"能做"和"正做"两栏,最后看看"不适用"一栏,确保所列事项不适用于你的情况。

自我测试练习 15-2

时间管理技巧

下面列出的 68 个观点能够帮助你提高时间管理技巧,请为每个观点选择答案,在相应的空格处打√。 (1) 我应当这样做。　　(2) 我能够这样做。 (3) 我正在这样做。　　(4) 不适用于我的情况。	(1)应做	(2)能做	(3)正做	(4)不适用
计划和控制				
1. 树立短期目标和长期目标。				
2. 制订每周计划,确定如何达成你的目标。				
3. 将所有的任务都写在待办事项列表(清单)中。				
4. 对待办事项列表(清单)中的项目按照优先性进行排序,做重要的事情而不是紧急的事情。				
5. 较早地、高效率地处理优先性排在前面的项目。				
6. 在你状态最佳的时间——精华时间,只做高度优先性的项目。				
7. 不要为了避免或逃避工作忧虑而花时间参与那些没有成效的活动,这种做法无济于事。				
8. 一天中经常问自己:"我应该现在做这个吗?"				
9. 行动之前做好计划。				
10. 制订计划以应对重复出现的危机以及计划如何消除危机。				
11. 决策:一个错误的决策比不做任何决策要好。				
12. 制订每日日程表:不要让你的时间被一些突发事件所控制。				
13. 每天工作结束后,要为第二天制订一个日程表。				
14. 将一些棘手的、困难的任务放在精华时间处理。				
15. 对于第一次遇到的事情,要确保有足够的时间进行处理,不要盲目乐观。				

第15章 时间管理和职业生涯管理

(续表)

下面列出的68个观点能够帮助你提高时间管理技巧，请为每个观点选择答案，在相应的空格处打√。 （1）我应当这样做。　　（2）我能够这样做。 （3）我正在这样做。　　（4）不适用于我的情况。	(1)应做	(2)能做	(3)正做	(4)不适用
16. 保留一段"安静时间"，除非有紧急事情，否则不要让任何人打扰，如有来电，可安排人记录口信，或者让对方在你的意外事件处理时间段再打电话过来。				
17. 为整个组织、部门或者其他组织准备一段安静时间，通常上班的第一个小时是最佳安静时间。				
18. 为一些项目安排大量的时间并且确保不会被打扰，除非有紧急事情。如果做不到，就找个地方躲起来。				
19. 将大的（耗时长的）项目进行分解。				
20. 如果你不能遵守日程表，那么先问自己一个问题：没有安排在日程表中的事情比表中的重要吗？				
21. 为一些相同或者相似的事情（打电话或者回电、写信或者备忘录等）安排一些时间。				
22. 让你的日程表保持一定的灵活性，即保留一定百分比的时间处理意外事件。				
23. 为意外事件安排一些时间，在两件重大事件之间处理一些常规事情。				
24. 告诉大家，除非发生紧急事情，否则只能在"处理意外事件"的时间段找你。				
25. 如果员工找你，告诉他们你很忙，请他们等到几点（处理意外事件的时间）以后再来找你。				
26. 针对所有的访客设定一个时间限制或者议程安排，不要跑题。				
27. 控制自己的时间，尽量避免或者减少时间被别人控制，例如老板、公司或者下属。				
组织				
28. 保持办公桌清洁。				
29. 合理摆放桌子以提高效率。				
30. 所有与工作无关或者分散目标的东西都应该从桌上移走。				
31. 一次只做一项任务。				
32. 应该马上对文件做出决策，而不是等到后来再重新阅读并做出决定。				
33. 将文件摆放好并做好标记。				
34. 拥有一个常用文件夹和不常用文件夹。				
35. 将项目归档时，确定它的销毁日期。				
36. 合适的时候，尽量通过电话而不是书信方式进行联系。				
37. 指派他人写信或者备忘录等。				
38. 尽量口授，不要亲自写信或者备忘录等。				
39. 使用格式化的信件/段落。				

(续表)

下面列出的68个观点能够帮助你提高时间管理技巧，请为每个观点选择答案，在相应的空格处打√。 (1) 我应当这样做。　　　(2) 我能够这样做。 (3) 我正在这样做。　　　(4) 不适用于我的情况。	(1)应做	(2)能做	(3)正做	(4)不适用
40. 直接在信件或备忘录上回复。				
41. 请别人为你阅读和归纳一些事情。				
42. 与别人一起分别负责阅读文件的某一部分，然后交流自己负责部分的主要内容。				
43. 使用来电显示，以确保由合适的人处理来电。				
44. 打电话之前做好充分的计划，收集需要的信息，必要时可以做一做笔记。				
45. 要求别人在你计划（专用于处理突发事件）的时间内打电话给你，也问一下什么时候给别人致电比较方便。				
46. 为每次会议确定一个具体的主题。				
47. 每次会议只邀请必要的人参加，而且这些人不需要从头到尾在场，需要的时候在场即可。				
48. 为每次会议准备议程并严格按照议程行事，确保整个会议能够按照规定的时间完成。				
49. 会议最后要有总结，落实谁将负责干什么以及何时完成。				
50. 如果可能的话要尽量打电话而不要亲自拜访。				
51. 为每一次出差设定目标：列出你将要会见的人，将你的日程安排告诉他们，为每个人单独准备一个文件夹，详细记录你们会面的相关信息。				
52. 为了节省时间，将一些活动合并或者适当调整。				
领导				
53. 为下属设立清晰的、可以量化的目标，经常评估他们的绩效，同时将结果反馈给他们。				
54. 很好地利用下属的时间：你会让下属在那里干等你的决定、建议、资料，或者让他们在开会时干等吗？				
55. 良好的沟通：你会寻找一个方便的时间同下属交流，而不是任意打断下属的工作吗？				
56. 培训你的下属：不要将下属的工作揽到自己身上。				
57. 将那些你不需要亲自参加的活动进行授权。				
58. 将一些非管理的职能进行授权。				
59. 授权时要确定最终期限。				
60. 告诉下属的最终期限要比实际的最终期限早。				
61. 运用员工的建议与想法，不要只靠自己琢磨。				
62. 传授一些时间管理的技巧给你的员工。				
63. 做事情不要耽搁，日事日毕。				

下面列出的 68 个观点能够帮助你提高时间管理技巧,请为每个观点选择答案,在相应的空格处打√。 (1) 我应当这样做。　　(2) 我能够这样做。 (3) 我正在这样做。　　(4) 不适用于我的情况。	(1)应做	(2)能做	(3)正做	(续表) (4)不适用
64. 不要做一个完美主义者,定义什么是可以接受的,不要苛求。				
65. 要学会保持冷静,情绪化只会带来更多的问题。				
66. 减少不必要的交往,但不要不合群。				
67. 找出你最浪费时间的活动或行为,尽量减少这些活动。				
68. 如果你还有一些想法没有包括在这个表格中,那么就把它们加进去吧。				

如果实施以上列举的时间管理体系和技巧,本章开头案例中的 Whitney 将受益匪浅。

工作应用

5. 从上面所列举的 68 个管理技巧中,选出你认为应该使用的最重要的三个技巧,并解释你将如何逐一实施。

15.3 职业生涯管理

你必须对管理自己的职业生涯承担全部的责任。[42] 如果你将期望寄托在别人身上,希望别人能够给你工作,对你进行提拔、提升,那么这种事情是永远不会发生的。在这一部分中,你将会学到如何成功地管理自己的职业生涯。这部分的内容主要涵盖了以下几个部分:职业阶段、职业规划和职业发展、找工作、获得加薪与晋升以及着装搭配等。

15.3.1 职业阶段

在开始职业规划之前,你必须弄清楚自己所处的职业阶段,因为随着年龄的增长,不同的人有着不同的职业阶段需求。

20 岁左右　这是管理者们刚刚开始参加工作的时候,这时他们面临的主要挑战是能够在恰当的时间证明自己具备将工作做好的能力。[43] 如果想成为最优秀的,那么将面临很多压力。对于那些想获得晋升的女性和少数民族来说,在一个男人占主导地位的世界里,他们往往会感觉到个人压力而不得不更加努力。[44] 你必须培养工作技巧,以便做好当前的工作,并为将来的职业进步做准备。若想职业进步,必须积极主动,许多年轻人为了职业进步常常加班工作,不畏艰难。[45]

■■■■ 组织中的人际关系

今天的年轻管理者拥有非常高的期望,希望在公司层级阶梯上快速爬升,而这种层级阶梯并不稳定,更多的时候被看成是攀爬架而不是梯子,因为你可能需要走边路甚至后退才能发现新的向上的途径。大多数专业人士的第一份工作不超过三年。[46]随着扁平组织的流行,企业将会提供更少的管理岗位,而获得晋升将花费更多的时间,因此横向换岗将比向上晋升更普遍。

30 岁左右　这个阶段是管理者们积累经验并展示其成为老板的能力的时候,努力使高层管理者注意到自己。30 岁左右的人通常会对自己的职业产生一定的质疑:我将走向何方?我应该在这里吗?我在现在的职位上安全吗?这一个彷徨阶段对女性来说尤其难挨,因为她们必须决定是否以及如何将照顾小孩与工作结合起来。[47]而对于男性来说,这一阶段主要会被金钱方面的原因所羁绊,即使现在的工作不愉快他们也害怕转换工作[48],因为转换工作常常意味着职位及收入的降低。尽管如此,大多数人已不再希望在同一家企业一干就是二三十年,对于一个管理者而言,整个职业生涯中为两个到四个不同的企业服务是非常常见的现象。[49]

40—50 岁左右　到了 45 岁的时候,大部分管理者都经历过一两次失败,并且知道自己是否有机会获得更高一层的管理职务。大部分人不会有这样的机会而且必须承认竞赛已经结束了。过去,处在这个阶段的人基本上可以安稳地固定在中层管理职位之上,然而这样的日子将一去不复返。许多组织已经精简了中层管理职位的数量,并且将继续精简下去。因此,四五十岁左右的人有的时候不得不重新找新雇主或者新职业[50],但是随着年龄的增长,这将变得非常困难。另外,还有一些组织为了减少中层管理者,强迫员工提前退休。

60—70 岁左右　在这个阶段,人们开始准备退休,他们能够根据他们所学到的东西持续、稳定地前进。他们通常会扮演模范或者导师的角色。[51]导师能够推进年轻人的职业发展,但是很少有人能够有机会遇到一个导师[52],因此,如果可以的话尽量争取有个导师。

工作应用

6. 你现在处于哪个阶段?你经历过本书所描述的你现在所处的职业阶段中所涉及的问题吗?试解释之。

15.3.2　职业规划和职业发展

职业规划与职业发展是两个不同的概念。**职业规划(career planning)** 是指设立职业目标以及确定如何实现目标的过程,**职业发展(career development)** 是指获得技巧、经验和教育以实现职业目标的过程。你必须对你自己的职业生涯负责,制订一个职业规划。[53]

许多大学和大型组织会提供有关职业规划和职业发展的服务。职业规划顾问的角色不是为人们找工作,而是帮助人们设立切实可行的目标和计划。许多大学也为了帮助学生找工作而提供专门的职业安置服务,但能否找到工作还是应该靠学生自己。

职业规划模型能够帮助你制订职业规划。作为技能强化练习 15-2 的准备,你可以阅读本书所引用的文章,指引自己制订职业规划。**职业规划模型(career planning model)** 的步骤如下:步骤1,自我评估;步骤2,职业偏好及探索;步骤3,设立职业目标;步骤4,制订规划;步骤

5，控制。

步骤1：自我评估 职业规划的起点是自我评估：[54]你是谁？你的兴趣、价值观、需求、技巧和经验分别是什么？在你的职业生涯中你想要做什么？

事业成功的关键是确定下面的问题：你擅长做什么？你喜欢做什么？怎样得到既符合你的兴趣又能发挥你的技巧的工作？为了成功，你需要把自己看做是成功的；为了成功，你需要确立一些切实可行的短期目标并且实现这些目标。

步骤2：职业偏好及探索 通过关系网，别人能够帮助你找到工作，但是你自己必须对你的职业选择和发展负责。在自我评估的基础上，必须确定你想从工作和事业中得到什么，并对这些需求进行优先性排序。职业规划不仅仅是确定你想要做什么，更重要的是确定你为什么想要做这些事情。什么东西激励着你以及你对它的渴望程度有多高？你对事业的承诺是什么呢？没有合适的激励以及承诺，你将很难实现职业目标及规划。[55]

你应该考虑的事情包括：(1) 你想进入哪个行业；(2) 你想要进入多大规模的企业；(3) 在你的职业生涯中，你想要从事哪类工作，哪些职能领域会吸引你——生产/运作、营销、财务、人力资源等；如果你想成为一个管理者，你想管理哪个部门呢；(4) 你想在哪个国家或城市工作，愿意离开原所在地的人通常会有更多的机会；(5) 刚工作时你对起始薪金的要求是多少，5年以后、10年以后你对薪金的期望呢？

回答完以上问题后，阅读一下有关你的主要职业领域的书籍[56]，利用你的交往圈进行面谈以寻找信息。[57]与职业规划领域的人交谈，或者跟从事你感兴趣的工作的人交谈，他们能够为你提供一些有助于你制订职业规划的信息，因此要听听他们的意见。另外，你还要确定你感兴趣的工作有何要求和资格规定。在你感兴趣的领域实习、参加现场工作、兼职或者做暑期工，这样有助于你毕业后获得想要的工作。从长远角度来看，那些工资虽然较低但能够帮助你增长经验的工作，会对今后的职业进程有更多的帮助。

步骤3：设立职业目标 利用第8章的原则，设立短期与长期目标。目标不能是接下来要做的工作的简单罗列。例如（假设你于2006年5月大学毕业）：

- 到2006年6月30日，在一家大型保险公司获得一份销售职位。
- 第一年起薪收入达到35 000美元。
- 到2008年6月30日，获得MBA学位。
- 到2010年6月30日，在保险行业成为一名销售经理。
- 到2011年6月30日，年薪达到45 000美元。

步骤4：制订规划 制订规划有助于你达到目标。对于一名高中毕业生来说，为了获得技能的提升，实现收入的增长，大学学历变得越来越重要。这就是我们所说的职业发展问题。你必须明白，为了实现自己的目标你必须具备什么样的技能、经历、教育，并根据需要就如何发展自己制订计划。与别人交流有助于你制订职业规划。技能强化练习15-2中的规划表或许对你有用。

你应该有一个书面的职业规划，但这并不意味着你不能改变它。对一些不期而遇的机会，你也要关注，该利用时要充分利用这些机会。

步骤5：控制 实现你的职业目标是你自己的事。你可能得做些修正。每年至少回顾一次目标、检查一下进展，并设立新目标、制订新计划。同时，还要更新你的简历（简历将在后面章节中讨论）。

表 15-6 列举了职业规划模型的各个步骤。

表 15-6　职业规划模型

步骤 1：自我评估。
步骤 2：职业偏好和探索。
步骤 3：设立职业目标。
步骤 4：制订规划。
步骤 5：控 制。

工作应用

7. 你正在做哪些有关职业发展的努力？

情 境 应 用

职业规划步骤　　请对下面各句表述依照职业规划模型标明分属哪个步骤。
AS 15-3　　　　A. 1　　　B. 2　　　C. 3　　　D. 4　　　E. 5

_____ 16. "首先，我必须获得我的学位，然后，在中西部一家主要银行中获得一个管理培训生的职位。"

_____ 17. "我非常擅长数学与计算机。"

_____ 18. "在 7 年内，我要成为一家注册会计师事务所的合伙人。"

_____ 19. "每年一次，我都会坐下来重新评估我是谁以及我的方向。"

_____ 20. "我对毕业后想要做什么不是很确定，所以我想先参与合作社项目，我认为这样会有助于我做出决定。"

15.3.3　获得一份工作

曾经有人说过，获得一份好的工作本身就是一份工作。为获得一份好的工作，你必须设定职业规划、制作简历和自荐信、调查情况、做面试准备。你的关系网（第 10 章）中的人可能对上述各个阶段有所帮助。[58]

职业规划　　那些不知道自己想要从工作或职业中获取什么的应聘者一般不会从面试官那里得到机会。[59]面试官通常会对那些有现实职业规划的应聘者产生好感。相比那些没有职业规划的应聘者，拥有一个好的职业规划的应聘者更具有竞争优势。技能强化练习 15-2 将会帮助你为找工作做好准备。

简历和自荐信　　施乐公司的一位招聘主管曾经说过，在找工作的过程中，简历起到 40%

的作用。简历和自荐信是你向目标公司的自我展示。如果简历不够精美、马马虎虎甚至有错误,你就不可能得到面试机会。[60]招聘者常常认为,马虎的简历只有做事马虎的人才会做出来。

自荐信应该简短,基本上限制在一页以内,它的作用是介绍你的简历并表明你期望得到一次面试机会。简历也应该简短,最好一页,除非你有非常丰富的教育背景和经验。简历最基本的目的就是获得一次面试机会。在描写实习和其他工作经历时,要着重强调取得的成果以及适用于其他工作的技能。[61]同时,说明你带来了哪些价值,组织会如何因你而受益。[62]如果你对如何提高组织绩效、如何改善工作流程等提出过建议,可以写进去。表15-7是一份简历样本,可供参考。

表15-7 简历指南

	姓名
	地址
	省、市、邮编
	电话号码(包括区号)
	电子邮箱
求职目标	
如果你有明确的求职岗位,可以在这里写明。如果你的求职目标较广或涉及几个领域,则可以省略这一部分,同时在自荐信中根据申请的工作来调整你的求职目标。	
教育背景	
学位/专业	学院、学位名、地址、城市、省、邮编及电话号码。毕业日期。辅修专业(如果有),平均分(如果你引以为荣的话)。
实习	(如果有)列举组织名称、地址、城市、省、邮编及电话号码。说明你工作的部门和具体的工作内容,说明你的工作职责和其他相关信息。说明工作时间、上级姓名及头衔。
荣誉/社会活动	(如果有)列举运动、社团或其他课外活动。别忘记说明你的职务、所获荣誉、提升的技能(如领导力)。
工作经验	
职务	列举你做过的全职、暑期兼职或志愿者工作。说明组织名称、地址、城市、省、邮编及电话号码。列举职责和获得的技能,特别是与你所申请职位相关的职责与技能。说明工作时间、上级姓名及头衔。
职务	内容同上。
职务	内容同上。
技能/培训/证书等	
用适当的标题,列举你的特有技能、所受培训(如计算机培训等)、外语水平、音乐专长、爱好(如集邮等)、证书(如救生员、注册会计师、经纪人等)或专长。请尽量列举与工作相关的内容,即使与工作不相关,也尽量列举那些能显示你成就及动机的内容。面试官可能会问你的爱好。	
证明人	
如果有需要可以提供。(在注明证明人姓名前需事先征得其同意,你可以将学院就业指导部作为证明人。)	

组织中的人际关系

简历指南主要是为那些工作经验有限的即将毕业的学生设计的。经验很重要，所以如果有过实习经验，要好好利用。如果你有跟目标工作相关的全职工作经验，可以先写工作经验，再写教育背景，而关于实习、荣誉和参与活动的内容可以简略。[63]相反，如果你没有全职工作经验，实习、荣誉和参与过的活动就很重要。参与课外活动对找工作很有帮助。但不要只写上社团名称，而应该说明从社团活动中你获得了什么技能，以及你为社团带来了什么价值。[64]

写好简历草稿后，对字体、格式等进行编排，使它更具视觉效果，然后打印出来，请英语老师帮忙校对，确保没有拼写及语法错误。再恳请你想进入领域的专业人士帮助你从内容上把关，并提出修改意见。[65]完成这些后，对简历进行再次编排和打印，然后用高质量的纸张复印。相比那些水平相当但简历及自荐信制作质量较差的应聘者，你获得面试机会的可能性更大。

在寻求兼职和暑期工作时，好简历同样能给招聘者留下一个良好的印象，使你更有竞争力。把做好的简历分发给朋友和亲戚，请他们帮你找工作。

简历制作技巧：下面是一些重要的简历制作技巧。

- 求职目标：你需要确定一个好的求职目标。除非你只申请一份特定的工作，否则不要注明岗位头衔。因为不同公司对同一性质的工作会有不同的岗位头衔，所以请尽量使用广义的岗位分类，而不是具体的岗位头衔，比如，你应该说"文书类职位"而不是"秘书"。[66]
- 关键词：许多组织通过关键词筛选简历。你可以从所申请工作的工作说明中获得关键词，并在打印版简历及电子版简历中用上这些关键词。[67]
- 技能：阅读工作说明书或者同这个领域的人进行交流能够帮助你了解目标工作所需要的技能，简历中所列举的技能要与你所应聘的职务相关，而不是仅仅列举技能，还要用工作经历及例子来说明你是如何运用这些技能的。[68]

电子简历：如你所知，许多组织要求求职者通过电子邮件的形式传递简历。电子简历的规则包括：(1) 采用word文档格式撰写你的简历，但不要用附件的形式发送简历。(2) 采用二进制编码保存你的简历文档。在文字处理文档中，用"另存为文本文档"使你的简历成为电子简历。(3) 在邮件中撰写你的自荐信，并把电子简历拷贝插入到正文中。(4) 把邮件发送给雇主之前先发给自己，看看邮件看起来如何。如果邮件看起来比较凌乱，修改并再次发送给自己检查，直到看起来、读起来都比较舒服为止。(5) 把邮件发送给雇主。[69]

工作应用

8. 根据本章介绍的指导方法制作简历。将制作好的简历带到课堂中去，因为教师可能会在课堂上留些时间供大家互换简历交流，这样你就能得到别人的建议，同时你也可以给别人提提意见。

调查 你需要通过调查来确定你将把简历投到哪里。许多大学会举办求职策略讨论会，当然也有很多的文章和书籍讨论这方面的问题，但是有许多人依然抱有这样一种观点：我要自己单独完成。这种想法虽然值得尊敬，可是人际关系将有助于你找到想要的工作。今天，许多人就是通过人际关系网络才找到工作的。但是需要注意的是，能够为你引见或者为你推荐的朋友和亲戚并不能保证你将获得这份工作，你必须通过面试才行。报纸和网络中的招聘广告也是获得工作信息的常用途径。

一旦你获得了面试机会,那么在面试之前一定要先调查一下这个组织,尽你所能最大限度地了解这个组织,获得组织的相关信息,例如,它提供的产品或者服务、所处的行业以及行业发展趋势、组织的收益和未来计划等。公司网站是个了解以上信息的好渠道,如登录 www.hoover.com 可以找到 Hoover 公司的相关信息。如果组织是公众所有的,那么你可以通过年度报告获得更多的信息,你也可以登陆他们的网站进行查询。当然,如果你有认识的人在这个组织中工作,你也可以通过他们获得你想要的信息。

你应该为面试准备一些你想要问的问题,可以在面试过程中或者面试结束时提出来。提问是一种聪明的表现,也充分证明了你对这个组织很感兴趣,在这里,我们认为你可以从两个方面进行提问:工作职责和职业机会。

准备如何回答提问 你还应该了解一下在面试过程中你可能会被问到哪些问题,例如,"你能够为组织带来什么?""你的职业目标是什么?""五年之后你要达到什么样的水平?"等等。如果面试官要你描述自己的优点和缺点,不要直接回答你的缺点,而应该通过谈优点来谈缺点。[70]例如,不要说"有时候我和别人不能很好地相处",你可以换一种说法,"我是成就导向型的人,因此有些时候我会敦促别人努力工作,这样也引起了一些冲突"。

面试 施乐公司的招聘者认为,面试在招聘者决策中占有很大分量,大约 60% 左右。介绍信或者简历能够帮助你获得面试的机会,但是面试过程中的表现决定了你是否能够获得这份工作。良好的第一印象非常重要(第 2 章),要看上去不紧张,阐明自己的成就并尽可能立即引起面试官的兴趣。要遵守工作面试礼仪(第 9 章),应该穿着得体,这部分内容我们将在本章的最后进行讨论。

许多大学的职业安置服务机构会提供关于工作面试的讲习班,还有一些会开展模拟面试并录像,这样学生可以通过录像了解自己在面试过程中表现如何。如果你的学校提供这种服务,那么好好利用它吧!

面试之后评估一下自己的表现如何。可以把面试中做得比较好的或比较差的写下来。如果你想获得这份工作,那么发一个感谢信给对方,信中要对你面试中忘记表达的内容做一下补充,强调你对这份工作的兴趣,以及你期望得到面试者的回复。别忘记附上你的简历。

如果你没有得到这份工作,询问一下面试者你的不足在哪里,以及怎样提高。面试者坦诚的回答将会对你以后的面试有很大帮助。

工作应用

9. 你打算运用哪些关于找工作的具体方法?

15.3.4 获得加薪和晋升

这部分主要讨论的问题是:帮助你前进的几个要点、职业路径、怎样为获得加薪或晋升做好准备、怎样要求加薪或晋升以及跳槽和工作冲击。

组织中的人际关系

帮助你前进的几个要点 下面的10个方法能够为你带来事业进步的机会:

- 将现有的工作做得很出色。如果你都不能将现有的工作做好,那么老板就不太可能考虑给你加薪或晋升。
- 提前完成任务。当你的上司授权一项任务给你的时候,争取在最后期限之前完成它[71],这样可以显示出你的积极主动。
- 自愿从事一些额外工作。如果你能处理一些额外工作,你将会获得更多的报酬,这同时也展示了你承担新职务的能力。
- 随时掌握最新的技术。寻找一些培训的机会,花点时间学习运用最新的技术,充分发挥电脑和MIS(管理信息系统)的功能,阅读有关本领域的一些出版物。
- 和组织中的重要人物搞好人际关系(遵照本书所介绍的观点)。
- 知道什么时候接近你的上司,在老板心情好的时候可以询问一些问题;在老板心情不好的时候要远离他,除非你能帮助他解决烦心事。
- 有礼貌。要在口头上和书面中经常使用"谢谢"。写感谢信能够使别人记住你。多说"请"、"谢谢"、"打扰了",以表达你对别人的关心。[72]
- 不要说别人的坏话。你意想不到会有什么人知道你说过什么,而此人可能是某重要人物的好朋友。
- 平易近人。保持微笑,见面要同别人打招呼,花点时间同那些希望得到你帮助的人交谈。
- 有效演讲。如果你在人前的演讲能力不高,那么赶紧培训。加入"国际演讲会"(Toastmasters International)吧!

工作应用

10. 上述10个要点中,哪个是你自身最需要改进的?哪个是你最不必要费神的?试解释之。

职业路径 职业路径(career path)是指能为你带来更多职责、薪水及晋升的一系列工作任务。在那些有职业路径的组织中,制订职业规划是非常容易的,因为从某种意义来说职业规划就是职业路径。在快餐业,职业路径通常差不多。例如,管理培训生首先要进行的就是几个星期的培训项目,然后被分派到某家店面,做6个月的培训生,之后到另外一家店做1年助理店面经理,之后就会成为店面经理。1年之后,他们会被调到规模更大的店面,5年之后,他们就可以申请区域管理职位。

为加薪和晋升做好准备 在组织中,完全了解自己的工作职责,并且清楚上司对自己的正式评价和非正式评价是非常重要的。知道上司对你的期望,尽自己最大的努力超越它,至少能够满足它。为了得到较高的绩效评价,必须完成应做的事情。如果你不能得到较好的绩效评价,那么获得加薪或者晋升的机会将会大打折扣。

第13章讨论了为员工的一些好的行为和差的行为建立关键事件文件夹。事实上,绝大部分老板不会坚持做书面记录,或者顶多仅仅记录一些负面的东西。如果想获得加薪或晋升,你就必须证明你该得到这些,证明的方法之一就是通过自我记录。

建立一个关键事件文件夹,将你所做的那些积极的、对组织有帮助的分外之事记录下来。定期向上司汇报你所取得的成绩,但不可吹嘘,在汇报时可以介绍以下内容:

- 你现在所做的一些额外工作。
- 你自愿帮助或者同别人一起帮助其他部门的次数。
- 你提出的对组织发展有益的创意。
- 所在部门绩效的提升。谈到绩效时要具体,如去年生产率提高了5%、缺勤率降低了10%、某段时间退货减少了100个单位、季度销售额增加了5 000美元等。
- 如果在上一次的绩效评价中,你被告之需要在哪个领域获得提高,那么这次就列举证据说明你改进了很多。

前面四个建议同样适用于找工作,因为它们能证明你为组织增加了价值。

如果你想获得加薪,那么就要说出你要求的具体数额。调查一下同类岗位的其他人要求加薪多少以及其他公司同类岗位的薪水是多少。如果你的上司喜欢讨价还价,你可以把加薪的数额说得比实际想得到的多些,这样即使上司要求你做出一些让步,你仍然可以获得自己认为合适的加薪数额。

要求加薪或晋升 当你想要加薪或晋升时,不要让你的上司感到措手不及。提及此事的最佳时机通常是在对你进行绩效评价的过程中,此时你可以介绍做过的关键事件,这样有助于你提高绩效考核成绩,从而得到加薪。[73]

有抱负是上进的表现[74],因此,你应该在一个具体的职位公开之前表达你的晋升要求。应该让你的上司和人力资源部或人事部知道你的职业规划。你可以问他们:你现在所处的位置在哪里?晋升的机会是多少?什么时候可能晋升?总之,让他们帮助你为晋升做准备。

工作应用

11. 你打算运用哪些具体的方法来帮助你获得加薪或晋升呢?

换组织(跳槽) 跳不跳槽取决于你自己。如果你对现状满意,认为自己正在实现自己的职业规划,那么就待在组织中不要动。否则,就到其他地方寻找机会。[75]然而,你应该认识到,工作,尤其是第一份全职工作,让人沮丧或者让人觉得不能满足期望,这是常有的事。你干的可能还不错,但是不要期望被表扬干得不错,因为别人会认为这是你应该做到的。你要做好被批评的准备,并对变化保持开放的心态。

如果你打算转换职业,那么就应该更新简历,并且让人际关系网中的人知道,如果有合适的机会你是愿意改变工作的。在找到新的工作之前不要停止现有的工作。也不要在同事或老板面前公开宣布自己正在寻找一份新的工作。

在开篇的案例中,Shane可以制订自己的职业规划,并准备一份有说服力的简历以支撑自己的规划。

工作冲击 很少有工作能满足所有的期望,当员工的期望不能得到满足时,**工作冲击**(job shock)就会出现。期望工作公平合理,期望好的工作总是能够得到承认和嘉奖,这些是导致工作冲击的主要原因。另外,雇主经常会说"不用担心,我们会照顾你的",可能到头来他们什么也没有做,这也会使你感到痛苦。

很多人觉得日复一日的工作是非常乏味的,这也会导致工作冲击。治愈工作冲击并没有什么速效药。然而,保持一种关于现实世界的良好心态,能够帮助你学会应对工作中的现实问题。通过与别人交流确定是否只有你才有这种情况,如果不是,那么你的工作期望可能有点不切实际。人们通常会通过转换工作来摆脱这种沮丧,可是到头来却发现一切如故。你要意识到你的不开心经常来源于你不切实际的工作期望。对现实世界的良好心态能够帮助你从以后的工作冲击中解脱出来。

通过不断的个人发展,你将能够提高人际关系技巧和时间管理技巧,从而在工作中不断进步。祝你好运!

15.3.5 衣着打扮

通过衣着打扮给别人留下深刻印象非常重要。同样,保持良好的个人形象对获得加薪和晋升也是非常重要的。你的衣服应该是合适的职业着装——良好的搭配、良好的裁剪以及良好的保养。你的头发应该整洁、修剪良好、干净,不要留胡子。要保持牙齿清洁、指甲干净、口气清新。不要纹身,不要在身体上穿孔以佩戴饰物,也不要佩戴非常耀眼的首饰。

超过2 300万美国员工,上至法官,下至银行出纳,都是穿正式制服上班的。许多专业人士不会穿那些真正的制服,但是西服以及为某些具体工作类型接受的裙装,也是一种制服。John Molloy创造了"服装工程"(wardrobe engineering)一词来说明应该如何使用服装和饰品以塑造形象。[76]世界上有成千上万的形象顾问,他们不会在所有的事情上都意见一致。但是,这里所介绍的几种建议是被大家普遍接受的。大家一致认为这样做可以让你在大多数组织中获得成功。

衣着以组织和工作为依据 再次强调,要像组织中的其他员工或者像那些从事着你想做的工作的员工那样着装打扮。如果你对着装类型不是很确定,在正式面试之前参观该组织,以便明确该穿什么以及如何着装,使得着装尽可能比面试着装建议更讲究。一旦你获得该工作,着装至少要与你的同事相匹配。如果你想晋升,那么像经理那样穿戴对你的职业发展会很有好处。[77]

工作面试 总的来说,在面试过程中,穿着不要太随意(如牛仔和T恤衫),要尽可能讲究一些。作为一名大学生,在找一份专业的工作的时候,如果经理穿套装(男士戴领带),那么你也应像经理那样穿套装,哪怕你应聘的职位不需要这样穿戴。你可能会考虑"为什么要这么麻烦,别人都没有这样穿"。这就是关键所在。穿得和经理们一样,会使看起来更专业,使你在人群中脱颖而出,同时也就更有可能获得这份工作。在一个实际生活中的面试场景中,面试官问一名年轻的求职者,为什么他没有穿西装、打领带。这名申请者回答,因为公司中的其他人都这样穿戴。面试官说道:"你与他们之间有一个重要区别,他们已经在这里工作了,而你却没有。"

穿有品质的衣服 有品质的衣服映射出有品质的形象。在面试与重要的工作日,例如第一天工作日,穿一套有品质的套装,这样能够给别人留下良好的第一印象。人们买衣服一般都

第15章 时间管理和职业生涯管理

会选择大减价的日子,但是你一定要记住,除非你确实非常喜欢,否则不要因为减价而买下西装或其他上班穿的衣服。如果你对自己的衣着形象感觉良好,通常你就会给人留下积极、充满自信的良好形象,这对你的职业非常有帮助。所以不要因为大减价而买一些你不是非常喜欢的衣服,因为如果穿起来不好看,再便宜也不值。

穿戴不要张扬　最新的时尚穿戴通常不适合专业的职业场合。如果你着装太过另类花哨,别人可能会不把你当回事。

休闲装　对于什么是休闲商务装,这要因场合而异。在大多数情况下,不要穿休闲装去参加面试,除非你知道对方有这种期望。一般来说,对于专业人士来说,休闲装不包括牛仔和T恤衫。获得工作后,可以像公司中的其他人一样着装。

对男士的建议　建议男士遵守如下着装原则:

- **整洁**　如果组织中的其他人不留胡子,不留长发,不戴耳环,如果你希望增加找到工作的机会,你最好也能修刮净胡子,理短发,摘下耳环,至少在面试的时候这样做。
- **西装**　在许多组织中,西装仍然是最适合的着装。男装品牌绅士屋(Gentlemen's Warehouse)在广告里说,现在西装又重新回到潮流中了。[78] 职业套装可以是蓝色的、灰色的,通常是颜色较深的,带条纹的也可以。面料要是全毛的,或者至少也要是含毛量达45%的毛纺面料。在气候较暖的时候,全棉或全麻的西装也是可以的,但很容易起皱。翻领宽度的裁剪应保守,裤子也应是保守款式。
- **衬衫**　职业衬衫应该是全白的或者淡蓝色的,也可以稍微带细条纹的(不能是刺眼的宽纹)。衬衫要有较长的袖子,双手自然下垂放在身体两侧时,衬衫袖子比西装袖子长出大约0.5英寸。领子设计要保守,与领带搭配得当。
- **领带**　不匹配的领带会有损你穿西装的形象。职业领带应该是丝质面料,通常设计保守——没有动物、标语或卡通人物。领带夹并非必需,款式小巧保守的领带夹也是可以接受的。
- **鞋子**　穿西装时,要穿保守的黑色皮鞋,而不能是胶底的运动鞋。如果你对鞋子或服装的任何其他部分感到迷惑,不知道是否适合特定的职业场合,你可以咨询有经验的售货员。
- **搭配**　西装、衬衫、领带都要搭配,注意不要让上述三者同时带有条纹。通常,套装有条纹时,要穿纯色的衬衫。领带的颜色要与西装、衬衫颜色搭配。皮带的款式要保守(搭扣小巧而简约),颜色要与鞋子的颜色一致。薄袜的颜色要与裤子的颜色搭配(不要穿全羊毛或白色的袜子),此外,袜子要足够长,以免露出腿。

对女士的建议　建议女士遵守如下着装原则:

- **整洁与首饰**　浓妆并不适合职业场合,例如炫目的眼影、深色的唇膏、浓郁的香水。稍微化点淡妆即可,不要让别人一眼就看出你化妆了。如果洒香水,要用淡味香水。首饰要简单而有品味,不要太过。
- **带裙套装**　全毛或毛纺的带裙套装是最恰当的着装。当然,保守的裙子配上装也是可以接受的。穿裙子时,上装应是西装样式,裙子下摆要盖住膝盖。作为恰当的职业套装,你不需要刻意显示时尚。女士的颜色选择更多一些,但第一套套装最好是蓝色或灰色的。纯色、花呢或格子的都可以,但细条纹会显得你是在模仿男性化的着装。
- **衬衣**　职业衬衣是丝质或棉质的,没有花边、图案或怪异的领子。衬衣不能低胸,颜色

组织中的人际关系

首选纯色,衬衣颜色选择很多,只要跟外套的颜色相配即可。衬衣的领子应该与男士衬衫类似,第一个扣子不扣。

- **不打领带,可选丝巾** 通常女士戴领带会被认为她想模仿男性化的着装。然而,保守的丝巾是可以接受的。
- **鞋子** 皮鞋搭配套装是保守搭配。鞋子不应太时尚——最好是穿着舒适、高度适中、造型简单的无带款式。
- **搭配和公文包** 服装的所有部分都应该相互匹配。可穿中性色或肉色袜裤。可能的话,职业女性应该随身携带公文包而不是小手袋。

也许你会认为,单纯依靠外表而不是真才实学或能力来判断一个人有失公允,没错,但是,可能你还没有意识到,生活并不是永远公平的。无论公平与否,在大部分组织中,一个人的外表的确会影响其职业成功。你控制不了别人的看法,但你可以控制自己的外表。

结束本章之前,完成下面的自我测试练习15-3,确定你的人格会如何影响你的时间管理和职业生涯管理。

自我测试练习15-3

人格与时间管理和职业生涯管理

如果你对待新事物是*开放的*,那么你可能具有较强的时间意识并且不断地寻求提高。你的开放、灵活使你可能在职业发展方面做得很好。

如果你的个性是高度*随和的*,有非常高的的归属需求,那么你可能不太在意时间管理,会随便将时间花费在别人身上。在这种情况下,无论如何,你都要学会对那些你不必要亲自去做的事情说"不",这样就不会将自己弄得很疲惫,可以较好地从事自己的工作,降低工作压力。你也可能不太关心事业的进步,因为对你来说,人际关系比成为管理者或者上升到公司高层更重要。

如果你在*责任感*方面的分数比较高,有很高的成就欲望,你可能倾向于按时完成目标,有较好的时间意识。你关注事业的成功,但是如果没有雄心壮志,你的关注点可能不是在管理方面。

如果你是*外倾性的*,有较高的权力欲望,你喜欢控制,因此可能需要在信任他人方面下工夫,学会分派任务以节省时间。你非常渴望能够上升到公司的高层,但是要确保运用正当的途径和手段,不要做不道德的事情。

行动计划:在了解自己个性的基础上,你可以通过做哪些具体的事情来提高你的时间管理和职业生涯管理的技巧呢?

第15章 时间管理和职业生涯管理

复习题

_____是指能够使人们在较少的时间内更好地完成较多事情的技巧。分析你的_____,那是一种追踪你每天活动的日记,它可以帮助你确认时间是如何被利用的,也可以作为你确定如何提高时间管理的根据。_____是指对于某一项活动的偏好。_____要询问:(1)我需要亲自参与吗?(2)这项活动是我的职责吗,或者它会影响本部门的绩效或财务状况吗?(3)紧急行动是必需的吗?如果你对问题1的答案是"否",那么对该任务进行授权(D);如果所有问题的答案都是"是",那么确定它为高度优先(H);如果问题1的答案是"是",而问题2和问题3的答案是"否",那么确定该任务是低度优先(L)。_____是指个人所需完成的活动的清单(目录)。时间管理系统的四个主要组成部分是优先性、目标、计划和日程表。_____包括如下步骤:步骤1,制订每周计划;步骤2,制订每周日程表;步骤3,制订每日日程表。

随着年龄的增长,人们将会经历不同的职业阶段。_____是指设立职业目标以及确定如何实现它们的过程。_____是指获得技能、经验和教育以实现职业目标的过程,_____的步骤如下:步骤1,自我评估;步骤2,职业偏好和开发;步骤3,设立目标;步骤4,制订规划;步骤5,控制。为了能够得到一份工作,你应该制订职业规划,做好简历和求职信,进行调查以及为面试做准备。一些组织会提供_____,即给员工带来加薪、晋升及更多责任的一系列工作任务。在寻求加薪或者晋升之前,你应该为自己准备一个记载关键事件的文件夹,记录那些你所做的对组织有积极贡献的事情,为晋升做好准备。如果你对现在的职业前景不满意,那么你可以选择换一个组织(跳槽),但是,你一定要认识到,几乎没有或者说很少有工作能够满足你所有的期望。当员工的期望没有被满足时,就会出现_____。比较实际的想法能够帮助你减少未来的冲击。良好的穿着搭配也是通往成功之路所必需的。

案例分析

Herb Kelleher:西南航空

1971年,西南航空以四架飞机起家,而它的主席和前任首席执行官Herb Kelleher却将它发展成为美国重要的航空公司。除了最初的两年外,西南航空公司均处于赢利状态。更为了不起的是,其他航空公司,包括环球航空(TWA)、达美航空(Delta)、美洲航空(American)以及联合航空(United)出现巨额亏损并进行紧缩的情况下,西南航空却持续增长。

西南航空着眼于低成本策略,与其他航空公司不同的是,西南航空将目光放在了短程的点对点航班上,平均行程只有55分钟。因此,它不需要设立中心,不需要和其他航空公司转机,不需要转运行李。西南航空覆盖的城市有限,但航班数却远超过其竞争对手。例如,在达拉斯和休斯敦之间一天有78次航班,在凤凰城和洛杉矶之间一天有46次航班,在拉斯维加斯和凤凰城之间一天有34次航班。

西南航空每个座位一英里的平均成本是6.5美分,而美洲航空是9美分,全美航空(USAir)是15美分。西南航空员工的平均年薪福利是43 707美元,达美航空(Delta)是58 816美元,行业平均标准是45 692美元。虽然如此,西南航空仍被认为是最有乐趣的工作场所。在美国各大航空公司中,西南航空有着最低的资产负债率49%和最高的标准普尔信用评级。西南航空的飞机在两个航班之间只相隔15分钟,而行业平均水平是60分钟。虽然西南航空的航线较短,但由于航班更频繁,其飞机每天飞行约11小时,而行业平均水平为8小时。

西南航空的使命是便宜、简单、专注的服务。在低成本的基础上,其票价也很低,西南航空的平均票价不超过60美元。而在某些地区,其竞争对手的票价原先高达300美元,因此要想和西南航空竞争,不得不降低票价,甚至有的公司由于缺乏竞争力已经退出了西南航空覆盖的市场。在西南航空覆盖的市

组织中的人际关系

场中,城市之间飞机票甚至比汽车票都便宜。首席执行官 Kelleher 曾经说过,西南航空致力于创造一个坚固的细分市场,西南航空主要的竞争对手是汽车运输公司。

为了实现便宜、简单的服务使命,西南航空只采用一种机型——节省燃料的波音737,这样一来,飞机零部件存储成本大大降低,更为专业,且大大减少了飞行员及维修技师的培训费用。西南航空的雇员流动率只有7%,处于行业最低水平。

为了使成本和费用持续下降,西南航空采用了只提供必要服务的运作方法(no-frills approach)。不设立头等舱或商务专用舱。因为不需要预订座位,所以也没有计算机订座系统。服务人员基于先来后到的顺序给旅客发放可循环使用的塑料卡片号码牌。航班上没有膳食也没有电影。但是,低成本并不意味着低质量。事实上,因为它的准时性、最少的遗失行李率、最少的旅客投诉,西南航空被美国运输部评为航空业唯一的"三冠"公司。而且,这个称号并不是只有1次,而是11次。

网上查询:如果你想了解更多有关 Herb Kelleher 和西南航空的信息,或了解案例中提及的关于公司的信息,请上网查询,或直接访问 www.iflyswa.com。

根据正文和案例的相关信息或从网上及其他渠道得到的信息,找到下列问题的答案。

1. 本章中哪个重要的理念促成了西南航空的成功?

2. 西南航空被认为是一个愉快的工作场所,这对在西南航空的职业发展有影响吗?

3. 西南航空的薪水低于竞争对手,但它如何拥有最低的员工流失率呢?

4. 西南航空的管理方法是如何影响员工行为、人际关系和业绩的(第1章至第14章)?

5. 你如何评价在西南航空的压力、智力和形象(第2章)?

6. 你如何评定西南航空员工的态度、工作满意度以及价值观(第3章)?

7. 西南航空的组织结构和它的竞争对手有何不同(第5章)?

8. 在西南航空,团队重要吗(第11和第12章)?

9. 西南航空的文化类型是什么(第13章)?

10. 你如何评定西南航空的生产力和参与式管理(第1章至第14章)?

客观题案例

在下面的讨论中,Iris 是一名中层经理,Peggy 是向 Iris 汇报的一线主管。

Iris:Peggy,我叫你到我的办公室来是想谈谈迟交的报告。

Peggy:我知道报告又交迟了,但是我太忙了,所以没有时间及时完成。我总是第一个上班最后一个回家。我努力工作,有时候其他员工工作做得不好,我还得替他们重新做。紧张的工作让我经常头疼胃疼。

第15章 时间管理和职业生涯管理

Iris：我知道，或许问题就在于你的时间管理能力，你每天一般都做什么？

Peggy：大部分时间我都在"灭火"，我的员工不断地要我帮他们完成工作，一天很快就过去了。除了"灭火"外，我没时间做别的。

Iris：你是说因为有太多"火"要灭，所以你不能按时完成报告。你是怎样努力按时完成报告的？

Peggy：我只是等到把"火"都灭完才开始写报告，所以有时就会超过最后期限。

Iris：如果你想成为一个成功的主管，你必须做出一些改变才行。你喜欢主管的工作吗？

Peggy：基本上是喜欢的，我想希望有一天能得到提升。但我喜欢实操型工作，不太喜欢写东西。

Iris：如果你拓展你的时间管理技能，我相信你将能够按时完成工作，而且还能减少压力。星期一公司将举行一个有关时间管理的工作坊，我自己上过这个课程，非常棒。当时我处在你现在的位置，课程对我的帮助很大，甚至直到今天都很有用。你会学到时间管理三步法，你想参加吗？

Peggy：想，但是我自己部门的工作怎么办？

Iris：我会替你解决。星期二，我希望你一上班就来见我，我们可以谈谈你在工作坊学到的技巧，以及在以后的工作中如何应用这些技巧。

回答下列问题，并在题与题之间的空白处写下你选择的理由。

_____ 1. 做一个时间日志和待办事项清单能对 Peggy 有所帮助。

    a. 是   b. 否

_____ 2. Peggy 在设立事情优先顺序方面似乎做得不错。

    a. 是   b. 否

_____ 3. Peggy 似乎_____授权给下属。

    a. 经常   b. 很少

_____ 4. 设立每周目标、计划以及日程表能帮助 Peggy 按时完成报告。

    a. 是   b. 否

_____ 5. Peggy 可能拥有_____型的个性特征。

    a. A   b. B

_____ 6. Peggy 可能在_____的职业阶段中。

    a. 20 多岁   b. 30 多岁   c. 40 到 50 岁   d. 60 到 70 岁

_____ 7. Peggy 有职业规划。

    a. 是   b. 否

_____ 8. 时间管理工作坊属于：

    a. 职业规划   b. 职业发展   c. 职业规划模型   d. 职业路径

_____ 9. 从案例的信息中，我们可以假设这个公司为员工提供职业路径。

    a. 是   b. 否

_____ 10. Peggy 似乎很可能是加薪及晋升的人选。

    a. 是   b. 否

11. 如果你是 Iris，星期二的早上你将如何和 Peggy 进行谈话？

组织中的人际关系

技能强化练习 15-1

在使用时间管理系统之前,选择一两个典型的星期记录时间日志将很有帮助。因此强烈推荐你做一个时间日志并进行分析。

提示:这个练习需要表 15-1、表 15-3、表 15-4 和表 15-5 的若干份复印件,你可以直接复印或自己制做。依照课文中的指南进行下面的步骤。

第一步:制订周计划。运用表 15-3 为你这周剩下的时间制订一个计划,从今天开始。

第二步:制订每周日程表。运用表 15-4,制订你这周剩下日子的安排。要保证起码在每周的最后一天留下 30 分钟的时间为下周制订计划和工作日程。

第三步:制订每日日程表。运用表 15-5 制订每日日程表。每天都要做日程表,至少坚持到本课程结束。

一定要将你的计划和日程表带到课堂。

目的:理解如何运用时间管理系统,使你在最短的时间内做得更多、更好。

SCANS 要求:通过这个练习培养学生的人际交往能力、咨询能力、听说读写算等基本能力、思维能力和其他综合个人素质。

准备:制订好计划和日程表。

体验:你将和别人分享和讨论你这周的计划、周日程表以及每日日程表。

步骤 1(5—10 分钟)

五人或六人一组,分享并讨论你的计划和日程表。与其他同学互换你的计划及日程表,以作比较。这种比较有助于以后改善你的计划和日程表。

总结:老师带领全班讨论,并做总结。

应用(2—4 分钟):我从这次练习中学到了什么?以后将如何应用所学到的知识?

分享:学生可就如何应用所学到的知识发表自己的观点。

技能强化练习 15-2

回答下列问题,它们将帮助你制订职业规划。如有必要,另准备一张纸。在课堂练习中,如果有些东西你不想和同学分享则不必讲。

第一步:自我评估

a. 就"我是谁"列出两个或三个观点。

b. 想一想你所取得的两三个主要成绩(可以是学习、工作、运动、爱好等)。列出取得每个成绩所运用的技能。

c. 找出你已经拥有并可运用在职业中的技能及能力(例如,计划、组织、沟通、领导)。

第二步:职业偏好及探索

a. 你喜欢在哪种类型的行业里工作(可以列出多个)?

第 15 章 时间管理和职业生涯管理

b. 你希望在哪种类型及规模的组织中工作?

c. 将最能影响你选择工作或职业的五个关键因素按优先顺序排列(提升机会、挑战、安全、时间、工作地点、出差、培训机会、认可、声誉、环境、同事、老板、职责、任务多样化等)。

d. 描述你心中的完美工作。

e. 在你的职业生涯中,你想做什么样的工作(市场、财务、运作、人事等)?选择领域之后,再选择具体岗位(例如,销售员、经理、会计)。

第三步:职业目标
a. 你对毕业后一年之内的短期目标是什么?

b. 你对毕业后二到五年的中期目标是什么?

c. 你的长期目标是什么?

第四步:用下面的表格制订一个行动计划来帮你达到目标。
职业规划
目标:_____
起始日_____   到期日:_____

步骤(内容、地点、方法、资源等——子目标)	时间	
	起始	结束

目的:体验职业规划;制订职业规划
SCANS 要求:通过这个练习培养学生的人际交往能力、咨询能力、听说读写算等基本能力、思维能力和其他综合个人素质。
准备:你需要完成职业规划准备,职业规划准备练习可以被看成是你的职业规划。

■■■ 组织中的人际关系

体验：你和一两个同班同学分享你的职业规划以将其完善、提高。

步骤1(10—20分钟)

两人或三人一组，轮流介绍自己的职业规划，其他同学可以提出问题并给出建议来完善职业规划。

总结：老师带领全班讨论，并做总结。

应用(2—4分钟)：我从这次练习中学到了什么？以后将如何应用所学到的知识？

分享：学生可就如何应用所学到的知识发表自己的观点。

技能强化练习15-3

选择一个你最想了解的人际关系方面的题目，它可以是本书中涉及或未涉及的跟人际关系有关的题目。

现在去图书馆(通常是参考书部)，找到商业期刊电脑数据库，在电脑上搜索你要找的题目，你将会看到索引，其中包括文章作者的名字以及该文章出现的刊物名称、出版时间和页码。在数据库里，你可以获得文章摘要及全文，你也可以打印或拷贝。选择其中一篇文章，当然要确定图书馆有登有这篇文章的期刊，并填写下面的信息：

作者：_____
文章标题：_____
期刊标题：_____
出版日期和页码：_____

现在找到期刊并阅读文章，回答下面的问题(如果有需要另拿一张纸)。

尽量写得整洁，因为你可能会在班上作报告或将这份作业交给老师。另外，准备一个3—5分钟的发言。

文章中谈到了什么(对最重要的信息给出总结)？

这个信息和我/我的兴趣有什么关系？

我以后将如何运用这个信息？

当阅读和你的职业兴趣有关的文章时，记住回答上述三个问题。通过对这些问题的回答可以帮助你运用所获信息而不会将之遗忘，还可以拓展你的能力和技能。

课程结束后，为了继续改善你的人际关系技能，尽可能多地阅读你感兴趣的文章。如果有可能，订阅一个你感兴趣的期刊。很多雇主都为员工提供与工作相关的期刊，并愿意支付订阅费。

目的：熟悉各种刊物，以了解关于你及班上其他同学所选题目的专门知识。

SCANS要求：通过这个练习培养学生的人际交往能力、咨询能力、听说读写算等基本能力、思维能力和其他综合个人素质。

准备：阅读你感兴趣的文章，回答上面准备阶段的三个问题。

体验：班级成员分享他们找到的文章。

步骤(5—50分钟)

学生们每次一个人轮流到教室的前面，就他们选择的文章做一个3—7分钟的报告。

第 15 章　时间管理和职业生涯管理

总结：老师带领全班讨论，并做总结。

应用(2—4分钟)：我从这次练习中学到了什么？以后将如何应用所学到的知识？

分享：学生可就如何应用所学到的知识发表自己的观点。

Notes

注 释

第1章

1. Information taken from the IBM website at *www.ibm.com*, About Us link, on June 9, 2003. Olin and Nancy are not actual IBM employees. However, the scenario is common to IBM and all other organizations.
2. J.P. Doh, "Can Leadership Be Taught? Perspectives from Management Educators," *Academy of Management Learning and Education* 2, No. 1 (2003), pp. 54–67.
3. L.A. Burke and J.E. Moore, "A Perennial Dilemma in OB Education: Engaging the Traditional Student," *Academy of Management Learning and Education* 2, No. 1 (2003), pp. 37–52.
4. H. Lancaster, "Managing Your Career, How You Can Make Your M.B.A. Degree Even More Valuable," *The Wall Street Journal,* July 16, 1997, p. B1.
5. R.L. Ackoff, Interview by Glenn Detrick, Educational Benchmarking, Inc., *Academy of Management Learning and Education* 1, No. 1 (2002), pp. 56–63.
6. W.F. Cascio, "Strategies for Responsible Restructuring," *Academy of Management Executive* 16, No. 3 (2002), p. 80.
7. Academy address edited by David A. Whetten with Andre L. Delbecq, "Saraide's Chairman Hatim Tyabji on Creating and Sustaining a Values-Based Organizational Culture," *Academy of Management Executive* 14, No. 4 (2000), p. 32.
8. R. Alsop, "Playing Well with Others," *The Wall Street Journal,* September 9, 2002, p. R11.
9. B. Gates, "My Advice to Students: Get a Sound, Broad Education," *The Costco Connection* (February 1999), p. 13.
10. L.A. Burke and J.E. Moore, "A Perennial Dilemma in OB Education: Engaging the Traditional Student," *Academy of Management Learning and Education* 2, No. 1 (2003), pp. 37–52.
11. N.W. Van Yperen and O. Janssen, "Fatigued and Dissatisfied or Fatigued but Satisfied? Goal Orientations and Responses to High Job Demands," *Academy of Management Journal* 45, No. 6 (2002), pp. 1161–1171.
12. J. Schaubroeck and S.S.K. Lam, "How Similarity to Peers and Supervisor Influences Organizational Advancement in Different Cultures," *Academy of Management Journal* 45, No. 6 (2002), pp. 1120–1136.
13. "Immigration," *The Wall Street Journal,* March 10, 2003, p. A1.
14. J. Shuman and J. Twombly, "Decision-Making in a Time of Uncertainty," *The Rhythm of Business,* May 9, 2003.
15. R. Harborne, "Wisdom of the CEO: The Challenge to Business Leadership in the 21st Century," Keynote presentation at the New England Business Administration Association International Conference, Southern Connecticut State University, April 28, 2000, Price Waterhouse Coopers.
16. E.A. Locke, "The Epistemological Side of Teaching Management: Teaching through Principles," *Academy of Management Learning and Education* 1, No. 2 (2002), pp. 195–205.
17. J.P. Doh, "Can Leadership Be Taught? Perspectives from Management Educators," *Academy of Management Learning and Education* 2, No. 1 (2003), pp. 54–67.
18. R.E. Boyatzis, E.C. Stubbs, and S.N. Taylor, "Learning Cognitive and Emotional Intelligence Competencies through Graduate Management Education," *Academy of Management Learning and Education* 1, No. 2 (2002), pp. 150–162.
19. S.L. Rynes, K.G. Brown, and A.E. Colbert, "Seven Common Misconceptions about Human Resource Practices: Research Finding Versus Practitioner Beliefs," *Academy of Management Executive* 16, No. 3 (2002), p. 92.
20. M.C. Bolino, W.H. Turnley, and J.M. Bloodgood, "Citizenship Behavior and the Creation of Social Capital in Organizations," *Academy of Management Review* 27, No. 4 (2002), pp. 505–522.
21. S.L. Rynes, K.G. Brown, and A.E. Colbert, "Seven Common Misconceptions about Human Resource Practices: Research Finding Versus Practitioner Beliefs," *Academy of Management Executive* 16, No. 3 (2002), p. 92.
22. R.L. Ackoff, Interview by Glenn Detrick, Educational Benchmarking, Inc., *Academy of Management Learning and Education* 1, No. 1 (2002), pp. 56–63.
23. R. Batt, "Managing Customer Services: Human Resource Practices, Quit Rates, and Sales Growth," *Academy of Management Journal* 45, No. 3 (2002), pp. 587–597.
24. M.C. Bolino, W.H. Turnley, and J.M. Bloodgood, "Citizenship Behavior and the Creation of Social Capital in Organizations," *Academy of Management Review* 27, No. 4 (2002), pp. 505–522.
25. R. Batt, "Managing Customer Services: Human Resource Practices, Quit Rates, and Sales Growth," *Academy of Management Journal* 45, No. 3 (2002), pp. 587–597.
26. M.R. Subramani and N. Venkatraman, "Safeguarding Investments in Asymmetric Interorganizational Relationships: Theory and Evidence," *Academy of Management Journal* 48, No. 1 (2003), pp. 46–62.
27. R.L. Ackoff, Interview by Glenn Detrick, Educational Benchmarking, Inc., *Academy of Management Learning and Education* 1, No. 1 (2002), pp. 56–63.
28. M.J. Lankau and T.A. Scandura, "An Investigation of Personal Learning in Mentoring Relationships: Content, Antecedents, and Consequences," *Academy of Management Journal* 45, No. 4 (2002), pp. 779–790.
29. R.E. Boyatzis, E.C. Stubbs, and S.N. Taylor, "Learning Cognitive and Emotional Intelligence Competencies through Graduate Management Education," *Academy of Management Learning and Education* 1, No. 2 (2002), pp. 150–162.
30. R.L. Ackoff, Interview by Glenn Detrick, Educational Benchmarking, Inc., *Academy of Management Learning and Education* 1, No. 1 (2002), pp. 56–63.
31. R. Batt, "Managing Customer Services: Human Resource Practices, Quit Rates, and Sales Growth," *Academy of Management Journal* 45, No. 3 (2002), pp. 587–597.
32. M.J. Lankau and T.A. Scandura, "An Investigation of Personal Learning in Mentoring Relationships: Content, Antecedents, and Consequences," *Academy of Management Journal* 45, No. 4 (2002), pp. 779–790.
33. S.L. Rynes, K.G. Brown, and A.E. Colbert, "Seven Common Misconceptions about Human Resource Practices: Research Finding Versus Practitioner Beliefs," *Academy of Management Executive* 16, No. 3 (2002), p. 92.
34. L. Frankel and A. Fleisher, *The Human Factor in Industry* (New York: Macmillan, 1920), p. 8.
35. F. Roethlisberger and W. Dickson, *Management and the Worker* (Cambridge: Harvard University Press, 1939), pp. 15–86.
36. N.W. Van Yperen and O. Janssen, "Fatigued and Dissatisfied or Fatigued but Satisfied? Goal Orientations and Responses to High Job Demands," *Academy of Management Journal* 45, No. 6 (2002), pp. 1161–1171.

37. J. Schaubroeck and S.S.K. Lam, "How Similarity to Peers and Supervisor Influences Organizational Advancement in Different Cultures," *Academy of Management Journal* 45, No. 6 (2002), pp. 1120–1136.

38. W. Ouchi, *Theory Z—How American Business Can Meet the Japanese Challenge* (Reading, MA: Addison-Wesley, 1981).

39. R. Batt, "Managing Customer Services: Human Resource Practices, Quit Rates, and Sales Growth," *Academy of Management Journal* 45, No. 3 (2002), pp. 587–597.

40. T. Peters and R. Waterman, *In Search of Excellence: Lessons from America's Best-Run Companies* (New York: Harper & Row, 1982).

41. N. Madjar, G.R. Oldham, and M.G. Pratt, "There's No Place Like Home? The Contributions of Work and Nonwork Creativity Support to Employees' Creative Performance," *Academy of Management Journal* 49, No. 4 (2002), pp. 757–767.

42. E. Perry-Smith and C.E. Shalley, "The Social Side of Creativity: A Static and Dynamic Social Network Perspective," *Academy of Management Review* 28, No. 1 (2003), pp. 89–106.

43. L. Thompson, "Improving the Creativity of Organizational Work Groups," *Academy of Management Executive* 17, No. 1, (2003), pp. 96–109.

44. L.A. Perlow, G.A. Okhuysen, and N.P. Repenning, "The Speed Trap; Exploring the Relationship between Decision Making and Temporal Context," *Academy of Management Journal* 45, No. 5 (2002), pp. 931–955.

45. M.J. Waller, M.E. Zellmer-Bruhn, and R.C. Giambatista, "Watching the Clock: Group Pacing Behavior under Dynamic Deadlines," *Academy of Management Journal* 45, No. 5 (2002), pp. 1046–1055.

46. E.K. Yakura, "Charting Time: Timelines as Temporal Boundary Objects," *Academy of Management Journal*, 45, No. 5 (2002), pp. 956–970.

47. V. Anand, W.H. Glick, and C.C. Manz, "Thriving on the Knowledge of Outsiders: Tapping Organizational Social Capital," *Academy of Management Executive* 16, No. 1 (2002), pp. 87–101.

48. P. Drucker, "Implications of Knowledge as a Resource," *Futurist* 32, No. 8 (1998), pp. 16–19.

49. D. Anderson, "Three Keys to Leadership in Time of Crisis," *Leadership for the Front Lines*, (June 2002), p. 2.

50. R.A. Baron and G.D. Markman, "Beyond Social Capital: How Social Skills Can Enhance Entrepreneurs' Success," *Academy of Management Executive* 14, No. 1 (2000), pp. 106–108.

51. R. Harborne, "Wisdom of the CEO: The Challenge to Business Leadership in the 21st Century," Keynote presentation at the New England Business Administration Association International Conference, Southern Connecticut State University, April 28, 2000, Price Waterhouse Coopers.

52. J.A. Aragon-Correa and S. Sharma, "A Contingent Resource-Base View of Proactive Corporate Environmental Strategy," *Academy of Management Review* 28, No. 1 (2003), pp. 71–88.

53. N. King Jr., "Why Uncle Sam Wrote a Big Check to a Sparkler Maker," *The Wall Street Journal*, December 5, 2002, p. A1.

54. J.W. Gibson and D.V. Tesone, "Management Fad: Emergence, Evolution, and Implications for Managers," *Academy of Management Executive* 15, No. 4 (2001), pp. 122–133.

55. S.W. Lester, B. Meglino, and M.A. Korsgaard, "The Antecedents and Consequences of Group Potency: A Longitudinal Investigation of Newly Formed Work Groups," *Academy of Management Journal* 45, No. 2 (2002), pp. 352–368.

56. B.L. Kirkman, B. Rosen, C.B. Gibson, P.E. Tesluk, and S.O. McPherson, "Five Challenges to Virtual Team Success: Lessons from Sabre, Inc.," *Academy of Management Executive* 16, No. 3 (2002), pp. 67–78.

57. T. Nicholson, "What Do Older Workers Want?" *AARP*, November 2002, p. 7.

58. T.J. Maurer and N.E. Rafuse, "Learning, Not Litigating: Managing Employee Development and Avoiding Claims of Age Discrimination," *Academy of Management Executive* 15, No. 4 (2001) pp. 110–121.

59. S. Shellenbarger, "A Downside of Taking Family Leave: Getting Fired While You're Gone," *The Wall Street Journal*, January 23, 2003, p. D1.

60. Staff, "Count Me In: 'Microloans' for U.S. Women," *The Wall Street Journal*, March 28, 2000, p. A1.

61. N. Yang, C.C. Chen, J. Choi, and Y. Zou, "Sources of Work-Family Conflict: A Sino–U.S. Comparison of the Effects of Work and Family Demands," *Academy of Management Journal* 43, No. 1 (2000), pp. 113–123.

62. R.L. Ackoff, "The Role of a University in Community Development," Lecture at the University of New Haven, CT, May 23, 2002.

63. S. Blount and G.A. Janicik, "When Plans Change: Examining How People Evaluate Timing Changes in Work Organizations," *Academy of Management Review* 26, No. 4, (2001), pp. 566–585.

64. C.W.L. Hill and F.T. Rothaermel, "The Performance of Incumbent Firms in the Face of Radical Technological Innovation," *Academy of Management Review* 28, No. 2 (2003), pp. 257–274.

65. J.P. Doh, "Can Leadership Be Taught? Perspectives from Management Educators," *Academy of Management Learning and Education* 2, No. 1 (2003), pp. 54–67.

66. Staff, "When Obstacles Get You Down," *Communication Briefings* XX, No. 1 (2003), p. 2.

67. Staff, "If You Must Criticize Someone," *Communication Briefings* XX, No. 1 (2003), p. 5.

68. Staff, "6 Ways to Build a Top Staff," *Communication Briefings* XX, No. 1 (2003), p. 2.

69. Ibid.

70. Staff, "When Obstacles Get You Down," *Communication Briefings* XX, No. 1 (2003), p. 2.

71. E.W. Morrison, "Newcomers' Relationships: The Role of Social Network Ties during Socialization," *Academy of Management Journal* 45, No. 6 (2002), pp. 1149–1160.

72. Staff, "Why We Don't Hear Others," *Communication Briefings* XX, No. 1 (2003), p. 1.

73. Staff, "Communicating Better at Work," *Communication Briefings* XX, No. 1 (2003), p. 3

74. "Help Others," *Bits & Pieces*, F, No. 4G, p. 7.

75. Staff, "When Obstacles Get You Down," *Communication Briefings* XX, No. 1 (2003), p. 2.

76. Staff, "How to Be a Great Manager," *Communication Briefings* XX, No. 1 (2003), p. 5.

77. Staff, "Ask Yourself Four Questions," *Communication Briefings* XX, No. 1 (2003), p. 3.

78. A. Yan, G. Zhu, and D.T. Hall, "International Assignments for Career Building: A Model of Agency Relationship and Psychological Contracts," *Academy of Management Review* 27, No. 3 (2002), pp. 373–391.

79. C. Argyris, "Double-Loop Learning, Teaching, and Research," *Academy of Management Learning and Education* 1, No. 2 (2002), pp. 206–218.

80. E.A. Locke, "The Epistemological Side of Teaching Management: Teaching through Principles," *Academy of Management Learning and Education* 1, No. 2 (2002), pp. 195–205.

81. R.L. Ackoff, Interview by Glenn Detrick, Educational Benchmarking, Inc., *Academy of Management Learning and Education* 1, No. 1 (2002), pp. 56–63.

82. R. Hogan and R. Warrenfeltz, "Educating the Modern Manager," *Academy of Management Learning and Education* 2, No. 1, (2003), pp. 74–84.

83. R.E. Boyatzis, E.C. Stubbs, and S.N. Taylor, "Learning Cognitive and Emotional Intelligence Competencies through Graduate Management Education," *Academy of Management Learning and Education* 1, No. 2 (2002), pp. 150–162.

84. R. Hogan and R. Warrenfeltz, "Educating the Modern Manager," *Academy of Management Learning and Education* 2, No. 1, (2003), pp. 74–84.

85. R.E. Boyatzis, E.C. Stubbs, and S.N. Taylor, "Learning Cognitive and Emotional Intelligence Competencies through Graduate Management Education," *Academy of Management Learning and Education* 1, No. 2 (2002), pp. 150–162.

86. R. Hogan and R. Warrenfeltz, "Educating the Modern Manager," *Academy of Management Learning and Education* 2, No. 1, (2003), pp. 74–84.

87. R.E. Boyatzis, E.C. Stubbs, and S.N. Taylor, "Learning Cognitive and Emotional Intelligence Competencies through Graduate Management Education," *Academy of Management Learning and Education* 1, No. 2 (2002), pp. 150–162.

88. R. Hogan and R. Warrenfeltz, "Educating the Modern Manager," *Academy of Management Learning and Education* 2, No. 1, (2003), pp. 74–84.

89. M.C. Bolino, W.H. Turnley, and J.M. Bloodgood, "Citizenship Behavior and the Creation of Social Capital in Organizations," *Academy of Management Review* 27, No. 4 (2002), pp. 505–522.

90. B.L. Kirkman, B. Rosen, C.B. Gibson, P.E. Tesluk, and S.O. McPherson, "Five Challenges to Virtual Team Success: Lessons from Sabre, Inc.," *Academy of Management Executive* 16, No. 3 (2002), pp. 67–78.

91. Ibid.

92. J.P. Doh, "Can Leadership Be Taught? Perspectives from Management Educators," *Academy of Management Learning and Education* 2, No. 1 (2003), pp. 54–67.

93. R. Hogan and R. Warrenfeltz, "Educating the Modern Manager," *Academy of Management Learning and Education* 2, No. 1, (2003), pp. 74–84.

94. Ibid.

第2章

1. Information taken from the Frito-Lay website at *www.fritolay.com*, Company Information link, on June 17, 2003. June and Rod are not actual employees. However, the scenario is common to all organizations.

2. R.E. Boyatzis, E.C. Stubbs, and S.N. Taylor, "Learning Cognitive and Emotional Intelligence Competencies through Graduate Management Education," *Academy of Management Learning and Education* 1, No. 2 (2002), pp. 150–162.

3. N.W. Van Yperen and O. Janssen, "Fatigued and Dissatisfied or Fatigued but Satisfied? Goal Orientations and Responses to High Job Demands," *Academy of Management Journal*, 45, No. 6 (2002), pp. 1161–1171.

4. F. Luthans, "Positive Organizational Behavior: Developing and Managing Psychological Strengths," *Academy of Management Executive* 16, No. 1 (2002), pp. 57–72.

5. J. Schaubroeck and S.S.K. Lam, "How Similarity to Peers and Supervisor Influences Organizational Advancement in Different Cultures," *Academy of Management Journal* 45, No. 6 (2002), pp. 1120–1136.

6. M.J. Waller, J.M. Conte, C.B. Gibson, and M.A. Carpenter, "The Effect of Individual Perceptions of Deadlines on Team Performance," *Academy of Management Review* 26, No. 4 (2001), pp. 586–600.

7. M.J. Lankau and T.A. Scandura, "An Investigation of Personal Learning in Mentoring Relationships: Content, Antecedents, and Consequences," *Academy of Management Journal* 45, No. 4 (2002), pp. 779–790.

8. F. Luthans, "Positive Organizational Behavior: Developing and Managing Psychological Strengths," *Academy of Management Executive* 16, No. 1 (2002), pp. 57–72.

9. P. Drucker, "Implications of Knowledge as a Resource," *Futurist* 32, No. 8 (1998), pp. 16–19.

10. M.J. Lankau and T.A. Scandura, "An Investigation of Personal Learning in Mentoring Relationships: Content, Antecedents, and Consequences," *Academy of Management Journal* 45, No. 4 (2002), pp. 779–790.

11. P.J. Jordan, N.M. Ashkanasy, and C.E.J. Hartel, "Emotional Intelligence as a Moderator of Emotional and Behavioral Reactions to Job Insecurity," *Academy of Management Review* 27, No. 3 (2002), pp. 361–372.

12. M.J. Lankau and T.A. Scandura, "An Investigation of Personal Learning in Mentoring Relationships: Content, Antecedents, and Consequences," *Academy of Management Journal* 45, No. 4 (2002), pp. 779–790.

13. J. Schaubroeck and S.S.K. Lam, "How Similarity to Peers and Supervisor Influences Organizational Advancement in Different Cultures," *Academy of Management Journal* 45, No. 6 (2002), pp. 1120–1136.

14. R.E. Boyatzis, E.C. Stubbs, and S.N. Taylor, "Learning Cognitive and Emotional Intelligence Competencies through Graduate Management Education," *Academy of Management Learning and Education* 1, No. 2 (2002), pp. 150–162.

15. R.R. Perman, *Hard-Wired Leadership: Unleashing the Power of Personality to Become a New Millennium Leader,* (New York: Davis-Black, 1998).

16. G.J. Curpy, *Users Guide and Interpretive Report for the Leadership Personality Survey* (Minneapolis: Personnel Decisions International, 1998).

17. E.J. Gatewood, K.G. Shaver, J.B. Powers, and W.B. Gartner, "Entrepreneurial Expectancy, Task Effort, and Performance," *Entrepreneurship Theory & Practice*, (Winter 2002), pp. 187–196.

18. F. Luthans, "Positive Organizational Behavior: Developing and Managing Psychological Strengths," *Academy of Management Executive* 16, No. 1 (2002), pp. 57–72.

19. N.M. Ashkanasy and C.S. Daus, "Emotion in the Workplace: The New Challenge for Managers," *Academy of Management Executive* 16, No. 1 (2002), pp. 76–86.

20. N.W. Van Yperen and O. Janssen, "Fatigued and Dissatisfied or Fatigued but Satisfied? Goal Orientations and Responses to High Job Demands," *Academy of Management Journal* 45, No. 6 (2002), pp. 1161–1171.

21. N. Madjar, G.R. Oldham, and M.G. Pratt, "There's No Place Like Home? The Contributions of Work and Nonwork Creativity Support to Employees' Creative Performance," *Academy of Management Journal* 49, No. 4 (2002), pp. 757–767.

22. S.S.K. Lam and S. Schaubroeck, "The Role of Locus of Control in Reactions to Being Promoted and to Being Passed Over: A Quasi Experiment," *Academy of Management Journal* 43, No. 1 (2000), pp. 66–78.

23. S.M. Egge, Cardinal Stritch University, personal letter, October 16, 2002.

24. Staff, "Getting Along with Your Boss," *Communication Briefings* XX, No. 1 (2003), p. 6.

25. J. Schaubroeck and S.S.K. Lam, "How Similarity to Peers and Supervisor Influences Organizational Advancement in Different Cultures," *Academy of Management Journal* 45, No. 6 (2002), pp. 1120–1136.

26. J.F. Salgado, "The Five-Factor Model of Personality and Job Performance in the European Community," *Journal of Applied Psychology* 82, No. 1 (1997), pp. 30–43.

27. R.S. DeFrank and J.M. Ivancevich, "Stress on the Job: An Executive Update," *Academy of Management Executive* 12, No. 3 (1998), pp. 55–66.

28. Staff, "Job Stress," *The Wall Street Journal*, October 23, 2001, p. A1.

29. J. Schaubroeck and S.S.K. Lam, "How Similarity to Peers and Supervisor Influences Organizational Advancement in Different Cultures," *Academy of Management Journal* 45, No. 6 (2002), pp. 1120–1136.

30. P.J. Jordan, N.M. Ashkanasy, and C.E.J. Hartel, "Emotional Intelligence as a Moderator of Emotional and Behavioral Reactions to Job Insecurity," *Academy of Management Review* 27, No. 3 (2002), pp. 361–372.

31. Staff, "The Checkoff," *The Wall Street Journal*, December 24, 1996, p. A1.

32. S.B. Bacharach, P.A. Bamberger, and W.J. Sonnenstuhl, "Driven to Drink: Managerial Control, Work-Related Risk Factors, and Employee Problem Drinking," *Academy of Management Journal* 45, No. 4 (2002), pp. 637–658.

33. Staff, "Job Stress," *The Wall Street Journal*, October 23, 2001, p. A1.

34. S.B. Bacharach, P.A. Bamberger, and W.J. Sonnenstuhl, "Driven to Drink: Managerial Control, Work-Related Risk Factors, and Employee Problem Drinking," *Academy of Management Journal* 45, No. 4 (2002), pp. 637–658.

35. Ibid.

36. Staff, "Stress," *The Wall Street Journal*, August 20, 1996, p. A1.

37. S. Shellenbarger, "Is the Awful Behavior of Some Bad Bosses Rooted in Their Past?" *The Wall Street Journal*, May 10, 2000, p. B1.

38. B.J. Tepper, "Consequences of Abusive Supervision," *Academy of Management Journal* 43, No. 2 (2000), pp. 178–190.

39. S. Shellenbarger, "From Our Readers: The Bosses That Drove Me to Quit My Job," *The Wall Street Journal*, February 9, 2000, p. B1.

40. B.J. Tepper and E.C. Taylor, "Relationships among Supervisors' and Subordinates' Procedural Justice Perceptions and Organizational Citizenship Behaviors," *Academy of Management Journal* 46, No. 1 (2003), pp. 97–105.

41. A.A. Grandey, "When the Show Must Go On: Surface Acting and Deep Acting as Determinants of Emotional Exhaustion and Peer-Rated Service Delivery," *Academy of Management Journal* 46, No. 1 (2003), pp. 86–96.

42. Staff, "About 70% of Americans Don't Exercise," *The Wall Street Journal*, April 8, 2002, p. A1.

43. Front page news, AOL.com, May 22, 2003.

44. Staff, "Obesity and Related Illnesses," *The Wall Street Journal*, May 22, 2003, p. A1.

45. Staff, "Use Your Brain to Cut Stress," *Communication Briefings* XX, No. 1 (2003), p. 4.

46. F. Luthans, "Positive Organizational Behavior: Developing and Managing Psychological Strengths," *Academy of Management Executive* 16, No. 1 (2002), pp. 57–72.

47. Staff, "Double Your Brain Power," *Communication Briefings* XX, No. 1 (2003), p. 7.

48. S. Shellenbarger, "An Overlooked Toll of Job Upheavals: Valuable Friendships," *The Wall Street Journal*, January 12, 2000, p. B1.

49. V. Anand, W.H. Glick, and C.C. Manz, "Thriving on the Knowledge of Outsiders: Tapping Organizational Social Capital," *Academy of Management Executive* 16, No. 1 (2002), pp. 87–101.

50. "A Primer on Multiple Intelligences," *NEA Today*, March 1997, p. 17.

51. Y. Ganzach, "Intelligence and Job Satisfaction," *Academy of Management Journal* 41, No. 5 (1998), pp. 526–539.

52. O. Behling, "Employee Selection: Will Intelligence and Conscientiousness Do the Job?" *Academy of Management Executive* 12, No. 1 (1998), p. 77.

53. B. Gates, "My Advice to Students: Get a Sound, Broad Education," *The Costco Connection* (February, 1999), p. 13.

54. J. Campbell Quick and J.H. Gavin, "The Next Frontier: Edgar Schein on Organizational Therapy," *Academy of Management Executive* 14, No. 1 (2000), pp. 31–32.

55. R. Hogan and R. Warrenfeltz, "Educating the Modern Manager," *Academy of Management Learning and Education* 2, No. 1 (2003), pp. 74–84.

56. N.M. Ashkanasy and C.S. Daus, "Emotion in the Workplace: The New Challenge for Managers," *Academy of Management Executive* 16, No. 1 (2002), pp. 76–86.

57. P.J. Jordan, N.M. Ashkanasy, and C.E.J. Hartel, "Emotional Intelligence as a Moderator of Emotional and Behavioral Reactions to Job Insecurity," *Academy of Management Review* 27, No. 3 (2002), pp. 361–372.

58. F. Luthans, "Positive Organizational Behavior: Developing and Managing Psychological Strengths," *Academy of Management Executive* 16, No. 1 (2002), pp. 57–72.

59. D. Goleman, *Emotional Intelligence: Why it Can Matter More Than IQ* (New York: Bantam Books, 1995).

60. R.E. Boyatzis, E.C. Stubbs, and S.N. Taylor, "Learning Cognitive and Emotional Intelligence Competencies through Graduate Management Education," *Academy of Management Learning and Education* 1, No. 2 (2002), pp. 150–162.

61. M.G. Seo, "Overcoming Emotional Barriers, Political Obstacles, and Control Imperatives in the Action-Science Approach to Individual and Organizational Learning," *Academy of Management Learning and Education* 2, No. 1 (2003), pp. 7–21.

62. R. Hogan and R. Warrenfeltz, "Educating the Modern Manager," *Academy of Management Learning and Education* 2, No. 1 (2003), pp. 74–84.

63. The material in this section is adapted from the training material of David Kolb in *Learning-Style Inventory* (Boston: McBer, 1985); for more information contact McBer at 137 Newbury Street, Boston, MA 02116 (617–437–7080).

64. P. Tierney and S.M. Farmer, "Creative Self-Efficacy: Its Potential Antecedents and Relationship to Creative Performance," *Academy of Management Journal* 45, No. 6 (2002), pp. 1137–1148.

65. S.L. Rynes, K.G. Brown, and A.E. Colbert, "Seven Common Misconceptions about Human Resource Practices: Research Findings Versus Practitioner Beliefs," *Academy of Management Executive* 16, No. 3 (2002), p. 92.

66. W.F. Cascio, "Strategies for Responsible Restructuring," *Academy of Management Executive* 16, No. 3 (2002), p. 80.

67. M.G. Seo, "Overcoming Emotional Barriers, Political Obstacles, and Control Imperatives in the Action-Science Approach to Individual and Organizational Learning," *Academy of Management Learning and Education* 2, No. 1 (2003), pp. 7–21.

68. R. Coff, "Bidding Wars over R&D-Intensive Firms: Knowledge, Opportunism, and the Market for Corporate Control," *Academy of Management Journal* 46, No. 1 (2003), pp. 74–85.

69. R. Harborne, "Wisdom of the CEO: The Challenge to Business Leadership in the 21st Century," Keynote presentation at the New England Business Administration Association International Conference, Southern Connecticut State University, April 28, 2000, Price Waterhouse Coopers.

70. R.L. Ackoff, "The Role of a University in Community Development," Lecture at the University of New Haven, CT, May 23, 2002.
71. C. Hymowitz, "Many Executives Today Were Late Bloomers in Need of a Challenge," *The Wall Street Journal*, October 28, 2002, p. B1.
72. C. Argyris, "Double-Loop Learning, Teaching, and Research," *Academy of Management Learning and Education* 1, No. 2, (2002), pp. 206–218.
73. V. Anand, W.H. Glick, and C.C. Manz, "Thriving on the Knowledge of Outsiders: Tapping Organizational Social Capital," *Academy of Management Executive* 16, No. 1 (2002), pp. 87–101.
74. M.J. Lankau and T.A. Scandura, "An Investigation of Personal Learning in Mentoring Relationships: Content, Antecedents, and Consequences," *Academy of Management Journal* 45, No. 4 (2002), pp. 779–790.
75. W. Tsai, "Knowledge Transfer in Intraorganizational Networks Effects of Network Position and Absorptive Capacity on Business Unit Innovation and Performance," *Academy of Management Journal* 44, No. 5 (2001), pp. 996–1004.
76. S.L. Rynes, K.G. Brown, and A.E. Colbert, "Seven Common Misconceptions about Human Resource Practices: Research Findings Versus Practitioner Beliefs," *Academy of Management Executive* 16, No. 3 (2002), p. 92.
77. E.W. Morrison, "Newcomers' Relationships: The Role of Social Network Ties during Socialization," *Academy of Management Journal* 45, No. 6 (2002), pp. 1149–1160.
78. N.W. Van Yperen and O. Janssen, "Fatigued and Dissatisfied or Fatigued but Satisfied? Goal Orientations and Responses to High Job Demands," *Academy of Management Journal* 45, No. 6 (2002), pp. 1161–1171.
79. J. Schaubroeck and S.S.K. Lam, "How Similarity to Peers and Supervisor Influences Organizational Advancement in Different Cultures," *Academy of Management Journal* 45, No. 6 (2002), pp. 1120–1136.
80. P.J. Jordan, N.M. Ashkanasy, and C.E.J. Hartel, "Emotional Intelligence as a Moderator of Emotional and Behavioral Reactions to Job Insecurity," *Academy of Management Review* 27, No. 3 (2002), pp. 361–372.
81. M. Simon and S.H. Houghton, "The Relationship among Biases, Misperceptions, and the Introduction of Pioneering Products: Examining Differences in Venture Decision Contexts," *Entrepreneurship Theory & Practice*, Winter 2002, p. 105.
82. Staff, "Don't Use Volunteers," *Communication Briefings* XX, No. 1 (2003), p. 5.
83. Based on a Princeton University study reported in *The Wall Street Journal*, January 10, 2002, p. A1.
84. B.J. Tepper and E.C. Taylor, "Relationships among Supervisors' and Subordinates' Procedural Justice Perceptions and Organizational Citizenship Behaviors," *Academy of Management Journal* 46, No. 1 (2003), pp. 97–105.
85. A.A. Grandey, "When the Show Must Go On: Surface Acting and Deep Acting as Determinants of Emotional Exhaustion and Peer-Rated Service Delivery," *Academy of Management Journal* 46, No. 1 (2003), pp. 86–96.
86. S.S.K. Lam, X.P. Chen, and J. Schaubroeck, "Participative Decision Making and Employee Performance in Different Cultures: The Moderating Effects of Allocentrism/Idiocentrism and Efficacy," *Academy of Management Journal* 45, No. 5 (2002), pp. 905–914.
87. J. Schaubroeck and S.S.K. Lam, "How Similarity to Peers and Supervisor Influences Organizational Advancement in Different Cultures," *Academy of Management Journal* 45, No. 6 (2002), pp. 1120–1136.
88. S.J. Wayne, L.M. Shore, and R.C. Liden, "Perceived Organizational Support and Leader-Member Exchange: A Social Exchange Perspective," *Academy of Management Journal* 40, No. 1 (1997), pp. 82–111.
89. J.T. Delaney and M.A. Hueslid, "The Impact of Human Resource Management Practices on Perceptions of Organizational Performances," *Academy of Management Journal* 39, No. 4 (August 1996), pp. 949–969.
90. N.L. Vasiopoulos, R.R. Reilly, and J.A. Leaman, "The Influence of Job Familiarity and Impression Management on Self-reported Measure Scale Scores and Response Latencies," *Journal of Applied Psychology* 85, No. 1 (February 2000), pp. 50–65.
91. L. Zuin and N. Zuin, *Contact—The First Four Minutes* (New York: Ballentine Books, 1972), p. 5.
92. J. Elsea, *The Four-Minute Sell* (New York: Simon & Schuster, 1984), p. 9.
93. Staff, "Tips of the Month—Try This," *Communication Briefings* XX, No. 1 (2003), p. 1.
94. A.D. Brown and M. Jones, "Honorable Members and Dishonorable Deeds: Sensemaking, Impression Management and Legitimization in the 'Arms to Iraq Affair,'" *Human Relations* 53, No. 5 (May 2000), p. 655.
95. N.L. Vasiopoulos, R.R. Reilly, and J.A. Leaman, "The Influence of Job Familiarity and Impression Management on Self-reported Measure Scale Scores and Response Latencies," *Journal of Applied Psychology* 85, No. 1 (February 2000), pp. 50–65.
96. M.C. Bolino, "Citizenship and Impression Management: Good Soldiers or Good Actors?" *Academy of Management Review* 24, No. 1 (1999), pp. 82–83.
97. Staff, "Tips of the Month—Try This," *Communication Briefings* XX, No. 1 (2003), p. 1.

第3章

1. Information taken from the American Red Cross website at *www.redcross.org*. Frequently Asked Questions link, on June 23, 2003. Kent and Rayanne are not actual Red Cross employees. However, the scenario is common to all organizations.
2. M.C. Bolino, W.H. Turnley, and J.M. Bloodgood, "Citizenship Behavior and the Creation of Social Capital in Organizations," *Academy of Management Review* 27, No. 4 (2002), pp. 505–522.
3. B.L. Kirkman and D.L. Shapiro, "The Impact of Cultural Values on Job Satisfaction and Organizational Commitment in Self-Managing Work Teams: The Mediating Role of Employee Resistance," *Academy of Management Journal* 44, No. 3 (2001), pp. 557–569.
4. O. Janssen, "Fairness Perceptions as a Moderator in the Curvilinear Relationships between Job Demands, Job Performance and Job Satisfaction," *Academy of Management Journal* 44, No. 5 (2001), pp. 1039–1050.
5. P.W. Hom and A.J. Kinicki, "Toward a Greater Understanding of How Dissatisfaction Drives Employee Turnover," *Academy of Management Journal* 44, No. 5 (2001), pp. 975–987.
6. F. Luthans, "Positive Organizational Behavior: Developing and Managing Psychological Strengths," *Academy of Management Executive* 16, No. 1 (2002), pp. 57–72.
7. G.R. Weaver and B.R. Agle, "Religiosity and Ethical Behavior in Organizations: A Symbolic Interactionist Perspective," *Academy of Management Review* 27, No. 1 (2002), pp. 77–97.
8. T.R. Mitchell, B.C. Holtom, T.W. Lee, and M. Erez, "Why People Stay: Using Job Embeddedness to Predict Voluntary Turnover," *Academy of Management Journal* 44, No. 6 (2001), pp. 1102–1121.

注 释

9. A.A. Grandey, "When the Show Must Go On: Surface Acting and Deep Acting as Determinants of Emotional Exhaustion and Peer-Rated Service Delivery," *Academy of Management Journal* 46, No. 1 (2003), pp. 86–96.
10. J. Schaubroeck and S.S.K. Lam, "How Similarity to Peers and Supervisor Influences Organizational Advancement in Different Cultures," *Academy of Management Journal* 45, No. 6 (2002), pp. 1120–1136.
11. F. Luthans, "Positive Organizational Behavior: Developing and Managing Psychological Strengths," *Academy of Management Executive* 16, No. 1 (2002), pp. 57–72.
12. R. Hogan and R. Warrenfeltz, "Educating the Modern Manager," *Academy of Management Learning and Education* 2, No. 1, (2003), pp. 74–84.
13. E.W. Morrison, "Newcomers' Relationships: The Role of Social Network Ties during Socialization," *Academy of Management Journal* 45, No. 6, (2002), pp. 1149–1160.
14. M.C. Bolino, W.H. Turnley, and J.M. Bloodgood, "Citizenship Behavior and the Creation of Social Capital in Organizations," *Academy of Management Review* 27, No. 4 (2002), pp. 505–522.
15. S.B. Bacharach, P.A. Bamberger, and W.J. Sonnenstuhl, "Driven to Drink: Managerial Control, Work-Related Risk Factors, and Employee Problem Drinking," *Academy of Management Journal* 45, No. 4 (2002), pp. 637–658.
16. Ibid.
17. E.W. Morrison, "Newcomers' Relationships: The Role of Social Network Ties during Socialization," *Academy of Management Journal* 45, No. 6, (2002), pp. 1149–1160.
18. Staff, "How to Be a Great Manager," *Communication Briefings* XX, No. 1 (2003), p. 5.
19. S. Livingston, "Pygmalion in Management," *Harvard Business Review on Human Relations* (New York: Harper & Row, 1979), p. 181.
20. F. Luthans, "Positive Organizational Behavior: Developing and Managing Psychological Strengths," *Academy of Management Executive* 16, No. 1 (2002), pp. 57–72.
21. Based on a Princeton University study reported in *The Wall Street Journal*, January 10, 2002, p. A1.
22. B.J. Tepper and E.C. Taylor, "Relationships among Supervisors' and Subordinates' Procedural Justice Perceptions and Organizational Citizenship Behaviors," *Academy of Management Journal* 46, No. 1 (2003), pp. 97–105.
23. M.C. Bolino, W.H. Turnley, and J.M. Bloodgood, "Citizenship Behavior and the Creation of Social Capital in Organizations," *Academy of Management Review* 27, No. 4 (2002), pp. 505–522.
24. M.J. Lankau and T.A. Scandura, "An Investigation of Personal Learning in Mentoring Relationships: Content, Antecedents, and Consequences," *Academy of Management Journal* 45, No. 4 (2002), pp. 779–790.
25. F. Luthans, "Positive Organizational Behavior: Developing and Managing Psychological Strengths," *Academy of Management Executive* 16, No. 1 (2002), pp. 57–72.
26. A.A. Grandey, "When the Show Must Go On: Surface Acting and Deep Acting as Determinants of Emotional Exhaustion and Peer-Rated Service Delivery," *Academy of Management Journal* 46, No. 1 (2003), pp. 86–96.
27. M.J. Lankau and T.A. Scandura, "An Investigation of Personal Learning in Mentoring Relationships: Content, Antecedents, and Consequences," *Academy of Management Journal* 45, No. 4 (2002), pp. 779–790.
28. Based on a Princeton University study reported in *The Wall Street Journal*, January 10, 2002, p. A1.
29. E.W. Morrison, "Newcomers' Relationships: The Role of Social Network Ties during Socialization," *Academy of Management Journal* 45, No. 6, (2002), pp. 1149–1160.
30. T. Petzinger, "Peter Drucker: The 'Arch-Guru of Capitalism' Argues That We Need a New Economic Theory and a New Management Model," *The Wall Street Journal*, January 1, 2000, p. R34.
31. P.W. Hom and A.J. Kinicki, "Toward a Greater Understanding of How Dissatisfaction Drives Employee Turnover," *Academy of Management Journal* 44, No. 5 (2001), pp. 975–987.
32. B.L. Kirkman and D.L. Shapiro, "The Impact of Cultural Values on Job Satisfaction and Organizational Commitment in Self-Managing Work Teams: The Mediating Role of Employee Resistance," *Academy of Management Journal* 44, No. 3 (2001), pp. 557–569.
33. S.S.K. Lam, X.P. Chen, and J. Schaubroeck, "Participative Decision Making and Employee Performance in Different Cultures: The Moderating Effects of Allocentrism/Idiocentrism and Efficacy," *Academy of Management Journal* 45, No. 5 (2002), pp. 905–914.
34. T.R. Mitchell, B.C. Holtom, T.W. Lee, and M. Erez, "Why People Stay: Using Job Embeddedness to Predict Voluntary Turnover," *Academy of Management Journal* 44, No. 6 (2001), pp. 1102–1121.
35. E.W. Morrison, "Newcomers' Relationships: The Role of Social Network Ties during Socialization," *Academy of Management Journal* 45, No. 6, (2002), pp. 1149–1160.
36. M.C. Bolino, W.H. Turnley, and J.M. Bloodgood, "Citizenship Behavior and the Creation of Social Capital in Organizations," *Academy of Management Review* 27, No. 4 (2002), pp. 505–522.
37. F. Luthans, "Positive Organizational Behavior: Developing and Managing Psychological Strengths," *Academy of Management Executive* 16, No. 1 (2002), pp. 57–72.
38. P.J. Jordan, N.M. Ashkanasy, and C.E.J. Hartel, "Emotional Intelligence as a Moderator of Emotional and Behavioral Reactions to Job Insecurity," *Academy of Management Review* 27, No. 3 (2002), pp. 361–372.
39. T.R. Mitchell, B.C. Holtom, T.W. Lee, and M. Erez, "Why People Stay: Using Job Embeddedness to Predict Voluntary Turnover," *Academy of Management Journal* 44, No. 6 (2001), pp. 1102–1121.
40. F. Herzberg, "One More Time: How Do You Motivate Employees?" *Harvard Business Review*, (January 2003), pp. 87–96.
41. M.C. Bolino, W.H. Turnley, and J.M. Bloodgood, "Citizenship Behavior and the Creation of Social Capital in Organizations," *Academy of Management Review* 27, No. 4 (2002), pp. 505–522.
42. O. Janssen, "Fairness Perceptions as a Moderator in the Curvilinear Relationships between Job Demands, Job Performance and Job Satisfaction," *Academy of Management Journal* 44, No. 5 (2001), pp. 1039–1050.
43. F. Herzberg, "One More Time: How Do You Motivate Employees?" *Harvard Business Review*, (January 2003), pp. 87–96.
44. B.J. Tepper and E.C. Taylor, "Relationships among Supervisors' and Subordinates' Procedural Justice Perceptions and Organizational Citizenship Behaviors," *Academy of Management Journal* 46, No. 1 (2003), pp. 97–105.
45. T. Petzinger, "Peter Drucker: The 'Arch-Guru of Capitalism' Argues That We Need a New Economic Theory and a New Management Model," *The Wall Street Journal*, January 1, 2000, p. R34.
46. F. Herzberg, "One More Time: How Do You Motivate Employees?" *Harvard Business Review*, (January 2003), pp. 87–96.
47. J. Schaubroeck and S.S.K. Lam, "How Similarity to Peers and Supervisor Influences Organizational Advancement in Different Cultures," *Academy of Management Journal* 45, No. 6 (2002), pp. 1120–1136.

48. E.W. Morrison, "Newcomers' Relationships: The Role of Social Network Ties during Socialization," *Academy of Management Journal* 45, No. 6, (2002), pp. 1149–1160.

49. Y. Ganzach, "Intelligence and Job Satisfaction," *Academy of Management Journal* 41, No. 5 (1998), pp. 526–539.

50. F. Herzberg, "One More Time: How Do You Motivate Employees?" *Harvard Business Review*, (January 2003), pp. 87–96.

51. A.S. Koh, "Exploring the Relationships between User Information Satisfaction and Job Satisfaction," *International Journal of Information Management* 17, No. 3 (June 1997), pp. 169–177.

52. B.L. Kirkman and D.L. Shapiro, "The Impact of Cultural Values on Job Satisfaction and Organizational Commitment in Self-Managing Work Teams: The Mediating Role of Employee Resistance," *Academy of Management Journal* 44, No. 3 (2001), pp. 557–569.

53. N.W. Van Yperen and O. Janssen, "Fatigued and Dissatisfied or Fatigued but Satisfied? Goal Orientations and Responses to High Job Demands," *Academy of Management Journal* 45, No. 6 (2002), pp. 1161–1171.

54. Based on a Princeton University study reported in *The Wall Street Journal*, January 10, 2002, p. A1.

55. R. Hogan and R. Warrenfeltz, "Educating the Modern Manager," *Academy of Management Learning and Education* 2, No. 1, (2003), pp. 74–84.

56. T. Petzinger, "Edward O. Wilson: Human Nature, Dr. Wilson Believes, Has Changed Little in Many Millennia, and It Will Change Very Little in the Millennia Ahead," *The Wall Street Journal*, January 1, 2000, p. R16.

57. F. Luthans, "Positive Organizational Behavior: Developing and Managing Psychological Strengths," *Academy of Management Executive* 16, No. 1 (2002), pp. 57–72.

58. C. Hymowitz, "Many Executives Today Were Late Bloomers in Need of a Challenge," *The Wall Street Journal*, October 28, 2002, p. B1.

59. S.W. Lester, B. Meglino, and M.A. Korsgaard, "The Antecedents and Consequences of Group Potency: A Longitudinal Investigation of Newly Formed Work Groups," *Academy of Management Journal* 45, No. 2 (2002), pp. 352–368.

60. F. Luthans, "Positive Organizational Behavior: Developing and Managing Psychological Strengths," *Academy of Management Executive* 16, No. 1 (2002), pp. 57–72.

61. P. Tierney and S.M. Farmer, "Creative Self-Efficacy: Its Potential Antecedents and Relationship to Creative Performance," *Academy of Management Journal* 45, No. 6 (2002), pp. 1137–1148.

62. S. Begley, "Real Self-Esteem Builds on Achievement, Not Praise for Slackers," *The Wall Street Journal*, May 18, 2003, p. B1.

63. N.W. Van Yperen and O. Janssen, "Fatigued and Dissatisfied or Fatigued but Satisfied? Goal Orientations and Responses to High Job Demands," *Academy of Management Journal* 45, No. 6 (2002), pp. 1161–1171.

64. E.J. Gatewood, K.G. Shaver, J.B. Powers, and W.B. Gartner, "Entrepreneurial Expectancy, Task Effort, and Performance," *Entrepreneurship Theory & Practice*, (Winter 2002), pp. 187–196.

65. R.A. Baron and G.D. Markman, "Beyond Social Capital: How Social Skills Can Enhance Entrepreneurs' Success," *Academy of Management Executive* 14, No. 1 (2000), pp. 106–108.

66. S.S.K. Lam, X.P. Chen, and J. Schaubroeck, "Participative Decision Making and Employee Performance in Different Cultures: The Moderating Effects of Allocentrism/Idiocentrism and Efficacy," *Academy of Management Journal* 45, No. 5 (2002), pp. 905–914.

67. S. Begley, "Real Self-Esteem Builds on Achievement, Not Praise for Slackers," *The Wall Street Journal*, May 18, 2003, p. B1.

68. C. Hymowitz, "Many Executives Today Were Late Bloomers in Need of a Challenge," *The Wall Street Journal*, October 28, 2002, p. B1.

69. S. Begley, "Real Self-Esteem Builds on Achievement, Not Praise for Slackers," *The Wall Street Journal*, May 18, 2003, p. B1.

70. C. Hymowitz, "Many Executives Today Were Late Bloomers in Need of a Challenge," *The Wall Street Journal*, October 28, 2002, p. B1.

71. P.J. Jordan, N.M. Ashkanasy, and C.E.J. Hartel, "Emotional Intelligence as a Moderator of Emotional and Behavioral Reactions to Job Insecurity," *Academy of Management Review* 27, No. 3 (2002), pp. 361–372.

72. G.R. Weaver and B.R. Agle, "Religiosity and Ethical Behavior in Organizations: A Symbolic Interactionist Perspective," *Academy of Management Review* 27, No. 1 (2002), pp. 77–97.

73. R. Hogan and R. Warrenfeltz, "Educating the Modern Manager," *Academy of Management Learning and Education* 2, No. 1, (2003), pp. 74–84.

74. Staff, "Big Problem for Small Businesses: a Poor Work Ethic," *The Wall Street Journal*, February 8, 2000, p. A1.

75. R.C. Ford, "Pierre Bellon, Founder and President-Director General of Sodexho Alliance, on Working Hard and Having fun," *Academy of Management Executive* 17, No. 1 (2003), pp. 38–45.

76. K.A. Wade-Benzoni, A.J. Hoffman, L.L. Thompson, D.A. Moore, J.J. Gillespie, and M.H. Bazerman, "Barriers to Resolution in Ideologically Based Negotiations: The Role of Values and Institutions," *Academy of Management Review* 27, No. 1 (2002), pp. 41–57.

77. B. Kotey and G. Meredith, "Relationships among Owner/Manager Personal Values, Business Strategies and Enterprise Performance," *Journal of Small Business Management* 35, No. 2 (April 1997), pp. 37–64.

78. T. Petzinger, "Mihali Csikszentmihalyi: A "Happiness" Expert Talks about Suburban Anxiety and the Search for Fulfillment," *The Wall Street Journal*, January 1, 2000, p. R51.

79. T. Petzinger, "Edward O. Wilson: Human Nature, Dr. Wilson Believes, Has Changed Little in Many Millennia. And It Will Change Very Little in the Millennia Ahead," *The Wall Street Journal*, January 1, 2000, p. R16.

80. This section was written by Judith Neal, Professor of Management, University of New Haven, and editor, Spirit at Work website (*www.spiritatwork.com*).

81. G. Fairholm, *Capturing the Heart of Leadership: Spirituality and Community in the New American Workplace.* (Westport, CT: Praeger), 1997.

82. R.L. Hughes, R.C. Ginnett, and G.J. Curphy, *Leadership: Enhancing the Lessons of Experience*, 4e. (Burr Ridge, IL: McGraw-Hill, 2002).

83. J. Jusko, "Why Leaders Fail," *Industry Week* (March 25, 2002), pp. 15–16.

84. R.C. Ford, "Darden Restaurants CEO Joe Lee on the Importance of Core Values: Integrity and Fairness," *Academy of Management Executive* 16, No. 1 (2002), pp. 31–36.

85. C. Hymowitz, "Managers Have Ways to Test the Mettle of Business Leaders," *The Wall Street Journal*, August 20, 2002, p. B1.

86. C. Hymowitz, "Managers Must Respond to Employee Concerns about Honest Business," *The Wall Street Journal*, February 19, 2002, p. B1.

87. E. Soule, "Managerial Moral Strategies—In Search of a Few Good Principles," *Academy of Management Review* 27, No. 1 (2002), pp. 114–124.

88. J. O'Connor, M.D. Mumford, T.C. Clifton, T.L. Gessner, and M.S. Connelly, "Charismatic Leaders and Destructiveness: A Historiometric Study," *Leadership Quarterly* 6, No. 4 (2002), pp. 529–555.
89. R.A. Baron and G.D. Markman, "Beyond Social Capital: How Social Skills Can Enhance Entrepreneurs' Success," *Academy of Management Executive* 14, No. 1 (2000), pp. 106–108.
90. R.L. Hughes, R.C. Ginnett, and G.J. Curphy, *Leadership: Enhancing the Lessons of Experience*, 4e. (Burr Ridge, IL: McGraw-Hill, 2002).
91. J. Zaslow, "Tricks of the Trade," *The Wall Street Journal*, October 30, 2002, p. D1.
92. R.L. Hughes, R.C. Ginnett, and G.J. Curphy, *Leadership: Enhancing the Lessons of Experience*, 4e. (Burr Ridge, IL: McGraw-Hill, 2002).
93. T.J. Rowley and M. Moldoveanu, "When Will Stakeholder Groups Act? An Interest and Identity-Based Model of Stakeholder Group Mobilization," *Academy of Management Review* 28, No. 2 (2003), pp. 204–219.
94. D.A. Rondinelli and T. London, "How Corporation and Environmental Groups Cooperate: Assessing Cross-Sector Alliances and Collaborations," *Academy of Management Executive* 17, No. 1 (2003), pp. 61–76.
95. Information for this case taken from the FedEx website (*www.fedex.com*) on June 25, 2003.

第4章

1. Information taken from the Click Commerce website at *www.clickcommerce.com*, on June 28, 2003. Sara and David are not actual Click employees. However, the delegation scenario is common to all organizations.
2. R. Hogan and R. Warrenfeltz, "Educating the Modern Manager," *Academy of Management Learning and Education* 2, No. 1, (2003), pp. 74–84.
3. R. Alsop, "Playing Well with Others," *The Wall Street Journal*, September 9, 2002, p. R11.
4. Staff, "Communicating Better at Work," *Communication Briefings* XX, No. 1 (2003), p. 3.
5. S.D. Pugh, "Service with a Smile: Emotional Contagion in the Service Encounter," *Academy of Management Journal* 44, No. 5 (2001), pp. 1018–1027.
6. P.G. Clampitt, R.J. DeKoch, and T. Cashman, "A Strategy for Communicating about Uncertainty," *Academy of Management Executive* 14, No. 4 (2000), pp. 41–53.
7. M.G. Seo, "Overcoming Emotional Barriers, Political Obstacles, and Control Imperatives in the Action-Science Approach to Individual and Organizational Learning," *Academy of Management Learning and Education* 2, No. 1 (2003), pp. 7–21.
8. J. Child and R.G. McGrath, "Organizations Unfettered: Organizational Form in an Information-Intensive Economy," *Academy of Management Journal* 44, No. 6 (2001), pp. 1135–1148.
9. Staff, "Why We Don't Hear Others," *Communication Briefings* XX, No. 1 (2003), p. 1.
10. Staff, "6 Ways to Build a Top Staff," *Communication Briefings* XX, No. 1 (2003), p. 2.
11. Staff, "Communicating Better at Work," *Communication Briefings* XX, No. 1 (2003), p. 3.
12. Staff, "Why We Don't Hear Others," *Communication Briefings* XX, No. 1 (2003), p. 1.
13. Staff, "Communicating Better at Work," *Communication Briefings* XX, No. 1 (2003), p. 3.
14. P.J. Jordan, N.M. Ashkanasy, and C.E.J. Hartel, "Emotional Intelligence as a Moderator of Emotional and Behavioral Reactions to Job Insecurity," *Academy of Management Review* 27, No. 3 (2002), pp. 361–372.
15. N.M. Ashkanasy and C.S. Daus, "Emotion in the Workplace: The New Challenge for Managers," *Academy of Management Executive* 16, No. 1, (2002), pp. 76–86.
16. Staff, "Communicating Better at Work," *Communication Briefings* XX, No. 1 (2003), p. 3.
17. E.J. Gatewood, K.G. Shaver, J.B. Powers, and W.B. Gartner, "Entrepreneurial Expectancy, Task Effort, and Performance," *Entrepreneurship Theory & Practice*, (Winter 2002), pp. 187–196.
18. D. Tannen, *You Just Don't Understand Women and Men in Conversation*, (New York: Ballentine Books, 1991); and *Talking From 9 to 5* (New York: William Morrow, 1995).
19. F. Whaley, "Shooting for Success: Staff Breaks Communication Barriers by Firing Lasers at Each Other," *Asian Business Weekly* 26, No. 2 (2000), p. 48.
20. E.T. Hall and M.R. Hall, *Understanding Cultural Differences* (Yarmouth, ME: Intercultural Press, 1990).
21. P.M. Doney, J.P. Cannon, and M.R. Mullen, "Understanding the Influence of National Culture on the Development of Trust," *Academy of Management Review* 23, No. 3 (1998), pp. 601–620.
22. K.L. Allen, "Getting It Across," *Across the Board* 37, No. 1 (January 2000), p. 78.
23. Ibid.
24. Based on N.J. Adler, *International Dimensions of Organizational Behavior*, 4e. (Cincinnati: South-Western, 2002), pp. 94–96.
25. Staff, "Communicating Better at Work," *Communication Briefings* XX, No. 1 (2003), p. 3.
26. P.G. Clampitt, R.J. DeKoch, and T. Cashman, "A Strategy for Communicating about Uncertainty," *Academy of Management Executive* 14, No. 4, (2000), pp. 41–53.
27. Staff, "Communicating Better at Work," *Communication Briefings* XX, No. 1 (2003), p. 3.
28. R.A. Baron and G.D. Markman, "Beyond Social Capital: How Social Skills Can Enhance Entrepreneurs' Success," *Academy of Management Executive* 14, No. 1 (2000), pp. 106–108.
29. R. Alsop, "Playing Well with Others," *The Wall Street Journal*, September 9, 2002, p. R11.
30. Staff, "When Writing New Releases," *Communication Briefings* XX, No. 1 (2003), p. 3.
31. S. Kravetz, "Tech Firms Want Talented Employees to Switch Jobs- Not Companies," *The Wall Street Journal*, August 31, 1999, p. A1.
32. R. Alsop, "Playing Well with Others," *The Wall Street Journal*, September 9, 2002, p. R11.
33. Staff, "Communicating Better at Work," *Communication Briefings* XX, No. 1 (2003), p. 3.
34. J.D. Maes, T.G. Weldly, and M.L. Icenogle, "A Managerial Perspective: Oral Communication Competency Is Most Important for Business Students in the Workplace," *The Journal of Business Communication* 34, No. 1 (January 1997), pp. 67–80.
35. Staff, "Why We Don't Hear Others," *Communication Briefings* XX, No. 1 (2003), p. 1.
36. T. Gunderson, "Listen and Learn," *Restaurant Hospitality* 83, No. 3 (March 1999), p. 26.
37. P.G. Clampitt, R.J. DeKoch, and T. Cashman, "A Strategy for Communicating about Uncertainty," *Academy of Management Executive* 14, No. 4, (2000), pp. 41–53.
38. M.E. Rega, "Developing Listening Skills," *American Salesman* 45, No. 5 (May 2000), p. 3.
39. R. Hogan and R. Warrenfeltz, "Educating the Modern Manager," *Academy of Management Learning and Education* 2, No. 1, (2003), pp. 74–84.

40. "Become a Better Listener," *Association Management* 52, No. 4 (April 2000), p. 27.
41. Staff, "Communicating Better at Work," *Communication Briefings* XX, No. 1 (2003), p. 3.
42. Staff, "Why We Don't Hear Others," *Communication Briefings* XX, No. 1 (2003), p. 1.
43. "Become a Better Listener," *Association Management* 52, No. 4 (April 2000), p. 27.
44. Staff, "Why We Don't Hear Others," *Communication Briefings* XX, No. 1 (2003), p. 1.
45. Ibid.
46. T. Gunderson, "Listen and Learn," *Restaurant Hospitality* 83, No. 3 (March 1999), p. 26.
47. "Become a Better Listener," *Association Management* 52, No. 4 (April 2000), p. 27.
48. T. Gunderson, "Listen and Learn," *Restaurant Hospitality* 83, No. 3 (March 1999), p. 26.
49. Staff, "Why We Don't Hear Others," *Communication Briefings* XX, No. 1 (2003), p. 1.
50. T. Gunderson, "Listen and Learn," *Restaurant Hospitality* 83, No. 3 (March 1999), p. 26.
51. A.S. DeNisi and A.N. Kluger, "Feedback Effectiveness: Can 360-Degree Appraisals Be Improved," *Academy of Management Executive* 14, No. 1 (2000), p. 129.
52. J. Ghorpade, "Managing Five Paradoxes of 360-Degree Feedback," *Academy of Management Executive* 14, No. 1 (2000), p. 140.
53. A.A. Grandey, "When the Show Must Go On: Surface Acting and Deep Acting as Determinants of Emotional Exhaustion and Peer-Rated Service Delivery," *Academy of Management Journal* 46, No. 1 (2003), pp. 86–96.
54. A.S. DeNisi and A.N. Kluger, "Feedback Effectiveness: Can 360-Degree Appraisals Be Improved," *Academy of Management Executive* 14, No. 1 (2000), p. 129.
55. J. Ghorpade, "Managing Five Paradoxes of 360-Degree Feedback," *Academy of Management Executive* 14, No. 1 (2000), p. 140.
56. Staff, "Communicating Better at Work," *Communication Briefings* XX, No. 1 (2003), p. 3.
57. J. Sandberg, "Better Than Great-And Other Tall Tales of Self-Evaluations," *The Wall Street Journal*, March 12, 2003, p. B1.
58. Staff, "Communicating Better at Work," *Communication Briefings* XX, No. 1 (2003), p. 3.
59. Ibid.
60. J. Sandberg, "Better Than Great-And Other Tall Tales of Self-Evaluations," *The Wall Street Journal*, March 12, 2003, p. B1.
61. Staff, "Why We Don't Hear Others," *Communication Briefings* XX, No. 1 (2003), p. 1.
62. Ibid.
63. Staff, "Communicating Better at Work," *Communication Briefings* XX, No. 1 (2003), p. 3.
64. R. Hogan and R. Warrenfeltz, "Educating the Modern Manager," *Academy of Management Learning and Education* 2, No. 1, (2003), pp. 74–84.
65. Case information taken from a personal interview with Peter and Korby Clark on January 15, 2003.

第5章

1. J. Child and R.G. McGrath, "Organizations Unfettered: Organizational Form in an Information-Intensive Economy," *Academy of Management Journal* 44, No. 6 (2001), pp. 1135–1148.
2. G. DeSanactis, J.T. Glass, and M. Ensing, "Organizational Designs for R&D," *Academy of Management Executive* 16, No. 3 (2002), pp. 55–64.
3. J. Child and R.G. McGrath, "Organizations Unfettered: Organizational Form in an Information-Intensive Economy," *Academy of Management Journal* 44, No. 6 (2001), pp. 1135–1148.
4. M.J. Waller, M.E. Zellmer-Bruhn, and R.C. Giambatista, "Watching the Clock: Group Pacing Behavior under Dynamic Deadlines," *Academy of Management Journal* 45, No. 5 (2002), pp. 1046–1055.
5. W.F. Cascio, "Strategies for Responsible Restructuring," *Academy of Management Executive* 16, No. 3 (2002), p. 80.
6. P.J. Jordan, N.M. Ashkanasy, and C.E.J. Hartel, "Emotional Intelligence as a Moderator of Emotional and Behavioral Reactions to Job Insecurity," *Academy of Management Review* 27, No. 3 (2002), pp. 361–372.
7. R. Harborne, "Wisdom of the CEO: The Challenge to Business Leadership in the 21st Century," Keynote presentation at the New England Business Administration Association International Conference, Southern Connecticut State University, April 28, 2000, Price Waterhouse Coopers.
8. A. Brown, "Transforming Business Structures to Hyborgs," *Employment Relations Weekly* 26, No. 4 (2000), pp. 5–15.
9. The idea for this approach to presenting this section came from S.P. Robbins, *Essentials of Organizational Behavior*, 7e (Upper Saddle River, NJ: Prentice Hall, 2003), pp. 178–195.
10. A.A. Grandey, "When the Show Must Go On: Surface Acting and Deep Acting as Determinants of Emotional Exhaustion and Peer-Rated Service Delivery," *Academy of Management Journal* 46, No. 1 (2003), pp. 86–96.
11. J. Child and R.G. McGrath, "Organizations Unfettered: Organizational Form in an Information-Intensive Economy," *Academy of Management Journal* 44, No. 6 (2001), pp. 1135–1148.
12. T. Petzinger, "Edward O. Wilson: Human Nature, Dr. Wilson Believes, Has Changed Little in Many Millennia. And It Will Change Very Little in the Millennia Ahead," *The Wall Street Journal*, January 1, 2000, p. R16.
13. W.F. Cascio, "Strategies for Responsible Restructuring," *Academy of Management Executive* 16, No. 3 (2002), p. 80.
14. M.A. Schiling and H.K. Steersman, "The Use of Modular Organizational Forms: An Industry-Level Analysis," *Academy of Management Journal* 44, No. 6 (2001), pp. 1149–1168.
15. G. DeSanactis, J.T. Glass, and M. Ensing, "Organizational Designs for R&D," *Academy of Management Executive* 16, No. 3 (2002), pp. 55–64.
16. A. Chang, P. Bordia, and J. Duck, "Punctuated Equilibrium and Linear Progression: Toward a New Understanding of Group Development," *Academy of Management Journal* 46, No. 1 (2003), pp. 106–117.
17. G. DeSanactis, J.T. Glass, and M. Ensing, "Organizational Designs for R&D," *Academy of Management Executive* 16, No. 3 (2002), pp. 55–64.
18. M.A. Schiling and H.K. Steersman, "The Use of Modular Organizational Forms: An Industry-Level Analysis," *Academy of Management Journal* 44, No. 6 (2001), pp. 1149–1168.
19. J. Child and R.G. McGrath, "Organizations Unfettered: Organizational Form in an Information-Intensive Economy," *Academy of Management Journal* 44, No. 6 (2001), pp. 1135–1148.
20. W.F. Cascio, "Strategies for Responsible Restructuring," *Academy of Management Executive* 16, No. 3 (2002), p. 80.
21. A. Chang, P. Bordia, and J. Duck, "Punctuated Equilibrium and Linear Progression: Toward a New Understanding of Group Development," *Academy of Management Journal* 46, No. 1 (2003), pp. 106–117.

22. G. DeSanactis, J.T. Glass, and M. Ensing, "Organizational Designs for R&D," *Academy of Management Executive* 16, No. 3 (2002), pp. 55–64.

23. M.J. Waller, M.E. Zellmer-Bruhn, and R.C. Giambatista, "Watching the Clock: Group Pacing Behavior Under Dynamic Deadlines," *Academy of Management Journal* 45, No. 5 (2002), pp. 1046–1055.

24. R. Harborne, "Wisdom of the CEO: The Challenge to Business Leadership in the 21st Century," Keynote presentation at the New England Business Administration Association International Conference, Southern Connecticut State University, April 28, 2000, Price Waterhouse Coopers.

25. M.A. Schiling and H.K. Steersman, "The Use of Modular Organizational Forms: An Industry-Level Analysis," *Academy of Management Journal* 44, No. 6 (2001), pp. 1149–1168.

26. M.R. Subramani and N. Venkatraman, "Safeguarding Investments in Asymmetric Interorganizational Relationships: Theory and Evidence," *Academy of Management Journal* 48, No. 1 (2003), pp. 46–62.

27. E.W. Morrison, "Newcomers' Relationships: The Role of Social Network Ties during Socialization," *Academy of Management Journal* 45, No. 6 (2002), pp. 1149–1160.

28. Staff, "GE: Just Your Average Everyday $60 Billion Family Grocery Store," *Industry Week*, May 2, 1994, pp. 13–18.

29. R.L. Cross, A.Yan, and M.R. Louis, "Boundary Activities in Boundaryless Organizations: A Case Study," *Human Relations*, June 2000, pp. 841–868.

30. G. DeSanactis, J.T. Glass, and M. Ensing, "Organizational Designs for R&D," *Academy of Management Executive* 16, No. 3 (2002), pp. 55–64.

31. M.A. Schiling and H.K. Steersman, "The Use of Modular Organizational Forms: An Industry-Level Analysis," *Academy of Management Journal* 44, No. 6 (2001), pp. 1149–1168.

32. J. Child and R.G. McGrath, "Organizations Unfettered: Organizational Form in an Information-Intensive Economy," *Academy of Management Journal* 44, No. 6 (2001), pp. 1135–1148.

33. P.G. Clampitt, R.J. DeKoch, and T. Cashman, "A Strategy for Communicating about Uncertainty," *Academy of Management Executive* 14, No. 4 (2000), pp. 41–53.

34. J. Child and R.G. McGrath, "Organizations Unfettered: Organizational Form in an Information-Intensive Economy," *Academy of Management Journal* 44, No. 6 (2001), pp. 1135–1148.

35. M.A. Schiling and H.K. Steersman, "The Use of Modular Organizational Forms: An Industry-Level Analysis," *Academy of Management Journal* 44, No. 6 (2001), pp. 1149–1168.

36. Staff, Cited in *Red Herring*, December 1999, p. 37.

37. Study results reported in J. Markoff, "A New, Lonelier Crowd Emerges in Internet Study," *New York Times*, February 16, 2000, p. A1.

38. Study reported in G. Kortez, "The Web's Chilling Trend?" *Business Week*, June 5, 2000, p. 36.

39. Staff, "Communicating Better at Work," *Communication Briefings* XX, No. 1 (2003), p. 3.

40. J. Child and R.G. McGrath, "Organizations Unfettered: Organizational Form in an Information-Intensive Economy," *Academy of Management Journal* 44, No. 6 (2001), pp. 1135–1148.

41. P.G. Clampitt, R.J. DeKoch, and T. Cashman, "A Strategy for Communicating about Uncertainty," *Academy of Management Executive* 14, No. 4 (2000), pp. 41–53.

42. M.R. Subramani and N. Venkatraman, "Safeguarding Investments in Asymmetric Interorganizational Relationships: Theory and Evidence," *Academy of Management Journal* 48, No. 1 (2003), pp. 46–62.

43. P.G. Clampitt, R.J. DeKoch, and T. Cashman, "A Strategy for Communicating about Uncertainty," *Academy of Management Executive* 14, No. 4 (2000), pp. 41–53.

44. Ibid.

45. A. Smidts, H. Pruyn, and C.B.M. vanRiel, "The Impact of Employee Communications and Perceived External Prestige on Organizational Identification," Academy of Management Journal 49, No. 5 (2001), pp. 1051–1062.

46. R.J. Marsak, T. Keenoy, C. Oswick, and D. Grant, "From Outer Worlds to Inner Worlds," *Journal of Applied Behavioral Science* 36, No. 2 (June 2000), pp. 245–258.

47. N.B. Kurland, and L.H. Pelled, "Passing the Word: Toward a Model of Gossip and Power in the Workplace," *Academy of Management Review* 25, No. 2 (2000), pp. 428–438.

48. W.F. Cascio, "Strategies for Responsible Restructuring," *Academy of Management Executive* 16, No. 3 (2002), p. 80.

49. Ibid.

50. P.G. Clampitt, R.J. DeKoch, and T. Cashman, "A Strategy for Communicating about Uncertainty," *Academy of Management Executive* 14, No. 4 (2000), pp. 41–253.

51. N.B. Kurland, and L.H. Pelled, "Passing the Word: Toward a Model of Gossip and Power in the Workplace," *Academy of Management Review* 25, No. 2 (2000), pp. 428–438.

52. G. DeSanactis, J.T. Glass, and M. Ensing, "Organizational Designs for R&D," *Academy of Management Executive* 16, No. 3 (2002), pp. 55–64.

53. E.W. Morrison, "Newcomers' Relationships: The Role of Social Network Ties during Socialization," *Academy of Management Journal* 45, No. 6 (2002), pp. 1149–1160.

54. A. Chang, P. Bordia, and J. Duck, "Punctuated Equilibrium and Linear Progression: Toward a New Understanding of Group Development," *Academy of Management Journal* 46, No. 1 (2003), pp. 106–117.

55. E.W. Morrison, "Newcomers' Relationships: The Role of Social Network Ties during Socialization," *Academy of Management Journal* 45, No. 6 (2002), pp. 1149–1160.

56. M.A. Schiling and H.K. Steersman, "The Use of Modular Organizational Forms: An Industry-Level Analysis," *Academy of Management Journal* 44, No. 6 (2001), pp. 1149–1168.

57. E.W. Morrison, "Newcomers' Relationships: The Role of Social Network Ties during Socialization," *Academy of Management Journal* 45, No. 6 (2002), pp. 1149–1160.

58. Staff, "When You Write and E-mail Policy, "*Communication Briefings* XX, No. 1 (2003), p. 5.

59. Staff, "Communicating Better at Work," *Communication Briefings* XX, No. 1 (2203), p. 3.

60. Staff, "The 5 Major Time Wasters," *Communication Briefings* XX, No. 1 (2003), p. 5.

61. Staff, "How to Run a Good Meeting," *Communication Briefings* XX, No. 1 (2003), p. 3.

62. Staff, "Communicating Better at Work," *Communication Briefings* XX, No. 1 (2203), p. 3.

63. Staff, "Becoming a Better Speaker," *Communication Briefings* XX, No. 1 (2003), p. 4.

64. Staff, "Communicating Better at Work," *Communication Briefings* XX, No. 1 (2203), p. 3.

65. Ibid.

66. Staff, "When Writing Copy for Ads," *Communication Briefings* XX, No. 1 (2003), p. 7.

67. Staff, "Try Some Short Reports," *Communication Briefings* XX, No. 1 (2003), p. 6.

68. Staff, "Communicating Better at Work," *Communication Briefings* XX, No. 1 (2203), p. 3.

69. Staff, "When You Write and E-mail Policy, "*Communication Briefings* XX, No. 1 (2003), p. 5.

70. L. Cole and M.S. Cole, "Teamwork is Spelled Incorrectly; Team=Communication," *Communication World*, 17, No. 4 (2000), p. 56.
71. Staff, "Becoming a Better Speaker," *Communication Briefings* XX, No. 1 (2003), p. 4.
72. Ibid.
73. Staff, "Use Your Brain to Cut Stress," *Communication Briefings* XX, No. 1 (2003), p. 4.
74. S.D. Pugh, "Service With a Smile: Emotional Contagion in the Service Encounter," *Academy of Management Journal* 44, No. 5 (2001), pp. 1018–1027.
75. N.M. Ashkanasy and C.S. Daus, "Emotion in the Workplace: The New Challenge for Managers," *Academy of Management Executive* 16, No. 1 (2002), pp. 76–86.
76. S.D. Pugh, "Service With a Smile: Emotional Contagion in the Service Encounter," *Academy of Management Journal* 44, No. 5 (2001), pp. 1018–1027.
77. P.J. Jordan, N.M. Ashkanasy, and C.E.J. Hartel, "Emotional Intelligence as a Moderator of Emotional and Behavioral Reactions to Job Insecurity," *Academy of Management Review* 27, No. 3 (2002), pp. 361–372.
78. S.P. Robbins, *Essentials of Organizational Behavior*, 7e (Upper Saddle, NJ: Prentice-Hall, 2003), pp. 36–41.
79. Ibid.
80. M.G. Seo, "Overcoming Emotional Barriers, Political Obstacles, and Control Imperatives in the Action-Science Approach to Individual and Organizational Learning," *Academy of Management Learning and Education* 2, No. 1 (2003), pp. 7–21.
81. R. Hogan and R. Warrenfeltz, "Educating the Modern Manager," *Academy of Management Learning and Education* 2, No. 1 (2003), pp. 74–84.
82. Staff, "Reacting to Difficult Types," *Communication Briefings* XX, No. 1 (2003), p. 8.
83. J. Sandberg, "Better Than Great-And Other Tall Tales of Self-Evaluations," *The Wall Street Journal*, March 12, 2003, p. B1.
84. Staff, "How to Satisfy Customers," *Communication Briefings* XX, No. 1 (2003), p. 4.
85. Staff, "If You Must Criticize Some," *Communication Briefings* XX, No. 1 (2003), p. 5.
86. Reviewer suggestion.
87. Staff, "Tips of the Month-When Correcting," *Communication Briefings* XX, No. 1 (2003), p. 1.
88. Staff, "If You Must Criticize Some," *Communication Briefings* XX, No. 1 (2003), p. 5.
89. Ibid.

第6章

1. J. Schaubroeck and S.S.K. Lam, "How Similarity to Peers and Supervisor Influences Organizational Advancement in Different Cultures," *Academy of Management Journal* 45, No. 6 (2002), pp. 1120–1136.
2. F. Luthans, "Positive Organizational Behavior: Developing and Managing Psychological Strengths," *Academy of Management Executive* 16, No. 1 (2002), pp. 57–72.
3. H. Park and K. Harrison, "Enhancing Managerial Cross-Cultural Awareness and Sensitivity: Transactional Analysis Revisited," *Journal of Management Development* 12, No. 3 (1993), pp. 20–29.
4. S.C. de Janasz, K.O. Dowd, and B.Z. Schneider, *Interpersonal Skills in Organizations* (Burr Ridge, IL: McGraw-Hill, 2002).
5. P.S. Nugent, "Managing Conflict: Third-Party Interventions for Managers," *Academy of Management Executive* 16, No. 1 (2002), pp. 139–154.
6. J.S. Bunderson and K.M. Sutcliffe, "Comparing Alternative Conceptualizations of Functional Diversity in Management Teams: Process and Performance Effects," *Academy of Management Journal* 45, No. 5 (2002), pp. 875–893.
7. M.M. Montoya-Weiss, A.P. Massey, and M. Song, "Getting it Together: Temporal Coordination and Conflict Management in Global Virtual Teams," *Academy of Management Journal* 44, No. 6 (2001), pp. 1251–1262.
8. P.S. Nugent, "Managing Conflict: Third-Party Interventions for Managers," *Academy of Management Executive* 16, No. 1 (2002), pp. 139–154.
9. J. Hay, "Creating Community: The Task of Leadership," *Leadership & Organizational Development* 14, No. 7 (1993), pp. 12–17.
10. E. Berne, *Transactional Analysis in Psychotherapy* (New York: Grove Press, 1961).
11. E. Berne, *Games People Play* (New York: Grove Press, 1964).
12. N. Nykodym, L.D. Freedman, J.L. Simonetti, W.R. Nielsen, and K. Battles, "Mentoring: Using Transactional Analysis to Help Organizational Members Use Their Energy in More Productive Ways," *Transactional Analysis Journal* 25, No. 2 (1995), p. 170.
13. N. Nykodym, W.R. Nielson, and J.C. Christen, "Can Organization Development Use Transactional Analysis?" *Transactional Analysis Journal* 15, No. 4 (October 1985), p. 278.
14. N. Nykodym, C.O. Longenecker, and W.N. Ruud, "Improving Quality of Work Life with Transactional Analysis as an Intervention Change Strategy," *Applied Psychology: An International Review* 40, No. 4 (1991), pp. 395–404.
15. H. Park and K. Harrison, "Enhancing Managerial Cross-Cultural Awareness and Sensitivity: Transactional Analysis Revisited," *Journal of Management Development* 12, No. 3 (1993), pp. 20–29.
16. R. Bennett, "Relationship Formation and Governance in Consumer Markets: Transactional Analysis Versus the Behaviorist Approach," *Journal of Marketing Management* 12, No. 5 (July 1996), pp. 417–35.
17. A. Yan, G. Zhu, and D.T. Hall, "International Assignments for Career Building: A Model of Agency Relationship and Psychological Contracts," *Academy of Management Review* 27, No. 3 (2002), pp. 373–391.
18. Staff, "Avoid Control Talk," *Communication Briefings* XX, No. 1 (2003), p. 8.
19. E. Raudsepp, "Are You Properly Assertive?" *Supervision* (May 2003), pp. 18–21.
20. Staff, "Reacting to Difficult Types," *Communication Briefings* XX, No. 1 (2003), p. 8.
21. M.M. Montoya-Weiss, A.P. Massey, and M. Song, "Getting it Together: Temporal Coordination and Conflict Management in Global Virtual Teams," *Academy of Management Journal* 44, No. 6 (2001), pp. 1251–1262.
22. A. Yan, G. Zhu, and D.T. Hall, "International Assignments for Career Building: A Model of Agency Relationship and Psychological Contracts," *Academy of Management Review* 27, No. 3 (2002), pp. 373–391.
23. F. Luthans, "Positive Organizational Behavior: Developing and Managing Psychological Strengths," *Academy of Management Executive* 16, No. 1 (2002), pp. 57–72.
24. F. Herzberg, "One More Time: How Do You Motivate Employees?" *Harvard Business Review*, (January 2003), pp. 87–96.
25. S.C. de Janasz, K.O. Dowd, and B.Z. Schneider, *Interpersonal Skills in Organizations* (Burr Ridge, IL: McGraw-Hill, 2002).
26. A. Lazarus, He first published a paper in the late 1960s "On Assertive Behavior: A Brief Note," *Behavior Therapy* 4 (October 1973), pp. 697–699.

注　释

27. K. Aquino, S.L. Grover, M. Bradford, and D.G. Allen, "The Effects of Negative Affectivity, Hierarchical Status, and Self-Determination on Workplace Victimization," *Academy of Management Journal* 42, No. 2 (1999), pp. 260–272.
28. A. Chaudhuri, "The New Boy Network," *The Guardian*, May 26, 1999, pp. T6–T7.
29. D. Hardin, "Say What You Really Want to Say at Meetings," *Los Angeles Business Journal*, September 24, 2001, pp. 59–63.
30. E. Raudsepp, "Are You Properly Assertive?" *Supervision* (May 2003), pp. 18–21.
31. D. Hardin, "Say What You Really Want to Say at Meetings," *Los Angeles Business Journal*, September 24, 2001, pp. 59–63.
32. G. Fairclough, "Feeling Squeezed: Thailand's Economic Woes Fuel Worker Unrest," *Far Eastern Economic Review* 160, No. 2 (January 9, 1997), p. 8.
33. A. Rao and K. Hashimoto, "Intercultural Influences: A Study of the Japanese Expatriate Managers in Canada," *Journal of International Business Studies* 27, No. 3 (Fall 1996), pp. 443–466.
34. D. Hardin, "Say What You Really Want to Say at Meetings," *Los Angeles Business Journal*, September 24, 2001, pp. 59–63.
35. E. Raudsepp, "Are You Properly Assertive?" *Supervision* (May 2003), pp. 18–21.
36. B.J. Tepper, "Consequences of Abusive Supervision," *Academy of Management Journal* 43, No. 2 (2000), pp. 178–190.
37. E. Raudsepp, "Are You Properly Assertive?" *Supervision* (May 2003), pp. 18–21.
38. Ibid.
39. L.F. Pitt, M.T. Ewing, and P.R. Berthon, "Proactive Behavior and Industrial Sales Force Performance," *Industrial Marketing Management*, November 2002, pp. 639–644.
40. D. Hardin, "Say What You Really Want to Say at Meetings," *Los Angeles Business Journal*, September 24, 2001, pp. 59–63.
41. E. Raudsepp, "Are You Properly Assertive?" *Supervision* (May 2003), pp. 18–21.
42. Staff, "Reacting to Difficult Types," *Communication Briefings* XX, No. 1 (2003), p. 8.
43. L.F. Pitt, M.T. Ewing, and P.R. Berthon, "Proactive Behavior and Industrial Sales Force Performance," *Industrial Marketing Management*, November 2002, pp. 639–644.
44. E. Raudsepp, "Are You Properly Assertive?" *Supervision* (May 2003), pp. 18–21.
45. S.C. de Janasz, K.O. Dowd, and B.Z. Schneider, *Interpersonal Skills in Organizations* (Burr Ridge, IL: McGraw-Hill, 2002).
46. B.J. Tepper, "Consequences of Abusive Supervision," *Academy of Management Journal* 43, No. 2 (2000), pp. 178–190.
47. Essential Assistant, "Prevent Workplace Violence," *Aspen Publishers*, Inc. (2003), pp. 7–8.
48. WGBY radio and AOL news reports on July 8, 2003.
49. Staff, "Workplace Violence," *The Wall Street Journal*, April 4, 2000, p. A1.
50. Ibid.
51. E. Raudsepp, "Are You Properly Assertive?" *Supervision* (May 2003), pp. 18–21.
52. D.P. Skarlicki, R.F. Folger, and P. Tesluk, "Personality as a Moderator in the Relationship between Fairness and Retaliation," *Academy of Management Journal* 42, No. 1 (1999), pp. 100–108.
53. E. Raudsepp, "Are You Properly Assertive?" *Supervision* (May 2003), pp. 18–21.
54. D. Hardin, "Say What You Really Want to Say at Meetings," *Los Angeles Business Journal*, September 24, 2001, pp. 59–63.
55. E. Raudsepp, "Are You Properly Assertive?" *Supervision* (May 2003), pp. 18–21.
56. D. Hardin, "Say What You Really Want to Say at Meetings," *Los Angeles Business Journal*, September 24, 2001, pp. 59–63.
57. A.G. Podolak, "Is Workplace Violence in Need of Refocusing?" *Security Management* 44, No. 6 (June 2000), pp. 152–153.
58. C. Garvey, "Looking for Chinks in the Armor," *HR Magazine* 45, No. 6 (June 2000), pp. 161–162.
59. L. Goulet, "Modeling Aggression in the Workplace: The Role of Role Models," *Academy of Management Executive* 11, No. 2 (February 1997), pp. 84–85.
60. HR Focus, "The Most Effective Tool Against Workplace Violence," *Institute of Management & Administration*, (February 2003), p. 11.
61. R.S. DeFrank and J.M. Ivancevich, "Stress on the Job: An Executive Update," *Academy of Management Executive* 12, No. 4 (1998), pp. 55–56.
62. M. Prince, "Violence in the Workplace on the Rise; Training, Zero Tolerance Can Prevent Aggression," *Business Insurance*, May 12, 2003, p. 1.
63. P. Falcone, "Dealing with Employees in Crisis: Use this Blueprint for Proactive Management Intervention," *HR Magazine*, May 2003, pp. 117–123.
64. HR Focus, "The Most Effective Tool Against Workplace Violence," *Institute of Management & Administration*, (February 2003), p. 11.
65. Essential Assistant, "Prevent Workplace Violence," *Aspen Publishers*, Inc. (2003), pp. 7–8.
66. M. Prince, "Violence in the Workplace on the Rise; Training, Zero Tolerance Can Prevent Aggression," *Business Insurance*, May 12, 2003, p. 1.
67. HR Focus, "The Most Effective Tool Against Workplace Violence," *Institute of Management & Administration*, (February 2003), p. 11.
68. M. Prince, "Violence in the Workplace on the Rise; Training, Zero Tolerance Can Prevent Aggression," *Business Insurance*, May 12, 2003, p. 1.
69. E. Raudsepp, "Are You Properly Assertive?" *Supervision* (May 2003), pp. 18–21.
70. Security Director's Report, "Guidelines Suggest Fresh Ways to Curb Workplace Violence," *Institute of Management & Administration*, (June 2003), p. 2.
71. S. Martin Egge, Cardinal Stritch University, October 16, 2002, letter sent to author.
72. S.L. Robinson and A.M. O'Leary-Kelly, "Monkey See, Monkey Do: The Influence of Work Groups on the Antisocial Behavior of Employees," *Academy of Management Journal* 41, No. 6 (1998), pp. 658–672.
73. L. Goulet, "Modeling Aggression in the Workplace: The Role of Role Models," *Academy of Management Executive* 11, No. 2 (February 1997), pp. 84–85.
74. Security Director's Report, "Guidelines Suggest Fresh Ways to Curb Workplace Violence," *Institute of Management & Administration*, (June 2003), p. 2.
75. HR Focus, "The Most Effective Tool Against Workplace Violence," *Institute of Management & Administration*, (February 2003), p. 11.
76. Staff, "When Obstacles Get You Down," *Communication Briefings* XX, No. 1 (2003), p. 2.
77. A. Ulene, "Really Fit Really Fast" (Encino, CA: HealthPoints, 1996), pp. 170–174.
78. Essential Assistant, "Prevent Workplace Violence," *Aspen Publishers*, Inc. (2003), pp. 7–8.
79. HR Focus, "The Most Effective Tool Against Workplace Violence," *Institute of Management & Administration*, (February 2003), p. 11.

80. M. Prince, "Violence in the Workplace on the Rise; Training, Zero Tolerance Can Prevent Aggression," *Business Insurance*, May 12, 2003, p. 1.

81. HR Focus, "The Most Effective Tool Against Workplace Violence," *Institute of Management & Administration*, (February 2003), p. 11.

82. P. Falcone, "Dealing with Employees in Crisis: Use this Blueprint for Proactive Management Intervention," *HR Magazine*, May 2003, pp. 117–123.

83. HR Focus, "The Most Effective Tool Against Workplace Violence," *Institute of Management & Administration*, (February 2003), p. 11.

84. M. Prince, "Violence in the Workplace on the Rise; Training, Zero Tolerance Can Prevent Aggression," *Business Insurance*, May 12, 2003, p. 1.

85. Fair Employment Practices Guidelines, "City Not Liable for Failure to Stop Violence," *Aspen Publishers*, Inc., (June 2003), pp. 4–5.

86. J.S. Bunderson and K.M. Sutcliffe, "Comparing Alternative Conceptualizations of Functional Diversity in Management Teams: Process and Performance Effects," *Academy of Management Journal* 45, No. 5 (2002), pp. 875–893.

87. S.B. Bacharach, P.A. Bamberger, and W.J. Sonnenstuhl, "Driven to Drink: Managerial Control, Work-Related Risk Factors, and Employee Problem Drinking," *Academy of Management Journal* 45, No. 4 (2002), pp. 637–658.

88. J.S. Bunderson and K.M. Sutcliffe, "Comparing Alternative Conceptualizations of Functional Diversity in Management Teams: Process and Performance Effects," *Academy of Management Journal* 45, No. 5 (2002), pp. 875–893.

89. F. Luthans, "Positive Organizational Behavior: Developing and Managing Psychological Strengths," *Academy of Management Executive* 16, No. 1 (2002), pp. 57–72.

90. M.M. Montoya-Weiss, A.P. Massey, and M. Song, "Getting it Together: Temporal Coordination and Conflict Management in Global Virtual Teams," *Academy of Management Journal* 44, No. 6 (2001), pp. 1251–1262.

91. Information in this section primarily taken from "The Pinch Model or Psychological Contract," training material from *Always Improvement* consulting company, 7001 Tilden Lane, N. Bethesda, MD 20852 (301) 881-2115. No author or date listed.

92. R. Hogan and R. Warrenfeltz, "Educating the Modern Manager," *Academy of Management Learning and Education* 2, No. 1 (2003), pp. 74–84.

93. A. Yan, G. Zhu, and D.T. Hall, "International Assignments for Career Building: A Model of Agency Relationship and Psychological Contracts," *Academy of Management Review* 27, No. 3 (2002), pp. 373–391.

94. K.A. Eddleston, D.L. Kidder, and B.E. Litzky, "Who's the Boss? Contending with Competing Expectations from Customers and Management," *Academy of Management Executive* 16, No. 4 (2002), pp. 85–95.

95. T.L. Simons and R.S. Peterson, "Task Conflict and Relationship Conflict in Top Management Teams: The Pivotal Role of Intragroup Trust," *Journal of Applied Psychology* 85, No. 1 (2000), pp. 102–111.

96. B.J. Tepper, "Consequences of Abusive Supervision," *Academy of Management Journal* 43, No. 2 (2000), pp. 178–190.

97. Staff, "Why We Don't Hear Others," *Communication Briefings* XX, No. 1 (2003), p. 2.

98. Staff, "How to Deal With Conflict," *Communication Briefings* XX, No. 1 (2003), p. 1.

99. T. Gordon, *Parent Effectiveness Training* (New York: Wyden, 1970).

100. P.S. Nugent, "Managing Conflict: Third-Party Interventions for Managers," *Academy of Management Executive* 16, No. 1 (2002), pp. 139–154.

101. J. Schaubroeck and S.S.K. Lam, "How Similarity to Peers and Supervisor Influences Organizational Advancement in Different Cultures," *Academy of Management Journal* 45, No. 6 (2002), pp. 1120–1136.

第7章

1. R. Hogan and R. Warrenfeltz, "Educating the Modern Manager," *Academy of Management Learning and Education* 2, No. 1 (2003), pp. 74–84.

2. J.P. Doh, "Can Leadership Be Taught? Perspectives From Management Educators," *Academy of Management Learning and Education* 2, No. 1 (2003), pp. 54–67.

3. T. Dvir, B.J. Avolio, and B. Shamir, "Impact of Transformational Leadership on Follower Development and Performance: A Field Experiment," *Academy of Management Journal* 45, No. 4 (2002), pp. 735–744.

4. T. Owen, "Elements of Leadership Are Key," *San Diego Business Journal* 21, No. 23 (June 5, 2000), p. 82.

5. J.P. Doh, "Can Leadership Be Taught? Perspectives From Management Educators," *Academy of Management Learning and Education* 2, No. 1 (2003), pp. 54–67.

6. R. Alsop, "Playing Well with Others," *The Wall Street Journal*, September 9, 2002, p. R11.

7. D. Cottrell, "The Need for Speed in New Millennium Leadership Styles," *Employment Relations Today* 27, No. 1 (2000), pp. 61–71.

8. "Leading Effectively," *Association Management* 52, No. 3 (March 2000), p. 23.

9. D. Cottrell, "The Need for Speed in New Millennium Leadership Styles," *Employment Relations Today* 27, No. 1 (2000), pp. 61–71.

10. J.C. Pastor, J.R. Meindl, and M.C. Mayo, "A Network Effects Model of Charisma Attributions," *Academy of Management Journal* 45, No. 2 (2002), pp. 410–420.

11. M.A. O'Neil, "Developing Leaders," *Supervision* 61, No. 3 (March 2000), p. 3.

12. Based on a Princeton University study reported in *The Wall Street Journal*, 2002, p. A1.

13. T. Dvir, B.J. Avolio, and B. Shamir, "Impact of Transformational Leadership on Follower Development and Performance: A Field Experiment," *Academy of Management Journal* 45, No. 4 (2002), pp. 735–744.

14. J.C. Pastor, J.R. Meindl, and M.C. Mayo, "A Network Effects Model of Charisma Attributions," *Academy of Management Journal* 45, No. 2 (2002), pp. 410–420.

15. D. Cottrell, "The Need for Speed in New Millennium Leadership Styles," *Employment Relations Today* 27, No. 1 (2000), pp. 61–71.

16. A. Oliver, "NLC Summit Will Address Leadership Challenges," *Nation's Cities Weekly* 23, No. 14 (April 10, 2000), p. 1.

17. J.P. Doh, "Can Leadership Be Taught? Perspectives From Management Educators," *Academy of Management Learning and Education* 2, No. 1 (2003), pp. 54–67.

18. B. Bass, *Handbook of Leadership*, (New York: Free Press, 1990).

19. R.E. Boyatzis, E.C. Stubbs, and S.N. Taylor, "Learning Cognitive and Emotional Intelligence Competencies through Graduate Management Education," *Academy of Management Learning and Education* 1, No. 2 (2002), pp. 150–162.

20. J.P. Doh, "Can Leadership Be Taught? Perspectives From Management Educators," *Academy of Management Learning and Education* 2, No. 1 (2003), pp. 54–67.

21. E. Ghiselli, *Explorations in Management Talent* (Santa Monica, CA: Goodyear Publishing, 1971).

22. Staff, "What Are the Most Important Traits for Success as a Supervisor?" *The Wall Street Journal*, November 14, 1980, p. 33.

23. M.C. Bolino, W.H. Turnley, and J.M. Bloodgood, "Citizenship Behavior and the Creation of Social Capital in Organizations," *Academy of Management Review* 27, No. 4 (2002), pp. 505–522.

24. R. Likert, *New Patterns of Management* (New York: McGraw-Hill, 1961).

25. R.M. Stogdill and A.E. Coons (eds.), *Leader Behavior: Its Description and Measurement* (Columbus: The Ohio State University Bureau of Business Research, 1957).

26. R. Blake and J. Mouton, *The Managerial Grid* (Houston: Gulf Publishing, 1964).

27. R. Blake and J. Mouton, *The New Managerial Grid* (Houston: Gulf Publishing, 1978).

28. R. Blake and J. Mouton, *The Managerial Grid III: Key to Leadership Excellence* (Houston: Gulf Publishing, 1985).

29. R. Blake and A.A. McCanse, *Leadership Dilemmas-Grid Solutions* (Houston, Tex.: Gulf Publishing, 1991).

30. L. Pheng and B. Lee, "Managerial Grid" and Zhuge Liang's "Art of Management: Integration for Effective Project Management," *Management Decision* 35, No. 5–6 (May–June 1997), pp. 382–392.

31. T. Dvir, B.J. Avolio, and B. Shamir, "Impact of Transformational Leadership on Follower Development and Performance: A Field Experiment," *Academy of Management Journal* 45, No. 4 (2002), pp. 735–744.

32. N. Tichy and M.A. Devanna, *The Transformational Leader* (New York: John Wiley & Sons, 1986).

33. R.T. Sparrowe and R.C. Liden, "Process and Structure in Leader-Member Exchange," *Academy of Management Exchange* 22, No. 2 (April 1997), pp. 522–552.

34. T. Dvir, B.J. Avolio, and B. Shamir, "Impact of Transformational Leadership on Follower Development and Performance: A Field Experiment," *Academy of Management Journal* 45, No. 4 (2002), pp. 735–744.

35. W.L. Gardner and B.J. Avolio, "The Charismatic Relationship: A Dramaturgical Perspective," *Academy of Management Review* 23, No. 1 (1998), pp. 32–58.

36. T. Dvir, B.J. Avolio, and B. Shamir, "Impact of Transformational Leadership on Follower Development and Performance: A Field Experiment," *Academy of Management Journal* 45, No. 4 (2002), pp. 735–744.

37. J.C. Pastor, J.R. Meindl, and M.C. Mayo, "A Network Effects Model of Charisma Attributions," *Academy of Management Journal* 45, No. 2 (2002), pp. 410–420.

38. W.P. Wan and R.E. Hoskisson, "Home Country Environments, Corporate Diversification Strategies, and Firm Performance," *Academy of Management Journal* 46, No. 1 (2003), pp. 27–45.

39. F. Fiedler, *A Theory of Leadership Effectiveness* (New York: McGraw-Hill 1967).

40. R. Tannenbaum and W. Schmidt, "How to Choose a Leadership Pattern," *Harvard Business Review* (May–June 1973), p. 166.

41. V. Vroom and P. Yetton, *Leadership and Decision Making* (Pittsburgh: University of Pittsburgh Press, 1973).

42. V.H. Vroom, "Leadership and the Decision-Making Process," *Organizational Dynamics* 28 (Spring 2000), pp. 82–94.

43. P. Hersey and K. Blanchard, *Management of Organizational Behavior: Utilizing Human Resources*, 4e (Englewood Cliffs, N.J.: Prentice Hall, 1982).

44. D. Cottrell, "The Need for Speed in New Millennium Leadership Styles," *Employment Relations Today* 27, No. 1 (2000), pp. 61–71.

45. "How Situational Leadership Fits into Today's Organizations," *Supervisory Management* 41, No. 2 (February 1996), p. 1–3.

46. S. Kerr and J.M. Jermier, "Substitutes for Leadership: The Meaning and Measurement," *Organizational Behavior and Human Performance* 22 (1978), pp. 375–403.

47. M.A. Schiling and H.K. Steensma, "The Use of Modular Organizational Forms: An Industry-Level Analysis," *Academy of Management Journal* 44, No. 6 (2001), pp. 1149–1168.

48. J. Child and R.G. McGrath, "Organizations Unfettered: Organizational Form in an Information-Intensive Economy," *Academy of Management Journal* 44, No. 6 (2001), pp. 1135–1148.

49. D. Cottrell, "The Need for Speed in New Millennium Leadership Styles," *Employment Relations Today* 27, No. 1 (2000), pp. 61–71.

50. J.A. Petrick, R.F. Scherer, J.D. Brodzinski, J.F. Quinn, and M.F. Ainina, "Global Leadership Skills and Reputational Capital: Intangible Resources for Sustainable Competitive Advantage," *Academy of Management Executive* 13, No. 1 (1999), pp. 58–69.

51. J. Child and R.G. McGrath, "Organizations Unfettered: Organizational Form in an Information-Intensive Economy," *Academy of Management Journal* 44, No. 6 (2001), pp. 1135–1148.

52. J.G. Hunt, "International Perspectives on International Leadership," *Leadership Quarterly* (Fall 1997), pp. 203–231.

53. W. Ouchi, *Theory Z—How American Business Can Meet the Japanese Challenge* (Reading, MA: Addison-Wesley, 1981).

54. S.P. Robbins and M. Coulter, *Management* 7e, (Upper Saddle River, NJ: Prentice-Hall, 2002), pp. 481–483.

55. P. Labarre, "Leaders.com," *Fast Company*, June 1999, p. 96.

56. P.K. Mills and G.R. Ungson, "Reassessing the Limits of Structural Empowerment: Organizational Constitution and Trust as Controls," *Academy of Management Review* 28, No. 1 (2003), pp. 143–153.

57. B.L. Kirkman, B. Rosen, C.B. Gibson, P.E. Tesluk, and S.O. McPherson, "Five Challenges to Virtual Team Success: Lessons from Sabre, Inc.," *Academy of Management Executive* 16, No. 3 (2002), pp. 67–78.

58. P.K. Mills and G.R. Ungson, "Reassessing the Limits of Structural Empowerment: Organizational Constitution and Trust as Controls," *Academy of Management Review* 28, No. 1 (2003), pp. 143–153.

59. B.L. Kirkman, B. Rosen, C.B. Gibson, P.E. Tesluk, and S.O. McPherson, "Five Challenges to Virtual Team Success: Lessons from Sabre, Inc.," *Academy of Management Executive* 16, No. 3 (2002), pp. 67–78.

60. M. Williams, "In Whom We Trust: Group Membership as an Effective Context for Trust Development," *Academy of Management Review* 26, No. 3 (2001), pp. 377–396.

61. B.J. Tepper and E.C. Taylor, "Relationships among Supervisors' and Subordinates' Procedural Justice Perceptions and Organizational Citizenship Behaviors," *Academy of Management Journal* 46, No. 1 (2003), pp. 97–105.

62. C. Hymowitz, "Managers Have Ways to Test the Mettle of Business Leaders," *The Wall Street Journal*, August 20, 2002, p. B1.

63. S.P. Robbins, *Essentials of Organizational Behavior* 7e, (Upper Saddle River, NJ: Prentice-Hall, 2002), pp. 146–147.

64. Staff, "How to Build Personal Trust," *Communication Briefings* XX, No. 1 (2003), p. 2.

65. P.L. Schindler and C.C. Thomas, "The Structure of Interpersonal Trust in the Workplace," *Psychological Reports*, October 1993, pp. 563–573.

66. R. Hogan and R. Warrenfeltz, "Educating the Modern Manager," *Academy of Management Learning and Education* 2, No. 1 (2003), pp. 74–84.
67. C. Hymowitz, "Managers Have Ways to Test the Mettle of Business Leaders," *The Wall Street Journal*, August 20, 2002, p. B1.
68. Staff, "6 Ways to Build a Top Staff," *Communication Briefings* XX, No. 1 (2003), p. 2.
69. R.C. Ford, "Darden Restaurants CEO Joe Lee on the Importance of Core Values: Integrity and Fairness," *Academy of Management Executive* 16, No. 1 (2002), pp. 31–36.
70. B.J. Tepper and E.C. Taylor, "Relationships among Supervisors' and Subordinates' Procedural Justice Perceptions and Organizational Citizenship Behaviors," *Academy of Management Journal* 46, No. 1 (2003), pp. 97–105.
71. Staff, "How to Build Personal Trust," *Communication Briefings* XX, No. 1 (2003), p. 6
72. Staff, "How to Build Personal Trust," *Communication Briefings* XX, No. 1 (2003), p. 2.
73. C. Hymowitz, "Managers Have Ways to Test the Mettle of Business Leaders," *The Wall Street Journal*, August 20, 2002, p. B1.
74. Staff, "Walk the Talk," *Communication Briefings* XX, No. 1 (2003), p. 4.
75. C. Hymowitz, "Managers Have Ways to Test the Mettle of Business Leaders," *The Wall Street Journal*, August 20, 2002, p. B1.
76. Staff, "6 Ways to Build a Top Staff," *Communication Briefings* XX, No. 1 (2003), p. 2.
77. Staff, "How to Build Personal Trust," *Communication Briefings* XX, No. 1 (2003), p. 6.
78. Staff, "6 Ways to Build a Top Staff," *Communication Briefings* XX, No. 1 (2003), p. 2.
79. J. Luft, *Of Human Interaction* (Palo Alto, CA: Nationals Press, 1969).
80. Information on Motorola taken from its website, www.motorola.com, About Motorola link, on July 22, 2003. Carl Thomson is not an actual employee of Motorola.

第8章

1. The information for this case was taken from the Bumble Bee website, www.bumblebee.com. Latoia Henderson is not a Bumble Bee employee, but this scenario is common to all organizations.
2. M.C. Bolino, W.H. Turnley, and J.M. Bloodgood, "Citizenship Behavior and the Creation of Social Capital in Organizations," *Academy of Management Review* 27, No. 4 (2002), pp. 505–522.
3. E.J. Gatewood, K.G. Shaver, J.B. Powers, and W.B. Gartner, "Entrepreneurial Expectancy, Task Effort, and Performance," *Entrepreneurship Theory & Practice*, (Winter 2002), pp. 187–196.
4. R.C. Ford, "Pierre Bellon, founder and President-Director General of Sodexho Alliance, on Working Hard and Having Fun," *Academy of Management Executive* 17, No. 1 (2003), pp. 38–45.
5. C. Hymowitz, "Many Executives Today Were Late Bloomers in Need of a Challenge," *The Wall Street Journal*, October 28, 2002, p. B1.
6. A.R. Karr, "The Checkoff," *The Wall Street Journal*, February 8, 2000, p. A1.
7. A.D. Stajkovic and F. Luthans, "Differential Effects of Incentive Motivators on Work Performance," *Academy of Management Journal* 4, No. 3 (2001) pp. 580–590.
8. F. Luthans, "Positive Organizational Behavior: Developing and Managing Psychological Strengths," *Academy of Management Executive* 16, No. 1 (2002), pp. 57–72.
9. P. Brandes, R. Dharwadkar, and G.V. Lemesis, "Effective Employee Stock Option Design: Reconciling Stakeholder, Strategic, and Motivational Factors," *Academy of Management Executive* 17, No. 1 (2003), pp. 77–93.
10. E.J. Gatewood, K.G. Shaver, J.B. Powers, and W.B. Gartner, "Entrepreneurial Expectancy, Task Effort, and Performance," *Entrepreneurship Theory & Practice*, (Winter 2002), pp. 187–196.
11. O. Janssen, "Fairness Perceptions as a Moderator in the Curvilinear Relationships between Job Demands, and Job Performance and Job Satisfaction," *Academy of Management Journal* 44, No. 5 (2001), pp. 1039–1050.
12. A.D. Stajkovic and F. Luthans, "Differential Effects of Incentive Motivators on Work Performance," *Academy of Management Journal* 4, No. 3 (2001) pp. 580–590.
13. Based on a paper sent by Robert Ferguson to the author in July 2003.
14. N.W. Van Yperen and O. Janssen, "Fatigued and Dissatisfied or Fatigued but Satisfied? Goal Orientations and Responses to High Job Demands," *Academy of Management Journal* 45, No. 6 (2002), pp. 1161–1171.
15. A.D. Stajkovic and F. Luthans, "Differential Effects of Incentive Motivators on Work Performance," *Academy of Management Journal* 4, No. 3 (2001) pp. 580–590.
16. M.J. Lankau and T.A. Scandura, "An Investigation of Personal Learning in Mentoring Relationships: Content, Antecedents, and Consequences," *Academy of Management Journal* 45, No. 4 (2002), pp. 779–790.
17. O. Janssen, "Fairness Perceptions as a Moderator in the Curvilinear Relationships between Job Demands, and Job Performance and Job Satisfaction," *Academy of Management Journal* 44, No. 5 (2001), pp. 1039–1050.
18. E.J. Gatewood, K.G. Shaver, J.B. Powers, and W.B. Gartner, "Entrepreneurial Expectancy, Task Effort, and Performance," *Entrepreneurship Theory & Practice*, (Winter 2002), pp. 187–196.
19. A. Maslow, "A Theory of Human Motivations," *Psychological Review* 50 (1943), pp. 370–396; and *Motivation and Personality* (New York: Harper & Row, 1954).
20. M.C. Bolino, W.H. Turnley, and J.M. Bloodgood, "Citizenship Behavior and the Creation of Social Capital in Organizations," *Academy of Management Review* 27, No. 4 (2002), pp. 505–522.
21. F. Herzberg, "One More Time: How Do You Motivate Employees?" *Harvard Business Review*, (January–February 1968), pp. 53–62.
22. T. Petzinger, "Peter Drucker: The 'Arch-Guru of Capitalism' Argues That We Need a New Economic Theory and a New Management Model," *The Wall Street Journal*, January 1, 2000, p. R34.
23. M.C. Bolino, W.H. Turnley, and J.M. Bloodgood, "Citizenship Behavior and the Creation of Social Capital in Organizations," *Academy of Management Review* 27, No. 4 (2002), pp. 505–522.
24. T.R. Mitchell and A.E. Mickel, "The Meaning of Money: An Individual-Difference Perspective," *Academy of Management Review* 24, No. 3 (1999), pp. 568–578.
25. F. Herzberg, "One More Time: How Do You Motivate Employees?" *Harvard Business Review*, (January 2003), pp. 87–96.
26. Ibid.
27. H. Murry, *Explorations in Personality* (New York: Oxford Press, 1938).
28. J. Atkinson, *An Introduction to Motivation* (New York: Van Nostrand Reinhold, 1964); D. McClelland, *The Achieving Society* (New York: Van Nostrand Reinhold, 1961).
29. D. McClelland, *The Achieving Society* (New York: Van Nostrand Reinhold, 1961); and D. McClelland and

D.H. Burnham, "Power Is the Great Motivator," *Harvard Business Review,* (March–April 1978), p. 103.

30. N.W. Van Yperen and O. Janssen, "Fatigued and Dissatisfied or Fatigued but Satisfied? Goal Orientations and Responses to High Job Demands," *Academy of Management Journal* 45, No. 6 (2002), pp. 1161–1171.

31. C. Hymowitz, "Managers Have Ways to Test the Mettle of Business Leaders," *The Wall Street Journal,* August 20, 2002, p. B1.

32. M.C. Bolino, W.H. Turnley, and J.M. Bloodgood, "Citizenship Behavior and the Creation of Social Capital in Organizations," *Academy of Management Review* 27, No. 4 (2002), pp. 505–522.

33. A.D. Stajkovic and F. Luthans, "Differential Effects of Incentive Motivators on Work Performance," *Academy of Management Journal* 4, No. 3 (2001) pp. 580–590.

34. C. Tejada, "Priceless?" *The Wall Street Journal,* May 30, 2000, p. A1.

35. A.D. Stajkovic and F. Luthans, "Differential Effects of Incentive Motivators on Work Performance," *Academy of Management Journal* 4, No. 3 (2001) pp. 580–590.

36. N.W. Van Yperen and O. Janssen, "Fatigued and Dissatisfied or Fatigued but Satisfied? Goal Orientations and Responses to High Job Demands," *Academy of Management Journal* 45, No. 6 (2002), pp. 1161–1171.

37. B.J. Tepper and E.C. Taylor, "Relationships among Supervisors' and Subordinates' Procedural Justice Perceptions and Organizational Citizenship Behaviors," *Academy of Management Journal* 46, No. 1 (2003), pp. 97–105.

38. F. Luthans, "Positive Organizational Behavior: Developing and Managing Psychological Strengths," *Academy of Management Executive* 16, No. 1 (2002), pp. 57–72.

39. V. Vroom, *Work and Motivation* (New York: John Wiley & Sons, 1964).

40. E.J. Gatewood, K.G. Shaver, J.B. Powers, and W.B. Gartner, "Entrepreneurial Expectancy, Task Effort, and Performance," *Entrepreneurship Theory & Practice,* (Winter 2002), pp. 187–196.

41. S.B. Bacharach, P.A. Bamberger, and W.J. Sonnenstuhl, "Driven to Drink: Managerial Control, Work-Related Risk Factors, and Employee Problem Drinking," *Academy of Management Journal* 45, No. 4 (2002), pp. 637–658.

42. O. Janssen, "Fairness Perceptions as a Moderator in the Curvilinear Relationships between Job Demands, and Job Performance and Job Satisfaction," *Academy of Management Journal* 44, No. 5 (2001), pp. 1039–1050.

43. D. Ilgen, D. Nebeker, and R. Pritchard, "Expectancy Theory Measures: An Empirical Comparison in an Experimental Simulation," *Organizational Behavior and Human Performance* 28, No. 2 (1981), pp. 189–223.

44. F. Luthans, "Positive Organizational Behavior: Developing and Managing Psychological Strengths," *Academy of Management Executive* 16, No. 1 (2002), pp. 57–72.

45. R. Quick, "A Makeover That Began at the Top," *The Wall Street Journal,* May 25, 2000, p. B1.

46. B.J. Tepper and E.C. Taylor, "Relationships among Supervisors' and Subordinates' Procedural Justice Perceptions and Organizational Citizenship Behaviors," *Academy of Management Journal* 46, No. 1 (2003), pp. 97–105.

47. E.J. Gatewood, K.G. Shaver, J.B. Powers, and W.B. Gartner, "Entrepreneurial Expectancy, Task Effort, and Performance," *Entrepreneurship Theory & Practice,* (Winter 2002), pp. 187–196.

48. Ibid.

49. Ibid.

50. S. Adams, "Toward an Understanding of Inequity," *Journal of Abnormal and Social Psychology* 67, No. 4 (1963), pp. 422–436.

51. M. Bloom, "The Performance Effects of Pay Dispersion on Individuals and Organizations," *Academy of Management Journal* 42, No. 1 (1999), pp. 25–40.

52. O. Janssen, "Fairness Perceptions as a Moderator in the Curvilinear Relationships between Job Demands, and Job Performance and Job Satisfaction," *Academy of Management Journal* 44, No. 5 (2001), pp. 1039–1050.

53. B.J. Tepper and E.C. Taylor, "Relationships among Supervisors' and Subordinates' Procedural Justice Perceptions and Organizational Citizenship Behaviors," *Academy of Management Journal* 46, No. 1 (2003), pp. 97–105.

54. M. P. Mangaliso, "Building Competitive Advantage from Ubuntu: Management Lessons from South Africa," *Academy of Management Executive* 15, No. 3 (2001), pp. 23–33.

55. Ibid.

56. O. Janssen, "Fairness Perceptions as a Moderator in the Curvilinear Relationships between Job Demands, and Job Performance and Job Satisfaction," *Academy of Management Journal* 44, No. 5 (2001), pp. 1039–1050.

57. B.J. Tepper and E.C. Taylor, "Relationships among Supervisors' and Subordinates' Procedural Justice Perceptions and Organizational Citizenship Behaviors," *Academy of Management Journal* 46, No. 1 (2003), pp. 97–105.

58. M. P. Mangaliso, "Building Competitive Advantage from Ubuntu: Management Lessons from South Africa," *Academy of Management Executive* 15, No. 3 (2001), pp. 23–33.

59. I. Morgan and J. Rao, "Aligning Service Strategy through Super-Measure Management," *Academy of Management Executive* 16, No. 4 (2002), pp. 121–131.

60. A.D. Stajkovic and F. Luthans, "Differential Effects of Incentive Motivators on Work Performance," *Academy of Management Journal* 4, No. 3 (2001) pp. 580–590.

61. I. Morgan and J. Rao, "Aligning Service Strategy through Super-Measure Management," *Academy of Management Executive* 16, No. 4 (2002), pp. 121–131.

62. B.F. Skinner, *Beyond Freedom and Dignity* (New York: Alfred A. Knopf, 1971).

63. S.B. Bacharach, P.A. Bamberger, and W.J. Sonnenstuhl, "Driven to Drink: Managerial Control, Work-Related Risk Factors, and Employee Problem Drinking," *Academy of Management Journal* 45, No. 4 (2002), pp. 637–658.

64. F. Luthans and A.D. Stajkovic, "Reinforce for Performance: The Need to Go Beyond Pay and Even Rewards," *Academy of Management Executive* 13, No. 3 (1999), pp. 49–57.

65. I. Morgan and J. Rao, "Aligning Service Strategy through Super-Measure Management," *Academy of Management Executive* 16, No. 4 (2002), pp. 121–131.

66. S.B. Bacharach, P.A. Bamberger, and W.J. Sonnenstuhl, "Driven to Drink: Managerial Control, Work-Related Risk Factors, and Employee Problem Drinking," *Academy of Management Journal* 45, No. 4 (2002), pp. 637–658.

67. B.J. Tepper and E.C. Taylor, "Relationships among Supervisors' and Subordinates' Procedural Justice Perceptions and Organizational Citizenship Behaviors," *Academy of Management Journal* 46, No. 1 (2003), pp. 97–105.

68. M.E. Furman, "Reverse the 80–20 Rule," *Management Review* 86, No. 1 (January 1997), pp. 18–21.

69. Staff, "How to be a Great Manager," *Communication Briefings* XX, No. 1 (2003), p. 5.

70. E.J. Gatewood, K.G. Shaver, J.B. Powers, and W.B. Gartner, "Entrepreneurial Expectancy, Task Effort, and Performance," *Entrepreneurship Theory & Practice,* (Winter 2002), pp. 187–196.

71. Staff, "How to be a Great Manager," *Communication Briefings* XX, No. 1 (2003), p. 5.

72. P. Brandes, R. Dharwadkar, and G.V. Lemesis, "Effective Employee Stock Option Design: Reconciling Stakeholder, Strategic, and Motivational Factors," *Academy of Management Executive* 17, No. 1 (2003), pp. 77–93.

73. T. Petzinger, "Edward O. Wilson: Human Nature, Dr. Wilson Believes, Has Changed Little in Many Millennia. And It Will Change Very Little in the Millennia Ahead," *The Wall Street Journal*, January 1, 2000, p. R16.

74. B.J. Tepper and E.C. Taylor, "Relationships among Supervisors' and Subordinates' Procedural Justice Perceptions and Organizational Citizenship Behaviors," *Academy of Management Journal* 46, No. 1 (2003), pp. 97–105.

75. T. Petzinger, "Peter Drucker: The 'Arch-Guru of Capitalism' Argues That We Need a New Economic Theory and a New Management Model," *The Wall Street Journal*, January 1, 2000, p. R34.

76. Staff, "How to be a Great Manager," *Communication Briefings* XX, No. 1 (2003), p. 5.

77. F. Luthans, "Positive Organizational Behavior: Developing and Managing Psychological Strengths," *Academy of Management Executive* 16, No. 1 (2002), pp. 57–72.

78. K. Blanchard and S. Johnson, *The One-Minute Manager* (New York: Wm. Morrow, 1982).

79. E.C. Hollensbe and J.P. Guthrie, "Group Pay for Performance Plans: The Role of Spontaneous Goal Setting," *Academy of Management Review* 25, No. 4 (2000), pp. 864–872.

80. D.C. Hambrick and J.W. Fredrickson, "Are You Sure You Have a Strategy?" *Academy of Management Executive* 15, No. 4 (2001), pp. 48–59.

81. N.W. Van Yperen and O. Janssen, "Fatigued and Dissatisfied or Fatigued but Satisfied? Goal Orientations and Responses to High Job Demands," *Academy of Management Journal* 45, No. 6 (2002), pp. 1161–1171.

82. Staff, "How to be a Great Manager," *Communication Briefings* XX, No. 1 (2003), p. 5.

83. E.C. Hollensbe and J.P. Guthrie, "Group Pay for Performance Plans: The Role of Spontaneous Goal Setting," *Academy of Management Review* 25, No. 4 (2000), pp. 864–872.

84. I. Morgan and J. Rao, "Aligning Service Strategy through Super-Measure Management," *Academy of Management Executive* 16, No. 4 (2002), pp. 121–131.

85. B.J. Tepper and E.C. Taylor, "Relationships among Supervisors' and Subordinates' Procedural Justice Perceptions and Organizational Citizenship Behaviors," *Academy of Management Journal* 46, No. 1 (2003), pp. 97–105.

86. E.C. Hollensbe and J.P. Guthrie, "Group Pay for Performance Plans: The Role of Spontaneous Goal Setting," *Academy of Management Review* 25, No. 4 (2000), pp. 864–872.

87. F. Luthans, "Positive Organizational Behavior: Developing and Managing Psychological Strengths," *Academy of Management Executive* 16, No. 1 (2002), pp. 57–72.

88. E.C. Hollensbe and J.P. Guthrie, "Group Pay for Performance Plans: The Role of Spontaneous Goal Setting," *Academy of Management Review* 25, No. 4 (2000), pp. 864–872.

89. D.C. Hambrick and J.W. Fredrickson, "Are You Sure You Have a Strategy?" *Academy of Management Executive* 15, No. 4 (2001), pp. 48–59.

90. J.W. Gibson and D.V. Tesone, "Management Fad: Emergence, Evolution, and Implications for Managers," *Academy of Management Executive* 15, No. 4 (2001), pp. 122–133.

91. B. McKay, "Street Seeks Real Thing," *The Wall Street Journal*, January 17, 2000, p. C1.

92. "Hyundai Plans to Link Up," *The Wall Street Journal*, January 11, 2000, p. A1.

93. J. Sandberg, "Better Than Great-And Other Tall Tales of Self-Evaluations," *The Wall Street Journal*, March 12, 2003, p. B1.

94. E.C. Hollensbe and J.P. Guthrie, "Group Pay for Performance Plans: The Role of Spontaneous Goal Setting," *Academy of Management Review* 25, No. 4 (2000), pp. 864–872.

95. T. Petzinger, "Peter Drucker: The 'Arch-Guru of Capitalism' Argues That We Need a New Economic Theory and a New Management Model," *The Wall Street Journal*, January 1, 2000, p. R34.

96. F. Herzberg, "One More Time: How Do You Motivate Employees?" *Harvard Business Review* (January 2003), pp. 87–96.

97. C. Hymowitz, "Many Executives Today Were Late Bloomers in Need of a Challenge," *The Wall Street Journal*, October 28, 2002, p. B1.

98. C. Hymowitz, "Managers Have Ways to Test the Mettle of Business Leaders," *The Wall Street Journal*, August 20, 2002, p. B1.

99. M.J. Lankau and T.A. Scandura, "An Investigation of Personal Learning in Mentoring Relationships: Content, Antecedents, and Consequences," *Academy of Management Journal* 45, No. 4 (2002), pp. 779–790.

100. F. Herzberg, "One More Time: How Do You Motivate Employees?" *Harvard Business Review* (January 2003), pp. 87–96.

101. S.L. Mueller and L.D. Clarke, "Political-Economic Context and Sensitivity to Equity: Differences between the United States and the Transition Economies of Central and Eastern Europe," *Academy of Management Journal* 41, No. 3 (1998), pp. 319–329.

102. T. Mroczkowski and M. Hanaoka, "Effective Right Sizing Strategies in Japan and America: Is There a Convergence of Employment," *Academy of Management Executive* 11, No. 1 (February 1997), pp. 57–67.

103. A. Dubinsky, M. Kotabe, C.U. Lim, and R. Michaels, "Differences in Motivational Perceptions among U.S., Japanese, and Korean Sales Personnel," *Journal of Business Research* 30, No. 2 (June 1994), pp. 175–185.

104. M. P. Mangaliso, "Building Competitive Advantage from Ubuntu: Management Lessons from South Africa," *Academy of Management Executive* 15, No. 3 (2001), pp. 23–33.

105. Staff, "Big Problem for Small Businesses: a Poor Work Ethic," *The Wall Street Journal*, February 8, 2000, p. A1.

106. E.C. Hollensbe and J.P. Guthrie, "Group Pay for Performance Plans: The Role of Spontaneous Goal Setting," *Academy of Management Review* 25, No. 4 (2000), pp. 864–872.

107. M.P. Mangaliso, "Building Competitive Advantage from Ubuntu: Management Lessons from South Africa," *Academy of Management Executive* 15, No. 3 (2001), pp. 23–33.

108. S.L. Mueller and L.D. Clarke, "Political-Economic Context and Sensitivity to Equity: Differences Between the United States and the Transition Economies of Central and Eastern Europe," *Academy of Management Journal* 41, No. 3 (1998), pp. 319–329.

109. E.C. Hollensbe and J.P. Guthrie, "Group Pay for Performance Plans: The Role of Spontaneous Goal Setting," *Academy of Management Review* 25, No. 4 (2000), pp. 864–872.

110. S.M. Puffer, "Continental Airlines' CEO Gordon Bethune on Teams and New Product Development," *Academy of Management Executive* 13, No. 3 (1999), pp. 28–35.

111. J. Thaler, "The Web at Work," *Seattle Times*, April 4, 1999, p. C1.
112. M. Conlin, "Workers, Surf at Your Own Risk," *Business Week*, June 12, 2000, pp. 105–106.
113. Ibid.
114. "Deming's Demons," *The Wall Street Journal*, June 4, 1990, pp. R39, 41.

第9章

1. The information for this case was taken from the Scitor website, *www.scitor.com*. Bob, Sally, Rodge, and Ted are not Scitor employees, but this scenario is common to all organizations.
2. M.G. Seo, "Overcoming Emotional Barriers, Political Obstacles, and Control Imperatives in the Action-Science Approach to Individual and Organizational Learning," *Academy of Management Learning and Education* 2, No. 1 (2003), pp. 7–21.
3. J.G. Combs and M.S. Skill, "Managerialist and Human Capital Explanations for Key Executive Pay Premiums: A Contingency Perspective," *Academy of Management Journal* 46, No. 1 (2003), pp. 63–73.
4. R. Lubit, "The Long-Term Organizational Impact of Destructively Narcissistic Managers," *Academy of Management Executive* 16, No. 1 (2002), pp. 127–138.
5. Based on a Princeton University study reported in *The Wall Street Journal*, January 10, 2002, p. A1.
6. W.A. Randolph and M. Sashkin, "Can Organizational Empowerment Work in Multinational Settings?" *Academy of Management Executive* 16, No. 1 (2002), pp. 102–115.
7. P.K. Mills and G.R. Ungson, "Reassessing the Limits of Structural Empowerment: Organizational Constitution and Trust as Controls," *Academy of Management Review* 28, No. 1 (2003), pp. 143–153.
8. T.G. Pollock and H.M. Fischer, "The Role of Power and Politics in the Repricing of Executive Options," *Academy of Management Journal* 45, No. 6 (2002), pp. 1172–1182.
9. T. O'Toole and B. Donaldson, "Relationship Governance Structures and Performance," *Journal of Marketing Management* 16, No. 4 (May 2000), p. 327.
10. B. Kotey and G. Meredith, "Relationships among Owner/Manager Personal Values, Business Strategies and Enterprise Performance," *Journal of Small Business Management* 35, No. 2 (April 1997), pp. 37–65.
11. C.W. Moon and A.A. Lado, "MNC-Host Government Bargaining Power Relationship: A Critique and Extension within the Resource-Based View," *Journal of Management* 26, No. 1 (January 2000), p. 85.
12. M.G. Seo, "Overcoming Emotional Barriers, Political Obstacles, and Control Imperatives in the Action-Science Approach to Individual and Organizational Learning," *Academy of Management Learning and Education* 2, No. 1 (2003), pp. 7–21.
13. T.G. Pollock and H.M. Fischer, "The Role of Power and Politics in the Repricing of Executive Options," *Academy of Management Journal* 45, No. 6 (2002), pp. 1172–1182.
14. R. Hogan and R. Warrenfeltz, "Educating the Modern Manager," *Academy of Management Learning and Education* 2, No. 1 (2003), pp. 74–84.
15. J. French and B. Raven, "A Comparative Analysis of Power and Preference," in J.T. Tedeschi, ed., *Prospectives on Social Power* (Hawthorne, N.Y.: Aldine Publishing, 1974).
16. J.G. Combs and M.S. Skill, "Managerialist and Human Capital Explanations for Key Executive Pay Premiums: A Contingency Perspective," *Academy of Management Journal* 46, No. 1 (2003), pp. 63–73.
17. R. Lubit, "The Long-Term Organizational Impact of Destructively Narcissistic Managers," *Academy of Management Executive* 16, No. 1 (2002), pp. 127–138.
18. C.S. Katsikeas, M.M.H. Goode, and E. Katsikea, "Sources of Power in International Marketing Channels," *Journal of Marketing Management* 16, No. 1–3 (January 2000), p. 185.
19. W.A. Randolph and M. Sashkin, "Can Organizational Empowerment Work in Multinational Settings?" *Academy of Management Executive* 16, No. 1 (2002), pp. 102–115.
20. M.R. Subramani and N. Venkatraman, "Safeguarding Investments in Asymmetric Interorganizational Relationships: Theory and Evidence," *Academy of Management Journal* 48, No. 1 (2003), pp. 46–62.
21. A. Gumbus, "Networking: A Long Term Management Strategy," *Clinical Leadership and Management Review* 17, No. 3 (2003), pp. 151–156.
22. B.J. Tepper and E.C. Taylor, "Relationships among Supervisors' and Subordinates' Procedural Justice Perceptions and Organizational Citizenship Behaviors," *Academy of Management Journal* 46, No. 1 (2003), pp. 97–105.
23. C.S. Katsikeas, M.M.H. Goode, and E. Katsikea, "Sources of Power in International Marketing Channels," *Journal of Marketing Management* 16, No. 1–3 (January 2000), p. 185.
24. Based on a Princeton University study reported in *The Wall Street Journal*, 2002, p. A1.
25. C.S. Katsikeas, M.M.H. Goode, and E. Katsikea, "Sources of Power in International Marketing Channels," *Journal of Marketing Management* 16, No. 1–3 (January 2000), p. 185.
26. H.P. Guzda, "The Business of Employee Empowerment: Democracy and Ideology in the Workplace," *Monthly Labor Review* 123, No. 2 (February 2000), pp. 49.
27. "Criterion: Arming Management with the Power of Information," *Dallas Business Journal* 23, No. 39 (May 19, 2000), p. 18c.
28. C.W. Moon and A.A. Lado, "MNC-Host Government Bargaining Power Relationship: A Critique and Extension within the Resource-Based View," *Journal of Management* 26, No. 1 (January 2000), p. 85.
29. J.G. Combs and M.S. Skill, "Managerialist and Human Capital Explanations for Key Executive Pay Premiums: A Contingency Perspective," *Academy of Management Journal* 46, No. 1 (2003), pp. 63–73.
30. M.R. Subramani and N. Venkatraman, "Safeguarding Investments in Asymmetric Interorganizational Relationships: Theory and Evidence," *Academy of Management Journal* 48, No. 1 (2003), pp. 46–62.
31. R. Alsop, "Playing Well with Others," *The Wall Street Journal*, September 9, 2002, p. R11.
32. R. Hogan and R. Warrenfeltz, "Educating the Modern Manager," *Academy of Management Learning and Education* 2, No. 1 (2003), pp. 74–84.
33. M.A. Reed-Woodard, "Campaigning for Office," *Black Enterprise* 30, No. 9 (2000), p. 68.
34. T.G. Pollock and H.M. Fischer, "The Role of Power and Politics in the Repricing of Executive Options," *Academy of Management Journal* 45, No. 6 (2002), pp. 1172–1182.
35. M.G. Seo, "Overcoming Emotional Barriers, Political Obstacles, and Control Imperatives in the Action-Science Approach to Individual and Organizational Learning," *Academy of Management Learning and Education* 2, No. 1 (2003), pp. 7–21.
36. B.J. Tepper and E.C. Taylor, "Relationships among Supervisors' and Subordinates' Procedural Justice Perceptions and Organizational Citizenship Behaviors," *Academy of Management Journal* 46, No. 1 (2003), pp. 97–105.

37. R.G. Cook and D.R. Fox, "Resources, Frequency, and Methods," *Business and Society* 39, No. 1 (March 2000), pp. 94–113.

38. Staff, "When Obstacles Get You Down," *Communication Briefings* XX No. 1 (2003), p. 2.

39. B.J. Tepper and E.C. Taylor, "Relationships among Supervisors' and Subordinates' Procedural Justice Perceptions and Organizational Citizenship Behaviors," *Academy of Management Journal* 46, No. 1 (2003), pp. 97–105.

40. M. Valle and P.M. Perrewe, "Do Politics Relate to Political Behavior? Test of an Implicit Assumption and Expanded Model," *Human Relations* 53, No. 3 (March 2000), p. 359.

41. T.G. Pollock and H.M. Fischer, "The Role of Power and Politics in the Repricing of Executive Options," *Academy of Management Journal* 45, No. 6 (2002), pp. 1172–1182.

42. Managing Your Career, "You Can Be Good at Office Politics without Being a Jerk," *The Wall Street Journal*, March 18, 1997, p. B1.

43. E.W. Morrison, "Newcomers' Relationships: The Role of Social Network Ties during Socialization," *Academy of Management Journal* 45, No. 6 (2002), pp. 1149–1160.

44. Business Bulletin, "A Special Background Report on Trends in Industry and Finance," *The Wall Street Journal*, April 17, 1997, p. B1.

45. R. Lubit, "The Long-Term Organizational Impact of Destructively Narcissistic Managers," *Academy of Management Executive* 16, No. 1 (2002), pp. 127–138.

46. S.G. Scott and V.R. Lane, "A Stakeholder Approach to Organizational Identity," *Academy of Management Review* 25, No. 1 (2000), pp. 43–62.

47. S. Berman, A.C. Wicks, S. Kotha, and T.M. Jones, "Does Stakeholder Orientation Matter? The Relationship between Stakeholder Management Models and Firm Financial Performance," *Academy of Management Journal* 42, No. 5, pp. 488–506.

48. Staff, "Liars Index," *The Wall Street Journal*, February 1, 2000, p. A1.

49. Staff, "Lying for the Boss," *The Wall Street Journal*, November 30, 1999, p. A1.

50. J.F. Harrison and R.E. Freeman, "Stakeholders, Social Responsibility, and Performance: Empirical Evidence and Theoretical Perspectives," *Academy of Management Journal* 42, No. 5 (1999), pp. 479–485.

51. S. Berman, A.C. Wicks, S. Kotha, and T.M. Jones, "Does Stakeholder Orientation Matter? The Relationship between Stakeholder Management Models and Firm Financial Performance," *Academy of Management Journal* 42, No. 5, pp. 488–506.

52. C. Hymowitz, "Managers Must Respond to Employee Concerns about Honest Business," *The Wall Street Journal*, February 19, 2002, p. B1.

53. M.J. Gundlach, S.C. Douglas, and M.J. Martinko, "The Decision to Blow the Whistle: A Social Information Processing Framework," *Academy of Management Review* 28, No. 1 (2003), pp. 107–123.

54. C. Hymowitz, "Managers Must Respond to Employee Concerns about Honest Business," *The Wall Street Journal*, February 19, 2002, p. B1.

55. R.A. Baron and G.D. Markman, "Beyond Social Capital: How Social Skills Can Enhance Entrepreneurs' Success," *Academy of Management Executive* 14, No. 1 (2000), pp. 106–108.

56. C. Hymowitz, "Managers Must Respond to Employee Concerns about Honest Business," *The Wall Street Journal*, February 19, 2002, p. B1.

57. R.A. Baron and G.D. Markman, "Beyond Social Capital: How Social Skills Can Enhance Entrepreneurs' Success," *Academy of Management Executive* 14, No. 1 (2000), pp. 106–108.

58. M.R. Subramani and N. Venkatraman, "Safeguarding Investments in Asymmetric Interorganizational Relationships: Theory and Evidence," *Academy of Management Journal* 48, No. 1 (2003), pp. 46–62.

59. Staff, "Getting Along With Your Boss," *Communication Briefings* XX, No. 1 (2003), p. 6.

60. M. Lynn, "How to Manage Your Boss," *Management Today*, January 2000, p. 66.

61. Staff, "Getting Along With Your Boss," *Communication Briefings* XX, No. 1 (2003), p. 6.

62. J. Schaubroeck and S.S.K. Lam, "How Similarity to Peers and Supervisor Influences Organizational Advancement in Different Cultures," *Academy of Management Journal* 45, No. 6 (2002), pp. 1120–1136.

63. R. Lubit, "The Long-Term Organizational Impact of Destructively Narcissistic Managers," *Academy of Management Executive* 16, No. 1 (2002), pp. 127–138.

64. J. Sandberg, "Better Than Great-And Other Tall Tales of Self-Evaluations," *The Wall Street Journal*, March 12, 2003, p. B1.

65. Staff, "6 Ways to Build a Top Staff," *Communication Briefings* XX, No. 1 (2003) p. 2.

66. M. Lynn, "How to Manage Your Boss," *Management Today*, January 2000, p. 66.

67. M.G. Seo, "Overcoming Emotional Barriers, Political Obstacles, and Control Imperatives in the Action-Science Approach to Individual and Organizational Learning," *Academy of Management Learning and Education* 2, No. 1 (2003), pp. 7–21.

68. J. Sandberg, "Better Than Great-And Other Tall Tales of Self-Evaluations," *The Wall Street Journal*, March 12, 2003, p. B1.

69. M. Lynn, "How to Manage Your Boss," *Management Today*, January 2000, p. 66.

70. Staff, "Consider Communicating," *Communication Briefings* XX, No. 1 (2003) p. 1.

71. Staff, "If You Must Criticize Someone," *Communication Briefings* XX, No. 1 (2003) p. 5.

72. J. Schaubroeck and S.S.K. Lam, "How Similarity to Peers and Supervisor Influences Organizational Advancement in Different Cultures," *Academy of Management Journal* 45, No. 6 (2002), pp. 1120–1136.

73. H. Lancaster, Managing Your Career, "Pick Your Fights Before Going Over Your Boss's Head," *The Wall Street Journal*, June 17, 1997, p. B1.

74. M. Lynn, "How to Manage Your Boss," *Management Today*, January 2000, p. 66.

75. J. Schaubroeck and S.S.K. Lam, "How Similarity to Peers and Supervisor Influences Organizational Advancement in Different Cultures," *Academy of Management Journal* 45, No. 6 (2002), pp. 1120–1136.

76. Staff, "6 Ways to Build a Top Staff," *Communication Briefings* XX, No. 1 (2003) p. 2.

77. Ibid.

78. Staff, "Communicating Better at Work," *Communication Briefings* XX, No. 1 (2003) p. 3.

79. M. Lynn, "How to Manage Your Boss," *Management Today*, January 2000, p. 66.

80. Staff, "How to Build Personal Trust," *Communication Briefings* XX, No. 1 (2003) p. 6.

81. Staff, "If You Must Criticize Someone," *Communication Briefings* XX, No. 1 (2003), p. 5.

82. M.R. Subramani and N. Venkatraman, "Safeguarding Investments in Asymmetric Interorganizational Relationships: Theory and Evidence," *Academy of Management Journal* 48, No. 1 (2003), pp. 46–62.

83. T. O'Toole and B. Donaldson, "Relationship Governance Structures and Performance," *Journal of Marketing Management* 16, No. 4 (May 2000), p. 327.
84. M.R. Subramani and N. Venkatraman, "Safeguarding Investments in Asymmetric Interorganizational Relationships: Theory and Evidence," *Academy of Management Journal* 48, No. 1 (2003), pp. 46–62.
85. G. Hofstede, *Culture's Consequences: International Difference in Work-Related Values* (Beverly Hills: Sage, 1980).
86. W.A. Randolph and M. Sashkin, "Can Organizational Empowerment Work in Multinational Settings?" *Academy of Management Executive* 16, No. 1 (2002), pp. 102–115.
87. P.K. Mills and G.R. Ungson, "Reassessing the Limits of Structural Empowerment: Organizational Constitution and Trust as Controls," *Academy of Management Review* 28, No. 1 (2003), pp. 143–153.
88. W.A. Randolph and M. Sashkin, "Can Organizational Empowerment Work in Multinational Settings?" *Academy of Management Executive* 16, No. 1 (2002), pp. 102–115.
89. W. Tsai, "Knowledge Transfer in Intraorganizational Networks Effects of Network Position and Absorptive Capacity on Business Unit Innovation and Performance," *Academy of Management Journal* 44, No. 5 (2002), pp. 996–1004.

第10章

1. Case information taken from the Toyota website, www.global.toyota.com, on August 8, 2003, and B. McClennan, "New Toyota Chief Has U.S. Credentials," *Ward's Auto World, June* 1999, p. 42.
2. C.W.L. Hill and F.T. Rothaermel, "The Performance of Incumbent Firms in the Face of Radical Technological Innovation," *Academy of Management Review* 28, No. 2 (2003), pp. 257–274.
3. R.E. Boyatzis, E.C. Stubbs, and S.N. Taylor, "Learning Cognitive and Emotional Intelligence Competencies through Graduate Management Education," *Academy of Management Learning and Education* 1, No. 2 (2002), pp. 150–162.
4. R. Hogan and R. Warrenfeltz, "Educating the Modern Manager," *Academy of Management Learning and Education* 2, No. 1 (2003), pp. 74–84.
5. W. Tsai, "Knowledge Transfer in Intraorganizational Networks Effects of Network Position and Absorptive Capacity on Business Unit Innovation and Performance," *Academy of Management Journal* 44, No. 5, pp. 996–1004.
6. E.W. Morrison, "Newcomers' Relationships: The Role of Social Network Ties during Socialization," *Academy of Management Journal* 45, No. 6 (2002), pp. 1149–1160.
7. C. Hymowitz, "Many Executives Today Were Late Bloomers In Need of a Challenge," *The Wall Street Journal*, October 28, 2002, p. B1.
8. M.R. Subramani and N. Venkatraman, "Safeguarding Investments in Asymmetric Interorganizational Relationships: Theory and Evidence," *Academy of Management Journal* 48, No. 1 (2003), pp. 46–62.
9. R.A. Baron and G.D. Markman, "Beyond Social Capital: How Social Skills Can Enhance Entrepreneurs' Success," *Academy of Management Executive* 14, No. 1 (2000), pp. 106–116.
10. P. Tharenou, "Going Up? Do Traits and Informal Social Processes Predict Advancing in Management?" *Academy of Management Journal* 44, No. 5 (2001), pp. 1005–1017.
11. S. Shellenbarger, "Along With Benefits and Pay, Employees Seek Friends on the Job," *The Wall Street Journal*, February 20, 2002, p. B1.
12. E.W. Morrison, "Newcomers' Relationships: The Role of Social Network Ties during Socialization," *Academy of Management Journal* 45, No. 6 (2002), pp. 1149–1160.
13. A. Gumbus, "Networking: A Long-Term Strategy," *Clinical Leadership & Management Review* 17, No. 3 (2003), pp. 151–156.
14. A. Fisher, "Surviving the Downturn," *Fortune* (April 2, 2001), pp. 98–106.
15. M. Messer, "Enhancing Your Career Opportunities through Networking," *National Public Accountant* 45, No. 3 (2000), pp. 70–71.
16. W. Tsai, "Knowledge Transfer in Intraorganizational Networks Effects of Network Position and Absorptive Capacity on Business Unit Innovation and Performance," *Academy of Management Journal* 44, No. 5, pp. 996–1004.
17. Ibid.
18. Staff, "One in Five Americans." *The Wall Street Journal*, July 28, 2003, p. A1.
19. N. Marshall, "Networking is Key to CFO Career Development," *Healthcare Financial Management* (March 2001), pp. 70–71.
20. E. W. Morrison, "Newcomers' Relationships: The Role of Social Network Ties during Socialization," *Academy of Management Journal* 45, No. 6 (2002), pp. 1149–1160.
21. A. Fisher, "Surviving the Downturn," *Fortune* (April 2, 2001), pp. 98–106.
22. J. Standke and C. Stell, "Networking Connections," *Legal Assistant Today* (May/June 2000), pp. 64–69.
23. J. Gitomer, "The Best Places for Successful Networking," *Business Record* 18, No. 17 (2002), pp. 23–24.
24. Adapted with permission from A. Gumbus and R.N. Lussier, "Career Development: Enhancing Your Networking Skill," *Clinical Leadership & Management Review* 17, No. 1 (2003), pp. 16–20.
25. P.S. Adler and S.W. Kwon, "Social Capital: Prospects for a New Concept," *Academy of Management Review* 27, No. 1 (2002), pp. 17–41.
26. A. Gumbus, "Networking: A Long-Term Strategy," *Clinical Leadership & Management Review* 17, No. 3 (2003), pp. 151–156.
27. A. Philippidis, "Hello, Now What? The Joys of Networking," *Westchester Country Business Journal* 40, No. 6 (2002), pp. 9–10.
28. Staff, "Communicating Better at Work," *Communication Briefings* XX, No. 1 (2003), p. 3.
29. Staff, "When Obstacles Get Your Down," *Communication Briefings* XX, No. 1 (2003), p. 2.
30. J. Quinn, "Getting Past Today's Layoffs," *Newsweek* (February 5, 2001), p. 46.
31. S. Shellenbarger, "Along With Benefits and Pay, Employees Seek Friends on the Job," *The Wall Street Journal*, February 20, 2002, p. B1.
32. W.M. Bulkeley and W. Wong, "Six Degrees of Exploitation?" *The Wall Street Journal*, August 4, 2003, p. B1.
33. K.A. Wade-Benzoni, A.J. Hoffman, L.L. Thompson, D.A. Moore, J.J. Gillespie, and M.H. Bazerman, "Barriers to Resolution in Ideologically Base Negotiations: The Role of Values and Institutions," *Academy of Management Review* 27, No. 1 (2002), pp. 41–57.
34. Staff, "How to Deal with Conflict," *Communication Briefings* XX, No. 1 (2003), p. 2.
35. K.A. Wade-Benzoni, A.J. Hoffman, L.L. Thompson, D.A. Moore, J.J. Gillespie, and M.H. Bazerman, "Barriers to Resolution in Ideologically Base Negotiations: The Role of Values and Institutions," *Academy of Management Review* 27, No. 1 (2002), pp. 41–57.
36. R. Hogan and R. Warrenfeltz, "Educating the Modern Manager," *Academy of Management Learning and Education* 2, No. 1 (2003), pp. 74–84.

37. Staff, "Interview with NYPD's Dominick J. Misino: Negotiating without a Net," *Harvard Business Review* 80 (October 2002), pp. 49–54.

38. W. French, C. Hasslein, and R. van Es, "Constructivist Negotiation Ethics," *Journal of Business Ethics*, (August 2002), pp. 83–91.

39. J. Pouliot, "Eight Steps to Success in Negotiating," *Nation's Business* 87, No. 4 (1999), p. 40.

40. Adapted with permission from R.N. Lussier, "Negotiation Process," *Clinical Leadership & Management Review* 14, No. 2 (2000), pp. 55–59.

41. M. Cohen, "Getting to 'No' Is Not the Worst That Can Happen," *Boston Business Journal* 21 (August 17, 2001), p. 28.

42. R. Hogan and R. Warrenfeltz, "Educating the Modern Manager," *Academy of Management Learning and Education* 2, No. 1 (2003), pp. 74–84.

43. K.A. Wade-Benzoni, A.J. Hoffman, L.L. Thompson, D.A. Moore, J.J. Gillespie, and M.H. Bazerman, "Barriers to Resolution in Ideologically Base Negotiations: The Role of Values and Institutions," *Academy of Management Review* 27, No. 1 (2002), pp. 41–57.

44. J. Pouliot, "Eight Steps to Success in Negotiating," *Nation's Business* 87, No. 4 (1999), p. 40.

45. Ibid.

46. D. Ertel, "Turning Negotiation into a Corporate Capability," *Harvard Business Review* 77, No. 3 (1999), p. 55.

47. Ibid.

48. M. Diener, "Fair Enough; Real Deal: To Be a Better Negotiator, Learn to Tell the Difference Between A Lie and A Lie," *Entrepreneur* 30 (January 2002), pp. 100–102.

49. M.P. Mangaliso, "Building Competitive Advantage from Ubuntu: Management Lessons from South Africa," *Academy of Management Executive* 15, No. 3 (2001), pp. 23–33.

50. R. Hogan and R. Warrenfeltz, "Educating the Modern Manager," *Academy of Management Learning and Education* 2, No. 1 (2003), pp. 74–84.

51. M.P. Mangaliso, "Building Competitive Advantage from Ubuntu: Management Lessons from South Africa," *Academy of Management Executive* 15, No. 3 (2001), pp. 23–33.

52. M.R. Subramani and N. Venkatraman, "Safeguarding Investments in Asymmetric Interorganizational Relationships: Theory and Evidence," *Academy of Management Journal* 48, No. 1 (2003), pp. 46–62.

53. J. Pouliot, "Eight Steps to Success in Negotiating," *Nation's Business* 87, No. 4 (1999), p. 40.

54. C. Hymowitz, "Many Executives Today Were Late Bloomers In Need of a Challenge," *The Wall Street Journal*, October 28, 2002, p. B1.

55. Personal experience of the author.

56. T. Nagle, "Evening the Odds in Price," *Across the Board* 36, No. 3 (March 1999), pp. 56–58.

57. M.P. Mangaliso, "Building Competitive Advantage from Ubuntu: Management Lessons from South Africa," *Academy of Management Executive* 15, No. 3 (2001), pp. 23–33.

58. M. Cohen, "Getting To 'No' Is Not the Worst That Can Happen," *Boston Business Journal* 21 (August 17, 2001), p. 28.

59. M.R. Subramani and N. Venkatraman, "Safeguarding Investments in Asymmetric Interorganizational Relationships: Theory and Evidence," *Academy of Management Journal* 48, No. 1 (2003), pp. 46–62.

60. J. Pouliot, "Eight Steps to Success in Negotiating," *Nation's Business* 87, No. 4 (1999), p. 40.

61. P. Lowe, "9 Secrets of Superstar Salespeople," *Success Yearbook* (Tampa: FL: Peter Lowe International, 1998), pp. 38–39.

62. T. Hank, "Four Sales Objections: And How to Handle Them," *Success Yearbook* (Tampa: FL: Peter Lowe International, 1998), pp. 58–59.

63. Ibid.

64. J. Pouliot, "Eight Steps to Success in Negotiating," *Nation's Business* 87, No. 4 (1999), p. 40.

65. M.R. Subramani and N. Venkatraman, "Safeguarding Investments in Asymmetric Interorganizational Relationships: Theory and Evidence," *Academy of Management Journal* 48, No. 1 (2003), pp. 46–62.

66. P. Lowe, "9 Secrets of Superstar Salespeople," *Success Yearbook* (Tampa: FL: Peter Lowe International, 1998), pp. 38–39.

67. K.A. Wade-Benzoni, A.J. Hoffman, L.L. Thompson, D.A. Moore, J.J. Gillespie, and M.H. Bazerman, "Barriers to Resolution in Ideologically Base Negotiations: The Role of Values and Institutions," *Academy of Management Review* 27, No. 1 (2002), pp. 41–57.

68. M.P. Mangaliso, "Building Competitive Advantage from Ubuntu: Management Lessons from South Africa," *Academy of Management Executive* 15, No. 3 (2001), pp. 23–33.

69. N.J. Adler, *International Dimensions of Organizational Behavior*, 4e. (Cincinnati: South-Western, 2002), pp. 208–256.

70. F.S. Glenn, D. Witmeyer, and K.A. Stevenson, "Culture Styles of Persuasion," *Journal of Intercultural Relations* (Fall 1984), pp. 52–66.

71. J. Graham, "The Influence of Culture on Business Negotiations," *Journal of International Business Studies* (Spring, 1985), pp. 81–96.

72. E. Schweitzer and J. L. Kerr, "Bargaining under the Influence: The Role of Alcohol in Negotiations," *Academy of Management Executive* 14, No. 2 (2000) p. 47.

73. Information taken from the Avon Products website, www.Avon.com, on August 8, 2003.

第11章

1. J.W. Gibson and D.V. Tesone, "Management Fad: Emergence, Evolution, and Implications for Managers," *Academy of Management Executive* 15, No. 4 (2001), pp. 122–133.

2. M.A. Marks, J.E. Mathieu, and S.J. Zaccaro, "A Temporally Based Framework and Taxonomy of Team Processes," *Academy of Management Review* 26, No. 3 (2001), pp. 356–376.

3. B.L. Kirkman and D.L. Shapiro, "The Impact of Cultural Values on Job Satisfaction and Organizational Commitment in Self-Managing Work Teams: The Mediating Role of Employee Resistance," *Academy of Management Journal* 44, No. 3 (2001), pp. 557–569.

4. S.G. Scott and W.O. Einstein, "Strategic Performance Appraisal in Team-Based Organizations: One Size Does Not Fit All," *Academy of Management Executive* 15, No. 2 (2001), pp. 107–116.

5. R. Lubit, "The Long-Term Organizational Impact of Destructively Narcissistic Managers," *Academy of Management Executive* 16, No. 1 (2002), pp. 127–138.

6. J.S. Bunderson and K.M. Sutcliffe, "Comparing Alternative Conceptualizations of Functional Diversity in Management Teams: Process and Performance Effects," *Academy of Management Journal* 45, No. 5 (2002), pp. 875–893.

7. M.J. Waller, M.E. Zellmer-Bruhn, and R.C. Giambatista, "Watching the Clock: Group Pacing Behavior under Dynamic Deadlines," *Academy of Management Journal* 45, No. 5 (2002), pp. 1046–1055.

8. B.L. Kirkman, B. Rosen, C.B. Gibson, P.E. Tesluk, and S.O. McPherson, "Five Challenges to Virtual Team Success: Lessons from Sabre, Inc.," *Academy of Management Executive* 16, No. 3 (2002), pp. 67–78.

9. R. Batt, "Managing Customer Services: Human Resource Practices, Quit Rates, and Sales Growth," *Academy of Management Journal* 45, No. 3 (2002), pp. 587–597.

10. M.J. Waller, J.M. Conte, C.B. Gibson, and M.A. Carpenter, "The Effect of Individual Perceptions of Deadlines on Team Performance," *Academy of Management Review* 26, No. 4 (2001), pp. 586–600.

11. B.L. Kirkman, B. Rosen, C.B. Gibson, P.E. Tesluk, and S.O. McPherson, "Five Challenges to Virtual Team Success: Lessons from Sabre, Inc.," *Academy of Management Executive* 16, No. 3 (2002), pp. 67–78.

12. M.A. Marks, J.E. Mathieu, and S.J. Zaccaro, "A Temporally Based Framework and Taxonomy of Team Processes," *Academy of Management Review* 26, No. 3 (2001), pp. 356–376.

13. M.J. Waller, M.E. Zellmer-Bruhn, and R.C. Giambatista, "Watching the Clock: Group Pacing Behavior under Dynamic Deadlines," *Academy of Management Journal* 45, No. 5 (2002), pp. 1046–1055.

14. M.A. Marks, J.E. Mathieu, and S.J. Zaccaro, "A Temporally Based Framework and Taxonomy of Team Processes," *Academy of Management Review* 26, No. 3 (2001), pp. 356–376.

15. A. Chang, P. Bordia, and J. Duck, "Punctuated Equilibrium and Linear Progression: Toward a New Understanding of Group Development," *Academy of Management Journal* 46, No. 1 (2003), pp. 106–117.

16. R. Hogan and R. Warrenfeltz, "Educating the Modern Manager," *Academy of Management Learning and Education* 2, No. 1 (2003), pp. 74–84.

17. R.T. Keller, "Cross-Functional Project Groups in Research and New Product Development: Diversity, Communications, Job Stress, and Outcomes," *Academy of Management Journal* 44, No. 3 (2001), pp. 547–555.

18. J.A. Chatman and F.J. Flynn, "The Influence of Demographic Heterogeneity on the Emergence and Consequences of Cooperative Norms in Work Teams," *Academy of Management Journal* 44, No. 5 (2001), pp. 956–974.

19. D.A. Harrison, K.H. Price, J.H. Gavin, and A.T. Florey, "Time, Teams, and Task Performance: Changing Effects of Surface- and Deep-Level Diversity on Group Functioning," *Academy of Management Journal* 45, No. 5 (2002), pp. 1029–1045.

20. J.S. Bunderson and K.M. Sutcliffe, "Comparing Alternative Conceptualizations of Functional Diversity in Management Teams: Process and Performance Effects," *Academy of Management Journal* 45, No. 5 (2002), pp. 875–893.

21. T. Petlinger, "So Long Supply and Demand," *The Wall Street Journal*, January 1, 2000, p. R31.

22. J.S. Bunderson and K.M. Sutcliffe, "Comparing Alternative Conceptualizations of Functional Diversity in Management Teams: Process and Performance Effects," *Academy of Management Journal* 45, No. 5 (2002), pp. 875–893.

23. R. Batt, "Managing Customer Services: Human Resource Practices, Quit Rates, and Sales Growth," *Academy of Management Journal* 45, No. 3 (2002), pp. 587–597.

24. T.L. Simons and R.S. Peterson, "Task Conflict and Relationship Conflict in Top Management Teams: The Pivotal Role of Intragroup Trust," *Journal of Applied Psychology* 85, No. 1 (2000), pp. 102–111.

25. J.S. Bunderson and K.M. Sutcliffe, "Comparing Alternative Conceptualizations of Functional Diversity in Management Teams: Process and Performance Effects," *Academy of Management Journal* 45, No. 5 (2002), pp. 875–893.

26. M.M. Montoya-Weiss, A.P. Massey, and M. Song, "Getting it Together: Temporal Coordination and Conflict Management in Global Virtual Teams," *Academy of Management Journal* 44, No. 6 (2001), pp. 1251–1262.

27. M.A. Marks, J.E. Mathieu, and S.J. Zaccaro, "A Temporally Based Framework and Taxonomy of Team Processes," *Academy of Management Review* 26, No. 3 (2001), pp. 356–376.

28. M.J. Waller, M.E. Zellmer-Bruhn, and R.C. Giambatista, "Watching the Clock: Group Pacing Behavior under Dynamic Deadlines," *Academy of Management Journal* 45, No. 5 (2002), pp. 1046–1055.

29. B. Gates, "My Advice to Students: Get a Sound, Broad Education," *The Costco Connection* (February, 1999), p. 13.

30. R. Alsop, "Playing Well with Others," *The Wall Street Journal*, September 9, 2002, p. R11.

31. A. Chang, P. Bordia, and J. Duck, "Punctuated Equilibrium and Linear Progression: Toward a New Understanding of Group Development," *Academy of Management Journal* 46, No. 1 (2003), pp. 106–117.

32. J.A. Chatman and F.J. Flynn, "The Influence of Demographic Heterogeneity on the Emergence and Consequences of Cooperative Norms in Work Teams," *Academy of Management Journal* 44, No. 5 (2001), pp. 956–974.

33. T.R. Zenger and C.R. Marshall, "Determinants of Incentive Intensity in Group-Based Rewards," *Academy of Management Journal* 43, No. 2 (2000), pp. 149–163.

34. J.W. Gibson and D.V. Tesone, "Management Fad: Emergence, Evolution, and Implications for Managers," *Academy of Management Executive* 15, No. 4 (2001), pp. 122–133.

35. B.L. Kirkman, B. Rosen, C.B. Gibson, P.E. Tesluk, and S.O. McPherson, "Five Challenges to Virtual Team Success: Lessons from Sabre, Inc.," *Academy of Management Executive* 16, No. 3 (2002), pp. 67–78.

36. S.B. Bacharach, P.A. Bamberger, and W.J. Sonnenstuhl, "Driven to Drink: Managerial Control, Work-Related Risk Factors, and Employee Problem Drinking," *Academy of Management Journal* 45, No. 4 (2002), pp. 637–658.

37. J.A. Chatman and F.J. Flynn, "The Influence of Demographic Heterogeneity on the Emergence and Consequences of Cooperative Norms in Work Teams," *Academy of Management Journal* 44, No. 5 (2001), pp. 956–974.

38. S.B. Bacharach, P.A. Bamberger, and W.J. Sonnenstuhl, "Driven to Drink: Managerial Control, Work-Related Risk Factors, and Employee Problem Drinking," *Academy of Management Journal* 45, No. 4 (2002), pp. 637–658.

39. J.A. Chatman and F.J. Flynn, "The Influence of Demographic Heterogeneity on the Emergence and Consequences of Cooperative Norms in Work Teams," *Academy of Management Journal* 44, No. 5 (2001), pp. 956–974.

40. S.B. Bacharach, P.A. Bamberger, and W.J. Sonnenstuhl, "Driven to Drink: Managerial Control, Work-Related Risk Factors, and Employee Problem Drinking," *Academy of Management Journal* 45, No. 4 (2002), pp. 637–658.

41. B.L. Kirkman, B. Rosen, C.B. Gibson, P.E. Tesluk, and S.O. McPherson, "Five Challenges to Virtual Team Success: Lessons from Sabre, Inc.," *Academy of Management Executive* 16, No. 3 (2002), pp. 67–78.

42. J.S. Bunderson and K.M. Sutcliffe, "Comparing Alternative Conceptualizations of Functional Diversity in Management Teams: Process and Performance Effects," *Academy of Management Journal* 45, No. 5 (2002), pp. 875–893.

43. R.T. Keller, "Cross-Functional Project Groups in Research and New Product Development: Diversity, Communications, Job Stress, and Outcomes," *Academy of Management Journal* 44, No. 3 (2001), pp. 547–555.

44. P.R. Earley and E. Mosakowski, "Creating Hybrid Team Cultures: An Empirical Test of Transnational Team Functioning," *Academy of Management Journal* 43, No. 1 (2000), pp. 26–49.

45. R.T. Sparrowe and R.C. Liden, "Process and Structure in Leader-Member Exchange," *Academy of Management Exchange* 22, No. 2 (April 1997), pp. 522–553.

46. J. Wallace Bishop and K. Dow Scott, "How Commitment Affects Team Performance," *HR Magazine* 42, No. 2 (February 1997), pp. 107–111.

47. R.T. Keller, "Cross-Functional Project Groups in Research and New Product Development: Diversity, Communications, Job Stress, and Outcomes," *Academy of Management Journal* 44, No. 3 (2001), pp. 547–555.

48. P.R. Earley and E. Mosakowski, "Creating Hybrid Team Cultures: An Empirical Test of Transnational Team Functioning," *Academy of Management Journal* 43, No. 1 (2000), pp. 26–49.

49. T. Petzinger, "Peter Drucker: The 'Arch-Guru of Capitalism' Argues That We Need a New Economic Theory and a New Management Model," *The Wall Street Journal*, January 1, 2000, p. R34.

50. R. Hogan and R. Warrenfeltz, "Educating the Modern Manager," *Academy of Management Learning and Education* 2, No. 1 (2003), pp. 74–84.

51. J.A. Chatman and F.J. Flynn, "The Influence of Demographic Heterogeneity on the Emergence and Consequences of Cooperative Norms in Work Teams," *Academy of Management Journal* 44, No. 5 (2001), pp. 956–974.

52. R.T. Sparrowe and R.C. Liden, "Process and Structure in Leader-Member Exchange," *Academy of Management Exchange* 22, No. 2 (April 1997), pp. 522–553.

53. J.S. Bunderson and K.M. Sutcliffe, "Comparing Alternative Conceptualizations of Functional Diversity in Management Teams: Process and Performance Effects," *Academy of Management Journal* 45, No. 5 (2002), pp. 875–893.

54. E.W. Morrison, "Newcomers' Relationships: The Role of Social Network Ties during Socialization," *Academy of Management Journal* 45, No. 6 (2002), pp. 1149–1160.

55. N. Grund, "From Sage to Artisan: The Many Roles of the Value-Driven Leader," *Academy of Management Executive* 11, No. 2 (February 1997), pp. 94–95.

56. S.W. Lester, B. Meglino, and M.A. Korsgaard, "The Antecedents and Consequences of Group Potency: A Longitudinal Investigation of Newly Formed Work Groups," *Academy of Management Journal* 45, No. 2 (2002), pp. 352–368.

57. C.B. Gibson, "Do They Do What They Believe They Can? Group Efficacy and Group Effectiveness across Tasks and Cultures," *Academy of Management Journal* 42, No. 2 (1999), pp. 138–152.

58. A. Chang, P. Bordia, and J. Duck, "Punctuated Equilibrium and Linear Progression: Toward a New Understanding of Group Development," *Academy of Management Journal* 46, No. 1 (2003), pp. 106–117.

59. R.B. Lacoursiere, *The Life Cycle of Groups: Group Development Stage Theory* (New York: Human Service Press, 1980).

60. S.W. Lester, B. Meglino, and M.A. Korsgaard, "The Antecedents and Consequences of Group Potency: A Longitudinal Investigation of Newly Formed Work Groups," *Academy of Management Journal* 45, No. 2 (2002), pp. 352–368.

61. E.W. Morrison, "Newcomers' Relationships: The Role of Social Network Ties during Socialization," *Academy of Management Journal* 45, No. 6 (2002), pp. 1149–1160.

62. B.L. Kirkman, B. Rosen, C.B. Gibson, P.E. Tesluk, and S.O. McPherson, "Five Challenges to Virtual Team Success: Lessons from Sabre, Inc.," *Academy of Management Executive* 16, No. 3 (2002), pp. 67–78.

63. J.W. Gibson and D.V. Tesone, "Management Fad: Emergence, Evolution, and Implications for Managers," *Academy of Management Executive* 15, No. 4 (2001), pp. 122–133.

64. J.A. Chatman and F.J. Flynn, "The Influence of Demographic Heterogeneity on the Emergence and Consequences of Cooperative Norms in Work Teams," *Academy of Management Journal* 44, No. 5 (2001), pp. 956–974.

65. S.W. Lester, B. Meglino, and M.A. Korsgaard, "The Antecedents and Consequences of Group Potency: A Longitudinal Investigation of Newly Formed Work Groups," *Academy of Management Journal* 45, No. 2 (2002), pp. 352–368.

66. A. Chang, P. Bordia, and J. Duck, "Punctuated Equilibrium and Linear Progression: Toward a New Understanding of Group Development," *Academy of Management Journal* 46, No. 1 (2003), pp. 106–117.

67. D.A. Harrison, K.H. Price, J.H. Gavin, and A.T. Florey, "Time, Teams, and Task Performance: Changing Effects of Surface- and Deep-Level Diversity on Group Functioning," *Academy of Management Journal* 45, No. 5 (2002), pp. 1029–1045.

68. M. Williams, "In Whom We Trust: Group Membership as an Effective Context for Trust Development," *Academy of Management Review* 26, No. 3 (2001), pp. 377–396.

69. S.W. Lester, B. Meglino, and M.A. Korsgaard, "The Antecedents and Consequences of Group Potency: A Longitudinal Investigation of Newly Formed Work Groups," *Academy of Management Journal* 45, No. 2 (2002), pp. 352–368.

70. D.A. Harrison, K.H. Price, J.H. Gavin, and A.T. Florey, "Time, Teams, and Task Performance: Changing Effects of Surface- and Deep-Level Diversity on Group Functioning," *Academy of Management Journal* 45, No. 5 (2002), pp. 1029–1045.

71. S.B. Bacharach, P.A. Bamberger, and W.J. Sonnenstuhl, "Driven to Drink: Managerial Control, Work-Related Risk Factors, and Employee Problem Drinking," *Academy of Management Journal* 45, No. 4 (2002), pp. 637–658.

72. L. Cole and M.S. Cole, "Teamwork is Spelled Incorrectly; Teamwork = Communication," *Communication World* 17, No. 4 (2000) p. 56.

73. A. Chang, P. Bordia, and J. Duck, "Punctuated Equilibrium and Linear Progression: Toward a New Understanding of Group Development," *Academy of Management Journal* 46, No. 1 (2003), pp. 106–117.

74. J.A. Chatman and F.J. Flynn, "The Influence of Demographic Heterogeneity on the Emergence and Consequences of Cooperative Norms in Work Teams," *Academy of Management Journal* 44, No. 5 (2001), pp. 956–974.

75. A. Chang, P. Bordia, and J. Duck, "Punctuated Equilibrium and Linear Progression: Toward a New Understanding of Group Development," *Academy of Management Journal* 46, No. 1 (2003), pp. 106–117.

76. S.W. Lester, B. Meglino, and M.A. Korsgaard, "The Antecedents and Consequences of Group Potency: A Longitudinal Investigation of Newly Formed Work Groups," *Academy of Management Journal* 45, No. 2 (2002), pp. 352–368.

77. T.L. Simons and R.S. Peterson, "Task Conflict and Relationship Conflict in Top Management Teams: The Pivotal Role of Intragroup Trust," *Journal of Applied Psychology* 85, No. 1 (2000), pp. 102–111.

78. J.A. Chatman and F.J. Flynn, "The Influence of Demographic Heterogeneity on the Emergence and Consequences of Cooperative Norms in Work Teams," *Academy of Management Journal* 44, No. 5 (2001), pp. 956–974.

79. E.W. Morrison, "Newcomers' Relationships: The Role of Social Network Ties during Socialization," *Academy of Management Journal* 45, No. 6 (2002), pp. 1149–1160.

80. S.W. Lester, B. Meglino, and M.A. Korsgaard, "The Antecedents and Consequences of Group Potency: A Longitudinal Investigation of Newly Formed Work Groups," *Academy of Management Journal* 45, No. 2 (2002), pp. 352–368.

81. A. Chang, P. Bordia, and J. Duck, "Punctuated Equilibrium and Linear Progression: Toward a New Understanding of Group Development," *Academy of Management Journal* 46, No. 1 (2003), pp. 106–117.

82. S.B. Bacharach, P.A. Bamberger, and W.J. Sonnenstuhl, "Driven to Drink: Managerial Control, Work-Related Risk Factors, and Employee Problem Drinking," *Academy of Management Journal* 45, No. 4 (2002), pp. 637–658.

83. A. Chang, P. Bordia, and J. Duck, "Punctuated Equilibrium and Linear Progression: Toward a New Understanding of Group Development," *Academy of Management Journal* 46, No. 1 (2003), pp. 106–117.

84. Ibid.

85. S.W. Lester, B. Meglino, and M.A. Korsgaard, "The Antecedents and Consequences of Group Potency: A Longitudinal Investigation of Newly Formed Work Groups," *Academy of Management Journal* 45, No. 2 (2002), pp. 352–368.

86. C.S. Frings, "Managing Meetings Effectively," *Medical Laboratory Observer* 32, No. 6 (2000), p. 34.

87. G.L. Stewart and M.R. Barrick, "Team Structure and Performance: Assessing the Mediating Role of Intrateam Process and the Moderating Role of Task Type," *Academy of Management Journal* 43, No. 2 (2000), pp. 135–148.

88. B. Orton, "Meetings: Entrepreneur Style," *Los Angeles Business Journal* 22, No. 26 (2000), p. 60.

89. C.S. Frings, "Managing Meetings Effectively," *Medical Laboratory Observer* 32, No. 6 (2000), p. 34.

90. B. Orton, "Meetings: Entrepreneur Style," *Los Angeles Business Journal* 22, No. 26 (2000), p. 60.

91. R.T. Sparrowe and R.C. Liden, "Process and Structure in Leader-Member Exchange," *Academy of Management Exchange* 22, No. 2 (April 1997), pp. 522–553.

92. B. Orton, "Meetings: Entrepreneur Style," *Los Angeles Business Journal* 22, No. 26 (2000), p. 60.

93. C.S. Frings, "Managing Meetings Effectively," *Medical Laboratory Observer* 32, No. 6 (2000), p. 34.

94. Ibid.

95. B. Orton, "Meetings: Entrepreneur Style," *Los Angeles Business Journal* 22, No. 26 (2000), p. 60.

96. Staff, "How to Run a Good Meeting," *Communication Briefings* XX, No. 1 (2003), p. 3.

97. C.S. Frings, "Managing Meetings Effectively," *Medical Laboratory Observer* 32, No. 6 (2000), p. 34.

98. B. Orton, "Meetings: Entrepreneur Style," *Los Angeles Business Journal* 22, No. 26 (2000), p. 60.

99. Staff, "How to Run a Good Meeting," *Communication Briefings* XX, No. 1 (2003), p. 3.

100. C.S. Frings, "Managing Meetings Effectively," *Medical Laboratory Observer* 32, No. 6 (2000), p. 34.

101. R. Lubit, "The Long-Term Organizational Impact of Destructively Narcissistic Managers," *Academy of Management Executive* 16, No. 1 (2002), pp. 127–138.

102. Staff, "Reacting to Difficult Types," *Communication Briefings* XX, No. 1 (2003), p. 8.

103. Staff, "How to Run a Good Meeting," *Communication Briefings* XX, No. 1 (2003), p. 3.

104. D. Hodson, "A Penny for Your Thoughts," *The Wall Street Journal*, June 17, 1997, p. A1.

105. Staff, "Reacting to Difficult Types," *Communication Briefings* XX, No. 1 (2003), p. 8.

106. Ibid.

107. S.G. Scott and W.O. Einstein, "Strategic Performance Appraisal in Team-Based Organizations: One Size Does Not Fit All," *Academy of Management Executive* 15, No. 2 (2001), pp. 107–116.

108. Staff, "Reacting to Difficult Types," *Communication Briefings* XX, No. 1 (2003), p. 8.

109. D.I. Jung and B.J. Avolio, "Effects of Leadership Style and Followers' Cultural Orientation on Performance in Group and Individual Task Conditions," *Academy of Management Journal* 42, No. 2 (1999), pp. 208–218.

第12章

1. P.C. Nutt, *Why Decisions Fail: Avoiding the Blunders and Traps That Lead to Debacles* (Sam Gramcospc. CA., Berrett-Koehler, 2002).

2. T. Petlinger, "So Long Supply and Demand," *The Wall Street Journal*, January 1, 2000, p. R31.

3. M. Simon and S.H. Houghton, "The Relationship among Biases, Misperceptions, and the Introduction of Pioneering Products: Examining Differences in Venture Decision Contexts," *Entrepreneurship Theory & Practice*, Winter 2002, p. 105.

4. R.N. Lussier and S. Pfeiffer, "A Crossnational Prediction Model for Business Success," *Journal of Small Business Management* 39, No. 3 (2001), pp. 228–239.

5. C.W.L. Hill and F.T. Rothaermel, "The Performance of Incumbent Firms in the Face of Radical Technological Innovation," *Academy of Management Review* 28, No. 2 (2003), pp. 257–274.

6. S.L. Rynes, K.G. Brown, and A.E. Colbert, "Seven Common Misconceptions about Human Resource Practices: Research Findings Versus Practitioner Beliefs," *Academy of Management Executive* 16, No. 3 (2002), p. 92.

7. P.K. Mills and G.R. Ungson, "Reassessing the Limits of Structural Empowerment: Organizational Constitution and Trust As Controls," *Academy of Management Review* 28, No. 1 (2003), pp. 143–153.

8. S.S.K. Lam, X.P. Chen, and J. Schaubroeck, "Participative Decision Making and Employee Performance in Different Cultures: The Moderating Effects of Allocentrism/Idiocentrism and Efficacy," *Academy of Management Journal* 45, No. 5 (2002), pp. 901–914.

9. M.R. Subramani and N. Venkatraman, "Safeguarding Investments in Asymmetric Interorganizational Relationships: Theory and Evidence," *Academy of Management Journal* 48, No. 1 (2003), pp. 46–62.

10. B.L. Kirkman, B. Rosen, C.B. Gibson, P.E. Tesluk, and S.O. McPherson, "Five Challenges to Virtual Team Success: Lessons from Sabre, Inc.," *Academy of Management Executive* 16, No. 3 (2002), pp. 67–78.

11. C.M. Fiol and E.J. O'Connor, "Waking Up! Mindfulness in the Face of Bandwagons," *Academy of Management Review* 28, No. 1 (2003), pp. 54–70.

12. P.C. Nutt, *Why Decisions Fail: Avoiding the Blunders and Traps That Lead to Debacles* (Sam Gramcospc. CA., Berrett-Koehler, 2002).

13. K.D. Elsbach and G. Elofson, "How the Packaging of Decision Explanations Affects Perceptions of Trustworthiness," *Academy of Management Journal* 43, No. 1 (2000), pp. 80–89.

14. G.R. Weaver and B.R. Agle, "Religiosity and Ethical Behavior in Organizations: A Symbolic Interactionist Perspective," *Academy of Management Review* 27, No. 1 (2002), pp. 77–97.

15. E. Soule, "Managerial Moral Strategies—In Search of a Few Good Principles," *Academy of Management Review* 27, No. 1 (2002), pp. 114–124.

16. J. Shuman and J. Twombly, "Decision-Making in a Time of Uncertainty," *The Rhythm of Business*, May 9, 2003.

17. L.A. Burke and M.K. Miller, "Taking the Mystery Out of Intuitive Decision Making." *Academy of Management Executive* 13, No. 4 (1999), pp. 91–99.

18. L.A. Perlow, G.A. Okhuysen, and N.P. Repenning, "The Speed Trap, Exploring the Relationship between Decision Making and Temporal Context," *Academy of Management Journal* 45, No. 5 (2002), pp. 931–955.

19. P.C. Nutt, *Why Decisions Fail: Avoiding the Blunders and Traps That Lead to Debacles* (Sam Gramcospc. CA., Berrett-Koehler, 2002).

20. J. Shuman and J. Twombly, "Decision-Making in a Time of Uncertainty," *The Rhythm of Business*, May 9, 2003.

21. P.C. Nutt, *Why Decisions Fail: Avoiding the Blunders and Traps That Lead to Debacles* (Sam Gramcospc. CA., Berrett-Koehler, 2002).

22. L.A. Burke and M.K. Miller, "Taking the Mystery Out of Intuitive Decision Making." *Academy of Management Executive* 13, No. 4 (1999), pp. 91–99.

23. P.C. Nutt, *Why Decisions Fail: Avoiding the Blunders and Traps That Lead to Debacles* (Sam Gramcospc. CA., Berrett-Koehler, 2002).

24. L.A. Perlow, G.A. Okhuysen, and N.P. Repenning, "The Speed Trap, Exploring the Relationship between Decision Making and Temporal Context," *Academy of Management Journal* 45, No. 5 (2002), pp. 931–955.

25. P.C. Nutt, *Why Decisions Fail: Avoiding the Blunders and Traps That Lead to Debacles* (Sam Gramcospc. CA., Berrett-Koehler, 2002).

26. R.L. Ackoff, Interview by Glenn Detrick, *Academy of Management Learning and Education* 1, No. 1 (2002), pp. 56–63.

27. Staff, "Tips of the Month," *Communication Briefings* XX, No. 1 (2003), p. 1.

28. P.C. Nutt, *Why Decisions Fail: Avoiding the Blunders and Traps That Lead to Debacles* (Sam Gramcospc: CA., Berrett-Koehler, 2002).

29. J. Shuman and J. Twombly, "Decision-Making in a Time of Uncertainty," *The Rhythm of Business*, May 9, 2003.

30. S.L. Rynes, K.G. Brown, and A.E. Colbert, "Seven Common Misconceptions about Human Resource Practices: Research Findings Versus Practitioner Beliefs," *Academy of Management Executive* 16, No. 3 (2002), p. 92.

31. R.L. Ackoff, Interview by Glenn Detrick, *Academy of Management Learning and Education* 1, No. 1 (2002), pp. 56–63.

32. L.A. Burke and M.K. Miller, "Taking the Mystery Out of Intuitive Decision Making." *Academy of Management Executive* 13, No. 4 (1999), pp. 91–99.

33. P.C. Nutt, *Why Decisions Fail: Avoiding the Blunders and Traps That Lead to Debacles* (Sam Gramcospc. CA., Berrett-Koehler, 2002).

34. D.F. Kuratko, R.D. Ireland, and J.S. Honsby, "Improving Firm Performance through Entrepreneurial Actions: Acordia's Corporate Entrepreneurship Strategy," *Academy of Management Executive* 15, No. 4 (2001), pp. 60–71.

35. P. Tierney and S.M. Farmer, "Creative Self-Efficacy: Its Potential Antecedents and Relationship to Creative Performance," *Academy of Management Journal* 45, No. 6 (2002), pp. 1137–1148.

36. W.F. Cascio, "Strategies for Responsible Restructuring," *Academy of Management Executive* 16, No. 3 (2002), p. 80.

37. J.E. Perry-Smith and C.E. Shalley, "The Social Side of Creativity: A Static and Dynamic Social Network Perspective," *Academy of Management Review* 28, No. 1 (2003), pp. 89–106.

38. M.J. Benner and M.L. Tushman, "Exploitation, Exploration, and Process Management: The Productivity Dilemma Revisited," *Academy of Management Review* 28, No. 2 (2003), pp. 238–256.

39. N. Madjar, G.R. Oldham, and M.G. Pratt, "There's No Place Like Home? The Contributions of Work and Nonwork Creativity Support to Employees' Creative Performance," *Academy of Management Journal* 49, No. 4 (2002), pp. 757–767.

40. G. DeSanactis, J.T. Glass, and M. Ensing, "Organizational Designs for R&D," *Academy of Management Executive* 16, No. 3 (2002), pp. 55–64.

41. A.R. Jassawalla and H.C. Sashittal, "Cultures That Support Product-Innovation Processes," *Academy of Management Executive* 16, No. 3 (2002), pp. 42–51.

42. R.L. Ackoff, Interview by Glenn Detrick, *Academy of Management Learning and Education* 1, No. 1 (2002), pp. 56–63.

43. A.R. Jassawalla and H.C. Sashittal, "Cultures That Support Product-Innovation Processes," *Academy of Management Executive* 16, No. 3, (2002), pp. 42–51.

44. S. Taggar, "Individual Creativity and Group Ability to Utilize Individual Creative Resources: A Multilevel Model," *Academy of Management Journal* 45, No. 2 (2002), pp. 315–330.

45. P. Tierney and S.M. Farmer, "Creative Self-Efficacy: Its Potential Antecedents and Relationship to Creative Performance," *Academy of Management Journal* 45, No. 6 (2002), pp. 1137–1148.

46. L. Thompson, "Improving the Creativity of Organizational Work Groups," *Academy of Management Executive* 17, No. 1 (2003), pp. 96–109.

47. Ibid.

48. R.L. Ackoff, Interview by Glenn Detrick, *Academy of Management Learning and Education* 1, No. 1 (2002), pp. 56–63.

49. L. Thompson, "Improving the Creativity of Organizational Work Groups," *Academy of Management Executive* 17, No. 1 (2003), pp. 96–109.

50. Ibid.

51. S. Taggar, "Individual Creativity and Group Ability to Utilize Individual Creative Resources: A Multilevel Model," *Academy of Management Journal* 45, No. 2 (2002), pp. 315–330.

52. T. Petzinger Jr., "How Creativity Can Take Wing At Edge of Chaos, The Front Lines," *The Wall Street Journal*, October 18, 1996, p. B1.

53. S. Berglas, "Boom! There's Nothing Wrong with You or Your Business That a Little Conflict Wouldn't Cure," *Inc.* 19, No. 6 (May 1997), pp. 56–58.

54. L. Thompson, "Improving the Creativity of Organizational Work Groups," *Academy of Management Executive* 17, No. 1 (2003), pp. 96–109.

55. Ibid.

56. J.R. Hollenbeck, D.R. Ilgen, J.A. LePine, J.A. Colquitt, and J. Hedlund, "Extending the Multilevel Theory of Team Decision Making: Effects of Feedback and Experience in Hierarchical Teams," *Academy of Management Journal* 41, No. 3 (1998), pp. 269–282.

57. R.L. Papiernik, "David Novak: The Pizza Hut/KFC Quarterback Builds a Better Team on His Drive to Fast-Food Touchdown," *Nation's Restaurant News* 31, No. 4 (January 1997), pp. 170–171.

58. L. Thompson, "Improving the Creativity of Organizational Work Groups," *Academy of Management Executive* 17, No. 1 (2003), pp. 96–109.

59. P.K. Mills and G.R. Ungson, "Reassessing the Limits of Structural Empowerment: Organizational Constitution and Trust as Controls," *Academy of Management Review* 28, No. 1 (2003), pp. 143–153.

60. M.R. Subramani and N. Venkatraman, "Safeguarding Investments in Asymmetric Interorganizational Relationships: Theory and Evidence," *Academy of Management Journal* 48, No. 1 (2003), pp. 46–62.

61. B.L. Kirkman, B. Rosen, C.B. Gibson, P.E. Tesluk, and S.O. McPherson, "Five Challenges to Virtual Team Success: Lessons from Sabre, Inc.," *Academy of Management Executive* 16, No. 3 (2002), pp. 67–78.

62. S.S.K. Lam, X.P. Chen, and J. Schaubroeck, "Participative Decision Making and Employee Performance in Different Cultures: The Moderating Effects of Allocentrism/Idiocentrism and Efficacy," *Academy of Management Journal* 45, No. 5 (2002), pp. 901–914.

63. P.C. Nutt, *Why Decisions Fail: Avoiding the Blunders and Traps That Lead to Debacles* (Sam Gramcospc. CA., Berrett-Koehler, 2002).

64. R.S. Dooley and G.E. Fryxell, "Attaining Decision Quality and Commitment from Dissent: The Moderating Effects of Loyalty and Competence in Strategic Decision-Making Terms," *Academy of Management Journal* 42, No. 4 (1999), pp. 389–402.

65. M.J. Waller, "The Timing of Adaptive Group Responses to Non-Routine Events," *Academy of Management Journal* 42, No. 2 (1999), pp. 127–137.

66. Staff, "Microsoft Set Up a New Top Decision-Making Group and Shifted Responsibilities of Two Rising Stars," *The Wall Street Journal*, December 4, 1996, p. A1.

67. T. Petlinger, "So Long Supply and Demand," *The Wall Street Journal*, January 1, 2000, p. R31.

68. K.D. Elsbach and G. Elofson, "How the Packaging of Decision Explanations Affects Perceptions of Trustworthiness," *Academy of Management Journal* 43, No. 1 (2000), pp. 80–89.

69. T.R. Zenger and C.R. Marshall, "Determinants of Incentive Intensity in Group-Based Rewards," *Academy of Management Journal* 43, No. 2 (2000), pp. 149–163.

70. K.D. Elsbach and G. Elofson, "How the Packaging of Decision Explanations Affects Perceptions of Trustworthiness," *Academy of Management Journal* 43, No. 1 (2000), pp. 80–89.

71. L.A. Perlow, G.A. Okhuysen, and N.P. Repenning, "The Speed Trap, Exploring the Relationship between Decision Making and Temporal Context," *Academy of Management Journal* 45, No. 5 (2002), pp. 931–955.

72. L. Thompson, "Improving the Creativity of Organizational Work Groups," *Academy of Management Executive* 17, No. 1 (2003), pp. 96–109.

73. C.M. Fiol and E.J. O'Connor, "Waking Up! Mindfulness in the Face of Bandwagons," *Academy of Management Review* 28, No. 1 (2003), pp. 54–70.

74. S.G. Scott and W.O. Einstein, "Strategic Performance Appraisal in Team-Base Organizations: One Size Does Not Fit All," *Academy of Management Executive* 15, No. 2 (2001), pp. 107–116.

75. T.R. Zenger and C.R. Marshall, "Determinants of Incentive Intensity in Group-Based Rewards," *Academy of Management Journal* 43, No. 2 (2000), pp. 149–163.

76. V.H. Vroom and P.W. Yetton, *Leadership and Decision Making* (Pittsburgh: University of Pittsburgh Press, 1973).

77. V.H. Vroom and A.G. Jago, *The New Leadership: Managing Participation in Organizations* (Englewood Cliffs, NJ: Prentice-Hall, 1988).

78. V.H. Vroom, "Leadership and the Decision-Making Process," Organizational Dynamics 28, (Spring 2000), pp. 82–84.

79. J. Shuman and J. Twombly, "Decision-Making in a Time of Uncertainty," *The Rhythm of Business*, May 9, 2003.

80. M. Fackler, "Will Ratatouille Bring Japanese to McDonald's?" *The Wall Street Journal*, August 14, 2003, pp. B1, B5.

81. P.G. Clampitt, R.J. DeKoch, and T. Cashman, "A Strategy for Communicating about Uncertainty," *Academy of Management Executive* 14, No. 4 (2000), pp. 41–53.

82. P.C. Nutt, *Why Decisions Fail: Avoiding the Blunders and Traps That Lead to Debacles* (Sam Gramcospc. CA., Berrett-Koehler, 2002).

83. N.J. Adler, *International Dimensions of Organizational Behavior*, 4e (Cincinnati: South-Western, 2002), pp. 182–189.

第13章

1. M.J. Waller, M.E. Zellmer-Bruhn, and R.C. Giambatista, "Watching the Clock: Group Pacing Behavior under Dynamic Deadlines," *Academy of Management Journal* 45, No. 5 (2002), pp. 1046–1055.

2. R. Hogan and R. Warrenfeltz, "Educating the Modern Manager," *Academy of Management Learning and Education* 2, No. 1 (2003), pp. 74–84.

3. L. Thompson, "Improving the Creativity of Organizational Work Groups," *Academy of Management Executive* 17, No. 1 (2003), pp. 96–109.

4. P. Chattopadhyay, W.H. Glick, and G.P. Huber, "Organizational Actions in Response to Threats and Opportunities," *Academy of Management Journal* 44, No. 5 (2001) pp. 937–955.

5. P.G. Clampitt, R.J. DeKoch, and T. Cashman, "A Strategy for Communicating about Uncertainty," *Academy of Management Executive* 14, No. 4 (2000), pp. 41–53.

6. R. Harborne, "Wisdom of the CEO: The Challenge to Business Leadership in the 21st Century," Keynote presentation at the New England Business Administration Association International Conference, Southern Connecticut State University, April 28, 2000, Price Waterhouse Coopers.

7. P. Chattopadhyay, W.H. Glick, and G.P. Huber, "Organizational Actions in Response to Threats and Opportunities," *Academy of Management Journal* 44, No. 5 (2001) pp. 937–955.

8. Q.N. Huy, "Time, Temporal, Capability, and Planned Change," *Academy of Management Review* 26, No. 4 (2001), pp. 601–623.

9. P. Chattopadhyay, W.H. Glick, and G.P. Huber, "Organizational Actions in Response to Threats and Opportunities," *Academy of Management Journal* 44, No. 5 (2001) pp. 937–955.

10. M.J. Waller, M.E. Zellmer-Bruhn, and R.C. Giambatista, "Watching the Clock: Group Pacing Behavior under Dynamic Deadlines," *Academy of Management Journal* 45, No. 5 (2002), pp. 1046–1055.

11. P. Chattopadhyay, W.H. Glick, and G.P. Huber, "Organizational Actions in Response to Threats and Opportunities," *Academy of Management Journal* 44, No. 5 (2001) pp. 937–955.

12. Q.N. Huy, "Time, Temporal, Capability, and Planned Change," *Academy of Management Review* 26, No. 4 (2001), pp. 601–623.

13. L. Hirschhorn and L. May, "The Campaign Approach to Change," Change 32, No. 3 (2000), p. 31.

14. I. Morgan and J. Rao, "Aligning Service Strategy through Super-Measure Management," *Academy of Management Executive* 16, No. 4 (2002), pp. 121–131.

15. Q.N. Huy, "Time, Temporal, Capability, and Planned Change," *Academy of Management Review*, 26, No. 4, (2001), pp. 601–623.

16. N.M. Ashkanasy and C.S. Daus, "Emotion in the Workplace: The New Challenge for Managers," *Academy of Management Executive* 16, No. 1 (2002), pp. 76–86.

17. Staff, "The Shifting Nature of Shift Work," *The Wall Street Journal*, June 30, 2003, p. 1.

18. C. Hui, S.S.K. Lam, and J. Schaubroeck, "Can Good Citizens Lead the Way in Providing Quality Service? A Field Quasi Experiment," *Academy of Management Journal* 44, No. 5 (2001), pp. 988–995.

19. R. Quick, "A Makeover That Began at the Top," *The Wall Street Journal*, May 25, 2000, p. B1.

20. J.S. Bunderson and K.M. Sutcliffe, "Comparing Alternative Conceptualizations of Functional Diversity in Management Teams: Process and Performance Effects," *Academy of Management Journal* 45, No. 5 (2002), pp. 875–893.

21. M.G. Seo, "Overcoming Emotional Barriers, Political Obstacles, and Control Imperatives in the Action-Science Approach to Individual and Organizational Learning," *Academy of Management Learning and Education* 2, No. 1 (2003), pp. 7–21.

22. R.L. Ackoff, Interview by Glenn Detrick Educational Benchmarking, Inc. *Academy of Management Learning and Education* 1, No. 1 (2002), pp. 56–63.

23. S. Blount and G.A. Janicik, "When Plans Change: Examining How People Evaluate Timing Changes in Work Organizations," *Academy of Management Review* 26, No. 4 (2001), pp. 566–585.

24. R. Hogan and R. Warrenfeltz, "Educating the Modern Manager," *Academy of Management Learning and Education* 2, No. 1 (2003), pp. 74–84.

25. Q.N. Huy, "Time, Temporal, Capability, and Planned Change," *Academy of Management Review*, 26, No. 4, (2001), pp. 601–623.

26. "The Shifting Nature of Shift Work," *The Wall Street Journal*, June 30, 2003, p. 1.

27. M.J. Waller, M.E. Zellmer-Bruhn, and R.C. Giambatista, "Watching the Clock: Group Pacing Behavior under Dynamic Deadlines," *Academy of Management Journal* 45, No. 5 (2002), pp. 1046–1055.

28. C. Hui, S.S.K. Lam, and J. Schaubroeck, "Can Good Citizens Lead the Way in Providing Quality Service? A Field Quasi Experiment," *Academy of Management Journal* 44, No. 5 (2001), pp. 988–995.

29. R. Quick, "A Makeover That Began at the Top," *The Wall Street Journal*, May 25, 2000, p. B1.

30. Q.N. Huy, "Time, Temporal, Capability, and Planned Change," *Academy of Management Review*, 26, No. 4, (2001), pp. 601–623.

31. Staff, "Dream On, Kid," *The Wall Street Journal*, October 12, 1999, p. A1.

32. B.L. Kirkman and D.L. Shapiro, "The Impact of Cultural Values on Job Satisfaction and Organizational Commitment in Self-Managing Work Teams: The Mediating Role of Employee Resistance," *Academy of Management Journal* 44, No. 3 (2001), p. 557–569.

33. J. Campbell Quick and J.H. Gavin, "The Next Frontier: Edgar Schein on Organizational Therapy," *Academy of Management Executive* 14, No. 1 (2000), pp. 31–32.

34. S. Fox and Y. Amichai-Hamburger, "The Power of Emotional Appeal in Promoting Organizational Change Programs," *Academy of Management Executive* 15, No. 4 (2001) pp. 84–93.

35. K. Hultman, *The Path of Least Resistance* (Austin, TX: Learning Concepts, 1979).

36. C. Hui, S.S.K. Lam, and J. Schaubroeck, "Can Good Citizens Lead the Way in Providing Quality Service? A Field Quasi Experiment," *Academy of Management Journal* 44, No. 5 (2001), pp. 988–995.

37. L. Goff, "Building Blocks to Managing Change," *Computerworld*, February 14, 2000, p. 54.

38. J.P. Kotter, "Managing: Ideas & Solutions," *Fortune*, August 5, 1996, pp. 168–170.

39. S. Fox and Y. Amichai-Hamburger, "The Power of Emotional Appeal in Promoting Organizational Change Programs," *Academy of Management Executive* 15, No. 4 (2001) pp. 84–93.

40. Q.N. Huy, "Time, Temporal, Capability, and Planned Change," *Academy of Management Review*, 26, No. 4, (2001), pp. 601–623.

41. C. Hui, S.S.K. Lam, and J. Schaubroeck, "Can Good Citizens Lead the Way in Providing Quality Service? A Field Quasi Experiment," *Academy of Management Journal* 44, No. 5 (2001), pp. 988–995.

42. L. Hirschhorn and L. May, "The Campaign Approach to Change," *Change* 32, No. 3 (2000), p. 31.

43. S. Fox and Y. Amichai-Hamburger, "The Power of Emotional Appeal in Promoting Organizational Change Programs," *Academy of Management Executive* 15, No. 4 (2001) pp. 84–93.

44. Ibid.

45. Staff, "Dream On, Kid," *The Wall Street Journal*, October 12, 1999, p. A1.

46. A. Brown, "Transforming Business Structures to Hyborgs," *Employment Relations Weekly* 26, No. 4 (2000), pp. 5–15.

47. M.P. Mangaliso, "Building Competitive Advantage from Ubuntu: Management Lessons from South Africa," *Academy of Management Executive* 15, No. 3 (2001), pp. 23–33.

48. A.R. Jassawalla and H.C. Sashittal, "Cultures That Support Product-Innovation Processes," *Academy of Management Executive* 16, No. 3 (2002), pp. 42–51.

49. Academy address edited by David A. Whetten with Andre L. Delbecq, "Saraide's Chairman Hatim Tyabji on Creating and Sustaining a Values-Based Organizational Culture," *Academy of Management Executive* 14, No. 4 (2000), p. 32.

50. W. Tsai, "Knowledge Transfer in Intraorganizational Networks Effects of Network Position and Absorptive Capacity on Business Unit Innovation and Performance," *Academy of Management Journal* 44, No. 5 (2001), pp. 996–1004.

51. J.W. Gibson and D.V. Tesone, "Management Fad: Emergence, Evolution, and Implications for Managers," *Academy of Management Executive* 15, No. 4 (2001), pp. 122–133.

52. A.R. Jassawalla and H.C. Sashittal, "Cultures That Support Product-Innovation Processes," *Academy of Management Executive* 16, No. 3 (2002), pp. 42–51.

53. P.G. Clampitt, R.J. DeKoch, and T. Cashman, "A Strategy for Communicating about Uncertainty," *Academy of Management Executive* 14, No. 4 (2000), pp. 41–53.

54. W.W. George, "Medtronic's Chairman William George on How Mission-Driven Companies Create Long-Term Shareholder Value," *Academy of Management Executive* 15, No. 4 (2001), pp. 39–47.

55. Q.N. Huy, "Time, Temporal, Capability, and Planned Change," *Academy of Management Review* 26, No. 4 (2001), pp. 601–623.

56. E.W. Morrison, "Newcomers' Relationships: The Role of Social Network Ties during Socialization," *Academy of Management Journal* 45, No. 6 (2002), pp. 1149–1160.

57. M.G. Seo and W.E.D. Creed, "Institutional Contradictions, Praxis, and Institutional Change: A Dialectical Perspective," *Academy of Management Review* 27, No. 2 (2002), pp. 222–247.

58. S.B. Bacharach, P.A. Bamberger, and W.J. Sonnenstuhl, "Driven to Drink: Managerial Control, Work-Related Risk Factors, and Employee Problem Drinking," *Academy of Management Journal* 45, No. 4 (2002), pp. 637–658.

59. N.M. Ashkanasy and C.S. Daus, "Emotion in the Workplace: The New Challenge for Managers," *Academy of Management Executive* 16, No. 1 (2002), pp. 76–86.

60. A. Smidts, H. Pruyn, and C.B.M. vanRiel, "The Impact of Employee Communications and Perceived External Prestige on Organizational Identification," *Academy of Management Journal* 49, No. 5 (2001), pp. 1051–1062.
61. P.S. Nugent, "Managing Conflict: Third-Party Interventions for Managers," *Academy of Management Executive* 16, No. 1 (2002), pp. 139–154.
62. Q.N. Huy, "Time, Temporal, Capability, and Planned Change," *Academy of Management Review*, 26, No. 4, (2001), pp. 601–623.
63. L. Thompson, "Improving the Creativity of Organizational Work Groups," *Academy of Management Executive* 17, No. 1 (2003), pp. 96–109.
64. A.R. Jassawalla and H.C. Sashittal, "Cultures That Support Product-Innovation Processes," *Academy of Management Executive* 16, No. 3 (2002), pp. 42–51.
65. P.G. Clampitt, R.J. DeKoch, and T. Cashman, "A Strategy for Communicating about Uncertainty," *Academy of Management Executive* 14, No. 4 (2000), pp. 41–53.
66. C. Hui, S.S.K. Lam, and J. Schaubroeck, "Can Good Citizens Lead the Way in Providing Quality Service? A Field Quasi Experiment," *Academy of Management Journal* 44, No. 5 (2001), pp. 988–995.
67. R.L. Ackoff, Interview by Glenn Detrick Educational Benchmarking, Inc. *Academy of Management Learning and Education* 1, No. 1 (2002), pp. 56–63.
68. M.J. Lankau and T.A. Scandura, "An Investigation of Personal Learning in Mentoring Relationships: Content, Antecedents, and Consequences," *Academy of Management Journal* 45, No. 4 (2002), pp. 779–790.
69. C. Argyris, "Double-Loop Learning, Teaching, and Research," *Academy of Management Learning and Education* 1, No. 2 (2002), pp. 206–218.
70. E. Fagenson-Eland, "The National Football League's Bill Parcells on Winning, Leading, and Turning Around Teams," *Academy of Management Executive* 15, No. 3 (2001), p. 48.
71. J. Ghorpade, "Managing Five Paradoxes of 360-Degree Feedback," *Academy of Management Executive* 14, No. 1 (2000), pp. 140.
72. E. Fagenson-Eland, "The National Football League's Bill Parcells on Winning, Leading, and Turning Around Teams," *Academy of Management Executive* 15, No. 3 (2001), p. 48.
73. R. Blake and J. Mouton, *The Managerial Grid III: Key to Leadership Excellence* (Houston: Gulf Publishing, 1985).
74. B.L. Kirkman, B. Rosen, C.B. Gibson, P.E. Tesluk, and S.O. McPherson, "Five Challenges to Virtual Team Success: Lessons from Sabre, Inc.," *Academy of Management Executive* 16, No. 3 (2002), pp. 67–78.
75. R. Alsop, "Playing Well with Others," *The Wall Street Journal*, September 9, 2002, p. R11.

第14章

1. Staff, "The Census Bureau," *The Wall Street Journal*, March 13, 2003, p. A1.
2. Staff, "Czech Voters Backed," *The Wall Street Journal*, June 16, 2003, p. A1.
3. Staff, "The 15 EU Leaders," *The Wall Street Journal*, April 16, 2003, p. A1.
4. A.K. Gupta and V. Govindarajan, "Cultivating a Global Mindset," *Academy of Management Executive* 16, No. 1 (2002) p. 116.
5. M.A. Carpenter, G. Sanders, and H.B. Gregersen, "Bundling Human Capital with Organizational Context: The Impact of International Assignment Experience on Multinational Firm Performance and CEO Pay," *Academy of Management Journal* 44, No. 3 (2001) pp. 493–511.
6. Staff, "Non-White Public Ration," *The Wall Street Journal*, June 24, 2003, p.1
7. Staff, "The Number of Immigrants," *The Wall Street Journal*, March 10, 2003, p. A1.
8. J.A. Gilbert and J.M. Ivancevich, "Valuing Diversity: A Tale of Two Organizations," *Academy of Management Executive* 14, No. 1 (2000), p. 93.
9. D.A. Harrison, K.H. Price, J.H. Gavin, and A.T. Florey, "Time, Teams, and Task Performance: Changing Effects of Surface- and Deep-Level Diversity on Group Functioning," *Academy of Management Journal* 45, No. 5 (2002), pp. 1029–1045.
10. M.J. Lankau and T.A. Scandura, "An Investigation of Personal Learning in Mentoring Relationships: Content, Antecedents, and Consequences," *Academy of Management Journal* 45, No. 4 (2002), pp. 779–790.
11. D.A. Harrison, K.H. Price, J.H. Gavin, and A.T. Florey, "Time, Teams, and Task Performance: Changing Effects of Surface- and Deep-Level Diversity on Group Functioning," *Academy of Management Journal* 45, No. 5 (2002), pp. 1029–1045.
12. "The EEOC Steps Up Litigation, Irritating Business Groups," *The Wall Street Journal*, April 1, 1997, p. A1.
13. D.A. Harrison, K.H. Price, J.H. Gavin, and A.T. Florey, "Time, Teams, and Task Performance: Changing Effects of Surface- and Deep-Level Diversity on Group Functioning," *Academy of Management Journal* 45, No. 5 (2002), pp. 1029–1045.
14. Staff, "EEOC Sees Rise in Intrarace Complaints of Color Bias," *The Wall Street Journal*, August 7, 2003, p. B1.
15. Staff, "Women Beware: You Can Still Get Shortchanged in Some Careers," *The Wall Street Journal*, January 16, 1996, p. A1.
16. J. Schaubroeck and S.S.K. Lam, "How Similarity to Peers and Supervisor Influences Organizational Advancement in Different Cultures," *Academy of Management Journal* 45, No. 6 (2002), pp. 1120–1136.
17. M.A. Reed-Woodard, "Campaigning for Office," *Black Enterprise* 30, No. 9 (2000), p. 68.
18. Staff, "Diversity Study's Printing Error Lives On and On as Fact," *The Wall Street Journal*, October 29, 1996, p. A1.
19. O.C. Richard, "Radical Diversity, Business Strategy, and Firm Performance: A Resource-Based View," *Academy of Management Journal* 43, No. 2 (2000), pp. 164–177.
20. M.G. Seo and W.E.D. Creed, "Institutional Contradictions, Praxis, and Institutional Change: A Dialectical Perspective," *Academy of Management Review* 27, No. 2 (2002), pp. 222–247.
21. Staff, "EEOC Sees Rise in Intrarace Complaints of Color Bias," *The Wall Street Journal*, August 7, 2003, p. B1.
22. J.A. Gilbert and J.M. Ivancevich, "Valuing Diversity: A Tale of Two Organizations," *Academy of Management Executive* 14, No. 1 (2000), p. 93.
23. S. Kravetz, "Tech Firms Want Talented Employees to Switch Jobs- Not Companies," *The Wall Street Journal*, August 31, 1999, p. A1.
24. Staff, "The Supreme Court Preserves Affirmative Action," *The Wall Street Journal*, June 24, 2003, p. A1.
25. T. Petlinger, "So Long Supply and Demand," *The Wall Street Journal*, January 1, 2000, p. R31.
26. P. Dass and B. Parker, "Strategies for Managing Human Resource Diversity: From Resistance to Learning," *Academy of Management Executive* 13, No. 2 (1999), pp. 68–80.

27. Staff, "A Corporate Conscience Award Goes to Denny's in a Comeback Role," *The Wall Street Journal*, April 27, 2000, p. A1.
28. T. Simons, L.H. Pelled, and K.A. Smith, "Making Use of Difference: Diversity, Debate, and Decision Comprehensiveness in Top Management Teams," *Academy of Management Journal* 42, No. 6 (1999), pp. 662–673.
29. M. Newman, "So Many Countries, So Many Laws," *The Wall Street Journal*, April 28, 2003, p. R8.
30. T. Simons, L.H. Pelled, and K.A. Smith, "Making Use of Difference: Diversity, Debate, and Decision Comprehensiveness in Top Management Teams," *Academy of Management Journal* 42, No. 6 (1999), pp. 662–673.
31. "Religious Diversity Spurs Many High-Tech Firms to Allow Holiday Diversity," *The Wall Street Journal*, April 18, 2000, p. A1.
32. T.J. Maurer and N.E. Rafuse, "Learning, Not Litigating: Managing Employee Development and Avoiding Claims of Age Discrimination," *Academy of Management Executive* 15, No. 4 (2001) pp. 110–121.
33. A.R. Karr, "The Checkoff," *The Wall Street Journal*, April 18, 2000, p. A1.
34. T. Nicholson, "What Do Older Workers Want?" *AARP*, November 2002, p. 7.
35. T.J. Maurer and N.E. Rafuse, "Learning, Not Litigating: Managing Employee Development and Avoiding Claims of Age Discrimination," *Academy of Management Executive* 15, No. 4 (2001) pp. 110–121.
36. T. Nicholson, "What Do Older Workers Want?" *AARP*, November 2002, p. 7.
37. J. Zaslow, "Don't Trust Anyone under 30: Boomers Struggle with Their New Role as Mentors," *The Wall Street Journal*, June 5, 2003, p. D1.
38. Staff, "U.S. Immigration Officials Met," *The Wall Street Journal*, December 14, 1999, p. A1.
39. Staff, "Chambermaids Face a New Wrinkle as a Hotel Chain Changes Bed-Making," *The Wall Street Journal*, August 31, 1999, p. A1.
40. K. Leggett, P. Wonacott, "Despite SARS, China's Economy Bounces Back," *The Wall Street Journal*, July 14, 2003, p. D1.
41. R.N. Lussier, K. Say, and J. Corman, "Improving Job Satisfaction of Employees Who Are Deaf and Hearing," *Mid-American Journal of Business* 14, No. 1 (1999), pp. 69–73.
42. S. Fox and Y. Amichai-Hamburger, "The Power of Emotional Appeal in Promoting Organizational Change Programs," *Academy of Management Executive* 15, No. 4, (2001) pp. 84–93.
43. Staff, "The Checkoff," *The Wall Street Journal*, October 22, 1996, p. A1.
44. M.E. Schweitzer and J.L. Kerr, "Bargaining under the Influence: The Role of Alcohol in Negotiations," *Academy of Management Executive* 14, No. 2 (2000) p. 47.
45. Staff, "Chances Are If You Are White Collar, You Aren't Being Drug-Tested," *The Wall Street Journal*, August 19, 1997, p. A1.
46. C.A. Pierce, H. Aguinis, and S.K.R. Adams, "Effects of a Dissolved Workplace Romance and Rather Characteristics on Responses to a Sexual Harassment Accusation," *Academy of Management Journal* 43, No. 5 (2000), p. 869–880.
47. Keynote address at the Small Business Institute Annual Conference in February 2003.
48. C.A. Pierce, H. Aguinis, and S.K.R. Adams, "Effects of a Dissolved Workplace Romance and Rather Characteristics on Responses to a Sexual Harassment Accusation," *Academy of Management Journal* 43, No. 5 (2000), p. 869–880.
49. A.M. O'Leary-Kelly, R.L. Paetzold, and R.W. Griffin, "Sexual Harassment as Aggressive Behavior: An Actor Based Perspective," *Academy of Management Review* 25, No. 2 (2000), pp. 372–388.
50. Staff, "Training New Workers to Avoid Sexual Harassment Is a Summer Priority," *The Wall Street Journal*, June 29, 1999, p. A1.
51. S.L. Robinson and A.M. O'Leary-Kelly, "Monkey See, Monkey Do: The Influence of Work Groups on the Antisocial Behavior of Employees," *Academy of Management Journal* 41, No. 6 (1998), pp. 658–672.
52. P.S. Ridge, "Ethics Programs Aren't Stemming Employee Misconduct, a Study Indicates," *The Wall Street Journal*, May 11, 2000, p. A1.
53. C.A. Pierce, H. Aguinis, and S.K.R. Adams, "Effects of a Dissolved Workplace Romance and Rather Characteristics on Responses to a Sexual Harassment Accusation," *Academy of Management Journal* 43, No. 5 (2000), p. 869–880.
54. M.N. Ruderman, P.J. Ohlott, K. Panzer, and S.N. King, "Benefits of Multiple Roles for Managerial Women," *Academy of Management Journal* 45, No. 2 (2002) pp. 369–386.
55. Staff, "Home Depot's Results Could Be Cut by 21% for the Third Quarter Following Its Agreement to Pay $65 Million to Settle a Sex-Discrimination Suit," *The Wall Street Journal*, September 22, 1997, p. A1.
56. S. Shellenbarger, "As Moms Earn More, More Dads Stay Home: How to Make the Switch Work," *The Wall Street Journal*, February 20, 2003, p. D1.
57. P. Tharenou, "Going Up? Do Traits and Informal Social Processes Predict Advancing in Management?" *Academy of Management Journal* 44, No. 5 (2001), pp. 1005–1017.
58. B.R. Ragins, B. Townsend, and M. Mattis, "Gender Gap in the Executive Suite: CEOs and Female Executives Report on Breaking the Glass Ceiling," *Academy of Management Executive* 12, No. 1 (1998), p. 28.
59. Staff, "Throwing in the Towel," *The Wall Street Journal*, April 18, 2000, p. A1.
60. S. Shellenbarger, "Please Send Chocolate: Moms Now Face Stress Moving In and Out of Work Force," *The Wall Street Journal*, May 9, 2002, p. D1.
61. J. Zaslow, "Should You Quit Work to Stay Home with the Baby? No, Wait Till He's 11," *The Wall Street Journal*, August 29, 2002, p. D1.
62. Staff, "Gender Gap Persists," *The Wall Street Journal*, March 25, 2003, p. D1–D2.
63. Staff, "GM, Ford, and DaimlerChrysler," *The Wall Street Journal*, July 5, 2000, p. A1.
64. Staff, "Gender Wage Gaps Begin in High School, and Girls Earn Less," *The Wall Street Journal*, June 22, 1999, p. A1.
65. S. Fox and Y. Amichai-Hamburger, "The Power of Emotional Appeal in Promoting Organizational Change Programs," *Academy of Management Executive* 15, No. 4 (2001) pp. 84–93.
66. P. Tharenou, "Going Up? Do Traits and Informal Social Processes Predict Advancing in Management?" *Academy of Management Journal* 44, No. 5 (2001), pp. 1005–1017.
67. E.J. Pollack, "In Today's Workplace, Women Feel Freer to Be, Well, Women," *The Wall Street Journal*, February 7, 2000, p. A1.
68. Staff, "Gender Gap Persists," *The Wall Street Journal*, March 25, 2003, p. D1–D2.
69. M.N. Ruderman, P.J. Ohlott, K. Panzer, and S.N. King, "Benefits of Multiple Roles for Managerial Women," *Academy of Management Journal* 45, No. 2 (2002) pp. 369–386.

70. P. Tharenou, "Going Up? Do Traits and Informal Social Processes Predict Advancing in Management?" *Academy of Management Journal* 44, No. 5 (2001), pp. 1005–1017.
71. Ibid.
72. J. Zaslow, "Don't Trust Anyone under 30: Boomers Struggle with Their New Role as Mentors," *The Wall Street Journal*, June 5, 2003, p. D1.
73. Staff, "Two-Income Marriages Are Now the Norm," *The Wall Street Journal*, June 13, 1994, p. B1.
74. Study conducted by the Universities of Wisconsin and Minnesota, and reported by Jeffrey Zaslow, "Divorce Makes a Comeback," *The Wall Street Journal*, January 14, 2004, p D1, D10.
75. S. Shellenbarger, "Working for a Living or Living to Work? Some Help for the Workaholic Spouse," *The Wall Street Journal*, October 21, 2002, p. D2.
76. S. Shellenbarger, "The New Prenup: Planning Whose Job Comes First, Who Stays Home With Kids," *The Wall Street Journal*, June 26, 2003, p. D1.
77. S. Shellenbarger, "Move Over, Mom: Research Suggests Dad's Role Sometimes Matters More," *The Wall Street Journal*, June 12, 2003, p. D1.
78. J. Dobson, "Bringing Up Boys," (Wheaton, IL: Tyndale, 2001).
79. S. Shellenbarger, "Move Over, Mom: Research Suggests Dad's Role Sometimes Matters More," *The Wall Street Journal*, June 12, 2003, p. D1.
80. S. Shellenbarger, "Family-Leave Act Bolstered," *The Wall Street Journal*, May 28, 2003, pp. D1–D2.
81. S. Shellenbarger, "As Moms Earn More, More Dads Stay Home: How to Make the Switch Work," *The Wall Street Journal*, February 20, 2003, p. D1.
82. S. Shellenbarger, "A Downside of Taking Family Leave: Getting Fired While You're Gone," *The Wall Street Journal*, January 23, 2003, pp. D1.
83. S. Shellenbarger, "The Incredible Shrinking Family Leave: Pressed Bosses Are Cutting into Time Off," *The Wall Street Journal*, October 17, 2002, p. D1.
84. S. Shellenbarger, "Women's Groups Give Peace a Chance in War of At-Home and Working Moms," *The Wall Street Journal*, December 12, 2003, p. D1.
85. J. Zaslow, "Good Mother/Bad Mother-The Debate Over Staying Home with Kids Gets Ugly," *The Wall Street Journal*, September 5, 2002, D1.
86. Bureau of Labor Statistics, reported in *The Wall Street Journal*, July 24, 2003, p. D1.
87. Ibid.
88. S. Shellenbarger, "Move Over, Mom: Research Suggests Dad's Role Sometimes Matters More," *The Wall Street Journal*, June 12, 2003, p. D1.
89. J. Trelease, *The Read-Aloud Handbook* (New York, Penguin, 2001).
90. S. Shellenbarger, "A Hard Lesson in Family Economics: In Day Care, You Get What You Pay For," *The Wall Street Journal*, January 16, 2003, p. D1.
91. S. Babbar and D.J. Aspelin, "The Overtime Rebellion: Symptom of a Bigger Problem?" *Academy of Management Executive* 12, No. 1 (1998), p. 68.
92. Staff, "Count Me In: "Microloans" for U.S. Women," *The Wall Street Journal*, March 28, 2000, p. A1.
93. M. Beck, "Never Home for Dinner? New Strategies Might Help You Get There," *The Wall Street Journal*, March 1, 2000, p. B1.
94. T. Petzinger, "Mihali Csikszentmihalyi: A "Happiness" Expert Talks about Suburban Anxiety and the Search for Fulfillment," *The Wall Street Journal*, January 1, 2000, p. R51.

95. S. Shellenbarger, "Three Harried Workers Get a Wake-Up Call and Make Big Changes," *The Wall Street Journal*, December 15, 1999, p. B1.
96. M.N. Ruderman, P.J. Ohlott, K. Panzer, and S.N. King, "Benefits of Multiple Roles for Managerial Women," *Academy of Management Journal* 45, No. 2 (2002) pp. 369–386.
97. L.L. Martins, K.A. Eddleston, and J.F. Veiga, "Moderators of the Relationship Between Work-Family Conflict and Career Satisfaction," *Academy of Management Journal* 45, No. 2 (2002), pp. 399–409.
98. S. Shellenbarger, "Working for a Living or Living to Work? Some Help for the Workaholic Spouse," *The Wall Street Journal*, October 21, 2002, p. D2.
99. S. Shellenbarger, "What Job Candidates Really Want to Know: Will I Have a Life?" *The Wall Street Journal*, November 17, 1999, p. B1.
100. Staff, "Computational Biology," *The Wall Street Journal*, May 11, 2000, p. A1.
101. L.L. Martins, K.A. Eddleston, and J.F. Veiga, "Moderators of the Relationship between Work-Family Conflict and Career Satisfaction," *Academy of Management Journal* 45, No. 2 (2002), pp. 399–409.
102. S.J. Lambert, "Added Benefits: The Link between Work-Life Benefits and Organizational Citizenship Behavior," *Academy of Management Journal* 43, No. 5 (2000), pp. 801–815.
103. J.E. Perry-Smith and T.C. Blum, "Work-Family Human Resource Bundles and Perceived Organizational Performance," *Academy of Management Journal* 43, No. 6 (2000), pp. 1107–1117.
104. S.J. Lambert, "Added Benefits: The Link between Work-Life Benefits and Organizational Citizenship Behavior," *Academy of Management Journal* 43, No. 5 (2000), pp. 801–815.
105. K.E. Pearlson and C.S. Saunders, "There's No Place Like Home: Managing Telecommuting Paradoxes," *Academy of Management Executive* 15, No. 2 (2001), pp. 117–128.
106. Ibid.
107. N. Yang, C.C. Chen, J. Choi, and Y. Zou, "Sources of Work-Family Conflict: A Sino–U.S. Comparison of the Effects of Work and Family Demands," *Academy of Management Journal* 43, No. 1 (2000), pp. 113–123.
108. R. Harborne, "Wisdom of the CEO: The Challenge to Business Leadership in the 21st Century," Keynote presentation at the New England Business Administration Association International Conference, Southern Connecticut State University, April 28, 2000, Price Waterhouse Coopers.
109. R.S. Bhagat, P.D. Harveston, and H.C. Triandis, "Cultural Variations in the Cross-Border Transfer of Organizational Knowledge: An Integrative Framework," *Academy of Management Review* 27, No. 2 (2002), pp. 204–221.
110. J.A. Aragon-Correa and S. Sharma, "A Contingent Resource-Base View of Proactive Corporate Environmental Strategy," *Academy of Management Review* 28, No. 1 (2003), pp. 71–88.
111. M.A. Carpenter, G. Sanders, and H.B. Gregersen, "Bundling Human Capital with Organizational Context: The Impact of International Assignment Experience on Multinational Firm Performance and CEO Pay," *Academy of Management Journal* 44, No. 3 (2001), pp. 493–511.
112. W.A. Randolph and M. Sashkin, "Can Organizational Empowerment Work in Multinational Settings?" *Academy of Management Executive* 16, No. 1 (2002), pp. 102–115.
113. Peter Drucker, interviewed by P.A. Galagan from http://web11.epnet.com on January 5, 2003.
114. J.S. Osland and A. Bird, "Beyond Sophisticated Stereotyping: Cultural Sensemaking in Context," *Academy of Management Executive* 14, No. 1 (2000) p. 65.

115. R. Johnston and S. Mehra, "Best-Practice Complaint Management," Academy of Management Executive 16, No. 4 (2002), pp. 145–154.
116. Ibid.
117. Ibid.

第15章

1. L.A. Perlow, G.A. Okhuysen, and N.P. Repenning, "The Speed Trap, Exploring the Relationship Between Decision Making and Temporal Context," Academy of Management Journal 45, No. 5 (2002), pp. 931–955.
2. M.J. Waller, J.M. Conte, C.B. Gibson, and M.A. Carpenter, "The Effect of Individual Perceptions of Deadlines on Team Performance," Academy of Management Review 26, No. 4 (2001), pp. 586–600.
3. M.J. Waller, M.E. Zellmer-Bruhn, and R.C. Giambatista, "Watching the Clock: Group Pacing Behavior under Dynamic Deadlines," Academy of Management Journal 45, No. 5 (2002), pp. 1046–1055.
4. L. Secretan, "Integration, Not Balance," Industry Week 249, No. 11 (2000), p. 29.
5. Staff, "High-Risk Employees Often Require Coaxing to Watch Their Health," The Wall Street Journal, September 24, 1996, p. A1.
6. K. McLaughlin, "Tricks of the Trade," The Wall Street Journal, November 13, 2002, p. D1.
7. L.A. Perlow, G.A. Okhuysen, and N.P. Repenning, "The Speed Trap, Exploring the Relationship between Decision Making and Temporal Context," Academy of Management Journal 45, No. 5 (2002), pp. 931–955.
8. R.D. Ramsey, "15 Time Wasters for Supervisors," Supervision 61, No. 6 (2000), p. 10.
9. Staff, "How to Succeed in Business by Really Trying," Journal of Accountancy 190, No. 1 (2000), p. 12.
10. A. Yan, G. Zhu, and D.T. Hall, "International Assignments for Career Building: A Model of Agency Relationship and Psychological Contracts," Academy of Management Review 27, No. 3 (2002), pp. 373–391.
11. Staff, "One in Five Americans." The Wall Street Journal, July 28, 2003, p. A1.
12. M.J. Lankau and T.A. Scandura, "An Investigation of Personal Learning in Mentoring Relationships: Content, Antecedents, and Consequences," Academy of Management Journal 45, No. 4 (2002), pp. 779–790.
13. J. Schaubroeck and S.S.K. Lam, "How Similarity to Peers and Supervisor Influences Organizational Advancement in Different Cultures," Academy of Management Journal 45, No. 6 (2002), pp. 1120–1136.
14. A. Gumbus and R.N. Lussier, "Career Development: Enhancing Your Networking Skill," Clinical Leadership & Management Review 17, No. 1 (2003), pp. 16–20.
15. A. Gumbus, "Networking: A Long-Term Strategy," Clinical Leadership & Management Review 17, No. 3 (2003), pp. 151–156.
16. R.D. Ramsey, "15 Time Wasters for Supervisors," Supervision 61, No. 6 (2000), p. 10.
17. Staff, "One of These Days," The Wall Street Journal, March 11, 1997, p. A1.
18. R.D. Ramsey, "15 Time Wasters for Supervisors," Supervision 61, No. 6 (2000), p. 10.
19. Staff, "Deflect Minor Interruptions," Communication Briefings XX, No. 1 (2003), p. 3.
20. K. McLaughlin, "Tricks of the Trade," The Wall Street Journal, November 13, 2002, p. D1.
21. S. Shellenbarger, "Multitasking Makes You Stupid: Studies Show Pitfalls of Doing Too Much at Once," The Wall Street Journal, February 27, 2003, p. D1.
22. Based on information in J. Schaubroeck and S.S.K. Lam, "How Similarity to Peers and Supervisor Influences Organizational Advancement in Different Cultures," Academy of Management Journal 45, No. 6 (2002), pp. 1120–1136.
23. A. Garrett, "Buying Time to Do the Things That Really Matter," Management Today, July 2000, p. 75.
24. S. Shellenbarger, "Multitasking Makes You Stupid: Studies Show Pitfalls of Doing Too Much at Once," The Wall Street Journal, February 27, 2003, p. D1.
25. R. Quick, "A Makeover That Began at the Top," The Wall Street Journal, May 25, 2000, p. B1.
26. Staff, "Ask Yourself Four Questions," Communication Briefings XX, No. 1 (2003), p. 1.
27. R. Quick, "A Makeover That Began at the Top," The Wall Street Journal, May 25, 2000, p. B1.
28. "The ABCs of Time Management," Workforce 79, No. 2 (2000), p. 30.
29. M.J. Waller, M.E. Zellmer-Bruhn, and R.C. Giambatista, "Watching the Clock: Group Pacing Behavior under Dynamic Deadlines," Academy of Management Journal 45, No. 5 (2002), pp. 1046–1055.
30. T. Pollock, "A Personal File of Stimulating Ideas, Little-Known Facts and Daily Problem Solvers," Supervision 61, No. 3 (2000), p. 13.
31. R.D. Ramsey, "15 Time Wasters for Supervisors," Supervision 61, No. 6 (2000), p. 10.
32. T. Pollock, "A Personal File of Stimulating Ideas, Little-Known Facts and Daily Problem Solvers," Supervision 61, No. 3 (2000), p. 13.
33. R.D. Ramsey, "15 Time Wasters for Supervisors," Supervision 61, No. 6 (2000), p. 10.
34. S. Covey, "First Things First," Success 41, No. 3, April, 1994, pp. 8A–8D.
35. "If This is Tuesday...," Inc., June 2000, p. 92.
36. T. Pollock, "A Personal File of Stimulating Ideas, Little-Known Facts and Daily Problem Solvers," Supervision 61, No. 3 (2000), p. 13.
37. Ibid.
38. Staff, "Deflect Minor Interruptions," Communication Briefings XX, No. 1 (2003), p. 3.
39. T. Pulliam, "Plan Your Work and Work Your Plan," South Florida Business Journal 20, No. 34 (2000), p. 47.
40. "If This is Tuesday...," Inc., June 2000, p. 92.
41. Staff, "The 5 Major Time Wasters," Communication Briefings XX, No. 1 (2003), p. 5.
42. A. Gumbus, "Networking: A Long-Term Strategy," Clinical Leadership & Management Review 17, No. 3 (2003), pp. 151–156.
43. "How to Succeed in Business by Really Trying," Journal of Accountancy 190, No. 1 (2000), p. 12.
44. D.A. Harrison, K.H. Price, J.H. Gavin, and A.T. Florey, "Time, Teams, and Task Performance: Changing Effects of Surface- and Deep-Level Diversity on Group Functioning," Academy of Management Journal 45, No. 5 (2002), pp. 1029–1045.
45. J. Schaubroeck and S.S.K. Lam, "How Similarity to Peers and Supervisor Influences Organizational Advancement in Different Cultures," Academy of Management Journal 45, No. 6 (2002), pp. 1120–1136.
46. C. Tejada, "Fickle Grads," The Wall Street Journal, June 16, 2000, p. A1.
47. J. Zaslow, "Should You Quit Work to Stay Home with the Baby? No, Wait Till He's 11," The Wall Street Journal, August 29, 2002, p. D1.

48. S. Shellenbarger, "As Moms Earn More, More Dads Stay Home: How to Make the Switch Work," *The Wall Street Journal*, February 20, 2003, p. D1.

49. A.R. Karr, "The Checkoff," *The Wall Street Journal*, April 18, 2000, p. A1.

50. K. Leggett, P. Wonacott, "Despite SARS, China's Economy Bounces Back," *The Wall Street Journal*, July 14, 2003, p. D1.

51. M.J. Lankau and T.A. Scandura, "An Investigation of Personal Learning in Mentoring Relationships: Content, Antecedents, and Consequences," *Academy of Management Journal* 45, No. 4 (2002), pp. 779–790.

52. J. Zaslow, "Don't Trust Anyone under 30: Boomers Struggle with Their New Role as Mentors," *The Wall Street Journal,* "June 5, 2003, p. D1.

53. A. Gumbus, "Networking: A Long-Term Strategy," *Clinical Leadership & Management Review* 17, No. 3 (2003), pp. 151–156.

54. A. Gumbus and R.N. Lussier, "Career Development: Enhancing Your Networking Skill," *Clinical Leadership & Management Review* 17, No. 1 (2003), pp. 16–20.

55. A. Yan, G. Zhu, and D.T. Hall, "International Assignments for Career Building: A Model of Agency Relationship and Psychological Contracts," *Academy of Management Review* 27, No. 3 (2002), pp. 373–391.

56. "How to Succeed in Business by Really Trying," *Journal of Accountancy* 190, No. 1 (2000), p. 12.

57. A. Gumbus and R.N. Lussier, "Career Development: Enhancing Your Networking Skill," *Clinical Leadership & Management Review* 17, No. 1 (2003), pp. 16–20.

58. A. Gumbus, "Networking: A Long-Term Strategy," *Clinical Leadership & Management Review* 17, No. 3 (2003), pp. 151–156.

59. R. Alsop, "Playing Well with Others," *The Wall Street Journal*, September 9, 2002, p. R11.

60. K. Isaacs, "Common Resume Blunders," Internet *http://resume.workplace.aol.monster.com/articles/resumeblunders/*, retrieved on April 25, 2003.

61. Ibid.

62. Staff, "More Top Tips," *Communication Briefings* XX, No. 1 (2003). p. 8

63. K. Isaacs, "Common Resume Blunders," Internet *http://resume.workplace.aol.monster.com/articles/resumeblunders/*, retrieved on April 25, 2003.

64. "How to Develop a Good Job Objective," Internet *http://resume.aol.Monster.com/articles/objective/*, retrieyed on April 25, 2003.

65. K. Isaacs, "Common Resume Blunders," Internet *http://resume.workplace.aol.monster.com/articles/resumeblunders/*, retrieved on April 25, 2003.

66. "How to Develop a Good Job Objective," Internet *http://resume.aol.Monster.com/articles/objective/*, retrieved on April 25, 2003.

67. K. Isaacs, "Common Resume Blunders," Internet *http://resume.workplace.aol.monster.com/articles/resumeblunders/*, retrieved on April 25, 2003.

68. "How to Develop a Good Job Objective," Internet *http://resume.aol.Monster.com/articles/objective/*, retrieved on April 25, 2003.

69. J. Jamieson, "Deliver a Perfect e-Resume," Internet site *www.webfeet.com*, retrieved October 20, 2001.

70. J. Sandberg, "Better Than Great-And Other Tall Tales of Self-Evaluations," *The Wall Street Journal*, March 12, 2003, p. B1.

71. "How to Succeed in Business by Really Trying," *Journal of Accountancy* 190, No. 1 (2000), p. 12.

72. Staff, "How to be a Great Manager," *Communication Briefings* XX, No. 1 (2003). p. 5.

73. C. Hymowitz, "Many Executives Today Were Late Bloomers In Need of a Challenge," *The Wall Street Journal*, October 28, 2002, p. B1.

74. P. Tharenou, "Going Up? Do Traits and Informal Social Processes Predict Advancing in Management?" *Academy of Management Journal* 44, No. 5 (2001), pp. 1005–1017.

75. Staff, "Never Satisfied," *The Wall Street Journal*, February 18, 2000, p. A1.

76. J.T. Molly, *New Dress for Success* (New York: Warner, 1998).

77. Ibid.

78. Gentleman's Warehouse ads seen on TV in August 2003.

教师反馈及课件申请表

McGraw-Hill Education，麦格劳-希尔教育出版公司，美国著名图书出版与教育服务机构，以出版经典、高质量的理工科、经济管理、计算机、生命科学以及人文社科类高校教材享誉全球，更以丰富的网络化、数字化教学辅助资源深受高校教师的欢迎。

为了更好地服务于中国教育发展，提升教学质量，2003 年**麦格劳-希尔教师服务中心**在北京成立。在您确认将本书作为指定教材后，请您填好以下表格并经系主任签字盖章后寄回，**麦格劳-希尔教师服务中心**将免费向您提供相应教学课件或网络化课程管理资源。如果您需要订购或参阅本书的英文原版，我们也会竭诚为您服务。

书号/书名：	
所需要的教学资料：	
您的姓名：	
系：	
院/校：	
您所讲授的课程名称：	
每学期学生人数：	＿＿＿＿ 人　＿＿＿＿年级　学时：
您目前采用的教材：	作者：＿＿＿＿＿＿＿＿　出版社：＿＿＿＿＿＿＿＿ 书名：＿＿＿＿＿＿＿＿＿＿＿＿＿＿＿＿＿＿
您准备何时用此书授课：	
您的联系地址：	
邮政编码：	联系电话（必填）
E-mail：（必填）	
您对本书的建议：	系主任签字 盖章

我们的联系方式：

经济与管理图书事业部
北京市海淀区成府路 205 号　100871
联系人：徐　冰　张　燕
电话：010-62767312 / 62767348
传真：010-62556201
电子邮件：em@pup.pku.edu.cn
　　　　　xubingjn@yahoo.com.cn
网址：http://www.pup.cn

麦格劳-希尔教育出版公司教师服务中心
北京市海淀区清华科技园科技大厦 A 座 906 室
北京 100084
传真：010-62790292
教师服务热线：800-810-1936
教师服务信箱：instructor_cn@mcgraw-hill.com
网址：http://www.mcgraw-hill.com.cn